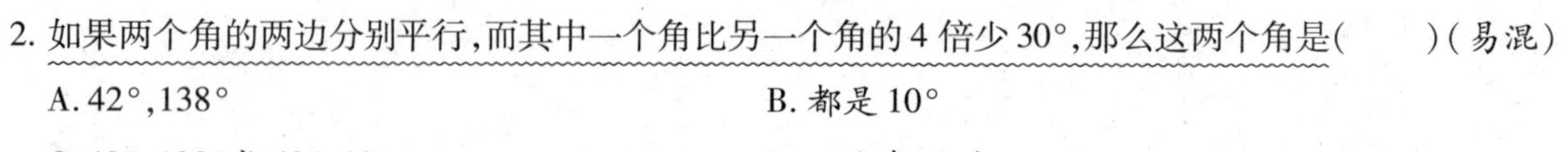

基础训练

一、单项选择题

1. 有下列四个命题：①平角是一条直线；②周角是一条射线；③相等的角是对顶角；④在同一平面内，垂直于同一条直线的两条直线互相平行。其中假命题的个数为（　　）

A. 1　　B. 2　　C. 3　　D. 4

2. 如果两个角的两边分别平行，而其中一个角比另一个角的 4 倍少 30°，那么这两个角是（　　）（易混）

A. 42°，138°　　B. 都是 10°

C. 42°，138°或 42°，10°　　D. 以上都不对

3. 如图，直线 $l_1 /\!/ l_2 /\!/ l_3$，直线 AC 和 DF 被 l_1，l_2，l_3 所截，$AB=5$，$BC=6$，$EF=4$，则 DE 的长为（　　）

A. 2　　B. 3　　C. 4　　D. $\frac{10}{3}$

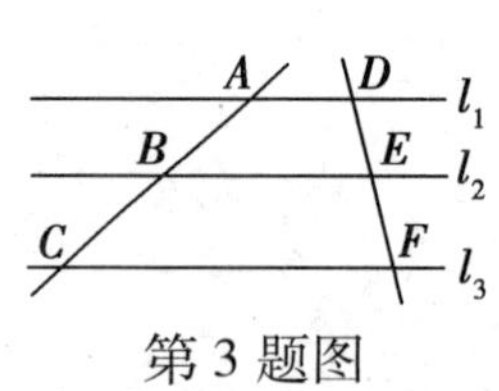

第 3 题图

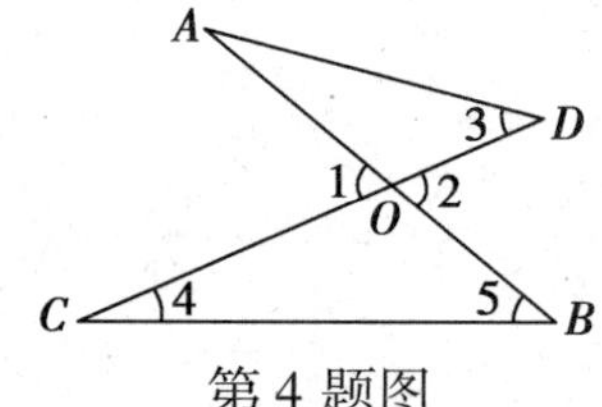

第 4 题图

4. 如图，AB 和 CD 相交于点 O，则下列结论正确的是（　　）

A. $\angle 1 = \angle 2$　　B. $\angle 2 = \angle 3$

C. $\angle 1 > \angle 4 + \angle 5$　　D. $\angle 2 < \angle 5$

5. 五边形的外角和是（　　）

A. 180°　　B. 360°　　C. 540°　　D. 720°

6. 如图，$AD=AE$，$BE=CD$，$\angle 1 = \angle 2 = 110°$，$\angle BAE = 60°$，则 $\angle CAE$ 为（　　）

A. 20°　　B. 30°　　C. 40°　　D. 50°

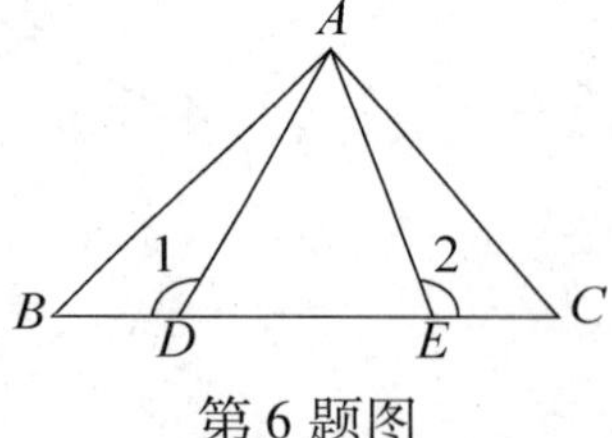

第 6 题图

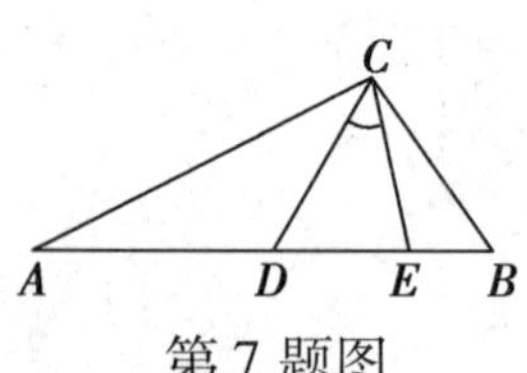

第 7 题图

7. 如图，在 $\triangle ABC$ 中，$\angle ACB = 100°$，$AC=AE$，$BC=BD$，则 $\angle DCE$ 的度数是（　　）（常考）

A. 20°　　B. 25°　　C. 30°　　D. 40°

20. 如图，$AB = AC$，$AB \perp AC$，$AD \perp AE$，且$\angle ABD = \angle ACE$。求证：$BD = CE$。

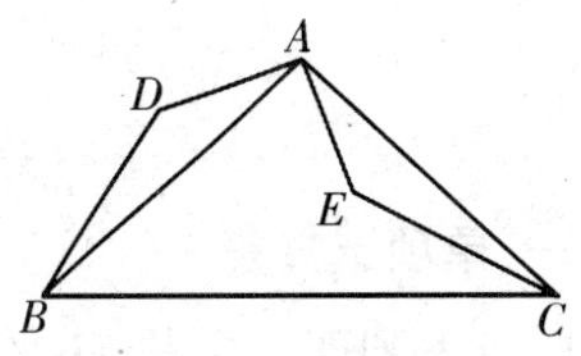

21. 在梯形 $ABCD$ 中，$AB /\!/ DC$，DB 平分$\angle ADC$，过点 A 作 $AE /\!/ BD$，交 CD 的延长线于点 E，且$\angle C = 2\angle E$。

(1) 求证：梯形 $ABCD$ 是等腰梯形；

(2) 若$\angle BDC = 30°$，$AD = 5$，求 CD 的长。

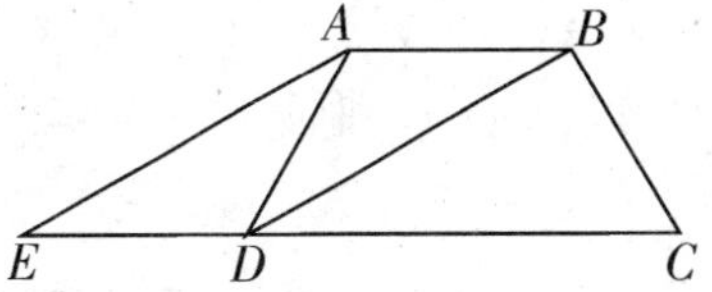

22. 如图，菱形 $ABCD$ 的对角线 AC，BD 相交于点 O，E 是 AD 的中点，点 F，G 在 AB 上，$EF \perp AB$，$OG /\!/ EF$。

(1) 求证：四边形 $OEFG$ 是矩形；

(2) 若 $AD = 10$，$EF = 4$，求 OE 和 BG 的长。

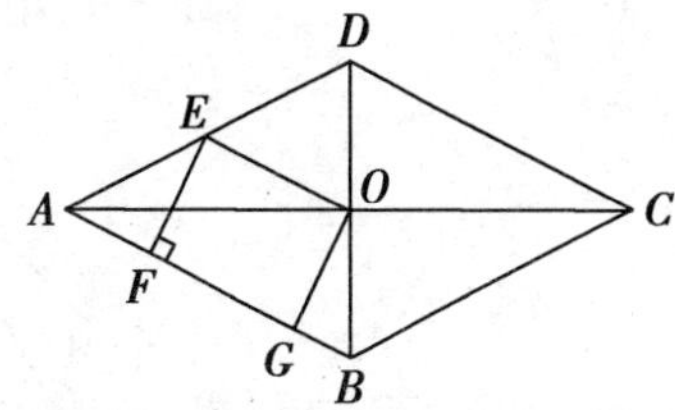

23. 如图，在$\triangle ABC$中，$\angle ACB=90°$，BC的垂直平分线DE交BC于点D，交AB于点E，点F在DE上，且$AF=CE=AE$。

(1)求证：四边形$ACEF$是平行四边形；

(2)当$\angle B$满足什么条件时，四边形$ACEF$是菱形？并说明理由。

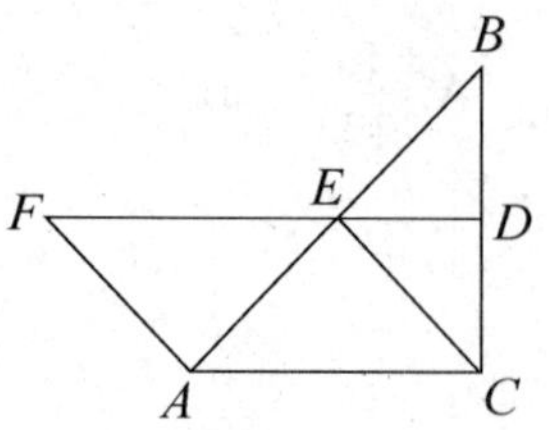

24. 如图，在平行四边形$ABCD$中，过点A作$AE\perp BC$，垂足为E，连结DE，点F为线段DE上一点，且$\angle AFE=\angle B$。

(1)求证：$\triangle ADF\backsim\triangle DEC$；

(2)若$AB=4$，$AD=3\sqrt{3}$，$AE=3$，求AF的长。

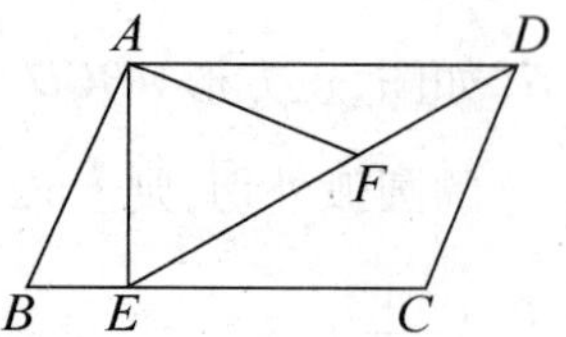

25. 在$\triangle ABC$中，$AB=40$，$AC=60$，以A为圆心，AB的长为半径作圆交BC边于D，若BD和DC的长均为正整数，求BC的长。

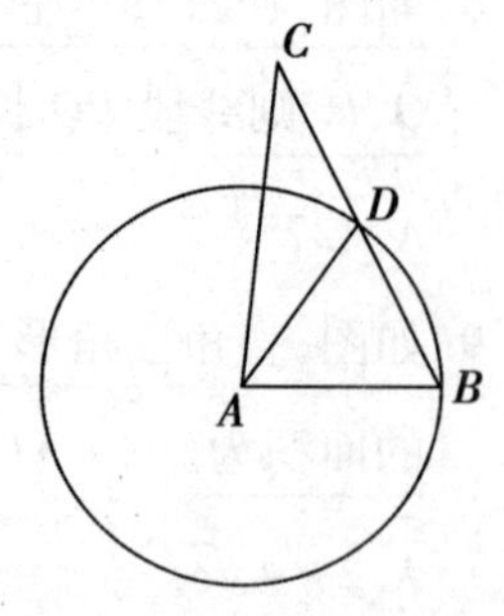

5. 如图,在 Rt$\triangle ABC$ 中,$\angle C=90°$,$AB=5$,$BC=4$,点 P 是边 AC 上一动点,过点 P 作 $PQ/\!/AB$ 交 BC 于点 Q,D 为线段 PQ 的中点,当 BD 平分$\angle ABC$ 时,AP 的长度为(　　)

A. $\frac{8}{13}$　　B. $\frac{15}{13}$　　C. $\frac{25}{13}$　　D. $\frac{32}{13}$

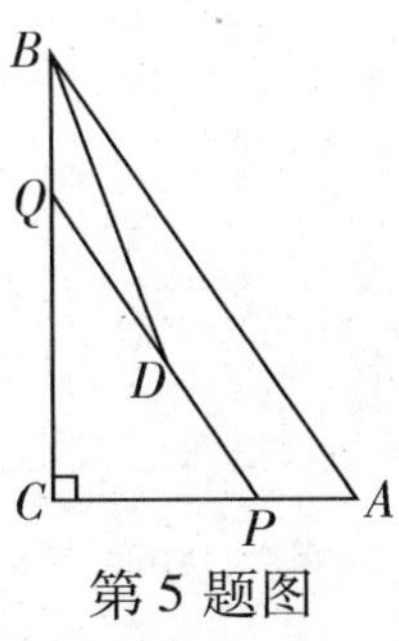

第 5 题图

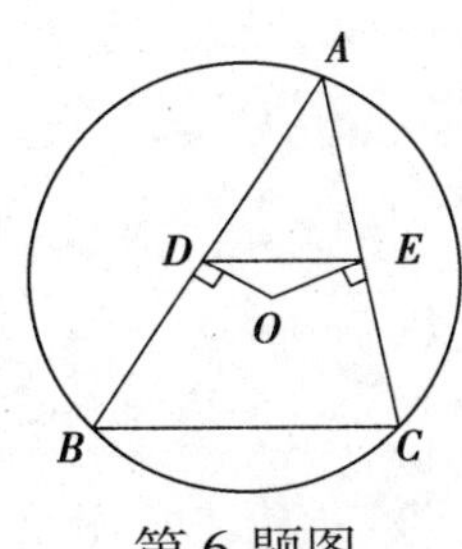

第 6 题图

6. 如图,$\triangle ABC$ 为$\odot O$ 的内接三角形,O 为圆心,$OD\perp AB$,垂足为 D,$OE\perp AC$,垂足为 E。若 $DE=3$,则 $BC=$(　　)(常考)

A. $3\sqrt{2}$　　B. $2\sqrt{5}$

C. 6　　D. 7

7. 如图,正方形 $ABCD$ 中,E 是 BC 边上一点,以 E 为圆心、EC 为半径的半圆与以 A 为圆心,AB 为半径的圆弧外切,则 $\sin\angle EAB$ 的值为(　　)

A. $\frac{4}{3}$　　B. $\frac{3}{4}$　　C. $\frac{4}{5}$　　D. $\frac{3}{5}$

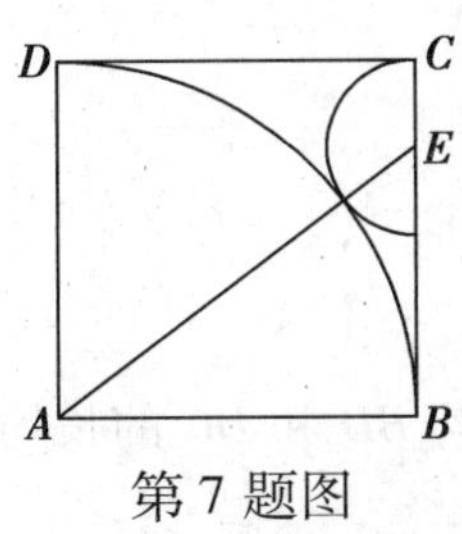

第 7 题图

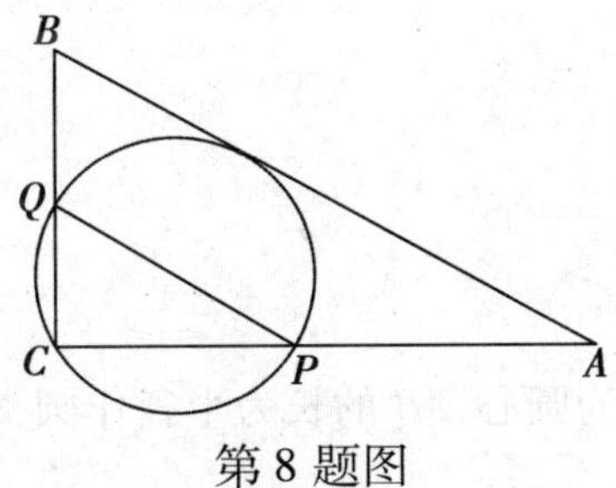

第 8 题图

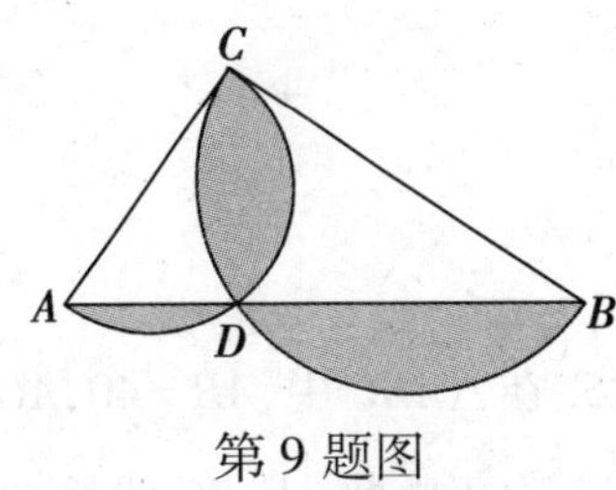

第 9 题图

8. 如图,在$\triangle ABC$ 中,$AB=10$,$AC=8$,$BC=6$,经过点 C 且与边 AB 相切的动圆与 CB,CA 分别相交于点 Q,P,则线段 PQ 长度的最小值是(　　)(常考)

A. 4.75　　B. 4.8　　C. 5　　D. $4\sqrt{2}$

9. 如图,直角三角形 ABC 中,$\angle C=90°$,$AC=2$,$AB=4$,分别以 AC,BC 为直径作半圆,则图中阴影部分的面积为(　　)(易错)

A. $2\pi-\sqrt{3}$　　B. $4\pi-4\sqrt{3}$

C. $5\pi-4$　　D. $2\pi-2\sqrt{3}$

10. 如图，在△OAB 和△OCD 中，$OA=OB$，$OC=OD$，$OA>OC$，$\angle AOB=\angle COD=40°$，连结 AC，BD 交于点M，连结 OM。下列结论：①$AC=BD$；②$\angle AMB=40°$；③OM 平分$\angle BOC$；④MO 平分$\angle BMC$。其中正确的个数为(　　)

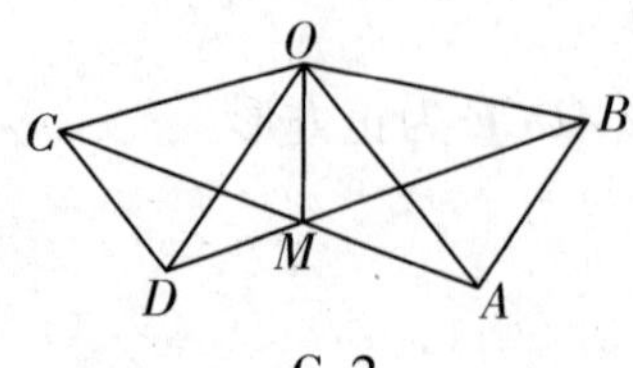

A. 4　　B. 3　　C. 2　　D. 1

11. 下列命题中：①两个全等三角形合在一起是一个轴对称图形；②等腰三角形的对称轴是底边上的中线所在的直线；③等边三角形一边上的高所在的直线就是这条边的垂直平分线；④一条线段可以看成是以它的垂直平分线为对称轴的轴对称图形。正确的说法有(　　)(易混)

A. 1 个　　B. 2 个　　C. 3 个　　D. 4 个

12. 如图，已知菱形 $OABC$ 的顶点 $O(0,0)$，$B(2,2)$，若菱形绕点 O 逆时针旋转，每秒旋转 45°，则第 60 秒时，菱形的对角线交点 D 的坐标为(　　)(易错)

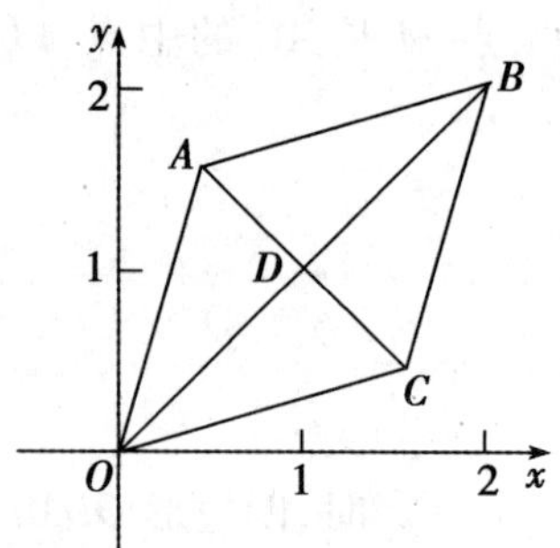

A. $(1,-1)$　　B. $(-1,-1)$

C. $(\sqrt{2},0)$　　D. $(0,-\sqrt{2})$

二、填空题

13. 如图，依次连结一个边长为 1 的正方形各边的中点，得到第二个正方形，再依次连结第二个正方形各边的中点，得到第三个正方形……按此方法继续下去，则第 n 个正方形的面积是________。

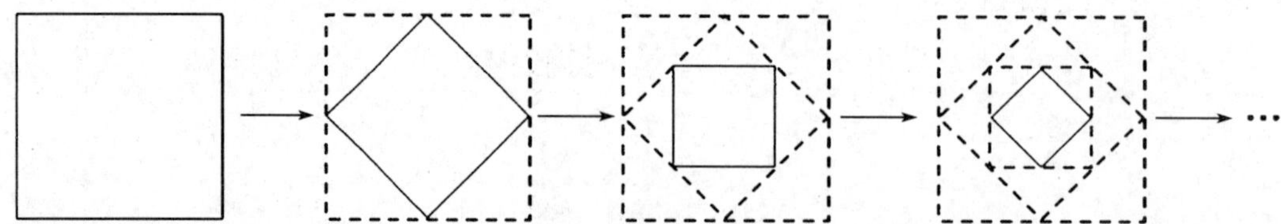

三、解答题

22. 如图，在$\triangle ABC$中，$\angle ACB=90°$，$AC=BC$，点D在边AB上，连结CD，将线段CD绕点C顺时针旋转$90°$至CE的位置，连结AE。

(1) 求证：$AB\perp AE$；

(2) 若$BC^2=AD\cdot AB$，求证：四边形$ADCE$为正方形。

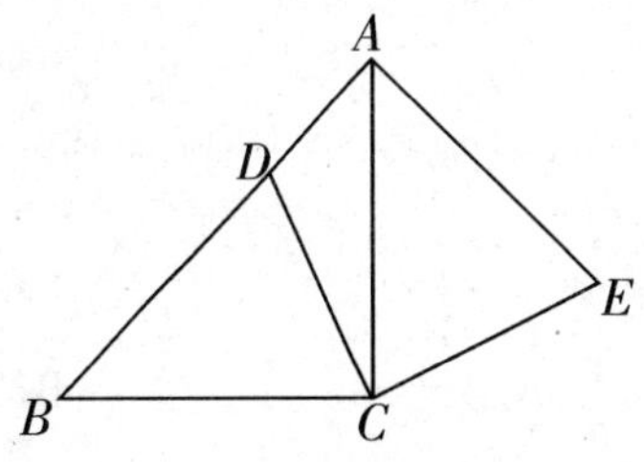

23. 如图，在Rt$\triangle ABC$中，$\angle ABC=90°$，点M是AC的中点，以AB为直径作$\odot O$分别交AC，BM于点D，E。

(1) 求证：$MD=ME$；

(2) 填空：

①若$AB=6$，当$AD=2DM$时，$DE=$________；

②连结OD，OE，当$\angle A$的度数为________时，四边形$ODME$是菱形。

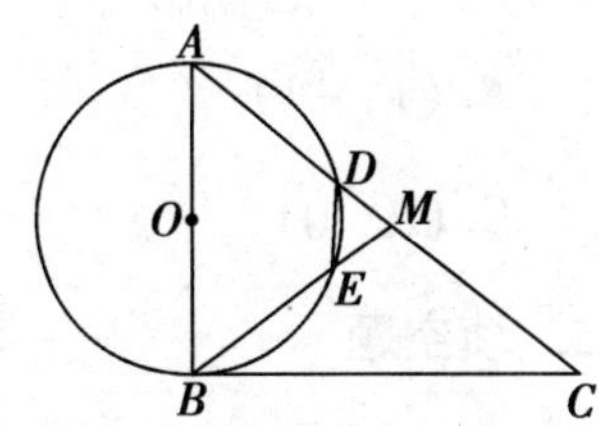

24. 如图①，在 Rt$\triangle ABC$ 中，$\angle ACB=90°$，$AC=BC$，点 D，E 分别在 AC，BC 边上，$DC=EC$，连结 DE，AE，BD，点 M，N，P 分别是 AE，BD，AB 的中点，连结 PM，PN，MN。

(1) BE 与 MN 的数量关系是________；

(2) 将 $\triangle DEC$ 绕点 C 逆时针旋转到图②和图③的位置，判断 BE 与 MN 有怎样的数量关系？写出你的猜想，并利用图②或图③进行证明。

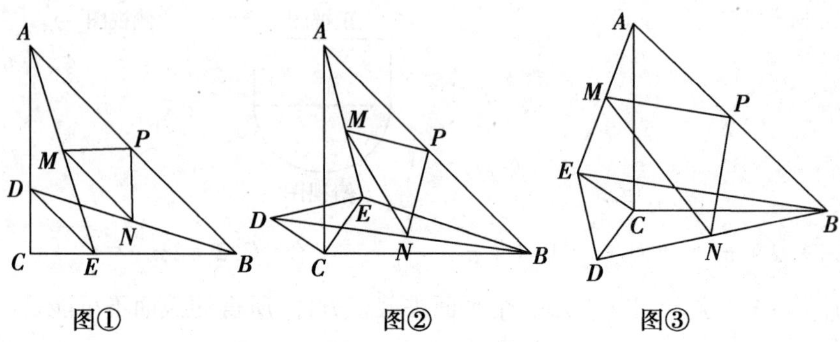

图①　　图②　　图③

10. [山东潍坊青州]一个几何图形的三视图,如图所示,则该几何体的体积为(　　)

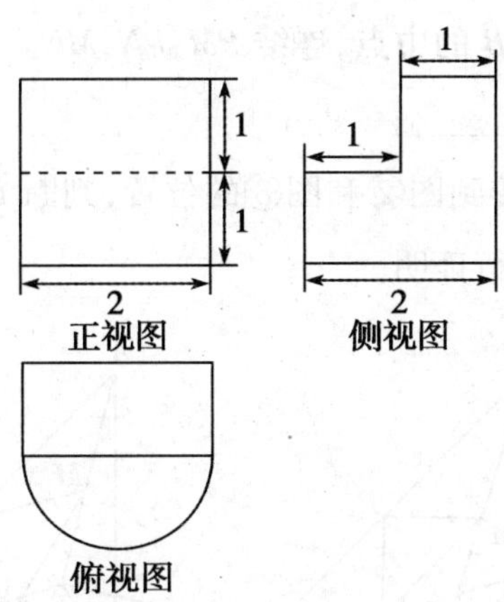

A. $2+\pi$　　B. $1+\pi$　　C. $2+2\pi$　　D. $1+2\pi$

11. [广东广州天河区]用一个平面去截正方体,所得的截面不可能是(　　)

A. 六边形　　B. 菱形　　C. 梯形　　D. 直角三角形

12. [山东威海荣成] a,b 是异面直线,α,β 是两不同平面,$a\subset\alpha,b\subset\beta,\alpha\cap\beta=l$,以下为真命题的是(　　)

A. l 与 a,b 分别相交　　B. l 与 a,b 都不相交

C. l 至多与 a,b 中一条相交　　D. l 至少与 a,b 中一条相交

二、填空题

13. [江苏无锡]如图,三角形 ABC 为直角三角形,以________边为轴旋转一周,所得立体图形的体积最小,体积最小是________立方厘米。

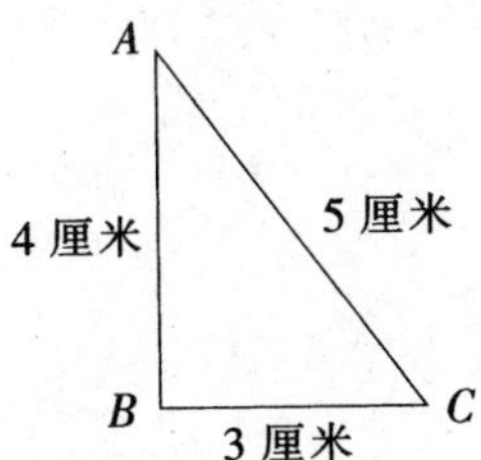

14. [四川宜宾]如图所示,正方体的棱长为1,C,D 分别是两条棱的中点,A,B,M 是顶点,那么点 M 到截面 $ABCD$ 的距离是________。

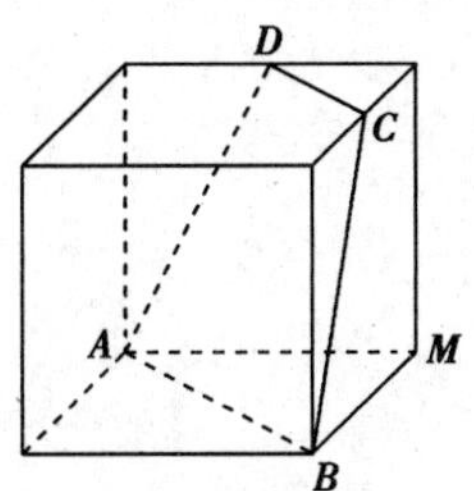

三、判断题

15.［重庆沙坪坝区］一个体积为0.4立方分米的木块，占地面积是0.4平方分米。（　　）

16.［山西阳城］平面$\beta\perp$平面α，平面$\gamma\perp$平面α，则$\beta /\!/ \alpha$。（　　）

17.［山西阳城］如下图，空间四边形四边的中点是一个平行四边形的顶点。（　　）

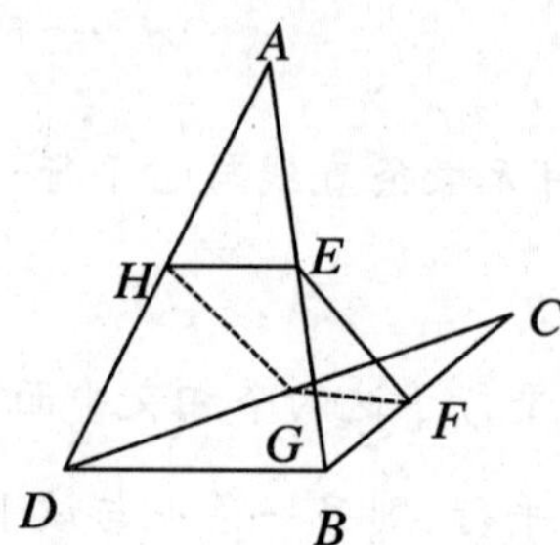

18.［山东威海环翠区］在正方体$ABCD-A_1B_1C_1D_1$中，与AD_1成$60°$角的面对角线的条数是10条。

（　　）

四、解答题

19.［江苏淮安］在四棱锥$P-ABCD$中，底面$ABCD$为正方形，$PA\perp$平面$ABCD$，$PA=AB$。

(1)求证：$BD\perp$平面PAC；

(2)若点M是PC上一点，且$BM\perp PC$，求二面角$M-BD-C$的正弦值。

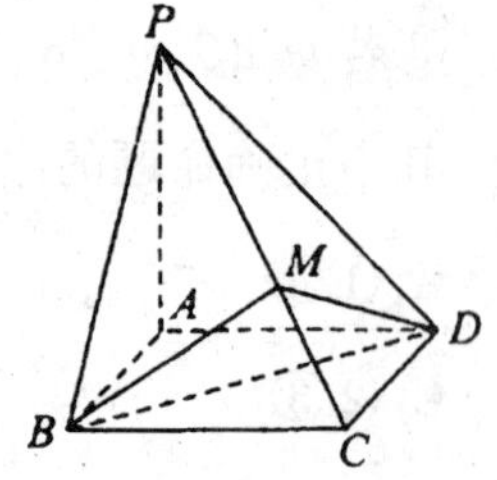

基础训练

一、单项选择题

1. 下面命题中正确的是(　　)

A. 一直线与一平面平行,这个平面内有无数条直线与它平行

B. 平行于同一直线的两个平面平行

C. 与两相交平面的交线平行的直线必平行于这两个相交平面

D. 两条平行直线中的一条与一个平面平行,则另一条也与该平面平行

2. 若直线 l_1 和 l_2 是异面直线,l_1 在平面 α 内,l_2 在平面 β 内,l 是平面 α 与平面 β 的交线,则下列命题正确的是(　　)

A. l 与 l_1,l_2 都不相交　　B. l 与 l_1,l_2 都相交

C. l 至多与 l_1,l_2 中的一条相交　　D. l 至少与 l_1,l_2 中的一条相交

3. 已知 m,n 是两条不同的直线,α,β 是两个不同的平面,给出下列命题:

①若 $\alpha\perp\beta,m/\!/\alpha$,则 $m\perp\beta$;　　②若 $m\perp\alpha,n\perp\beta$,且 $m\perp n$,则 $\alpha\perp\beta$;

③若 $m\perp\beta,m/\!/\alpha$,则 $\alpha\perp\beta$;　　④若 $m/\!/\alpha,n/\!/\beta$,且 $m/\!/n$,则 $\alpha/\!/\beta$。

其中正确命题的序号是(　　)

A. ①④　　B. ②④

C. ②③　　D. ①③

4. 中国古建筑借助榫卯将木构件连接起来,构件的凸出部分叫榫头,凹进部分叫卯眼,图中木构件右边的小长方体是榫头。若如图摆放的木构件与某一带卯眼的木构件咬合成长方体,则咬合时带卯眼的木构件的俯视图可以是(　　)

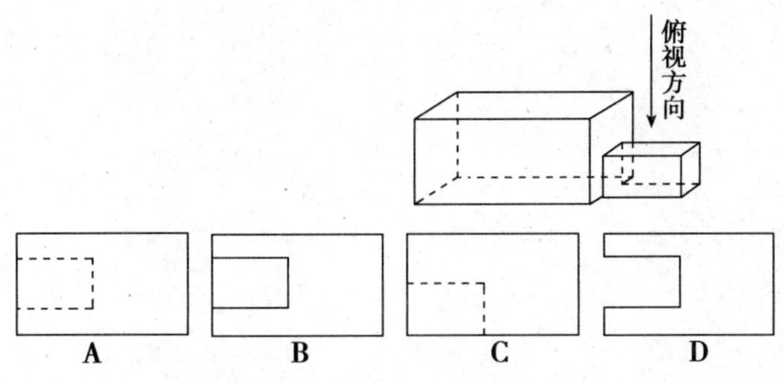

5. 如图,网格纸上小正方形的边长为 1,粗实线画出的是某多面体的三视图,则该多面体的表面积为(　　)

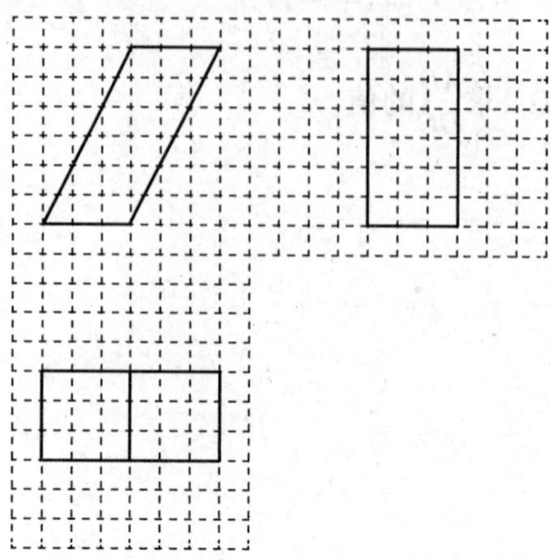

A. $18+36\sqrt{5}$　　B. $54+18\sqrt{5}$　　C. 90　　D. 81

6. 已知圆柱的上、下底面的中心分别为 O_1,O_2,过直线 O_1O_2 的平面截该圆柱所得的截面是面积为 8 的正方形,则该圆柱的表面积为(　　)

A. $12\sqrt{2}\pi$　　B. 12π　　C. $8\sqrt{2}\pi$　　D. 10π

7. 如图,已知直三棱柱 $ABC-A'B'C'$,点 P,Q 分别在侧棱 AA' 和 CC' 上,$AP=C'Q$,则平面 BPQ 把三棱柱分成的两部分的体积比为(　　)

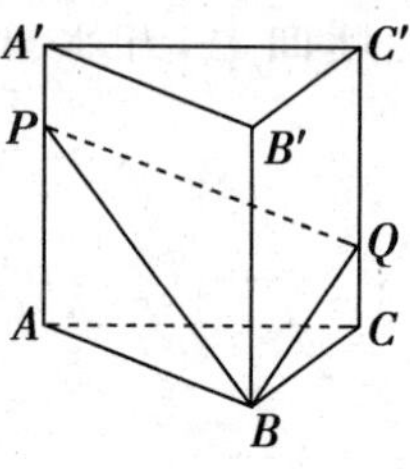

A. 2∶1　　B. 3∶1　　C. 3∶2　　D. 4∶3

8. 已知三棱锥 $P-ABC$ 中各侧面与底面所成的二面角都是 60°,且三角形 ABC 三边长分别为 7,8,9,则此三棱锥的侧面积为(　　)

A. $24\sqrt{5}$　　B. $8\sqrt{5}$　　C. $6\sqrt{5}$　　D. $12\sqrt{15}$

9. 在正方体 $ABCD-A_1B_1C_1D_1$ 中,E 为棱 CC_1 的中点,则异面直线 AE 与 CD 所成角的正切值为(　　)

A. $\frac{\sqrt{2}}{2}$　　B. $\frac{\sqrt{3}}{2}$　　C. $\frac{\sqrt{5}}{2}$　　D. $\frac{\sqrt{7}}{2}$

二、填空题

10. 若一个正四面体的表面积为 S_1,其内切球的表面积为 S_2,则 $\frac{S_1}{S_2}=$________。

21. 如图所示，在斜三棱柱 $ABC-A_1B_1C_1$ 中，点 D，D_1 分别为 AC，A_1C_1 上的点。

(1)当 $\frac{A_1D_1}{D_1C_1}$ 的值等于何值时，BC_1∥平面 AB_1D_1？

(2)若平面 BC_1D∥平面 AB_1D_1，求 $\frac{AD}{DC}$ 的值。

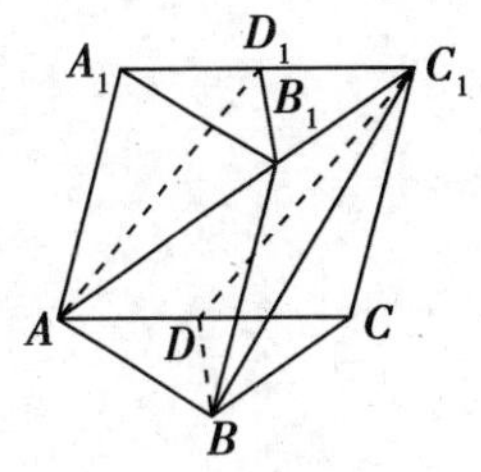

22. 如图，等腰直角三角形 ABC 中，$\angle ABC=90°$，$EA\perp$平面 ABC，FC∥EA，$EA=FC=AB=a$。

(1)求证：$AB\perp$平面 BCF；

(2)证明：A，B，C，E，F 五点在同一个球面上，并求 A，F 两点之间的球面距离。

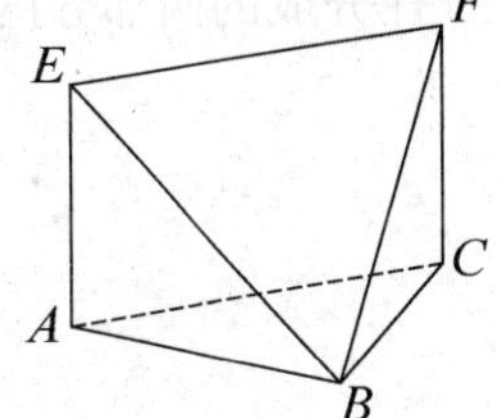

23. 如图，在四棱锥 $P-ABCD$ 中，$PA\perp$ 平面 $ABCD$，底面 $ABCD$ 为正方形，且 $PA=AD=2$，E,F 分别为棱 AD,PC 的中点。

(1) 求异面直线 EF 与 PB 所成角的大小；（常考）

(2) 求证：平面 $PCE\perp$ 平面 PBC。（常考）

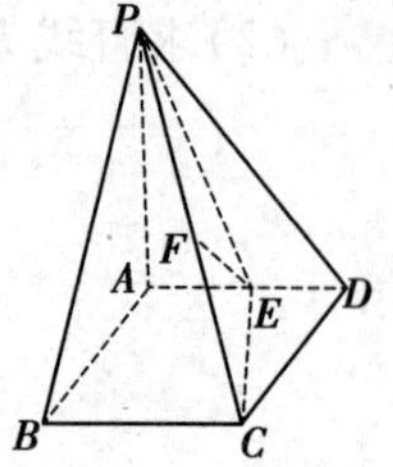

12. 如图，在矩形 $ABCD$ 中，$AB=2AD=2$，O 为 CD 的中点，沿 AO 将 $\triangle AOD$ 折起，使 $DB=\sqrt{3}$。

(1)求证：平面 $AOD\perp$ 平面 $ABCO$；

(2)求直线 BC 与平面 ABD 所成角的正弦值。

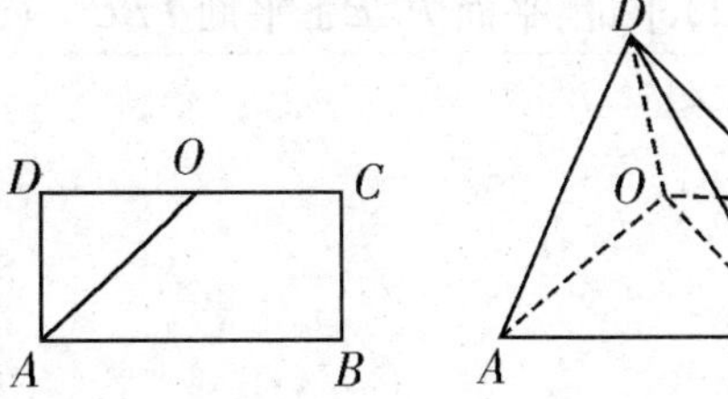

13. 如图，在矩形 $ABCD$ 中，点 E，F 分别在线段 AB，AD 上，$AE=EB=AF=\frac{2}{3}FD=4$。沿直线 EF 将 $\triangle AEF$ 翻折成 $\triangle A'EF$，使平面 $A'EF\perp$ 平面 BEF。

(1)求二面角 $A'-FD-C$ 的余弦值；

(2)点 M，N 分别在线段 FD，BC 上，若沿直线 MN 将四边形 $MNCD$ 向上翻折，使 C 与 A' 重合，求线段 FM 的长。

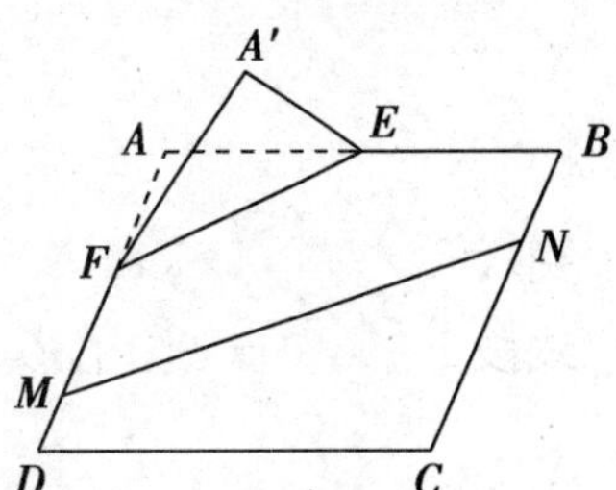

专题十　平面解析几何

命题分析

本专题主要介绍直线与圆的方程、圆锥曲线、极坐标与参数方程。依据历年各地市真题的分析,本专题需要重点掌握的知识包括:

1. 直线的倾斜角与斜率的概念、直线方程的几种形式;两条直线平行与垂直的等价条件;点到直线的距离公式;圆的标准方程和一般方程;圆的切线方程、弦长的求法。

2. 椭圆、双曲线、抛物线的定义、标准方程和简单的几何性质;直线与圆锥曲线的综合问题。

3. 极坐标和直角坐标的互化方法、参数方程与普通方程的互化方法。

本专题内容繁多,需要理解和记忆的概念比较多,考试中题目的计算量较大,对考生的计算能力要求较高。在考试中常以单项选择题、填空题、判断题与解答题的形式考查。在备考时,考生要重点掌握直线与圆的方程(直线斜率的计算,直线与圆位置关系的判定);圆锥曲线(圆锥曲线性质的应用与方程的联立计算);坐标系与参数方程(极坐标与直角坐标的互化计算,参数方程与普通方程的转化计算)。

真题实测

一、单项选择题

1. [山东青岛] 直线 $x+y+1=0$ 的倾斜角为(　　)

A. 45°　　B. 60°　　C. 120°　　D. 135°

2. [广东广州天河区] 已知抛物线 $y=x^2-8x+7$ 与 x 轴相交于 A,B 两点(点 A 在点 B 的左侧),该抛物线的对称轴与 x 轴交于点 S,点 P 是以 $C(4,4)$ 为圆心,半径为 1 的圆上的一个动点,如果点 Q 是线段 PA 的中点,连结 SQ,则线段 SQ 的最小值是(　　)

A. $\frac{5}{2}$　　B. 2　　C. $2\sqrt{6}$　　D. 3

3. [天津津南区]已知圆的方程为 $x^2+y^2-4x+6y=0$,其圆心坐标为(a,b),则 $a^2+b^2=$(　　)

A. 8　　B. 16　　C. 12　　D. 13

4. [江苏淮安] 抛物线 $y^2=4x$ 的焦点坐标为(　　)

A. $(0,1)$　　B. $(-1,0)$　　C. $(1,0)$　　D. $(0,-1)$

5. [黑龙江牡丹江]过点 $A(0,1)$ 且与直线 $y=2x-5$ 平行的直线的方程是(　　)

A. $2x-y+1=0$　　B. $2x-y-1=0$

C. $x+2y-2=0$　　D. $x+2y+2=0$

17. [天津南开区] 已知椭圆 $W:\frac{x^2}{4}+y^2=1$,直线 l 过点$(0,-2)$与椭圆 W 交于 A,B 两点,O 为坐标原点。

(1)设 C 为 AB 的中点,当直线 l 的斜率为$\frac{3}{2}$时,求线段 OC 的长;

(2)当$\triangle OAB$ 的面积等于 1 时,求直线 l 的斜率。

18. [湖南永州]已知抛物线 $y=x^2$ 与直线 $y=(k+2)x-(2k-1)(k\in\mathbf{R})$相交。

(1)证明:无论 k 如何取值,该抛物线与直线恒有 2 个不同的交点;

(2)设该抛物线与直线的 2 个不同交点分别为 $A(x_1,y_1)$,$B(x_2,y_2)$,若 x_1,x_2 为整数,求实数 k 的值。

基础训练

一、单项选择题

1. 直线 l 的方程为 $\sqrt{3}x+3y-1=0$，则直线 l 的倾斜角为(　　)

A. 150°　　B. 120°　　C. 60°　　D. 30°

2. 若 P,Q 分别为直线 $3x+4y-12=0$ 与 $6x+8y+5=0$ 上任意一点，则 $|PQ|$ 的最小值为(　　)

A. $\frac{9}{5}$　　B. $\frac{18}{5}$　　C. $\frac{29}{10}$　　D. $\frac{29}{5}$

3. 直线 $l:mx-y+1-m=0$ 与圆 $C:x^2+(y-1)^2=5$ 的位置关系是(　　)

A. 相交　　B. 相切　　C. 相离　　D. 不确定

4. 直线 $x+y+2=0$ 分别与 x 轴，y 轴交于 A,B 两点，点 P 在圆 $(x-2)^2+y^2=2$ 上，则 $\triangle ABP$ 面积的取值范围是(　　)

A. $[2,6]$　　B. $[4,8]$

C. $[\sqrt{2},3\sqrt{2}]$　　D. $[2\sqrt{2},3\sqrt{2}]$

5. 过直线 $y=x$ 上的一点作圆 $(x-5)^2+(y-1)^2=2$ 的两条切线 l_1,l_2，当直线 l_1,l_2 关于 $y=x$ 对称时，它们之间的夹角为(　　)

A. $\frac{\pi}{6}$　　B. $\frac{\pi}{4}$　　C. $\frac{\pi}{3}$　　D. $\frac{\pi}{2}$

6. 若椭圆 $4x^2+y^2=k$ 上任意两点间的最大距离是 4，那么 $k=$(　　)

A. 4　　B. 16　　C. 32　　D. 64

7. 已知点 P 是椭圆 $x^2+4y^2=4$ 上的任意一点，x 轴上存在一点 $A(4,0)$，若 M 为线段 PA 中点，则点 M 的轨迹方程是(　　)(常考)

A. $(x-2)^2+4y^2=1$　　B. $(x-4)^2+4y^2=1$

C. $(x+2)^2+4y^2=1$　　D. $(x+4)^2+4y^2=1$

8. 椭圆的两个焦点和中心把两准线间的距离四等分，则一焦点与短轴两端点连线的夹角是(　　)

A. $\frac{\pi}{4}$　　B. $\frac{\pi}{3}$　　C. $\frac{\pi}{2}$　　D. $\frac{2\pi}{3}$

9. 已知 F_1,F_2 是椭圆 C 的两个焦点，P 是 C 上的一点。若 $PF_1\perp PF_2$，且 $\angle PF_2F_1=60°$，则 C 的离心率为(　　)

A. $1-\frac{\sqrt{3}}{2}$　　B. $2-\sqrt{3}$　　C. $\frac{\sqrt{3}-1}{2}$　　D. $\sqrt{3}-1$

28. 在平面直角坐标系 xOy 中,已知点 $A(0,-1)$,点 B 在直线 $y=-3$ 上,点 M 满足 $MB /\!/ OA$,$\overrightarrow{MA}\cdot\overrightarrow{AB}=\overrightarrow{MB}\cdot\overrightarrow{BA}$,点 M 的轨迹为曲线 C。

(1)求 C 的方程;

(2)P 为 C 上的动点,l 为 C 在点 P 处的切线,求点 O 到 l 距离的最小值。

29. 已知双曲线 $C:\frac{x^2}{a^2}-\frac{y^2}{b^2}=1(a>0,b>0)$ 的离心率为$\sqrt{3}$,点$(\sqrt{3},0)$是双曲线的一个顶点。

(1)求双曲线的方程;

(2)经过双曲线右焦点 F_2 作倾斜角为 $30°$ 的直线,直线与双曲线交于不同的两点 A,B,求$|AB|$。

30. 在直角坐标系 xOy 中,圆 C 的方程为$(x+6)^2+y^2=25$。

(1)以坐标原点为极点,x 轴正半轴为极轴建立极坐标系,求 C 的极坐标方程;

(2)直线 l 的参数方程是$\begin{cases}x=t\cos\alpha,\\y=t\sin\alpha\end{cases}$($t$ 为参数),l 与 C 交于 A,B 两点,$|AB|=\sqrt{10}$,求 l 的斜率。

整合提升

一、单项选择题

1. 已知过点 $A(-2,m)$ 和点 $B(m,4)$ 的直线为 l_1，直线 $2x+y-1=0$ 为 l_2，直线 $x+ny+1=0$ 为 l_3。若 $l_1 /\!/ l_2$，$l_2 \perp l_3$，则实数 $m+n$ 的值为(　　)

A. -10　　B. -2　　C. 0　　D. 8

2. 若圆 $C:x^2+y^2+2x-4y+3=0$ 关于直线 $2ax+by+6=0$ 对称，则由点 (a,b) 向圆所作的切线长的最小值是(　　)

A. 2　　B. 4　　C. 3　　D. 6

3. 已知椭圆 $x^2+3y^2=9$ 的左焦点为 F_1，点 P 是椭圆上异于顶点的任意一点，O 为坐标原点，若点 D 是线段 PF_1 的中点，则 $\triangle F_1OD$ 的周长为(　　)

A. $1+\frac{\sqrt{6}}{3}$　　B. $3+\sqrt{6}$　　C. $3+2\sqrt{3}$　　D. $6+2\sqrt{6}$

4. 已知椭圆 $C:\frac{x^2}{a^2}+\frac{y^2}{b^2}=1(a>b>0)$ 的左、右顶点分别为 A_1，A_2，且以线段 A_1A_2 为直径的圆与直线 $bx-ay+2ab=0$ 相切，则椭圆 C 的离心率为(　　)(常考)

A. $\frac{\sqrt{6}}{3}$　　B. $\frac{\sqrt{3}}{3}$　　C. $\frac{\sqrt{2}}{3}$　　D. $\frac{1}{3}$

5. 已知椭圆 $C:\frac{x^2}{a^2}+\frac{y^2}{b^2}=1(a>b>0)$ 的离心率为$\frac{\sqrt{3}}{2}$，过右焦点 F 且斜率为 $k(k>0)$ 的直线与 C 相交于 A，B 两点。若$\overrightarrow{AF}=3\overrightarrow{FB}$，则 $k=$(　　)

A. 1　　B. $\sqrt{2}$　　C. $\sqrt{3}$　　D. 2

6. 抛物线 $y^2=4x$ 上一点 P 到直线 $x=-1$ 的距离与到点 $Q(2,2)$ 的距离之差的最大值为(　　)

A. 3　　B. $\sqrt{3}$　　C. 5　　D. $\sqrt{5}$

7. 已知 F 为抛物线 $C:y^2=4x$ 的焦点，过 F 作两条互相垂直的直线 l_1，l_2，直线 l_1 与 C 交于 A，B 两点，直线 l_2 与 C 交于 D，E 两点，则$|AB|+|DE|$的最小值为(　　)(常考)

A. 16　　B. 14　　C. 12　　D. 10

8. 如图，F_1，F_2是双曲线$\frac{x^2}{a^2}-\frac{y^2}{b^2}=1(a>0,b>0)$的左、右焦点，过点 F_1 的直线 l 与双曲线的两支分别交于点 A，B，若$\triangle ABF_2$为等边三角形，则双曲线的离心率为(　　)

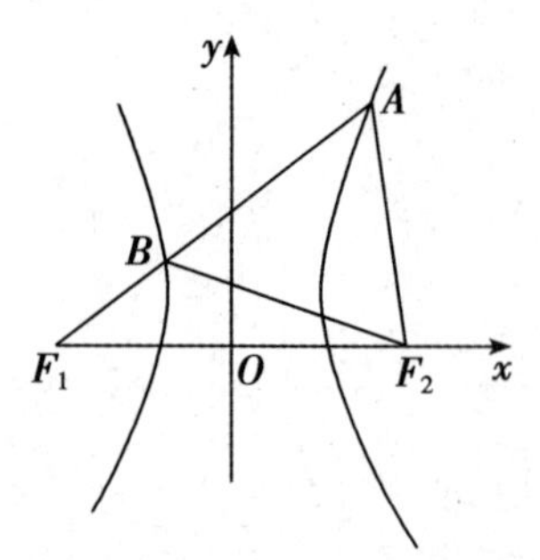

A. 4　　B. $\sqrt{7}$

C. $\frac{2\sqrt{3}}{3}$　　D. $\sqrt{3}$

18. 设抛物线 $C:y^2=2x$,点 $A(2,0)$,$B(-2,0)$,过点 A 的直线 l 与 C 交于 M,N 两点。

(1)当 l 与 x 轴垂直时,求直线 BM 的方程;

(2)证明:$\angle ABM=\angle ABN$。

19. 在直角坐标系 xOy 中,曲线 C 的参数方程为 $\begin{cases}x=2\cos\theta,\\y=4\sin\theta\end{cases}$($\theta$ 为参数),直线 l 的参数方程为 $\begin{cases}x=1+t\cos\alpha,\\y=2+t\sin\alpha\end{cases}$($t$ 为参数)。

(1)求 C 和 l 的直角坐标方程;

(2)若曲线 C 截直线 l 所得线段的中点坐标为$(1,2)$,求 l 的斜率。

专题十一　计数原理与概率统计

命题分析

本专题主要介绍计数原理、统计与抽样、事件及随机事件的概率、随机变量及其分布。依据历年各地市真题的分析,本专题需要重点掌握的知识包括:

1. 排列、组合的概念与公式,常见排列或组合问题的解决方法;二项式定理以及二项展开式的性质及其应用。

2. 条形统计图、扇形统计图、折线统计图各自的特点;常见的三种抽样方法,特别是分层抽样方法的步骤;茎叶图的特点;频率分布直方图的画法;独立性检验的基本思想与方法。

3. 事件之间的关系及其运算;等可能性事件的概率,古典概型与几何概型的计算;条件概率及相关的概率计算公式。

4. 离散型随机变量的均值、方差及其分布列的概念;二项分布的概率计算方法;正态分布、均匀分布的概率计算;随机变量期望与方差的计算方法。

本专题内容琐碎,是历年考试的重点,需要理解、记忆的概念较多。在考试中常以单项选择题、填空题、判断题与解答题的形式考查。在备考时,考生要重点掌握计数原理(排列组合的计算,二项式定理的识记与应用);统计与抽样(统计数据特征的计算,抽样方法的选择);随机事件及其概率(不同概率模型的计算);随机变量及其分布列(主要以大题的形式考查随机变量分布列、期望与方差的求解)。

真题实测

一、单项选择题

1. [浙江杭州]为清晰地反映部分与整体的关系,应选择(　　)

A. 条形统计图　　B. 折线统计图

C. 扇形统计图　　D. 统计表

2. [湖南永州]下表为2013年至2017年全国粮食产量表,则2014年至2017年全国粮食产量同比变化率哪一折线最为接近(　　)

年份	2013	2014	2015	2016	2017
产量(吨)	58958	60194	60703	62144	61624

设该市每辆小汽车内人数为随机变量 X,记 X 的均值为 $E(X)$,由以上信息,$E(X)$ 的估计值为( )

A. $\frac{203}{100}$ B. $\frac{151}{50}$ C. $\frac{7}{2}$ D. 4

15. [江苏江阴]已知 A、B 两地之间有 4 条网线并联,它们能通过的最大信息量分别为 1,2,3,4。现从中任选 3 条网线且使这三条网线通过的最大信息量的和不小于 8 的方法共有( )种。

A. 1 B. 2 C. 3 D. 4

16. [山东威海荣成] 有一组数据:110,108,142,68,94,89,52,89,89。由这组数据得到以下结论,错误的是( )

A. 中位数为 89 B. 众数为 89

C. 极差为 90 D. 平均数为 93

17. [山西汾阳]7 个人排成一行,则每个人排在中间的概率均为( )

A. $\frac{1}{5}$ B. $\frac{2}{5}$ C. $\frac{1}{7}$ D. $\frac{2}{7}$

18. [山东烟台牟平]在某次联考测试中,学生数学成绩 $X \sim N(100,\sigma^2)(\sigma>0)$,若 $P(80<X<120)=0.8$,则 $P(0<X<80)=$( )

A. 0.2 B. 0.15 C. 0.1 D. 0.05

19. [山东东营]设随机变量 X 服从区间$[0,2]$上的均匀分布,$Y=2e^X+X$,则 $E(Y)$的值为( )

A. e^2 B. e^2-1

C. $2e^2-1$ D. $2e^2+1$

20. [广东广州增城区]黑色不透明的盒子中有红、黄、蓝三种颜色不同而其他完全相同的小球,其中红色球 5 个,黄色球 3 个,蓝色球 2 个。从中任意取 3 个球,没有取到红色球的概率为( )(常考)

A. $\frac{1}{10}$ B. $\frac{1}{6}$ C. $\frac{1}{18}$ D. $\frac{1}{12}$

21. [湖南衡阳耒阳] 总体由编号 01,02,03,…,49,50 的 50 个个体组成,利用随机数表(以下摘取了数表第 1 行和第 2 行)选取 5 个个体,选取方法是从随机数表第 1 行的第 9 列和第 10 列数字开始由左向右读取,则选出来的第 4 个个体的编号是( )

66 67 40 67 14 64 05 71 95 86 11 05 65 09 68 76 83 20 37 90

57 16 00 11 66 14 90 84 45 11 75 73 88 05 90 52 27 41 14 86

A. 05 B. 09 C. 11 D. 20

二、填空题

22. [广东广州增城区]已知一组数据:10,7,6,a,b,7,如果这组数均为正整数,且平均数为6,那么这组数的中位数为________。

23. [福建]甲、乙两位同学近三次数学测试成绩分别为:84,85,89;79,m,90,且甲、乙这三次成绩的平均值相等,则 $m=$________,甲同学成绩的方差为________。

24. [安徽特岗]若一组数据50,70,30,x,60,40的平均数是50,则 $x=$________。

25. [贵州特岗]设 A,B 为相互独立事件,且 $P(B)=0.4$,$P(\bar{A}B)=0.2$,则 $P(AB)=$________。(常考)

26. [安徽]如果正整数 a,b,c 满足 $a^2+b^2=c^2$,则称这3个数为一组勾股数,从6,7,8,9,10中任取3个不同的数,则这3个数构成一组勾股数的概率为________。

27. [云南特岗]将一根长10 m的铁丝剪成两段后,再把每一段剪成等长的两段,用这四段铁丝围成一个矩形,则矩形面积大于4 m^2的概率为________。

三、判断题

28. [重庆沙坪坝区]学校气象小组用统计图公布一周每天气温的高低和变化情况,应选用折线统计图比较合适。　(　　)

29. [广东广州天河区] $(x^2+2)\left(x-\frac{1}{x}\right)^6$ 的展开式中的常数项是 -25。　(　　)

四、解答题

30. [山西特岗]一袋中有形状完全相同,颜色不同的球共9个,其中红色的球有3个,黑色的球有6个。

(1)从袋中不放回地取球,每次随机取1个,直到取出3次红色球即停止,求恰好取4次停止的概率;

(2)从袋中有放回地取球,每次随机取1个,记5次之内(含5次)取到红球的个数为 X,求随机变量 X 的分布列和数学期望。

6. 下列事件为必然事件的是(　　)

A. 打开电视机,正在播放新闻

B. 任意画一个三角形,其内角和是 180°

C. 买一张电影票,座位号是奇数号

D. 掷一枚质地均匀的硬币,正面朝上

7. 不透明袋子中装有红、绿小球各一个,除颜色外无其他差别,随机摸出一个小球后,放回并摇匀,再随机摸出一个,两次都摸到红球的概率为(　　)

A. $\frac{2}{3}$　　B. $\frac{1}{2}$　　C. $\frac{1}{3}$　　D. $\frac{1}{4}$

8. 我国数学家陈景润在哥德巴赫猜想的研究中取得了世界领先的成果。哥德巴赫猜想是“每个大于 2 的偶数可以表示为两个素数的和”,如 $30=7+23$。在不超过 30 的素数中,随机选取两个不同的数,其和等 30 的概率为(　　)

A. $\frac{1}{12}$　　B. $\frac{1}{14}$　　C. $\frac{1}{15}$　　D. $\frac{1}{18}$

9. 某公司的班车在 7:00,8:00,8:30 发车,小明在 7:50 至 8:30 之间到达发车站乘坐班车,且到达发车站的时刻是随机的,则他等车时间不超过 10 分钟的概率是(　　)

A. $\frac{1}{3}$　　B. $\frac{1}{2}$　　C. $\frac{2}{3}$　　D. $\frac{3}{4}$

10. 如图,正方形 $ABCD$ 内的图形来自中国古代的太极图,现随机向正方形内掷一枚小针,则针尖落在黑色区域内的概率为(　　)

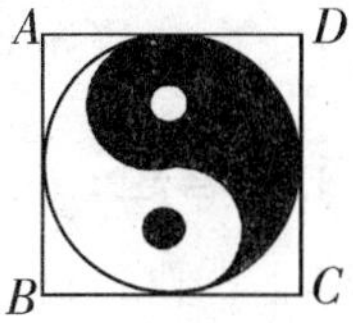

A $\quad$ D

B $\quad$ C

A. $\frac{1}{4}$

B. $\frac{1}{2}$

C. $\frac{\pi}{8}$

D. $\frac{\pi}{4}$

11. 某方便面生产线上每隔 15 分钟抽取一包进行检验,该抽样方法为①,从某中学的 40 名数学爱好者中抽取 5 人了解学习负担情况,该抽样方法为②,那么①和②分别为(　　)

A. ①系统抽样,②分层抽样

B. ①分层抽样,②系统抽样

C. ①系统抽样,②简单随机抽样

D. ①分层抽样,②简单随机抽样

12. 如图是某班全体学生外出乘车、步行、骑车的人数分布直方图和扇形统计图(两图都不完善),则下列结论中错误的是(　　)

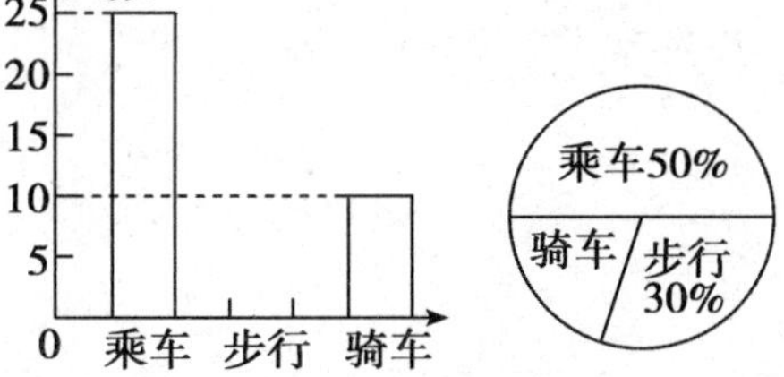

人数

25

20

15

10

5

0　乘车　步行　骑车

乘车50%

骑车

步行 30%

A. 该班总人数为 50 人

B. 骑车人数占总人数的 20%

C. 乘车人数是骑车人数的 2.5 倍

D. 步行人数为 30 人

13. 从 1,2,3,4,5 中任意选两个不同的数,事件 A =“取到的两个数之和为偶数”,事件 B =“取到的两个数均为偶数”,则 $P(B|A)$ = (　　)

A. $\frac{1}{8}$　　B. $\frac{1}{4}$　　C. $\frac{2}{5}$　　D. $\frac{1}{2}$

14. 从装有 2 个红球和 2 个白球的口袋内任取 2 个球,那么互斥而不对立的两个事件是(　　)

A. 至少有 1 个白球与都是白球　　B. 至少有 1 个白球与至少有 1 个红球

C. 至少有 1 个白球与都是红球　　D. 恰有 1 个白球与恰有 2 个白球

15. 设随机变量 X,Y 不相关,且 $EX=2,EY=1,DX=3$,则 $E[X(X+Y-2)]$ = (　　)(易错)

A. -3　　B. 3　　C. -5　　D. 5

16. 已知变量 x 和 y 满足关系 $y=-0.1x+1$,变量 y 与 z 正相关,下列结论中正确的是(　　)

A. x 与 y 正相关,x 与 z 负相关　　B. x 与 y 正相关,x 与 z 正相关

C. x 与 y 负相关,x 与 z 负相关　　D. x 与 y 负相关,x 与 z 正相关

17. 在实验室进行的一项数学试验中,要先后实施 6 个程序,其中程序 A 只能出现在第一步或最后一步,程序 B 和 C 在实施时必须相邻,则试验顺序的编排方法共有(　　)

A. 34 种　　B. 48 种　　C. 96 种　　D. 144 种

18. 有 4 位教师在同一年级的 4 个班中各教一个班的数学,在数学检测时要求每位教师不能在本班监考,则监考的方法有(　　)

A. 8 种　　B. 9 种　　C. 10 种　　D. 11 种

19. 甲、乙进行乒乓球比赛,先赢 3 局者获胜,决出胜负为止,则所有可能出现的情形(各人输赢情况不同视为不同情况)共有(　　)

A. 10 种　　B. 15 种　　C. 20 种　　D. 30 种

二、填空题

20. 为了建设“书香校园”,某校的同学积极捐书,下表统计了某班 40 名学生的捐书情况:

捐书(本)	3	4	5	7	10
人数	5	7	10	11	7

该班学生平均每人捐书________本。

21. 甲、乙两班举行数学知识竞赛,参赛学生的竞赛得分统计结果如下表:

班级	参赛人数	平均数	中位数	方差
甲	45	83	86	82
乙	45	83	84	135

某同学分析上表后得到如下结论:

30. 如图,在某城市中,M,N 两地之间有整齐的方格形道路网,A_1,A_2,A_3,A_4 位于道路网中一条对角线上的4个交汇处,今在道路网 M,N 处的甲、乙两人分别要到 N,M 处,他们分别随机地选择一条沿街的最短路径,同时以每10分钟一格的速度分别向 N,M 处行走,直到到达 N,M 为止。

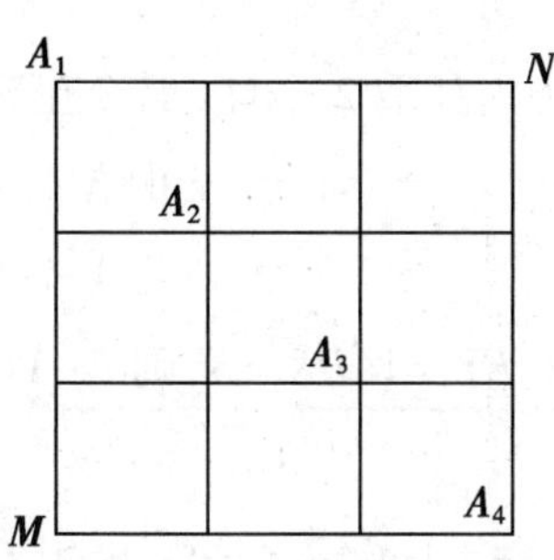

(1)求甲经过 A_2 的概率;

(2)求甲、乙两人相遇经 A_2 点的概率;

(3)求甲、乙两人相遇的概率。

31. 某公司为确定下一年度投入某种产品的宣传费,需了解年宣传费 x(单位:千元)对年销售量 y(单位:t)和年利润 z(单位:千元)的影响。对近 8 年的年宣传费 x_i 和年销售量 $y_i(i=1,2,\cdots,8)$ 数据作了初步处理,得到下面的散点图及一些统计量的值。

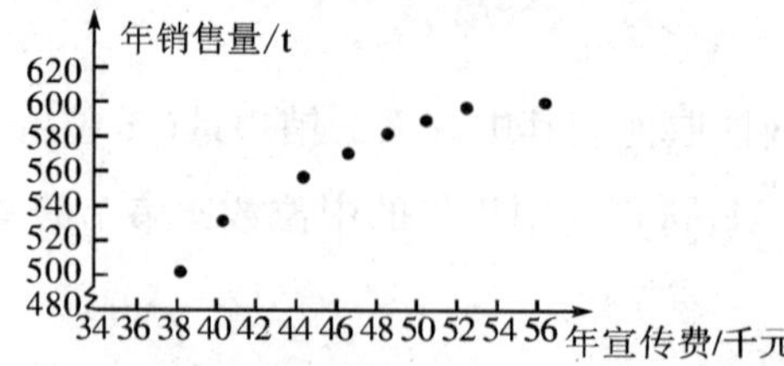

$\bar{x}$	$\bar{y}$	$\bar{\omega}$	$\sum\limits_{i=1}^{8}(x_i-\bar{x})^2$	$\sum\limits_{i=1}^{8}(\omega_i-\bar{\omega})^2$	$\sum\limits_{i=1}^{8}(x_i-\bar{x})(y_i-\bar{y})$	$\sum\limits_{i=1}^{8}(\omega_i-\bar{\omega})(y_i-\bar{y})$
46.6	563	6.8	289.8	1.6	1 469	108.8

其中 $\omega_i=\sqrt{x_i}$, $\bar{\omega}=\frac{1}{8}\sum\limits_{i=1}^{8}\omega_i$ 。

(1)根据散点图判断 $y=a+bx$ 与 $y=c+d\sqrt{x}$ 哪一个适宜作为年销售量 y 关于年宣传费 x 的回归方程类型?(给出判断即可,不必说明理由)

(2)根据(1)的判断结果及表中数据,建立 y 关于 x 的回归方程;

(3)已知这种产品的年利润 z 与 x,y 的关系为 $z=0.2y-x$。根据(2)的结果回答下列问题:

①年宣传费 $x=49$ 时,年销售量及年利润的预报值是多少?

②年宣传费 x 为何值时,年利润的预报值最大?

附:对于一组数据 $(u_1,v_1),(u_2,v_2),\cdots,(u_n,v_n)$,其回归直线 $\hat{v}=\hat{\alpha}+\hat{\beta}u$ 的斜率和截距的最小二乘估计公式分别为 $\hat{\beta}=\frac{\sum\limits_{i=1}^{n}(u_i-\bar{u})(v_i-\bar{v})}{\sum\limits_{i=1}^{n}(u_i-\bar{u})^2}$,$\hat{\alpha}=\bar{v}-\hat{\beta}\bar{u}$ 。

整合提升

一、单项选择题

1. 某兄弟俩都推销某一小家电,现抽取他们其中 8 天的销售量(单位:台),得到的茎叶图如下图所示,已知弟弟的销售量的平均数为 34,哥哥的销售量的中位数比弟弟的销售量的众数大 2,则 $x+y$ 的值为(　　)

哥哥		弟弟
8 9	2	y 7
3 x 7 8	3	4 4 4 2
2 3	4	2 1

A. 5　　B. 13　　C. 15　　D. 20

2. 如图是来自古希腊数学家希波克拉底所研究的几何图形。此图由三个半圆构成,三个半圆的直径分别为直角三角形 ABC 的斜边 BC,直角边 AB,AC。$\triangle ABC$ 的三边所围成的区域记为Ⅰ,黑色部分记为Ⅱ,其余部分记为Ⅲ。在整个图形中随机取一点,此点取自Ⅰ,Ⅱ,Ⅲ的概率分别记为 p_1,p_2,p_3,则(　　)

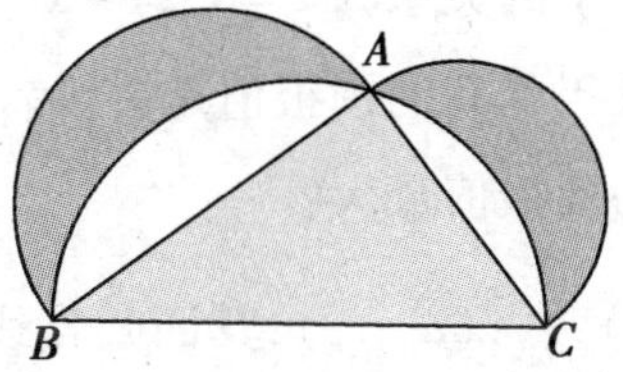

A. $p_1=p_2$　　B. $p_1=p_3$　　C. $p_2=p_3$　　D. $p_1=p_2+p_3$

3. 用 0,1,2,3,4 排成无重复数字的五位数,要求偶数字相邻,奇数字也相邻,则该五位数的个数是(　　)(易混)

A. 36　　B. 32　　C. 24　　D. 20

4. 某单位安排 7 位员工在 10 月 1 日至 7 日值班,每天 1 人,每人值班 1 天,若 7 位员工中的甲、乙排在相邻的两天,丙不排在 10 月 1 日,丁不排在 10 月 7 日,则不同的安排方案有(　　)种。

A. 504　　B. 960　　C. 1008　　D. 1108

二、填空题

5. $\left(\sqrt{x}+\dfrac{1}{\sqrt[3]{x}}\right)^{10}$ 的展开式的第 3 项小于第 4 项,则 x 的取值范围是________。

6. 某群体中的每位成员使用移动支付的概率都为 p,各成员的支付方式相互独立。设 X 为该群体的 10 位成员中使用移动支付的人数,$D(X)=2.4$,$P(X=4)<P(X=6)$,则 $p=$________。

7. 甲罐中有 5 个红球,2 个白球和 3 个黑球,乙罐中有 4 个红球,3 个白球和 3 个黑球。先从甲罐中随

机取出一球放入乙罐，分别以 A_1，A_2 和 A_3 表示由甲罐取出的球是红球，白球和黑球的事件；再从乙罐中随机取出一球，以 B 表示由乙罐取出的球是红球的事件。则下列结论中正确的是________。（填入正确答案的序号）

①$P(B)=\frac{2}{5}$；

②$P(B|A_1)=\frac{5}{11}$；

③事件 B 与事件 A_1 相互独立；

④A_1，A_2，A_3 是两两互斥的事件；

⑤$P(B)$ 的值不能确定，因为它与 A_1，A_2，A_3 中究竟哪一个发生有关。

8. 如图，$EFGH$ 是以 O 为圆心，半径为 1 的圆的内接正方形，将一颗豆子随机地扔到该圆内，用 A 表示事件"豆子落在正方形 $EFGH$ 内"，B 表示事件"豆子落在扇形 OHE（阴影部分）内"，则 $P(B|A)=$________。

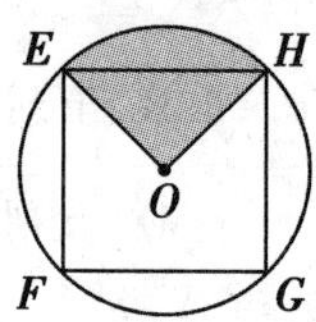

9. $G(x)$ 表示函数 $y=2\cos x+3$ 的导数，在区间 $\left[-\frac{\pi}{3},\pi\right]$ 上，随机取值 a，$G(a)<1$ 的概率为________。（常考）

三、解答题

10. 随机抽取某厂的某种产品 200 件，经质检，其中一等品 126 件，二等品 50 件，三等品 20 件，次品 4 件。已知生产 1 件一、二、三等品获得的利润分别为 6 万元、2 万元、1 万元，而生产 1 件次品亏损 2 万元。设 1 件产品的利润（单位：万元）为 ξ。

（1）求 ξ 的分布列；

（2）求 1 件产品的平均利润（即 ξ 的数学期望）；

（3）经技术革新后，仍有四个等级的产品，但次品率降为 1%，一等品率提高为 70%。如果此时要求 1 件产品的平均利润不小于 4.73 万元，则三等品率最多是多少？

4. [贵州特岗] 极限$\lim\limits_{x\to0}\frac{\sin4x}{\sin8x}=$( )(常考)

A. $\frac{1}{8}$　　B. $\frac{1}{4}$　　C. $\frac{1}{2}$　　D. 1

5. [山东菏泽]$x=0$是函数$f(x)=\frac{\ln(1+x)}{x}$的( )

A. 连续点　　B. 可去间断点

C. 跳跃间断点　　D. 无穷间断点

6. [河南驻马店上蔡县]当$x\to0$的时候,下列无穷小量中与$\ln(1+2x)$等价的是( )

A. x　　B. $\frac{1}{2}x$　　C. x^2　　D. $2x$

7. [山东潍坊诸城]如果数列$\{x_n\}$发散但有界,则( )

A. 数列$\{x_n\}$必不单调　　B. 子列$\{x_{2k-1}\}$和$\{x_{2k}\}$中至少有一个发散

C. 数列$\{x_n\}$的每个子列都发散　　D. 数列$\{x_n\}$有且仅有一个收敛的子列

二、填空题

8. [安徽特岗] $\lim\limits_{x\to0}(1-3x)^{\frac{1}{x}}=$________。(常考)

9. [云南特岗]$\lim\limits_{x\to0}\frac{1-\cos x}{x^2}=$________。

10. [四川宜宾] $\lim\limits_{x\to+\infty}x[\ln(x+4)-\ln(x+2)]$的值为________。

三、判断题

11. [山西汾阳]若$\lim\limits_{x\to\infty}f(x)$与$\lim\limits_{x\to\infty}g(x)$均不存在,则$\lim\limits_{x\to\infty}[f(x)+g(x)]$也不存在。( )

12. [河南驻马店上蔡县]$\lim\limits_{x\to0}e^{\frac{1}{x}}=\infty$。( )

基础训练

一、单项选择题

1. “对任意的 $\varepsilon>0$，存在 $N>0$，当 $n\geqslant N$ 时，$|a_n-A|\leqslant 3\varepsilon$”是数列 $\{a_n\}$ 收敛于 A 的(　　)

A. 充分条件　　B. 必要条件

C. 充分必要条件　　D. 既非充分又非必要条件

2. 设 $f(x)$ 在 $(-\infty,+\infty)$ 内单调有界，$\{a_n\}$ 为数列，下列命题正确的是(　　)

A. 若 $\{a_n\}$ 收敛，则 $\{f(a_n)\}$ 收敛　　B. 若 $\{a_n\}$ 单调，则 $\{f(a_n)\}$ 收敛

C. 若 $\{f(a_n)\}$ 收敛，则 $\{a_n\}$ 收敛　　D. 若 $\{a_n\}$ 有界，则 $\{f(a_n)\}$ 收敛

3. 下列极限正确的是(　　)

A. $\lim\limits_{x\to 0^-} e^{\frac{1}{x}}=0$　　B. $\lim\limits_{x\to 0^+} e^{\frac{1}{x}}=0$

C. $\lim\limits_{x\to 0}(1+\cos x)^{\sec x}=e$　　D. $\lim\limits_{x\to\infty}(1+x)^{\frac{1}{x}}=e$

4. $\lim\limits_{x\to 0}\dfrac{1}{x}\cos\dfrac{1}{x}$ 等于(　　)

A. 0　　B. 1

C. ∞　　D. 不存在但不是 ∞

5. 设 $f(x)=2^x+3^x-2$，则当 $x\to 0$ 时，有(　　)

A. $f(x)$ 与 x 是等价无穷小　　B. $f(x)$ 与 x 同阶但非等价无穷小

C. $f(x)$ 是比 x 高阶的无穷小　　D. $f(x)$ 是比 x 低阶的无穷小

6. 当 $n\to\infty$ 时，$\sin^2\dfrac{1}{n}$ 与 $\dfrac{1}{n^k}$ 为等价无穷小，则 $k=$(　　)

A. $\dfrac{1}{2}$　　B. 1　　C. 2　　D. -2

7. 设 $f(x)=\begin{cases}\dfrac{1}{x}\sin x, x<0,\\ 0, x=0,\\ x\sin\dfrac{1}{x}+a, x>0,\end{cases}$ 且 $\lim\limits_{x\to 0}f(x)$ 存在，则 $a=$(　　)

A. -1　　B. 0　　C. 1　　D. 2

8. 若 $\lim\limits_{n\to\infty}\left(\dfrac{n+2a}{n-a}\right)^{\frac{n}{3}}=8$，则 a 的值为(　　)

A. $2\ln 3$　　B. $3\ln 2$　　C. $\ln 3$　　D. $\ln 2$

专题十三　微积分与级数

命题分析

本专题主要介绍导数、微分、积分与级数。依据历年各地市真题的分析，本专题需要重点掌握的知识包括：

1. 导数的定义、几何意义；基本求导公式与函数的求导法则；可导、可微与连续之间的关系；可导函数在某点取得极值的必要条件和充分条件；运用导数解决实际问题。

2. 微分的定义；一元函数与多元函数的微分。

3. 积分常用的计算方法；定积分的定义与性质、几何意义；牛顿—莱布尼茨公式及其应用；变限积分的定义及运用；用定积分求曲边梯形的面积、旋转体体积的方法。

4. 级数敛散性的判定方法。

本专题属于高等数学中的内容，需要记忆的定理比较多，对考生分析能力要求较高。在考试中常以单项选择题、填空题、判断题与解答题的形式考查。在备考时，考生要重点掌握：导数（可导的判断；导数的计算与应用，微分中值定理的识记与证明）；微分（可微、可导与连续关系的判定，微分的计算）；积分（不定积分的计算，定积分的应用）；级数（级数敛散性的判别；幂级数收敛半径与收敛域的求解）。

真题实测

一、单项选择题

1. [湖北] $\int_1^2\left(\frac{\ln x}{x}\right)dx = (\quad)$

A. $\frac{1}{2}(\ln 2)^2$　　B. 1　　C. 2　　D. 4

2. [云南特岗] $\int_{-1}^{1}|x|dx = (\quad)$

A. 0　　B. $\frac{1}{2}$　　C. 1　　D. 2

3. [重庆特岗]设 $\int xf(x)dx = e^{-x^2} + C$，则 $f(x) = (\quad)$

A. xe^{-x^2}　　B. $-xe^{-x^2}$　　C. $2e^{-x^2}$　　D. $-2e^{-x^2}$

4. [山西汾阳]设$\int_0^x f(t)\mathrm{d}t = e^{2x+1}$,则$f(x)$ = (　　)

A. $2e^{2x}+1$　　B. $2xe^{2x}+1$　　C. $2e^{2x+1}$　　D. $2^{xe^{2x+1}}$

5. [福建]$\int_0^{\frac{\pi}{2}} \sin 2x \sin x \mathrm{d}x$ = (　　)

A. $\frac{1}{4}$　　B. $\frac{1}{3}$　　C. $\frac{1}{2}$　　D. $\frac{2}{3}$

6. [山东东营]若级数$\sum_{n=1}^{\infty}\left(\frac{na}{n+1}\right)^n$收敛,则$a$的取值不可能为(　　)

A. $\frac{1}{4}$　　B. $\frac{1}{3}$　　C. $\frac{1}{2}$　　D. 1

7. [河南驻马店上蔡县]比较定积分大小,$\int_0^1 x^2\mathrm{d}x$ (　　) $\int_0^1 x^4\mathrm{d}x$。

A. 等于　　B. 小于　　C. 大于　　D. 不确定

二、填空题

8. [安徽]计算$\int_0^1 xe^x\mathrm{d}x$ = ________。

9. [山东潍坊诸城] 如果$x=-1$是$f(x)=x^5-ax^2-ax+1$的重根,则$x=-1$必是$f(x)$的________重根。

10. [湖南长沙市长沙县]$y=e^x,x=0,x=1$与x轴围成的图形绕y轴旋转一周得到一个几何体,则该几何体的体积为________。

三、判断题

11. [山西汾阳] $\int x^2\mathrm{d}x = \frac{1}{3}x^3$。　　(　　)

12. [山西汾阳] $\int_{-5}^{5} x^3\mathrm{d}x = 0$。　　(　　)

四、解答题

13. [山西特岗] 已知函数$f(x)=e^{-x}(\frac{1}{3}x^3-2x+2\sin x+1)$,函数$g(x)=\sin x+\cos x+x^2-2x$。

(1)求$g(x)$在点$(0,g(0))$处的切线方程;

(2)证明:当$a\leqslant 1$时,$g(x)\geqslant af(x)$在$[0,+\infty)$上恒成立。

基础训练

一、单项选择题

1. 设 $y=\lg 2x$，则 $\mathrm{d}y=$（　　）

A. $\frac{1}{2x}\mathrm{d}x$　　B. $\frac{1}{x\ln 10}\mathrm{d}x$　　C. $\frac{\ln 10}{x}\mathrm{d}x$　　D. $\frac{1}{x}\mathrm{d}x$

2. 设 $f'(x_0)=2$，则 $\lim\limits_{h\to 0}\frac{f(x_0+2h)-f(x_0)}{h}=$（　　）

A. 0　　B. 1　　C. 2　　D. 4

3. 已知 $y=f(x)$ 与 $y=g(x)$ 都为 $\mathbf{R}$ 上的可导函数，且 $f'(x)>g'(x)$，则下面不等式正确的是（　　）（易错）

A. $f(2)+g(1)>f(1)+g(2)$　　B. $f(1)+f(2)>g(1)+g(2)$

C. $f(1)-f(2)>g(1)-g(2)$　　D. $f(2)-g(1)>f(1)-g(2)$

4. 设 $f(x)$ 可导，曲线 $y=f(x)$ 在点 $(a,f(a))$ 的切线与直线 $x+y=3$ 垂直，则在 $x=a$ 处 $\mathrm{d}y$ 与 Δy 是（　　）

A. 高阶无穷小　　B. 低阶无穷小

C. 同阶但非等价的无穷小　　D. 等价无穷小

5. 若 $f(x)=\sin x+a^3$，其中 a 是常数，则 $f''(x)=$（　　）

A. $\cos x+3a^2$　　B. $\sin x+6a$　　C. $-\sin x$　　D. $\cos x$

6. 设 $f(x)=\begin{cases}\frac{2}{3}x^3, x\leqslant 1,\\ x^2, x>1,\end{cases}$ 则 $f(x)$ 在 $x=1$ 处的（　　）

A. 左、右导数都存在　　B. 左导数存在，右导数不存在

C. 左导数不存在，右导数存在　　D. 左、右导数都不存在

7. 若 $f(x)=\mathrm{e}^{-x}\cos x$，则 $f'(0)=$（　　）

A. 2　　B. 1　　C. -1　　D. -2

8. 设 $f(x)=\begin{cases}x^2, x\in[0,1],\\ \frac{1}{x}, x\in(1,\mathrm{e}]\end{cases}$（e 为自然对数的底数），则 $\int_0^{\mathrm{e}}f(x)\mathrm{d}x$ 的值为（　　）（常考）

A. $\frac{1}{3}$　　B. $\frac{3}{4}$　　C. $\frac{4}{3}$　　D. $\frac{2}{3}$

9. 已知参数方程 $\begin{cases}x=a(t-\sin t),\\ y=a(1-\cos t)\end{cases}$ $(a>0)$，则 $\frac{\mathrm{d}y}{\mathrm{d}x}=$（　　）

A. $-\tan t$　　B. $\frac{\sin t}{1-\cos t}$　　C. $\frac{1-\cos t}{\sin t}$　　D. $\frac{1-\sin t}{1-\cos t}$

10. 在下列等式中,正确的结果是(　　)

A. $\int f'(x)\mathrm{d}x = f(x)$　　B. $\int \mathrm{d}f(x) = f(x)$

C. $\frac{\mathrm{d}}{\mathrm{d}x}\int f(x)\mathrm{d}x = f(x)$　　D. $\mathrm{d}\int f(x)\mathrm{d}x = f(x)$

11. 定积分$\int_{\frac{\pi}{4}}^{\frac{9\pi}{4}}\sqrt{2}\cos\left(x+\frac{\pi}{4}\right)\mathrm{d}x$ 的值为(　　)

A. 2　　B. -2　　C. 0　　D. 1

12. 由曲线 $y=x^2+2x$ 与直线 $y=x$ 所围成的封闭图形的面积为(　　)(常考)

A. $\frac{1}{6}$　　B. $\frac{1}{3}$　　C. $\frac{5}{6}$　　D. $\frac{2}{3}$

13. 设 $I=\int_0^{\frac{\pi}{4}}\ln\sin x\mathrm{d}x, J=\int_0^{\frac{\pi}{4}}\ln\cos x\mathrm{d}x, K=\int_0^{\frac{\pi}{4}}\ln\cot x\mathrm{d}x$, 则(　　)

A. $I<J<K$　　B. $I>J>K$

C. $J<I<K$　　D. $J>I>K$

14. 若级数 $\sum_{n=1}^{\infty}a_n^2$ 收敛,则级数 $\sum_{n=1}^{\infty}a_n$ (　　)(常考)

A. 绝对收敛　　B. 可能收敛也可能发散

C. 条件收敛　　D. 发散

二、填空题

15. 若$\int_1^2(x-a)\mathrm{d}x=\int_0^{\frac{\pi}{4}}\cos 2x\mathrm{d}x$,则 $a=$ ________。

16. $y=f(x)$ 由方程 $x^3+y^3-\sin x+6y=0$ 确定,则 $\mathrm{d}y|_{x=0}=$ ________。

17. $\int_{-1}^{1}(\sqrt{1-x^2}+x)\mathrm{d}x=$ ________。

18. 函数 $y=x\mathrm{e}^{-x}$ 的极值点是________,函数图象的拐点是________。

19. 已知 $f(x)=x^2+2xf'(1)$,则 $f'(0)=$ ____________。

20. 设函数 $f(x)=x^3+bx^2+cx(x\in\mathbf{R})$,若 $g(x)=f(x)-f'(x)$ 是奇函数,则 $b+c$ 的值为__________。

21. 求曲线 $x\ln y+y-2x=-1$,在点$(1,1)$的法线方程是________。

22. 设 $2^{xy}+x=y$,则 $\mathrm{d}y\Big|_{x=0}=$ ________。

23. 级数 $\sum_{n=1}^{\infty}(-1)^{n-1}\frac{x^n}{n^n}$ 的收敛区间是________。

24. 已知 $f(x)=6-12x+x^3, x\in\left[-\frac{1}{3},1\right]$,则函数的最大值为________,最小值为________。

25. 设曲线 $y=\ln\left(\ln x+\frac{1}{x}+\mathrm{e}-1\right)$,则曲线在点 $M(1,1)$处的切线的斜率 $k=$ ________。(易错)

26. $\frac{\mathrm{d}}{\mathrm{d}x}\int_0^{x^2}\sqrt{1+t^2}\mathrm{d}t=$ ________。

37. 已知函数 $f(x)=(x+\frac{1}{2})^2$，$g(x)=\ln x$。

(1)求 $y=f(x)$ 在点 $(0,f(0))$ 处的切线方程；

(2)设函数 $h(x)=f(x)-g(x)$，求证：对任意 $x\in(0,+\infty)$，都有 $h(x)>\frac{3}{2}$。

38. 某村庄拟修建一个无盖的圆柱形蓄水池(不计厚度)。设该蓄水池的底面半径为 r 米，高为 h 米，体积为 V 立方米。假设建造成本仅与表面积有关，侧面的建造成本为 100 元/平方米，底面的建造成本为 160 元/平方米，该蓄水池的总建造成本为 $12\,000\pi$ 元(π 为圆周率)。

(1)将 V 表示成 r 的函数 $V(r)$，并求该函数的定义域；

(2)讨论函数 $V(r)$ 的单调性，并确定 r 和 h 为何值时该蓄水池的体积最大。

整 合 提 升

一、单项选择题

1. 设$f(x)=\ln(1+x)$，则$f^{(5)}(x)=$(　　)(常考)

A. $\dfrac{4!}{(1+x)^5}$　　B. $\dfrac{-4!}{(1+x)^5}$　　C. $\dfrac{5!}{(1+x)^5}$　　D. $\dfrac{-5!}{(1+x)^5}$

2. 设$y=f(x)$由方程$e^{2x+y}-\cos(xy)=e-1$所确定，则曲线$y=f(x)$在点$(0,1)$处的切线斜率$f'(0)=$(　　)

A. 2　　B. -2　　C. $\dfrac{1}{2}$　　D. $-\dfrac{1}{2}$

3. 设$y=f(x)$为可导偶函数，且$g(x)=f(\cos x)$，则$g'\left(\dfrac{\pi}{2}\right)=$(　　)

A. 0　　B. 1　　C. -1　　D. 2

4. 若函数$y=ax^3+bx^2+cx+d$满足$b^2-3ac<0$，则此函数必(　　)(易错)

A. 有极值　　B. 无极值　　C. 不单调　　D. 不可导

5. 曲线$y=x^2$和$y^2=x$所围成的平面图形绕x轴旋转一周后，所形成的旋转体的体积为(　　)(常考)

A. $\dfrac{3\pi}{10}$　　B. $\dfrac{\pi}{2}$　　C. $\dfrac{\pi}{5}$　　D. $\dfrac{7\pi}{10}$

6. 直线l过抛物线$C:x^2=4y$的焦点且与y轴垂直，则l与C所围成的图形的面积等于(　　)

A. $\dfrac{4}{3}$　　B. 2　　C. $\dfrac{8}{3}$　　D. $\dfrac{16\sqrt{2}}{3}$

7. 设函数$f(x)$在定义域内可导，$y=f(x)$的图形如图所示，则图中所示的四个图形中表示导函数$f'(x)$的是(　　)

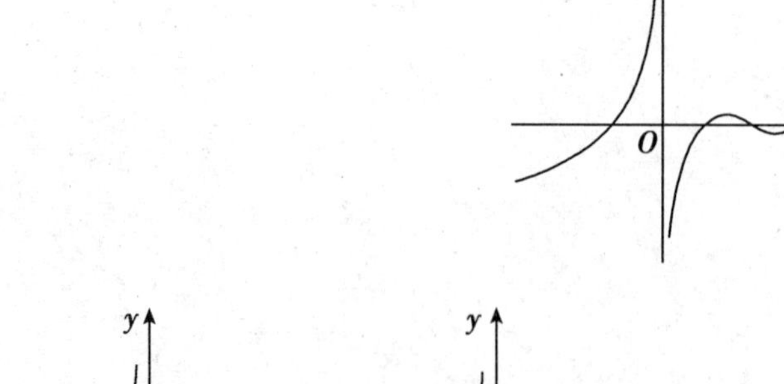

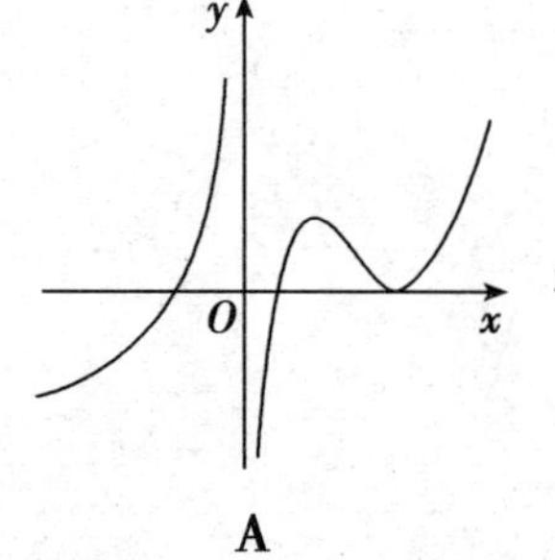

A

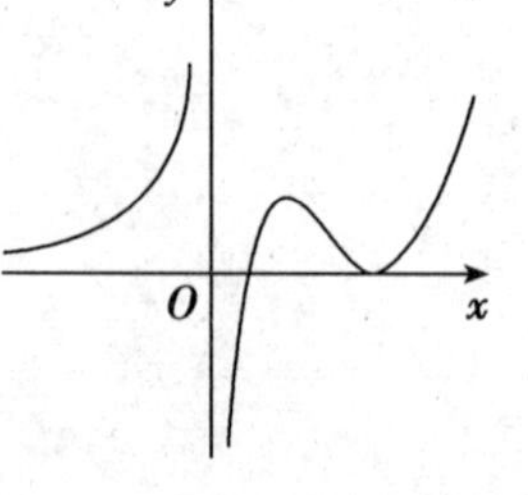

B

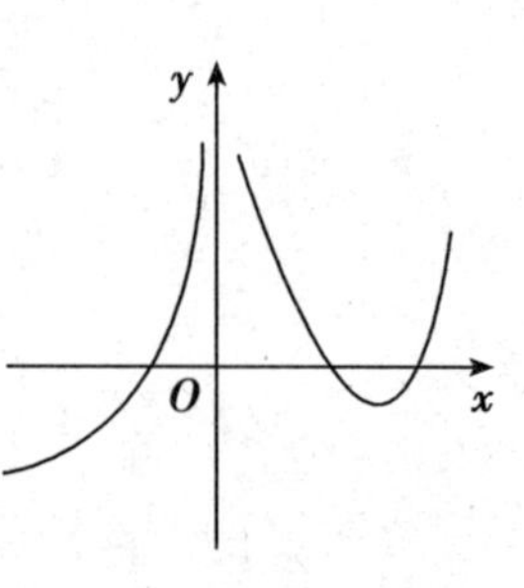

C

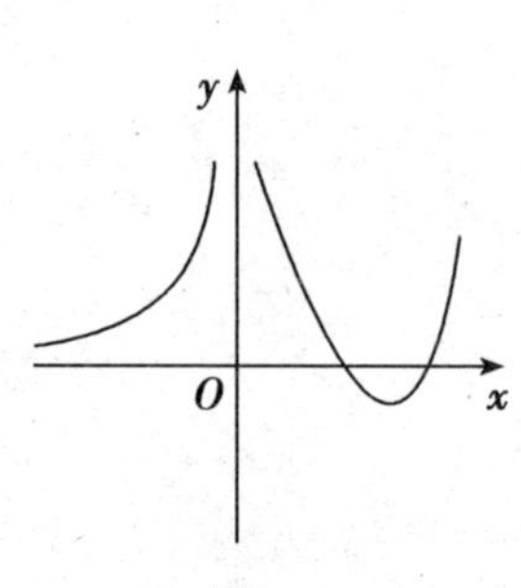

D

20. 已知函数$f(x)=\frac{1}{3}x^3-a(x^2+x+1)$。

(1)若$a=3$,求$f(x)$的单调区间;

(2)证明:$f(x)$只有一个零点。

专题十四　线性代数

命题分析

本专题主要介绍行列式、矩阵、线性方程组、线性空间。依据历年各地市真题的分析，本专题需要重点掌握的知识包括：

1. 行列式的运算，行列式的基本性质。

2. 矩阵的秩的求法；重要矩阵的概念及运算；矩阵的加、减、乘法运算，矩阵的初等变换的方法及其应用。

3. 向量组的线性相关性；线性方程组的解的判定及求解方法，解的结构并会表示一般解。

4. 特征值与特征向量的计算；线性空间同构的定义，正交的含义。

本专题内容难度较高，需要理解的知识比较多。在考试中常以单项选择题、填空题、判断题与解答题的 形式考查。在备考时，考生要重点掌握：行列式（行列式的计算）；矩阵（矩阵的运算，相似矩阵的判定，初等变换的应用）；线性方程组（线性关系的判定，线性方程组解的判定与求解）。

真题实测

一、单项选择题

1. [重庆特岗]已知 3×4 阶矩阵 $\boldsymbol{A}$ 的行向量组线性无关，则秩 $r(\boldsymbol{A}^{T})$ 等于(　　)

A. 1　　B. 2　　C. 3　　D. 4

2. [云南特岗]三阶行列式 $\begin{vmatrix} 2 & 2 & -10 \\ -1 & 1 & 1 \\ 3 & -3 & 0 \end{vmatrix}=$(　　)

A. 12　　B. 6　　C. 4　　D. 2

3. [贵州特岗]矩阵 $\boldsymbol{A}=\begin{pmatrix} 1 & 1 & 1 \\ 1 & 1 & 1 \\ 1 & 1 & 1 \end{pmatrix}$ 的非零特征值为(　　)

A. -1　　B. 1　　C. -3　　D. 3

基础训练

一、单项选择题

1. 设 $\boldsymbol{A}$ 为 3 阶矩阵，$|\boldsymbol{A}^{-1}|=2$，则 $|2\boldsymbol{A}|=$（　　）（常考）

A. $\frac{1}{2}$　　B. 2　　C. 4　　D. 8

2. 若 $\boldsymbol{a}=(x_1,y_1)$，$\boldsymbol{b}=(x_2,y_2)$ 都是非零向量，且 $\boldsymbol{a}$ 与 $\boldsymbol{b}$ 垂直，则下列行列式的值为零的是（　　）

A. $\begin{vmatrix} x_1 & y_1 \\ x_2 & y_2 \end{vmatrix}$　　B. $\begin{vmatrix} x_1 & y_1 \\ y_2 & x_2 \end{vmatrix}$

C. $\begin{vmatrix} x_1 & y_1 \\ -x_2 & y_2 \end{vmatrix}$　　D. $\begin{vmatrix} x_1 & y_1 \\ -y_2 & x_2 \end{vmatrix}$

3. 设 $\boldsymbol{A}$ 是方阵，如有矩阵关系式 $\boldsymbol{AB}=\boldsymbol{AC}$，则必有（　　）

A. $\boldsymbol{A}=\boldsymbol{O}$　　B. $\boldsymbol{B}\neq\boldsymbol{C}$ 时 $\boldsymbol{A}=\boldsymbol{O}$

C. $\boldsymbol{A}\neq\boldsymbol{O}$ 时 $\boldsymbol{B}=\boldsymbol{C}$　　D. $|\boldsymbol{A}|\neq 0$ 时 $\boldsymbol{B}=\boldsymbol{C}$

4. $\boldsymbol{A}$，$\boldsymbol{B}$ 均为 n 阶矩阵，$\boldsymbol{AB}=\boldsymbol{O}$，且 $\boldsymbol{B}\neq\boldsymbol{O}$，则必有（　　）

A. $(\boldsymbol{A}+\boldsymbol{B})^2=\boldsymbol{A}^2+\boldsymbol{B}^2$　　B. $|\boldsymbol{B}|\neq 0$

C. $|\boldsymbol{B}^*|\neq 0$　　D. $|\boldsymbol{A}^*|=0$

5. 设有齐次线性方程组 $\boldsymbol{Ax}=\boldsymbol{0}$ 及 $\boldsymbol{Bx}=\boldsymbol{0}$，其中 $\boldsymbol{A}$，$\boldsymbol{B}$ 均为 $m\times n$ 阶矩阵，现有以下四个命题：

①若 $\boldsymbol{Ax}=\boldsymbol{0}$ 的解均是 $\boldsymbol{Bx}=\boldsymbol{0}$ 的解，则 $\mathrm{r}(\boldsymbol{A})\geqslant\mathrm{r}(\boldsymbol{B})$；

②若 $\mathrm{r}(\boldsymbol{A})\geqslant\mathrm{r}(\boldsymbol{B})$，则 $\boldsymbol{Ax}=\boldsymbol{0}$ 的解均是 $\boldsymbol{Bx}=\boldsymbol{0}$ 的解；

③若 $\boldsymbol{Ax}=\boldsymbol{0}$ 与 $\boldsymbol{Bx}=\boldsymbol{0}$ 同解，则 $\mathrm{r}(\boldsymbol{A})=\mathrm{r}(\boldsymbol{B})$；

④若 $\mathrm{r}(\boldsymbol{A})=\mathrm{r}(\boldsymbol{B})$，则 $\boldsymbol{Ax}=\boldsymbol{0}$ 与 $\boldsymbol{Bx}=\boldsymbol{0}$ 同解。

以上命题中正确的是（　　）

A. ①②　　B. ①③　　C. ②④　　D. ③④

6. 设 $\boldsymbol{A}=\begin{pmatrix} 1 & 1 \\ 4 & 1 \end{pmatrix}$，则矩阵 $\boldsymbol{A}$ 的一个特征值 λ 和对应的一个特征向量 $\boldsymbol{a}$ 为（　　）（常考）

A. $\lambda=3$，$\boldsymbol{a}=\begin{pmatrix} 1 \\ 2 \end{pmatrix}$　　B. $\lambda=-1$，$\boldsymbol{a}=\begin{pmatrix} 2 \\ -1 \end{pmatrix}$

C. $\lambda=3$，$\boldsymbol{a}=\begin{pmatrix} -1 \\ 2 \end{pmatrix}$　　D. $\lambda=-1$，$\boldsymbol{a}=\begin{pmatrix} 1 \\ 2 \end{pmatrix}$

二、填空题

7. 设 $\boldsymbol{A}=\begin{pmatrix}3 & -2\\0 & 1\\2 & 4\end{pmatrix}$,$\boldsymbol{B}=\begin{pmatrix}2 & 1 & -1\\0 & -1 & 0\end{pmatrix}$,则 $\boldsymbol{AB}=$________

8. 已知 $\boldsymbol{\alpha}_1,\boldsymbol{\alpha}_2,\boldsymbol{\alpha}_3,\boldsymbol{\beta},\boldsymbol{\gamma}$ 均为 4 维列向量,又 $\boldsymbol{A}=(\boldsymbol{\alpha}_1,\boldsymbol{\alpha}_2,\boldsymbol{\alpha}_3,\boldsymbol{\beta})$,$\boldsymbol{B}=(\boldsymbol{\alpha}_1,\boldsymbol{\alpha}_2,\boldsymbol{\alpha}_3,\boldsymbol{\gamma})$,若 $|\boldsymbol{A}|=3$,$|\boldsymbol{B}|=2$,则 $|\boldsymbol{A}+2\boldsymbol{B}|=$________。

9. 已知行列式 $\begin{vmatrix}\lambda & 1 & 1\\1 & \lambda & -1\\2 & -1 & 1\end{vmatrix}=0$,则 λ 的值为________。(易错)

10. 矩阵 $\boldsymbol{A}=\begin{pmatrix}1 & 2\\c & 1\end{pmatrix}$ 的一个特征值为 λ,$\begin{pmatrix}1\\0\end{pmatrix}$ 是 $\boldsymbol{A}$ 的属于特征值 λ 的一个特征向量,则 $\boldsymbol{A}^{-1}=$________。

11. 已知 $\boldsymbol{A}=\begin{pmatrix}2 & 6 & 4\\-1 & -3 & -2\\2 & 6 & 4\end{pmatrix}$,则 $\boldsymbol{A}^n=$________。

12. 设向量 $\boldsymbol{\alpha}_1=(1,1,1)^{\mathrm{T}}$,$\boldsymbol{\alpha}_2=(1,1,0)^{\mathrm{T}}$,$\boldsymbol{\alpha}_3=(1,0,0)^{\mathrm{T}}$,$\boldsymbol{\beta}=(0,1,1)^{\mathrm{T}}$,则 $\boldsymbol{\beta}$ 由 $\boldsymbol{\alpha}_1,\boldsymbol{\alpha}_2,\boldsymbol{\alpha}_3$ 线性表出的表示式为________。(常考)

三、判断题

13. 若 $\boldsymbol{A},\boldsymbol{B}$ 是可乘矩阵,则 $|\boldsymbol{AB}|=|\boldsymbol{A}||\boldsymbol{B}|$。(　　)

14. 设 $\boldsymbol{A}$ 是 n 阶非零矩阵,满足 $\boldsymbol{A}^2=\boldsymbol{A}$,且 $\boldsymbol{A}\neq\boldsymbol{E}$,则 $|\boldsymbol{A}|=0$。(　　)

15. 已知 $\boldsymbol{A}$ 是 n 阶正交矩阵,则 $\boldsymbol{A}^*$ 也是正交矩阵。(　　)

16. 如果 $n(n>1)$ 阶行列式的值等于零,则行列式中必有一行全为零。(　　)

17. 若向量 $\boldsymbol{\alpha}_1,\boldsymbol{\alpha}_2,\boldsymbol{\alpha}_3$ 线性相关,向量组 $\boldsymbol{\alpha}_2,\boldsymbol{\alpha}_3,\boldsymbol{\alpha}_4$ 线性无关,则 $\boldsymbol{\alpha}_1$ 不能由 $\boldsymbol{\alpha}_2,\boldsymbol{\alpha}_3$ 线性表出。(　　)

四、解答题

18. 已知矩阵 $\boldsymbol{A}=\begin{pmatrix}1 & 1\\2 & 1\end{pmatrix}$,向量 $\boldsymbol{\beta}=\begin{pmatrix}1\\2\end{pmatrix}$。求向量 $\boldsymbol{\alpha}$,使得 $\boldsymbol{A}^2\boldsymbol{\alpha}=\boldsymbol{\beta}$。

7. 设矩阵 $\boldsymbol{A}=\begin{pmatrix} k & 1 & 1 & 1 \\ 1 & k & 1 & 1 \\ 1 & 1 & k & 1 \\ 1 & 1 & 1 & k \end{pmatrix}$,且秩 $r(\boldsymbol{A})=3$,则 $k=$________。

8. 已知 $\boldsymbol{A}=\begin{pmatrix} 1 & -1 \\ 2 & 1 \end{pmatrix}$,$\boldsymbol{B}=\begin{pmatrix} 6 & 0 \\ 0 & 3 \end{pmatrix}$,$\boldsymbol{C}=\begin{pmatrix} \frac{2}{3} & \frac{1}{3} \\ -\frac{4}{3} & -\frac{1}{3} \end{pmatrix}$,则 $\boldsymbol{A}\boldsymbol{B}^9\boldsymbol{C}=$________。

9. 若 $\boldsymbol{A}$ 是 n 阶矩阵,满足 $\boldsymbol{A}^2+3\boldsymbol{A}-2\boldsymbol{E}=\boldsymbol{O}$,则 $(\boldsymbol{A}+\boldsymbol{E})^{-1}=$________。

10. 设 $\boldsymbol{\alpha}=(1,-2,1)^{\mathrm{T}}$,$\boldsymbol{A}=\boldsymbol{E}+k\boldsymbol{\alpha}\boldsymbol{\alpha}^{\mathrm{T}}$,其中 $k\neq 0$。如果 $\boldsymbol{A}$ 是正交矩阵,则 $k=$________。

11. 二次型 $f(x_1,x_2,x_3)=x_1^2+ax_2^2+x_3^2+2x_1x_2+2ax_1x_3+2x_2x_3$ 的秩为2,则 $a=$________。

三、解答题

12. 求齐次方程组 $\begin{cases} x_1+x_2+3x_4-x_5=0, \\ 2x_2+x_3+4x_4+x_5=0, \\ x_1+3x_2+x_3+4x_4+6x_5=0 \end{cases}$ 的基础解系。

13. 曲线 $x^2+4xy+2y^2=1$ 在二阶矩阵 $\boldsymbol{M}=\begin{pmatrix}1 & a\\ b & 1\end{pmatrix}$ 的作用下变换为曲线 $x^2-2y^2=1$。

(1)求实数 a,b 的值;

(2)求 $\boldsymbol{M}$ 的逆矩阵 $\boldsymbol{M}^{-1}$。

14. 设向量组 $\boldsymbol{\alpha}_1=(2,1,3,1)^{\mathrm{T}},\boldsymbol{\alpha}_2=(1,2,0,1)^{\mathrm{T}},\boldsymbol{\alpha}_3=(-1,1,-3,0)^{\mathrm{T}},\boldsymbol{\alpha}_4=(1,1,1,1)^{\mathrm{T}}$,求向量组的秩及一个极大线性无关组,并用该极大线性无关组表示向量组中的其余向量。

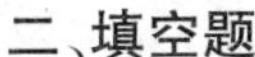

二、填空题

13. [福建]《义务教育数学课程标准》(2011 年版)指出,在数学教学中,应当注重发展学生的数感、符号意识、空间观念、几何直观、________、运算能力、推理能力、________、应用意识和创新意识。

14. [安徽特岗]在义务教育阶段数学课程的四个目标中与培养学生推理能力直接相关的是________。

15. [湖北]《义务教育数学课程标准》(2011 年版)指出:数感有助于学生理解现实生活中数的意义,理解或表述具体情境中的________。

16. [安徽]《义务教育数学课程标准》(2011 年版)中把课程总目标分为知识技能、数学思考、问题解决和情感态度四个方面,下列属于情感态度方面的是________。(写出所有正确结论的编号)

①积极参与数学活动,对数学有好奇心和求知欲;

②能独立思考,体会数学的基本思想和思维方式;

③有克服困难的勇气,具备学好数学的信心;

④在与他人合作和交流过程中,能较好地理解他人的思考方法和结论;

⑤敢于发表自己的想法,勇于质疑,敢于创新。

17. [湖北]为了适应时代发展对人才培养的需要,数学课程还要特别注重发展学生的应用意识和________。

三、简答题

18. [湖北]“数据分析观念”是《义务教育数学课程标准》(2011 年版)提出的核心观念之一,请你谈谈对于“数据分析观念”这一核心概念的理解。

19. [江西南昌红谷滩新区]请你结合小学教材相关知识，论述学生是否需要建立数感？如何培养学生的数感？

20. [江苏无锡]《义务教育数学课程标准》(2011 年版)在各学段安排 4 个部分的课程内容“数与代数、图形与几何、统计与概率、综合与实践”，请阐述设置“综合与实践”内容的目的。

17. 根据《义务教育数学课程标准》(2011 年版)，下列“知识技能”目标中，不属于第二学段的是(　　)

A. 能用方程表示简单的数量关系，能解简单的方程

B. 在具体情境中，能选择适当的单位进行简单的估算

C. 体验从具体情境中抽象出数的过程，认识万以上的数

D. 体验随机事件和事件发生的等可能性

二、填空题

18. 数学是研究________和________的科学。

19.《义务教育数学课程标准》(2011 年版)指出，符号意识主要是指能够理解并且运用符号表示数、________和________；知道使用符号可以进行运算和推理，得到的结论具有一般性。

20.《义务教育数学课程标准》(2011 年版)强调，课程内容要反映社会的需要、数学的特点，要符合学生的认知规律。课程内容的组织要重视直观，处理好________的关系。

21.《义务教育数学课程标准》(2011 年版)指出，第二学段评价结果的呈现应采用________和________相结合的方式。

22.《义务教育数学课程标准》(2011 年版)提出，有效的数学教学活动是教师教与学生学的统一，应体现“________”的理念，促进学生的全面发展。(常考)

23. 教师要发挥主导作用，处理好讲授与学生自主学习的关系，引导学生________、________、________，使学生理解和掌握基本的数学知识与技能，体会和运用数学思想与方法，获得基本的数学活动经验。

24.《义务教育数学课程标准》(2011 年版)指出，“综合与实践”内容设置的目的在于培养学生综合运用有关的知识与方法解决实际问题，培养学生的问题意识、________和________，积累学生的活动经验，提高学生解决现实问题的能力。

25.《义务教育数学课程标准》(2011 年版)指出，学生学习应当是一个生动活泼的、________的和________的过程。

26. 在“3 的倍数的特征”一课中，教师通常是让学生在百数表中圈出所有 3 的倍数，再引导学生从不同的角度观察数的特征，最后得出 3 的倍数的特征。这样的推理是________。

27.《义务教育数学课程标准》(2011 年版)指出，几何直观主要是指利用图形描述和分析问题。借助几何直观可以把复杂的数学问题变得简明、形象，有助于探索解决问题的________。

28. 义务教育阶段的数学课程是培养公民素质的基础课程，具有________、________和________。

29.《义务教育数学课程标准》(2011 年版)中所提出的“四基”是指：________、________、________、________。(常考)

30. 课程内容要反映社会的需要、数学的特点，要符合学生的________。它不仅包括数学的结果，也包括数学结果的形成过程和蕴含的________。

31.《义务教育数学课程标准》(2011 年版)指出数学学习总目标，是从知识技能、数学思考、问题解决和情感态度四个方面加以阐述的，以下说法正确的是________。(写出所有正确结论的编号)

①四个方面密切联系，相互交融；②知识技能和数学思考相对来说更为重要；③数学思考、问题解决、情感态度的发展离不开知识技能的学习；④知识技能的学习必须有利于数学思考、问题解决、情感态度三个目标的实现。

三、判断题

32. 义务教育阶段的数学课程，其基本的出发点是促进学生全面、持续、和谐地发展。 (　　)

33. “统计与概率”的教学中所提供的材料，学生越是不熟悉，学生就越会感兴趣。 (　　)

34. 组织学生进行统计活动时，要尽量结合学生的现实生活，要让学生成为统计活动的真正主人。(常考) (　　)

35. 创新意识的培养是现代数学教育的基本任务。 (　　)

36. 数学是人们对客观现象抽象概括而逐渐形成的科学语言与工具。 (　　)

37. “综合与实践”的教学活动应当保证每学期至少两次，可以在课堂上完成，也可以课内外相结合。 (　　)

38. 数学教材的编写过程中，素材的选取应体现数学的本质、联系实际、符合学生的特点。 (　　)

39. 课标对教学要求有所提升的内容有估算、算法多样化、各类知识的应用等。 (　　)

40. 演绎推理是从已有的事实出发，凭借经验和直觉，通过归纳和类比等推断某些结果。 (　　)

41. 在数的认识的教学中，要求学生能够区分几个或第几个，但不宜介绍“基数”与“序数”等数学名词。 (　　)

42. “能从具体实例中，知道或能举例说明对象的有关特征(或意义)；能根据对象的特征，从具体情境中辨认出这一对象”是对知识与技能目标“理解”的表述。 (　　)

43. 在对学生学习过程进行评价时，应采取灵活多样的方法，定性与定量相结合，以定量评价为主。 (　　)

四、简答题

44.《义务教育数学课程标准》(2011 年版)有两类行为动词，其中一类是描述结果目标的行为动词，包括“了解”“理解”“掌握”“运用”，请以“平行四边形”的概念为例，说明“理解”的基本含义。

49. 数学课程的基本理念是什么？

50. 应用意识和创新意识所包含的内容有哪些？

专题十六　小学数学教学知识

命题分析

本专题主要介绍小学数学教学原则、教学方法与学习方式、数学概念的教学、数学规则的教学、几何初步知识的教学、数学思想方法的教学。本专题需要重点掌握的知识包括：

1. 小学数学教学原则的含义。

2. 小学数学常用的教学方法及教学方法选择的依据；自主学习、探究学习、合作学习方式的内涵。

3. 数学概念间的关系；概念的定义方式；数学概念教学的基本形式。

4. 小学数学计算教学，掌握计算错误的归因，培养学生计算能力的教学策略。

5. 培养学生初步的空间观念的教学策略。

6. 数学常用的几种思想方法；小学阶段渗透数学思想方法的途径。

本专题是数学教学法的基本内容，需要记忆知识比较多。在考试中常以单项选择题、填空题、简答题、案例分析题的形式考查。在备考时，考生要重点掌握：教学原则、教学方法与学习方式（教学原则内容的识记，教学方法特征的识记与选择）；数学概念（概念间关系的判定，概念下定义方式的判定）；数学思想方法（数学思想方法的理解与应用）。这不仅是考试中数学课程与教学论部分考查的重点，也是以后进行教学的理论依据。

真题实测

一、单项选择题

1. [湖北]下列描述的四种教学场景中，用到的教学方法为演示法的是(　　)

A. 课堂上老师运用实物直观教具将教学内容生动形象地展示给学生

B. 课堂上老师运用口头语言，辅以表情姿态向学生传授知识

C. 课堂上在老师的指导下，学生运用所学完成课后练习

D. 课堂上老师向学生提出问题，并要求学生回答，以对话方式探讨新知识

2. [江苏无锡]人类进行运算时所运用的工具，经历由低级向高级的发展过程，原始社会人类把石块放进皮袋，或者将贝壳串成串儿，用以计数。这样的计数方法主要体现的数学思想是(　　)

A. 对应思想　　B. 方程思想

C. 符号化思想　　D. 分类思想

C. 给出任意三角形(如锐角、直角、钝角三角形)的图形或实物,学生能正确画出它们的高(或找出它们的高)

D. 懂得三角形的高是与底边相垂直的

10. “你要满足你的要求和愿望,你就必须认真地思考,但是为了这个目的,你也必须行动,知和行又是那么紧密地联系着,假如一个停止了,另一个也就随之停止了。”这句话反映的教学原则是(　　)

A. 思想性和科学性统一原则　　B. 理论联系实际原则

C. 巩固性原则　　D. 差异性原则

11. 化隐为显原则的含义就是把隐藏在数学知识背后的(　　)显示出来,使之明朗化,以达到教学目的。

A. 数学思想方法　　B. 数学规律

C. 数学定义　　D. 数学公式

12. 在小数范围内,有限小数与无限小数这两个概念之间的关系是(　　)

A. 对立关系　　B. 从属关系　　C. 交叉关系　　D. 矛盾关系

二、填空题

13. 根据归纳对象是否完备,归纳法可以分为________和________。

14. 数学教学的基本原则包括________、________、理论与实践相结合的原则、发展与巩固相结合的原则。(常考)

15. 概念的内涵与外延这两个方面是互相联系、互相制约的。当概念的内涵扩大时,概念的外延就缩小;当概念的内涵缩小时,概念的外延就扩大。内涵和外延之间的这种关系,称为________。

16. 如果规则 B 包含于规则 A,就说规则 A 是规则 B 的________,规则 B 是规则 A 的________。

17. 质数采用的是________定义法。

18. 下列定义不属于“发生定义”的是________。(写出所有正确结论的编号)

①一个角是直角的平行四边形叫作矩形;②偶数就是能被 2 整除的数;③圆是由平面内到一个定点的距离等于定长的动点运动而形成的封闭曲线;④有理数和无理数统称为实数。

19. 数形结合的思想,其实质是将抽象的数学语言和________结合起来,使代数问题几何化、几何问题代数化。(常考)

20. “平行四边形”和“长方形”这两个概念属于________关系。

21. 相对小学高年级获取概念的主要方式是概念同化,小学中、低年级的学生获取概念的主要方式是__________。(常考)

22. 人们往往这样解一元二次方程 $ax^2+bx+c=0(a\neq0)\Rightarrow x^2+\frac{b}{a}x+\frac{c}{a}=0\Rightarrow\left(x+\frac{b}{2a}\right)^2=\frac{b^2-4ac}{4a^2}\Rightarrow x=\frac{-b\pm\sqrt{b^2-4ac}}{2a}$。此解答过程所运用的主要思想是________。

三、简答题

23. 简述自主学习的实施要点。

24. 影响数学概念学习的因素有哪些?

25. 在小学阶段如何渗透数学思想方法?

26. 小学数学合作学习中常出现一些问题,这些问题及应对措施是什么?

30. 某教师进行乘法教学的片段：

学生根据应用题“草坪长5.8米，宽2.5米，求草坪的面积”，列出算式：5.8×2.5。

算式一出现，教师就立即让学生以四人为一小组交流算法。

其中一个组，在小组交流时，由于另外三位同学还没有想出方法，整个合作过程只好由一位同学讲了三种方法：①(5+0.8)×(2+0.5)；②5.8×2.5；③(6－0.2)×(3－0.5)，以其他同学拍手叫好而告终。

请你对上述教学片段进行评价（主要从合作交流与独立思考的层面分析）。

31. 下面是两位老师分别执教“接近整百、整千数加减法的简便计算”的片段，请你从数学思想方法的角度进行分析。

张老师在甲班执教：

(1)做凑整（十、百）游戏；(2)抛出算式323＋198和323－198，先让学生试算，再小组内部交流，班内汇报讨论，讨论的问题是：把198看作什么数能使计算简便？加上（或减去）200后，接下去要怎么做？为什么？然后师生共同概括速算方法。……练习反馈表明，学生错误率相当高。主要问题是：在“323＋198＝323＋200－2”中，原来是加法计算，为什么要减2？在“323－198＝323－200＋2”中，原来是减法计算，为什么要加2？

李老师执教乙班，给这类题目的速算方法找了一个合适的生活原型——实际生活中收付钱款时常常发生的“付整找零”活动，以此展开教学活动。

(1)创设情境:王阿姨到财务室领奖金,她口袋里原有124元人民币,这个月获奖金199元,现在她口袋里一共有多少元?让学生来表演发奖金:先给王阿姨2张100元钞(200元),王阿姨找还1元。还表演:小刚到商场购物,买一双运动鞋要付198元,他给营业员2张100元钞,营业员找还他2元。(2)将上面发奖金的过程提炼为一道数学应用题:王阿姨原有124元,收入199元,现在共有多少元?(3)把上面发奖金的过程用算式表示:$124+199=124+200-1$,算出结果并检验结果是否正确。(4)将上面买鞋的过程加工提炼成一道数学应用题:小刚原有200元,用了198元,现在还剩多少元?结合表演,列式计算并检验。(5)引导对比,小结算理,概括出速算的法则……练习反馈表明,学生“知其然,也知其所以然”。

五、论述题

32. 如何引导学生自主探索,培养学生的创新精神?

33. 简要谈谈如何让学生在现实情境中体验和理解数学。(常考)

三、案例分析题

3. [江西]以下是人教版六年级上册“圆的周长”导入时的一个教学片段：

师：请同学们用直尺测量一元硬币和五角硬币的周长。

生1：我把一元硬币放在直尺上滚动一周，量出一元硬币的周长大约是8厘米。

生2：我在这枚5角硬币上做了个记号，然后在直尺上滚动一周，就量出它的周长大约是6.3厘米。

师：你们都用滚动法量出了圆的周长，那么圆形花坛能用滚动法测量它的周长吗？

生1：可以用绳子绕花坛一圈后，再量出绳子的长度。

生2：可以用卷尺或测量绳绕花坛一圈，直接量出它的周长。

师：(打开教室吊扇)你们看吊扇的扇叶旋转形成了一个圆，这个圆的周长能用绳子绕圈吗？(学生愣住了)

师：你们能不能找出计算圆周长普遍适用的方法呢？

(1)针对本案例中教师导入的方法谈谈你的看法；

(2)结合本案例，谈谈你对数学来源于生活的理解；

(3)在数学教学实践中，你会怎样利用数学与生活的联系来进行教学？

4. [江西南昌]下面是“公顷和平方千米”一课的教学片段：

师：同学们，在我们身边处处都有与数学有关的信息，现在我们来“就地取材”：

①这个文具盒的表面积大约是2(　　)。

②数学书的封面面积大约是300(　　)。

③黑板的面积大约是3(　　)。

生：答案分别是平方分米、平方厘米、平方米。

师：刚才我们讲的都是什么单位？

生：面积单位。

师：从你们的回答中，老师知道你们对面积单位掌握得很扎实，同时我也了解到你们非常关注身边的一些事物，这是一个非常好的学习习惯，希望大家能继续保持。你们知道我们学校的占地面积是2(　　)，能填我们学过的面积单位吗？

生：不能。

师：表示一些较大的面积，如土地面积、森林面积、沙漠面积等，常常会用较大的面积单位，它们是公顷和平方千米。

……

问题：

(1)说明该教学片段的设计意图；

(2)写出“公顷和平方千米”教学片段的教学目标；

(3)根据新课程标准，谈谈你对本教学片段的引入的体会。

7. [江苏江阴]阅读《义务教育教科书数学·五年级上册》(苏教版)“平行四边形的面积”的相关内容，据此回答问题。

②

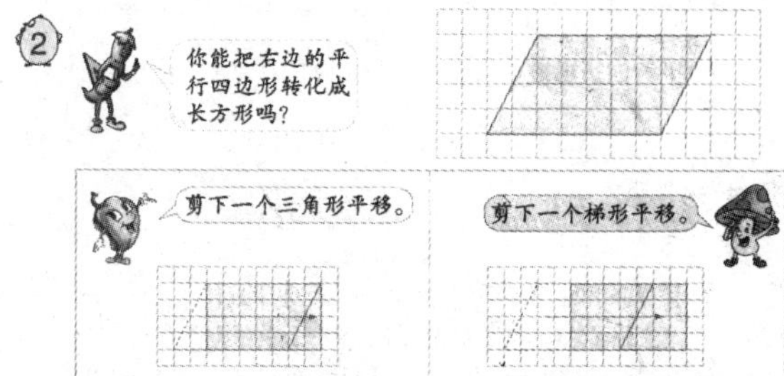

比较上面两种转化方法，说说它们有什么相同的地方。

③ 在第115页选一个平行四边形剪下来，把它转化成长方形，求出长方形和平行四边形的面积，在小组里交流并完成下表。

转化成的长方形			平行四边形		
长/cm	宽/cm	面积/cm²	底/cm	高/cm	面积/cm²

小组讨论：

(1) 转化成的长方形与平行四边形面积相等吗？

(2) 长方形的长和宽与平行四边形的底和高有什么关系？

(3) 根据长方形的面积公式，怎样求平行四边形的面积？

平行四边形的面积 = 底 × 高

如果用 S 表示平行四边形的面积，用 a 和 h 分别表示平行四边形的底和高，上面的公式可以写成：

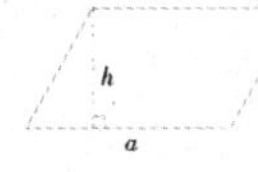

$$S = a \times h$$

试一试

一块平行四边形玻璃，底50厘米，高70厘米，面积是多少平方厘米？

两条平行线之间画了一个长方形和一个平行四边形，长方形长15厘米，宽6厘米。求平行四边形的面积。

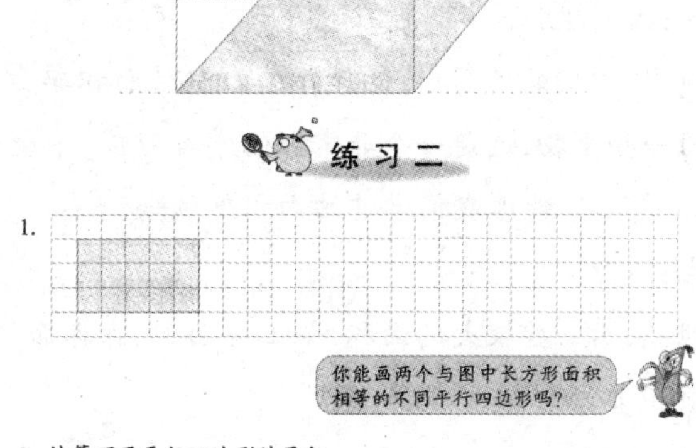

1.

2. 计算下面平行四边形的面积。

3. 一个平行四边形广告牌，底6米，高2米。按每平方米50元计算，制作这个广告牌需要多少元？

问题：

(1)根据教学内容制定科学合理的教学目标；

(2)根据内容，列出本节课的教学重点和难点；

(3)根据内容，设计新授部分的教学过程。

综合特训

一、单项选择题

1. (　　)展现了课程标准规定的教学内容。(常考)

A. 教科书　　B. 教学大纲

C. 考试说明　　D. 教师辅导用书

2. 下列关于制定教学目标的表述不正确的是(　　)(易错)

A. 要从知识与技能、过程与方法、情感态度与价值观三个方面进行

B. 行为主体可以是教师,也可以是学生

C. 要重视知识与技能,情感态度也不能忽略

D. 行为动词必须可测量、可评价

3. "在特定的数学活动中,获得一些感性认识。"是对过程目标中(　　)的表述。

A. 经历　　B. 体会　　C. 体验　　D. 探索

4. 下列属于教学难点确立的依据的是(　　)

①学习的知识过分抽象;②在学习新的概念、原理时,缺少相应的已知概念、原理作基础;③新知学习易受已有知识的干扰;④教学内容本身较为复杂、综合性较强。

A. ①②③　　B. ①③④　　C. ②③④　　D. ①②③④

5. 数学课备课的内容必须包括(　　)、钻研数学教材和制定数学教学进度计划。

A. 书写教案　　B. 了解学生

C. 寻找各类资料　　D. 制定教学目标

6. "比较具体、明确、便于操作和评价,但学校教育中的一些重要工作很难用它的外显方式来表述",这样的课程目标是(　　)

A. 实用性目标　　B. 行为目标

C. 展开性目标　　D. 表现性目标

7. 设计数学课堂教学目标时,切实可行的做法是(　　)

A. 每节课都要分清知识目标、能力目标、情感目标

B. 以知识目标为主,设计过程目标,将能力、情感目标包容其中

C. 只要知识目标,其他目标都是虚的

D. 只要能力目标,有了能力就什么都有了

二、填空题

8. 教学目标的四要素包括________、________、________和________。(常考)

五、案例分析题

25. 课题引入时，教师先给学生讲一个故事（同时利用多媒体展示情境图片）：古希腊有个哲学家泰勒斯到埃及旅行。在一个晴朗的日子，埃及神殿的司祭长陪同他去参观胡夫金字塔，泰勒斯问司祭长："有谁知道这个金字塔有多高？"司祭长告诉他："没有人知道，古书中没有讲这个。"泰勒斯说："我可以根据自己的身高测出塔的高度。"众人感到惊讶。说完，泰勒斯随即从长袍下取出一条结绳，在他助手的帮助下很快测出塔高 131 米。故事讲完了，学生都表现出疑惑的神情，兴致很高。于是老师提问："谁能说出他是怎样测出塔的高度的？"学生面面相觑，回答不出。教师顺势而导，告诉学生："下面将要学习的相似三角形的判定方法就能帮助你们回答这个问题，等学完新课后，我们再回过头来思考泰勒斯测量金字塔高度的原理。"

(1) 该教学过程的导入环节运用了哪种导入方法？（常考）

(2) 运用该导入方法的目的是什么？

(3) 如此导入，需要注意一些什么问题？

26. 小学生在“简化 1.5∶0.25”时，出现了下列几种不同的做法：

第一位同学的做法：1.5∶0.25 = 150∶25 = 6∶1；

第二位同学的做法：1.5∶0.25 = 150∶25 = 6；

第三位同学的做法：1.5∶0.25 = 150∶25 = $\frac{6}{1}$。

问题：

(1)哪一位同学的做法是错误的？请分析导致错误的原因；

(2)请给出教学建议以避免类似的错误。

根据上述材料完成下列问题：

(1)写出本节课的教学重点和教学难点；

(2)试拟定教学目标；

(3)依据拟定的教学目标,设计新授环节的教学活动并说明理由。

29. 下列材料是《义务教育教科书(人教版)数学五年级上册》关于“三角形的面积”的教学内容,阅读并回答问题。

问题：

(1)本节内容是在学生怎样的学情基础上进行的?

(2)本节内容的教学目标是什么?

(3)写出本节内容的教学重难点;

(4)拟写本节内容的教学过程。

30. 以下是某教科书中关于解方程的教学内容,请阅读并据此回答后面的问题。

2. 解简易方程

方程的意义

左边有两个50 g。

天平保持平衡。

$50+50=100$

这是一个等式。

正好平衡。

空杯子重100 g。

100 g

一杯水有多重?

如果水重 x g，杯子和水共重……

100 g

哪边重些?

200 g

300 g

$100+x>200$　　$100+x<300$

平衡了!

250 g

$100+x=250$

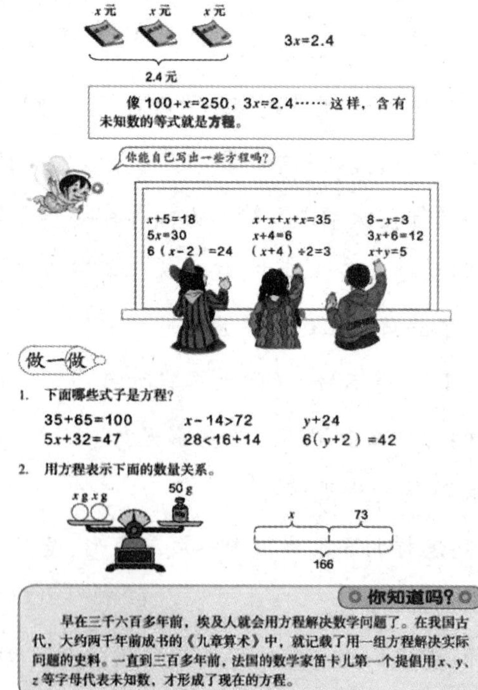

像 $100+x=250$，$3x=2.4$……这样，含有未知数的等式就是**方程**。

做一做

1. 下面哪些式子是方程?

$35+65=100$　　$x-14>72$　　$y+24$

$5x+32=47$　　$28<16+14$　　$6(y+2)=42$

2. 用方程表示下面的数量关系。

你知道吗?

早在三千六百多年前，埃及人就会用方程解决数学问题了。在我国古代，大约两千年前成书的《九章算术》中，就记载了用一组方程解决实际问题的史料。一直到三百多年前，法国的数学家笛卡儿第一个提倡用 x、y、z 等字母代表未知数，才形成了现在的方程。

问题：

(1)在课堂上,学生常常会出现一些老师意想不到的想法,我们称为“课堂生成”。你认为以上教学片段中,这位教师对课堂生成的处理合适吗？说说你的观点。

(2)结合以上教学片段,请你谈谈新课改要求教师的行为有哪些改变。

3.［江苏无锡］课堂理答是教师在课堂教学中对学生回答做出的及时评价,下面是一位教师在教学“三角形三边关系”这节课时,“三条线段为什么无法围成三角形”这一知识点的教学片段,试分析案例中教师在课堂理答策略方面存在哪些不足,应怎么改进。

师:从这6条线段中,任意选3条围成三角形,哪些同学发现了围不成三角形的原因？哪些同学发现了三角形三边的关系？

生1:选得不好。(学生答非所问)

师:为什么会围不成三角形呢？

生2:选的线段不对。

师:怎样的3条线段围不成三角形,是不是它们长度间的关系有着秘密呀？

生:嗯。

师:那我们刚才就已经知道线段的长度影响线段能否围成三角形了,三条线段的长度有着怎样的秘密呢？

生3:这条比这两条都长。

师:现在还只考虑一条有意义吗?我再请一个同学来回答。

生4:我手中20厘米长的这条线段是最长的,第2条和第3条的两条线段加起来都没有20厘米长的这条线段长,所以围不成。

师:给大家围一围,比一比看看好吗?

师:这位同学能够把2条线段合在一起,跟第3条去比较,发现了三条线段长度之间的关系,也找到了围不成三角形的原因,真会思考!

师:哪些小组和他们的发现相同?也来说说围不成的原因。

③进行单元书面测验，并张榜公布学习成绩排名，教师表扬先进，批评后进；

④进行单元书面测验，师生共同分析试卷，找出成绩与问题所在，改进教与学。

A. ①②③ B. ①②④

C. ①③④ D. ②③④

8. 数学课程的评价应以（　　）为依据，体现数学课程的基本理念，全面评价学生在知识技能、数学思考、问题解决和情感态度等方面的表现。

A. 课程目标 B. 课程内容

C. 课程目标和课程内容 D. 综合成绩

9. 下列说法不正确的是（　　）

A. 每一学段的目标是指该学段结束时学生应达到的目标

B. 学生记住概念的定义且能从几个选项中选择出一个有关概念的正确例子意味着学生已经真正理解概念

C. 对技能的评价不只是考查学生技能的熟练程度，还要考查学生对相关概念的理解与掌握，以及对不同的解题策略的运用

D. 在实施评价时，教师可以对部分学生采取“延迟评价”的方式

10. 在新课程背景下，教育评价的根本目的是（　　）（常考）

A. 促进学生、教师、学校和课程的发展

B. 形成新的教育评价制度

C. 淡化甄别与选拔的功能

D. 体现最新的教育观念和课程理念

11. 根据学生的成绩在班级中的相对位置和名次，确定学生的成绩在该班属于“优”“中”或“差”的教学评价属于（　　）（常考）

A. 诊断性评价 B. 形成性评价

C. 总结性评价 D. 相对评价

二、简答题

12. 书面测验是考查学生课程目标达成状况的重要方式，以“数的认识”内容为例，说明设计数学书面测验试卷时应关注的主要问题。

13. 应从哪些方面进行情感态度评价？

14. 改善数学的学习方式和评价方式应从哪几方面入手？

15. 对学生数学学习的评价，既要关注学习结果，也要关注学习过程，你认为对学生数学学习过程的评价应关注哪些方面？试举例说明。

18. 学校要抽选一位学生参加市里举行的比赛，现有两位候选人甲和乙，要求学生根据甲、乙两人平时的练习成绩，选择一位代表参加比赛，甲成绩不稳定，但有一个最好成绩，乙虽然最好成绩不如甲，但成绩比较稳定，并且平均成绩高，选哪个去好？两位教师的教学如下：

【教师1】

师：甲和乙的平时成绩，各有什么特点？

生1：乙平均成绩高，并且比较稳定。

生2：甲的成绩不稳定，但有最好成绩。

师：为了保证比赛更有把握取得好成绩，应选择哪一位？

生3：乙很稳定，更有把握。

师：参加比赛我们一般是选择成绩比较稳定的选手，选择乙是明智的。

【教师2】

师：甲、乙两人各有特点，该选择哪一位呢？说说你的理由（让学生讨论）。

生1：我选择乙，因为如果是射击比赛，需计算每轮射击成绩的总和（总环数），稳定而平均成绩高的选手更有优势。

生2：我不同意，如果是跳远比赛，只需选择成绩最好的一项为最终成绩，而甲这方面的潜力更大。

师：你们的想法都很有道理，看来要选出合适的人选并不是一件简单的事情，必须根据具体的情况进行科学合理的选择。

比较这两位老师的教学行为，你认为哪位老师的教学行为更符合新课标的教学理念，并进行简要分析。

下篇　模拟试卷

教师招聘考试小学数学模拟试卷(一)

一、填空题(本大题共 10 小题,每小题 3 分,共 30 分)

1. 甲、乙两数,如果甲数的小数点向左移动两位,则与乙数的比是 1∶6,甲数与乙数原来的最简整数比是________。

2. 有 a,b 两个自然数,它们满足条件:$\frac{a}{6}+\frac{b}{11}=\frac{26}{33}$,则 $6a+11b=$________。

3. 一个高 1 分米的圆柱,如图截成 2 段,表面积增加了 56.52 平方分米。原来这个圆柱的体积是________立方分米。

4. 甲、乙、丙三人合修一围墙。甲、乙合修 6 天修好围墙的$\frac{1}{3}$,乙、丙合修两天修好余下的$\frac{1}{4}$,剩下的三人又合修了 5 天才完成。共得工资 180 元,按各人完成的工作量的多少来合理地分配,乙应得________元。

5. 小明从家到学校有两条一样长的路,一条是平路,另一条的一半是上坡路,一半是下坡路。小明上学时走两条路所用的时间一样,已知下坡路的速度是平路的$\frac{3}{2}$倍,那么上坡路的速度是平路的________倍。(常考)

6. 将一堆糖果全部分给甲、乙、丙三个小朋友,原计划甲、乙、丙三人所得的糖果数的比是5∶4∶3,实际上甲、乙、丙三人所得的糖果数的比为 7∶6∶5,其中一位小朋友比原计划多得了 15 块糖果,那么这位小朋友是________(填“甲”“乙”或“丙”),他实际所得的糖果数为________块。(易错)

7. 设向量 $\boldsymbol{a}=(1,-1)$,$\boldsymbol{b}=(m+1,2m-4)$,若 $\boldsymbol{a}\perp\boldsymbol{b}$,则 $m=$________。

8. 复数 $z=\frac{a}{1-\mathrm{i}}+\frac{1-\mathrm{i}}{2}$是纯虚数,则实数 $a=$____________。(常考)

9. 设等差数列$\{a_n\}$的前 n 项和为 S_n,若 $S_{m-1}=-2,S_m=0,S_{m+1}=3(m>1)$,则 $m=$________。

10. 已知 $\tan\left(\alpha-\frac{5\pi}{4}\right)=\frac{1}{5}$,则 $\tan\alpha=$________。

20. 如图,在菱形 $ABCD$ 中,点 E,F 分别在边 AB,AD 上,$BE=FD$,CF 的延长线交 BA 的延长线于点 H,CE 的延长线交 DA 的延长线于点 G。

(1)求证:$\triangle BEC\backsim\triangle BCH$;

(2)如果 $BE^2=AB\cdot AE$,求证:$AG=DF$。

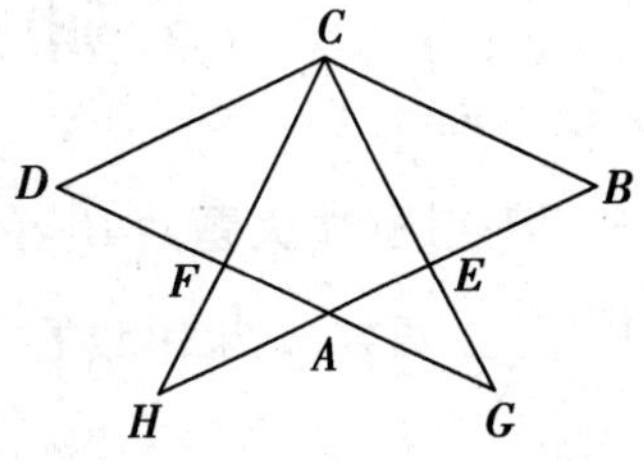

21. 在$\triangle ABC$ 中,内角 A,B,C 所对的边分别为 a,b,c。已知 $b\sin A=a\cos\left(B-\frac{\pi}{6}\right)$。

(1)求角 B 的大小;

(2)设 $a=2$,$c=3$,求 b 和 $\sin(2A-B)$的值。

22. 已知函数$f(x)=(x^2-2x)^{\frac{2}{3}}$。

(1)判断函数的单调性,并求出极值;

(2)求出该函数在闭区间$[-1,4]$上的最大值、最小值。

10. 函数$f(x)=x^4-2x^3$的图象在点$(1,f(1))$处的切线方程为(　　)

A. $y=-2x-1$　　B. $y=-2x+1$　　C. $y=2x-3$　　D. $y=2x+1$

11. 为了得到函数$y=\cos x$的图象只需把$y=\sin x$的图象上的所有点(　　)(易混)

A. 向左平移$\frac{\pi}{2}$个长度单位　　B. 向右平移$\frac{\pi}{2}$个长度单位

C. 向上平移$\frac{\pi}{2}$个长度单位　　D. 向下平移$\frac{\pi}{2}$个长度单位

12. 设$a=2^{\frac{1}{3}}$,$b=\left(\frac{1}{3}\right)^2$,$c=\log_2\frac{1}{3}$,则(　　)

A. $a<b<c$　　B. $b<a<c$

C. $c<a<b$　　D. $c<b<a$

13. 设m为一条直线,α,β为两个不同平面,$m\subset\alpha$,则"$\alpha/\!/\beta$"是"$m/\!/\beta$"的(　　)(易错)

A. 充分不必要条件　　B. 必要不充分条件

C. 充要条件　　D. 既不充分又不必要条件

14. 极限$\lim\limits_{x\to\infty}\left(1+\frac{1}{1+x^2}\right)^{x^2}$的值为(　　)

A. 0　　B. 1　　C. e　　D. $\frac{1}{\mathrm{e}}$

15. 设$f(x)=\int_x^2\sqrt{1+t^2}\,\mathrm{d}t$,则$f'(x)=$(　　)

A. $-\sqrt{1+x^2}$　　B. $\frac{1}{2}\sqrt{1+x^2}$

C. $\sqrt{1+t^2}$　　D. $\sqrt{1+x^2}$

二、填空题(本大题共5小题,每小题3分,共15分)

16. 记S_n为等差数列$\{a_n\}$的前n项和,若$a_1=-2$,$a_2+a_6=2$,则$S_{10}=$________。

17. 在$\left(x+\frac{2}{x^2}\right)^5$的展开式中,$x^2$的系数是________。

18. 如图所示,在正方体$ABCD-A_1B_1C_1D_1$中,E,F分别是AB,AD的中点,则直线B_1C与EF所成的角的大小为________。

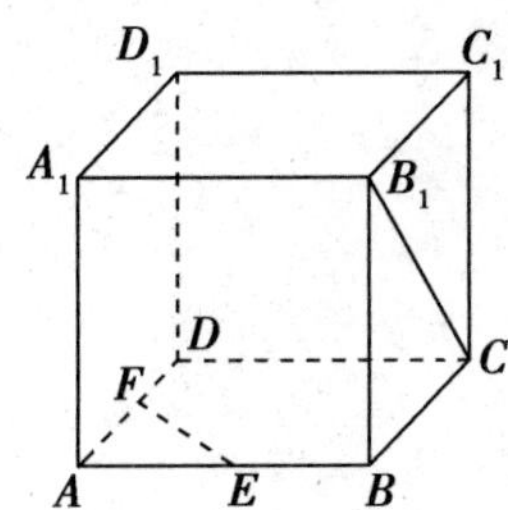

19. 关于函数$f(x)=\sin x+\frac{1}{\sin x}$有如下四个命题：①$f(x)$的图象关于$y$轴对称；②$f(x)$的图象关于原点对称；③$f(x)$的图象关于直线$x=\frac{\pi}{2}$对称；④$f(x)$的最小值为2。其中所有真命题的序号是________。

20. 已知x和y满足约束条件$\begin{cases}x+y\geqslant 4,\\x-y\geqslant -4,\\x\leqslant 4,\end{cases}$则目标函数$z=x+y$的最大值为________。（常考）

三、解答题（本大题共5小题，每小题8分，共40分）

21. 计算行列式$\begin{vmatrix}2&-1&1&-2\\4&0&-1&4\\-1&2&1&0\\-4&2&-1&2\end{vmatrix}$。

22. 如图，在三棱锥$A-BPC$中，$AP\perp PC$，$AC\perp BC$，M为AB中点，D为PB中点，$\triangle PMB$为正三角形。

（1）证明：$DM//$平面APC；

（2）证明：平面$ABC\perp$平面APC；

（3）$BC=4$，$AB=20$，求$D-BCM$的体积。

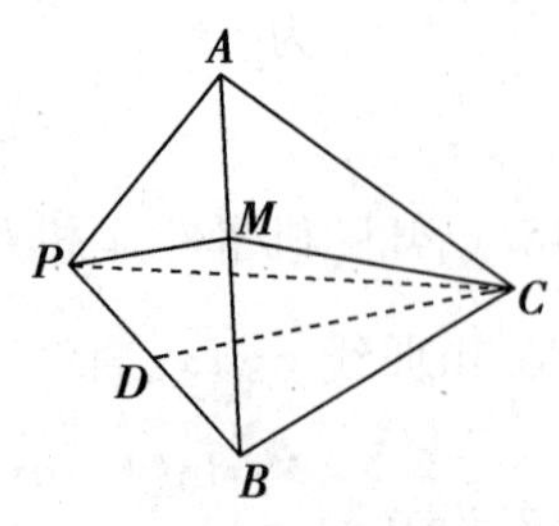

9. 甲、乙、丙、丁四位同学一起去向老师询问成语竞赛的成绩。老师说:你们四人中有2位优秀,2位良好,我现在给甲看乙、丙的成绩,给乙看丙的成绩,给丁看甲的成绩。看后甲对大家说:我还是不知道我的成绩。根据以上信息,则(　　)

A. 乙可以知道四人的成绩　　　　B. 丁可以知道四人的成绩

C. 乙、丁可以知道对方的成绩　　　　D. 乙、丁可以知道自己的成绩

10. 设 $f(x)=2^x+3^x-2$,则当 $x\to 0$ 时,有(　　)

A. $f(x)$ 与 x 是等价无穷小　　　　B. $f(x)$ 与 x 同阶但非等价无穷小

C. $f(x)$ 是比 x 高阶的无穷小　　　　D. $f(x)$ 是比 x 低阶的无穷小

11. 已知 $x=\frac{1}{e}$ 是函数 $f(x)=x\ln(ax)+1$ 的极值点,则 $a=$(　　)

A. $\frac{1}{2}$　　　　B. 1

C. $\frac{1}{e}$　　　　D. 2

12. 已知函数 $f(x)=\begin{cases}x+1, x\leqslant 0,\\ \log_2 x, x>0,\end{cases}$ 则函数 $y=f(f(x))+1$ 的零点个数是(　　)

A. 4　　　　B. 3　　　　C. 2　　　　D. 1

二、填空题(本大题共5小题,每小题4分,共20分)

13. 直线 $x-2y+5=0$ 与圆 $x^2+y^2=8$ 相交于 A,B 两点,则 $|AB|=$________。

14. 某四棱锥的三视图如图所示,则最长的一条侧棱的长度是________。

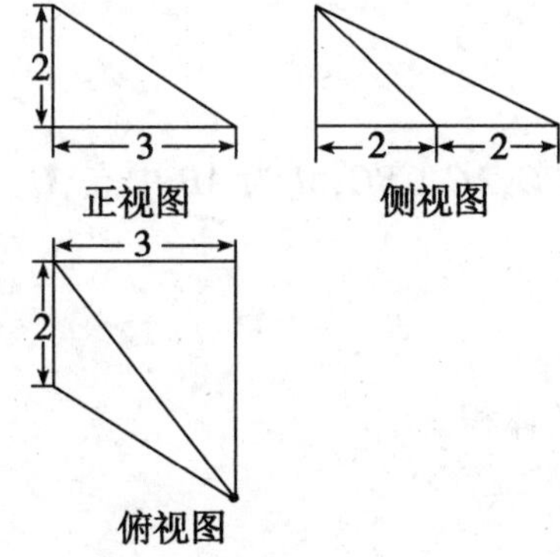

15. 已知随机事件 A 和 B 互斥,且 $P(A\cup B)=0.7$,$P(B)=0.2$,则 $P(\bar{A})=$________。

16. 由曲线 $y=\sqrt{x}$,直线 $y=x-2$ 及 y 轴所围成的图形的面积为________。

17. 设 $f(x)=\begin{cases}\ln(1+ax)+b, x>0,\\ e^{2x}, x\leqslant 0,\end{cases}$ 且 $f'(0)$ 存在,则 $a=$________,$b=$________。

三、解答题（本大题共 3 小题，18 小题 8 分，19～20 小题各 12 分，共 32 分）

18. 等比数列$\{a_n\}$中，$a_1=1$，$a_5=4a_3$。

(1)求$\{a_n\}$的通项公式；

(2)记S_n为$\{a_n\}$的前 n 项和，若$S_m=63$，求 m。

图书反馈

重磅！真题重奖征集！

凡提供当年度考试真题者，均可获得现金奖励。具体请联系QQ:3232490489。

（温馨提示：所提供真题须是当年度考试真题，且真实有效。最终解释权归山香教育所有）

亲爱的考生：

感谢您对山香教育的信任和支持，您的建议是我们前进的动力！为进一步提高图书质量，我们特向全国各地的考生开展有奖反馈活动。

1.凡提供山香图书的错题反馈者，均能获得价值99元的山香网课《高频考点》（基础版）大礼包1份。

2.凡提供反馈项目者，可获得价值299元的山香网课《高频考点》（豪华版）超级大礼包1份。

3.我们从意见被采纳人员中每月抽取幸运者2名，各奖励价值1380元的山香网校网课大礼包一份。

图书反馈链接

¥99 大礼包

¥299 超级大礼包

反馈项目

姓名：　　　　专业：　　　　报考地区：

手机号：　　　　QQ号：

1.您认为图书中可以增加哪些模块或内容，有助于您的学习？

2.您对本书的印刷、装订、封面有何意见和建议？

3.结合山香现有图书和考情需要，您还需要哪些形式的备考资料？

联系方式：400-600-3363　　研发部QQ：1831595423

招教网：http：//www.zhaojiao.net　　山香网校：http：//www.sx1211.cn

图书订正链接

24. [福建]四边形 $ABCD$ 内接于圆 O,AC 是圆 O 的直径且平分 $\angle BAD$,过点 C 作圆 O 的切线,分别与 AB,AD 的延长线交于点 E,F,P 为 AD,BC 延长线的交点。

(1)求证:$CE=CF$;

(2)求证:$PF\cdot AC=PC\cdot CE$;

(3)若 $\tan\angle BAC=\dfrac{1}{2}$,求$\dfrac{PF}{PA}$的值。

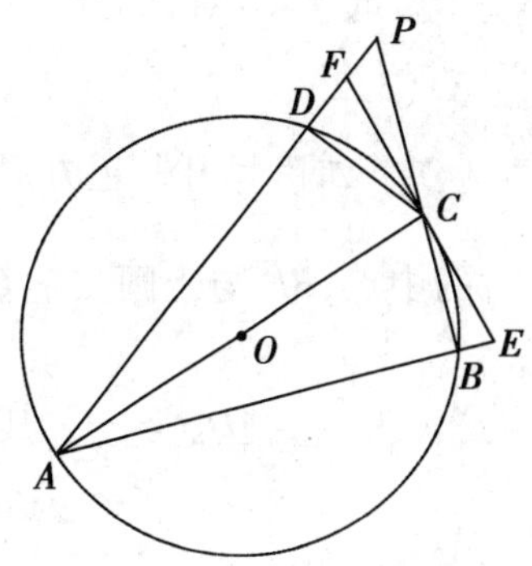

25. [广东广州增城区]如图所示,圆是以正方形 $ABCD$ 的边长 CD 为直径的圆,若阴影部分①比阴影部分②的面积大10.75平方厘米,求正方形 $ABCD$ 的边长以及阴影部分①的面积。(π 取3.14)

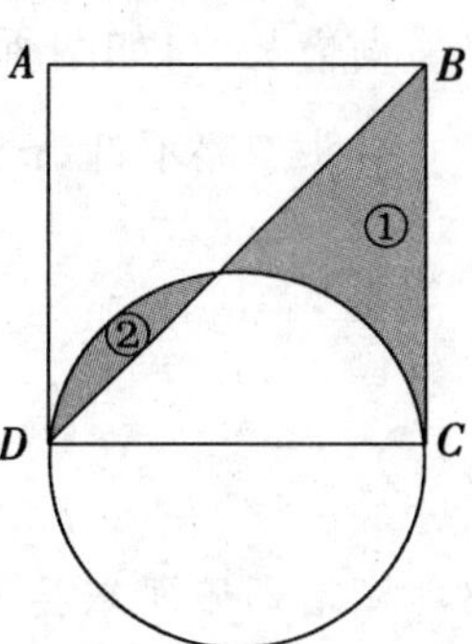

13. [山东菏泽]如图,已知平行四边形 $OABC$,定点 $O(0,0)$,$C(-1,2)$,点 A 在 x 的正半轴上,$\angle AOC$ 的角平分线交 BC 于点 G,则点 G 的坐标为(　　)

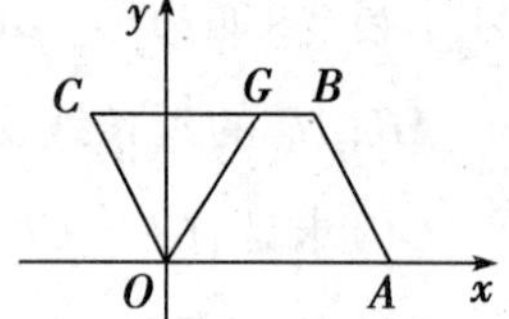

A. $(\sqrt{5}-1,2)$　　B. $(\sqrt{5},2)$

C. $(3-\sqrt{5},2)$　　D. $(\sqrt{5}-2,2)$

14. [广东广州增城区]在平面直角坐标系中,已知点 $A(1,2)$,其关于直线 $x=2$ 对称的点为 B,点 B 关于直线 $y=3$ 对称的点为 C,则点 C 的坐标为(　　)

A. $(3,2)$　　B. $(4,3)$　　C. $(3,4)$　　D. $(2,3)$

15. [江苏江阴]如图,正方形 $ABCD$ 的边长为 1,以 AB 为直径作半圆,点 P 为 CD 的中点,BP 与半圆交于 Q,连结 DQ,给出如下结论:①$PQ=\frac{3}{2}BQ$;②$S_{\triangle PDQ}=\frac{1}{8}$;③$\cos\angle ADQ=\frac{3}{5}$。其中正确的有(　　)个。

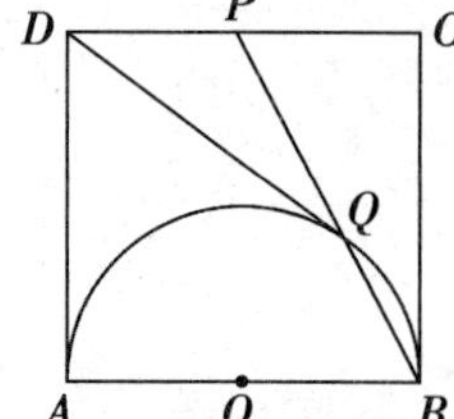

A. 3　　B. 2

C. 1　　D. 都不对

二、填空题

16. [湖南永州]下图是用 10 条线段组成的图形,且图中的角度均为直角,现要计算图形的周长,只需给出________条边的长度。

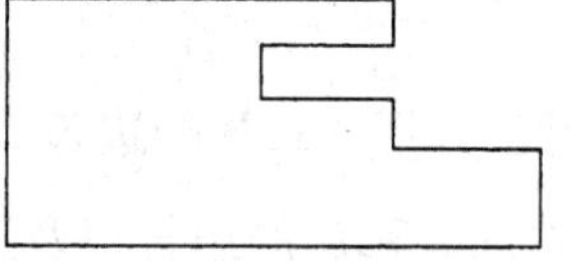

17. [湖南长沙]如图所示,长方形卡纸的长为 33.12 cm,利用图中的阴影部分正好能做成一个圆柱体(接头忽略不计,π 取 3.14)。则这个圆柱体的表面积为________。

18. [湖南邵阳邵东县]正方形 $ABCD$ 的边长是 4,点 P 是 AD 边的中点,点 E 是正方形边上的一点,若 $\triangle PBE$ 是等腰三角形,则腰长为________。

19. [浙江杭州]如图,在 $Rt\triangle ABC$ 中,$\angle B=90°$,边 AB,BC,AC 的长分别为 5 厘米、12 厘米、13 厘米,通过对折使 AB 边重合于 AC 边,点 B 落在 D 处,那么,图中阴影部分的面积是________平方厘米。

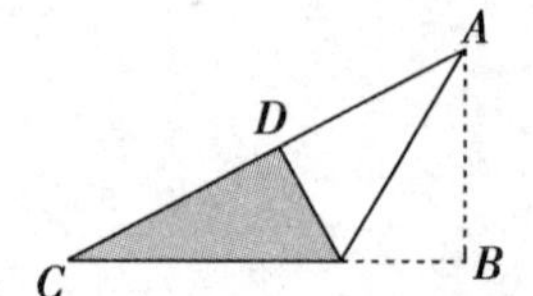

4. [重庆特岗]学校新落成的阅览室需铺设同一种地砖,则下列多边形中不能选用的是(　　)

A. 矩形　　B. 正三角形

C. 正六边形　　D. 正八边形

5. [湖南邵阳邵东县]一个平行四边形,底边不变,高扩大3倍,它的面积(　　)

A. 扩大9倍　　B. 扩大3倍

C. 缩小9倍　　D. 不变

6. [重庆特岗]如图是某校平面图上的一部分,下面对于A、B两点方位的估计基本正确的是(　　)

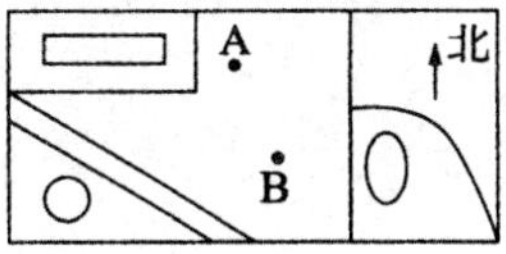

A. A在B的西北方向　　B. A在B的东南方向

C. A在B的北偏西28°左右　　D. A在B的东偏南60°左右

7. [重庆特岗]将边长为a的等边$\triangle ABC$绕着A点逆时针旋转30°得到$\triangle ADE$,则$\triangle ABC$与$\triangle ADE$重合部分的面积为(　　)

A. $\frac{6-3\sqrt{3}}{2}a^2$　　B. $\frac{7-4\sqrt{3}}{4}a^2$　　C. $\frac{5\sqrt{3}-7}{4}a^2$　　D. $\frac{6-3\sqrt{3}}{4}a^2$

8. [黑龙江牡丹江]如图,在正六边形$ABCDEF$中,点O为其中心,则下列判断错误的是(　　)

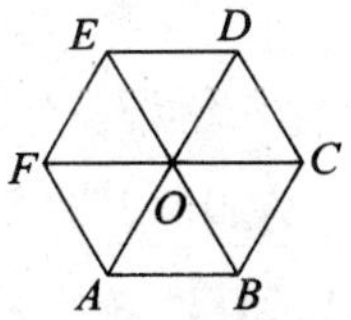

A. $\overrightarrow{AB}=\overrightarrow{OC}$　　B. $\overrightarrow{AB}/\!/\overrightarrow{DE}$

C. $|\overrightarrow{AD}|=|\overrightarrow{BE}|$　　D. $\overrightarrow{AD}=\overrightarrow{FC}$

9. [江西]有五根木条,它们的长度分别是1 cm、2 cm、3 cm、4 cm、5 cm,从它们当中选出3根拼成一个三角形,一共可以拼成(　　)种不同的三角形。

A. 1　　B. 2　　C. 3　　D. 4

10. [云南特岗] 如图,A,B,P是半径为2的圆上的三点,$\angle APB=45°$,则弦AB的长为(　　)

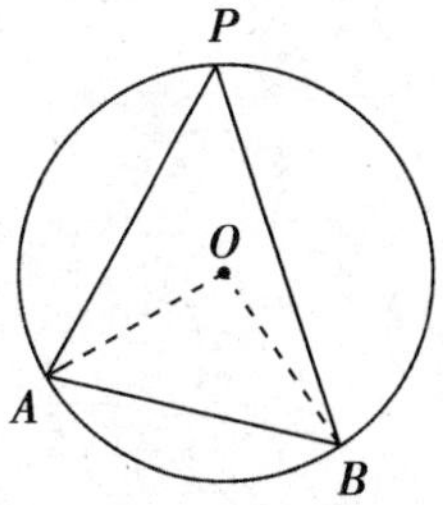

A. $\sqrt{2}$　　B. 2

C. $2\sqrt{2}$　　D. 4

11. [江西南昌红谷滩新区]若圆O_1与圆O_2相交于A,B两点,圆O_1与圆O_2的半径分别为2和$\sqrt{2}$,公共弦长为2,则$\angle O_1AO_2$的度数为(　　)

A. 105°　　B. 75°或15°

C. 105°或15°　　D. 15°

12. [重庆沙坪坝区]下列图形中,对称轴只有一条的是(　　)

A. 长方形　　B. 等腰三角形　　C. 等边三角形　　D. 圆

整合提升

一、单项选择题

1. 秦九韶是我国南宋时期的数学家,普州(现四川省安岳市)人,他在其所著的《数书九章》中提出的多项式求值的秦九韶算法,至今仍是比较先进的算法。如图的程序框图给出了利用秦九韶算法求某多项式值的一个实例,若输入 x 的值为 2,则输出的 v 值为(　　)

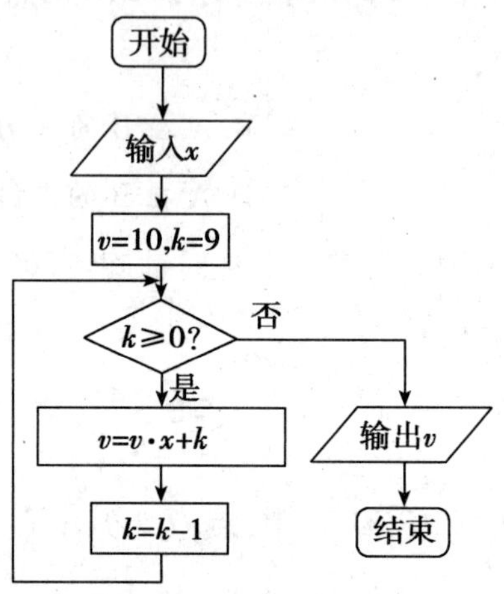

A. $9\times2^{10}-2$　　B. $9\times2^{10}+2$　　C. $9\times2^{11}+2$　　D. $9\times2^{11}-2$

2.《算法统宗》是中国古代的数学名著,由明代数学家程大位所著,该著作完善了珠算口诀,确立了算盘用法,完成了由筹算到珠算的彻底转变,该著作中有题为"李白沽酒":"李白街上走,提壶去买酒。遇店加一倍,见花喝一斗,三遇店和花,喝光壶中酒。借问此壶中,原有多少酒?"如图为该问题的程序框图,若输出的 S 值为 0,则开始输入的 S 值为(　　)

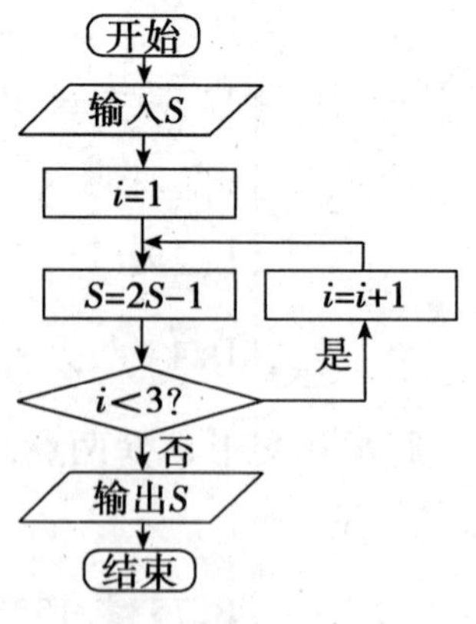

A. $\frac{3}{4}$　　B. $\frac{7}{8}$　　C. $\frac{4}{5}$　　D. $\frac{15}{16}$

3. 下列说法中运用了类比推理的是(　　)

A. 人们通过大量试验得出掷硬币出现正面向上的概率为 0.5

6. 我国南宋数学家杨辉 1261 年所著的《详解九章算法》一书里出现了如图所示的表,即杨辉三角,这是数学史上的一个伟大成就。在“杨辉三角”中,已知第 n 行的所有数字之和为 2^{n-1},若去除所有为 1 的项,依次构成数列 2,3,3,4,6,4,5,10,10,5,…,则此数列的前 56 项和为(　　)

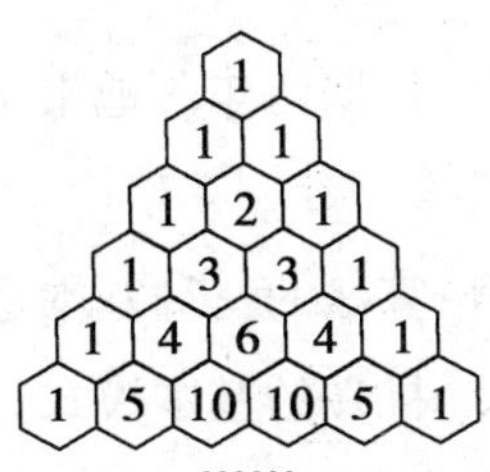

A. 2060　　B. 2038　　C. 4084　　D. 4108

7. 下列表述正确的是(　　)

①归纳推理是由部分到整体的推理;　　②归纳推理是由一般到一般的推理;

③演绎推理是由一般到特殊的推理;　　④类比推理是由特殊到一般的推理;

⑤类比推理是由特殊到特殊的推理。

A. ①②③　　B. ②③④

C. ①③⑤　　D. ②④⑤

8. 利用反证法证明:若$\sqrt{x}+\sqrt{y}=0$,则 $x=y=0$。假设为(　　)

A. x,y 都不为 0　　B. x,y 不都为 0

C. x,y 都不为 0,且 $x\neq y$　　D. x,y 至少有一个为 0

二、填空题

9. 某市为了缓解交通压力,实行机动车辆限行政策,每辆机动车每周一到周五都要限行一天,周末(周六和周日)不限行。某公司有 A、B、C、D、E 五辆车,保证每天至少有四辆车可以上路行驶。已知 E 车周四限行,B 车昨天限行,从今天算起,A、C 两车连续四天都能上路行驶,E 车明天可以上路,由此可知今天是星期________。

10. 某校为高一学生开设了三门选修课程,分别是文学与艺术、哲学初步、数学史。调查某班甲、乙、丙三名学生的三门选修课程的选修情况时,甲说:“我选修的课程比乙多,但没有选修哲学初步。”乙说:“我没有选修数学史。”丙说“我们三人选修的课程中,有一门课程是相同的。”由此可以判断乙选修的课程为________。

专题七　算法与推理证明

命题分析

本专题主要介绍算法、推理与证明。依据历年各地市真题的分析，本专题需要重点掌握的知识包括：

1. 常用的表示算法步骤的图形符号；算法的三种基本逻辑结构及其框图表示；基本算法语句。

2. 归纳推理和类比推理的含义；演绎推理的基本模式；直接证明的两种基本方法——分析法和综合法；间接证明的一种基本方法——反证法；数学归纳法证明数学命题的步骤。

本专题内容比较抽象，需要理解记忆的概念比较多，对考生的逻辑推理能力要求较高。在考试中常以单项选择题的形式考查。在备考时，考生要重点掌握：算法与框图（程序框图的图形符号的识记，算法的计算）；推理与证明（不同推理形式的识记与判断，用数学归纳法证明数学命题）。

真　题　实　测

单项选择题

1. ［河南许昌］我国古代数学著作《九章算数》“少广”中有道问题，“今有田广一步半，三分步之一，四分步之一，五分步之一，六分步之一，七分步之一，求田一亩，问从几何？”其意思为有块地宽一步半，加三分之一步，再加四分之一步，再加五分之一步，再加六分之一步，再加七分之一步，要量出一亩地（240 平方步为亩），长应为多少步？（　　）

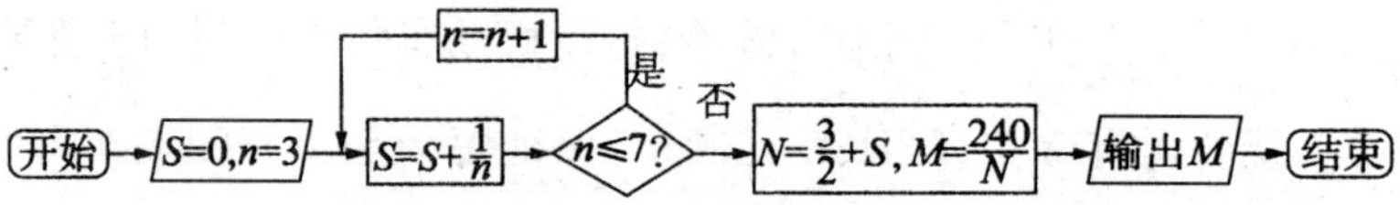

开始 → $S=0,n=3$ → $S=S+\frac{1}{n}$ → $n\leqslant 7?$ —是→ $n=n+1$（返回 $S=S+\frac{1}{n}$）；—否→ $N=\frac{3}{2}+S,M=\frac{240}{N}$ → 输出 M → 结束

A. $105\frac{15}{137}$　　B. $97\frac{47}{49}$

C. $92\frac{68}{121}$　　D. $88\frac{232}{761}$

2. ［福建］在推导梯形面积公式时，学生通过用两个一样的三角形拼成平行四边形导出三角形的面积公式产生联想，也用两个一样的梯形拼成平行四边形导出梯形的面积公式。这种推理方式是（　　）

A. 归纳推理　　B. 类比推理

C. 联言推理　　D. 关系推理

9. α,β 是实系数方程 $x^2+2x+2=0$ 的两个虚根,则它们在复平面上对应的向量夹角的正弦值为(　　)

A. $\frac{1}{2}$　　B. $\frac{\sqrt{3}}{2}$　　C. 1　　D. 0

10. 满足 $|z|^2-2|z|-3=0$ 的复数 z 所对应的点的轨迹是(　　)(常考)

A. 一个圆　　B. 线段　　C. 两个点　　D. 两个圆

11. 已知复平面上,一圆 O_1 的方程为 $|z-1-\mathrm{i}|=2$,其圆心 O_1 所对应的复数为 z,另一圆 O_2 的圆心所对应的复数为 $\bar{z}$,半径为 4,则两圆的位置关系为(　　)

A. 相交　　B. 内切　　C. 外切　　D. 外离

12. 若 $z=\sin\theta-\frac{3}{5}+\mathrm{i}\left(\cos\theta-\frac{4}{5}\right)$ 是纯虚数,则 $\tan\theta$ 的值为(　　)

A. $\pm\frac{3}{4}$　　B. $\pm\frac{4}{3}$　　C. $-\frac{3}{4}$　　D. $\frac{3}{4}$

二、填空题

13. 设 O 为坐标原点,$A(1,1)$,若点 $B(x,y)$ 满足 $\begin{cases}x^2+y^2\geqslant 1,\\ 0\leqslant x\leqslant 1,\\ 0\leqslant y\leqslant 1,\end{cases}$ 当 $\overrightarrow{OA}\cdot\overrightarrow{OB}$ 取得最小值时,点 B 的个数是________。

14. 已知 $\boldsymbol{a},\boldsymbol{b}$ 是不共线的向量,$\overrightarrow{AB}=\lambda\boldsymbol{a}+\boldsymbol{b}$,$\overrightarrow{AC}=\boldsymbol{a}+\mu\boldsymbol{b}$ $(\lambda,\mu\in\mathbf{R})$,则 A,B,C 三点共线的充要条件是________。(常考)

15. 在 $\triangle ABC$ 中,$\angle A=60°$,$AB=3$,$AC=2$,若 $\overrightarrow{BD}=2\overrightarrow{DC}$,$\overrightarrow{AE}=\lambda\overrightarrow{AC}-\overrightarrow{AB}$ $(\lambda\in\mathbf{R})$,且 $\overrightarrow{AD}\cdot\overrightarrow{AE}=-4$,则 λ 的值为________。(常考)

16. 若复数 z 满足 $(1+2\mathrm{i})z=|3+4\mathrm{i}|$($\mathrm{i}$ 为虚数单位),则复数 $z=$________。

17. 已知曲线方程 $|z+1-\mathrm{i}|+|z-3+2\mathrm{i}|=10$,则该曲线的离心率 $e=$________。

18. 若 $z\in\mathbf{C}$,且 $|z|=1$,则 $|z-2-2\mathrm{i}|$ 的最小值为________。

19. 复数 z 满足 $|z+\mathrm{i}|+|z-\mathrm{i}|=2$,则 $|z+\mathrm{i}+1|$ 的最小值是________。(易混)

三、判断题

20. 在四面体 $OABC$ 中,$\overrightarrow{OA}=\boldsymbol{a}$,$\overrightarrow{OB}=\boldsymbol{b}$,$\overrightarrow{OC}=\boldsymbol{c}$,$D$ 是 AB 的中点,E 是 CD 的中点,则 $\overrightarrow{OE}=\frac{1}{4}\boldsymbol{a}+\frac{1}{4}\boldsymbol{b}+\frac{1}{2}\boldsymbol{c}$(用 $\boldsymbol{a},\boldsymbol{b},\boldsymbol{c}$ 表示)。(　　)

21. 在边长为 1 的正三角形 ABC 中,设 $\overrightarrow{BC}=2\overrightarrow{BD}$,$\overrightarrow{CA}=3\overrightarrow{CE}$,则 $\overrightarrow{AD}\cdot\overrightarrow{BE}=\frac{1}{4}$。(　　)

22. 已知关于 x 的方程 $x^2+(k+2\mathrm{i})x+2+k\mathrm{i}=0$ 有实根,则实数 $k=\pm 2\sqrt{2}$。(　　)

23. 表示实数的点都在实轴上,表示纯虚数的点都在虚轴上。(　　)

二、填空题

10. 已知向量 $\boldsymbol{a}=(2,6)$，$\boldsymbol{b}=(-1,\lambda)$。若 $\boldsymbol{a}/\!/\boldsymbol{b}$，则 $\lambda=$________。

11. 已知向量 $\boldsymbol{a}=(3,1)$，$\boldsymbol{b}=(1,-2)$，则向量 $\boldsymbol{a}$ 在向量 $\boldsymbol{b}$ 上的投影为________。（易错）

12. 已知向量 $\boldsymbol{a}$，$\boldsymbol{b}$，$|\boldsymbol{a}|=1$，$|\boldsymbol{b}|=2$，若对任意单位向量 $\boldsymbol{e}$，均有 $|\boldsymbol{a}\cdot\boldsymbol{e}|+|\boldsymbol{b}\cdot\boldsymbol{e}|\leqslant\sqrt{6}$，则 $\boldsymbol{a}\cdot\boldsymbol{b}$ 的最大值是________。

13. $\dfrac{(-1+\sqrt{3}\mathrm{i})^3}{(1+\mathrm{i})^6}=$________。

14. 设复数 $a+b\mathrm{i}(a,b\in\mathbf{R})$ 的模为 $\sqrt{3}$，则 $(a+b\mathrm{i})(a-b\mathrm{i})=$________。

15. 已知 $a,b\in\mathbf{R}$，$(a+b\mathrm{i})^2=3+4\mathrm{i}$（i 是虚数单位），则 $a^2+b^2=$________，$ab=$________。

三、判断题

16. 设 A,B,C,D 是空间不共面的四点，且满足 $\overrightarrow{AB}\cdot\overrightarrow{AC}=0$，$\overrightarrow{AC}\cdot\overrightarrow{AD}=0$，$\overrightarrow{AB}\cdot\overrightarrow{AD}=0$，则 $\triangle BCD$ 是锐角三角形。（　　）

17. 已知 $A(1,1,1)$，$B(2,2,2)$，$C(3,2,4)$，则 $\triangle ABC$ 的面积为 $\sqrt{3}$。（　　）

18. $a\mathrm{i}(a\in\mathbf{R})$ 是纯虚数。（　　）

19. 在复平面内，原点也在虚轴上。（　　）

四、解答题

20. 设 $\boldsymbol{a}$，$\boldsymbol{b}$，$\boldsymbol{c}$ 是同一平面内的三个向量，$\boldsymbol{a}=(1,2)$。

（1）若 $|\boldsymbol{c}|=2\sqrt{5}$，且 $\boldsymbol{c}/\!/\boldsymbol{a}$，求 $\boldsymbol{c}$ 的坐标；

（2）若 $|\boldsymbol{b}|=\dfrac{\sqrt{5}}{2}$，且 $\boldsymbol{a}+2\boldsymbol{b}$ 与 $2\boldsymbol{a}-\boldsymbol{b}$ 垂直，求 $\boldsymbol{a}$ 与 $\boldsymbol{b}$ 的夹角 θ。

基础训练

一、单项选择题

1. 已知向量 $\boldsymbol{a}=(5,2)$，$\boldsymbol{b}=(-4,-3)$，$\boldsymbol{c}=(x,y)$，若 $3\boldsymbol{a}-2\boldsymbol{b}+\boldsymbol{c}=\boldsymbol{0}$，则 $\boldsymbol{c}=$(　　)

A. $(-23,-12)$　　B. $(23,12)$　　C. $(7,0)$　　D. $(-7,0)$

2. 已知 $\boldsymbol{a}=(-3,2)$，$\boldsymbol{b}=(-1,0)$，向量 $\boldsymbol{a}+\lambda\boldsymbol{b}$ 与 $\boldsymbol{b}$ 垂直，则实数 λ 的值为(　　)

A. -3　　B. 3　　C. $-\frac{1}{3}$　　D. $\frac{1}{3}$

3. 平面向量 $\boldsymbol{a}$ 与 $\boldsymbol{b}$ 的夹角为 $45°$，$\boldsymbol{a}=(1,1)$，$|\boldsymbol{b}|=2$，则 $|3\boldsymbol{a}+\boldsymbol{b}|=$(　　)

A. $13+6\sqrt{2}$　　B. $2\sqrt{5}$　　C. $\sqrt{30}$　　D. $\sqrt{34}$

4. 已知向量 $\boldsymbol{a},\boldsymbol{b},\boldsymbol{c}$ 满足 $|\boldsymbol{a}|=2$，$|\boldsymbol{b}|=\boldsymbol{a}\cdot\boldsymbol{b}=3$，若 $(\boldsymbol{c}-2\boldsymbol{a})\cdot\left(\boldsymbol{c}-\frac{2}{3}\boldsymbol{b}\right)=0$，则 $|\boldsymbol{b}-\boldsymbol{c}|$ 的最小值是(　　)

A. $2-\sqrt{3}$　　B. $2+\sqrt{3}$　　C. 1　　D. 2

5. 已知过定点 $P(-2,0)$ 的直线 l 与曲线 $y=\sqrt{2-x^2}$ 相交于 A,B 两点，O 为坐标原点，当 $\overrightarrow{OA}\cdot\overrightarrow{OB}=0$ 时，直线 l 的倾斜角是(　　)

A. $15°$　　B. $30°$　　C. $45°$　　D. $60°$

6. 下列命题中是假命题的是(　　)

A. 复数的模是非负实数

B. 复数等于零的充要条件是它的模等于零

C. 两个复数的模相等是这两个复数相等的必要条件

D. 复数 $z_1>z_2$ 的充要条件是 $|z_1|>|z_2|$

7. 复数 $\left(1+\frac{1}{\mathrm{i}}\right)^4$ 的值为(　　)

A. -4　　B. 4　　C. $-4\mathrm{i}$　　D. $4\mathrm{i}$

8. 复数 $\frac{2}{1-\mathrm{i}}$(i 为虚数单位)的共轭复数是(　　)

A. $1+\mathrm{i}$　　B. $1-\mathrm{i}$　　C. $-1+\mathrm{i}$　　D. $-1-\mathrm{i}$

9. 已知复数 $z=\frac{5\mathrm{i}}{\mathrm{i}-1}$(i 为虚数单位)，则复数 $\bar{z}$ 在复平面内对应的点位于(　　)(常考)

A. 第四象限　　B. 第三象限

C. 第二象限　　D. 第一象限

二、解答题

8. 已知数列$\{a_n\}$是公差$d\neq0$的等差数列，其前n项和为S_n。

(1) 求证：点$P_1\left(1,\frac{S_1}{1}\right)$，$P_2\left(2,\frac{S_2}{2}\right)$，…，$P_n\left(n,\frac{S_n}{n}\right)$在同一条直线$l_1$上；

(2) 过点$Q_1(1,a_1)$，$Q_2(2,a_2)$作直线l_2，设l_1与l_2的夹角为θ，求证：$\tan\theta\leqslant\frac{\sqrt{2}}{4}$。

9. 设T_n为数列$\{a_n\}$的前n项之积，满足$T_n=1-a_n(n\in\mathbf{N}^*)$。

(1) 设$b_n=\frac{1}{T_n}$，证明数列$\{b_n\}$是等差数列，并求b_n和a_n；

(2) 设$S_n=T_1^2+T_2^2+\cdots+T_n^2$，求证：$a_{n+1}-\frac{1}{2}<S_n\leqslant a_n-\frac{1}{4}$。

整 合 提 升

一、单项选择题

1. 设数列$\{(-1)^n\}$的前n项和为S_n，则对任意正整数n，$S_n=$(　　)(易错)

A. $\frac{n[(-1)^n-1]}{2}$　　B. $\frac{(-1)^{n-1}+1}{2}$

C. $\frac{(-1)^n+1}{2}$　　D. $\frac{(-1)^n-1}{2}$

2. 如果数列$\{a_n\}$满足$a_1=2$，$a_2=1$，且$\frac{a_{n-1}-a_n}{a_{n-1}}=\frac{a_n-a_{n+1}}{a_{n+1}}(n\geqslant 2)$，则这个数列的第10项等于(　　)

A. $\frac{1}{2^{10}}$　　B. $\frac{1}{2^9}$　　C. $\frac{1}{10}$　　D. $\frac{1}{5}$

3. 若数列$\{a_n\}$是等差数列，首项$a_1>0$，$a_{2003}+a_{2004}>0$，$a_{2003}\cdot a_{2004}<0$，则使前n项和$S_n>0$成立的最大自然数是(　　)(易错)

第3题

A. 4005　　B. 4006　　C. 4007　　D. 4008

4. 在数列$\{a_n\}$中，$a_1=0$，$a_{n+1}=\frac{\sqrt{3}+a_n}{1-\sqrt{3}a_n}$，则$a_{2015}=$(　　)

A. $2\sqrt{3}$　　B. $\sqrt{3}$　　C. 0　　D. $-\sqrt{3}$

5. 已知等差数列$\{a_n\}$的前n项和为S_n，公差$d\neq 0$，且$\frac{a_1}{d}\leqslant 1$，记$b_1=S_2$，$b_{n+1}=S_{2n+2}-S_{2n}$，$n\in\mathbf{N}^*$，则下列等式不可能成立的是(　　)

A. $2a_4=a_2+a_6$　　B. $2b_4=b_2+b_6$

C. $a_4^2=a_2a_8$　　D. $b_4^2=b_2b_8$

6. 已知$\{a_n\}$是等差数列，A，B，C三点共线，平面上一点O，满足$\overrightarrow{OA}=a_1\overrightarrow{OB}+a_{200}\overrightarrow{OC}$，数列$\{a_n\}$的前$n$项和是$S_n$，则$S_{200}=$(　　)

A. 100　　B. 200　　C. 201　　D. 400

7. 在等比数列$\{a_n\}$中，若$a_5a_6=\frac{3\pi}{2}$，则$\sin(a_4a_7)$等于(　　)(易错)

A. 12　　B. 0　　C. 1　　D. -1

二、解答题

11. 记 S_n为等差数列$\{a_n\}$的前 n 项和,已知 $a_1=-7,S_3=-15$。

(1)求$\{a_n\}$的通项公式;

(2)求 S_n,并求 S_n的最小值。

12. 已知数列$\{a_n\}$满足 $a_1=2,n(a_{n+1}-n-1)=(n+1)\cdot(a_n+n)(n\in \mathrm{N}^*)$。

(1)求证数列 $\left\{\frac{a_n}{n}\right\}$是等差数列,并求其通项公式;

(2)设 $b_n=\sqrt{2a_n}-15$,求数列$\{|b_n|\}$的前 n 项和 T_n。

13. 设等差数列$\{a_n\}$的公差为 d,前 n 项和为 S_n,等比数列$\{b_n\}$的公比为 q,已知 $b_1=a_1,b_2=2,q=d$, $S_{10}=100$。

(1)求数列$\{a_n\}$,$\{b_n\}$的通项公式;

(2)当 $d>1$ 时,记 $c_n=\frac{a_n}{b_n}$,求数列$\{c_n\}$的前 n 项和 T_n。

基础训练

一、单项选择题

1. 若数列$\{a_n\}$的通项公式是$a_n=(-1)^n(3n-2)$,则$a_1+a_2+\cdots+a_{10}$等于( )

A. 15　　B. 12　　C. -12　　D. -15

2. 已知数列$\{a_n\}$的通项公式为$a_n=2n-4$,$n\in\mathbf{N}^*$,若它的第k项满足$2<a_k<5$,则$k=$( )

A. 2　　B. 3　　C. 4　　D. 5

3. 我国古代数学名著《算法统宗》中有如下问题:“远望巍巍塔七层,红光点点倍加增,共灯三百八十一,请问尖头几盏灯?”意思是:一座7层塔共挂了381盏灯,且相邻两层中的下一层灯数是上一层灯数的2倍,则塔的顶层共有灯( )

A. 1盏　　B. 3盏　　C. 5盏　　D. 9盏

4. $\{a_n\}$是首项为$a_1=1$,公差$d=3$的等差数列,如果$a_n=2005$,则序号n等于( )

A. 667　　B. 668　　C. 669　　D. 670

5. 已知等差数列$\{a_n\}$的前n项和为S_n,且$S_4=3$,$S_8=7$,则S_{12}的值是( )(常考)

A. 8　　B. 11　　C. 12　　D. 15

6. 记S_n为等差数列$\{a_n\}$的前n项和,若$a_4+a_5=24$,$S_6=48$,则$\{a_n\}$的公差为( )

A. 1　　B. 2　　C. 4　　D. 8

7. 若等比数列$\{a_n\}$满足$a_na_{n+1}=16^n$,则公比为( )(常考)

A. 2　　B. 4　　C. 8　　D. 16

8. 已知等比数列$\{a_n\}$的各项均为正数,数列$\{b_n\}$满足$b_n=\ln a_n$,$b_3=18$,$b_6=12$,则数列$\{b_n\}$前n项和的最大值等于( )(易错)

A. 126　　B. 130　　C. 132　　D. 134

9. 已知数列$-1,a_1,a_2,-4$成等差数列,$-1,b_1,b_2,b_3,-4$成等比数列,则$\dfrac{a_2-a_1}{b_2}$的值是( )

A. $\dfrac{1}{2}$　　B. $-\dfrac{1}{2}$　　C. $\dfrac{1}{4}$　　D. $\dfrac{1}{2}$或$-\dfrac{1}{2}$

10. 已知等比数列$\{a_n\}$的前n项和为S_n,且$a_1+a_3=\dfrac{5}{2}$,$a_2+a_4=\dfrac{5}{4}$,则$\dfrac{S_n}{a_n}=$( )

A. 4^{n-1}　　B. 4^n-1　　C. 2^{n-1}　　D. 2^n-1

三、解答题

15. [内蒙古鄂尔多斯东胜区]数列$\{a_n\}$的前n项和为S_n，且$S_n=(2^n-1)a_n$，$a_1=1$，求数列$\{a_n\}$的通项公式。

16. [黑龙江牡丹江]在等比数列$\{a_n\}$中$a_1=2$，$a_4=-54$，求a_n及前n项和$S_n(n\in\mathbf{N}_+)$。

17. [天津津南区]已知数列$\{a_n\}$满足$a_1+4a_2+4^2a_3+\cdots+4^{n-1}a_n=\frac{n}{6}(n\in\mathbf{N}_+)$。

(1)求数列$\{a_n\}$的通项公式；

(2)设$b_n=\frac{4^na_n}{2n+1}$，求数列$\{b_nb_{n-1}\}$的前n项和$B_n(n\geqslant2)$。

若 $1^6+2^6+3^6+\cdots+n^6=a_7n^7+a_6n^6+\cdots+a_0n,a_i\in\mathbf{R}$，可以推测，$a_7=\frac{1}{7}$，$a_6=\frac{1}{2}$，$a_5=$(　　)

A. $\frac{1}{3}$　　B. $\frac{1}{2}$

C. $\frac{2}{3}$　　D. $\frac{11}{12}$

4. [河南许昌]已知等比数列$\{a_n\}$($n\geqslant1$ 且 $n\in\mathbf{N}_+$)的公比为2，且 a_2，9，a_5成等差数列，则 $a_3=$(　　)

A. 2　　B. 4　　C. 8　　D. 16

5. [河南许昌]已知首项为 1 的数列$\{a_n\}$满足 $a_{n+1}+2^n=2a_n+2^{n+1}$($n\geqslant1$ 且 $n\in\mathbf{N}_+$)，则数列$\{a_n\}$的前 30 项的和为(　　)

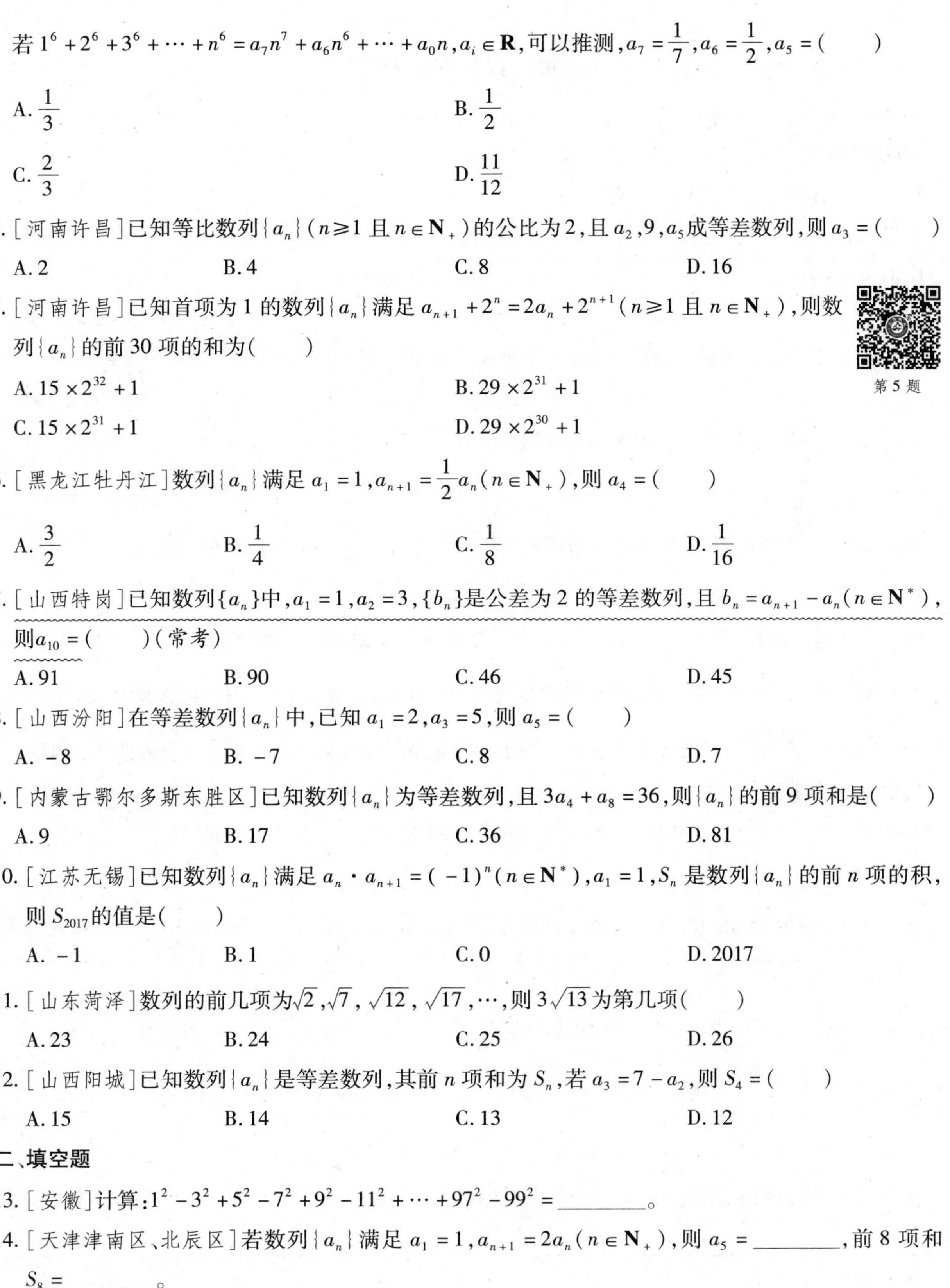

第 5 题

A. $15\times2^{32}+1$　　B. $29\times2^{31}+1$

C. $15\times2^{31}+1$　　D. $29\times2^{30}+1$

6. [黑龙江牡丹江]数列$\{a_n\}$满足 $a_1=1$，$a_{n+1}=\frac{1}{2}a_n(n\in\mathbf{N}_+)$，则 $a_4=$(　　)

A. $\frac{3}{2}$　　B. $\frac{1}{4}$　　C. $\frac{1}{8}$　　D. $\frac{1}{16}$

7. [山西特岗]已知数列$\{a_n\}$中，$a_1=1$，$a_2=3$，$\{b_n\}$是公差为 2 的等差数列，且 $b_n=a_{n+1}-a_n(n\in\mathbf{N}^*)$，则$a_{10}=$(　　)(常考)

A. 91　　B. 90　　C. 46　　D. 45

8. [山西汾阳]在等差数列$\{a_n\}$中，已知 $a_1=2$，$a_3=5$，则 $a_5=$(　　)

A. -8　　B. -7　　C. 8　　D. 7

9. [内蒙古鄂尔多斯东胜区]已知数列$\{a_n\}$为等差数列，且 $3a_4+a_8=36$，则$\{a_n\}$的前 9 项和是(　　)

A. 9　　B. 17　　C. 36　　D. 81

10. [江苏无锡]已知数列$\{a_n\}$满足 $a_n\cdot a_{n+1}=(-1)^n(n\in\mathbf{N}^*)$，$a_1=1$，$S_n$ 是数列$\{a_n\}$的前 n 项的积，则 S_{2017}的值是(　　)

A. -1　　B. 1　　C. 0　　D. 2017

11. [山东菏泽]数列的前几项为$\sqrt{2}$，$\sqrt{7}$，$\sqrt{12}$，$\sqrt{17}$，…，则 $3\sqrt{13}$为第几项(　　)

A. 23　　B. 24　　C. 25　　D. 26

12. [山西阳城]已知数列$\{a_n\}$是等差数列，其前 n 项和为 S_n，若 $a_3=7-a_2$，则 $S_4=$(　　)

A. 15　　B. 14　　C. 13　　D. 12

二、填空题

13. [安徽]计算：$1^2-3^2+5^2-7^2+9^2-11^2+\cdots+97^2-99^2=$________。

14. [天津津南区、北辰区]若数列$\{a_n\}$满足 $a_1=1$，$a_{n+1}=2a_n(n\in\mathbf{N}_+)$，则 $a_5=$________，前 8 项和 $S_8=$________。

整合提升

一、单项选择题

1. 设 x,y,z 为正数，且 $2^x=3^y=5^z$，则(　　)

A. $2x<3y<5z$　　B. $5z<2x<3y$

C. $3y<5z<2x$　　D. $3y<2x<5z$

2. 在平面上，过点 P 作直线 l 的垂线所得的垂足称为点 P 在直线 l 上的投影，由区域 $\begin{cases}x-2\leqslant 0,\\ x+y\geqslant 0,\\ x-3y+4\geqslant 0\end{cases}$ 中的点在直线 $x+y-2=0$ 上的投影构成的线段记为 AB，则 $|AB|=$(　　)

A. $2\sqrt{2}$　　B. 4　　C. $3\sqrt{2}$　　D. 6

3. 已知 $\triangle ABC$ 的内角 A,B,C 的对边分别是 a,b,c，若 $\dfrac{c}{\sin B}+\dfrac{b}{\sin C}=2a$，则 $\triangle ABC$ 是(　　)

A. 等边三角形　　B. 锐角三角形

C. 等腰直角三角形　　D. 钝角三角形

4. 某车间分批生产某种产品，每批的生产准备费用为 800 元，若每批生产 x 件，则平均仓储时间为 $\dfrac{x}{8}$ 天，且每件产品每天的仓储费用为 1 元。为使平均每件产品的生产准备费用与仓储费用之和最小，每批应生产产品(　　)

A. 60 件　　B. 80 件　　C. 100 件　　D. 120 件

二、填空题

5. 已知 P 是 $\triangle ABC$ 的边 BC 上任一点，且满足 $\overrightarrow{AP}=x\overrightarrow{AB}+y\overrightarrow{AC}$，$x,y\in\mathbf{R}$，则 $\dfrac{1}{x}+\dfrac{4}{y}$ 的最小值是________。(易错)

6. 若 $\log_4(3a+4b)=\log_2\sqrt{ab}$，则 $a+b$ 的最小值是________。

7. 已知 $f(x)=\begin{cases}1,x\geqslant 0,\\ -1,x<0,\end{cases}$ 则不等式 $x+(x+2)\cdot f(x+2)\leqslant 5$ 的解集是________。

8. 设变量 x,y 满足约束条件 $\begin{cases}x+2y-3\leqslant 0,\\ x+3y-3\geqslant 0,\\ y-1\leqslant 0,\end{cases}$ 若目标函数 $z=ax+y(a>0)$ 仅在点 $(3,0)$ 处取得最大值，则 a 的取值范围是________。(常考)

二、填空题

8. 已知函数$f(x)=\begin{cases}x^2+1,x\geqslant 0,\\1,x<0,\end{cases}$则满足不等式$f(1-x^2)>f(2x)$的$x$的取值范围是________。（易混）

9. 已知关于x,y的二元一次方程$\begin{cases}2x+y=3k-1,\\x+2y=-2\end{cases}$的解满足$x+y>1$，则$k$的取值范围是________。

10. 已知变量x,y满足约束条件$\begin{cases}x+y-1\leqslant 0,\\3x-y+1\geqslant 0,\\x-y-1\leqslant 0,\end{cases}$则$z=2x+y$的最大值为________。

11. 已知$a,b\in\mathbf{R}$，且$a-3b+6=0$，则$2^a+\dfrac{1}{8^b}$的最小值为________。

三、解答题

12. 已知$x^2=a^2+b^2,y^2=c^2+d^2$，且所有字母均为正，求证：$xy\geqslant ac+bd$。

13. 某工厂某种产品的年固定成本为250万元，每生产x千件，需另投入成本为$C(x)$万元，当年产量不足80千件时，$C(x)=\dfrac{1}{3}x^2+10x$（万元）；当年产量不小于80千件时，$C(x)=51x+\dfrac{10\ 000}{x}-1450$（万元），每件产品售价为0.05万元。通过市场分析，该厂生产的产品能全部售完。

（1）写出年利润$L(x)$（万元）关于年产量x（千件）的函数解析式；

（2）当年产量为多少千件时，该厂在这一产品的生产中所获利润最大。

5. [山东青岛]不等式$\frac{1-x}{x+1}\leqslant 0$的解集为(　　)

A. $(-1,1]$　　B. $[-1,1]$

C. $(-\infty,-1)\cup[1,+\infty)$　　D. $(-\infty,-1)\cup(1,+\infty)$

6. [广东广州花都区]已知$x>0,y>0,\frac{9}{x}+\frac{1}{y}=\frac{1}{2}$,则$x+y$的最小值为(　　)

A. 12　　B. 20　　C. 32　　D. 44

7. [安徽特岗]设实数x,y满足$\begin{cases}x+y\geqslant 1,\\ y-x\leqslant 1,\\ x\leqslant 1,\end{cases}$则$z=x^2+y^2$的最小值为(　　)

A. 1　　B. $\frac{1}{2}$　　C. $\frac{\sqrt{2}}{2}$　　D. $\sqrt{2}$

二、填空题

8. [广东广州增城区]已知不等式组$\begin{cases}\frac{x}{3}+m\geqslant 1,\\ 5x-2n<4,\end{cases}$该不等式组的解集为$\{x|3\leqslant x<4\}$,则$m+\frac{1}{2}n$ =________。

9. [山东烟台牟平区]$x>0,y>0$,且满足$xy+x+2y=4$,则$x+2y$的最小值为________。

10. [黑龙江牡丹江]变量x,y满足约束条件$\begin{cases}y\leqslant x,\\ x+y\leqslant 1,\\ y+1\geqslant 0,\end{cases}$则$2x+y$的最大值为________。

11. [湖南永州]若自然数a,b,c满足$a>b$,且$a+b=8,c-b=2$,则$b+c$的最大值为________。

12. [天津津南区]已知实数x,y满足$\begin{cases}x+2y\geqslant 0,\\ x\leqslant y,\\ x+4\geqslant 3y,\end{cases}$则$\frac{y+1}{x+3}$的取值范围是________。

13. [湖南长沙]已知实数x,y满足不等式组$\begin{cases}-1\leqslant x-y\leqslant 1,\\ 2\leqslant x+y\leqslant 3,\end{cases}$则$z=x+2y$的取值范围是________。

14. [江苏江阴]不等式组$\begin{cases}2x-1>3(x-1),\\ x+1>0\end{cases}$的解集为________。

15. [湖南衡阳耒阳]设x,y均为正实数,且$\frac{3}{2+x}+\frac{3}{2+y}=1$,则$xy$的最小值为________。

第 15 题

专题四　不等式

命题分析

本专题主要介绍不等式及其解法、简单的线性规划、基本不等式及其应用。依据各地市历年真题的分析，本专题需要重点掌握的知识点包括：

1. 不等式的基本性质；一元一次不等式组、分式不等式、对数不等式及含绝对值不等式的解法。

2. 线性规划问题的解法。

3. 基本不等式以及柯西不等式的相关定理、最值定理，要求考生能够灵活运用基本不等式。

本专题知识是中学数学阶段的基础内容，在其他知识的应用中也会呈现。在考试中常以单项选择题、填空题与解答题的形式考查。在备考时，考生要重点掌握：不等式及其解法（一元二次不等式与分式不等式的求解）；简单的线性规划（线性规划最值的计算）；基本不等式及证明（基本不等式的变形与应用）。

真题实测

一、单项选择题

1. ［黑龙江牡丹江］$a>b$，则下列各式正确的是（　　）

A. $a+2>b+2$　　B. $2-a>2-b$

C. $-2a>-2b$　　D. $a^2>b^2$

2. ［山西汾阳］设 a,b 是满足 $ab<0$ 的实数，则下列选项正确的一个是（　　）

A. $a-b>0$　　B. $a+b>0$　　C. $\frac{a}{b}<0$　　D. $\frac{a}{b}>0$

3. ［山西阳城］关于 x 的不等式组 $\begin{cases}x-a\leqslant 0,\\ 2x+3a>0\end{cases}$ 的解集中至少有 5 个整数解，则正数 a 的最小值是（　　）

A. 3　　B. 2　　C. 1　　D. $\frac{2}{3}$

4. ［重庆沙坪坝区］不等式 $4-2x>0$ 的解集在数轴上表示为（　　）

19. 设$f(x+1)$为偶函数,则下列说法中正确的序号是________。

①$f(x)$的图象可由$f(x+1)$的图象向左平移1个单位得到;②$f(x+1)=f(-x-1)$;③$f(x)$的图象关于$x=1$对称;④$f(x)=f(2-x)$。

20. 已知函数$f(x)=ax^2+2ax+1$在区间$[-1,2]$上有最大值4,则$a=$________。

21. 设函数$f(x)=x^2-1$,对任意的$x\in\left[\frac{3}{2},+\infty\right)$,$f\left(\frac{x}{m}\right)-4m^2f(x)\leqslant f(x-1)+4f(m)$恒成立,则实数$m$的取值范围是________。

三、解答题

22. 设$f(x)$是定义在$\mathbf{R}$上的奇函数,且对任意实数x,恒有$f(x+2)=-f(x)$。当$x\in[0,2]$时,$f(x)=2x-x^2$。

(1)求证:$f(x)$是周期函数;

(2)当$x\in[2,4]$时,求$f(x)$的解析式;

(3)计算$f(0)+f(1)+f(2)+\cdots+f(2014)$的值。

23. 已知函数$f(x)=\frac{1}{2}ax^2-ax+1-b(a>0)$,$F(x)=\frac{f(x)}{x}$,$f(x)$在$x\in[3,4]$上有最大值9,最小值4。

(1)求实数a,b的值;

(2)若不等式$F(\log_2x)-k\cdot\log_2x\geqslant0$在$x\in[\sqrt{2},4]$上恒成立,求实数$k$的取值范围;

(3)若方程$F(|2^x-1|)+\lambda\left(\frac{1}{|2^x-1|}-2\right)=0$有三个不同的实数根,求实数$\lambda$的取值范围。

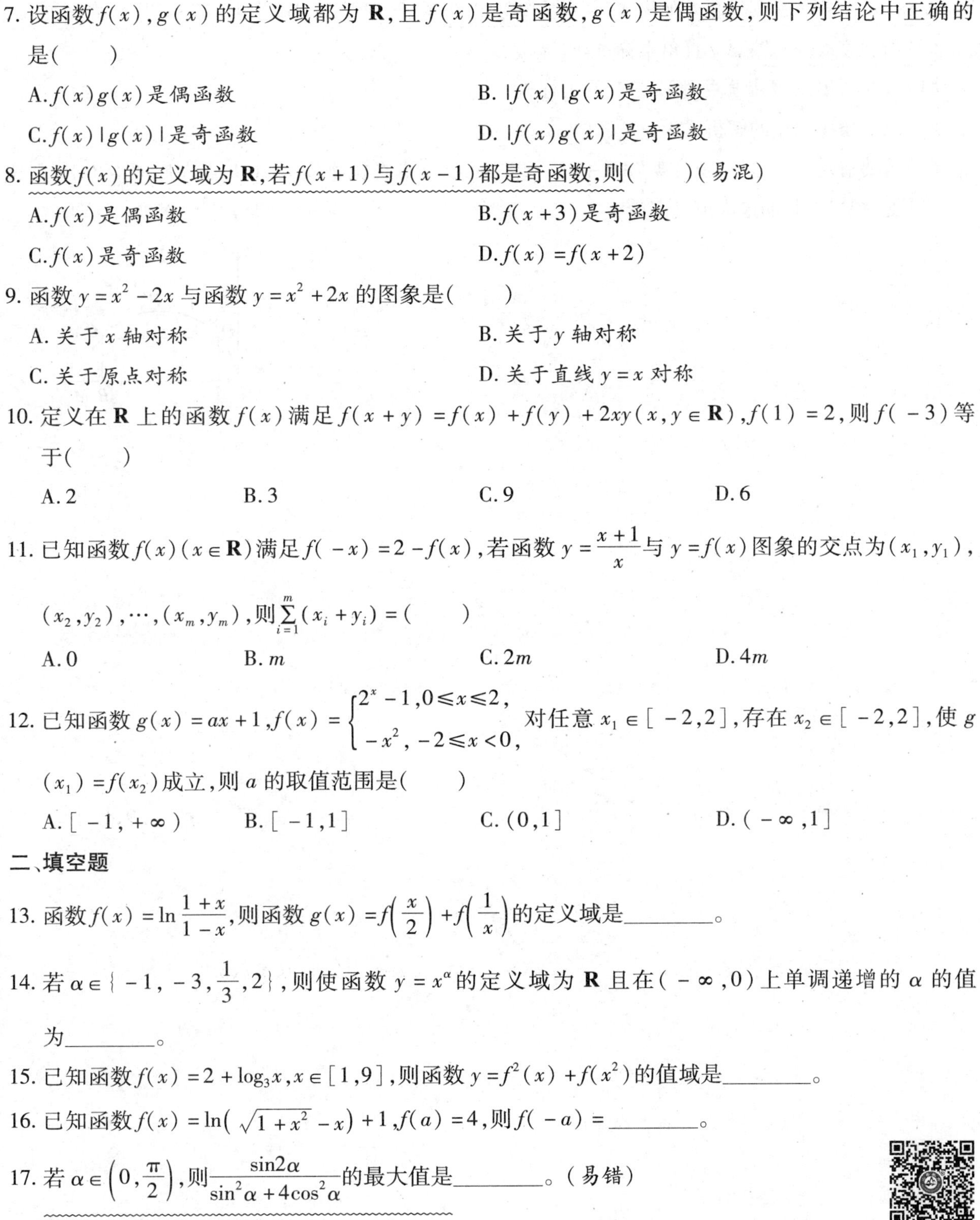

7. 设函数 $f(x)$, $g(x)$ 的定义域都为 $\mathbf{R}$, 且 $f(x)$ 是奇函数, $g(x)$ 是偶函数, 则下列结论中正确的是(　　)

A. $f(x)g(x)$ 是偶函数　　B. $|f(x)|g(x)$ 是奇函数

C. $f(x)|g(x)|$ 是奇函数　　D. $|f(x)g(x)|$ 是奇函数

8. 函数 $f(x)$ 的定义域为 $\mathbf{R}$, 若 $f(x+1)$ 与 $f(x-1)$ 都是奇函数, 则(　　)(易混)

A. $f(x)$ 是偶函数　　B. $f(x+3)$ 是奇函数

C. $f(x)$ 是奇函数　　D. $f(x)=f(x+2)$

9. 函数 $y=x^2-2x$ 与函数 $y=x^2+2x$ 的图象是(　　)

A. 关于 x 轴对称　　B. 关于 y 轴对称

C. 关于原点对称　　D. 关于直线 $y=x$ 对称

10. 定义在 $\mathbf{R}$ 上的函数 $f(x)$ 满足 $f(x+y)=f(x)+f(y)+2xy(x,y\in\mathbf{R})$, $f(1)=2$, 则 $f(-3)$ 等于(　　)

A. 2　　B. 3　　C. 9　　D. 6

11. 已知函数 $f(x)(x\in\mathbf{R})$ 满足 $f(-x)=2-f(x)$, 若函数 $y=\frac{x+1}{x}$ 与 $y=f(x)$ 图象的交点为 (x_1,y_1), (x_2,y_2), $\cdots$, (x_m,y_m), 则 $\sum_{i=1}^{m}(x_i+y_i)=$ (　　)

A. 0　　B. m　　C. $2m$　　D. $4m$

12. 已知函数 $g(x)=ax+1$, $f(x)=\begin{cases}2^x-1, 0\leqslant x\leqslant 2,\\ -x^2, -2\leqslant x<0,\end{cases}$ 对任意 $x_1\in[-2,2]$, 存在 $x_2\in[-2,2]$, 使 $g(x_1)=f(x_2)$ 成立, 则 a 的取值范围是(　　)

A. $[-1,+\infty)$　　B. $[-1,1]$　　C. $(0,1]$　　D. $(-\infty,1]$

二、填空题

13. 函数 $f(x)=\ln\frac{1+x}{1-x}$, 则函数 $g(x)=f\left(\frac{x}{2}\right)+f\left(\frac{1}{x}\right)$ 的定义域是________。

14. 若 $\alpha\in\left\{-1,-3,\frac{1}{3},2\right\}$, 则使函数 $y=x^{\alpha}$ 的定义域为 $\mathbf{R}$ 且在 $(-\infty,0)$ 上单调递增的 α 的值为________。

15. 已知函数 $f(x)=2+\log_3 x$, $x\in[1,9]$, 则函数 $y=f^2(x)+f(x^2)$ 的值域是________。

16. 已知函数 $f(x)=\ln(\sqrt{1+x^2}-x)+1$, $f(a)=4$, 则 $f(-a)=$________。

17. 若 $\alpha\in\left(0,\frac{\pi}{2}\right)$, 则 $\frac{\sin 2\alpha}{\sin^2\alpha+4\cos^2\alpha}$ 的最大值是________。(易错)

第 17 题

18. 函数 $f(x)$ 是奇函数, 且当 $x>0$ 时, $f(x)=\frac{1}{x+1}$, 则 $f^{-1}\left(\log_2\frac{1}{\sqrt[3]{2}}\right)=$________。(易错)

34. 如图,某公路隧道横截面为抛物线,其最大高度为 6 米,底部宽度 OM 为 12 米,现以 O 点为原点,OM 所在直线为 x 轴建立直角坐标系。(常考)

(1)直接写出点 M 及抛物线顶点 P 的坐标;

(2)求这条抛物线的解析式;

(3)若要搭建一个矩形"支撑架"$AD-DC-CB$,使 C,D 点在抛物线上,A,B 点在底面 OM 上,则这个"支撑架"总长的最大值是多少?

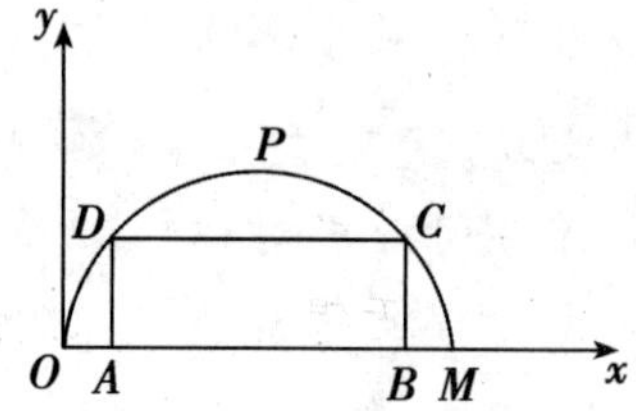

31. 在 $\triangle ABC$ 中，角 A，B，C 所对的边分别为 a，b，c，已知向量 $\boldsymbol{m}=\left(\sin\frac{A}{2},\cos\frac{A}{2}\right)$，$\boldsymbol{n}=\left(\cos\frac{A}{2},-\cos\frac{A}{2}\right)$，且 $2\boldsymbol{m}\cdot\boldsymbol{n}+|\boldsymbol{m}|=\frac{\sqrt{2}}{2}$，$\overrightarrow{AB}\cdot\overrightarrow{AC}=1$。

(1)求角 A 的大小；

(2)求$\triangle ABC$ 的面积 S。

32. 函数 $f(x)=2x-\frac{a}{x}$ 的定义域为 $(0,1]$（a 为实数）。

(1)当 $a=-1$ 时，求函数 $y=f(x)$ 的值域；

(2)若函数 $y=f(x)$ 在定义域上是减函数，求 a 的取值范围；

(3)求出函数 $y=f(x)$ 在 $(0,1]$ 上的最大值及最小值，并求出函数取最值时 x 的值。

33. 设 $f(x)=\frac{e^{x}-e^{-x}}{2}$，$g(x)=\frac{e^{x}+e^{-x}}{2}$。

(1)求证：$f(x)$ 是奇函数；

(2)计算 $[f(x)]^{2}-[g(x)]^{2}$ 的值。

15. 函数$f(x)=1-x\log_2 x$的零点所在区间是(　　)

A. $\left(\frac{1}{4},\frac{1}{2}\right)$　　B. $\left(\frac{1}{2},1\right)$　　C. $(1,2)$　　D. $(2,3)$

二、填空题

16. 函数$f(x)=(x-1)^2+1(x\leqslant 0)$的反函数为________。

17. 已知$x=1.1^{0.1}$,$y=0.9^{1.1}$,$z=\log_{\frac{2}{3}}\frac{4}{3}$,则$x,y,z$的大小关系是________。

18. 已知$f(x)=\lg(-x^2+8x-7)$在$(m,m+1)$上是增函数,则m的取值范围是________。

19. 函数$f(x)=\begin{cases}x+2, x\leqslant -1,\\ x^2, -1<x<2,\\ 2x, x\geqslant 2,\end{cases}$若$f(x)=3$,则$x=$________。

20. 函数$f(x)=A\sin(\omega x+\varphi)$($A,\omega,\varphi$是常数,$A>0,\omega>0$)的部分图象如图所示,则$f(0)$的值是________。(常考)

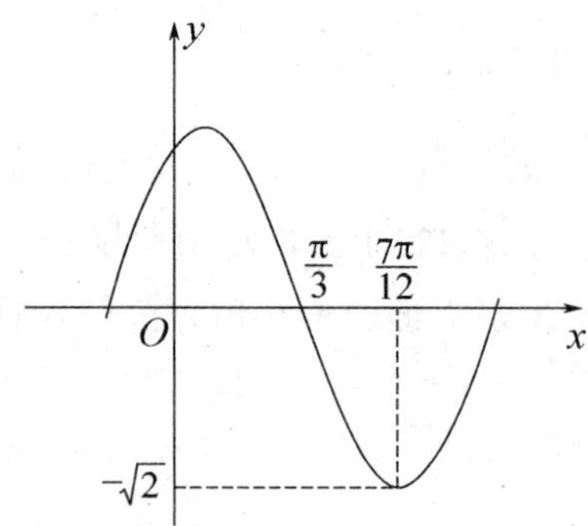

21. 设$\sin 2\alpha=-\sin\alpha$,$\alpha\in\left(\frac{\pi}{2},\pi\right)$,则$\tan 2\alpha$的值是________。

22. 已知△ABC的内角A,B,C所对的边分别是a,b,c,若$3a^2+2ab+3b^2-3c^2=0$,则角C的大小是________。

23. 已知$f(x)$是奇函数,定义域为$\mathbf{R}$,当$x<0$时,$f(x)=x^4-2x^3+3x^2-1$;当$x>0$时,$f(x)=$________。

24. 函数$f(x)=\frac{x}{x-1}(x\geqslant 2)$的最大值是________。

25. 定义在$\mathbf{R}$上的函数$f(x)$满足$f(x+1)=2f(x)$,若当$0\leqslant x\leqslant 1$时,$f(x)=x(1-x)$,则当$-1\leqslant x\leqslant 0$时,$f(x)=$________。

三、解答题

26. 在数学活动课上,老师组织数学兴趣小组的同学们测量校园内一棵大树的高度,设计的方案及测量数据如下:

(1)在大树前的平地上选择一点A,测得由点A看大树顶端C的仰角为35°;

(2)在点A和大树之间选择一点B(D为大树底端,A,B,D在同一直线上),测得由点B看大树顶端C的仰角恰好为45°;

8. 函数 $f(x)=\begin{cases}\sin\pi x^2, -1<x<0,\\ e^{x-1}, x\geq 0,\end{cases}$ 若 $f(1)+f(a)=2$，则 a 的所有可能值为(　　)

A. 1　　B. $-\frac{\sqrt{2}}{2}$　　C. 1，$-\frac{\sqrt{2}}{2}$　　D. 1，$\frac{\sqrt{2}}{2}$

9. 已知函数 $f(x)=\sin 2x$ 向左平移 $\frac{\pi}{6}$ 个单位后，得到函数 $y=g(x)$，下列关于 $y=g(x)$ 的说法正确的是(　　)

A. 图象关于点 $\left(-\frac{\pi}{3},0\right)$ 中心对称　　B. 图象关于 $x=-\frac{\pi}{6}$ 轴对称

C. 在区间 $\left[-\frac{5\pi}{12},-\frac{\pi}{6}\right]$ 上单调递增　　D. 在区间 $\left[-\frac{\pi}{6},\frac{\pi}{3}\right]$ 上单调递减

10. 定义在 **R** 上的奇函数 $f(x)$ 满足 $f(x+3)=f(x)$，当 $0<x\leq 1$ 时，$f(x)=2^x$，则 $f(2)=$(　　)(常考)

A. -2　　B. 2　　C. $-\frac{1}{2}$　　D. $\frac{1}{2}$

11. 奇函数 $f(x)(x\in \mathbf{R})$ 满足 $f(-3)=0$，且在区间 $(0,2)$ 与 $(2,+\infty)$ 上分别递减和递增，则不等式 $(1-x^2)f(x)>0$ 的解集是(　　)

A. $(-\infty,-3)\cup(1,4)$　　B. $(-\infty,-3)\cup(-1,0)\cup(1,+\infty)$

C. $(-\infty,-3)\cup(-1,1)\cup(3,+\infty)$　　D. $(-\infty,-3)\cup(-1,0)\cup(1,3)$

12. 定义在 **R** 上的函数 $f(x)$ 满足 $f(x+6)=f(x)$，当 $-3\leq x<-1$ 时，$f(x)=-(x+2)^2$；当 $-1\leq x<3$ 时，$f(x)=x$，则 $f(1)+f(2)+f(3)+\cdots+f(2018)$ 等于(　　)

第 12 题

A. 336　　B. 339　　C. 1678　　D. 2012

13. 已知定义在 **R** 上的函数 $f(x)$，$g(x)$ 满足 $g(x)=f(|x-1|)$，则函数 $y=g(x)$ 的图象关于(　　)

A. 直线 $x=-1$ 对称　　B. 直线 $x=1$ 对称

C. 原点对称　　D. y 轴对称

14. 甲、乙两人以相同路线前往距离学校 12 千米的地方参加植树活动，甲、乙两人前往目的地所行驶的路程 s(千米)随时间 t(分)变化的函数图象如图所示，则每分钟乙比甲多行驶的路程是(　　)

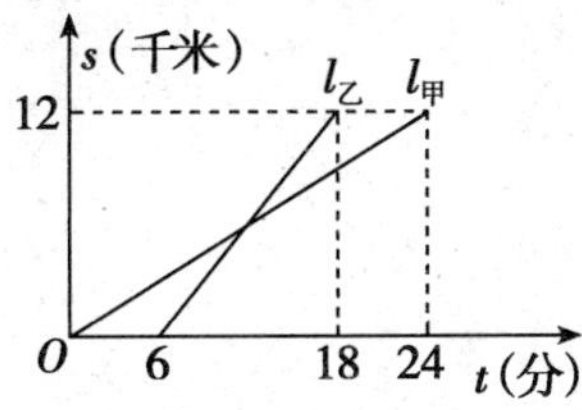

A. 0.5 千米　　B. 1 千米

C. 1.5 千米　　D. 2 千米

(3)在去年获利最大的前提下,公司今年重新确定产品的售价,能否使去年和今年共获利 1000 万元?若能,请求出今年的产品售价;若不能,请说明理由。

40. [重庆特岗]在四边形 $ABCD$ 中,$\angle D=90°$,$BC/\!/AD$,$BC=20$,$DC=16$,动点 P 从点 D 出发,沿射线 DA 的方向以每秒 2 个单位长的速度运动,动点 Q 从点 C 出发,在线段 CB 上以每秒 1 个单位长的速度向点 B 运动,点 P,Q 分别从点 D,C 同时出发,当点 Q 运动到点 B 时,P 随之停止运动,设运动时间为 t 秒。

(1)设$\triangle BPQ$ 的面积为 S,求 S 与 t 之间的函数关系式;

(2)当 t 为何值时,以 B,P,Q 三点为顶点的三角形是等腰三角形?

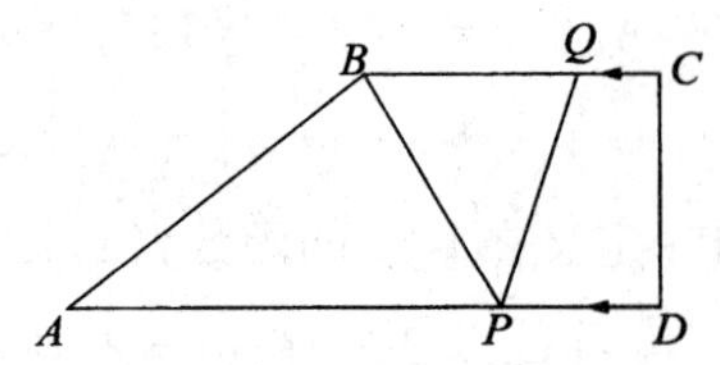

41. [黑龙江牡丹江]设 $\tan 2\theta=2\sqrt{2}$,$\theta\in\left(\dfrac{\pi}{2},\pi\right)$,求$\dfrac{2\cos^2\dfrac{\theta}{2}-\sin\theta-1}{\sin\theta+\cos\theta}$的值。

37. [湖北]如图,航拍无人机从 A 处测得一栋建筑物顶部 B 的仰角为 $45°$,测得底部 C 的俯角为 $50°$,此时航拍无人机与该建筑物的水平距离 AD 为 100 m,求建筑物的高度。(精确到 1 m)(参考数据:$\sin50°\approx0.77$,$\cos50°\approx0.64$,$\tan50°\approx1.19$)

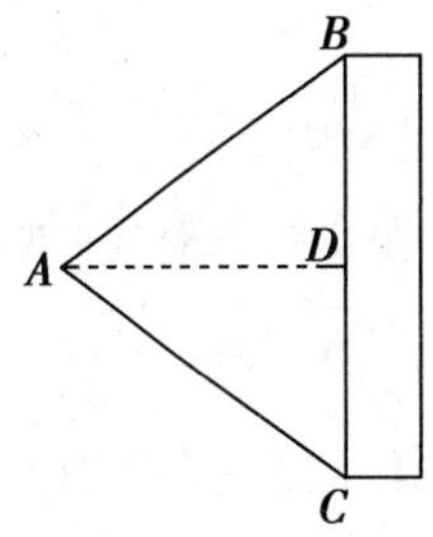

38. [河南许昌]已知△ABC 中,角 A,B,C 所对的边分别为 a,b,c,且 $a^2+c^2+(2bc-2\sqrt{2}c^2)\cos A=b^2$。

(1)求∠A 的大小;

(2)若锐角 B 的正弦值为$\frac{4}{5}$,且 $a=15$,M 为线段 AB 上靠近 A 的三等分点,求 CM 的长。

39. [湖南永州]某公司去年投资 1200 万元买新生产线生产新产品,此外,生产新产品的成本需 600 万元。按规定,该产品售价不低于 80 元/件,且不超过 160 元/件,该产品的年销售量为 y(万件)与产品售价 x(元/件)之间的关系如下图:

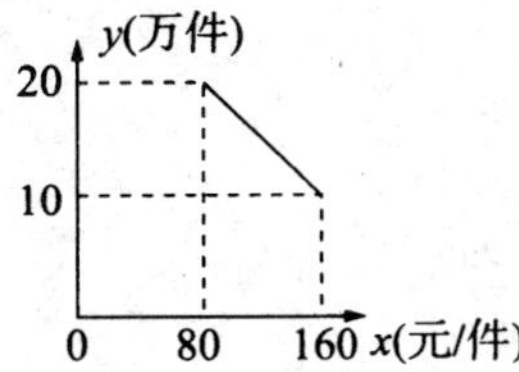

(1)求 y 与 x 的函数关系式,并写出 x 的取值范围;

(2)求该公司去年所获利润的最大值;

C. $f(x)$在$\left(0,\frac{\pi}{2}\right)$上单调递增　　　　D. $f(x)$在$\left(\frac{\pi}{4},\frac{3\pi}{4}\right)$上单调递增

19. [内蒙古鄂尔多斯东胜区]已知$\tan\left(x+\frac{\pi}{4}\right)=2$,则$\sin2x=$(　　)

A. $-\frac{3}{5}$　　B. $\frac{3}{5}$　　C. $-\frac{\sqrt{10}}{5}$　　D. $\frac{\sqrt{10}}{5}$

20. [山西阳城]下列函数中,值域为$[0,+\infty)$的是(　　)

A. $y=x^2$　　B. $y=2^x$　　C. $y=\log_2x$　　D. $y=\cos x$

21. [湖北]在Rt$\triangle ABC$中,$\angle C=90°$,若$\cos A=\frac{3}{5}$,则$\tan A$的值是(　　)

A. $\frac{3}{5}$　　B. $\frac{3}{4}$　　C. $\frac{4}{5}$　　D. $\frac{4}{3}$

22. [广东广州花都区]在$\triangle ABC$中,a,b,c分别为$\angle A,\angle B,\angle C$的对边,$\frac{\sin B}{\sin C}=\frac{\sqrt{3}}{6}$,$a^2=b^2+\sqrt{3}bc$,则$\angle A=$(　　)

A. 30°　　B. 45°　　C. 60°　　D. 90°

23. [山西特岗]已知函数$f(x)=\frac{ax}{e^x}$,$g(x)=-x^2+x$,当$x\in[0,+\infty)$时,$f(x)\geqslant g(x)$恒成立,则实数a的取值范围是(　　)

A. $(1,+\infty)$　　B. $[1,+\infty)$　　C. $(e,+\infty)$　　D. $[e,+\infty)$

24. [内蒙古鄂尔多斯东胜区]设$a=\log_39$,$b=2^{1.1}$,$c=(0.8)^{3.1}$,则a,b,c之间的大小关系是(　　)

A. $a<b<c$　　B. $b<c<a$　　C. $c<a<b$　　D. $a<c<b$

25. [山西阳城]在同一个坐标系中画出函数$y=a^x$,$y=\sin ax$的部分图象,其中$a>0$,且$a\neq1$,则下列所给图象中可能正确的是(　　)

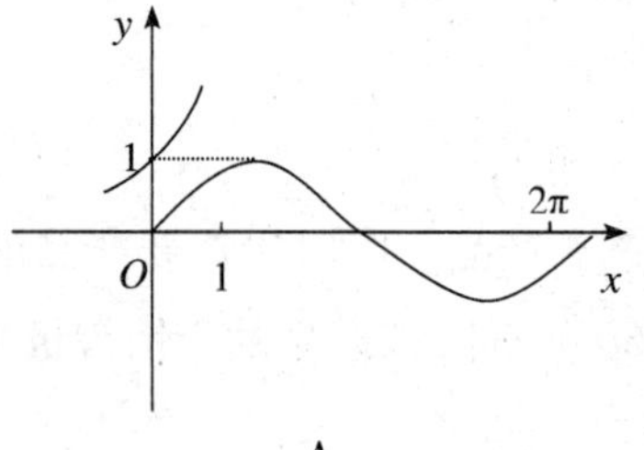

A

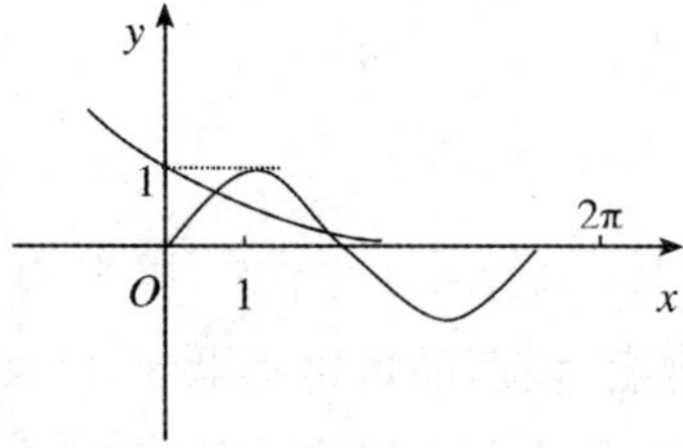

B

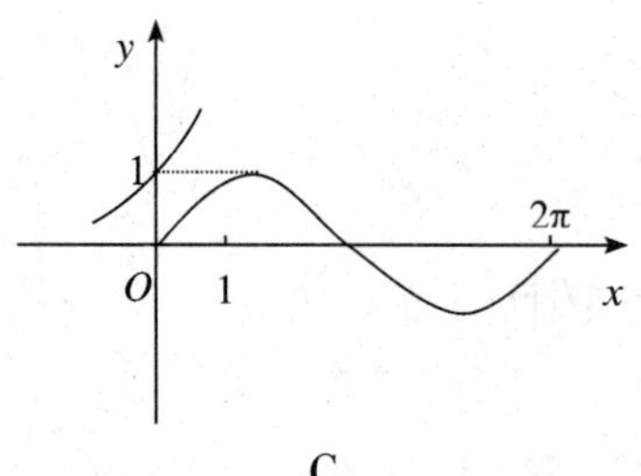

C

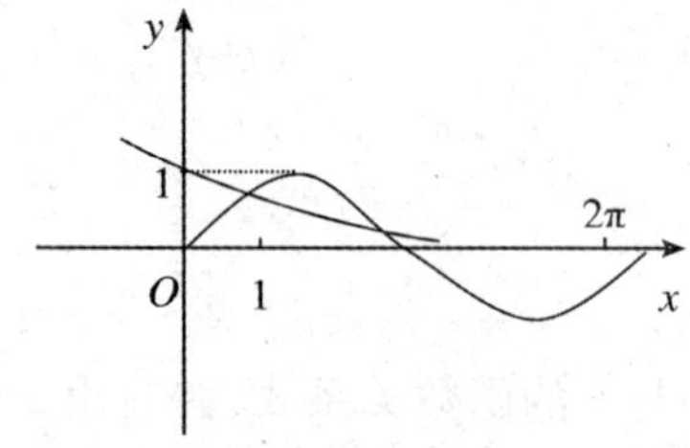

D

12. [安徽特岗]已知 a,b,c 分别是 $\triangle ABC$ 三个内角 A,B,C 所对的边,且 $(a+b)(\sin A-\sin B)=(c-b)\sin C$,则 $\angle A=$( )

A. $\frac{\pi}{6}$ B. $\frac{\pi}{3}$ C. $\frac{2}{3}\pi$ D. $\frac{5}{6}\pi$

13. [山东青岛]已知 $\alpha\in\left(\frac{\pi}{2},\pi\right)$,若 $\cos\left(\frac{\pi}{4}-\alpha\right)=-\frac{\sqrt{3}}{4}$,则 $\sin\left(\alpha+\frac{3\pi}{4}\right)=$( )(易错)

A. $-\frac{\sqrt{3}}{4}$ B. $\frac{\sqrt{3}}{4}$

C. $-\frac{\sqrt{13}}{4}$ D. $\frac{\sqrt{13}}{4}$

14. [广东广州天河区]当 $k>2$ 时,一次函数 $y=(k^2-4k+4)x+k-2$ 的图象经过( )

A. 一、二、三象限 B. 一、二、四象限

C. 一、三、四象限 D. 二、三、四象限

15. [广东广州天河区]已知二次函数 $y=-4x^2+4x+6$ 的最大值为 3,则 x 的取值范围为( )

A. $-\frac{1}{2}\leqslant x\leqslant\frac{3}{2}$ B. $x\geqslant\frac{3}{2}$ 或 $x\leqslant-\frac{1}{2}$

C. $-\frac{3}{2}\leqslant x\leqslant-\frac{1}{2}$ D. $x\geqslant\frac{1}{2}$ 或 $x\leqslant-\frac{3}{2}$

16. [湖南邵阳邵东]如图,Rt$\triangle OAB$ 的顶点 O 与坐标原点重合,$\angle AOB=90°$,$AO=2BO$,当 A 点在反比例函数 $y=\frac{1}{x}(x>0)$ 的图象上移动时,B 点坐标满足的函数解析式为( )

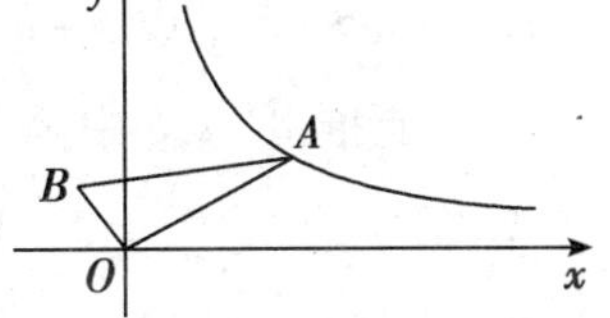

A. $y=-\frac{1}{8x}(x<0)$ B. $y=-\frac{1}{4x}(x<0)$

C. $y=-\frac{1}{2x}(x<0)$ D. $y=-\frac{1}{x}(x<0)$

17. [广东广州天河区]若已知 $\sin\alpha-\cos\alpha=\frac{\sqrt{73}}{7}$,$\alpha\in(0,\frac{3}{4}\pi)$,则 $\tan\alpha=$( )(常考)

A. $\frac{5-\sqrt{73}}{5+\sqrt{73}}$ B. $\frac{5+\sqrt{73}}{5-\sqrt{73}}$

C. $\frac{9+\sqrt{73}}{9-\sqrt{73}}$ D. $\frac{9-\sqrt{73}}{9+\sqrt{73}}$

18. [湖南衡阳耒阳]设函数 $f(x)=\sin(\omega x+\beta)+\cos(\omega x+\beta)$ $(\omega>0,|\beta|<\frac{\pi}{2})$ 的最小正周期为 π,且 $f(-x)=f(x)$,则( )

A. $f(x)$ 在 $\left(0,\frac{\pi}{2}\right)$ 上单调递减 B. $f(x)$ 在 $\left(\frac{\pi}{4},\frac{3\pi}{4}\right)$ 上单调递减

整合提升

一、单项选择题

1. 已知 $U=\mathbf{R}$，函数 $y=\ln(1-x)$ 的定义域为 M，$N=\{x\mid x^2-x<0\}$，则下列结论正确的是(　　)(易错)

A. $M\cap N=M$　　B. $M\cup(\complement_U N)=U$

C. $M\cap(\complement_U N)=\varnothing$　　D. $M\subseteq\complement_U N$

2. 已知集合 $A=\{x\in\mathbf{N}\mid x^2-2x-3\leqslant0\}$，$B=\{1,3\}$，定义集合 A,B 之间的运算"$*$"：$A*B=\{x\mid x=x_1+x_2,x_1\in A,x_2\in B\}$，则 $A*B$ 中的所有元素数字之和为(　　)

A. 15　　B. 21　　C. 23　　D. 25

3. 已知命题 p：若 $\triangle ABC$ 为锐角三角形，则 $\sin A<\cos B$；命题 q：$\forall x,y\in\mathbf{R}$，若 $x+y\neq5$，则 $x\neq-1$ 或 $y\neq6$，则下列命题为真命题的是(　　)

A. $p\wedge(\neg q)$　　B. $(\neg p)\wedge q$

C. $p\wedge q$　　D. $(\neg p)\wedge(\neg q)$

4. 设 $a,b\in\mathbf{R}$。给出下列条件：

①$a+b>1$　②$a+b=2$　③$a+b>2$　④$a^2+b^2>2$　⑤$a^3+b^3>2$　⑥$ab>1$

其中能推出"a,b 中至少有一个大于1"的条件有(　　)个。

A. 1　　B. 2　　C. 3　　D. 4

5. 已知命题 p：实数 x 满足 $x^2-4ax+3a^2<0$，其中 $a>0$；命题 q：实数 x 满足 $\begin{cases}x^2-x-6\leqslant0,\\x^2+2x-8>0,\end{cases}$ 若 $a=1$，且 $p\wedge q$ 为真，则实数 x 的取值范围为(　　)

A. $(1,3)$　　B. $(2,3]$　　C. $(2,3)$　　D. $(1,3]$

二、填空题

6. 已知集合 $A=\{x\in\mathbf{R}\mid |x+3|+|x-4|\leqslant9\}$，$B=\left\{x\in\mathbf{R}\mid x=4t+\dfrac{1}{t}-6,t\in(0,+\infty)\right\}$，则集合 $A\cap B=$________。

7. 某班有学生55人，其中体育爱好者43人，音乐爱好者34人，还有4人既不爱好体育也不爱好音乐，则该班既爱好体育又爱好音乐的人数为________。(易混)

8. 设 $a,b\in\mathbf{R}$，$\left\{a,\dfrac{b}{a},1\right\}=\{a^2,a+b,0\}$，则 $a^{2011}+b^{2011}=$________。

9. 设 $U=\{(x,y)\mid x\in\mathbf{R},y\in\mathbf{R}\}$，$A=\{(x,y)\mid 2x-y+m>0\}$，$B=\{(x,y)\mid x+y-n\leqslant0\}$，那么点 $P(2,3)\in A\cap(\complement_U B)$ 的充要条件是________。

10. 设 α,β 是两个不同的平面，m 是直线，且 $m\subset\alpha$，命题 p："$m/\!/\beta$"，命题 q："$\alpha/\!/\beta$"，则命题 p 是命题 q 的(　　)

A. 充分不必要条件　　B. 必要不充分条件

C. 充分必要条件　　D. 既不充分也不必要条件

11. 若 $a\in\mathbf{R}$，则"$a>2$"是"$\frac{x^2}{a-2}-\frac{y^2}{a+5}=1$ 表示双曲线"的(　　)(常考)

A. 充要条件　　B. 必要不充分条件

C. 充分不必要条件　　D. 既不充分也不必要条件

12. 下列说法中不正确的有(　　)个。

①"$x=1$"是"$x^2-3x+2=0$"的必要不充分条件；

②命题"$\forall x\in\mathbf{R},\cos x\leqslant 1$"的否定是"$\exists x_0\in\mathbf{R},\cos x_0\geqslant 1$"；

③若一个命题的逆命题为真，则它的否命题一定为真。

A. 3　　B. 2　　C. 1　　D. 0

二、填空题

13. 设集合 $M=\{x\mid y=\sqrt{x-2}\}$，集合 $N=\{y\mid y=x^2,x\in M\}$，则 $M\cap N=$________。

14. 已知集合 $A=\{m+2,2m^2+m\}$，若 $3\in A$，则实数 $m=$________。

15. 若非空集合 $A=\{x\mid 2a+1\leqslant x\leqslant 3a-5\}$，$B=\{x\mid 3\leqslant x\leqslant 22\}$，则能使 $A\subseteq B$ 成立的所有 a 的集合是________。

16. 已知集合 $A=\{x\mid x^2-3x+2=0,x\in\mathbf{R}\}$，$B=\{x\mid 0<x<5,x\in\mathbf{N}\}$，则满足条件 $A\subseteq C\subseteq B$ 的集合 C 的个数为________。

17. 以下四个命题中是真命题的有________。(填序号)

①命题"若 $xy=1$，则 x,y 互为倒数"的逆命题；

②命题"面积相等的两个三角形全等"的否命题；

③命题"若 $A\cap B=B$，则 $A\subseteq B$"的逆否命题。

专题二　集合与简易逻辑

命题分析

本专题主要介绍集合与简易逻辑。依据历年各地市真题的分析，本专题需要重点掌握的知识包括：

1. 集合中元素的特性；集合间的关系；集合间的基本运算。

2. 简单复合命题的真值表；四种命题及其关系；全称命题与特称命题的否定；充分条件与必要条件。

本专题内容相对来说比较简单，但属于考试中的常考点。在考试中常以单项选择题、填空题与计算题的形式考查。在备考时，考生要重点掌握：集合间的基本运算（交集、并集与补集的识记与计算）；常用逻辑用语（命题真假的判定，四种命题与命题否定的陈述，充分与必要条件的判定）。

真题实测

一、单项选择题

1. [山西特岗]已知集合 $M=\left\{x\left|x\leqslant\frac{1}{2}\right.\right\}$，$N=\{x\mid x^2\leqslant1\}$，则 $(\complement_{\mathbf{R}}M)\cap N=$（　　）

A. $(\frac{1}{2},1)$　　B. $\left(\frac{1}{2},1\right]$　　C. $\left[\frac{1}{2},1\right]$　　D. $\left[\frac{1}{2},1\right)$

2. [山东青岛]已知集合 $A=\{0,1,2\}$，集合 $B=\{x|x^2=1\}$，则 $A\cup B=$（　　）（常考）

A. $\{0,1,2\}$　　B. $\{-1,0,1,2\}$

C. $\{1\}$　　D. $\{-1,1\}$

3. [广东广州天河区]已知集合 $A=\{x|2x+12-2x^2>0\}$，$B=\{x|x<\ln e\}$，$C=\{x|x\leqslant\ln2\}$，则 $(A\cap B)\cap C=$（　　）（常考）

A. $(-2,1]$　　B. $(-\infty,-2]$　　C. $(-2,\ln2]$　　D. $[\ln2,1]$

4. [山西阳城]已知全集 $U=\mathbf{R}$，集合 $A=\{1,2,3,4,5\}$，$B=\{x|x\geqslant3\}$，图中阴影部分所表示的集合为（　　）

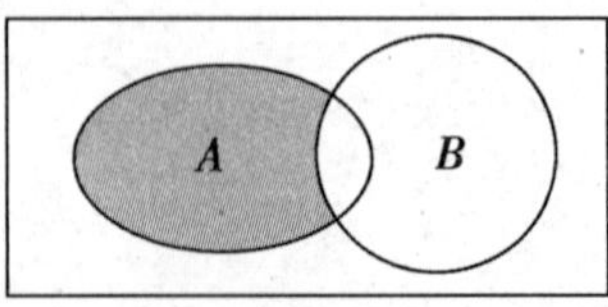

A. $\{1\}$　　B. $\{1,2\}$　　C. $\{1,2,3\}$　　D. $\{0,1,2\}$

43. 甲农场新开辟一面积为 1.2 万平方米的牧场,已知牧草的生长速度不变,农场现有的 160 头小牛,20 天可将草全部吃完,若再买入 40 头小牛,15 天后草将被全部吃完。请回答:

(1)草每天长出多少平方米?每头牛每天吃多少平方米牧草?

(2)农场希望这片牧草能够供 200 头小牛吃 25 天,决定让小牛每天配合吃一些精细干料,则这群小牛每天需吃的精细干料等价于多少平方米牧草?

44. 小明和妈妈一起锻炼身体,两人沿着一环形跑道各自匀速跑步,两人同时同地向同一方向出发,24 分钟后小明第一次追上妈妈,追上之后小明立马转身与妈妈反向而行,又经过 6 分钟两人再次相遇,则小明和妈妈跑步的速度之比是多少?

$\frac{1}{a_5}+\cdots+\frac{1}{a_{99}}=$________。

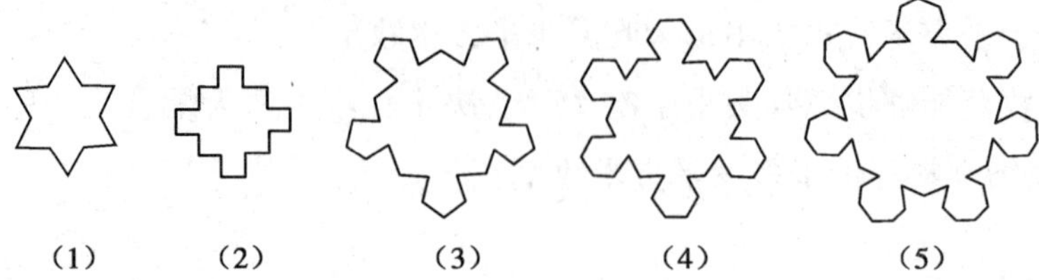

31. 某市按以下规定收取每月的水费:用水量不超过6吨,按每吨1.2元收费;如果超过6吨,未超过部分仍按每吨1.2元收取,而超过部分则按每吨2元收费。如果某用户五月份水费平均每吨1.4元,那么该用户五月份实际用水________吨。

32. 某市为治理污水,需要铺设一段全长为300米的污水排放管道。铺设120米后,为了减少施工对城市交通所造成的影响,后来每天的工效比原计划增加20%,结果共用30天完成这一任务。求原计划每天铺设管道的长度。如果设原计划每天铺设 x 米管道,那么根据题意,可列方程:________。

33. 已知$(x-2)(1-kx)-(2x-3)(2x+3)$中不含关于 x 的一次式,则 $k=$________。

34. 如果关于 x 的方程 $x^2+2(a+1)x+2a+1=0$ 有一个小于1的正数根,那么实数 a 的取值范围是________。(易混)

35. 观察下列各式:$\frac{2}{1\times3}=\frac{1}{1}-\frac{1}{3}$;$\frac{2}{2\times4}=\frac{1}{2}-\frac{1}{4}$;$\frac{2}{3\times5}=\frac{1}{3}-\frac{1}{5}$;…,请你利用你所得的结论,化简代数式:$\frac{1}{1\times3}+\frac{1}{2\times4}+\frac{1}{3\times5}+\cdots+\frac{1}{n(n+2)}$($n\geqslant3$ 且为整数),其结果为________。

36. 已知$\frac{1}{x}-\frac{1}{y}=3$,则代数式$\frac{2x-14xy-2y}{x-2xy-y}$的值为________。(常考)

三、解答题

37. 脱式计算(能简算的要简算)。

(1)$\frac{2^2+1}{2^2-1}+\frac{4^2+1}{4^2-1}+\frac{6^2+1}{6^2-1}+\cdots+\frac{2006^2+1}{2006^2-1}$;

(2)计算:$5\frac{1}{2}-\left(-\frac{11}{2}\right)-\left[-0.25+(-2)^3\div\left(-2\frac{2}{3}\right)\div\frac{1}{3}\right]-\left|-\left(\frac{1}{2}\right)^2\right|$。

19. 学校新来了一位老师，五个学生分别听到如下情况：

(1)是一位姓王的中年女老师，教语文课；

(2)是一位姓丁的中年男老师，教数学课；

(3)是一位姓刘的青年男老师，教外语课；

(4)是一位姓李的青年男老师，教数学课；

(5)是一位姓王的老年男老师，教外语课。

他们听到的情况各有一项正确，那么，下列说法正确的是(　　)

A. 青年女老师　　B. 姓李的数学老师

C. 姓王的老年女老师　　D. 姓刘的老年数学女老师

二、填空题

20. 6 点________分时，钟面上时针和分针互相垂直。(常考)

21. 一个自然数与它的各个数位上数字和的和是 2016，这样的自然数是________。

22. 若 $6-\sqrt{13}$ 的整数部分为 x，小数部分为 y，则 $(2x+\sqrt{13})y$ 的值是________。

23. 某校六年级四个班的代表队准备举办篮球友谊赛。甲、乙、丙三位同学预测比赛的对话如下：甲说，“2 班得冠军，4 班得第三”；乙说，“1 班得第四，3 班得亚军”；丙说，“3 班得第三，4 班得冠军”。比赛结束以后三个人都猜对了一半。请问得冠军的是________。

24. 小明按一定的规律写数字：1，+2，−3，4，+5，−6，7，+8，−9，…，当他写完 100 个数时，他停了下来。在他所写的数中，一共有________个正数。

25. 一条街上，一个骑车人与一个步行人同向而行，骑车人的速度是步行人速度的 3 倍，每隔 10 分钟有一辆公共汽车超过行人，每隔 20 分钟有一辆公共汽车超过骑车人。如果公共汽车从始发站每次间隔同样的时间发一辆车，那么间隔________分钟发一辆公共汽车。

26. 有 2013 名学生参加数学竞赛，共有 20 道竞赛题，每个学生有基础分 25 分，此外，答对一题得 3 分，不答题得 1 分，答错一题扣 1 分，则所有参赛学生得分的总和是________数(填“奇”或“偶”)。(易错)

27. 甲从 A 地、乙从 B 地同时以均匀的速度相向而行，第一次相遇距离 A 地 6 千米，继续前进，到达对方起点后立即返回，在离 B 地 3 千米处第二次相遇，则 A、B 两地相距________千米。

28. 把一个自然数的所有的因数都写出来，然后在这些因数中任意找出两个相加，这样就可以得到若干个不同的和，其中最小的和是 4，最大的和是 140。那么，这个自然数是________。

29. 小明演算一道加法题，由于粗心，他把一个加数万位上的 3 看成了 8，百位上的 7 看成了 9，个位上的 9 看成了 6，算得的结果为 94 040，那么正确的结果是________。(常考)

30. 如图，第一个多边形是由正三角形“扩展”而来的，第二个多边形是由正四边形“扩展”而来的，……，如此类推，设由正 n 边形“扩展”而来的多边形的边数为 a_n，则 $a_6=$________；$\frac{1}{a_3}+\frac{1}{a_4}+$

58. 已知 $A=\frac{x^2+2x+1}{x^2-1}-\frac{x}{x-1}$。

(1)化简 A；

(2)当 x 满足不等式组 $\begin{cases}x-1\geqslant 0,\\ x-3<0,\end{cases}$ 且 x 为整数时，求 A 的值。

59. 学校决定六年级两个班开展“古诗文诵读”活动，要求每个学生购买一本单价为 5 元的《古诗文读本》。学校与书店商议，书店对一次购买达到 50 本以上的给予 10% 的优惠，一次购买达到 100 本及以上的给予 15% 的优惠，现有情况：六(一)班有 48 人，六(二)班有 49 人，学校请你计算一下，怎么买最合理？请说明理由。

60. 某市为了节约用水，规定：每户每月用水量不超过最低限量 a m^3 时，只需付基本费 8 元和定额损耗费 c 元($c\leqslant 5$)；若用水量超过 a m^3 时，除了支付基本费和损耗费外，超过部分每 1 m^3 支付 b 元的超额费。

	用水量(m^3)	应交水费(元)
一月份	9	9
二月份	15	19
三月份	22	33

根据上表中的数据，求 a,b,c。

55. 小明从家到学校上课，开始时每分钟走 50 米，走了 2 分钟，根据以往经验，按照这个速度走下去，将要迟到 2 分钟，于是他立即加快速度，每分钟多走 10 米，结果小明早到了 5 分钟。小明家到学校的路程有多长？

56. 一块平行四边形空地，如果只把底增加 8 米，或者只把高增加 5 米，它的面积都会增加 40 平方米。则这块平行四边形空地的面积是多少？

57. 有甲、乙、丙三组工人，甲组 4 人的工作，乙组需 5 人完成；乙组 3 人的工作，丙组需 8 人完成。一项工作，需甲组 13 人、乙组 15 人合作 3 天完成。如果让丙组 10 人去做，需要多少天完成？

20. 对在途中行驶的两辆车分别统计了两组数据：甲车在$\frac{3}{4}$小时内行驶了 90 千米，乙车在$\frac{2}{3}$小时内行驶了 120 千米。则甲车与乙车的速度之比是(　　)

A. 9∶8　　B. 8∶9　　C. 2∶3　　D. 3∶4

21. 将 22 块橡皮和 33 支铅笔平均分给参加劳动的同学，结果橡皮多 1 块，铅笔少 2 支，参加劳动的同学有(　　)名。

A. 3　　B. 5　　C. 7　　D. 11

22. 一座大楼共 15 层，每层一样高，甲上楼的速度比乙快一倍，当乙到达第 6 层时，甲在第(　　)层。

A. 10　　B. 11　　C. 12　　D. 13

23. 一个长方形相邻两边分别增加各自的$\frac{1}{3}$和$\frac{1}{4}$，面积就比原来增加(　　)

A. $\frac{1}{12}$　　B. $\frac{1}{3}$　　C. $\frac{2}{3}$　　D. $\frac{1}{4}$

24. 已知小强比小刚早出生 6 年，今年小强的年龄是小刚年龄的 2 倍少 3 岁，那么两人今年的年龄和是(　　)岁。

A. 6　　B. 9　　C. 15　　D. 24

25. 甲每 3 天去少年宫一次，乙每 4 天去一次，丙每 6 天去一次，如果 6 月 1 日甲、乙、丙同时去少年宫，则下次同去少年宫应是(　　)

A. 6 月 12 日　　B. 6 月 13 日　　C. 6 月 24 日　　D. 6 月 25 日

26. 一罐可口可乐的容积是 335 (　　)

A. 升　　B. 立方分米　　C. 毫升　　D. 立方米

27. 学校在车站的西北方 500 m 处，车站在学校的(　　)处。

A. 西南方 500 m　　B. 西北方 500 m

C. 东南方 500 m　　D. 东北方 500 m

28. 代数式 $3x^2-4x+6$ 的值为 9，则 $x^2-\frac{4}{3}x+6$ 的值为(　　)

A. 7　　B. 18　　C. 12　　D. 9

29. 实数 a 在数轴上的对应点的位置如图所示，若实数 b 满足 $-a<b<a$，则 b 的值可以是(　　)

a

−3　−2　−1　0　1　2　3

A. 2　　B. −1　　C. −2　　D. −3

30. 已知关于 x 的一元二次方程 $x^2-x+\frac{1}{4}m-1=0$ 有实根，则 m 的取值范围是(　　)

A. $m\geqslant 2$　　B. $m\leqslant 5$　　C. $m>2$　　D. $m<5$

10. 下列各分数不能化成有限小数的是(　　)

A. $\frac{3}{25}$　　B. $\frac{7}{8}$　　C. $\frac{14}{35}$　　D. $\frac{4}{15}$

11. 如果一两位数的两个数字之间添写一个零,那么所得的三位数是原来的数的 9 倍,则这个两位数是(　　)

A. 24　　B. 25　　C. 45　　D. 54

12. 能被 24 整除且各位数字都是偶数的最小四位数是(　　)

A. 2088　　B. 2080　　C. 2064　　D. 2040

13. 定义新运算:$a\otimes b=\frac{ab}{a+b}$,则 $2\otimes10\otimes10=$(　　)

A. $\frac{3}{50}$　　B. $\frac{35}{3}$　　C. $\frac{50}{3}$　　D. $\frac{10}{7}$

14. 一组数 1,3,8,21,55,…,那么第 6 个数和第 7 个数分别是(　　)

A. 144,377　　B. 377,144

C. 77,144　　D. 144,77

15. 下列说法正确的是(　　)

A. 位数多的小数,比位数少的小数大

B. 小数点后面去掉 0,小数的大小不变

C. 小数点后面添上 0,小数的数值变大

D. 一个正整数的末尾添加一个 0,原来的数就扩大 10 倍

16. 用四舍五入法按要求对 0. 050 19 分别取近似值,其中错误的是(　　)

A. 0. 1(精确到 0. 1)　　B. 0. 05(精确到百分位)

C. 0. 05(保留两位有效数字)　　D. 0. 0502(精确到 0. 0001)

17. 在比例尺是 1∶30 000 000 的地图上量得甲、乙两地相距 5. 5 厘米,一辆汽车按 3∶2分两天行完全程,那么第二天行驶的路程是(　　)

A. 6. 6 千米　　B. 66 千米

C. 660 千米　　D. 6600 千米

18. 某公园的门票是每人 10 元,30 人以上(含 30 人)可以买团体票,按 7 折优惠,即每人 7 元,最少(　　)人时买团体票比买普通票便宜。

A. 10　　B. 11　　C. 18　　D. 22

19. 一位学生在计算一道除数是两位数且没有余数的除法时,错把被除数百位上的 3 看成了 8,结果得商 383,余 17,这个商比正确的商大 21,那么这道题的被除数是(　　)

A. 500　　B. 8326　　C. 23　　D. 362

65. [浙江杭州]某公园每张个人票5元,供1人入园。每张团体票30元,供不超过10人的团体入园。买10张或者更多团体票可优惠10%。某单位秋游,原来准备的钱刚好够145人的门票用,临时又增加了两个人,这两个人每人带来了m元钱,结果147人刚好都能入园,则m的值最小是多少?

66. [湖北]某工程队正在修建一条水渠,1月份修建了全长的30%,2月份比1月份少修了10 km,此时整个水渠还有一半未修建,求:

(1)该工程队已完工的部分占水渠总长度的百分比;

(2)1月份比2月份多修的占水渠总长度的百分比;

(3)水渠的总长度。

67. [江西]为了节约资源保护环境,某市电力局从今年元月起为居民免费更换谷峰电表,然后规定:每天8点至21点每千瓦时0.55元峰电价;从21点至次日8点每千瓦时0.3元谷电价;目前不使用谷峰电表的居民每千瓦时0.5元,贝贝家在使用谷峰电表后,三月份付电费94.2元,经计算比不使用谷峰电表要节约10.8元。

(1)贝贝家三月份一共用了多少千瓦时电?

(2)贝贝家三月份峰电和谷电各用了多少千瓦时?

62. [广东广州增城区]某校开展运动会,有篮球、排球和跳高三种比赛可以选择。某班有 25 名学生报名参加运动会,其中,没有报名篮球比赛的学生中,报名排球比赛的人数是报名跳高比赛的人数的 2 倍,只报名篮球比赛的人数比其余学生中报名篮球比赛的人数多 1 人,仅报名一种比赛的学生中,有一半没有报名篮球比赛。求只报名排球比赛的学生人数。

63. [安徽]一条笔直的公路上 A、B 两地的中点为 C,甲、乙两车同时从 C 点向相反的方向匀速行驶,4 小时后,甲车到达 A 地,此时乙车离 B 地还有 50 千米,若乙车的速度是甲车的$\frac{3}{4}$,求 A、B 两地之间的距离。(用算术法解答)

64. [浙江杭州]某项工程,若由甲、乙两个工程队承包,$2\frac{2}{5}$天可以完成,需支付 18 万元;由乙、丙两个工程队承包,$3\frac{3}{4}$天可以完成,需支付 15 万元;由甲、丙两个工程队承包,$2\frac{6}{7}$天可以完成,需支付 16 万元。在保证一星期内完成的前提下,选哪个工程队单独承包费用最少?最少费用是多少?

31. [江西]“▲”表示一种运算符号，其意义是 $a▲b=2a-b$，如果 $x▲(5▲6)=8$，则 $x=$(　　)

A. 6　　B. 3　　C. 4　　D. 5

32. [广东广州天河区]若 k 为负数，且 1 是方程 $x^2-(2k^2-3)x-(3k+2)=0$ 的一个根，则 k 的值为(　　)

A. $\frac{1}{2}$　　B. -2　　C. -1　　D. -4

33. [广东广州天河区]已知关于 x 的一元二次方程 $x^2+(4k-3)x-5k^2+9=0$ 的两个实数根分别为 x_1,x_2，且满足 ${x_1}^2+{x_2}^2=-8-5x_1x_2$，则 k 的值为(　　)(常考)

A. 2　　B. 22　　C. 2 或 22　　D. 不存在

34. [湖北]如果一个数分解质因数后只有一个 2，一个 3，一个 5，那么这个数的全部正因数的个数是(　　)

A. 5　　B. 6　　C. 7　　D. 8

35. [山西运城稷山县]下列各式由左边到右边的变形中，是分解因式的是(　　)

A. $a(x-y)=ax-ay$　　B. $x^2-4x+3=x(x-4)+3$

C. $a^2-b^2=(a+b)(a-b)$　　D. $a^2+1=a\left(a+\frac{1}{a}\right)$

36. [湖南长沙]算式 $1\times2\times3\times\cdots\times100$ 的计算结果，末尾有多少个连续的零？(　　)

A. 21　　B. 24　　C. 11　　D. 14

37. [湖南长沙]上午 5:30，201 路和 202 路公交车同时从车站出发，已知 201 路每 7 分钟发一趟车，202 路每 12 分钟发一趟车，则 201 路和 202 路公交车下一次同时发车的时间是(　　)

A. 下午 7:06　　B. 下午 6:42

C. 上午 6:18　　D. 上午 6:54

38. [山西晋城阳城县]下列各对数互为倒数的是(　　)

A. 4 和 -4　　B. -3 和 $-\frac{1}{3}$

C. 2 和 $-\frac{1}{2}$　　D. 0 和 0

39. [重庆沙坪坝区]设三位数 $2a3$ 加上 326，得另一个三位数 $5b9$，若 $5b9$ 能被 9 整除，则 $a+b$ 等于(　　)

A. 2　　B. 4　　C. 6　　D. 10

二、填空题

40. [福建]有一个七位数，个位上的数是最小的数字，十位上的数既是质数又是偶数，百位上的数既能被 2 整除，又能被 3 整除，最高数位上的数是最大的一位数，其余数位上的数都是最小自然数，这个七位数是________。

23. [云南特岗]一个两位数，十位上的数字是个位上的数字的$\frac{2}{3}$，把十位上与个位上的数字调换后，新数比原数大 18，则原来这个两位数的两个数字的和是(　　)

A. 12　　B. 10　　C. 8　　D. 5

24. [湖南邵阳邵东县]已知三个整数 a,b,c 的和是偶数，则 $a^2+b^2-c^2+2ab$ (　　)

A. 一定是偶数　　B. 一定是奇数

C. 等于 0　　D. 不能确定

25. [江西]小时候我们用手指练习数数，一个小朋友按如图所示的规则练习数数，数到 2021 时对应的指头是(各指头的名称依次为大拇指、食指、中指、无名指、小指)(　　)

A. 食指　　B. 中指

C. 无名指　　D. 小指

26. [安徽]若 $x^2-3x+1=0$，则 $x+\frac{1}{x}$的值为(　　)

A. -3　　B. 3

C. $-\sqrt{5}$　　D. $\sqrt{5}$

27. [湖南邵阳邵东]若 $a\neq b$，且 $a^2-4a+1=0$，$b^2-4b+1=0$，则$\frac{1}{1+a^2}+\frac{1}{1+b^2}$的值为(　　)

第 27 题

A. $\frac{1}{4}$　　B. 1　　C. 4　　D. 3

28. [重庆沙坪坝区]火车票上的车次号有两个意义，一是数字越小表示车越快，1 ~ 100 次为特快列车，101 ~ 198 次为直快列车，301 ~ 398 次为普快列车，401 ~ 498 次为普客列车，二是单数与双数表示不同的行驶方向，其中单数表示从北京开出，双数表示开往北京，根据以上规定，杭州开往北京的某一直快列车的车次号可能是(　　)

A. 20　　B. 119　　C. 120　　D. 319

29. [山西临汾]下列运算正确的是(　　)

A. $(a^2)^3=a^5$　　B. $a^2+a^3=a^5$

C. $a^2\cdot a^3=a^5$　　D. $a^3-a^2=a$

30. [山西运城稷山县]下列说法正确的是(　　)

① $-\sqrt{2}$是 2 的一个平方根；② -4 的算术平方根是 2；③ $\sqrt{16}$的平方根是 ±2；④0 没有平方根。

A. ①②③　　B. ①④

C. ①③　　D. ②③④

上篇　高分题库

专题一　实数、代数式与方程

命题分析

本专题主要介绍实数、代数式与方程。依据历年各地市真题的分析，本专题需要重点掌握的知识包括：

1. 有理数、无理数、平方根、立方根、代数式、二次根式的概念。

2. 常见的量的换算，常见探索规律问题。

3. 代数式的化简变形及运算法则，方程(组)与分式方程的求解。

4. 重点掌握解各类小学数学应用题的方法，并能应用列方程法解决实际问题。

本专题在考试中常以单项选择题、填空题与解答题的形式考查。在备考时，考生要掌握：实数的认识(不同实数的辨析)；实数的运算(开方的计算)；代数式(整式与二次根式的计算)；方程(方程的判定与求根)；应用题(各种类型应用题的求解)。考生要牢固掌握基础知识，强化利用方程解应用题的思想，提高应用与计算能力。

真题实测

一、单项选择题

1. [福建]关于数的认识，以下说法错误的是(　　)

A. 5个百万，6个万和8个千组成的数是5 068 000

B. 91 200 000 000改写成用亿作单位的数是912亿

C. 8 080 808 008这个数读作八十亿八千零八十万八千零八

D. 23.002这个数读作二十三点零二

2. [福建]下面算式中，计算结果与$\frac{3}{8}\times 4$不同的是(　　)

A. $\frac{3}{4}+\frac{3}{8}\times 2$　　B. $\frac{3}{8}\times 5-\frac{3}{8}$

C. $\frac{3}{8}\div(8\div 2)$　　D. $10\times\frac{3}{8}\div 2-\frac{3}{8}$

目　录

上篇　高分题库

下篇　模拟试卷

参考答案及解析单独成册

教师招聘考试
小学数学高分题库 精编
2000题

山香教师招聘考试命题研究中心　主编

扫码免费获取：
①小学数学历年招教真题试卷汇编（附答案解析）
②每周模考大赛，及时评估自身备考情况
③招教资讯第一时间获悉，不错失每一次机会
④备考交流群，山香老师互动答疑，打卡督促学习

免费获取方式：
①扫码关注公众号
②回复本书科目：数学

图书在版编目(CIP)数据

小学数学高分题库精编 / 山香教师招聘考试命题研究中心主编. --北京：首都师范大学出版社, 2012.5(2021.11 重印)

ISBN 978-7-5656-0751-6

Ⅰ. ①小… Ⅱ. ①山… Ⅲ. ①小学数学课-教学法-小学教师-聘用-资格考试-习题集 Ⅳ. ①G623.502

中国版本图书馆 CIP 数据核字(2012)第 103545 号

XIAOXUE SHUXUE GAOFEN TIKU JINGBIAN

小学数学高分题库精编

山香教师招聘考试命题研究中心 主编

策划编辑 张文强

责任编辑 曹亮亮 王慕飞　　封面设计 山香教育

首都师范大学出版社出版发行

地　　址 北京市西三环北路 105 号

邮　　编 100048

咨询电话 010-68418523(总编室)　010-68982468(发行部)

网　　址 http://cnupn.cnu.edu.cn

印　　刷 河南黎阳印务有限公司

经　　销 全国新华书店

版　　次 2012 年 5 月第 1 版

印　　次 2021 年 11 月第 28 次印刷

开　　本 787mm×1092mm 1/8

印　　张 23

字　　数 248 千

定　　价 42.00 元

前　　言

一、教师招聘考试概述

教师招聘考试(教师入编考试),简称招教,是我国教育部门依据“凡进必考”的原则,公开招聘教师的选拔性考试,其目的是为教育行政部门录用教师提供参考。各地依据考生的考试成绩,结合面试情况,按已确定的招聘计划,从教师应有的职业素养、专业水平、教育技能等方面进行全面考核,择优录取。

二、教师招聘考试笔试内容分析

就目前的情况来看,教师招聘考试的笔试内容,依地区不同而有所差异,但主要有以下类型:

一种考查考生对教育理论基础知识和学科专业知识的掌握程度。也有些地区单考教育理论基础知识或学科专业知识。其中,教育理论基础知识包括教育学、心理学、教育心理学、教育政策法规、班级管理、教育教学技能、新课程改革理念等。学科专业知识主要涉及教材教法与本学科的专业基础知识。

一种比较注重对考生的公共基础知识与职业能力的考查。例如有的地区考公共基础知识与教育基础知识两科,有的地区考职业能力测试与教育基础知识两科。

就学科专业知识而言,考查方式也会因地区而异。主要有以下几种方式:

1. 只考报考岗位相应学段的学科专业知识,例如报考高中数学教师的考高中数学内容。

2. 考查考生对本学科小学、初中、高中、大学等学段内容的掌握程度,因报考学段不同,考试侧重点也有所区别。

3. 近年来很多地区的统考,学科专业知识考试越来越注重对学科教学论内容和教学能力的考查。这一点需要考生重视。

三、教师招聘考试数学学科备考策略

1. 了解数学专业知识考查的内容

数学专业知识考查的范围包括小学数学、初中数学、高中数学中的重点知识,以及大学数学中涉及到高中知识点的内容。历年招教考试偏重于对小学、初中、高中知识点的考查。

2. 理解和掌握重点章节中的公式、定义、定理

分章节、分模块地复习,主要把握重点、难点,在掌握公式、定义、定理的基础上做题,并在做题的过程中进一步理解公式、定义、定理。

3. 体会数学解题方法

在解题过程中,要注意思考所解题目运用的是哪一种数学方法,渗透了什么数学思想,经常进行这样的思考和分析,有利于对知识的深刻理解和运用,提高知识的迁移能力,以达到举一反三、触类旁通的目的。

3. [福建]把一个小数的小数点先向右移两位,再向左移三位,这个小数(　　)(常考)

A. 缩小到原数的$\frac{1}{100}$　　B. 缩小到原数的$\frac{1}{10}$

C. 扩大到原数的 10 倍　　D. 扩大到原数的 100 倍

4. [安徽]327 000 000 用科学计数法表示为(　　)(常考)

A. 327×10^{6}　　B. 32.7×10^{7}　　C. 3.27×10^{8}　　D. 0.327×10^{9}

5. [江西]如图,数轴上被墨水覆盖的数可能是(　　)

−3　−1　0　1

A. −3.2　　B. −3　　C. −2　　D. −0.5

6. [广东广州天河区]已知在数轴上,实数 m 对应的点位于原点左侧 $2\sqrt{11}$ 个单位,实数 n 对应的点位于原点右侧 $4\sqrt{3}$ 个单位,则 $|m+n|$ 的计算结果为(　　)

A. $m+n$　　B. $-m+n$　　C. $-m-n$　　D. $m-n$

7. [安徽特岗]若 $a<\sqrt{7}<b$,且 a,b 是两个连续的整数,则 $a+b$ 的值是(　　)

A. 3　　B. 4　　C. 5　　D. 6

8. [浙江杭州]已知 n 是一个两位数,它的各个数位上的数字之和为 a,当 n 分别乘 3,5,7,9 后得到四个乘积,如果其每一个乘积的各个数位上的数字之和仍为 a,那么这样的两位数 n 有(　　)

A. 3 个　　B. 5 个　　C. 7 个　　D. 9 个

9. [广东广州增城区]在右图的乘法算式中,每个汉字和圆圈代表一个数字,不同的汉字代表不同的数字,相同的汉字代表相同的数字,圆圈中的数字可以相同也可以不同,则这个乘法算式的乘积为(　　)

		○	发	○	
×		1	奋	○	
		9	图	○	
○	○	9	强		
○	○	8			
○	○	强	○	○	

A. 39 772　　B. 39 672

C. 49 834　　D. 46 672

10. [云南特岗]中国古诗词中有一道“八子分绵”的数学名题:“九百九十六斤绵,赠分八子做盘缠,次第每人多十七,要将第八数来言,务要分明依次第,孝和休惹外人传。”题意是:把 996 斤绵分给 8 个儿子做盘缠,按照年龄从大到小的顺序依次分绵,年龄小的比年龄大的多分 17 斤绵,那么第 8 个儿子分到的绵是(　　)

A. 174 斤　　B. 184 斤　　C. 191 斤　　D. 201 斤

11. [重庆特岗]用 a 表示一个大于 1 的自然数,a^2 必定是(　　)

A. 奇数　　B. 质数　　C. 合数　　D. 偶数

12. [湖南邵阳邵东县]若 a 是最大的负整数,b 是绝对值最小的有理数,c 是倒数等于它本身的自然数,则 $a^{2013}+2014b+c^{2015}$ 的值为(　　)

A. 2013　　B. 2014　　C. 2015　　D. 0

13. [江苏江阴]设 $a=\sqrt{7}-1$,则代数式 a^2+2a 的值为(　　)

A. 6　　B. 5　　C. 4　　D. 3

14. [重庆特岗] -7 的绝对值是(　　)

A. $-\frac{1}{7}$　　B. 7　　C. -7　　D. $\frac{1}{7}$

15. [安徽]若 $a=0.\dot{6}\dot{9}$,$b=0.6\dot{9}\dot{6}$,$c=0.6969$,则有(　　)

A. $c>b>a$　　B. $a>c>b$

C. $b>a>c$　　D. $a>b>c$

16. [江西]一项工程,甲、乙合作完成了全工程的$\frac{7}{10}$,剩下的由甲单独完成,甲一共做了 $9\frac{3}{5}$天,这项工程由甲单独做需要 12 天。如果由乙单独做需要(　　)天。(常考)

A. 18　　B. 19　　C. 30　　D. 21

17. [重庆沙坪坝区]《九章算术》中注有“今两算得失相反,要令正负以名之”,意思是:今有两数,若其意义相反,则分别叫作正数与负数。若气温为零上 10 ℃记作 +10 ℃,则 −3 ℃表示气温为(　　)

A. 零上 3 ℃　　B. 零下 3 ℃

C. 零上 7 ℃　　D. 零下 7 ℃

18. [广东广州增城区]一列火车车长 90 米,与一列纵队长 60 米的行人队伍相向而行,火车的行驶速度是行人队伍走路速度的 10 倍。如果行人队伍中的人见火车驶过的时间为 6 秒,那么坐在火车上的人见行人队伍完全走过的时间为(　　)秒。

A. 4　　B. 16　　C. 40　　D. 60

19. [广东广州增城区] 李老师购买了一批文具,其中作业本和铅笔的平均价格是 8.8 元,铅笔和圆珠笔的平均价格是 9.1 元,圆珠笔和橡皮擦的平均价格是 8.9 元,且作业本的价格比橡皮擦的价格低 1 元。那么李老师购买的这批文具中铅笔的价格是(　　)元。

A. 8.7　　B. 8.9　　C. 9.3　　D. 9.5

20. [江西]在比例尺是 1∶30 000 000 的地图上,量得甲地到乙地的距离是 4.6 厘米,一辆汽车按 3∶2的比例分两天行完全程,则两天行的路程差是(　　)千米。

A. 672　　B. 276　　C. 980　　D. 1380

21. [江西]甲比乙多 3 倍,乙比丙多$\frac{1}{2}$,则甲∶乙∶丙 =(　　)

A. 4∶1∶2　　B. 4∶1∶3　　C. 4∶1∶6　　D. 12∶3∶2

22. [湖南衡阳耒阳]若 x 是不为 0 的有理数,已知 $M=(x^2+2x+1)(x^2-2x+1)$,$N=(x^2+x+1)\cdot(x^2-x+1)$,则 M 与 N 的大小关系是(　　)

A. $M>N$　　B. $M<N$　　C. $M=N$　　D. 无法确定

第 22 题

41. [广东广州增城区]已知用 63,91 和 175 除以同一个整数,其余数均为 7,则这个整数最大为________。

42. [浙江杭州]a,b 是整数,且 $a=2\times3\times m,b=3\times5\times m$,如果 a,b 的最大公因数是 21,那么 a,b 的最小公倍数是________。

43. [安徽特岗]五(1)班有男生 20 人,男女人数比是 4:5,为庆祝儿童节,班主任组织班上部分同学分别参加舞蹈和唱歌两个节目的排练。其中参加舞蹈的学生占全班的 20%,比参加唱歌的同学少 $\frac{2}{5}$,参加唱歌的同学有________人。

44. [福建]四(2)班 48 位同学游览龙江湖,共租了 9 条船,每条船刚好都坐满,每条大船可坐 6 人,每条小船可坐 4 人,则他们租了________条大船和________条小船。

45. [浙江杭州]师徒二人共同加工 170 个零件,师傅加工零件个数的 $\frac{1}{3}$ 比徒弟加工零件个数的 $\frac{1}{4}$ 还多 10 个,那么师傅加工了________个零件。

46. [广东广州增城区]有甲、乙两种浓度分别为 64% 和 36% 的酒精溶液,若把它们调配成浓度为 40% 的酒精溶液,所需的甲、乙两种酒精溶液的质量之比为________。(常考)

第 46 题

47. [浙江杭州]两数相加,其式如下:$1.55+\frac{1}{36},1.55+\frac{2}{36},1.55+\frac{3}{36},\cdots,1.55+\frac{35}{36}$,这些和的整数部分之和是________。

48. [湖北]已知小数 0.123 456 789…989 9 的小数点后面的数字是自然数 1 ~ 99 依次排列而成,则小数的后面第 48 位数字是________。

49. [湖南永州]甲看一本书,第一天看了全书的 $\frac{1}{8}$ 还要多 18 页,第二天看了全书的 $\frac{1}{6}$ 还要少 11 页,现还剩 180 页,则这本资料书一共有________页。

50. [江苏无锡]若一个数除以 3 余 2,除以 5 余 3,除以 7 余 2,则符合条件的 200 以内的最大的数是________。

51. [湖南永州]两个十位数 1 111 111 111 与 9 999 999 999 的乘积中有________个数字是奇数。

52. [湖北]从 0,3,5,7 四个数字中选出 3 个,排成能同时被 2,3,5 整除的三位数,符合上述条件的最小的一个三位数是________。

53. [湖北]每四个计数单位组成一级,个、十、百、千称为________。(写级名)

54. [湖南邵阳邵东县]若对任何 x,分式 $\frac{x-1}{x^2+x+a}$ 均有意义,则字母 a 的取值范围是________。

55. [湖南长沙]二进制是计算机技术中广泛采用的一种数制,二进制数要用 0 和 1 两个数码来表示,其进位规则是“逢二进一”,则十进制数 86 转换为二进制数为________。

56. [浙江杭州]A 码头在 B 码头的上游,遥控舰模从 A 码头出发,在两个码头之间往返航行。已知舰模在静水中的速度是每分钟 200 米,水流的速度是每分钟 40 米。出发 20 分钟后,舰模位于 A 码头下游 960 米处,并向 B 码头行驶。则 A 码头和 B 码头之间的距离为________米。

第 56 题

57. [广东广州增城区]已知三个数的平均数是 200,这三个数分别是一位数、二位数、三位数,其中二位数的个位数字是 4,三位数的十位数字是 1,个位数字是 8,则这三个数之积为________。

58. [浙江杭州]在一张方格纸上,每个方格边长为 1cm,按如图所示的规律,取点 $A_1,A_2,A_3,A_4,\cdots$,把点 A_1,A_2,A_3 连成三角形 S_1,把点 A_2,A_3,A_4 连成三角形 $S_2,\cdots$,这样不断连下去,其中三角形 S_x 的面积为 625 平方厘米,那么 $x=$________。

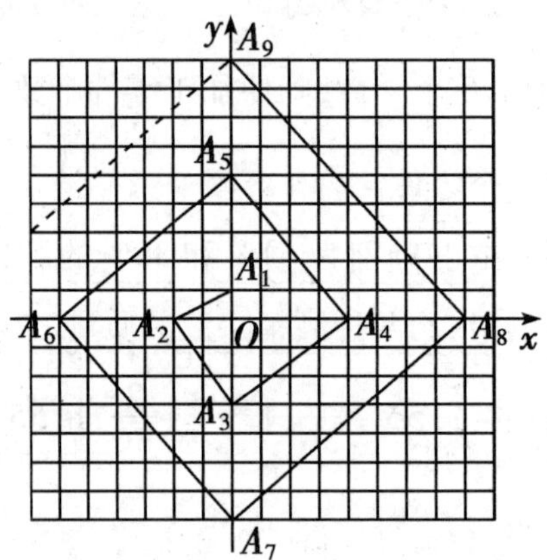

59. [浙江杭州]$(0.5+0.25+0.125)\div(0.5\times0.25\times0.125)\times\dfrac{\frac{7}{18}\times\frac{9}{2}+\frac{1}{6}}{13\frac{1}{3}-\frac{15}{4}\times\frac{16}{5}}=$________。(常考)

60. [江苏无锡]某企业生产一种产品,每件成本价为 400 元,销售价为 510 元,本季度销售了 900 件,为进一步扩大市场,该企业决定在降低销售价的同时降低生产成本,经过市场调研,预测下季度这种产品每件售价降低 4%,销售量将提高 10%,要使销售利润保持不变,该产品每件的成本应降低________元。

三、解答题

61. [福建]有 A、B 两桶油,A 桶的油比 B 桶的油少 20 千克,现在把 B 桶油的 8% 倒入 A 桶,这时 A 桶的油比 B 桶的油多 12 千克,求 B 桶原来有油多少千克?

68. [云南特岗]牧场上有一片匀速生长的草地,可供27头牛吃6周,或供23头牛吃9周,那么这片草地可供21头牛吃几周?

69. [河南驻马店上蔡县]先化简$\frac{x^2-4x+4}{x^2-2x}\div\left(x-\frac{4}{x}\right)$,然后从$-\sqrt{5}<x<\sqrt{5}$的范围内选取一个合适的整数作为$x$的值并代入求值。

70. [湖南长沙]自然数x是一个三位数,已知x除以8的商是a、余数是b,除以9的商是c、余数是d,且$a+d=13$,求所有满足条件的自然数x。

71. [江苏无锡]分数、小数和百分数都是有理数的常用表示方法,但含义有所不同,请结合生活中实际例子说明$\frac{3}{4}$,0.75和75%的含义。

基础训练

一、单项选择题

1. 2 的倒数是(　　)

A. -2　　B. 2　　C. $-\frac{1}{2}$　　D. $\frac{1}{2}$

2. 下列四个数：-3，-0.5，$\frac{2}{3}$，$\sqrt{5}$中，绝对值最大的数是(　　)

A. -3　　B. -0.5　　C. $\frac{2}{3}$　　D. $\sqrt{5}$

3. 在下列实数中，无理数的个数是(　　)个。

$\frac{5}{8}$，0.010 010 001…，$\sqrt{12}$，$\sqrt{4}$，0，-23%，$-\frac{\pi}{5}$，$-1.\dot{2}\dot{6}$

A. 2　　B. 3　　C. 4　　D. 5

4. 下列说法正确的是(　　)

A. 0 是最小的数　　B. 0 既是正数又是负数

C. 负数比正数小　　D. 数轴上 -4 在 -7 的左边

5. 若 $a^2=1$，b 是 2 的相反数，则 $a+b$ 的值是(　　)

A. -3　　B. -1

C. -1 或 -3　　D. 1 或 -3

6. 已知两个质数的平方差等于 21，那么这两个质数的平方和等于(　　)

A. 22　　B. 24　　C. 25　　D. 29

7. 对于实数 a，下列运算正确的是(　　)

A. $2a^{-1}=1\div(2a)$　　B. $2a^2+a=3a^3$

C. $(-a)^3a^2=-a^5$　　D. $(-a)^2\times(-a)^2=-a^4$

8. 2020 年 6 月 23 日，北斗三号最后一颗全球组网卫星从西昌发射中心发射升空，6 月 30 日成功定点于距离地球 36 000 公里的地球同步轨道，将 36 000 用科学计数法表示应为(　　)

A. 0.36×10^5　　B. 3.6×10^5　　C. 3.6×10^4　　D. 36×10^4

9. 估算下面 4 个算式的计算结果，最大的是(　　)

A. $888\times\left(1+\frac{1}{9}\right)$　　B. $888\times\left(1-\frac{1}{9}\right)$

C. $888\div\left(1+\frac{1}{9}\right)$　　D. $888\div\left(1-\frac{1}{9}\right)$

31. 已知 $x=2$ 是分式方程 $\frac{k}{x}+\frac{x-3}{x-1}=1$ 的解，那么实数 k 的值是(　　)

A. 3　　B. 4　　C. 5　　D. 6

二、填空题

32. 在25□79 这个数的□内填上一个数字，使这个数能被 11 整除，□内应填________。

33. 一个八位数，它的最高位上的数字是 8，十万位上的数字是 4，其他各位上的数字都是 0，这个数写作________。

34. 计算：$(-\frac{1}{2})^{-2}-|\sqrt{3}-2|+\sqrt{\frac{3}{2}}\div\sqrt{\frac{1}{18}}=$________。

35. 若 $3^m=9^n=2$，则 $3^{m+2n}=$________。

36. 若 $3x^{m+5}y^2$ 与 x^3y^n 的和是单项式，则 $n^m=$________。

37. 2020 年 6 月 9 日，我国全深海自主遥控潜水器"海斗一号"在马里亚纳海沟刷新了我国潜水器下潜深度的纪录，最大下潜深度达 10 907 米，假设以马里亚纳海沟所在海域的海平面为基准，记为 0 米，高于马里亚纳海沟所在海域的海平面 100 米的某地的高度记为 +100 米，根据题意，"海斗一号"下潜至 10 907 米处，该处的高度可记为________米。

38. 甲、乙两数的比是 4:5，如果比的后项增加 20，那么比的前项必须增加________才能使比值不变。

39. 一次大型运动会上，工作人员按照 3 个红气球，2 个黄气球，1 个绿气球的顺序把气球串起来装饰运动场，那么第 2013 个气球是________色的(填"红""黄"或"绿")。

40. 从凌晨 0:00 起，当钟面上时针和分针成 120°的夹角且是正点时，时针指向________时或________时。(常考)

41. 一城镇共有 5000 户居民，每户居民的小孩都不超过两个，其中一部分家庭每户有一个小孩，余下家庭的一半每户有两个小孩，则此城镇共有________个小孩。

42. 已知 $x=1$ 是一元二次方程 $x^2+mx+n=1$ 的一个根，则 $m^2+2mn+n^2$ 的值为________。

43. 已知关于 x 的方程 $x^2+2x+k=0$ 有两个相等的实数根，则 k 的值是________。

44. 方程组 $\begin{cases}x-y=1,\\3x+y=7\end{cases}$ 的解为________。

45. $x=\sqrt{2}+1$，则代数式 $\left(\frac{2x-1}{x-1}-x-1\right)\div\frac{x-2}{x^2-2x+1}$ 的值是________。

三、判断题

46. 一根绳子被分成甲、乙两段，甲段长 $\frac{3}{4}$ 米，乙段长占全长的 $\frac{3}{4}$，无法判断甲、乙两段绳子哪一段长一些。(　　)

47. 甲数的 $\frac{1}{4}$ 等于乙数的 $\frac{1}{6}$，则甲乙两数之比为 2∶3。(　　)

48. 小数都比整数小。 (　　)

49. 两个真分数的积一定小于 1。 (　　)

50. 1 的倒数是 1,0 的倒数是 0。 (　　)

51. 女生人数比男生多$\frac{1}{5}$,则男生比女生少$\frac{1}{6}$。 (　　)

四、解答题

52. 有 7 袋米,它们的重量分别是 12,15,17,20,22,24,26 千克。甲先取走一袋,剩下的由乙、丙、丁取走。已知乙和丙取走的重量恰好一样多,而且都是丁取走重量的 2 倍,那么甲先取走的那一袋的重量是多少千克?

53. 甲、乙两种衬衣的原价相同,换季时,甲种衬衣按四折销售,乙种衬衣按五折销售,王叔叔用 108 元购买了这两种衬衣各一件,这两种衬衣原价是每件多少元?

54. 在股票交易中,每买进或卖出一种股票都必须按成交金额的 0.2% 交纳印花税,并付给证券公司 0.35% 的佣金(手续费)。张先生今年 4 月 1 日买进 3000 股 A 种股,每股 8 元,又以每股 15 元的价格买进 B 种股 4000 股,9 月 1 日 A 种股上涨到每股 9 元,B 种股则下跌一部分,因此张先生将两种股票全部抛出,结果算上税费和手续费只赚了 70.5 元。问:B 种股下跌了百分之几?(百分号前保留一位小数)

整 合 提 升

一、单项选择题

1. 两个质数的积一定是(　　)

A. 质数　　B. 合数　　C. 奇数　　D. 偶数

2. 有一个四位数，它的个位数字与千位数字之和为10，且个位数字既是偶数又是质数，去掉个位数字和千位数字，得到一个两位质数，又知道这个四位数能被72整除。则这个四位数是(　　)

A. 8082　　B. 8262　　C. 8352　　D. 8712

3. 设$[x]$表示不大于x的最大整数，则对于任意实数x,y有(　　)(易错)

A. $[-x]=-[x]$　　B. $[2x]=2[x]$

C. $[x+y]\leqslant[x]+[y]$　　D. $[x-y]\leqslant[x]-[y]$

4. 在一个正方形水池边种树，四个顶点都种一棵，每边种10棵，四周一共种了(　　)棵树。

A. 40　　B. 44　　C. 36　　D. 38

5. 一群孩子匀距坐成一个圆圈玩游戏，从大毛开始按顺时针方向数，数到二毛为第8个。而且大毛和二毛正好面对面坐，这群孩子一共有(　　)

A. 16人　　B. 14人　　C. 15人　　D. 17人

6. 张奶奶家的闹钟每小时快4分(准确的时钟分针每小时走一圈，而这个钟的分针每小时走一圈多2格)。昨晚22:00，她把闹钟与北京时间对准了，同时定了今天早晨6:00的闹铃，今天早晨张奶奶听到闹铃声响比北京时间6:00提前了多长时间？(　　)

A. 60分钟　　B. 50分钟　　C. 40分钟　　D. 30分钟

7. 六年级学生小明参加数学竞赛，他高兴地对同学说："我的得分、名次和我的年龄的连乘积正好是2328。"那么小明是第(　　)名。

A. 一　　B. 二　　C. 三　　D. 五

8. 有写着5,9,17的卡片各8张，现在从中任意抽出5张，这5张卡片上的数字之和可能是(　　)

A. 31　　B. 39　　C. 55　　D. 41

9. 把浓度为20%，30%，40%的三种盐水按2:3:5的质量比混合在一起，得到的盐水浓度为(　　)

A. 32%　　B. 33%　　C. 34%　　D. 35%

10. 一艘轮船往返于两码头之间，如果船速不变，当水流速度增加时(小于船速)，轮船往返一次所用的时间(　　)

A. 不变　　B. 增多

C. 减少　　D. 增多或减少都有可能

11. 某商场出售一种商品,有如下方案:

①先提价10%,再降价10%;②先降价10%,再提价10%;③先提价20%,再降价20%。则下列说法错误的是(　　)

A. ①②两种方案调价结果相同　　B. 三种方案都没有恢复到原价

C. 三种方案都恢复到原价　　D. 方案①的售价比方案③的售价高

12. 有一满池水,池底有一泉眼匀速向外涌流泉水,若用24部A型抽水机6天可抽干池水;若用21部A型抽水机8天也可抽干池水。设每部抽水机单位时间内的抽水量相同,要使这一池水永远抽不干,则至多只能用(　　)部A型抽水机。

A. 8　　B. 10　　C. 12　　D. 15

13. 已知 a,b,c 为正整数,且 $a^2+b^2+c^2-ab-bc-ac=19$,那么 $a+b+c$ 的最小值等于(　　)(常考)

A. 11　　B. 10　　C. 8　　D. 6

14. 已知 $x-y+z=\frac{1}{x}-\frac{1}{y}+\frac{1}{z}=1$,则(　　)

A. $x=1,y=-1,z=1$　　B. $xyz=1$

C. $x+y+z=1$　　D. $x=1$ 或 $y=-1$ 或 $z=1$

15. 把 $a^2(b+c)^2-2ab(a-c)(b+c)+b^2(a-c)^2$ 分解因式为(　　)

A. $c(a+b)^2$　　B. $c^2(a-b)^2$　　C. $c(a+b)^2$　　D. $c^2(a+b)^2$

16. 已知 $a+b+c=0$,则代数式 $(a+b)(b+c)(c+a)+abc$ 的值为(　　)

A. -1　　B. 1　　C. 0　　D. 2

17. 已知关于 x,y 的方程组 $\begin{cases}x+3y=4-a,\\x-y=3a,\end{cases}$ 其中 $-3\leqslant a\leqslant 1$,给出下列结论:

① $\begin{cases}x=5,\\y=-1\end{cases}$ 是方程组的解;

②当 $a=-2$ 时,x,y 的值互为相反数;

③当 $a=1$ 时,方程组的解也是方程 $x+y=4-a$ 的解;

④若 $x\leqslant 1$,则 $1\leqslant y\leqslant 4$。

其中正确的是(　　)

A. ①②　　B. ②③　　C. ②③④　　D. ①③④

18. 第一个图形由4根火柴棍组成,第二个图形由12根火柴棍组成,第三个图形由24根火柴棍组成……,依次类推,第100个图形由(　　)根火柴棍组成。

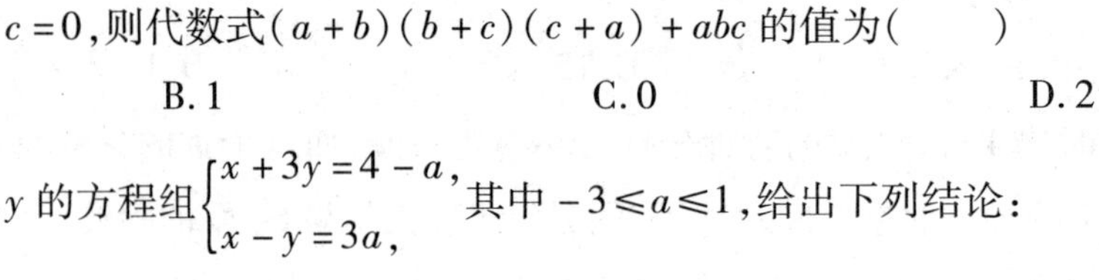

A. 10 100　　B. 20 000　　C. 20 200　　D. 22 000

38. 甲、乙两人在河边钓鱼，甲钓了三条，乙钓了两条，正准备吃，有一个人请求和他们一同享用，于是三人将五条鱼平分了，为了表示感谢，过路人留下10元钱，甲、乙怎么分比较合理？

39. 甲、乙两个工人加工一批零件，若甲、乙单独完成，甲比乙多用5天，若两人合作，6天可以完成。

(1)求两人单独完成加工各需要多少天？

(2)若两人合作6天完成后，收到加工费5000元，求甲、乙两人分别可得多少钱？

40. 如图，在长为490米的环形跑道上，A，B两点之间的跑道长50米，甲、乙两人同时从A，B两点出发反向奔跑。两人相遇后，乙立刻转身与甲同向奔跑，同时甲把速度提高了25%，乙把速度提高了20%。结果当甲跑到点A时，乙恰好跑到了点B，如果以后甲、乙的速度和方向都不变，那么当甲追上乙时，从一开始算起，甲一共跑了多少米？

41. 某小学租用两辆小汽车(设速度相同),同时送 1 名带队老师及 7 名六年级的学生到县城参加科技竞赛,每辆限坐 4 人(不包括司机)。其中一辆小汽车在距离考场 15 km 的地方出现故障,此时离截止进考场的时间还有 42 分钟,这时唯一可利用的交通工具是另一辆小汽车,且这辆车的平均速度是 60 km/h,人步行的速度是 5 km/h。(上下车时间忽略不计)

(1)若小汽车送 4 人到达考场,然后再回到出故障处接其他人,请你通过计算说明他们能否在截止进考场的时刻前到达考场;

(2)请你设计一种运送方案,使他们能在截止进考场的时刻前到达考场,并通过计算说明方案的可行性。

42. 将进货单价为 40 元的商品按 50 元出售时,能卖 500 个,已知该商品每涨价 1 元,其销量就减少 10 个。为了赚 8000 元,售价应该定为多少?这时应进货多少个?

5. [湖南长沙市长沙县]已知集合 $A=\{x|x^2-3x+2\leqslant 0\}$，$B=\{x|0<\log_2 x\leqslant 3\}$，则(　　)

A. $A\cup B=B$　　B. $\complement_{\mathbf{R}}B\cup A=\mathbf{R}$

C. $A\cap B=\{x|1<x\leqslant 2\}$　　D. $(\complement_{\mathbf{R}}B)\cup(\complement_{\mathbf{R}}A)=\mathbf{R}$

6. [重庆特岗]函数 $f(x,y)$ 在点 (x_0,y_0) 处连续，则两个偏导数 $f_x(x_0,y_0)$，$f_y(x_0,y_0)$ 存在是 $f(x,y)$ 在该点可微的(　　)

A. 充分条件，但不是必要条件　　B. 必要条件，但不是充分条件

C. 充分必要条件　　D. 既不是充分条件，也不是必要条件

7. [黑龙江牡丹江]“$a=0$”是“$ab=0$”的(　　)

A. 充分但不必要条件　　B. 必要但不充分条件

C. 充要条件　　D. 既不充分也不必要条件

8. [山西汾阳]如果一个命题是真命题，那么这个命题的(　　)

A. 逆否命题必是真　　B. 逆命题必是真

C. 逆命题必是假　　D. 以上都不对

9. [广东广州增城区]已知命题 p：$\exists m\in\mathbf{R}$，$m+1\leqslant 0$，命题 q：$\forall x\in\mathbf{R}$，$x^2+mx+1>0$ 恒成立，若 $p\vee q$ 为真命题，则实数 m 的取值范围为(　　)

A. $m\geqslant 2$　　B. $m\leqslant -2$

C. $m\leqslant -2$ 或 $m\geqslant 2$　　D. $m<2$

二、填空题

10. [广东广州花都区]已知集合 $Q=\{x|-2<x<4,x\in\mathbf{Z}\}$，集合 $W=\{x|\log_2(x+2)\leqslant 1\}$，则集合 $Q\cap W$ 的元素有________个。

三、计算题

11. [湖南衡阳耒阳]已知集合 $A=\{x|x^2+2x-8=0\}$，$B=\{x|x^2-5x+6=0\}$，$C=\{x|x^2-mx+m^2-19=0\}$，若 $B\cap C\neq\varnothing$，$A\cap C=\varnothing$，求 m 的值。

第 11 题

基础训练

一、单项选择题

1. 设函数 $y=\frac{1}{x-1}$ 的定义域为 A，函数 $y=\lg x$ 的定义域为 B，则 $A\cap B=$(　　)

A. $(0,+\infty)$　　B. $(1,+\infty)$

C. $(0,1)\cup(1,+\infty)$　　D. $[0,1)\cup(1,+\infty)$

2. 已知集合 $A=\{x|2x-x^2>0\}$，$B=\{x|x\geqslant 1\}$，$\mathbf{R}$ 为实数集，则 $(\complement_{\mathbf{R}}B)\cap A=$(　　)(易错)

A. $[0,1]$　　B. $(0,1)$

C. $(-\infty,0)$　　D. $(0,1]$

3. 设全集 $U=\{1,3,5,6,9\}$，$A=\{3,6,9\}$，则图中阴影部分表示的集合是(　　)

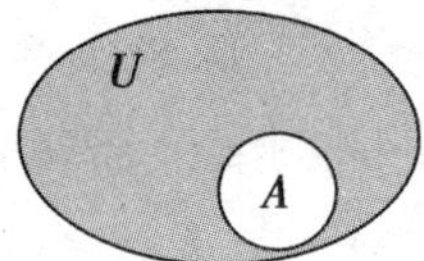

A. $\{1,3,5\}$　　B. $\{1,5,6\}$　　C. $\{6,9\}$　　D. $\{1,5\}$

4. 设集合 $A=\{1,2,4\}$，$B=\{x|x^2-4x+m=0\}$，若 $A\cap B=\{1\}$，则 $B=$(　　)

A. $\{1,-3\}$　　B. $\{1,0\}$　　C. $\{1,3\}$　　D. $\{1,5\}$

5. 设全集 $U=\mathbf{R}$，集合 $A=\{x|x\leqslant 1$ 或 $x\geqslant 3\}$，集合 $B=\{x|k<x<k+1,k<2\}$，且 $B\cap(\complement_U A)\neq\varnothing$，则(　　)

A. $k<0$　　B. $k<2$

C. $0<k<2$　　D. $-1<k<2$

6. 集合 $A=\{x|0\leqslant x<3$ 且 $x\in\mathbf{N}\}$ 的真子集个数是(　　)

A. 4　　B. 5　　C. 6　　D. 7

7. 已知集合 $A=\{(x,y)|x^2+y^2=1\}$，$B=\{(x,y)|y=x\}$，则 $A\cap B$ 中元素的个数为(　　)(常考)

A. 3　　B. 2　　C. 1　　D. 0

8. 定义集合运算：$A*B=\{z|z=xy,x\in A,y\in B\}$，设 $A=\{1,2\}$，$B=\{0,2\}$，则集合 $A*B$ 中的所有元素之和为(　　)

A. 0　　B. 2　　C. 3　　D. 6

9. 已知命题 p：$\exists x_0\in\mathbf{R}$，$\sin x_0=\frac{5}{4}$；命题 q：$\forall x\in\mathbf{R}$，$x^2+x+2>0$，则下列结论正确的是(　　)(易混)

A. $p\wedge q$ 是真命题　　B. $p\wedge(\neg q)$ 是真命题

C. $(\neg p)\wedge q$ 是真命题　　D. $(\neg p)\wedge(\neg q)$ 是真命题

专题三　函　数

命题分析

本专题主要介绍函数的基本概念与性质、一次函数、反比例函数、二次函数、基本初等函数、函数的应用。依据历年各地市真题的分析,本专题需要重点掌握的知识包括:

1. 函数的单调性、奇偶性、周期性;函数图形的变换;反函数的求法。

2. 一次函数图象的性质;反比例函数的定义域、图象与性质;二次函数的解析式及其图象与性质。

3. 指数函数、对数函数、幂函数的定义、图象与性质;同角三角函数的基本关系式、诱导公式、两角和与差、二倍角的正弦、余弦、正切公式的应用,正弦定理、余弦定理在解三角形中的应用。

4. 函数零点的存在性定理及其确定方法与应用。

本专题属于中学数学阶段的重要内容,需要掌握的概念、性质等比较多。在考试中常以单项选择题、填空题与解答题的形式考查。在备考时,考生要重点掌握:函数的概念(定义域与值域的求解,反函数的求解);函数的基本性质(单调性、奇偶性与周期性的应用);一次函数、二次函数与反比例函(函数图象的辨析与性质的应用);基本初等函数(函数的大小比较,三角函数的求值与实际应用);函数的应用(函数零点个数的计算,函数模型的实际应用)。

真题实测

一、单项选择题

1. [山东青岛]已知函数$f(x)=\ln(x+2)+\frac{3}{\sqrt{x-2}}$,则函数$f(x)$的定义域为(　　)

A. $(2,+\infty)$　　B. $(-2,2)$

C. $(-\infty,-2)$　　D. $(-\infty,2)$

2. [山西特岗]已知$2^a=3$,$b=\log_3 10$,$c=\log_{\frac{1}{2}}3$,则(　　)

A. $a>c>b$　　B. $c>b>a$

C. $b>a>c$　　D. $a>b>c$

3. [广东广州天河区]已知函数$f(x)=x^2-2x-3$,若函数$g(x)=-\sqrt{f(x)}$,则函数$g(x)$的单调递增区间为(　　)

A. $(-\infty,-1]$　　B. $[3,+\infty)$

C. $[-1,3]$　　D. $(-\infty,-1]\cup[3,+\infty)$

4. [广东广州天河区]已知函数$f(x)$为奇函数,且当$x\in(-2,0)$时,$f(x)=ax-\ln(-x)\left(a<-\frac{1}{2}\right)$;当$x\in(0,2)$时,$f(x)$的最大值为$-1$,则实数$a$的值为(　　)

A. -1　　B. $-\frac{e}{2}$　　C. $-e$　　D. $-\frac{3e}{2}$

5. [安徽特岗]已知$\cos(\pi-A)=-\frac{1}{2}$,则$\cos A$等于(　　)

A. $-\frac{1}{2}$　　B. $\frac{1}{2}$　　C. $-\frac{\sqrt{3}}{2}$　　D. $\frac{\sqrt{3}}{2}$

6. [河南许昌]已知函数$f(x)=\begin{cases}m-e^x, x<1,\\ \ln\frac{1}{x+m}, x\geqslant 1\end{cases}$在$\mathbf{R}$上单调递减,则实数$m$的取值范围是(　　)

A. $[e-1,+\infty)$　　B. $(e-1,+\infty)$

C. $[e,+\infty)$　　D. $(e,+\infty)$

7. [湖南长沙市长沙县]函数$f(x)=2\sin(\omega x+\varphi)\left(\omega>0,|\varphi|\leqslant\frac{\pi}{2}\right)$过点$\left(-\frac{\pi}{3},0\right)$,$x=\frac{\pi}{6}$为$y=f(x)$的图象对称轴,且$f(x)$在$\left(\frac{\pi}{6},\frac{2\pi}{5}\right)$上单调,$\omega$的最大值为(　　)

A. 5　　B. 4　　C. 3　　D. 2

8. [天津津南区]若$\frac{\sqrt{2}\cos 2\theta}{\cos\left(\frac{\pi}{4}+\theta\right)}=\sqrt{3}\sin 2\theta$,则$\sin 2\theta=$(　　)

A. $\frac{1}{3}$　　B. $\frac{2}{3}$　　C. $-\frac{1}{3}$　　D. $-\frac{2}{3}$

9. [重庆特岗]函数$y=\frac{1}{x+2}-\sqrt{3-x}$的自变量$x$的取值范围是(　　)

A. $x\geqslant 3$　　B. $x\leqslant 3$ 且 $x\neq -2$　　C. $x<3$　　D. $-2<x\leqslant 3$

10. [山西运城稷山县]如图,在滑雪场滑雪,需从山脚下乘缆车上山,缆车索道与水平线所成角为32°,缆车速度为每分钟50米,缆车从山脚下A到达山顶B需16分钟,则山的高度BC为(　　)米。

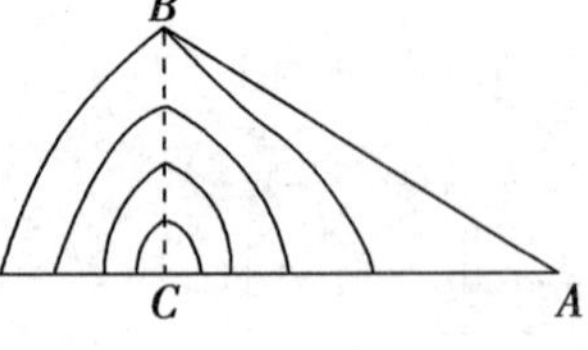

A. $800\sin 32°$　　B. $\frac{800}{\tan 32°}$

C. $800\tan 32°$　　D. $\frac{800}{\sin 32°}$

11. [山西特岗]若$\cos\left(\alpha-\frac{\pi}{3}\right)=\frac{4}{5}$,则$\sin\left(\alpha+\frac{\pi}{6}\right)=$(　　)

A. $\frac{4}{5}$　　B. $\frac{3}{5}$　　C. $\pm\frac{4}{5}$　　D. $\pm\frac{3}{5}$

二、填空题

26. [河南许昌]若关于 x 的方程 $m^2\ln x+mx=x^2(m>0)$ 在 $(1,e)$ 上有解，则实数 m 的取值范围为________。

27. [天津津南区]在△ABC 中，a,b,c 分别为∠A，∠B，∠C 的对边，且 $\frac{a}{\cos A}=\frac{b}{\cos B}=\frac{c}{\sin C}$，则△$ABC$ 为________三角形。

28. [湖南邵阳邵东]如下图，已知点 A,B 分别在反比例函数 $y=\frac{2}{x}(x>0)$，$y=-\frac{8}{x}(x>0)$ 的图象上，且 $OA\perp OB$，则 $\tan A$ 的值为________。

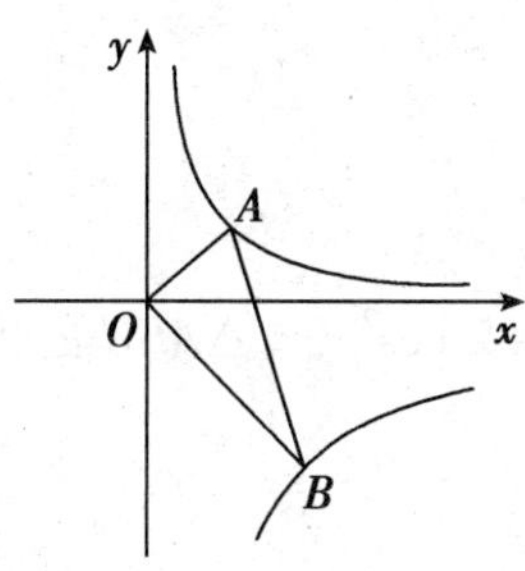

29. [黑龙江牡丹江]在 $[-\pi,\pi]$ 内，使函数 $y=\sin(x-\frac{\pi}{3})$ 为增函数的区间是________。

30. [江苏无锡]如下左图，长方形 $ABCD$ 宽为 4 厘米，点 P 从 A 出发，沿 AD 边以每秒 1 厘米的速度运动，点 Q 从 B 出发，沿 BC 边以每秒 2 厘米速度运动，点 P 和 Q 同时出发，点 Q 到达 C 点后停止运动，点 P 继续移动到 D 点，右图是表示点 P 运动的时间与梯形 $ABQP$ 的面积之间的关系图象，________秒钟后梯形 $ABQP$ 的面积是长方形面积的一半；当梯形 $ABQP$ 的面积为 42 平方厘米时，点 Q 在 C 处停留了________秒钟。

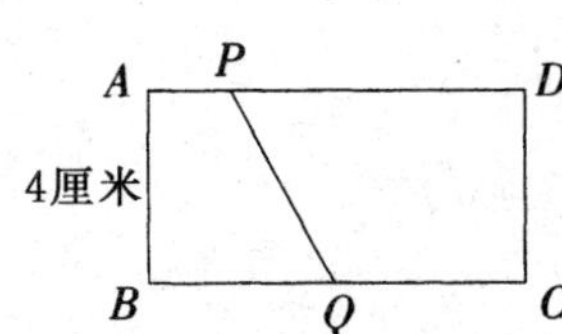

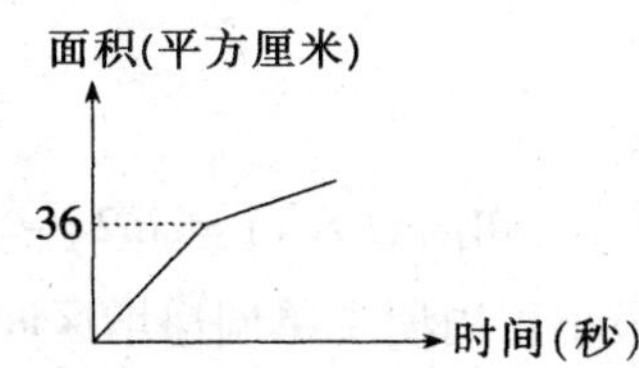

31. [山西特岗]函数 $f(x)=2\ln x+\frac{1}{2}x^2-3x$ 在 $\left[\frac{1}{3},3\right]$ 上的最大值是________。

32. [安徽]已知函数 $f(x)$ 的定义域为 $\mathbf{R}$，$f(x+1)=2x-3$，若 $f(a)=1$，则 a 的值为________。

三、解答题

33. [内蒙古鄂尔多斯东胜区]已知 $\tan\alpha=\frac{1}{2}$，求 $\sin^4\alpha-\cos^4\alpha$。

34. [福建]在锐角$\triangle ABC$中,角A,B,C的对边分别为a,b,c,且$b\sin A\cos C+c\sin A\cos B=\frac{\sqrt{3}}{2}a$。

(1)求角A;

(2)若$a=2\sqrt{3}$,$b+c=3\sqrt{2}+\sqrt{6}$,求$\triangle ABC$的面积。

35. [山西特岗]已知函数$f(x)=\sqrt{3}\sin x+2\cos^2\frac{x}{2}$,$\triangle ABC$的内角$A,B,C$的对边分别为$a,b,c$,且$f(A)=3$。

(1)求角A;

(2)若$a=\sqrt{13}$,$b=4$,求c。

36. [湖南长沙市长沙县]已知函数$f(x)=\sin 2x-2\sqrt{3}\cos^2 x+\sqrt{3}$。

(1)求函数$f(x)$的最小正周期及单调递增区间;

(2)在锐角$\triangle ABC$中,角A,B,C所对的边分别为a,b,c,$f(A)=1$,$a=3$,$\angle B=\frac{\pi}{3}$,求$\triangle ABC$的面积。

42. [安徽]已知二次函数 $y=f(x)$，在 $x=1$ 处取得最大值 8，$f(x)$ 的图象与 x 轴交于 A,B 两点，且这两点横坐标的平方和等于 10，求 $f(x)$ 的解析式。

43. [江西]已知二次函数 $y=mx^2-(3m-1)x-4m+1$ 与 x 轴有两个不同的交点 A,D（D 在 A 的右边），与 y 轴交于点 C。

(1)求 m 的取值范围；

(2)证明该二次函数一定经过非坐标轴上的一点 B，并求出点 B 的坐标；

(3)当 $m=1$ 时，二次函数在第四象限的图象上是否存在点 E，使得 $\triangle CDE$ 的面积最大，若存在，求出点 E 的坐标和面积的最大值；若不存在，请说明理由。

44. [广东广州增城区]在平面直角坐标系 xOy 中，已知二次函数 $y=ax^2+bx-3$ 与 x 轴交于 A,B 两点，且函数图象经过最低点 $C(-1,-4)$。

(1)求该二次函数的解析式；

(2)设直线 $y=\sqrt{3}x+3\sqrt{3}$ 上有一点 D 使得 $AD=BD$，且点 D 在点 A 和点 B 之间，求点 D 的坐标；

(3)判断(2)中的 $\triangle ABD$ 是否为等边三角形，并求其面积。

基础训练

一、单项选择题

1. 设 $2^a=5^b=m$，且 $\frac{1}{a}+\frac{1}{b}=2$，则 $m=$（　　）

A. $\sqrt{10}$　　B. 10　　C. 20　　D. 100

2. 已知 $a=\log_2 e$，$b=\ln 2$，$c=\log_{\frac{1}{2}}\frac{1}{3}$，则 a,b,c 的大小关系为（　　）

A. $a>b>c$　　B. $b>a>c$　　C. $c>b>a$　　D. $c>a>b$

3. $y=\sqrt{\frac{x-1}{2x}}-\log_2(4-x^2)$ 的定义域是（　　）

A. $(-2,0)\cup(1,2)$　　B. $(-2,0]\cup(1,2)$

C. $(-2,0)\cup[1,2)$　　D. $[-2,0]\cup[1,2]$

4. 关于函数 $y=f(x)$ 与函数 $y=f(x+1)$ 的叙述一定正确的是（　　）（常考）

A. 定义域相同　　B. 对应关系相同

C. 值域相同　　D. 定义域、值域、对应关系都可以不相同

5. 对于一次函数 $y=kx+k-1(k\neq0)$，下列叙述正确的是（　　）

A. 当 $0<k<1$ 时，函数图象经过第一、二、三象限

B. 当 $k>0$ 时，y 随 x 的增大而减小

C. 当 $k<1$ 时，函数图象一定与 y 轴的负半轴相交

D. 函数图象一定经过点 $(-1,-2)$

6. 关于反比例函数 $y=\frac{2}{x}$，下列说法不正确的是（　　）

A. 点 $(-2,-1)$ 在它的图象上　　B. 它的图象在第一、三象限

C. 当 $x>0$ 时，y 随 x 的增大而增大　　D. 当 $x<0$ 时，y 随 x 的增大而减小

7. 二次函数 $y=ax^2+bx+c$ 的图象如图所示，$Q(n,2)$ 是图象上的一点，且 $AQ\perp BQ$，则 a 的值为（　　）

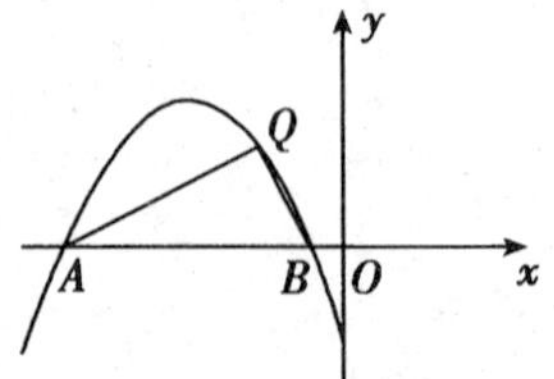

A. $-\frac{1}{3}$　　B. $-\frac{1}{2}$

C. -1　　D. -2

(3)量出 A,B 两点的距离为4.5米。

请你根据以上数据求出大树的高度 CD。

(可能用到的参考数据:$\sin35°\approx0.57$,$\cos35°\approx0.82$,$\tan35°\approx0.70$)

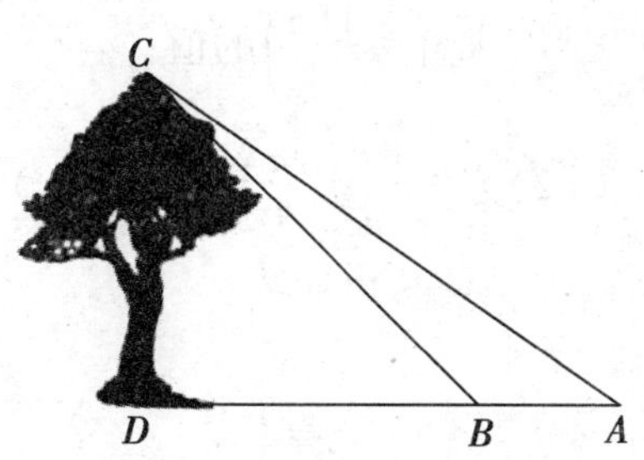

27. 已知二次函数 $f(x)$ 的图象经过点 $(4,3)$,它在 x 轴上截得的线段长为2,并且对任意 $x\in\mathbf{R}$,都有 $f(2-x)=f(2+x)$,求 $f(x)$ 的解析式。

28. 已知函数 $f(x)=\sin(x+a)+\sqrt{3}\cos(x-a)$,其中 $0\leqslant a<\pi$,且对任意实数 x,$f(x)=f(-x)$ 恒成立。

(1)求 a 的值;

(2)求函数 $f(x)$ 的最大值和单调递增区间。

29. 已知函数$f(x)=\dfrac{4\cos^4 x-2\cos 2x-1}{\sin\left(\dfrac{\pi}{4}+x\right)\sin\left(\dfrac{\pi}{4}-x\right)}$。（常考）

(1)求$f\left(-\dfrac{11\pi}{12}\right)$的值；

(2)当$x\in\left[0,\dfrac{\pi}{4}\right)$时，求$g(x)=\dfrac{1}{2}f(x)+\sin 2x$的最大值。

30. 在△ABC中，角A,B,C的对边分别为a,b,c。设向量$\boldsymbol{m}=(a,\cos B)$，$\boldsymbol{n}=(b,\cos A)$，$\boldsymbol{m}/\!/\boldsymbol{n}$且$\boldsymbol{m}\neq\boldsymbol{n}$。

(1)若$\sin A+\sin B=\dfrac{\sqrt{6}}{2}$，求$\angle A$；

(2)若△ABC的外接圆半径为1，且$abx=a+b$，试确定x的取值范围。

35. 暑期将至，某健身俱乐部面向学生推出暑期优惠活动，活动方案如下，

方案一：购买一张学生暑期专享卡，每次健身费用按六折优惠；

方案二：不购买学生暑期专享卡，每次健身费用按八折优惠。

设某学生暑期健身 x（次），按照方案一所需费用为 y_1（元），且 $y_1 = k_1x + b$，按照方案二所需费用为 y_2（元），且 $y_2 = k_2x$，其函数图象如图所示。

（1）求 k_1 和 b 的值，并说明它们的实际意义；

（2）求打折前的每次健身费用和 k_2 的值；

（3）八年级学生小华计划暑期前往该俱乐部健身 8 次，应选择哪种方案所需费用更少？说明理由。

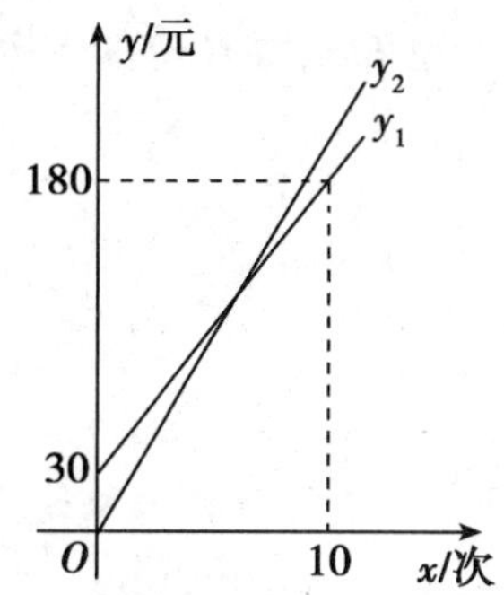

整合提升

一、单项选择题

1. 设球的半径为时间 t 的函数 $R(t)$。若球的体积以均匀速度 c 增长，则球的表面积的增长速度与球半径(　　)

A. 成正比，比例系数为 c　　B. 成正比，比例系数为 $2c$

C. 成反比，比例系数为 c　　D. 成反比，比例系数为 $2c$

2. 已知函数 $f(x)$ 的图象如图所示，则 $f(x)$ 的解析式可以是(　　)

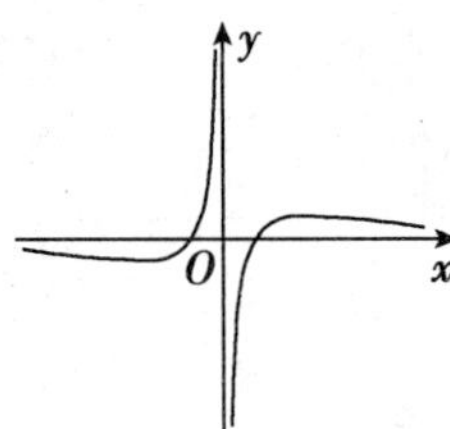

A. $f(x)=\dfrac{\ln|x|}{x}$　　B. $f(x)=\dfrac{e^x}{x}$

C. $f(x)=\dfrac{1}{x^2}-1$　　D. $f(x)=x-\dfrac{1}{x}$

3. 已知函数 $f(x)$ 为 $\mathbf{R}$ 上的减函数，则满足 $f\left(\left|\dfrac{1}{x}\right|\right)<f(1)$ 的实数 x 的取值范围是(　　)(常考)

A. $(-1,1)$　　B. $(0,1)$

C. $(-1,0)\cup(0,1)$　　D. $(-\infty,-1)\cup(1,+\infty)$

4. 若$\triangle ABC$三边 a,b,c 满足 $c>a,c>b$，且存在函数 $f(x)=a^x+b^x-c^x$，则下列结论正确的是(　　)(易错)

①$\forall x\in(-\infty,1)$，$f(x)>0$；②$\exists x\in\mathbf{R}$，使 a^x,b^x,c^x 不能构成一个三角形；③若$\triangle ABC$为钝角三角形，则$\exists x\in(1,2)$，使 $f(x)=0$。

A. ①②③　　B. ①②　　C. ②③　　D. ①③

5. $\triangle ABC$ 中，锐角 A 满足 $\sin^4A-\cos^4A\leqslant\sin A-\cos A$，则(　　)

A. $0<\angle A\leqslant\dfrac{\pi}{6}$　　B. $0<\angle A\leqslant\dfrac{\pi}{4}$　　C. $\dfrac{\pi}{6}\leqslant\angle A\leqslant\dfrac{\pi}{4}$　　D. $\dfrac{\pi}{4}\leqslant\angle A\leqslant\dfrac{\pi}{3}$

6. 已知 $\cos\left(\alpha-\dfrac{\pi}{6}\right)+\sin\alpha=\dfrac{4\sqrt{3}}{5}$，则 $\sin\left(\alpha+\dfrac{7\pi}{6}\right)$ 的值是(　　)

A. $-\dfrac{2\sqrt{3}}{5}$　　B. $\dfrac{2\sqrt{3}}{5}$　　C. $-\dfrac{4}{5}$　　D. $\dfrac{4}{5}$

24. 为响应新农村建设，某村计划对现有旧水渠进行改造，已知旧水渠的横断面是一段抛物线弧，顶点为水渠最底端(如图)，渠宽为 4 m，渠深为 2 m。

(1)考虑到农村耕地面积的减少，为节约水资源，要减少水渠的过水量，在原水渠内填土，使其成为横断面为等腰梯形的新水渠，新水渠底面与地面平行(不改变渠宽)。问新水渠底宽为多少时，所填土的土方量最少?

(2)考虑到新建果园的灌溉需求，要增大水渠的过水量，现把旧水渠改挖(不能填土)成横断面为等腰梯形的新水渠，使水渠的底面与地面平行(不改变渠深)，要使所挖土的土方量最少，请你设计水渠改挖后的底宽，并求出这个底宽。

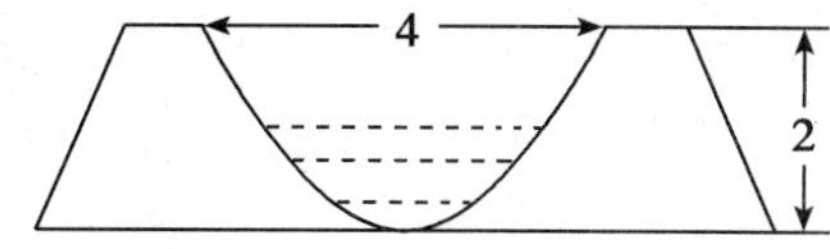

25. 用清水洗一堆蔬菜上残留的农药，对用一定量的水清洗一次的效果作如下假定：用 1 个单位量的水可洗掉蔬菜上残留农药量的$\frac{1}{2}$，用水越多洗掉的农药量也就越多，但总还有农药残留在蔬菜上，设用 x 单位的水清洗一次以后，蔬菜上残留的农药量与本次清洗前残留的农药量之比为函数$f(x)$。

(1)试规定$f(0)$的值，并解释其实际意义；

(2)根据假定写出函数$f(x)$应该满足的条件和具有的性质；

(3)设$f(x)=\frac{1}{1+x^2}$，现有 $a(a>0)$ 单位量的水，可以清洗 1 次，也可以把水平均分成 2 份后清洗 2 次，试问用哪种方案清洗后蔬菜上残留的农药量比较少?请说明理由。

26. 有时可用函数 $f(x)=\begin{cases}0.1+15\ln\dfrac{a}{a-x},x\leqslant 6,\\ \dfrac{x-4.4}{x-4},x>6\end{cases}$ 描述学习某学科知识的掌握程度，其中 x 表示某学科知识的学习次数（$x\in\mathbf{N}^*$），$f(x)$ 表示对该学科知识的掌握程度，正实数 a 与学科知识有关。

（1）证明：当 $x\geqslant 7$ 时，掌握程度的增加量 $f(x+1)-f(x)$ 总是下降。

（2）根据经验，学科甲、乙、丙对应的 a 的取值范围区间分别为 $(115,121]$，$(121,127]$，$(127,133]$。当学习某学科知识 6 次时，掌握程度是 85%，请确定相应的学科。

27. 直线 $y=-\dfrac{3}{4}x+6$ 与坐标轴分别交于 A，B 两点，动点 P，Q 同时从 O 点出发，同时到达 A 点，运动停止。点 Q 沿线段 OA 运动，速度为每秒 1 个单位长度，点 P 沿路线 $O\to B\to A$ 运动。

（1）直接写出 A，B 两点的坐标；

（2）设点 Q 的运动时间为 t 秒，$\triangle OPQ$ 的面积为 S，求出 S 与 t 之间的函数关系式；

（3）当 $S=\dfrac{48}{5}$ 时，求出点 P 的坐标，并直接写出以点 O，P，Q 为顶点的平行四边形的第四个顶点 M 的坐标。

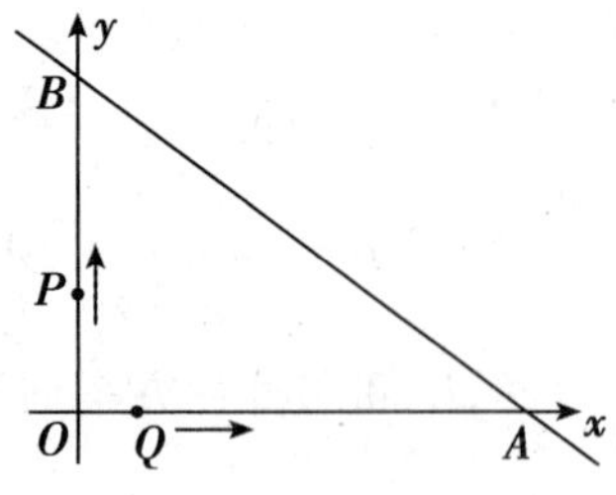

三、解答题

16. [河南许昌](选修4－5不等式选讲)已知函数$f(x)=|2x-3|$。

(1)解不等式:$f(x)+|2x-1|<8$;

(2)若$2p+3q=2(p,q>0)$,且$|2x-m|-f(x)\leqslant\frac{1}{p}+\frac{1}{q}$在$\mathbf{R}$上恒成立,求实数$m$的取值范围。

17. [湖南长沙市长沙县]已知函数$f(x)=|x-m|+|x-1|(m\in\mathbf{R})$,$g(x)=|2x+1|+|2x-1|$。

(1)当$m=2$时,求不等式$f(x)\leqslant5$的解集;

(2)若对$\forall x_1\in\mathbf{R}$,总存在$x_2\in\mathbf{R}$,使$f(x_1)=g(x_2)$成立,求m的取值范围。

基础训练

一、单项选择题

1. 若 $a>b>c$，则下列不等式一定成立的是(　　)

A. $ac>bc$　　B. $a+c>b+c$

C. $\frac{1}{a}<\frac{1}{b}$　　D. $ab>b^2$

2. 若 $f(x)=x^2-2x-4\ln x$，则 $f'(x)>0$ 的解集为(　　)(常考)

A. $(0,+\infty)$　　B. $(-1,0)\cup(2,+\infty)$

C. $(2,+\infty)$　　D. $(-1,0)$

3. 当 $1\leqslant x\leqslant 2$ 时，$ax+2>0$，则 a 的取值范围是(　　)

A. $a>-1$　　B. $a>-2$

C. $a>0$　　D. $a>-1$ 且 $a\neq 0$

4. 已知 $0<a<1$，$\log_a(1-x)<\log_a x$，则(　　)(易错)

A. $0<x<1$　　B. $x<\frac{1}{2}$

C. $0<x<\frac{1}{2}$　　D. $\frac{1}{2}<x<1$

5. 若不等式组 $\begin{cases}\frac{1}{2}x-1<0,\\ -x<-m\end{cases}$ 有解，则 m 的取值范围在数轴上表示为(　　)

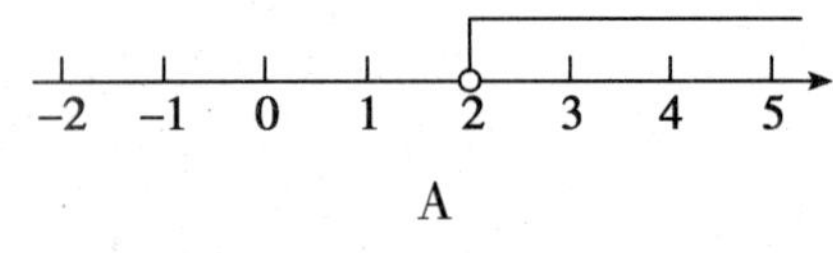

A

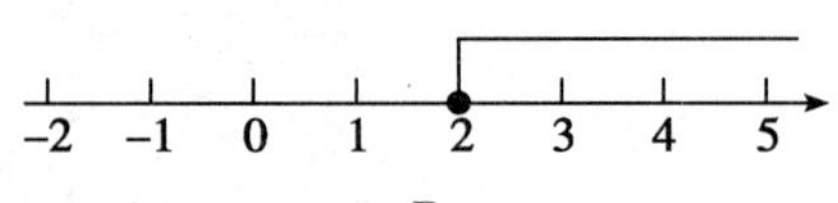

B

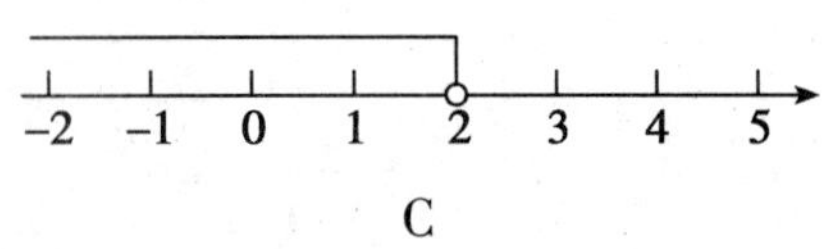

C

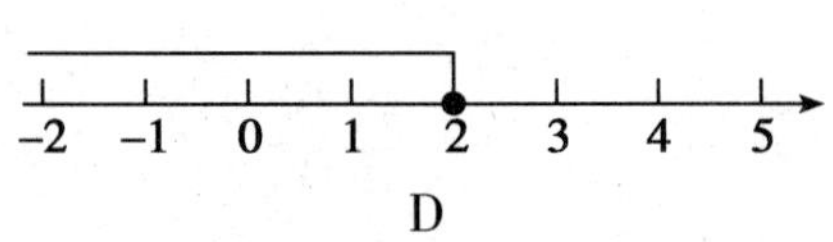

D

6. 若关于 x 的不等式 $ax-b>0$ 的解集是 $(-\infty,-2)$，则关于 x 的不等式 $\frac{ax^2+bx}{x-1}>0$ 的解集为(　　)

A. $(-2,0)\cup(1,+\infty)$　　B. $(-\infty,0)\cup(1,2)$

C. $(-\infty,-2)\cup(0,1)$　　D. $(-\infty,1)\cup(2,+\infty)$

7. 若函数 $f(x)=x+\frac{1}{x-2}$ $(x>2)$ 在 $x=a$ 处取最小值，则 $a=$(　　)

A. $1+\sqrt{2}$　　B. $1+\sqrt{3}$　　C. 3　　D. 4

三、解答题

9. 设 a,b,c 均为正数，且 $a+b+c=1$，求 $\frac{a^2}{b}+\frac{b^2}{c}+\frac{c^2}{a}$ 的最小值。

10. 制定投资计划时，不仅要考虑可能获得的盈利，而且要考虑可能出现的亏损。某投资人打算投资甲、乙两个项目。根据预测，甲、乙两个项目可能的最大盈利率分别为100%和50%，可能的最大亏损率分别为30%和10%。投资人计划投资金额不超过10万元，要求确保可能的资金亏损不超过1.8万元，问投资人对甲、乙两个项目各投资多少万元时，才能使可能的盈利最大？

专题五　数　列

命题分析

本专题主要介绍数列的基本概念、等差与等比数列、数列的通项公式与求和。依据历年各地市真题的分析,本专题需要重点掌握的知识点包括:

1. 数列的定义与递推公式。

2. 等差与等比数列的定义与性质;等差与等比数列前 n 项和的推导与性质。

3. 数列通项公式的常用求法;数列前 n 项和的常用求法。

本专题知识是中学数学阶段的重要内容,需要理解记忆的概念与方法较多。在考试中常以单项选择题、填空题与解答题的形式考查。在备考时,考生要重点掌握:等差数列与等比数列(利用等差与等比数列的性质求解某一项的值);数列的通项公式与求和(通项公式与前 n 项和的证明与计算)。

真题实测

一、单项选择题

1. [福建]等差数列$\{a_n\}$的前 n 项和为 S_n,a_3 和 a_8 是方程 $x^2-6x+5=0$ 的两个根,则 S_{10}等于(　　)

A. -30　　B. 25　　C. 30　　D. 60

2. [广东广州增城区]已知数列$\{a_n\}$满足 $a_{n+2}=\dfrac{1}{1-a_n}(n\in\mathbf{N}_+)$,$a_1=-1$,则 a_{2017}的值为(　　)

A. -1　　B. 1　　C. -2　　D. 2

3. [湖北]观察下列等式:

$$1+2+3+\cdots+n=\frac{1}{2}n^2+\frac{1}{2}n;$$

$$1^2+2^2+3^2+\cdots+n^2=\frac{1}{3}n^3+\frac{1}{2}n^2+\frac{2}{12}n;$$

$$1^3+2^3+3^3+\cdots+n^3=\frac{1}{4}n^4+\frac{1}{2}n^3+\frac{3}{12}n^2+0n;$$

$$1^4+2^4+3^4+\cdots+n^4=\frac{1}{5}n^5+\frac{1}{2}n^4+\frac{4}{12}n^3+0n^2-\frac{1}{30n};$$

$$1^5+2^5+3^5+\cdots+n^5=\frac{1}{6}n^6+\frac{1}{2}n^5+\frac{5}{12}n^4+0n^3-\frac{1}{12}n^2-0n。$$

18. [安徽特岗]已知数列$\{a_n\}$的前 n 项和为 S_n,满足 $a_n=4S_n+1(n\in\mathbf{N}^*)$。

(1)求 a_1;

(2)求数列$\{a_n\}$的通项公式。

19. [福建]已知数列$\{a_n\}$的前 n 项和为 S_n,$S_n=2a_n-2(n\in\mathbf{N}^*)$。

(1)求数列$\{a_n\}$的通项公式;

(2)若 $b_n=(n+1)\log_2 a_n$,求数列$\left\{(2n-1)+\frac{1}{b_n}\right\}$的前 n 项和。

20. [广东广州增城区]已知数列$\{a_n\}$满足$a_1=3,a_{n+1}=2a_n-n+1,n\in\mathbf{N}^*$,数列$\{b_n\}$满足$b_2=8$,其前9项和为153,且数列$\{b_n\}$为等差数列。

(1)求数列$\{a_n\}$,$\{b_n\}$的通项公式;

(2)若数列$\{c_n\}$的前n项和为T_n,$c_n=\dfrac{6}{[2\log_2(a_n-n)-1](2b_n-1)}$,求$T_n$。

21. [广东广州花都区]已知正项等差数列$\{a_n\}$满足$a_1=1,a_2{}^2-3a_2-10=0$。

(1)求数列$\{a_n\}$的通项公式;

(2)设数列$\{a_n\}$的前n项和为S_n,$b_n=\dfrac{S_n}{n+c}$,$c=-\dfrac{1}{2}$,求数列$\{b_n\}$的前n项和T_n。

14. 设$\{a_n\}$是公比为 q 的等比数列,且 a_1,a_3,a_2成等差数列。

(1)求 q 的值;

(2)设$\{b_n\}$是以 2 为首项,q 为公差的等差数列,其前 n 项和为 S_n,当 $n\geqslant 2$ 时,比较 S_n与 b_n的大小,并说明理由。

15. 给定无穷数列$\{a_n\}$,若无穷数列$\{b_n\}$满足:对任意 $n\in\mathbf{N}^*$,都有$|b_n-a_n|\leqslant 1$,则称$\{b_n\}$与$\{a_n\}$"接近"。

(1)设$\{a_n\}$是首项为 1,公比为$\dfrac{1}{2}$的等比数列,$b_n=a_{n+1}+1,n\in\mathbf{N}^*$,判断数列$\{b_n\}$是否与$\{a_n\}$接近,并说明理由;

(2)设数列$\{a_n\}$的前四项为:$a_1=1,a_2=2,a_3=4,a_4=8$,$\{b_n\}$是一个与$\{a_n\}$"接近"的数列,记集合 $M=\{x|x=b_i,i=1,2,3,4\}$,求 M 中元素的个数 m。

16. 设数列$\{a_n\}$的前n项和为S_n，且方程$x^2-a_nx-a_n=0$有一根为S_n-1，$n=1,2,3,\cdots$。

(1)求a_1,a_2；

(2)求数列$\{a_n\}$的通项公式。

17. 假设某市2011年新建住房面积400万平方米，其中有250万平方米是中低价房。预计在今后的若干年内，该市每年新建住房面积平均比上一年增长8%。另外，每年新建住房中，中低价房的面积均比上一年增加50万平方米。那么，到哪一年年底：

(1)该市历年所建中低价房的累计面积(以2011年为累计的第一年)将首次不少于4750万平方米？

(2)当年建造的中低价房的面积占该年建造住房面积的比例首次大于85%？

专题六　向量与复数

命题分析

本专题主要介绍向量与复数。依据历年各地市真题的分析，本专题需要重点掌握的知识包括：

1. 平面向量的线性运算；平面向量的坐标表示；平面向量的数量积；平面两点间的距离；空间向量的线性运算及其坐标表示，空间向量的数量积。

2. 复数的概念；复数的运算及其几何意义。

本专题内容应用比较广泛，需要掌握的概念比较多。在考试中常以单项选择题与填空题的形式考查。在备考时，考生要重点掌握：平面向量（平面向量的运算与数量积性质的应用）；空间向量（空间向量的计算与应用）；复数（实部与虚部的判断，复数的运算，复数方程的求解）。

真题实测

一、单项选择题

1. [吉林]已知△ABC的外接圆的圆心为O，满足$\overrightarrow{CO}=m\overrightarrow{CA}+n\overrightarrow{CB}$，$4m+3n=2$，$|\overrightarrow{CA}|=4\sqrt{3}$，$|\overrightarrow{CB}|=6$，则$\overrightarrow{CA}\cdot\overrightarrow{CB}=$（　　）

A. 36　　B. 24　　C. $24\sqrt{3}$　　D. $12\sqrt{3}$

2. [重庆特岗]向量$\boldsymbol{a}\times\boldsymbol{b}$与向量$\boldsymbol{a}$及$\boldsymbol{b}$的位置关系是（　　）

A. 共面　　B. 共线　　C. 垂直　　D. 斜交

3. [云南特岗]已知向量$\boldsymbol{a}=(2,3)$，$\boldsymbol{b}=(x,4)$满足$\boldsymbol{a}\perp(\boldsymbol{a}-\boldsymbol{b})$，则$x=$（　　）

A. 1　　B. $\frac{1}{2}$　　C. 2　　D. 3

4. [黑龙江牡丹江]已知向量$\boldsymbol{a}=(3,-1)$，$\boldsymbol{b}=(-1,2)$，则$2\boldsymbol{a}-\boldsymbol{b}=$（　　）

A. $(7,0)$　　B. $(5,0)$　　C. $(5,-4)$　　D. $(7,-4)$

5. [安徽特岗] 已知向量$\boldsymbol{a}=(1,\sqrt{3})$，向量$\boldsymbol{b}=(-2,2\sqrt{3})$，向量$\boldsymbol{a}$与$\boldsymbol{b}$的夹角为$\theta$，则$\cos\theta=$（　　）（常考）

A. $\frac{1}{6}$　　B. $\frac{1}{4}$　　C. $\frac{1}{3}$　　D. $\frac{1}{2}$

6. [天津南开区] 在△OAB中，C为边AB上任意一点，D为OC上靠近O的一个三等分点，若$\overrightarrow{OD}=\lambda\overrightarrow{OA}+\mu\overrightarrow{OB}$，则$\lambda+\mu$的值为（　　）

A. $\frac{1}{2}$　　B. $\frac{1}{3}$　　C. $\frac{1}{4}$　　D. 1

7. [内蒙古鄂尔多斯东胜区]已知平面向量$\boldsymbol{a}=(1,3)$,$\boldsymbol{b}=(\sin\alpha,\cos\alpha)$,且$\boldsymbol{a}/\!/\boldsymbol{b}$,则$\tan\alpha=$(　　)

A. 3　　B. -3　　C. $\frac{1}{3}$　　D. $-\frac{1}{3}$

8. [山西阳城]如图所示,在直角梯形$ABCD$中,$\angle ABC=\frac{\pi}{2}$,$AB=\sqrt{2}$,$BC=2$,点E为AB的中点,若向量$\overrightarrow{CD}$在向量$\overrightarrow{BC}$上的投影为$-\frac{1}{2}$,则$\overrightarrow{CE}\cdot\overrightarrow{BD}=$(　　)

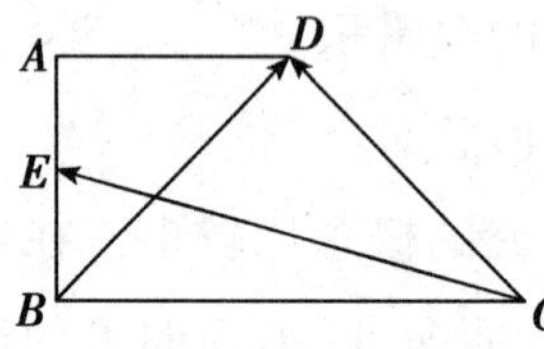

A. -2　　B. $-\frac{5}{2}$　　C. 0　　D. $\sqrt{2}$

9. [河南许昌]已知复数$z=\frac{i^3}{3-4i}$,则复数z的虚部为(　　)

A. $\frac{4}{25}$　　B. $\frac{3}{25}$　　C. $-\frac{3}{25}$　　D. $-\frac{4}{25}$

10. [天津津南区]已知复数$z=\frac{4-3i}{3+4i}$,z的共轭复数的模$|\bar{z}|=$(　　)

A. 1　　B. 5　　C. $\frac{4}{5}$　　D. $\frac{3}{5}$

二、填空题

11. [山西特岗]如图所示,在四边形$ABCD$中,已知$AB=2$,CD与以AB为直径的半圆O相切于点D,且$BC/\!/AD$,若$\overrightarrow{AC}\cdot\overrightarrow{BD}=-1$,则$\overrightarrow{AD}\cdot\overrightarrow{OD}=$________。

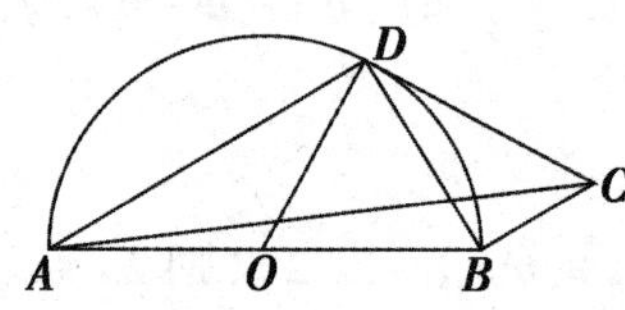

12. [山东菏泽]复数$z=\frac{a}{1-i}+\frac{1-i}{2}$是纯虚数,则实数$a=$________。

21. 已知 $\boldsymbol{a},\boldsymbol{b},\boldsymbol{c}$ 是平面上三个单位向量,且 $\boldsymbol{a}+\boldsymbol{b}+\boldsymbol{c}=\boldsymbol{0}$。

(1)证明:$(\boldsymbol{a}-\boldsymbol{b})\perp\boldsymbol{c}$;

(2)若 $|\boldsymbol{a}-\boldsymbol{b}+k\boldsymbol{c}|>2(k\in\mathbf{R})$,求 k 的取值范围。

整合提升

一、单项选择题

1. 如图所示,在$\triangle ABC$中,$\overrightarrow{AN}=\frac{1}{3}\overrightarrow{AC}$,$P$是$BN$上的一点,若$\overrightarrow{AP}=m\overrightarrow{AB}+\frac{2}{11}\overrightarrow{AC}$,则实数$m$的值为(　　)

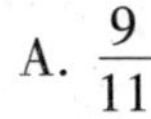
A. $\frac{9}{11}$　　B. $\frac{5}{11}$

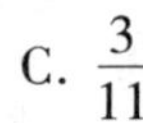
C. $\frac{3}{11}$　　D. $\frac{2}{11}$

第 1 题

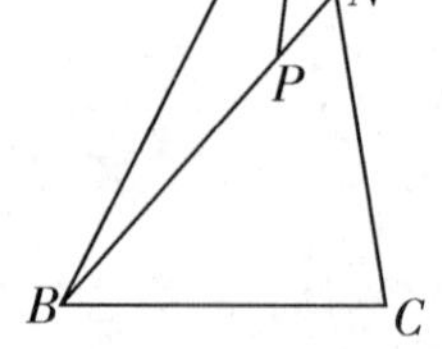

2. 已知向量$\overrightarrow{AB}$与$\overrightarrow{AC}$的夹角是120°,且$|\overrightarrow{AB}|=2$,$|\overrightarrow{AC}|=3$,若$\overrightarrow{AP}=\lambda\overrightarrow{AB}+\overrightarrow{AC}$,且$\overrightarrow{AP}\cdot(\overrightarrow{AC}-\overrightarrow{AB})=0$,则实数$\lambda$的值是(　　)

A. $\frac{3}{7}$　　B. $\frac{12}{7}$　　C. 6　　D. 13

3. 直线$2x+y-3=0$与圆$x^2+y^2-2x-2y=0$相交于A,B两点,O为坐标原点,则$|\overrightarrow{OA}+\overrightarrow{OB}|=$(　　)

A. $\sqrt{2}$　　B. $2\sqrt{2}$　　C. $3\sqrt{2}$　　D. 4

4. 已知正三角形ABC的边长为2,设$\overrightarrow{AB}=2\boldsymbol{a}$,$\overrightarrow{BC}=\boldsymbol{b}$,则(　　)

A. $|\boldsymbol{a}+\boldsymbol{b}|=1$　　B. $\boldsymbol{a}\perp\boldsymbol{b}$　　C. $(4\boldsymbol{a}+\boldsymbol{b})\perp\boldsymbol{b}$　　D. $\boldsymbol{a}\cdot\boldsymbol{b}=1$

5. 已知向量$\boldsymbol{a}=(\cos\theta,\sin\theta)$,$\boldsymbol{b}=(\sqrt{3},-1)$,则$|2\boldsymbol{a}-\boldsymbol{b}|$的最大值、最小值分别是(　　)

A. $4\sqrt{2}$;0　　B. 4;$4\sqrt{2}$　　C. 16;0　　D. 4;0

6. 平行四边形$ABCD$中,$\overrightarrow{AC}$,$\overrightarrow{BD}$在$\overrightarrow{AB}$上的投影分别为3,-1,则$\overrightarrow{BD}$在$\overrightarrow{BC}$上的投影的取值范围是(　　)

A. $(-1,+\infty)$　　B. $(-1,3)$　　C. $(0,+\infty)$　　D. $(0,3)$

7. 若$1+\sqrt{2}\mathrm{i}$是关于x的实系数方程$x^2+bx+c=0$的一个复数根,则(　　)

A. $b=2,c=3$　　B. $b=-2,c=3$

C. $b=-2,c=-1$　　D. $b=2,c=-1$

8. 已知i为虚数单位,$a\in\mathbf{R}$,若$\frac{2-\mathrm{i}}{a+\mathrm{i}}$为纯虚数,则复数$z=(2a+1)+\sqrt{2}\mathrm{i}$的模等于(　　)(常考)

第 8 题

A. $\sqrt{2}$　　B. $\sqrt{3}$　　C. $\sqrt{6}$　　D. $\sqrt{11}$

3.［天津南开区］执行下面的程序框图，如果输入的 $N=4$，那么输出的 $S=$(　　)

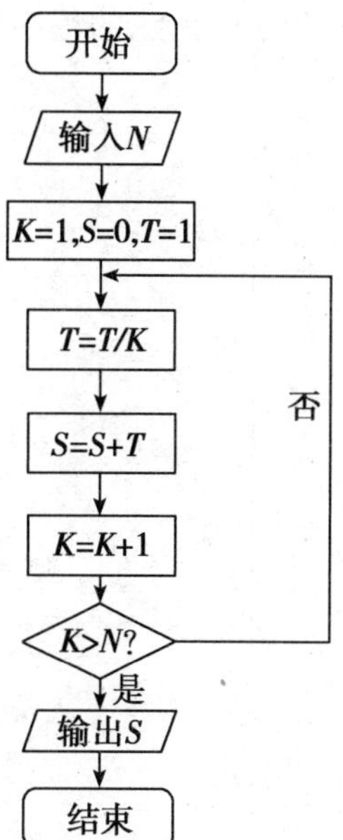

A. $1+\frac{1}{2}+\frac{1}{3}+\frac{1}{4}$

B. $1+\frac{1}{2}+\frac{1}{3\times2}+\frac{1}{4\times3\times2}$

C. $1+\frac{1}{2}+\frac{1}{3}+\frac{1}{4}+\frac{1}{5}$

D. $1+\frac{1}{2}+\frac{1}{3\times2}+\frac{1}{4\times3\times2}+\frac{1}{5\times4\times3\times2}$

基础训练

一、单项选择题

1. 下面框图所给的程序运行结果为 $S=28$，那么判断框中应填入的关于 k 的条件是(　　)

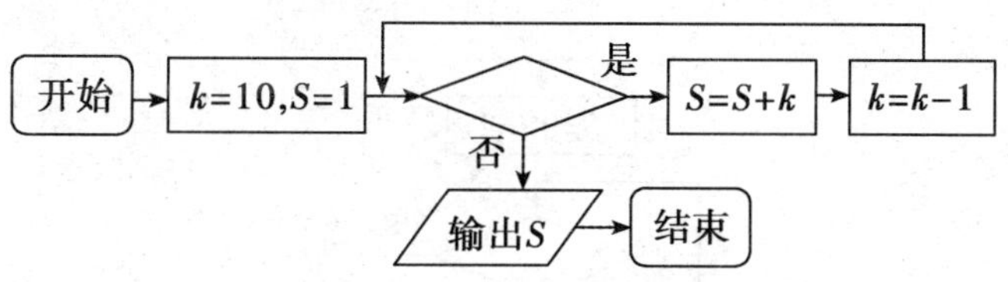

A. $k\geqslant7$?　　B. $k\leqslant7$?　　C. $k<7$?　　D. $k>7$?

2. 如图是一个求函数值的算法流程图，若输入的 x 的值为 5，则输出的 y 的值为(　　)

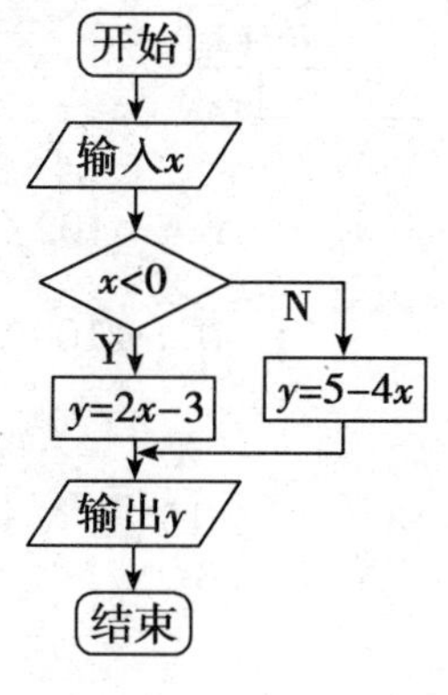

A. -7　　B. -15　　C. 7　　D. 15

3. 在如图所示的程序框图中，输入 $A=192$，$B=22$，则输出的结果是(　　)

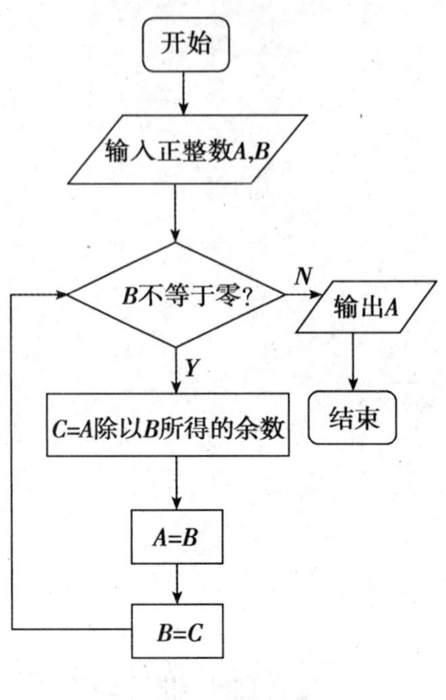

A. 0　　　B. 2　　　C. 4　　　D. 6

4. 如图给出的是计算 $\frac{1}{2}+\frac{1}{4}+\frac{1}{6}+\cdots+\frac{1}{102}$ 的值的一个程序框图，其中判断框中应填入的是(　　)

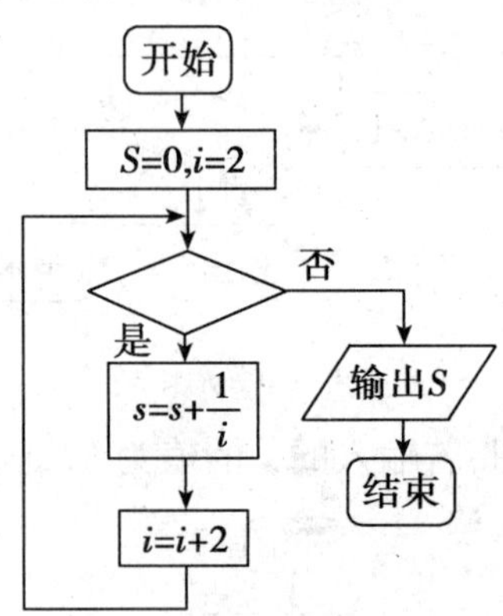

A. $i>102$?　　　B. $i\leqslant 102$?

C. $i>100$?　　　D. $i\leqslant 100$?

5. 已知 $\sqrt{2+\frac{2}{3}}=2\sqrt{\frac{2}{3}}$，$\sqrt{3+\frac{3}{8}}=3\sqrt{\frac{3}{8}}$，$\sqrt{4+\frac{4}{15}}=4\sqrt{\frac{4}{15}}$，…，依此规律，若 $\sqrt{9+\frac{b}{a}}=9\sqrt{\frac{b}{a}}$，则 $a+2b$ 的值分别是(　　)

A. 79　　　B. 81　　　C. 100　　　D. 98

B. 在平面内,若两个正三角形的边长的比为 1:2,则它们的面积比为 1:4,从而推出:在空间中,若两个正四面体的棱长的比为 1:2,则它们的体积比为 1:8

C. 由数列的前 5 项猜出该数列的通项公式

D. 数学中由周期函数的定义判断某函数是否为周期函数

4. 如图:图①、图②、图③、图④分别包含 1,5,13 和 25 个互不重叠的单位正方形,按同样的方式构造图形,则第 n 个图包含的单位正方形的个数是(　　)

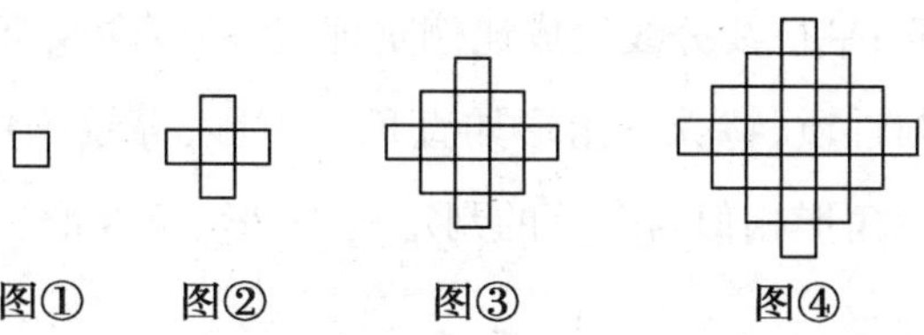

A. n^2-2n+1　　B. $2n^2+2$　　C. $2n^2-2n+1$　　D. $2n^2-n+1$

5. 用反证法证明命题"$a,b,c,d\in\mathbf{R}$,$a+b=1$,$c+d=1$,且 $ac+bd>1$,则 a,b,c,d 中至少有一个负数"时的假设为(　　)

A. a,b,c,d 全都大于等于 0　　B. a,b,c,d 全为正数

C. a,b,c,d 中至少有一个正数　　D. a,b,c,d 中至多有一个负数

二、填空题

6. 分形理论是当今世界十分风靡和活跃的新理论、新学科。其中,把部分与整体以某种方式相似的形体称为分形。分形是一种具有自相似特性的现象、图象或者物理过程。标准的自相似分形是数学上的抽象,迭代生成无限精细的结构。也就是说,在分形中,每一组成部分都在特征上和整体相似,只仅仅是变小了一些而已,谢尔宾斯基三角形就是一种典型的分形,是由波兰数学家谢尔宾斯基在 1915 年提出的,按照如下规律依次在一个黑色三角形内去掉小三角形,则当 $n=6$ 时,该黑色三角形内去掉小三角形的个数为________。

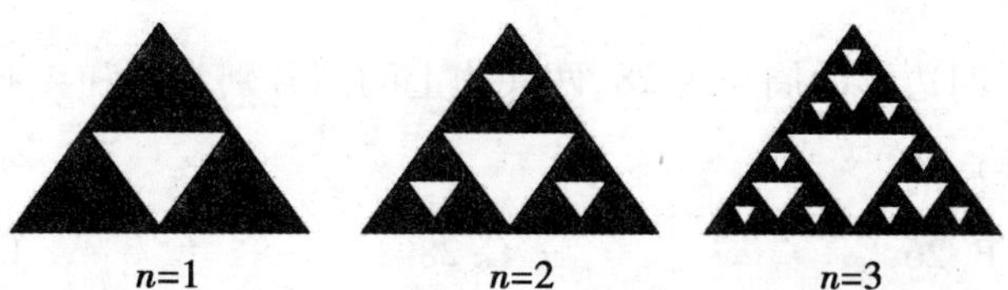

7. 按照命题的条件,其反映的具体情况未必只有一种,而每种推证的工具有时又不完全相同,因此必须分情况推证,这种推理方法是________。

三、解答题

8. 已知 $a>0$,求证:$\sqrt{a^2+\frac{1}{a^2}}-\sqrt{2}\geqslant a+\frac{1}{a}-2$。

专题八　平面几何

命题分析

本专题主要介绍平面几何的基本概念、多边形、圆、图形与变换。依据历年各地市真题的分析，本专题需要重点掌握的知识包括：

1. 平行线的判定与性质；平行线分线段成比例定理；角的概念及有关测量术语。

2. 三角形的基本概念与性质，特殊三角形如直角三角形、等腰三角形、等边三角形的判定与性质，勾股定理及其逆定理、三角形相似与全等的判定；长方形、正方形、平行四边形、菱形的判定与性质及周长与面积的求法。

3. 圆心角、圆周角、等圆、等弧的概念；圆的相关定理如切线长定理、切割线定理；圆的面积、周长公式；三角形的外接圆与内切圆。

4. 轴对称、轴对称图形、中心对称、中心对称图形的概念；图形的平移、旋转、翻折的特性。

本专题内容比较琐碎，需要记忆的概念比较多。在考试中常以单项选择题、填空题与解答题的形式考查。在备考时，考生要重点掌握：角与平行线（方位角的判定，平行线性质的判定与证明）；多边形（n 边形内角和的计算，三角形、四边形和圆中角度与面积的计算，性质的判定与证明）；图形的变换（图形变换性质的证明与应用）。

真题实测

一、单项选择题

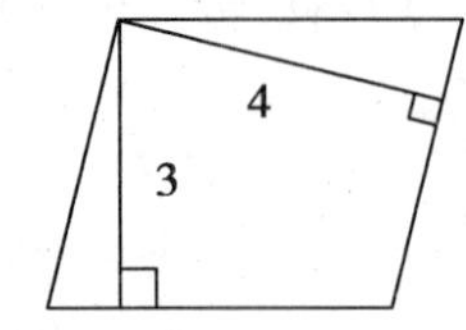

1. ［江西］如图所示，平行四边形的周长为 28，两底边上的高分别为 3 和 4，则平行四边形的面积是（　　）

A. 34　　B. 26　　C. 28　　D. 24

2. ［安徽特岗］具备下列条件的 $\triangle ABC$，不是直角三角形的是（　　）

A. $\angle A-\angle B=\angle C$　　B. $\angle A=\angle B=2\angle C$

C. $\angle A:\angle B:\angle C=3:2:1$　　D. $2\angle A=2\angle B=\angle C$

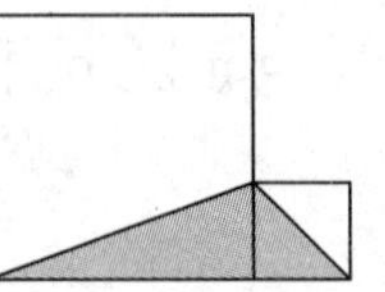

3. ［浙江杭州］如图，大小两个正方形中两个阴影三角形的面积比是 3∶1，那么空白部分的面积比是（　　）

A. 6∶1　　B. 9∶1

C. 12∶1　　D. 15∶1

三、解答题

20. [浙江杭州]长为2、宽为 a 的长方形纸片（$1<a<2$），用如图所示的方法折叠，剪下折叠所得的正方形纸片（称为第一次操作）；再把剩下的长方形用同样的方法折叠，剪下折叠所得的正方形纸片（称为第二次操作）；如此反复操作下去，若在第 n 次操作后，剩下的纸片为正方形，则操作终止。当 $n=3$ 时，求 a 的值。

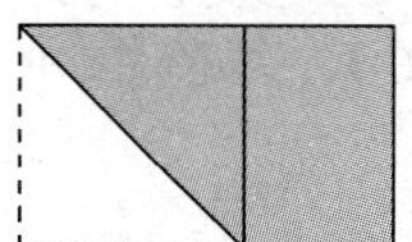
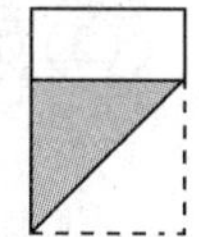

21. [江苏无锡]在下面的长方形 $ABCD$ 中，在对角线 BD 上找一点 F，连结 CF 交 AD 于 E，已知 $\triangle EFD$ 的面积为4，$\triangle CFD$ 的面积为6，求阴影部分的面积。

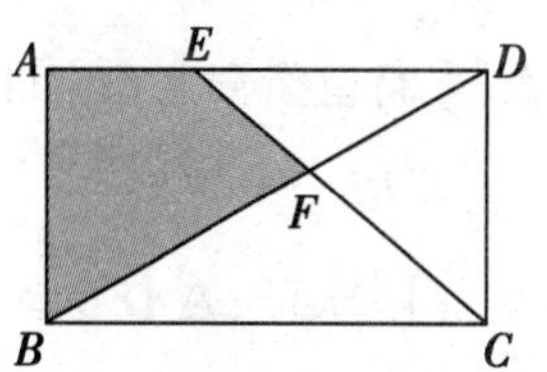

22. [江苏江阴]把一张顶角为36°的等腰三角形纸片剪两刀,分成3张小纸片,使每张小纸片都是等腰三角形,图1是其中一种办法,定义:如果两条线段将一个三角形分成3个等腰三角形,我们把这两条线段叫作这个三角形的三分线。

(1)请你在图2中用两种不同的方法画出顶角为45°的等腰三角形的三分线,并标注每个等腰三角形顶角的度数;

(2)如图3,$\triangle ABC$中,$AC=2$,$BC=3$,$\angle C=2\angle B$,请画出三分线,并求出三分线长。

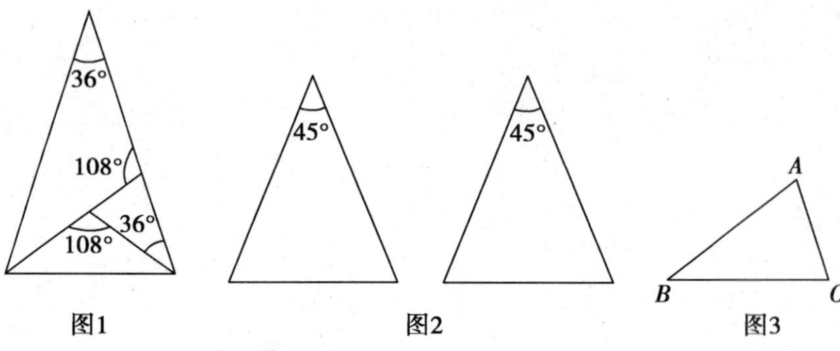

图1　　图2　　图3

23. [湖南衡阳耒阳]如图,已知E,F是四边形$ABCD$的对角线AC上的两点,$AF=CE$,$DF=BE$,$DF\parallel BE$。

(1)求证:$\triangle AFD\cong\triangle CEB$;

(2)四边形$ABCD$是平行四边形吗?请说明理由。

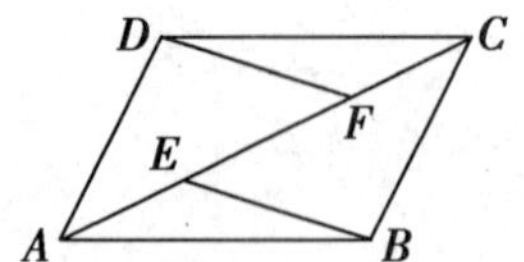

8. 如图,在平行四边形 $ABCD$ 中,E 为 CD 上一点,连结 AE,BD,且 AE,BD 交于点 F,$S_{\triangle DEF}:S_{\triangle ABF}=4:25$,则 $DE:EC=$(　　)

A. 2∶5　　B. 2∶3

C. 5∶2　　D. 3∶2

9. 若一个菱形的边长为2,则这个菱形的对角线的平方和为(　　)

A. 16　　B. 8　　C. 4　　D. 11

10. 下列说法中正确的是(　　)

A. 任何多边形都有对角线　　B. 半圆不是扇形

C. 从一个顶点出发,五边形有5条对角线　　D. 顶点在圆心的角叫作圆心角

11. 下图中不是轴对称图形的是(　　)(常考)

A

B

C

D

二、填空题

12. 如图,小亮从 A 点出发,沿直线前进10米后向左转30°,再沿直线前进10米,又向左转30°,……,照这样走下去,他第一次回到出发地 A 点时,一共走了________米。

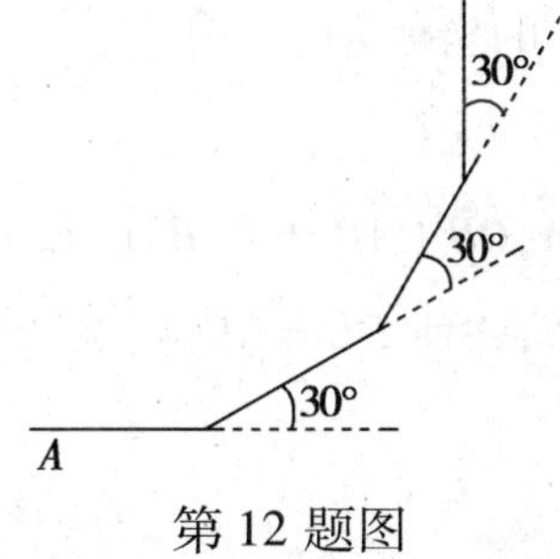

第12题图

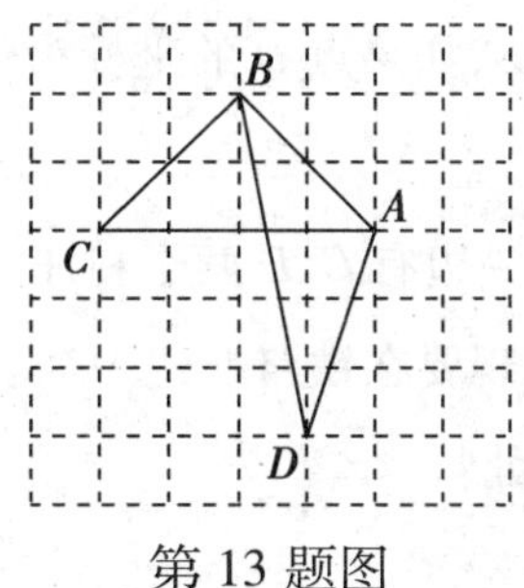

第13题图

13. 如图所示的是正方形网格,A,B,C,D 是网格交点,则 $\triangle ABC$ 和 $\triangle ABD$ 的面积的大小关系为:$S_{\triangle ABC}$ ________ $S_{\triangle ABD}$(填“>”“=”或“<”)。

14. 在平行四边形 $ABCD$ 中,$AM\perp BC$,$AN\perp CD$,M,N 为垂足,若 $AB=13$,$BM=5$,$MC=9$,则 MN 的长度为________。

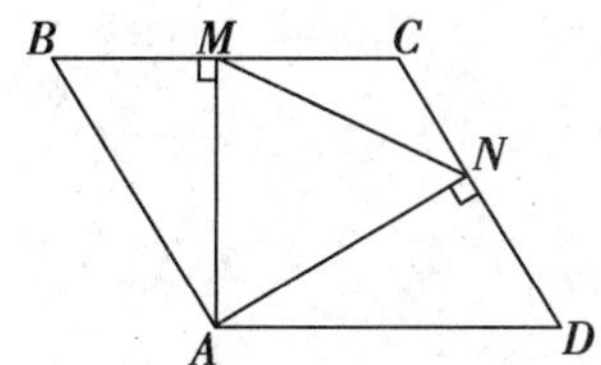

15. 如图，▱$ABCD$ 的对角线 AC，BD 相交于点 O，点 E 是 AB 的中点，$\triangle BEO$ 的周长是 8，则$\triangle BCD$ 的周长为________。

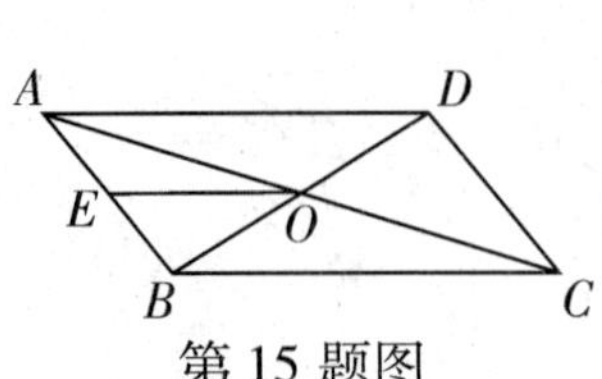

第 15 题图

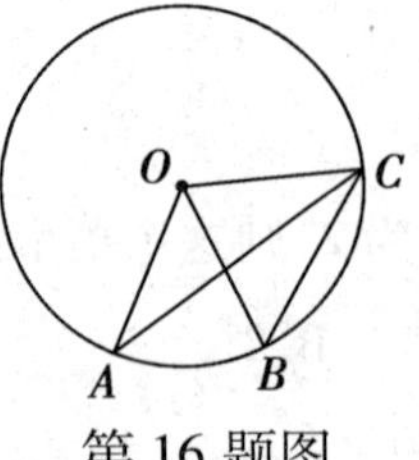

第 16 题图

16. 如图，A，B，C 是⊙O 上的三个点，$\angle AOB=50°$，$\angle B=55°$，则$\angle A$ 的度数为________。

17. 如图，在扇形 AOB 中，$\angle AOB=90°$，以点 A 为圆心，OA 的长为半径作$\overset{\frown}{OC}$交$\overset{\frown}{AB}$于点 C，若 $OA=2$，则阴影部分的面积为________。（常考）

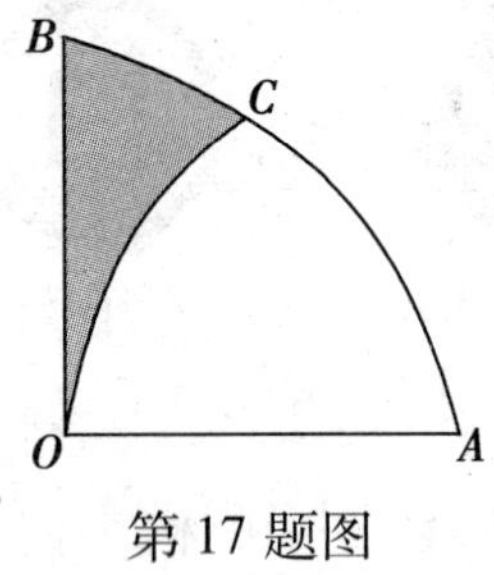

第 17 题图

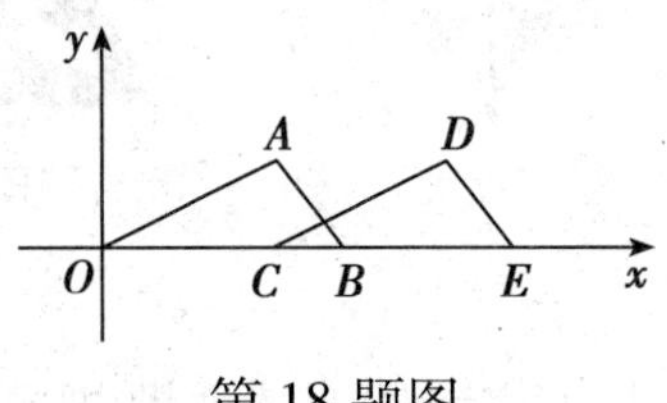

第 18 题图

18. 如图，在平面直角坐标系中，$\triangle OAB$ 的顶点 A，B 的坐标分别为$(3,\sqrt{3})$，$(4,0)$，把$\triangle OAB$ 沿 x 轴向右平移得到$\triangle CDE$，如果点 D 的坐标为$(6,\sqrt{3})$，则点 E 的坐标为________。

三、解答题

19. 如图，铁路 AB 的一边有 C，D 两个村庄，$DA\perp AB$ 于点 A，$CB\perp AB$ 于点 B，已知 $AB=25$ km，$DA=15$ km，$CB=10$ km，现要在铁路上建一个农产品收购站 E，并使 $DE=CE$，则农产品收购站 E 应建在距点 A 多少千米处？

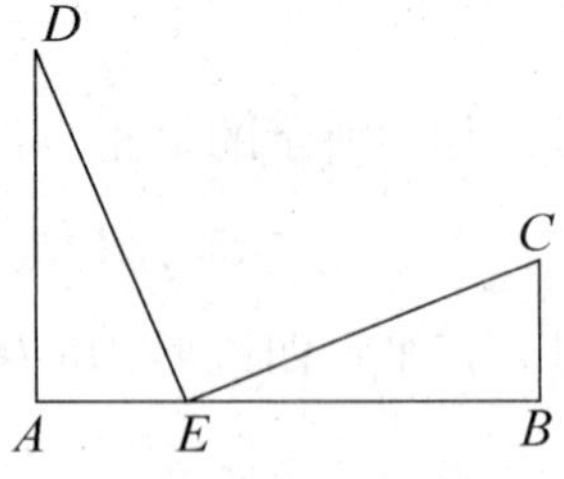

26. 如图,AB 为圆 O 的直径,点 C 在圆 O 上,延长 BC 至 D,使得 $DC=CB$,延长 DA 与圆 O 交于点 E,连结 AC,CE。

(1)求证:$\angle D=\angle E$;

(2)若 $AB=4$,$\overset{\frown}{AC}$的长度为$\dfrac{2\pi}{3}$,求图中阴影部分的面积。

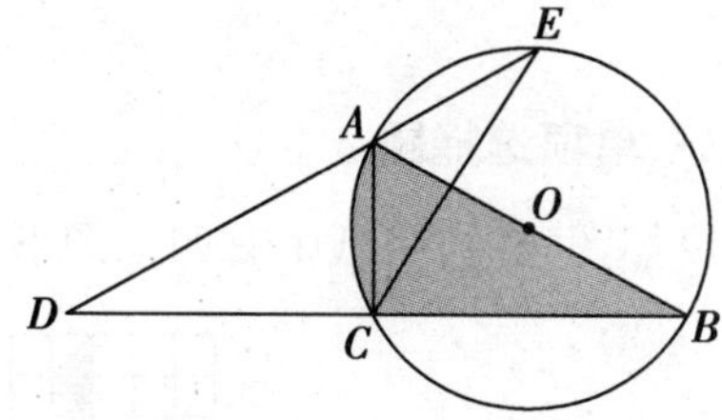

27. 如图,在△ABC 的边 BC 上取一点 O,以 O 为圆心,OC 为半径画⊙O,⊙O 与边 AB 相切于点 D,$AC=AD$,连结 OA 交⊙O 于点 E,连结 CE ,并延长交线段 AB 于点 F。

(1)求证:AC 是⊙O 的切线;

(2)若 $AB=10$,$\tan B=\dfrac{4}{3}$,求⊙O 的半径;

(3)若 F 是 AB 的中点,试探究 $BD+CE$ 与 AF 的数量关系并说明理由。

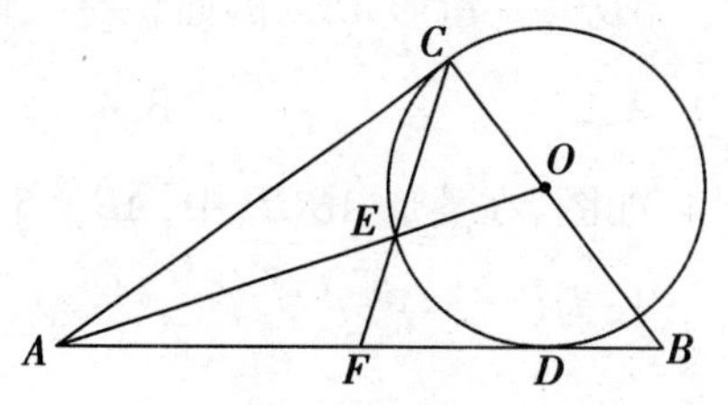

整 合 提 升

一、单项选择题

1. 如图，在方格纸中有四个图形(1)(2)(3)(4)，其中面积相等的图形是(　　)

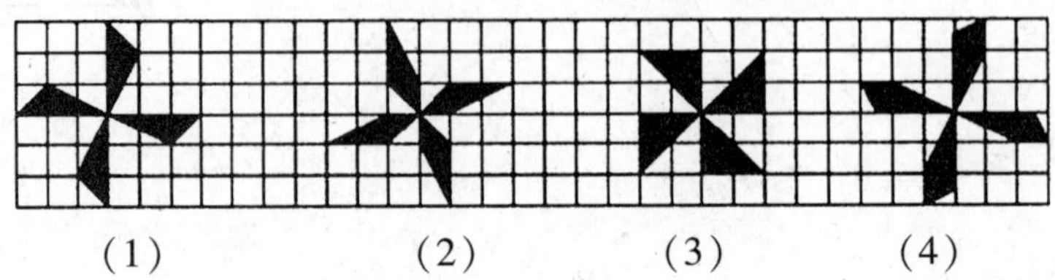

A. (2)(3)　　　B. (1)(2)　　　C. (2)(4)　　　D. (1)(4)

2. 如图，在$\triangle ABC$中，AD是$\angle BAC$的外角平分线，P是AD上异于A的任意一点，设$PB=m$，$PC=n$，$AB=c$，$AC=b$，则$(m+n)$与$(b+c)$的大小关系是(　　)

A. $(m+n)>(b+c)$　　　B. $(m+n)<(b+c)$

C. $(m+n)=(b+c)$　　　D. 无法确定

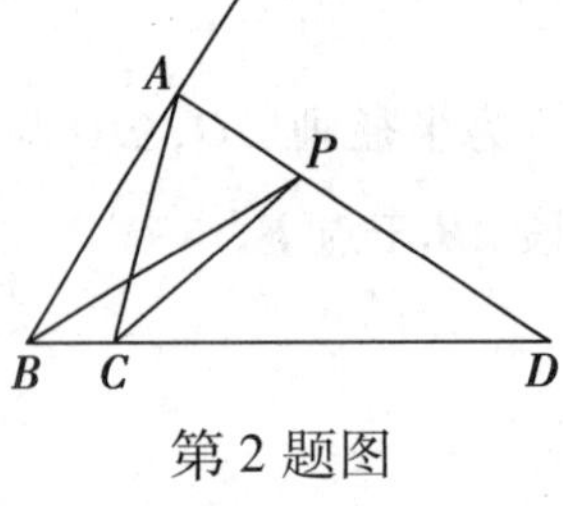

第2题图

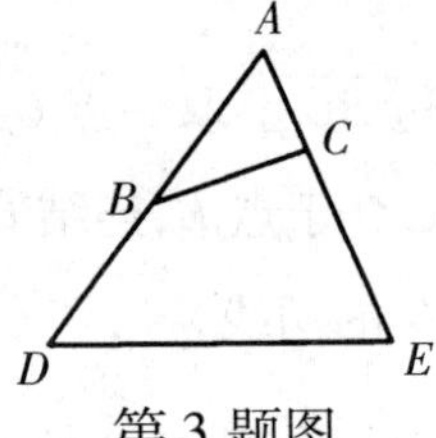

第3题图

3. 如图，把三角形ABC一条边AB延长1倍到点D，把它的另一边AC延长2倍到点E，得到三角形ADE，三角形ADE的面积是三角形ABC面积的(　　)倍。

A. 2　　　B. 4　　　C. 5　　　D. 6

4. 如图，在菱形$ABCD$中，$AB=5$，$AC=6$，过点D作$DE\perp BA$，交BA的延长线于点E，则线段DE的长为(　　)

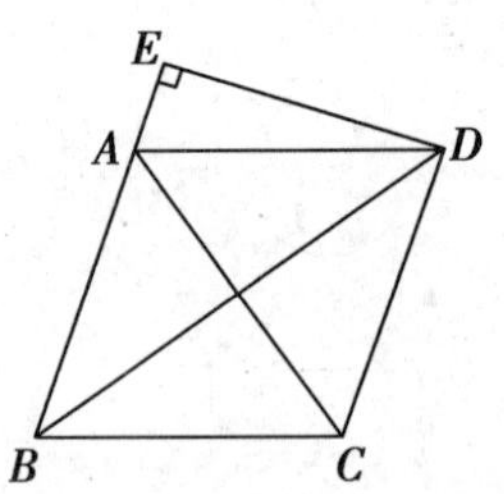

A. $\frac{12}{5}$　　　B. $\frac{18}{5}$　　　C. 4　　　D. $\frac{24}{5}$

14. 一副三角板按如图方式摆放，得到$\triangle ABD$和$\triangle BCD$，其中$\angle ADB=\angle BCD=90°$，$\angle A=60°$，$\angle CBD=45°$，$E$为$AB$的中点，过点$E$作$EF\perp CD$于点$F$，若$AD=4$ cm，则EF的长为________cm。

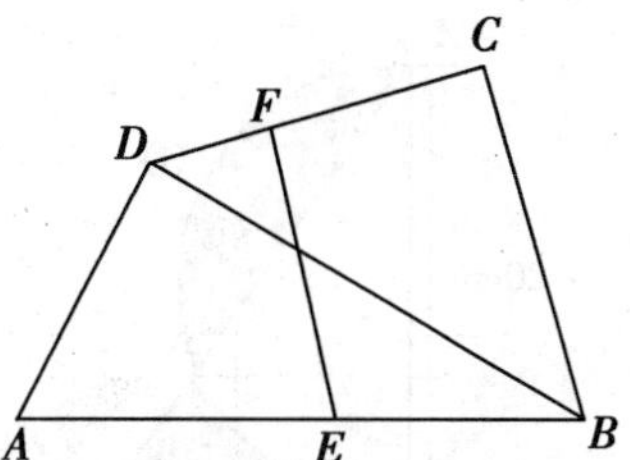

15. 如图，D为$\triangle ABC$的边BC上一点，$DE/\!/AB$，$DF/\!/AC$，DE，DF分别交AC，AB于E，F。已知$\triangle CDE$的面积为4，$\triangle BDF$的面积为9，则四边形$DEAF$的面积为________。

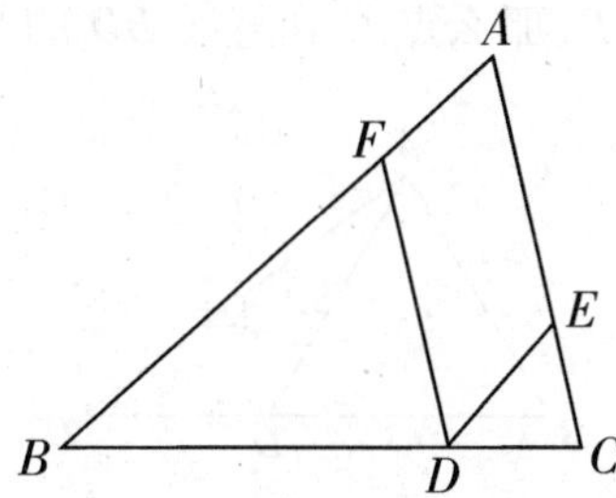

16. 已知正方形$ABCD$的面积为35平方厘米，E，F分别为边AB，BC上的点，AF和CE相交于点G，并且$\triangle ABF$的面积为5平方厘米，$\triangle BCE$的面积为14平方厘米，那么四边形$BEGF$的面积是________平方厘米。

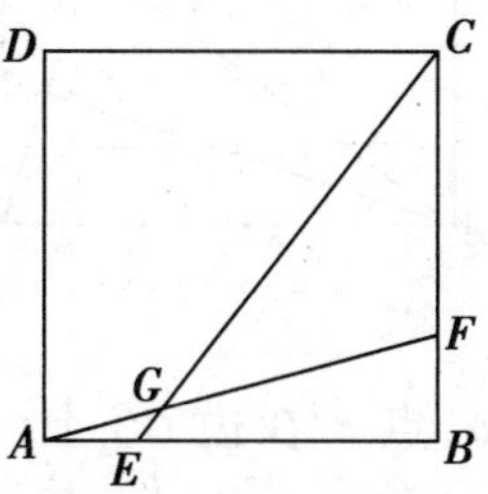

17. 如图，在半径为$\sqrt{7}$的$\odot O$中，弦AB，CD相交于点P，$PA=PB=2$，$PD=1$，则圆心O到弦CD的距离为________。

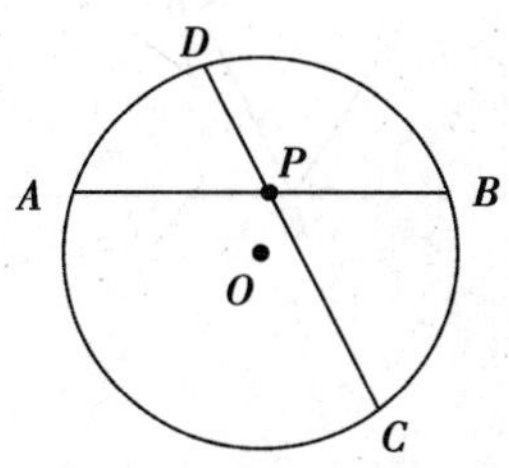

18. 如图，三角形 ABC 是直角三角形，$AB=20\ \text{cm}$，阴影部分①的面积比阴影部分②的面积小 $23\ \text{cm}^2$，BC 的长度是________。（π 取值为 3.14）（常考）

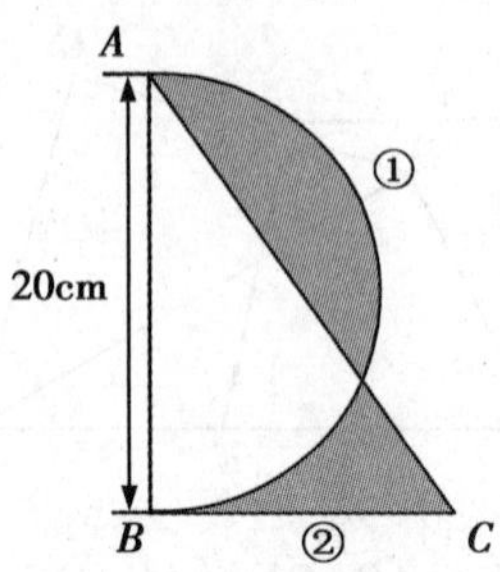

19. 如图，在 $\triangle ABC$ 中，$AB=4$，$BC=7$，$CD=3$，$\angle B=60°$，点 D 在 BC 边上，连结 AD，如果将 $\triangle ACD$ 沿直线 AD 翻折后，点 C 的对应点为点 E，那么点 E 到直线 BD 的距离为________。

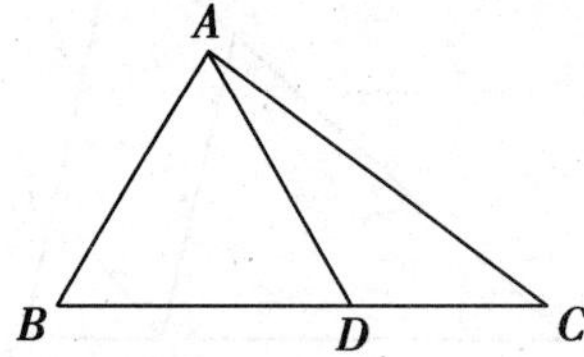

20. 如图，已知 E 是长方形 $ABCD$ 的边 BC 上一点，将 $\triangle ABE$ 沿着 AE 折叠，顶点 B 刚好与边 CD 上的点 F 重合，若 $AB=10$，$BC=6$，则 $BE=$________。

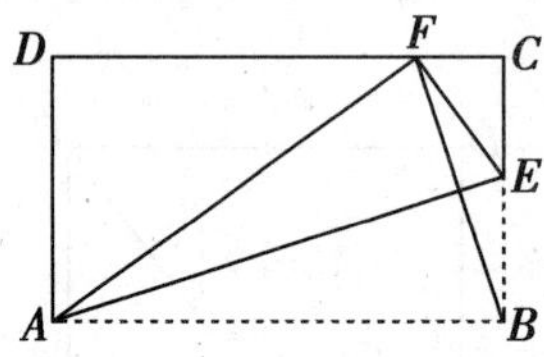

21. 如图，在矩形 $ABCD$ 中，$AB=1$，$BC=a$，点 E 在边 BC 上，且 $BE=\frac{3}{5}a$，连结 AE，将 $\triangle ABE$ 沿 AE 折叠，若点 B 的对应点 B' 落在矩形 $ABCD$ 的边上，则 a 的值为________。

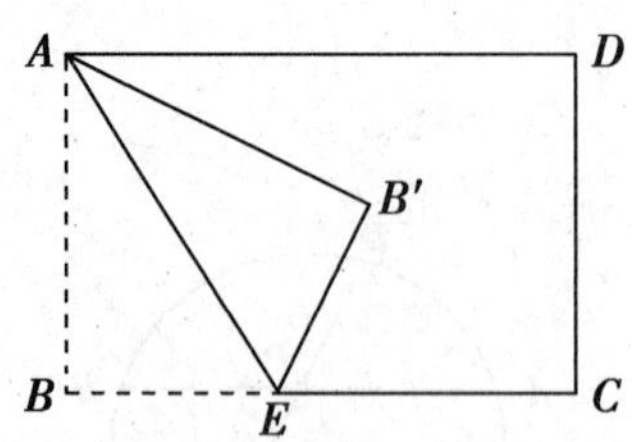

专题九　立体几何

命题分析

本专题主要介绍空间中的点线面、简单几何体和三视图。依据历年各地市真题的分析，本专题需要重点掌握的知识包括：

1. 基本立体图形的结构特征及其面积与体积计算公式；立体图形的三视图与直观图。

2. 平面的基本性质；点、直线、平面间的位置关系；空间中角、距离的计算。

本专题内容比较抽象，需要记忆的定理较多，对考生的空间观念与几何直观素养要求较高。在考试中常以单项选择题、填空题、判断题与解答题的形式考查。在备考时，考生要重点掌握：空间几何体（简单几何体表面积与体积的计算，立体图形三视图的判断）；空间点、直线、平面（点、直线、平面间位置关系的判定与证明，角与距离的计算与证明）。

真题实测

一、单项选择题

1. [山西特岗] 已知正方体 $ABCD-A'B'C'D'$ 的棱长为 3，M 在 AB 上，且 $AM=2MB$，过点 M 且垂直于直线 BD' 的平面截正方体所得的截面面积为（　　）

A. $\frac{\sqrt{3}}{4}$　　B. $\frac{\sqrt{3}}{2}$　　C. $\sqrt{3}$　　D. $2\sqrt{3}$

2. [河南许昌] 已知正方体 $ABCD-A_1B_1C_1D_1$ 的体积为 64，过棱 BC 的中点作平面 α∥平面 CB_1D_1，则平面 α 截正方体 $ABCD-A_1B_1C_1D_1$ 所得的截面面积为（　　）

A. $6\sqrt{2}$　　B. $6\sqrt{3}$　　C. $12\sqrt{2}$　　D. $12\sqrt{3}$

3. [山东东营] 有一个棱长为 10 cm 的正方体木块，把木块加工成一个棱长为 5 cm 的正方体木块，那么木块表面积缩小为原来的（　　），体积缩小为原来的（　　）

A. $\frac{1}{5}$，$\frac{1}{5}$　　B. $\frac{1}{4}$，$\frac{1}{4}$　　C. $\frac{1}{4}$，$\frac{1}{8}$　　D. $\frac{1}{8}$，$\frac{1}{8}$

4. [江西] 一个圆柱体和一个圆锥体底面周长的比是 2∶3，它们的体积比是 5∶6，那么圆柱的高和圆锥的高最简整数比是（　　）

A. 5∶8　　B. 8∶5　　C. 15∶8　　D. 8∶15

5. [浙江杭州] 一个圆柱体和一个圆锥体等底等体积，圆柱体的高是圆锥体高的（　　）

A. $\frac{1}{3}$　　B. $\frac{2}{3}$　　C. 2 倍　　D. 3 倍

6. [湖北]用相同的小正方体拼成如图所示的大正方体,对其表面涂色,在涂色后的大正方体中,只有一面涂色的小正方体的个数为(　　)

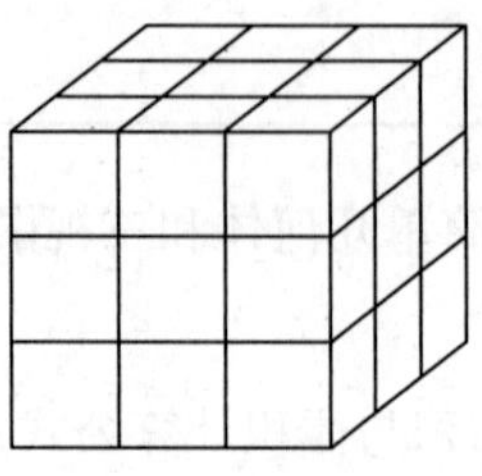

A. 4　　B. 6　　C. 8　　D. 12

7. [安徽特岗]如图,一圆柱体在正方体上沿虚线向右平移,平移过程中视图保持不变的是(　　)

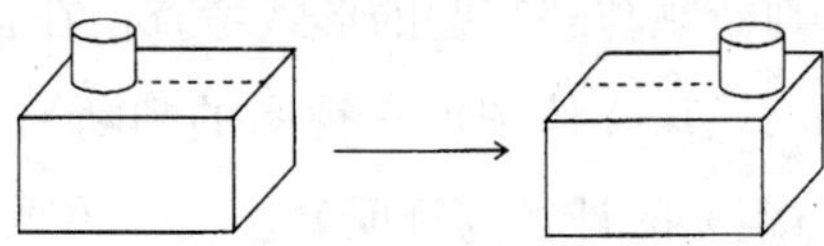

A. 主视图　　B. 俯视图

C. 左视图　　D. 主视图和俯视图

8. [天津南开区] 某几何体的三视图如右图所示,则该几何体的表面积是(　　)

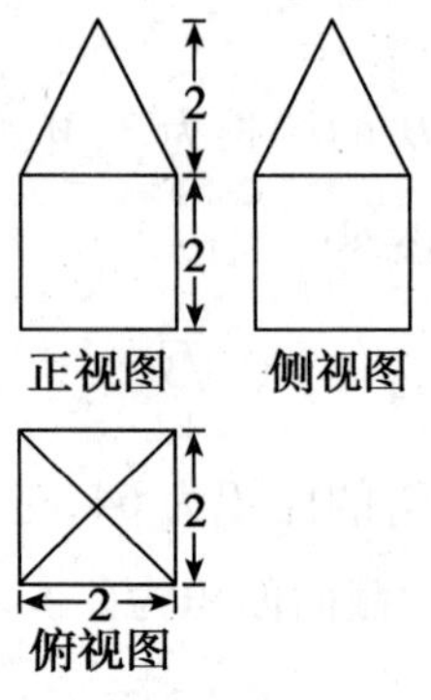

A. $\frac{32}{3}$　　B. 32

C. $20+4\sqrt{5}$　　D. $24+4\sqrt{6}$

9. [安徽]如图是一个正方体的表面展开图,把它围成正方体后,与"3"相对的数字是(　　)

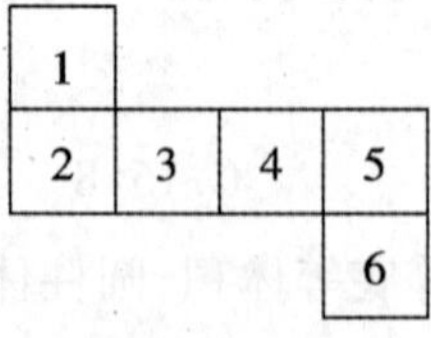

A. 1　　B. 2　　C. 5　　D. 6

20. [广东广州增城区]如图所示,AA_1是圆柱的母线,AB是圆柱底面圆的直径,C是底面圆周上异于A,B的任意一点,$AA_1=AB=3$。

(1)求证:$BC\perp A_1C$;

(2)求三棱锥A_1-ABC体积的最大值。

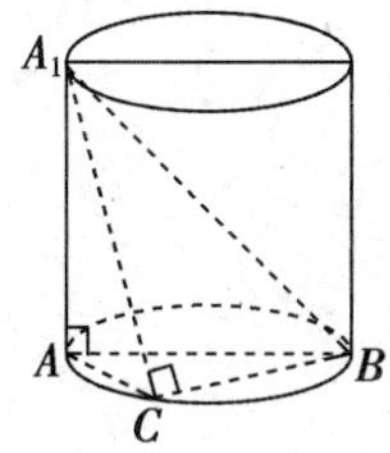

21. [山东烟台牟平]如图,四棱锥$P-ABCD$中,底面$ABCD$为直角梯形,$AD\parallel BC$,$\angle ADC=90°$,平面$PAD\perp$底面$ABCD$,$PA=PD$,$AD=2BC$。

(1)试判断平面PBC与平面PCD是否垂直,并给出证明;

(2)若$PA=2$,$BC=1$,$CD=\sqrt{3}$,求二面角$A-PB-C$的余弦值。

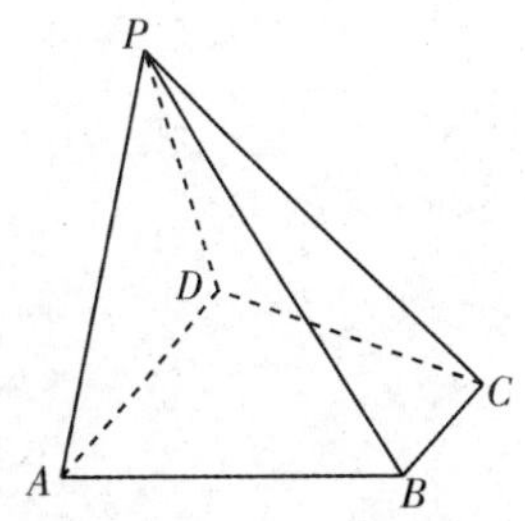

22. [河南许昌禹城] 如下图,底面 $ABCD$ 是边长为 2 的菱形,$\angle DAB=60°$,$EB\perp$ 平面 $ABCD$,$FD\perp$ 平面 $ABCD$,$EB=2FD=4$。

(1)求证:$EF\perp AC$;

(2)求几何体 $EFABCD$ 的体积。

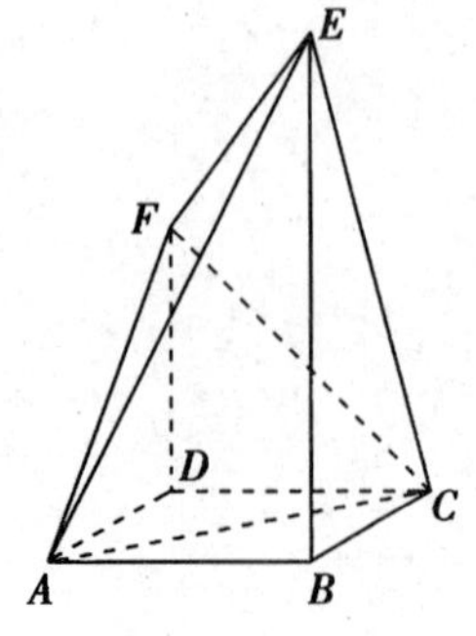

11. 如图，球 O 的半径为 2，圆 O_1 是一小圆，$OO_1=\sqrt{2}$，A，B 是圆 O_1 上两点，若 $\angle AO_1B=\frac{\pi}{2}$，则 A，B 两点间的球面距离为________。

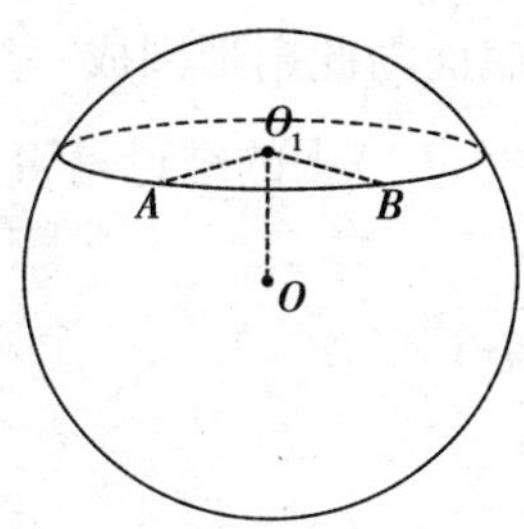

12. 若圆锥的母线长为 5 cm，底面半径为 3 cm，则它的侧面展开图的面积为________ cm^2。（结果保留 π）（易错）

13. 一个工件的三视图如图所示，图中标有尺寸，则这个工件的体积是________。

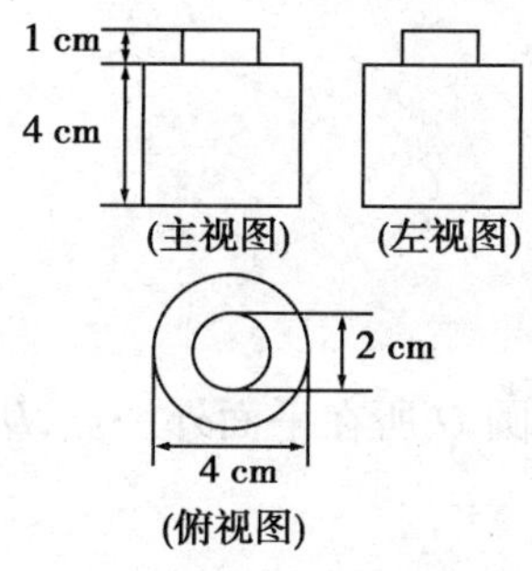

第 13 题图

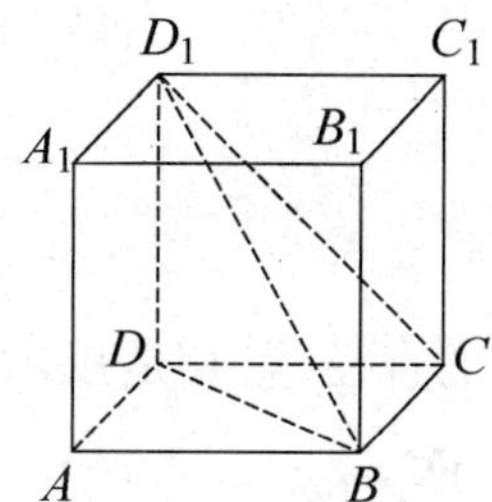

第 14 题图

14. 如图，在正方体 $ABCD-A_1B_1C_1D_1$ 中，给出以下四个结论：

①D_1C∥平面 A_1ABB_1；

②A_1D_1 与平面 BCD_1 相交；

③$AD\perp$平面 D_1DB；

④平面 $BCD_1\perp$平面 A_1ABB_1。

上面结论中，所有正确结论的序号为__________。

三、判断题

15. 存在一个四个侧面都是直角三角形的四棱锥。（　　）

16. 如果棱柱有一个侧面是矩形，则其余各侧面也都是矩形。（　　）

17. 圆台的任意两条母线所在直线必相交。（　　）

18. 过空间一点与已知平面垂直的直线有 1 条。（　　）

四、解答题

19. 如图，从一个直径是 2 的圆形铁皮中剪下一个圆心角为 $90°$ 的扇形。

(1)求这个扇形的面积(结果保留 π)；

(2)能否从余料③中剪出一个圆作为底面与此扇形围成一个圆锥？请说明理由。

(3)当⊙O 的半径 $R(R>0)$ 为任意值时，(2)中的结论是否仍然成立？请说明理由。

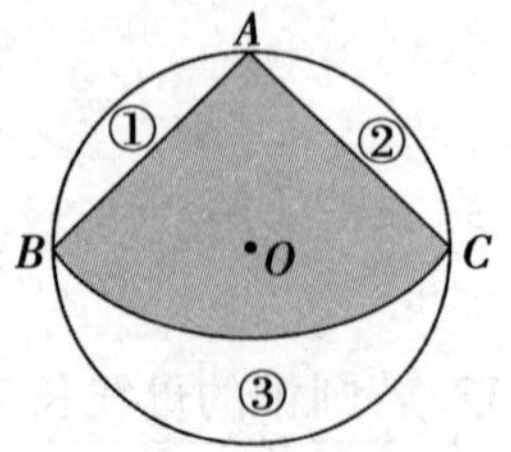

20. 如图，AB 是圆 O 的直径，点 C 是弧 AB 的中点，点 V 是圆 O 所在平面外一点，D 是 AC 的中点，已知 $AB=2$，$VA=VB=VC=2$。

(1)求证：$AC\perp$ 平面 VOD；

(2)求三棱锥 $C-ABV$ 的体积。

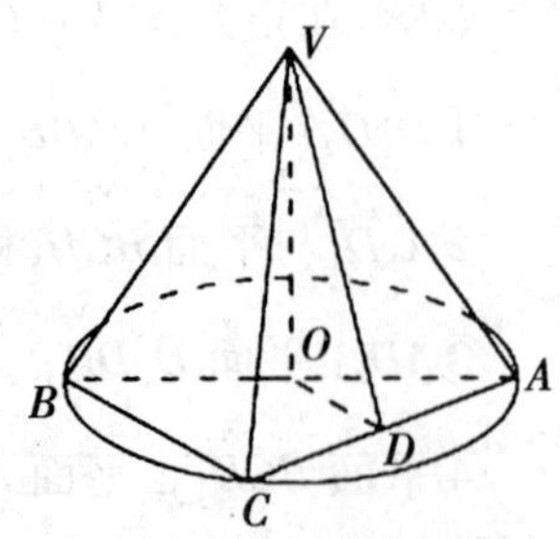

整合提升

一、单项选择题

1. 平行四边形 $ABCD$ 中，$\overrightarrow{AB}\cdot\overrightarrow{BD}=0$，沿 BD 将四边形折起成直二面角 $A-BD-C$，且 $2|\overrightarrow{AB}|^2+|\overrightarrow{BD}|^2=4$，则三棱锥 $A-BCD$ 的外接球的表面积为(　　)(易错)

A. $\frac{\pi}{2}$　　B. $\frac{\pi}{4}$　　C. 4π　　D. 2π

2. 如图所示，将图①中的正方体截去两个三棱锥，得到图②中的几何体，则该几何体的侧(左)视图为(　　)

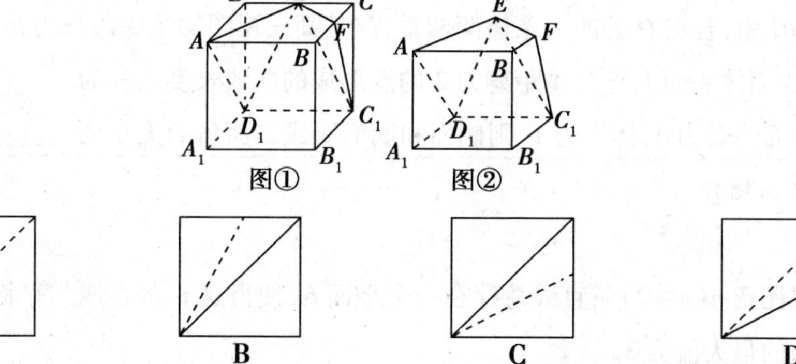

3. 某圆柱的高为2，底面周长为16，其三视图如图所示。圆柱表面上的点 M 在正视图上的对应点为 A，圆柱表面上的点 N 在左视图上的对应点为 B，则在此圆柱侧面上，从 M 到 N 的路径中，最短路径的长度为(　　)

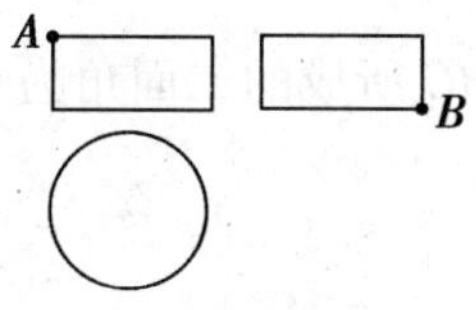

A. $2\sqrt{17}$　　B. $2\sqrt{5}$　　C. 3　　D. 2

4. 如图，在下列四个正方体中，A,B 为正方体的两个顶点，M,N,Q 为所在棱的中点，则在这四个正方体中，直线 AB 与平面 MNQ 不平行的是(　　)

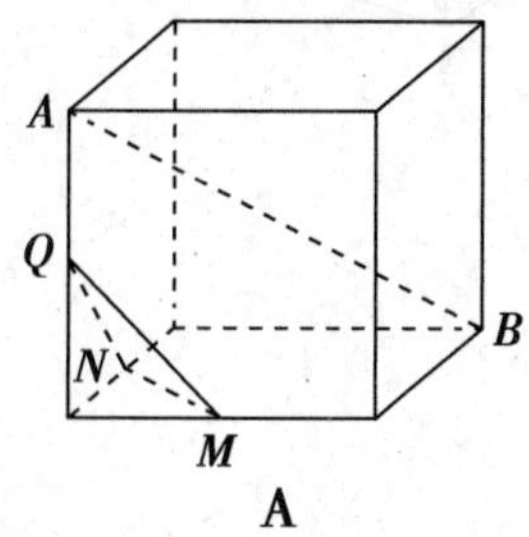

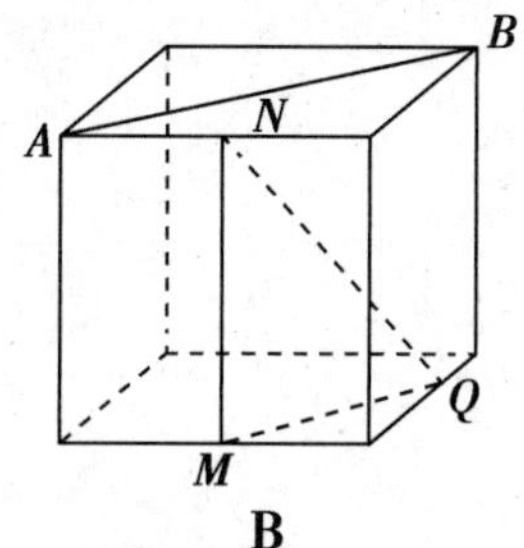

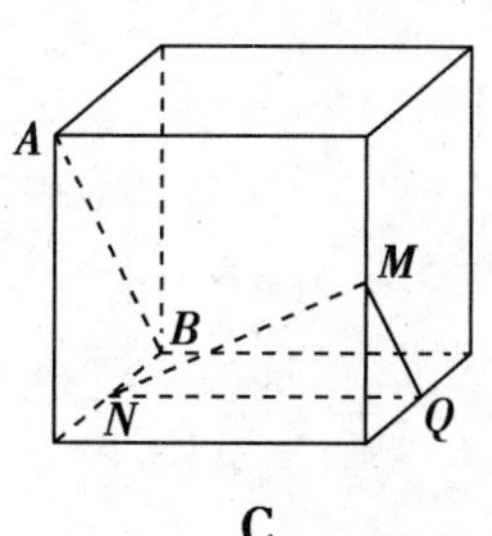

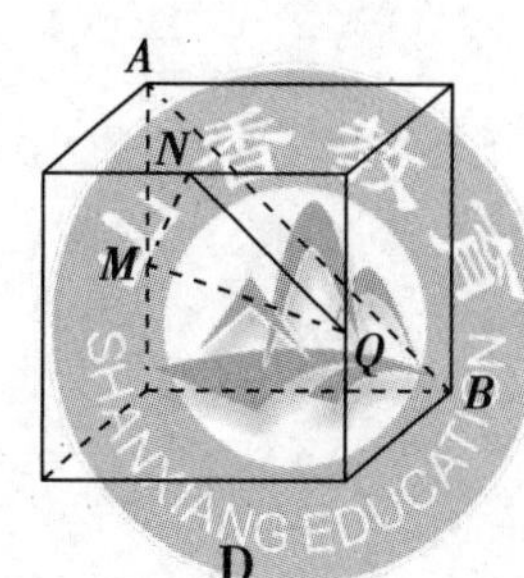

5. 如右图所示，三棱柱 $ABC-A_1B_1C_1$ 中，$AA_1\perp AB$，$AA_1\perp AC$。若 $AB=AC=AA_1=1$，$BC=\sqrt{2}$，则异面直线 A_1C 与 B_1C_1 所成的角为（　　）

A. 30°　　B. 45°　　C. 60°　　D. 90°

6. 已知直三棱柱 $ABC-A_1B_1C_1$ 中，$\angle ABC=120°$，$AB=2$，$BC=CC_1=1$，则异面直线 AB_1 与 BC_1 所成角的余弦值为（　　）

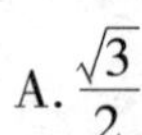

A. $\frac{\sqrt{3}}{2}$　　B. $\frac{\sqrt{15}}{5}$

C. $\frac{\sqrt{10}}{5}$　　D. $\frac{\sqrt{3}}{3}$

二、填空题

7. 四面体 $O-ABC$ 中，若点 O 处的三条棱两两垂直，且其三视图均是底边长为 $\sqrt{6}$ 的全等的等腰直角三角形，则在该四面体表面上与点 A 距离为 2 的点形成的曲线长度之和为________。

8. 若正三棱锥底面边长为 4，体积为 1，则侧面和底面所成二面角的大小为________。（结果用反三角函数值表示）（易错）

三、判断题

9. 如果对于空间任意 $n(n\geqslant 2)$ 条直线总存在一个平面 α，使得这 n 条直线与平面 α 所成的角均相等，那么这样的 n 的最大值为 3。（　　）

10. 对于任意的直线 l 与平面 α，在平面 α 内必有直线 m，使 m 与 l 垂直。（　　）

四、解答题

11. 如图，在三棱柱 $ABC-A'B'C'$ 中，已知底面 ABC 是底角等于 30°、底边 $AC=4\sqrt{3}$ 的等腰三角形，且 $B'C\perp AC$，$B'C=2\sqrt{2}$，面 $B'AC$ 与面 ABC 所成的二面角为 45°，$A'B$ 与 AB' 交于点 E。

（1）求证：$AC\perp BA'$；

（2）求异面直线 AC 与 BA' 的距离；

（3）求三棱锥 $B'-BEC$ 的体积。

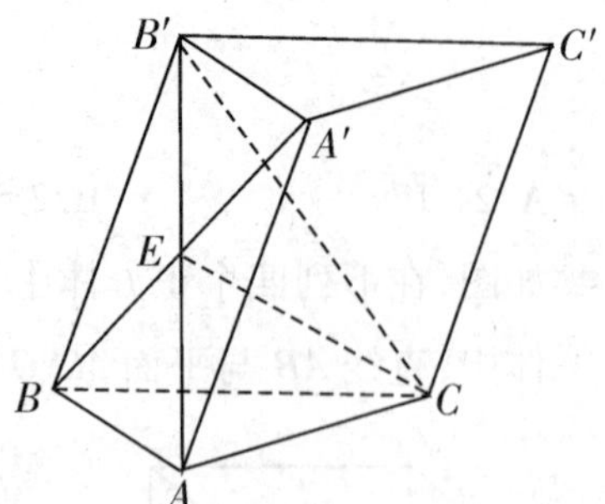

6.［湖南邵阳市邵东县］已知抛物线 $y=ax^2+bx+c$ 经过点(1,4),(2,7),对称轴为直线 $x=k$,且 $|k|\leqslant 1$,则 a 的取值范围是(　　)

A. $\frac{3}{5}\leqslant a\leqslant 3$　　B. $a\geqslant 3$　　C. $a\leqslant\frac{3}{5}$　　D. $a<0$

7.［湖南长沙市长沙县］椭圆 $\frac{x^2}{a}+\frac{y^2}{4+a^2}=1(a>0)$ 离心率的取值范围是(　　)

A. $\left(0,\frac{3}{4}\right]$　　B. $\left[\frac{3}{4},1\right)$　　C. $\left(0,\frac{\sqrt{3}}{2}\right]$　　D. $\left[\frac{\sqrt{3}}{2},1\right)$

8.［安徽特岗］已知直线 l 过圆 $(x-3)^2+(y+2)^2=4$ 的圆心,且与直线 $x-y+2=0$ 垂直,则 l 的方程是(　　)

A. $x+y+1=0$　　B. $x-y-1=0$

C. $x-y+1=0$　　D. $x+y-1=0$

9.［四川宜宾］抛物线 $y=x^2-2x+3$ 的顶点坐标是(　　)

A. (1,2)　　B. (−1,2)

C. (1,−3)　　D. (−1,−4)

10.［山西阳城］以坐标原点 O 为圆心,作半径为 2 的圆,若直线 $y=-x+b$ 与圆 O 相交,则 b 的取值范围是(　　)

A. $0\leqslant b\leqslant 2\sqrt{2}$　　B. $-2\sqrt{2}\leqslant b\leqslant 2\sqrt{2}$

C. $-2\sqrt{3}<b<2\sqrt{3}$　　D. $-2\sqrt{2}<b<2\sqrt{2}$

二、填空题

11.［内蒙古］椭圆 $\frac{x^2}{a^2}+\frac{y^2}{b^2}=1(a>b>0)$ 的左顶点为 A,F 为该椭圆的右焦点,一条斜率为 k,且过点 A 的直线与椭圆交于另一点 B,$BF\perp x$ 轴,若 $\frac{1}{3}<k<\frac{1}{2}$,则该椭圆离心率的取值范围是________。

12.［浙江］过圆 $x^2+y^2-2x+4y+3=0$ 的圆心且与直线 $x+2y=1$ 垂直的直线方程为________。

三、判断题

13.［山西阳城］椭圆中心在原点,长轴和短轴之和为 36,离心率为 $\frac{3}{5}$,则椭圆的标准方程为 $\frac{x^2}{100}+\frac{y^2}{64}=1$ 或 $\frac{y^2}{100}+\frac{x^2}{64}=1$。　　(　　)

14.［山东威海环翠区］已知共轭双曲线的离心率分别为 e_1 和 e_2,则 e_1 和 e_2 的关系为 $\frac{1}{e_1^2+e_2^2}=1$。　　(　　)

四、解答题

15. [山东滨州阳信县]已知椭圆E:$\frac{x^2}{a^2}+\frac{y^2}{b^2}=1(a>b>0)$,其长轴长为$4\sqrt{2}$,离心率为$e_1$,双曲线$\frac{x^2}{m}-\frac{y^2}{n}=1(m>0,n>0)$的渐近线为$y=\pm x$,离心率为$e_2$,且$e_1e_2=1$。

(1)求椭圆E的方程;

(2)设椭圆E的右焦点为F,过点$G(4,0)$作斜率不为0的直线交椭圆E于M,N两点,设直线FM和FN的斜率为k_1,k_2,试判断k_1+k_2是否为定值,若是定值,求出该定值;若不是定值,请说明理由。

16. [河南许昌]已知椭圆C:$\frac{x^2}{a^2}+\frac{y^2}{b^2}=1(a>b>0)$过点(1,2),且离心率为$\frac{\sqrt{2}}{2}$,过点(1,0)的直线$l$与椭圆$C$相交于$E,F$两点,点$G$为线段$EF$的中点,点$H$的坐标为(2,0)。

(1)求椭圆C的标准方程;

(2)证明:$|GH|<|GE|$。

10. 设抛物线 $y^2=8x$ 上一点 P 到 y 轴的距离是 4，则点 P 到该抛物线焦点的距离是（　　）

A. 4　　B. 6　　C. 8　　D. 12

11. 已知抛物线 $y^2=2x$ 的弦 AB 的中点的横坐标为 $\frac{3}{2}$，则 $|AB|$ 的最大值为（　　）

A. 1　　B. 2　　C. 3　　D. 4

12. 已知双曲线 $\frac{x^2}{a^2}-\frac{y^2}{b^2}=1(a>0,b>0)$ 的左焦点为 F，离心率为 $\sqrt{2}$。若经过 F 和 $P(0,4)$ 两点的直线平行于双曲线的一条渐近线，则双曲线的方程为（　　）（常考）

A. $\frac{x^2}{4}-\frac{y^2}{4}=1$　　B. $\frac{x^2}{8}-\frac{y^2}{8}=1$

C. $\frac{x^2}{4}-\frac{y^2}{8}=1$　　D. $\frac{x^2}{8}-\frac{y^2}{4}=1$

13. 双曲线 $y^2-\frac{x^2}{m}=1$ 的离心率 $e=2$，则以双曲线的两条渐近线与抛物线 $y^2=mx$ 的交点为顶点的三角形面积为（　　）（易错）

A. $\sqrt{3}$　　B. $9\sqrt{3}$　　C. $27\sqrt{3}$　　D. $36\sqrt{3}$

二、填空题

14. 经过点 $P(-3,-4)$，且在 x 轴、y 轴上的截距相等的直线 l 的方程是________。

15. 若圆 $x^2+y^2=4$ 与圆 $x^2+y^2+2ay-6=0(a>0)$ 的公共弦长为 $2\sqrt{3}$，则 $a=$________。

16. 与圆 $(x-1)^2+(y-2)^2=1$ 关于直线 $y=x$ 对称的圆的方程为________。

17. 已知定点 $A\left(-\frac{1}{2},0\right)$，$B$ 是圆 $F:\left(x-\frac{1}{2}\right)^2+y^2=4$（$F$ 为圆心）上一动点，线段 AB 的垂直平分线交 BF 于点 P，则动点 P 的轨迹方程为________。

18. 设抛物线 $y^2=8x$ 的准线与 x 轴交于点 Q，若过点 Q 的直线 l 与抛物线有公共点，则直线 l 的斜率的取值范围是__________。

19. 已知双曲线 $C:\frac{x^2}{a^2}-\frac{y^2}{b^2}=1\ (a>0,b>0)$ 的一条渐近线方程为 $y=\frac{\sqrt{5}}{2}x$，且与椭圆 $\frac{x^2}{12}+\frac{y^2}{3}=1$ 有公共焦点，则 C 的方程为________。

20. 已知点 A 为椭圆 $\frac{x^2}{25}+\frac{y^2}{9}=1$ 上任意一点，点 B 为圆 $(x-1)^2+y^2=1$ 上任意一点，则 $|AB|$ 的最大值为________。

三、判断题

21. 若点 $A(4,3)$，$B(5,a)$，$C(6,5)$ 三点共线，则 a 的值为 4。（　　）

22. 平面内与两个定点 F_1，F_2 的距离之和等于常数的点的轨迹是椭圆。（　　）

23. 双曲线方程 $\frac{x^2}{m^2}-\frac{y^2}{n^2}=\lambda\ (m>0,n>0,\lambda\neq0)$ 的渐近线方程是 $\frac{x^2}{m^2}-\frac{y^2}{n^2}=0$，即 $\frac{x}{m}\pm\frac{y}{n}=0$。

（　）

24. 抛物线既是中心对称图形，又是轴对称图形。（　）

四、解答题

25. 过点(2,3)的直线 l 被两平行直线 $l_1:2x-5y+9=0$ 与 $l_2:2x-5y-7=0$ 所截，所截的线段 AB 的中点恰在直线 $x-4y-1=0$ 上，求直线 l 的方程。

26. 已知圆 $C:(x-3)^2+(y-4)^2=4$，直线 l_1 过定点 $A(1,0)$。

(1)若 l_1 与圆相切，求 l_1 的方程；

(2)若 l_1 与圆相交于 P,Q 两点，线段 PQ 的中点为 M，又 l_1 与 $l_2:x+2y+2=0$ 的交点为 N，求证：$|AM|\cdot|AN|$ 为定值。

27. 已知椭圆 $\frac{x^2}{a^2}+\frac{y^2}{b^2}=1\ (a>0,b>0)$，原点到过点 $(0,b)$ 和 $(c,0)$ 的直线的距离为 $\frac{1}{2}c$。

(1)求椭圆的离心率；

(2)若圆 $(x-2)^2+(y+1)^2=\frac{5}{2}$ 的圆心为 M，交椭圆于 A,B 两点，AB 恰好是圆的直径，求椭圆的方程。

二、填空题

9. 已知直线 $l: mx+y+3m-\sqrt{3}=0$ 与圆 $x^2+y^2=12$ 交于 A,B 两点，过 A,B 分别作 l 的垂线与 x 轴交于 C,D 两点，若 $|AB|=2\sqrt{3}$，则 $|CD|=$________。

10. 已知抛物线 $y^2=2px(p>0)$ 的焦点为 F，其准线与双曲线 $y^2-\frac{x^2}{3}=1$ 相交于 A,B 两点，若 $\triangle ABF$ 为等边三角形，则 $p=$________。

11. 已知双曲线 $\frac{x^2}{a^2}-\frac{y^2}{b^2}=1(a>0,b>0)$ 中，A_1,A_2 为左、右顶点，F 为右焦点，B 为虚轴的上端点，若在线段 BF 上（不含端点）存在不同的两点 $P_i(i=1,2)$，使得 $\triangle P_iA_1A_2(i=1,2)$ 构成以 A_1A_2 为斜边的直角三角形，则双曲线离心率 e 的取值范围为________。

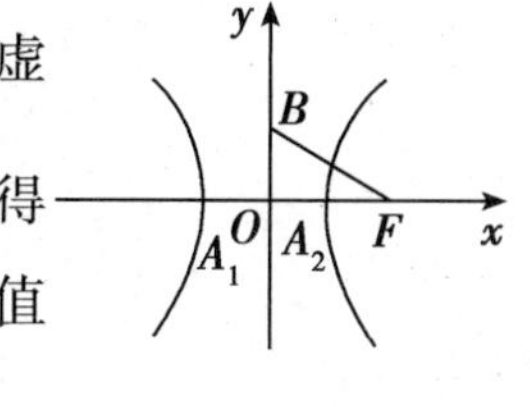

12. 若椭圆 $\frac{x^2}{a^2}+\frac{y^2}{b^2}=1$ 的焦点在 x 轴上，过点 $\left(1,\frac{1}{2}\right)$ 作圆 $x^2+y^2=1$ 的切线，切点分别为 A,B，直线 AB 恰好经过椭圆的右焦点和上顶点，则椭圆方程是________。

三、判断题

13. 已知双曲线 E 的中心为原点，$F(3,0)$ 是 E 的焦点，过 F 的直线 l 与 E 相交于 A,B 两点，且 AB 的中点为 $N(-12,-15)$，则 E 的方程为 $\frac{x^2}{4}-\frac{y^2}{5}=1$。（　　）

14. 直线 l 与抛物线 C 相切的充要条件是直线 l 与抛物线 C 只有一个公共点。（　　）

四、解答题

15. 已知椭圆 $C: \frac{x^2}{a^2}+\frac{y^2}{b^2}=1(a>b>0)$ 过点 $M(1,\frac{3}{2})$，离心率为 $\frac{1}{2}$。

（1）求椭圆 C 的方程；

（2）设直线 $l: y=kx+m(|k|\leqslant\frac{1}{2})$ 与椭圆 C 相交于 A,B 两点，以线段 OA,OB 为邻边作平行四边形 $OAPB$，其中顶点 P 在椭圆 C 上，O 为坐标原点，求 $|OP|$ 的取值范围。

16. 已知椭圆 E：$\frac{x^2}{a^2}+\frac{y^2}{b^2}=1\ (a>b>0)$的离心率为 $\frac{1}{2}$，点 A，B 分别为椭圆 E 的左、右顶点，点 C 在 E 上，且△ABC 面积的最大值为 $2\sqrt{3}$。

(1)求椭圆 E 的方程；

(2)设 F 为 E 的左焦点，点 D 在直线 $x=-4$ 上，过 F 作 DF 的垂线交椭圆 E 于 M，N 两点。证明：直线 OD 平分线段 MN。

17. 双曲线$\frac{x^2}{12}-\frac{y^2}{4}=1$，$F_1$，$F_2$为其左右焦点，$C$ 是以 F_2为圆心且过原点的圆。

(1)求 C 的轨迹方程；

(2)动点 P 在 C 上运动，M 满足$\overrightarrow{F_1M}=2\overrightarrow{MP}$，求 M 的轨迹方程。

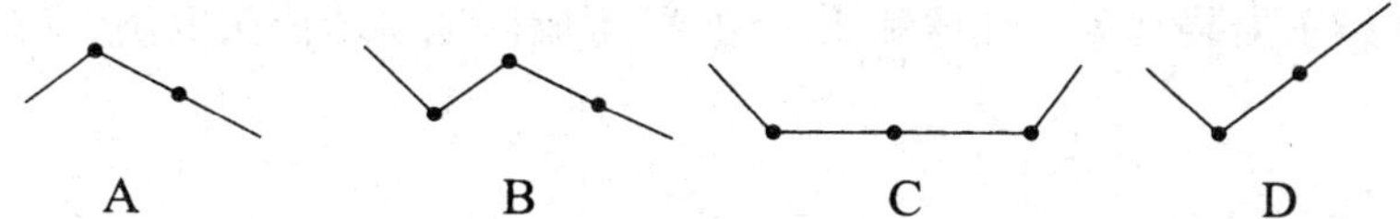

3. [江西]某位同学各科成绩如图所示,则其成绩的中位数是(　　)

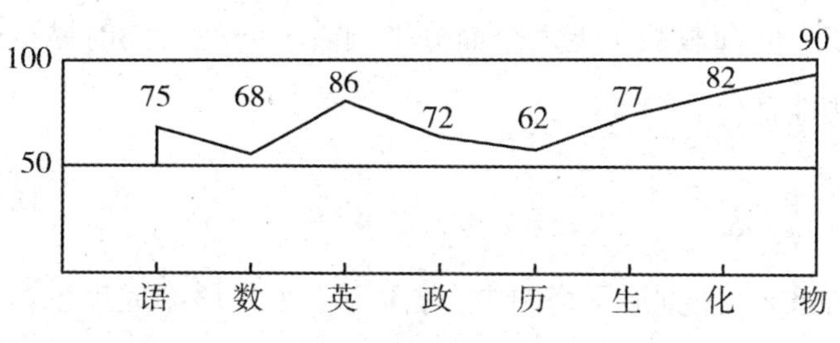

A. 75　　B. 75.5　　C. 76　　D. 77

4. [重庆沙坪坝区]某校举行“汉字听写比赛”,5 个班级代表队的正确答题数如图,这 5 个正确答题数所组成的一组数据的中位数和众数分别是(　　)

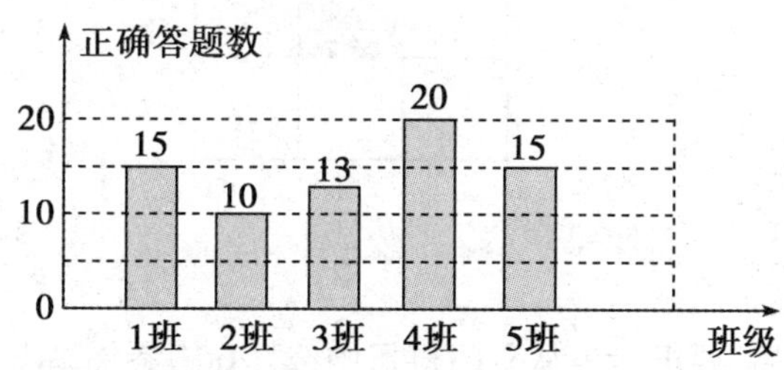

A. 10;15　　B. 13;15　　C. 13;20　　D. 15;15

5. [山西阳城]甲、乙、丙、丁参加体育训练,近期 10 次跳绳测试的平均成绩都是每分钟 174 个,其方差如下表:

选手	甲	乙	丙	丁
方差	0.023	0.018	0.020	0.021

则这 10 次跳绳中,这四个人发挥最稳定的是(　　)

A. 甲　　B. 乙　　C. 丙　　D. 丁

6. [山西特岗]一组数据由 10 个数组成,将其中一个数由 4 改为 1,另一个数由 6 改为 9,其余数不变,得到一组新的数据,则新的一组数的方差比原来一组数的方差增加了(　　)

A. 2　　B. 3　　C. 4　　D. 5

7. [湖南长沙]下列事件属于必然事件的是(　　)

A. 端午节所有人都会吃粽子　　B. 一个星期有 7 天,一天有 24 小时

C. 植物的果实在秋天成熟　　D. 年龄同为 12 岁,女生身高比男生高

8. [云南特岗]一个袋子内装有 7 个红球和 3 个白球,不放回地将球依次取出,则第二次取到白球的概率为(　　)

A. $\frac{3}{10}$　　B. $\frac{2}{9}$　　C. $\frac{1}{3}$　　D. $\frac{5}{9}$

9. [江西]有大、小两枚骰子,每枚骰子上六个面分别画着 1 ~ 6 点,同时抛这两枚骰子,两枚骰子上的点数之和为 7 的可能性是(　　)

A. $\frac{1}{6}$　　B. $\frac{7}{36}$　　C. $\frac{2}{9}$　　D. $\frac{1}{4}$

10. [安徽特岗]如图,在 3 × 3 正方形网络图中,有 3 个小正方形涂成黑色,现从白色小正方形中任选一个涂成黑色,使黑色部分图形构成一个轴对称图形的概率是(　　)

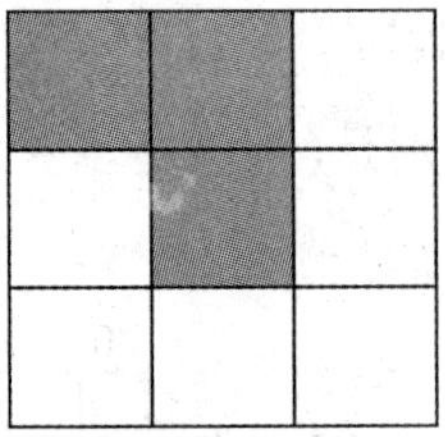

A. $\frac{1}{6}$　　B. $\frac{1}{3}$　　C. $\frac{1}{2}$　　D. $\frac{2}{3}$

11. [江苏淮安] 新高考改革后,要求考生从9 门科目中选择6 门参加高考,具体要求如下:语文、数学、外语为必选科目,从物理、历史两门学科中任选一门,再从历史、政治、生物、地理 4 门学科中任选两门。现有 5 位考生,已知他们共同选择了物理和生物,则这 5 位考生中至少有 3 人选科相同的概率为(　　)

A. $\frac{10}{27}$　　B. $\frac{17}{27}$　　C. $\frac{20}{27}$　　D. $\frac{7}{27}$

12. [河南许昌禹州] 3 个 1,11 个 0 排成一列,使得每两个 1 之间至少隔着两个 0,则共有多少种不同的排法?(　　)

A. 110　　B. 120　　C. 125　　D. 136

13. [山东青岛] 若 $C_n^3 = C_n^4 (n \in \mathbf{N}^*)$,则 $n =$ (　　)

A. 4　　B. 3　　C. 12　　D. 7

14. [湖北]某环保组织在某市随机调查了 1000 辆正在行驶的小汽车内所载的人数,所得信息如下表:

每辆车内人数	1	2	3	4	5
频数	400	320	160	90	30

31. [天津津南区]某市旅游局为了了解游客情况，针对游客情况制订策略，在某月中随机抽取甲、乙两个景点各10天的游客数，统计得到茎叶图如下：

甲		乙
9 8	10	9
3 2	11	4 5 8
7 3	12	4 5 6
8 6	13	3 5
6 5	14	1

(1)若将图中景点甲中的数据作为景点较长一段时期内的样本数据，以每天游客人数频率为概率P，今从这段时期内任取4天，记其中游客数超过130人的天数为ξ，求$P(\xi\leqslant 2)$；

(2)现从上图中20天的数据中任取2天(甲、乙各1天)，记其中游客数不低于125且不高于135人的天数为η，求η的分布列和数学期望。

32. [吉林]某人从甲地到乙地有三种方式：乘飞机、坐火车、坐轮船，此人对这三种乘坐方式的喜好是相同的，此人乘飞机、坐火车、坐轮船迟到的概率依次为0.1、0.2、0.3，求此人从甲地到乙地迟到的概率。

33. [黑龙江牡丹江]某单位6名员工借助互联网开展工作，每名员工上网的概率都是0.5。

(1)求至少3人同时上网的概率；

(2)至少几人同时上网的概率小于0.3？

基础训练

一、单项选择题

1. 在共有15人参加的一场演讲比赛中,参赛选手要想知道自己是否能进入前8名,只需要了解自己的成绩以及全部成绩的(　　)(常考)

A. 平均数　　B. 众数　　C. 中位数　　D. 方差

2. 在某时段有50辆车通过一个雷达测速点,工作人员将测得的车速绘制成如图所示的条形统计图,则这50辆车的车速的中位数(单位:km/h)为(　　)

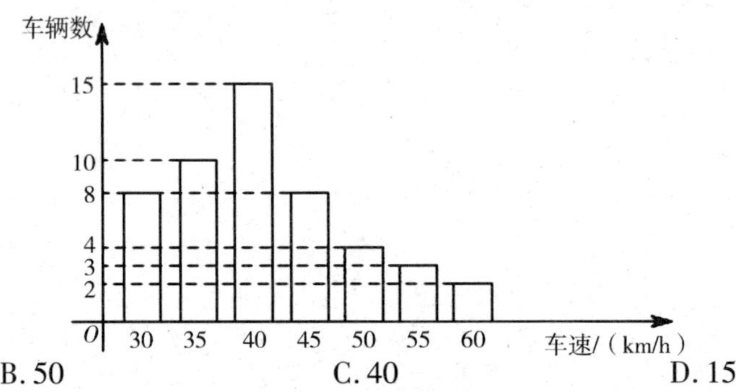

A. 60　　B. 50　　C. 40　　D. 15

3. 甲、乙两名同学本学期五次引体向上的测试成绩(个数)如图所示,下列判断正确的是(　　)

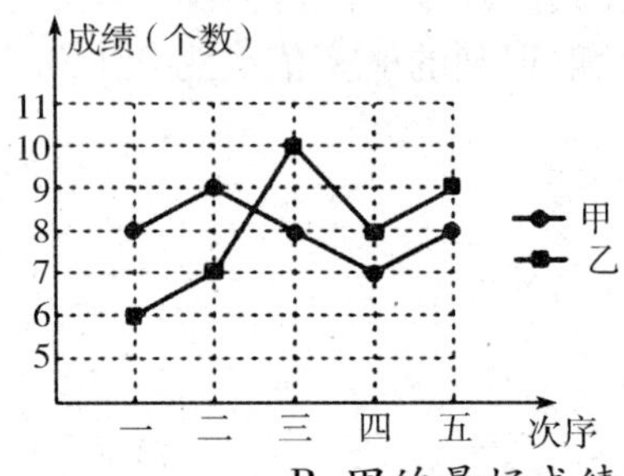

A. 甲的成绩比乙稳定　　B. 甲的最好成绩比乙高

C. 甲的成绩的平均数比乙大　　D. 甲的成绩的中位数比乙大

4. 已知一组数据5,4,x,3,9的平均数为5,则这组数据的中位数是(　　)

A. 3　　B. 4　　C. 5　　D. 6

5. 某班有40人,一次体能测试后,老师对测试成绩进行了统计。由于小亮没有参加本次集体测试,因此计算其他39人的平均分为90分,方差$s^2=41$。后来小亮进行了补测,成绩为90分,关于该班40人的测试成绩,下列说法正确的是(　　)

A. 平均分不变,方差变大　　B. 平均分不变,方差变小

C. 平均分和方差都不变　　D. 平均分和方差都改变

①甲、乙两班学生的平均成绩相同；

②乙班优秀的人数少于甲班优秀的人数(竞赛得分≥85 分为优秀)；

③甲班成绩的波动性比乙班小。

上述结论中正确的是________。(填写所有正确结论的序号)

22. 分别写有数字$\frac{1}{3}$,$\sqrt{2}$,-1,0,π的五张大小和质地均相同的卡片,从中任意抽取一张,抽到无理数的概率是________。

23. 将某大学 4 名大四学生安排到某城市的甲、乙、丙、丁四所中学进行教学实习,要求每所学校都分一名学生,且学生 A 不分到甲校,则不同的实习安排方案共有________种。

24. $\left(\sqrt{x}+\frac{3}{x^2}\right)^5$的展开式中的常数项为________。(常考)

25. 一批产品的二等品率为 0.02,从这批产品中每次随机取一件,有放回地抽取 100 次,X 表示抽到的二等品件数,则 $DX=$________。

三、判断题

26. 已知随机变量 ξ 服从正态分布 $N(2,\sigma^2)$,且 $P(\xi<4)=0.8$,则 $P(0<\xi<2)=0.3$　(　　)

27. 要从 1002 个学生中用系统抽样的方法选取一个容量为 20 的样本,需要剔除 2 个学生,这样对被剔除者不公平。　(　　)

四、解答题

28. 2013 年 3 月 28 日是全国中小学生安全教育日,某学校为加强学生的安全意识,组织了全校 1500 名学生参加安全知识竞赛,从中抽取了部分学生成绩(得分取正整数,满分为 100 分)进行统计。请根据尚未完成的频率分布表和频数分布直方图,解答下列问题:

频率分布表

分数段	频数	频率
50.5 ~ 60.5	16	0.08
60.5 ~ 70.5	40	0.2
70.5 ~ 80.5	50	0.25
80.5 ~ 90.5	m	0.35
90.5 ~ 100.5	24	n

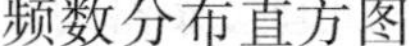
频数分布直方图

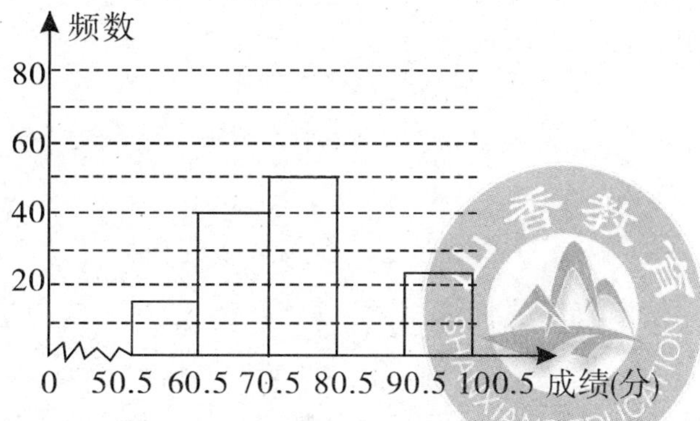

(1)这次抽取了________名学生的竞赛成绩进行统计,其中 $m=$________,$n=$________;

(2)补全频数分布直方图；

(3)若成绩在 70 分以下(含 70 分)的学生为安全意识不强，有待进一步加强安全教育，则该校安全意识不强的学生约有多少人？

29. 某校学生会进行了一次关于“消防安全”的调查活动，组织部分学生干部在几个大型小区中随机抽取了 50 名居民进行问卷调查，活动结束后，团委会对问卷调查结果进行了统计，并将其中“是否知道灭火器的使用方法(知道或不知道)”的问卷调查结果统计如下表：

年龄(岁)	[10,20)	[20,30)	[30,40)	[40,50)	[50,60)	[60,70)
频数	m	n	15	10	7	3
知道的人数	4	6	12	6	3	2

表中所调查的居民年龄在[10,20)，[20,30)，[30,40)的人数成等差数列。

(1)求上表中的 m,n 值，若从年龄在[20,30)的居民中随机选取两人，求这两人中至少有一人知道灭火器的使用方法的概率；

(2)在被调查的居民中，若从年龄在[10,20)，[20,30)的居民中各随机选取 2 人参加消防知识讲座，记选中的 4 人中不知道灭火器的使用方法的人数为 ξ，求随机变量 ξ 的分布列和数学期望。

32. 为了调查某高中学生每天的睡眠时间,现随机对 20 名男生和 20 名女生进行问卷调查,结果如下:

女生:

睡眠时间/小时	[4,5)	[5,6)	[6,7)	[7,8)	[8,9)
人数	2	4	8	4	2

男生:

睡眠时间/小时	[4,5)	[5,6)	[6,7)	[7,8)	[8,9)
人数	1	5	6	5	3

(1)从这 20 名男生中随机选出 3 人,求恰有一人睡眠时间不足 7 小时的概率;

(2)完成下面 2×2 列联表,并回答是否有 90% 的把握认为“睡眠时间与性别有关”?

	睡眠时间少于 7 小时	睡眠时间不少于 7 小时	合计
男生			
女生			
合计			

参考数据:

$P(K^2\geqslant k_0)$	0.15	0.10	0.05	0.025	0.010	0.005	0.001
k_0	2.072	2.706	3.841	5.024	6.635	7.879	10.828

$K^2=\dfrac{n(ad-bc)^2}{(a+b)(c+d)(a+c)(b+d)}$,其中 $n=a+b+c+d$。

33. 在一次人才招聘会上，有 A、B、C 三种不同的技工面向社会招聘。已知某技术人员应聘 A、B、C 三种技工被录用的概率分别是 0.8，0.5，0.2（允许受聘人员同时被多种技工录用）。

(1) 求该技术人员被录用的概率；

(2) 设 X 表示该技术人员被录用的工种数与未被录用的工种数的积。

(i) 求 X 的分布列和数学期望；

(ii)“设函数 $f(x)=3\sin\frac{(x+X)}{4}\pi, x\in\mathbf{R}$ 是偶函数”为事件 D，求事件 D 发生的概率。

11. 某超市计划按月订购一种酸奶，每天进货量相同，进货成本每瓶 4 元，售价每瓶 6 元，未售出的酸奶降价处理，以每瓶 2 元的价格当天全部处理完。根据往年销售经验，每天需求量与当天最高气温(单位:℃)有关。如果最高气温不低于 25，需求量为 500 瓶；如果最高气温位于区间[20,25)，需求量为 300 瓶；如果最高气温低于 20，需求量为 200 瓶。为了确定六月份的订购计划，统计了前三年六月份各天的最高气温数据，得下面的频数分布表：

最高气温	[10,15)	[15,20)	[20,25)	[25,30)	[30,35)	[35,40)
天数	2	16	36	25	7	4

以最高气温位于各区间的频率估计最高气温位于该区间的概率。

(1)求六月份这种酸奶一天的需求量不超过 300 瓶的概率；

(2)设六月份一天销售这种酸奶的利润为 Y(单位:元)，当六月份这种酸奶一天的进货量为 450 瓶时，写出 Y 的所有可能值，并估计 Y 大于零的概率。

12. 已知一个口袋中装有 n 个红球($n\geqslant 1$，且 $n\in \mathbf{N}_{+}$)和 2 个白球，从中有放回地连续摸三次，每次摸出两个球，若两个球颜色不同则为中奖，否则不中奖。

(1)当 $n=3$ 时，设三次摸球中(每次摸球后放回)中奖的次数为 ξ，求 ξ 的分布列；

(2)记三次摸球中(每次摸球后放回)恰有两次中奖的概率为 P，当 n 取多少时，P 最大。

专题十二　极限与连续

命题分析

本专题主要介绍数列的极限、函数的极限、函数的连续性。依据历年各地市真题的分析，本专题需要重点掌握的知识包括：

1. 常用的数列极限及其计算类型。

2. 函数极限的定义、极限存在的充要条件、运算法则；无穷小量阶的比较及常用的等价无穷小量；洛必达法则、两个重要极限公式，函数极限的求法。

3. 连续函数的定义和性质，函数间断点的分类与判定。

本专题属于高等数学中的基础内容，需要记忆与掌握的定理比较多，对考生的记忆及应用能力要求较高。在考试中常以单项选择题、填空题、判断题与解答题的形式考查。在备考时，考生要重点掌握：数列的极限（数列极限的计算）；函数的极限（等价无穷小的换算）；函数的连续性（连续性的判断；间断点的判断）。

真题实测

一、单项选择题

1. [福建] $\lim\limits_{x\to0}\dfrac{\tan x(x+\sin^2x)}{x^2}=$（　　）

A. 0　　　B. $\dfrac{1}{2}$　　　C. 1　　　D. 3

2. [重庆特岗] 如果 $\lim\limits_{n\to\infty}x_n=a$，则数列 $\{x_n\}(n\in\mathbf{N}_+)$ 是（　　）

A. 单调递增数列　　　B. 单调递减数列

C. 发散数列　　　D. 有界数列

3. [浙江] 当 $x\to0$ 时，$e^x-\left(1+\dfrac{x}{2}\right)^2$ 与（　　）是同阶无穷小量。

A. x　　　B. x^2

C. x^3　　　D. x^4

9. 已知$f(x)=\begin{cases}2x+3, x\neq 1,\\ 2, x=1,\end{cases}$下面结论正确的是(　　)

A. $f(x)$在 $x=1$ 处连续　　B. $f(x)=5$

C. $\lim\limits_{x\to 1^-}f(x)=2$　　D. $\lim\limits_{x\to 1^+}f(x)=5$

10. 设$f(x)=\dfrac{e^{\frac{1}{x}}-1}{e^{\frac{1}{x}}+1}$,则 $x=0$ 是$f(x)$的(　　)

A. 可去间断点　　B. 跳跃间断点

C. 第二类间断点　　D. 连续点

二、填空题

11. 极限$\lim\limits_{x\to 0}\dfrac{\ln\cos 2x}{\ln\cos 3x}=$________。

12. $\lim\limits_{n\to\infty}\dfrac{3n^2+5}{5n+3}\sin\dfrac{2}{n}=$________。

13. 设等差数列$\{a_n\}$的前 n 项和为 S_n,若 $a_6=S_3=12$,则$\lim\limits_{n\to\infty}\dfrac{S_n}{n^2}=$________。(常考)

14. 极限$\lim\limits_{x\to 1}\left(\dfrac{1}{\ln x}-\dfrac{1}{x-1}\right)=$________。

15. $\lim\limits_{n\to\infty}\left(\dfrac{1}{1\cdot 2}+\dfrac{1}{2\cdot 3}+\cdots+\dfrac{1}{n(n+1)}\right)^n=$________。

16. 若 $g(x)=\begin{cases}5-x, x\leqslant 0,\\ 5+x, x>0,\end{cases}$ $f(x)=\begin{cases}x^2, x<0,\\ -x, x\geqslant 0,\end{cases}$ 则$\lim\limits_{x\to 0}g[f(x)]=$________。(易错)

17. a 为常数,若 $\lim\limits_{x\to+\infty}(\sqrt{x^2-1}-ax)=0$,则 $a=$________。

18. 若$\lim\limits_{x\to 0}\dfrac{(\cos x-b)\sin x}{e^x-a}=3$,则 $a+b=$________。

三、判断题

19. 若数列$\{a_n\}$与数列$\{b_n\}$的极限均不存在,则它们的和与积的极限必不存在。(　　)

20. 若$\{a_n\}$是无穷小量,$\{b_n\}$是任意数列,则$\lim\limits_{n\to\infty}a_n\cdot b_n=0$。(　　)

整 合 提 升

一、单项选择题

1. 设$\left(\frac{\sqrt{2}}{2}+x\right)^{2n}=a_0+a_1x+a_2x^2+\cdots+a_{2n-1}x^{2n-1}+a_{2n}x^{2n}$，则$\lim\limits_{n\to\infty}[(a_0+a_2+a_4+\cdots+a_{2n})^2-(a_1+a_3+a_5+\cdots+a_{2n-1})^2]=$（　　）

A. -1　　B. 0　　C. 1　　D. $\frac{\sqrt{2}}{2}$

2. 若$b>0$，$\lim\limits_{n\to\infty}\left[1-\left(\frac{b}{1-b}\right)^n\right]=1$，则$b$的取值范围是（　　）（易错）

A. $\frac{1}{2}<b<1$　　B. $-\frac{1}{2}<b<-\frac{1}{2}$

C. $b<\frac{1}{2}$　　D. $0<b<\frac{1}{2}$

3. 若$\lim\limits_{x\to x_0}f(x)=\infty$，$\lim\limits_{x\to x_0}g(x)=\infty$，则下列正确的是（　　）（易混）

A. $\lim\limits_{x\to x_0}[f(x)+g(x)]=\infty$　　B. $\lim\limits_{x\to x_0}[f(x)-g(x)]=\infty$

C. $\lim\limits_{x\to x_0}\frac{1}{f(x)+g(x)}=0$　　D. $\lim\limits_{x\to x_0}kf(x)=\infty\ (k\neq 0)$

4. 若$\lim\limits_{x\to 0}\frac{f(2x)}{x}=2$，则$\lim\limits_{x\to 0}\frac{x}{f(3x)}=$（　　）

A. 3　　B. 2　　C. $\frac{1}{3}$　　D. $\frac{1}{2}$

二、填空题

5. $\lim\limits_{n\to\infty}\left(\frac{1}{n^2+n+1}+\frac{2}{n^2+n+2}+\cdots+\frac{n}{n^2+n+n}\right)=$________。

6. 设$f(x)$连续，且$f(1)=1$，则$\lim\limits_{x\to 1}\frac{\int_1^{\frac{1}{x}}f(xt)\,dt}{x^3-1}=$________。

7. 曲线$y=\frac{x^2+1}{x+1}e^{\frac{1}{x-1}}$的渐近线的条数为________。

8. 设常数$a>0$，$\left(ax^2+\frac{1}{\sqrt{x}}\right)^4$展开式中$x^3$的系数为$\frac{3}{2}$，则$\lim\limits_{n\to\infty}(a+a^2+\cdots+a^n)=$________。

三、判断题

9. 数列$\left\{\frac{1}{n}\right\}(n\in\mathbf{N}_+)$的极限为0。（　　）

10. 若$\lim\limits_{n\to\infty}a_n=a$，$\lim\limits_{n\to\infty}(a_n-b_n)=0$，则$\lim\limits_{n\to\infty}b_n=a$。（　　）

14. [河南许昌]已知函数$f(x)=(3x-x^2)e^x+mx$。

(1)若$m=2$,求曲线$y=f(x)$在点$(0,f(0))$处的切线方程;

(2)设函数$g(x)=\frac{f(x)}{x^2}$,$x\in(0,+\infty)$,若函数$g(x)$有两个极值点,试比较函数$g(x)$的极大值与$\frac{1}{2}e^{\frac{3}{2}}$的大小关系,并说明理由。

15. [山东菏泽] 求方程$y=1+xe^x$所确定的隐函数$y=y(x)$的导数$\left.\frac{dy}{dx}\right|_{x=0}$。

16. [浙江]设曲线$C:y=\sqrt{x-1}$,求:

(1)过原点与曲线C相切的切线方程;

(2)求这条切线、直线$y=0$与曲线C所围成的平面图形的面积。

17. [重庆特岗] 计算定积分$\int_0^a \sqrt{a^2 - x^2}\mathrm{d}x(a > 0)$。

18. [天津南开区] 已知函数$f(x) = x - \frac{1}{x} - a\ln x(a \in \mathbf{R})$。

(1)当 $a > 0$ 时,讨论$f(x)$的单调区间;

(2)设 $g(x) = x - \frac{a}{2}\ln x$,当$f(x)$有两个极值点 x_1, x_2,且 $x_1 \in (0, \mathrm{e}]$时,求 $g(x_1) - g(x_2)$的最小值。

19. [江苏淮安] 已知函数$f(x) = (m - x)\mathrm{e}^x$。

(1)判断该函数的极大值和最大值是否为同一个值,并写出求解过程;

(2)当 $x > 0$ 时,函数$f(x)$的图象恒在直线 $y = x + 4$ 的下方($m \in \mathbf{Z}$),求 m 的最大值。

27. $f(x)$是连续函数且满足$\int f(x)\sin x\mathrm{d}x=\cos^2 x+C$($C$为常数),则$f(x)=$________。

三、判断题

28. 设$\{u_n\}$为常数列,若$\sum_{n=1}^{\infty}u_n$收敛,则$\sum_{n=1}^{\infty}(u_{2n-1}+u_{2n})$收敛。（　　）

29. 单调函数的导函数必为单调函数。（　　）

四、解答题

30. 计算下列积分:(1) $\int_{\frac{1}{2}}^{1}\frac{\arcsin\sqrt{x}}{\sqrt{x(1-x)}}\mathrm{d}x$;

(2) $\int_{0}^{\frac{\pi}{2}}|\sin x-\cos x|\mathrm{d}x$;

(3) $\int\frac{\sqrt{4-x^2}}{x^4}\mathrm{d}x$。

31. 求由曲线$y^2=(4-x)^3$与y轴所围成的平面图形的面积,及此平面图形绕x轴旋转而成的立体图形的体积。(常考)

32. 在一个半径为R的圆内,内接一个矩形,当矩形的长和宽为多少时,矩形的面积最大?

33. 设$f(x)$在$(-\infty,+\infty)$内连续,且对任意的$x,y\in(-\infty,+\infty)$,有$f(x+y)=f(x)f(y)$,又$f'(0)=1$,求$f(x)$。

34. 设$f(x)$在$[a,b]$上连续,且$f(a)<a,f(b)>b$,证明:在开区间(a,b)内至少存在一点ξ,使$f(\xi)=\xi$。

35. 求由$y=\dfrac{1}{x}$与直线$y=x$及$x=2$所围成的图形的面积。

36. 已知函数$f(x)=x\ln x,g(x)=-x^2+ax-3$。

(1)求函数$f(x)$在$[t,t+2](t>0)$上的最小值;

(2)对一切$x\in(0,+\infty)$,$2f(x)\geqslant g(x)$恒成立,求实数a的取值范围。

二、填空题

8. 设 $f(x)$ 连续，$\varphi(x)=\int_0^{x^2} xf(t)\mathrm{d}t$，若 $\varphi(1)=1$，$\varphi'(1)=5$，则 $f(1)=$________。

9. $\int_1^{+\infty}\frac{\mathrm{d}x}{x\sqrt{x-1}}=$________。

10. 已知 $F(x)$ 是 $f(x)$ 的一个原函数，则 $\int \mathrm{e}^{-x}f(\mathrm{e}^{-x})\mathrm{d}x=$________。（易错）

11. 不定积分 $\int -\frac{x}{\sqrt{x^2-1}}\mathrm{d}x=$________。

12. 已知定义域为 $\mathbf{R}$ 的函数 $f(x)$ 满足 $f(4)=-3$，且对任意实数 x，总有 $f'(x)<3$，则不等式 $f(x)<3x-15$ 的解集为________。

三、判断题

13. $f(x)$ 在点 x_0 可导是 $f(x)$ 在点 x_0 可微的充分必要条件。　（　　）

14. $\int_0^{\sqrt{2}}\sqrt{2-x^2}\mathrm{d}x=\frac{\pi}{2}$。　（　　）

四、解答题

15. 设 $\lim\limits_{x\to\infty}f'(x)=\mathrm{e}$，且 $\lim\limits_{x\to\infty}[f(x)-f(x-1)]=\lim\limits_{x\to\infty}\left(\frac{x+c}{x-c}\right)^x$，求 c。

16. 设 $z=\arctan\frac{x-y}{x+y}$，求 $\frac{\partial z}{\partial x},\frac{\partial z}{\partial y}$。

17. 计算 $\iint\limits_{D}\sqrt{y^{2}-xy}\,\mathrm{d}x\mathrm{d}y$，其中 D 是由 $y=x,x=0,y=1$ 围成的区域。

18. 求微分方程 $x\mathrm{d}y+(x-2y)\mathrm{d}x=0$ 的通解。

19. 已知 $x=2$ 是函数 $f(x)=(x^{2}+ax-2a-3)\mathrm{e}^{x}$ 的一个极值点。$(\mathrm{e}=2.718\cdots)$

(1)求实数 a 的值；

(2)求函数 $f(x)$ 在 $x\in\left[\frac{3}{2},3\right]$ 的最大值和最小值。

4. [山东潍坊诸城] 设矩阵 $\boldsymbol{A}_1=\begin{pmatrix}1&0&0\\0&1&0\\0&1&1\end{pmatrix}$,$\boldsymbol{A}_2=\begin{pmatrix}1&1&0\\0&1&1\\0&1&1\end{pmatrix}$,$\boldsymbol{A}_3=\begin{pmatrix}1&0&0\\1&1&0\\0&0&1\end{pmatrix}$,下列结论正确的是(　　)

A. $\boldsymbol{A}_1$与$\boldsymbol{A}_2$相似　　B. $\boldsymbol{A}_1$与$\boldsymbol{A}_3$相似　　C. $\boldsymbol{A}_2$与$\boldsymbol{A}_3$相似

二、填空题

5. [山西特岗] $f(x)=\begin{vmatrix}4\sin x&\sqrt{3}\\1&\cos x\end{vmatrix}$,则 $f(x)\geqslant 0$ 的解集为________。

6. [河南驻马店上蔡县]向量 $\boldsymbol{\alpha}_1=\begin{pmatrix}1\\1\\1\end{pmatrix}$与向量 $\boldsymbol{\alpha}_2=\begin{pmatrix}0\\2\\5\end{pmatrix}$线性________。(填“相关”或者“无关”)

三、判断题

7. [山西汾阳]若 n 阶方阵 $\boldsymbol{A},\boldsymbol{B},\boldsymbol{C}$ 满足 $\boldsymbol{AB}=\boldsymbol{AC}$,且 $\boldsymbol{A}\neq\boldsymbol{0}$,则 $\boldsymbol{B}=\boldsymbol{C}$。(　　)

8. [山西汾阳]若矩阵 $\boldsymbol{A}$ 可逆,则 $|\boldsymbol{A}|\neq 0$。(　　)

9. [山西汾阳]若矩阵 $|\boldsymbol{A}|\neq 0$,则 $\mathrm{r}(\boldsymbol{A})\geqslant 1$。(　　)

四、解答题

10. [重庆特岗]设 $\boldsymbol{A}=\begin{pmatrix}1&2&0\\3&4&0\\-1&2&1\end{pmatrix}$,$\boldsymbol{B}=\begin{pmatrix}2&3&-1\\-2&4&0\end{pmatrix}$,求:

(1) $\boldsymbol{AB}^{\mathrm{T}}$;

(2) $|4\boldsymbol{A}|$。

11.［贵州特岗］当 k 取怎样的数值时，齐次线性方程组 $\begin{cases} kx_1+x_2+x_3=0, \\ x_1+kx_2+x_3=0, \\ x_1+x_2+kx_3=0 \end{cases}$ 有非零解？

19. 当 λ,μ 取何值时，齐次线性方程组 $\begin{cases}\lambda x_1+x_2+x_3=0,\\ x_1+\mu x_2+x_3=0,\\ x_1+2\mu x_2+x_3=0\end{cases}$ 有非零解？

20. 求矩阵 $\boldsymbol{A}=\begin{pmatrix}2 & 3 & 2\\ 1 & 8 & 2\\ -2 & -14 & -3\end{pmatrix}$ 的特征值和特征向量。

整合提升

一、单项选择题

1. 已知向量组 $\boldsymbol{\alpha}_1,\boldsymbol{\alpha}_2,\boldsymbol{\alpha}_3$ 线性无关,则下列向量组中,线性无关的是(　　)

A. $\boldsymbol{\alpha}_1+\boldsymbol{\alpha}_2,\boldsymbol{\alpha}_2+\boldsymbol{\alpha}_3,\boldsymbol{\alpha}_3-\boldsymbol{\alpha}_1$

B. $\boldsymbol{\alpha}_1+\boldsymbol{\alpha}_2,\boldsymbol{\alpha}_2+\boldsymbol{\alpha}_3,\boldsymbol{\alpha}_1+2\boldsymbol{\alpha}_2+\boldsymbol{\alpha}_3$

C. $\boldsymbol{\alpha}_1+2\boldsymbol{\alpha}_2,2\boldsymbol{\alpha}_2+3\boldsymbol{\alpha}_3,3\boldsymbol{\alpha}_3+\boldsymbol{\alpha}_1$

D. $\boldsymbol{\alpha}_1+\boldsymbol{\alpha}_2+\boldsymbol{\alpha}_3,2\boldsymbol{\alpha}_1-3\boldsymbol{\alpha}_2+22\boldsymbol{\alpha}_3,3\boldsymbol{\alpha}_1+5\boldsymbol{\alpha}_2-5\boldsymbol{\alpha}_3$

2. 设 $\boldsymbol{A}$ 为 $n(n\geqslant2)$ 阶可逆矩阵,交换 $\boldsymbol{A}$ 的第一行与第二行得到矩阵 $\boldsymbol{B}$,$\boldsymbol{A}^*$ 与 $\boldsymbol{B}^*$ 分别为 $\boldsymbol{A}$ 和 $\boldsymbol{B}$ 的伴随矩阵,则(　　)

A. 交换 $\boldsymbol{A}^*$ 的第一列与第二列,得 $\boldsymbol{B}^*$　　B. 交换 $\boldsymbol{A}^*$ 的第一行与第二行,得 $\boldsymbol{B}^*$

C. 交换 $\boldsymbol{A}^*$ 的第一列与第二列,得 $-\boldsymbol{B}^*$　　D. 交换 $\boldsymbol{A}^*$ 的第一行与第二行,得 $-\boldsymbol{B}^*$

3. 已知关于 x,y 的二元一次线性方程组的增广矩阵是 $\begin{pmatrix}1 & 3-\lambda & 1+\lambda\\ \lambda & 2 & 2\lambda\end{pmatrix}$,则该线性方程组有无穷多组解的充要条件是 $\lambda=$(　　)(易混)

A. 2　　B. 1 或 2　　C. 1　　D. 0

4. 三元一次方程组 $\begin{cases}x_1+x_2+x_3=1,\\ 2x_1-x_2+3x_3=4,\\ 4x_1+x_2+9x_3=16\end{cases}$ 的解中,未知数 x_2 的值必为(　　)

A. 1　　B. $\dfrac{5}{2}$　　C. $\dfrac{7}{3}$　　D. $\dfrac{1}{6}$

二、填空题

5. 方程 $\begin{vmatrix}1 & 1 & 1 & 1\\ 1 & 1-x & 1 & 1\\ 1 & 1 & 2-x & 1\\ 1 & 1 & 1 & 3-x\end{vmatrix}=0$ 的根是________。

6. 设 3 阶矩阵 $\boldsymbol{A}=\begin{pmatrix}1 & 0 & 0\\ 2 & 2 & 0\\ 3 & 3 & 3\end{pmatrix}$,则 $\boldsymbol{A}^*\boldsymbol{A}=$__________。

专题十五 小学数学课程标准概述

命题分析

本专题主要介绍小学数学课程标准概述的有关内容。依据历年各地市真题的分析，本专题需要重点掌握的知识包括：

1. 义务教育数学课程的性质、基本理念与设计思路；课程内容中的核心概念的含义。

2. 义务教育数学课程总目标的内容，以及总目标的四个方面；第一、二学段目标的内容。

3. 课程标准提出的教学建议、评价建议、教材编写建议、课程资源开发与利用建议。

本专题属于小学数学课程标准的内容，需要记忆的知识比较多。在考试中常以单项选择题、填空题与简答题的形式考查，另外在案例分析题与教学设计题中也会有所涉及，考查考生对课程标准的思想的运用。在备考时，考生应重点识记义务教育课程标准内容，这不仅是考试小学数学课程与教学论部分考查的重点，也是以后进行教学的理论依据。

真题实测

一、单项选择题

1. [湖北]《义务教育数学课程标准》(2011 年版)安排了四部分课程内容，以下选项不属于这四部分内容的是(　　)

A. 数与代数　　B. 图形与几何

C. 统计与概率　　D. 解决问题

2. [重庆特岗]《义务教育数学课程标准》(2011 年版)中提出的核心概念的个数是(　　)

A. 8　　B. 9　　C. 10　　D. 12

3. [江苏无锡]《义务教育数学课程标准》(2011 年版)中有两类行为动词：一类是描述结果目标的行为动词，另一类是描述过程目标的行为动词，其中“在理解的基础上把对象用于新的情境”属于(　　)

A. 了解　　B. 理解　　C. 掌握　　D. 运用

4. [安徽特岗]关于运算能力，下面说法错误的是(　　)

A. 具有运算能力意味着能根据运算法则和运算律正确地进行计算

B. 具有运算能力意味着能理解算理

C. 具有运算能力意味着能寻求合理简洁的运算过程

D. 具有运算能力意味着具有良好的应用意识

5. [重庆沙坪坝区]通过义务教育阶段的数学学习，学生能了解数学的价值，提高学习数学的兴趣，增强学好数学的信心，养成良好的学习习惯，具有初步的(　　)和科学态度。

A. 推理能力　　B. 应用意识

C. 创新意识　　D. 思维能力

6. [重庆沙坪坝区]学生学习应当是一个生动活泼的、主动的和富有个性的过程。认真听讲、积极思考、动手实践、(　　)、合作交流等，都是学习数学的重要方式。

A. 自主探索　　B. 独立探究

C. 自主思考　　D. 积极创新

7. [江西]数学文化作为教材的组成部分，应渗透在整套教材中。教师要适时向学生介绍有关数学发展史的相关材料，感受数学家治学的严谨，欣赏数学的优美，下面不属于数学文化的范畴的是(　　)

A. 蒲丰投针　　B.《黄帝内经》　　C. 黄金分割　　D.《周髀算经》

8. [江西]建立符号意识有助于学生理解符号的使用是数学表达和进行(　　)的重要形式。

A. 合情推理　　B. 数学思考　　C. 演绎推理　　D. 类比推理

9. [江西]知识技能、数学思考、问题解决、情感态度，这四个方面目标的整体实现，是学生受到良好教育的标志，它对学生的全面、持续、(　　)、发展有着重要的意义。

A. 迅速　　B. 个性　　C. 和谐　　D. 生动

10. [福建]依据《义务教育数学课程标准》(2011 年版)，下列不属于第一学段"知识技能"目标的是(　　)

A. 认识物体的相对位置　　B. 感受平移、旋转、轴对称现象

C. 了解一些简单几何体和常见的平面图形　　D. 能在方格纸上画出简单图形运动后的图形

11. [安徽]《义务教育数学课程标准》(2011 年版)中指出，对于学生基础知识和基本技能达成情况的评价，必须准确把握课程内容中的要求，下列做法不符合要求的是(　　)

A. 在设计试题时，应淡化特殊的解题技巧，不出偏题怪题

B. 在考试时，几何命题的证明应以"图形的性质"中所列出的基本事实和定理作为依据

C. 考查的内容一般应限定在必学范围内

D. 选学内容"三元一次方程组"可以列入考试范围

12. [湖北]小学数学的学习过程一般从总体上划分的三个阶段是(　　)

A. 学习阶段，理解阶段，掌握阶段　　B. 习得阶段，保持阶段，理解阶段

C. 学习阶段，理解阶段，提取阶段　　D. 习得阶段，保持阶段，提取阶段

综合特训

一、单项选择题

1.《义务教育数学课程标准》(2011年版)中提出数学课程内容的核心:数感、符号意识、空间观念、几何直观、数据分析观念、运算能力、(　　)、模型思想,以及应用意识和创新意识。(常考)

A. 操作能力　　B. 阅读能力　　C. 表达能力　　D. 推理能力

2. 数学是人类的一种文化,它的内容、思想、(　　)是现代文明的重要组成部分。

A. 数据与整理　　B. 推理与证明

C. 方法与语言　　D. 计算与估算

3.《义务教育数学课程标准》(2011年版)指出,数学课程应致力于实现义务教育阶段的培养目标,要面向全体学生,适应学生个性发展的需要,使得(　　),不同的人在数学上得到不同的发展。

A. 人人学有价值的数学　　B. 人人获得必需的数学

C. 人人都能获得良好的数学教育　　D. 人人掌握有价值的数学

4. 下列行为属于落实数学思考目标的是(　　)

A. 初步形成评价与反思意识　　B. 体会数学特点,了解数学价值

C. 体会统计方法的意义,发展数据分析观念　　D. 经历数与代数的抽象、运算与建模等过程

5. 数感主要是指关于数与数量、(　　)、运算结果估计等方面的感悟。

A. 等量关系　　B. 数量关系　　C. 式与方程　　D. 计算策略

6. “参与特定的数学活动,主动认识或验证对象的特征,获得一些经验”是对过程性目标“(　　)”的表述。

A. 感受　　B. 经历　　C. 体验　　D. 探索

7. 建立成长记录是学生开展自我评价的一个重要方式,它能反映出学生(　　)的历程。

A. 发展与进步　　B. 分析与应用

C. 成长与提高　　D. 探索与创新

8. 数学活动是师生积极参与、交往互动、(　　)的过程。

A. 共同发展　　B. 教学相长　　C. 共同成长　　D. 共同进步

9. 数学知识是一个有机的整体,教材应反映各部分内在之间的联系与综合,这说明教材编写应体现(　　)

A. 科学性　　B. 整体性　　C. 过程性　　D. 变化性

10. 数学课程资源是指应用于教与学活动中的各种资源，其中生成性资源包含教学活动中提出的问题、(　　)、学生学习过程中出现的问题、课堂实录等。

A. 教学软件　　B. 用于操作的学具或教具

C. 数学软件　　D. 学生的作品

11. 教学评价应以课程目标和课程内容为依据，体现数学课程的基本理念，全面评价学生在(　　)等方面的表现。

A. 知识技能、基础知识、问题提出和情感态度

B. 知识技能、学习兴趣、问题解决和情感态度

C. 基础知识、数学思考、问题提出和学习兴趣

D. 知识技能、数学思考、问题解决和情感态度

12. 下列选项中不属于信息技术资源的是(　　)(易混)

A. 网络　　B. 数学软件　　C. 电视广播　　D. 多媒体光盘

13. 关于学生创新意识的培养，以下表述错误的是(　　)(常考)

A. 数学就是要多做多练，所以多做数学习题，可以达到培养学生的创新意识的目的

B. 培养学生发现问题，提出问题的能力，是培养学生创新意识的重要途径

C. "综合与实践"活动是培养学生创新意识的重要载体

D. 创新意识的培养应当贯穿数学教育的始终

14. 下列选项不属于《义务教育数学课程标准》(2011 年版)中规定的义务教育阶段"总体目标"的是(　　)

A. 获得适应未来社会生活和进一步发展所必需的重要数学知识

B. 初步学会运用数学的思维方式去观察、分析现实社会

C. 体会数学与自然及人类社会的密切联系

D. 探索并掌握相交线、平行线、三角形、四边形和圆的基本性质与判定

15. 对于四则混合运算，数学课程标准要求"能进行简单的四则混合运算"这里的"简单"具体指(　　)(易混)

A. 以两步为主，一般不超过三步　　B. 以两步为主，不超过三步

C. 以三步为主，一般不超过四步　　D. 以三步为主，不超过四步

16. 一年级学习 10 以内的数时，学生通过数小棒、摆图片等认识了"几"和"第几"，这说明其思维正处于(　　)

A. 以直观行动思维为主　　B. 以具体形象思维为主

C. 以抽象逻辑思维为主　　D. 以再造性思维为主

45.《义务教育数学课程标准》(2011 年版)所制定的总目标是什么？总目标是从哪几个方面进行阐述的？

46. 数学课程资源主要包括哪些类型资源？

五、论述题

47. 空间观念所包含的内容有哪些？

48. 教学中教师如何处理好“预设”与“生成”的关系？

3. [湖北]“无理数”与“无限不循环小数”这两个概念之间的关系是(　　)

A. 同一关系　　B. 从属关系

C. 交叉关系　　D. 全异关系

二、简答题

4. [湖北]结合小学数学学习理论,阐述小学生数学学习的特点。

5. [湖南长沙岳麓区] 讨论法是学生在教师的指导下,为解决某个问题而进行探讨、辨明是非真伪以获取知识的方法。随着新课程的实施,课堂讨论被越来越多的教师所重视并在教学中应用,它能更好地发挥学生的主动性、积极性,有利于培养学生的逻辑思维能力、口头表达能力,促进学生在教学实践中灵活地运用知识。

问题:为了使课堂讨论更有效,应如何实施讨论法?

6. [江苏无锡]苏教版数学六年级上册“整理与复习”单元有一题“李叔叔骑自行车$\frac{5}{4}$分钟行了$\frac{2}{5}$千米,他 20 分钟能行多少千米?”对于这题,一些学生往往感到困惑迷茫。

(1)作为老师,你会如何进行辅导,请写出算法和分析过程;

(2)如果学生在课堂上出现“$20\times\frac{2}{5}\div\frac{5}{4}=\frac{32}{5}$千米”的解法,你会怎样处理?

综合特训

一、单项选择题

1. 几何中常见的补形解题做法是数学中(　　)在解数学问题中的具体运用。

A. 分类讨论思想　　B. 数学模型思想
C. 整体思想　　D. 方程思想

2. 概念的内涵就是概念所反映的(　　)的总和。

A. 本质属性　　B. 对象的全体
C. 事物的本质属性　　D. 属性

3. 很多学生在学习了乘法口诀后,习惯于"三七二十一"这一记忆顺序,如果问他们"几乘以三等于二十一",很多人都反应不出来,这是一种(　　)现象消极作用的表现。

A. 发散思维　　B. 定势　　C. 逻辑思维　　D. 启发

4. (　　)是教师运用口头语言结合适当的板书板画,向学生解释说明或论证数学概念、计算法则和规律性知识的一种教学方法。

A. 讲解法　　B. 讨论法　　C. 练习法　　D. 实验法

5. 教师在课堂上采用小组讨论的教学方法,重点是培养学生的(　　)(易混)

A. 搜集信息的能力　　B. 交流、协作与表达的能力
C. 创新能力　　D. 解决问题的能力

6. 将整数分为正整数和负整数,这样的分类违反了概念分类原则中的(　　)

A. 分类必须是对称的　　B. 分类所得的各个子项应互相排斥
C. 每次分类必须按同一标准进行　　D. 分类不能越级进行

7. 在"两位数乘两位数的笔算乘法"教学中,教师为学生提供了一幅13行16列的点子图,同时要求学生利用手中的点子图,在上面圈一圈,画一画,找到解决13×16的方法,并把自己的方法和思考写在纸上。其中渗透的数学思想是(　　)

A. 数形结合的思想、函数与方程的思想　　B. 转化的思想、方程的思想
C. 数形结合的思想、转化的思想　　D. 转化的思想、分类与整合的思想

8. 数学中整除的定义方式是(　　)(常考)

A. 属加种差定义　　B. 关系定义　　C. 发生定义　　D. 外延定义

9. 假定学生已经掌握"三角形的高"这个概念,判断学生掌握这个概念的行为标准是(　　)(易混)

A. 学生能说明三角形高的本质特征

B. 学生能陈述三角形高的定义

四、案例分析题

27. 阅读材料回答问题。

两位教师上《圆的认识》一课：

教师 1 在教学“半径和直径关系”时，组织学生动手测量、制表，然后引导学生发现“在同一圆中，圆的半径是直径的一半”。

教师 2 在教学这一知识点时是这样设计的：

师：通过自学，你知道半径和直径的关系吗？

生 1：在同一圆里，所有的半径是直径的一半。

生 2：在同一圆里，所有的直径是半径的 2 倍

生 3：如果用字母表示，则是 $d=2r,r=\frac{d}{2}$。

师：这是同学们通过自学获得的，你们能用什么方法证明这一结论是正确的呢？

生 1：我可以用尺子测量一下直径和半径的长度，然后找出它们之间的关系。

师：那我们一起用这一方法检测一下。

……

师：还有其他方法吗？

生 2：通过折纸，我能看出它们的关系。

……

比较这两位老师的教学行为，你认为哪位老师的教学行为更符合新课标、新课改的理念，并进行简要分析。

28. 计算 0.56×2.32 时,有学生出现下列做法:

$$
\begin{array}{r}
0.56 \\
\times \quad 2.32 \\
\hline
112 \\
168 \\
112 \\
\hline
3.92
\end{array}
$$

问题:

(1)指出解题过程中的错误之处,分析导致此错误发生的原因;

(2)针对出错原因,给出教学建议使学生避免此类错误发生。

29. 阅读下列材料回答问题。

材料:某节小学数学课上,某老师在解决问题"同学们在全长 100m 的小路一边植树。每隔 5m 栽一棵树(两端都要栽),一共要栽多少棵树?"时,先引导学生画图,探究在全长 10m,20m,40m,…长的小路上种树的一系列问题,从中找出规律,再用于解决上述问题。

(1)该教学主要渗透和体现了哪些思想?

(2)在小学数学教学活动中可以采取哪些措施来渗透和体现数学思想?

34. 阐述在教学中如何贯彻具体与抽象相结合的原则？

35. 阐述小学生计算错误的原因，并给出培养计算能力的教学策略。

36. 什么是数学概念形成？数学概念形成的学习过程可以分为哪几个阶段？

专题十七　小学数学教学设计与技能

命题分析

本专题主要介绍教材与学情的分析、教学目标和重难点的设计、教学过程的设计。依据历年各地市真题的分析，本专题需要重点掌握的知识包括：

1. 教材与学情分析的内容。

2. 教学目标设计的标准、陈述技巧；教学重难点的含义、确定依据。

3. 课堂导入技能的类型，课堂提问技能的实施；数学课堂活动的设计；课堂小结技能；教案辨析的要求与基本内容。

本专题属于教学实施的内容，需要理解、记忆的内容比较多，对考生的灵活运用能力要求较高。在考试中常以单项选择题、简答题、案例分析题与教学设计题的形式考查。在备考时，考生要能够针对某节课程的某部分或全部内容进行教学设计，这不仅是考试中的重难点，也是进行教学的基本能力。

真题实测

一、单项选择题

1. [江苏无锡]下列说法正确的是(　　)

A. 课堂提问就是教师问学生答

B. 所有课堂提问都应有个清晰正确的答案

C. 课堂提问要给学生留出一定的思考时间

D. 课堂提问中个别学生出现的问题可暂时不用解决

二、简答题

2. [云南特岗]简述小学数学教材分析的基本步骤。

四、教学设计题

5. [浙江杭州]下面是《义务教育教科书五年级下册(人教版)》“最小公倍数”的相关内容,请根据教材内容设计一份教案。

最小公倍数

1 4 和 6 公有的倍数是哪几个？公有的最小倍数是多少？

4 的倍数有：4，8，12，16，20，24，28，32，36，40，…

6 的倍数有：6，12，18，24，30，36，42，…

4 和 6 公有的倍数有：12，24，36，…

其中公有的最小倍数是 12。

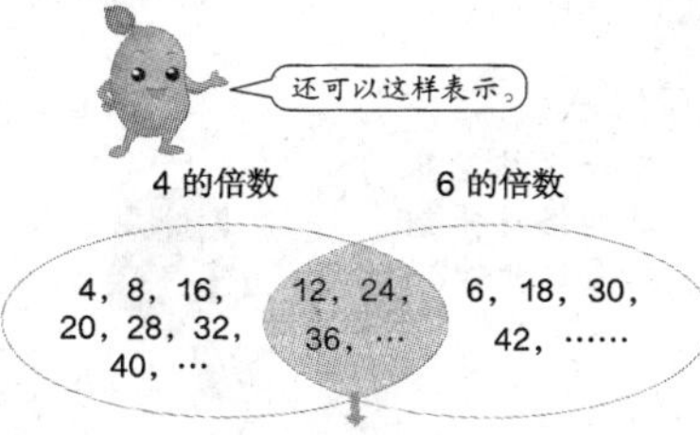

12，24，36，…是 4 和 6 公有的倍数，叫做它们的**公倍数**。其中，12 是最小的公倍数，叫做它们的**最小公倍数**。

想一想：两个数有没有最大的公倍数？

做一做

把 3 和 4 的倍数、公倍数填在相应的位置，并圈出它们的最小公倍数。

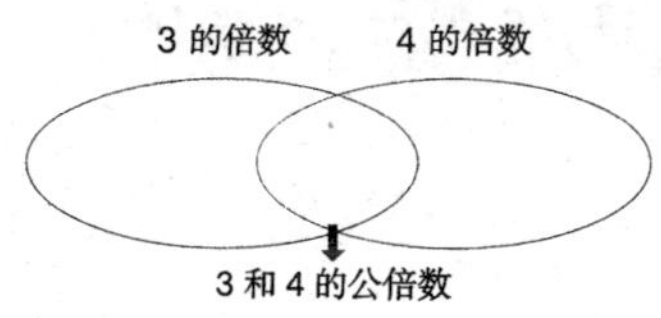

2 怎样求 6 和 8 的公倍数及最小公倍数？

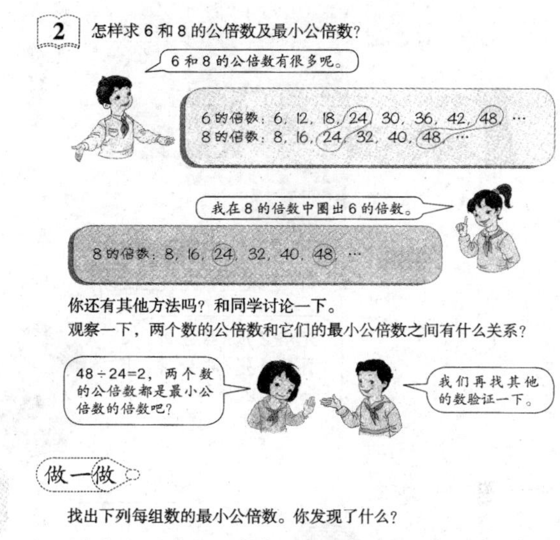

你还有其他方法吗？和同学讨论一下。

观察一下，两个数的公倍数和它们的最小公倍数之间有什么关系？

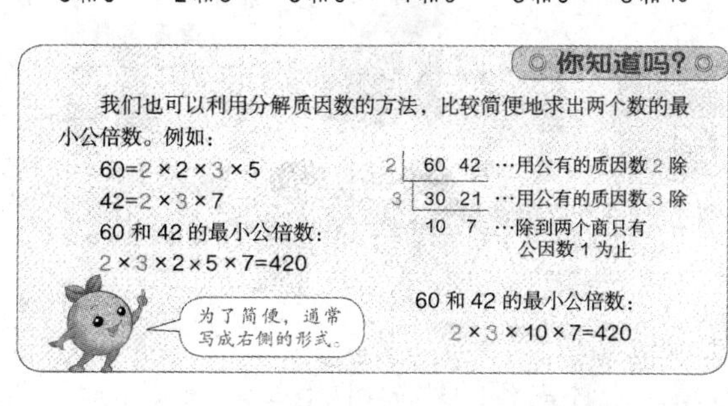

做一做

找出下列每组数的最小公倍数。你发现了什么？

3 和 6　　2 和 8　　5 和 6　　4 和 9　　3 和 9　　5 和 10

你知道吗？

我们也可以利用分解质因数的方法，比较简便地求出两个数的最小公倍数。例如：

$60=2\times2\times3\times5$

$42=2\times3\times7$

60 和 42 的最小公倍数：

$2\times3\times2\times5\times7=420$

2 | 60　42 …用公有的质因数 2 除

3 | 30　21 …用公有的质因数 3 除

　　10　7 …除到两个商只有公因数 1 为止

为了简便，通常写成右侧的形式。

60 和 42 的最小公倍数：

$2\times3\times10\times7=420$

6. [福建]材料:《义务教育教科书(人教版)数学四年级上册》"数学广角——优化"中的教学内容节选。

问题：

(1)写出上述内容的教学目标；

(2)写出上述内容的教学重点和难点；

(3)写出烙饼需要的最短时间 t(分钟)与烙饼的张数 n(张)之间的关系；

(4)设计上述内容的教学过程。(要求过程完整,阐述清楚)

9.《义务教育数学课程标准》(2011 年版)明确将数学课程的目标细化为四个方面:________、________、________、________。

10. 新的数学课程标准中明确阐述知识技能目标分为了解(认识)、________、掌握、________等四个层次。

11. 教学目标对整个教学活动具有________、________、________的功能。(常考)

12. 说课有两个明显的特点:一是________,即互相学习,共同提高;二是________。

13. 小学数学教案编写的原则:________、________、________、________、________。

三、判断题

14. 在充分理解教材的基础上,制订好教学计划,无需根据学生和教学的实际情况做适当调整。（　　）

15. 行为动词(行为)必须是可观察、可测量、具体而明确的,否则就无法评价。（　　）

16. 要使讨论达到效果,教师必须营造讨论氛围。（　　）

17. 概念课的难点通常是“对定义的理解”。（　　）

18. 教案的说明部分主要包括:授课班级,授课时间,课题,教学目标,课型,教材分析,教学方法及教学媒体,其中授课班级、授课时间、课型可以省略。（　　）

四、简答题

19. 简述如何设计好一堂课的教案。

20. 课堂管理是指什么?

21. 如何进行学情分析？

22. 练习设计应该遵循哪些原则？

23. 在具体进行某节课的教材分析时教师如何做到对教材的把握？

24. 简述教学目标表述容易出现的问题。

六、教学设计题

27. 请认真阅读下列材料，并回答问题。

比例的基本性质

组成比例的四个数，叫做比例的**项**，两端的两项叫做比例的**外项**，中间的两项叫做比例的**内项**。

例如：

$$2.4:1.6=60:40$$

内项（1.6、60）
外项（2.4、40）

如果把上面的比例写成分数形式：$\frac{2.4}{1.6}=\frac{60}{40}$，2.4 和 40 仍然是外项，1.6 和 60 仍然是内项。

1 计算下面比例中两个外项的积和两个内项的积。比较一下，你能发现什么？

（1）$2.4:1.6=60:40$

$2.4\times40=96$

$1.6\times60=96$

（2）$\frac{3}{5}=\frac{9}{15}$

$3\times15=$________

$5\times9=$________

在比例里，两个外项的积等于两个内项的积。这叫做**比例的基本性质**。

做一做

应用比例的基本性质，判断下面哪组中的两个比可以组成比例。

（1）$6:3$ 和 $8:5$　　（2）$0.2:2.5$ 和 $4:50$

（3）$\frac{1}{3}:\frac{1}{6}$ 和 $\frac{1}{2}:\frac{1}{4}$　　（4）$1.2:\frac{3}{4}$ 和 $\frac{4}{5}:5$

问题：

(1)请写出本节内容的教学重点和教学难点；

(2)请写出本节内容的教学目标；

(3)请写出“比例的基本性质”的教学过程简案。

28. 请认真阅读下列材料，并按要求作答。

1　李叔叔从某城市乘火车去北京用了 12 小时，火车每小时行 145 千米。该城市到北京有多少千米？

145 × 12 =________

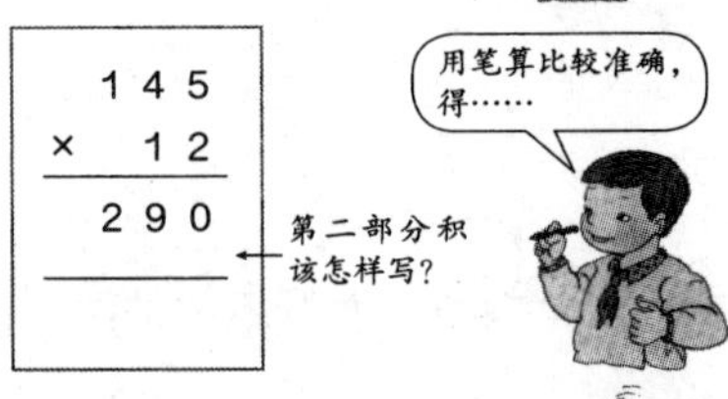

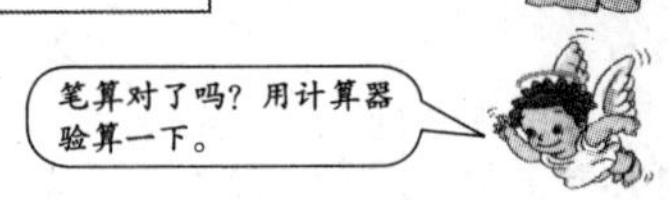

做一做

134	176	425	237
× 12	× 47	× 36	× 82
322	145	679	286
× 24	× 27	× 13	× 35

(1)试分析方程与算术式的区别;

(2)如果指导小学高年级学生学习这些知识,试确定教学目标和教学重点;

(3)根据教学目标和重点,设计方程的解与解方程概念部分的教学过程并简要说明设计理由。

专题十八　小学数学教学评价

命题分析

本专题主要介绍数学教学评价的功能和类型、数学课堂教学评价、数学学习评价、案例分析题的解题策略。依据历年各地市真题的分析,本专题需要重点掌握的知识包括:

1. 数学教学评价的类型。

2. 数学课堂教学评价的要素,要求考生基于此对具体案例进行分析与评价。

3. 数学学习评价方法中数学测验的评价统计指标:效度、信度、区分度、难度。

本专题为考生进行案例评析及自身进行良好的教学设计提供了参考依据,对考生的运用与记忆能力要求较高。在考试中常以单项选择题、案例分析题的形式考查。在备考时,考生要能对教学案例进行分析评价,这不仅是考试中的重难点,也是进行教学的基本能力。

真题实测

一、单项选择题

1. [江西]评价的目的是全面了解学生数学(　　),激发学生的学习和改进教师的教学。

A. 学习方法　　B. 学习态度

C. 学习的过程与结果　　D. 学习效率

二、案例分析题

2. [湖南衡阳耒阳]阅读下面关于"圆形的面积计算"的教学片段,回答问题。

教师和学生一起画同心圆,从而认识了外圆和内圆,从剪圆形的活动中形成圆环的表象,学生自然而然感悟出了圆形面积的计算方法。

师:能不能把圆形转化为我们已学过的其他图形来推导出圆的面积的计算方法呢?

生1:我们想把圆转化成长方形或者平行四边形,但不知道怎么剪。

生2:既然圆的面积和它的半径有关,我们想沿着圆的半径剪开。

师:这个主意不错!大家可以动手试试。

生3激动地说:那我们也可以把圆形转化成梯形!通过梯形的面积得出圆的面积。

师:我们也可以试一试哦。

生4:梯形不怎么合适吧,毕竟圆的边是曲线……

4. [湖北]请先看下面的教学片段,再回答相应的问题。

在教学“加法——三位数加两位、三位数的进位加法”一课中,

师:曦曦做了3道加法的竖式计算,同学们帮她查一查有没有错误。

出示在黑板上:

$$\begin{array}{r} 65 \\ +243 \\ \hline 208 \end{array} \qquad \begin{array}{r} 76 \\ +646 \\ \hline 712 \end{array} \qquad \begin{array}{r} 334 \\ +569 \\ \hline 893 \end{array}$$

师:先仔细地观察一下有没有错误,然后把你发现的问题和同桌讨论一下,看看你们找得对不对?

学生观察并讨论。

……

师:小朋友们找得很对,下面我请三个小朋友上来帮曦曦订正一下。

……

师:我们来看订正的第一个竖式,小朋友说他订正得对不对?

生齐喊:对!

师:看第二个竖式,你们说这个同学做得对不对?

生齐喊:对!

师:第三个呢,订正得对不对?

生齐喊:对!

师:同学们很棒,那么我们来看下一个题目。

(1)请你对该教师的提问方式做出评价;

(2)结合新课标教学理念谈谈如何提高数学课堂提问的有效性。

综合特训

一、单项选择题

1. 建立成长记录袋是学生开展自我评价的一个重要方式，它能反映出学生(　　)的历程。

A. 分析与应用　　B. 探索与创新

C. 发展与进步　　D. 成长与提高

2. 教学评价的数量化原则主张评价应尽可能(　　)

A. 定量　　B. 定性

C. 定量与定性相结合　　D. 以上都不对

3. 下列不属于诊断性评价的是(　　)

A. 诊断性测试　　B. 学习调查表

C. 学籍档案　　D. 单元测试

4. (　　)是数学教学评价的本体功能，它对数学教学起着潜在的制约作用。

A. 导向功能　　B. 管理功能

C. 反馈功能　　D. 调控功能

5. (　　)反应试题的难易程度。(易混)

A. 效度　　B. 难度　　C. 区分度　　D. 信度

6. 关老师在教学"三角形的面积"一课的最后环节，不仅让学生强化记忆了三角形的面积公式，还结合板书引导学生对公式的推导过程进行回顾反思。下列说法中对其评价恰当的是(　　)

①关注知识技能目标的实现；　　②关注体现评价方式多样化；

③关注基本数学思想方法的渗透；　　④注重帮助学生形成回顾反思的学习习惯。

A. ①②③　　B. ①②④　　C. ①③④　　D. ②③④

7. 教学评价应当采取多样化的评价方式，恰当呈现并合理利用评价结果，发挥评价的激励作用，保护学生的自尊心和自信心。下列是一位教师在某一单元内容学习结束时采取的评价方式，其中符合上述评价理念的是(　　)

①要求学生自我设计一个"学习小结"，用适合的形式(表、图、卡片、电子文本等)归纳学到的知识和方法，学习中的收获，遇到的问题等，教师通过学习小结对学生的学习情况进行评价；

②要求学生自我设计一个"学习小结"，分小组在班级汇报交流，每一位同学总结自己的进步，反思自己的不足，同学间相互评价；

三、案例分析题

16. 某班级正在进行简易方程的教学，教师给学生出了如下一道练习题：

解方程 $2x-18=24$，指名到台上板演的学生的解题过程如下：

解：$2x-18+2=24-2$

$2x=38$

$x=19$，

老师指着黑板，说道："很明显，这位同学粗心大意，做错了。快改过来！"

该生茫然无措，底下学生顿时议论纷纷。

问题：请对此教学片段进行评价。

17. “负数”教学片段。

（播放多媒体，大屏幕展示：小明在一条东西方向的马路上不断走动）

师：小明从某一点开始，假设先向东走了2米，紧接着又向东走了3米，问两次运动后小明的位置与原出发点的关系如何？

生：向东5米。

师：对！我们若把东西方向的马路看作一条数轴（边说边画图），设起点为O点，规定向东为正方向，则向西为负方向。向东走2米就可以记作$(+2)$，向东走3米可以记作$(+3)$，那么，两次运动后就达到$(+5)$处，则有：$(+2)+(+3)=+5$。

师：下面同学们自己体会一下，看是否能理解。

师：（学生思考）若这道题目改为：小明从某一点开始，在东西方向的路上，先走了2米，紧接着又走了3米，问两次运动后的位置与原出发点的关系如何？同学们先独立思考，然后相互交流。

学生根据不同的步行方式，得到如下算式：$(+2)+(-3)=-1$；$(-2)+(-3)=-5$；$(-2)+(+3)=+1$；教师又举出$(+5)+(-5)=0$；$(+5)+0=+5$；$(-5)+0=-5$等例子，在共同分析的基础上，得到正数与负数的加法法则。

问题：请指出该教学过程的优缺点，并给予说明。

二、单项选择题(本大题共 8 小题,每小题 3 分,共 24 分)

11. 如图所示,$AF=7\text{cm}$,$DH=4\text{cm}$,$BG=5\text{cm}$,$AE=1\text{cm}$,若正方形 $ABCD$ 内的四边形 $EFGH$ 的面积为 78cm^2,则正方形的边长为(　　)cm。

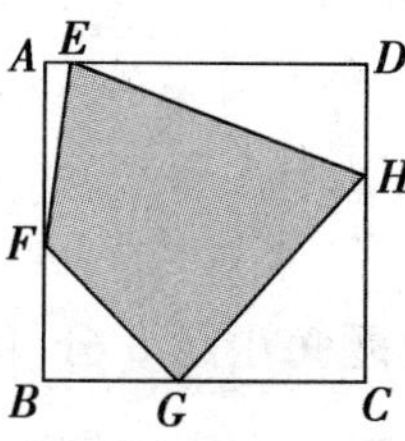

A. 10　　B. 11　　C. 12　　D. 13

12. 甲、乙、丙三人实弹射击,甲 3 发 2 中,乙 4 发 3 中,丙 5 发 4 中,已知三人打的子弹数相同,共击中 931 发,乙打中了(　　)发。

A. 280　　B. 315

C. 336　　D. 420

13. 在右面的方格图中选一个交叉点(用 C 表示),连结 ABC 使它成为一个等腰三角形。则一共可以连出(　　)个等腰三角形。(易混)

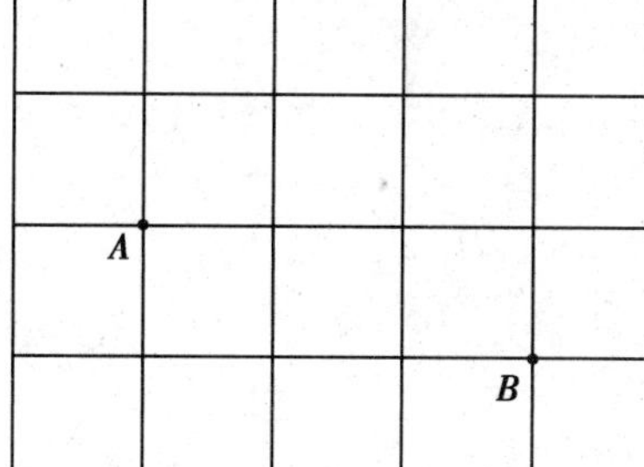

A. 3　　B. 4

C. 5　　D. 6

14. 欢欢和园园玩抛豆子游戏,每人都有 3 颗豆子,每次可以抛出 1 ~ 3 颗,如果两人抛出的豆子数的和是奇数则欢欢赢,如果和是偶数则园园赢,那么赢的可能性(　　)

A. 欢欢大　　B. 园园大

C. 两人一样大　　D. 无法确定

15. 恰有 20 个因数的最小的自然数是(　　)

A. 120　　B. 240　　C. 360　　D. 432

16. 已知 $a>0,b>0$,且 $a+b=1$,则下列选项中不正确的是(　　)

A. $a^2+b^2\geqslant\frac{1}{2}$　　B. $2^{a-b}>\frac{1}{2}$

C. $\log_2 a+\log_2 b\geqslant-2$　　D. $\sqrt{a}+\sqrt{b}\leqslant\sqrt{2}$

17. 在平面内,A,B 是两个定点,C 是动点。若$\overrightarrow{AC}\cdot\overrightarrow{BC}=1$,则点 C 的轨迹为(　　)

A. 圆　　B. 椭圆　　C. 抛物线　　D. 直线

18. 设函数$f(x)=x^3-\frac{1}{x^3}$,则$f(x)$(　　)

A. 是奇函数,且在$(0,+\infty)$单调递增

B. 是奇函数,且在$(0,+\infty)$单调递减

C. 是偶函数,且在$(0,+\infty)$单调遇增

D. 是偶函数,且在$(0,+\infty)$单调递减

三、解答题(本大题共5小题,第19、20小题每小题8分,第21~23小题每小题10分,共46分)

19. 学校要买48个一样的排球,甲、乙、丙三个商店出售这种排球,每个都是40元,但每个商店的促销方法不同:甲店买十送二;乙店每个优惠15%;丙店每100元返还现金15元,不足百元部分不返还。请问:到哪家商店购买最省钱?为什么?

23. 已知椭圆 $C_1:\frac{x^2}{a^2}+\frac{y^2}{b^2}=1(a>b>0)$的右焦点 F 与抛物线 C_2的焦点重合,C_1的中心与 C_2的顶点重合,过 F 且与 x 轴垂直的直线交 C_1于 A,B 两点,交 C_2于 C,D 两点,且$|CD|=\frac{4}{3}|AB|$。

(1)求 C_1的离心率;

(2)若 C_1的四个顶点到 C_2的准线距离之和为 12,求 C_1与 C_2的标准方程。

教师招聘考试小学数学模拟试卷(二)

一、单项选择题(本大题共15小题,每小题3分,共45分)

1. 已知集合$A=\{0,1,2\}$,$B=\{x|x=2a,a\in A\}$,则集合$A\cap B=$(　　)

A. $\{0,2\}$　　B. $\{1,4\}$

C. $\{0,2,4\}$　　D. $\{0,1,2,4\}$

2. 若定义在**R**上的奇函数$f(x)$在$(-\infty,0)$内单调递减,且$f(2)=0$,则满足$xf(x-1)\geqslant 0$的x的取值范围是(　　)

A. $[-1,1]\cup[3,+\infty)$　　B. $[-3,-1]\cup[0,1]$

C. $[-1,0]\cup[1,+\infty)$　　D. $[-1,0]\cup[1,3]$

3. 设一组样本数据$x_1,x_2,\cdots x_n$的方差为0.01,则数据$10x_1,10x_2,\cdots,10x_n$的方差为(　　)

A. 0.01　　B. 0.1　　C. 1　　D. 10

4. 若向量$\boldsymbol{a}=(2,6)$,向量$\boldsymbol{b}=(3,x)$,且$\boldsymbol{a}\perp\boldsymbol{b}$,则$x=$(　　)

A. -4　　B. -1　　C. 1　　D. 4

5. 若正实数x,y满足$xy=1$,则$2x+y$的最小值是(　　)

A. 3　　B. 2　　C. $3\sqrt{2}$　　D. $2\sqrt{2}$

6. 过点(2,1)的直线中,截得圆$x^2+y^2-2x+4y=0$的最长弦所在直线的方程为(　　)

A. $x+3y-3=0$　　B. $3x+y-7=0$

C. $3x-y-5=0$　　D. $x-3y+1=0$

7. 设i为虚数单位,则复数$z=\dfrac{2i}{1+i}$在复平面上对应的点位于(　　)(常考)

A. 第一象限　　B. 第二象限

C. 第三象限　　D. 第四象限

8. 某盒子中装有形状大小相同的4个球,其中2个红球,2个黄球,若从中随机取出2个球,则所取出的球颜色不同的概率为(　　)

A. $\dfrac{3}{4}$　　B. $\dfrac{2}{3}$　　C. $\dfrac{1}{2}$　　D. $\dfrac{1}{3}$

9. 设O为坐标原点,直线$x=2$与抛物线$C:y^2=2px(p>0)$交于D,E两点,若$OD\perp OE$,则抛物线C的焦点坐标为(　　)

A. $\left(\dfrac{1}{4},0\right)$　　B. $\left(\dfrac{1}{2},0\right)$

C. $(1,0)$　　D. $(2,0)$

23. 已知等比数列$\{a_n\}$的各项均为正数，且$a_5=16$。

(1)$\log_2a_1+\log_2a_2+\cdots+\log_2a_9$的值；

(2)若$a_2=2$，数列$\{b_n\}$的前n项和为$S_n=\frac{1}{2}n^2+\frac{1}{2}n$，求数列$\{a_nb_n\}$的前$n$项和$T_n$。

24. 设点A,B的坐标分别为$(-2,0),(2,0)$，直线AM,BM相交于点M，且它们的斜率之积为$-\frac{3}{4}$。

(1)求点M的轨迹方程；

(2)设点F坐标为$(1,0)$，点M到直线$x=4$的距离为d，求$\frac{d}{|MF|}$。

25. 已知函数$f(x)=\frac{1}{3}x^3-a(x^2+x+1)$。

(1)若$a=3$，求$f(x)$的单调区间；

(2)证明：$f(x)$只有一个零点。

教师招聘考试小学数学模拟试卷(三)

一、单项选择题(本大题共 12 小题,每小题 4 分,共 48 分)

1. 设复数 z 满足 $(1+\mathrm{i})z=2\mathrm{i}$,则 $|z|=$(　　)

A. $\frac{1}{2}$　　B. $\frac{\sqrt{2}}{2}$　　C. $\sqrt{2}$　　D. 2

2. 已知 $a=\log_2 \mathrm{e}, b=\ln 2, c=\left(\frac{1}{2}\right)^{-2}$,则 a,b,c 的大小关系为(　　)

A. $a>b>c$　　B. $b>a>c$

C. $c>b>a$　　D. $c>a>b$

3. 已知 $\tan\left(\alpha+\frac{\pi}{4}\right)=\frac{1}{2}$,且 $-\frac{\pi}{2}<\alpha<0$,则 $\frac{2\sin^2\alpha+\sin 2\alpha}{\cos\left(\alpha-\frac{\pi}{4}\right)}=$(　　)

A. $-\frac{2\sqrt{5}}{5}$　　B. $-\frac{3\sqrt{5}}{10}$　　C. $-\frac{3\sqrt{10}}{10}$　　D. $\frac{2\sqrt{5}}{5}$

4. 数列 $\{a_n\}$ 满足 $a_1=1$,且对于任意的 $n\in\mathbf{N}_+$ 都有 $a_{n+1}=a_n+a_1+n$,则 $\frac{1}{a_1}+\frac{1}{a_2}+\cdots+\frac{1}{a_{2021}}=$(　　)

A. $\frac{2020}{2021}$　　B. $\frac{4040}{2021}$　　C. $\frac{2021}{2022}$　　D. $\frac{2021}{1011}$

5. 已知 $f(x)$ 是定义域为 $(-\infty,+\infty)$ 的奇函数,满足 $f(1-x)=f(1+x)$。若 $f(1)=2$,则 $f(1)+f(2)+f(3)+\cdots+f(50)=$(　　)

A. -50　　B. 0　　C. 2　　D. 50

6. 直线 l 的方向向量 $\boldsymbol{s}=(-1,1,1)$,平面 α 的法向量为 $\boldsymbol{n}=(2,x^2+x,-x)$,若直线 l∥平面 α,则 $x=$(　　)

A. -2　　B. $-\sqrt{2}$　　C. $\sqrt{2}$　　D. $\pm\sqrt{2}$

7. 设抛物线 $C:y^2=4x$ 的焦点为 F,过点 $(-2,0)$ 且斜率为 $\frac{2}{3}$ 的直线与 C 交于 M,N 两点,则 $\overrightarrow{FM}\cdot\overrightarrow{FN}=$(　　)

A. 5　　B. 6　　C. 7　　D. 8

8. 已知正方体 $ABCD-A_1B_1C_1D_1$ 的棱长为 1,在正方体内随机取一点 M,则四棱锥 $M-ABCD$ 的体积小于 $\frac{1}{6}$ 的概率为(　　)

A. $\frac{1}{2}$　　B. $\frac{1}{3}$　　C. $\frac{1}{4}$　　D. $\frac{1}{6}$

19. 已知椭圆 $M:\frac{x^2}{4}+\frac{y^2}{3}=1$,点 F_1,C 分别为椭圆 M 的左焦点和左顶点,过点 F_1 的直线 l(不与 x 轴重合)交 M 于 A,B 两点。

(1)求 M 的离心率及短轴长;

(2)判断点 B 与以线段 AC 为直径的圆的位置关系,并说明理由。

20. 已知函数$f(x)=e^x-ax^2$。

(1)若 $a=1$,证明:当 $x\geqslant 0$ 时,$f(x)\geqslant 1$;

(2)若$f(x)$在$(0,+\infty)$只有一个零点,求 a。

教师招聘考试

小学数学高分题库 精编

参考答案及解析

2000题

山香教师招聘考试命题研究中心　主编

目　录

上篇　高分题库

下篇　模拟试卷

上篇　高分题库

专题一　实数、代数式与方程

真题实测

一、单项选择题

1. D【解析】23.002 读作二十三点零零二，故 D 选项错误。

2. C【解析】$\frac{3}{8}\times 4=\frac{3}{2}$。A 项，$\frac{3}{4}+\frac{3}{8}\times 2=\frac{3}{4}+\frac{3}{4}=\frac{3}{2}$，相同；B 项，$\frac{3}{8}\times 5-\frac{3}{8}=\frac{15}{8}-\frac{3}{8}=\frac{12}{8}=\frac{3}{2}$，相同；C 项，$\frac{3}{8}\div(8\div 2)=\frac{3}{8}\div 4=\frac{3}{8}\times\frac{1}{4}=\frac{3}{32}$，不相同；D 项，$10\times\frac{3}{8}\div 2-\frac{3}{8}=\frac{15}{4}\times\frac{1}{2}-\frac{3}{8}=\frac{15}{8}-\frac{3}{8}=\frac{3}{2}$，相同。故 C 选项计算结果与$\frac{3}{8}\times 4$不同。

3. B【解析】把一个小数的小数点先向右移两位，再向左移三位，相当于向左移一位。小数点向左移一位，此数缩小到原数的$\frac{1}{10}$。故本题答案为 B。

4. C【解析】一般地，把一个数表示成 $a\times 10^n$ 的形式，其中 $1\leqslant |a|<10$，n 是整数，这种计数的方法叫作科学计数法。$327\ 000\ 000=3.27\times 10^8$，故选 C。

5. C【解析】观察数轴，被覆盖的数在 -3 和 -1 之间，只有 C 项符合要求。

6. A【解析】由题意可知实数 $m=-2\sqrt{11}$，$n=4\sqrt{3}$，$n^2=48>m^2=44$，则 $n>-m$，故$|m+n|=m+n$。

7. C【解析】因为 $2^2<7<3^2$，所以 $2<\sqrt{7}<3$，因为 a,b 是两个连续的整数，所以 $a=2,b=3$，故 $a+b=5$。

8. B【解析】假设 n 的十位数为 x，个位数为 y，分别乘一个数后百位进 p，十位进 q，其中 $p,q\in[0,8]$。当乘 3 时，可以得到百位为 p_1，十位为$3x-10p_1+q_1$，个位为 $3y-10q_1$，所以可以得到 $p_1+3x-10p_1+q_1+3y-10q_1=a=x+y$，化简得 $2x+2y=9p_1+9q_1$。同理分别乘 5，7，9，可以得到$4x+4y=9p_2+9q_2$，$6x+6y=9p_3+9q_3$，$8x+8y=9p_4+9q_4$，所以可以得到$\frac{9}{2}(p_1+q_1)=\frac{9}{4}(p_2+q_2)=\frac{9}{6}(p_3+q_3)=\frac{9}{8}(p_4+q_4)$。

取$\frac{9}{2}(p_1+q_1)=\frac{9}{8}(p_4+q_4)$，所以 $p_1+q_1\in[0,4]$，又因为 $2x+2y=9p_1+9q_1$，x 为正整数，y 为非负整数，所以 p_1+q_1 应该为偶数，所以 $p_1+q_1=0$ 或 2 或 4，若 $p_1+q_1=0$，则 $x+y=0$ 不成立；若 $p_1+q_1=2$，则 $x+y=9$，所以这二位数可以是 18，27，36，45，54，63，72，81，90，将其与 5，7，9 相乘，检验 18，36，45，90 符合题意。

若 $p_1+q_1=4$，则 $x+y=18$。所以 $x=9$，$y=9$，即 99 符合题意。综上所述，18，36，45，90，99 满足题意，这样的两位数共有 5 个。

9. B【解析】根据题意可知，○发○ ×1 = ○○8，而 1 ×8 = 8，则被乘数的个位数是 8；由竖式 9 + 9 + 8 = 26，可得“强”代表的数字是 6 或 7。若“强”代表的数字是 7，因为○发 8 × 奋 = ○○97，找不到一个一位数与 8 相乘末尾是 7，不符合题意，故“强”代表的数字只能是 6，“图 + 强”的结果小于 10，即图 +6 <10，即图 <4，则有○发 8 × 奋 = ○○96，而 48 ×2 = 96，28 ×7 = 196，可以得出“奋”代表的数字是 2 或 7。当“奋”代表的数字是 2 时，“发”代表的数字是 4，被乘数的百位数字大于 4，因为○发8 ×○ = 9 图○，被乘数的百位与乘数的个位相乘的结果是 9 或加上进位是 9，只有 9 ×1 = 9，所以被乘数的百位数字是 9，乘数的个位数字是 1，因为 1 ×948 = 9 图○，则“图”代表的数字是 4，与题意不符；当“奋”代表的数字是 7 时，“发”代表的数字是 2，被乘数的百位数字大于 1，228 ×4 = 912，符合题意，则被乘数是 228，乘数是 174，故这个乘法算式的乘积为 228 ×174 = 39 672。

10. B【解析】这 8 个儿子分到的绵按年龄从大到小的顺序构成一个等差数列，设为$\{a_n\}$，则前 8 项和 $S_8=996$，公差 $d=17$，则 $S_8=8a_1+\frac{8\times 7}{2}\times 17=996$，解得 $a_1=65$，则 $a_8=a_1+7d=184$，即第 8 个儿子分到184斤绵。

11. C【解析】当 a 为偶数时，a^2 也为偶数，故 A 项错误；当 a 为奇数时，a^2 也为奇数，故 D 项错误；因为 a^2可以被 $1,a,a^2$ 整除，所以 a^2 不是质数，故 B 项错误。故选 C。

12. D【解析】∵ a 是最大的负整数，b 是绝对值最小的有理数，c 是倒数等于它本身的自然数，$\therefore a=-1,b=0,c=1,\therefore a^{2013}+2014b+c^{2015}=0$。

13. A【解析】$a^2+2a=(a+1)^2-1=7-1=6$。

14. B【解析】$|-7|=7$。

15. B【解析】由题意可得，$a>c>b$。

16. C【解析】甲的工作效率是$\frac{1}{12}$，甲做剩下的工程用了$(1-\frac{7}{10})\div\frac{1}{12}=\frac{18}{5}$天，则甲和乙一共合作了$9\frac{3}{5}-\frac{18}{5}=6$天。则乙做了这项工程的$\frac{7}{10}-6\times\frac{1}{12}=\frac{1}{5}$，故乙单独做需要$1\div(\frac{1}{5}\div6)=30$天。

17. B【解析】正数表示零上温度，负数表示零下温度，所以 -3 ℃表示零下 3 ℃。故选 B。

18. A【解析】由题意得，火车和行人队伍的相对速度相同，当行人队伍看向火车时，设行人队伍静止，则相对速度为$\frac{90}{6}=15$ m/s。当火车看向行人队伍时，$t=\frac{60}{15}=4$ s，故火车上的人见行人队伍完全走过的时间为 4 秒。

19. D【解析】设作业本、铅笔、圆珠笔、橡皮擦的价格分别为 x 元、y 元、z 元、w 元。由题意可列方程组

$$\begin{cases}\frac{x+y}{2}=8.8,\\ \frac{y+z}{2}=9.1,\\ \frac{z+w}{2}=8.9,\\ w-x=1,\end{cases}$$解得 $y=9.5$。

故铅笔的价格为 9.5 元。

20. B【解析】图上甲乙两地的距离是 4.6 厘米，比例尺是 1:30 000 000，所以甲乙两地的实际距离是 4.6 × 30 000 000 = 138 000 000 厘米 = 1380 千米。这辆汽车按 3:2的比例分两天行完全程，则两天行的路程差是 $1380\times\left(\frac{3}{3+2}-\frac{2}{3+2}\right)=276$ 千米。

21. D【解析】设丙为 x，则乙为$(1+\frac{1}{2})x=\frac{3}{2}x$，甲为$\frac{3}{2}x(1+3)=6x$，则甲:乙:丙 = 12:3:2。

22. B【解析】$M=(x^2+1+2x)(x^2+1-2x)=(x^2+1)^2-4x^2$，$N=(x^2+1+x)(x^2+1-x)=(x^2+1)^2-x^2$，则 $N-M=(x^2+1)^2-x^2-(x^2+1)^2+4x^2=3x^2>0$。故选 B。

23. B【解析】设原两位数个位上的数字为 x，则十位上的数字为$\frac{2}{3}x$，把十位上与个位上的数字调换后，新数比原数大 18，则 $10\times\frac{2}{3}x+x+18=10x+\frac{2}{3}x$，解得 $x=6$，$\frac{2}{3}x=4$，故原两位数的两个数字之和为 4 + 6 = 10。

24. A【解析】$\because a^2+b^2-c^2+2ab=(a+b)^2-c^2=(a+b+c)(a+b-c)$，其中 $a+b+c$ 为偶数，而 a,b,c 都为整数，则 $a+b-c$ 也为整数，且偶数与任意整数的乘积都为偶数，则$(a+b+c)(a+b-c)$ 也为偶数。

25. D【解析】从第 6 个数开始，每 4 个数为 1 组，且偶数组的最大数为大拇指对应的数，奇数组中最大的数为小指对应的数。(2021 − 5) ÷ 4 = 2016 ÷ 4 = 504。504 + 1 = 505(组)，为奇数组，故 2021 对应的指头为第 505 组的最后一个数所对应的小指。

26. B【解析】$x^2-3x+1=0$，则 $x^2+1=3x$，将 $x^2+1=3x$ 左右两边同时除以 x 可得 $x+\frac{1}{x}=3$。

27. B【解析】由题意得 a,b 为方程 $x^2-4x+1=0$ 的两根，则根据韦达定理有 $ab=\frac{1}{1}=1$，则$\frac{1}{1+a^2}+\frac{1}{1+b^2}=\frac{1+b^2+1+a^2}{(1+a^2)(1+b^2)}=\frac{b^2+a^2+2}{a^2+b^2+1+a^2b^2}=\frac{b^2+a^2+2}{a^2+b^2+1+1}=1$。

28. C【解析】由题意可知，从杭州开往北京的直快列车的车次号应该是 101 ~ 198 之间的一个偶数，只有 120 满足条件。故选 C。

29. C【解析】略。

30. C【解析】2 的平方根是 $\pm\sqrt{2}$，①正确；-4 没有平方根，②错误；$\sqrt{16}$的平方根是 ±2，③正确；0 的平方根是 0，④错误。

31. A【解析】因为 $a▲b=2a-b$，所以 $5▲6=2\times5-6=4$，$x▲(5▲6)=x▲4=2x-4=8$，解得 $x=6$。

32. B【解析】1 是方程 $x^2-(2k^2-3)x-(3k+2)=0$ 的一个根，将$x=1$ 代入方程可得 $1-(2k^2-3)-(3k+2)=0$，化简得 $2k^2+3k-2=0$，解得 $k=-2$

或$\frac{1}{2}$,又$k<0$,故$k=-2$。

33. C【解析】关于x的一元二次方程$x^2+(4k-3)x-5k^2+9=0$的两个实数根分别为x_1,x_2,由根与系数的关系可得$x_1+x_2=3-4k,x_1\cdot x_2=9-5k^2$,所以$x_1^2+x_2^2=(x_1+x_2)^2-2x_1x_2=(3-4k)^2-2(9-5k^2)=26k^2-24k-9=-8-5(9-5k^2)$,整理得$k^2-24k+44=0$,解得$k=22$或2。

34. D【解析】求这个数的全部正因数相当于求{2,3,5}的所有子集的个数,每个子集中的元素各自相乘即为这个数的一个因数,空集对应因数1。所以一共有8个正因数。

35. C【解析】把一个多项式化为几个整式的乘积的形式,这种变形叫作这个多项式的因式分解,故只有C项满足。

36. B【解析】计算结果中末尾的0由因数5×因数2所得,数字1,2,…,100中含有因数5的共有20个数,其中25,50,75,100含有两个因数5,故$1\times2\times3\times\cdots\times100$中共有24个因数5,其中因数2的个数一定大于24,故该算式计算结果末尾应有24个连续的零。

37. D【解析】7和12的最小公倍数为84,5:30同时发车后,经过84分钟为下一次同时发车,此时时间为上午6:54。

38. B【解析】乘积为1的两个数互为倒数,故选B。

39. C【解析】$2a3$加上326得到$5b9$,则$a+2=b$,又$5b9$能被9整除,所以$5b0$也能被9整除,则$b=4$,所以$a=2,a+b=2+4=6$。故选C。

二、填空题

40. 9 000 620 【解析】个位上是最小的数字0;既是质数又是偶数的数是2,即十位上的数是2;既能被2整除,又能被3整除的一位数是6,即百位上的数是6;最高数位上的数是最大的一位数,即为9;其余数位上的数都是最小自然数0。所以这个七位数是9 000 620。

41. 28 【解析】用63,91和175除以同一个整数,其余数均为7,则这三个数分别减去7得到的数为56,84,168,则所求为这三个数的最大公约数,$56=2^3\times7,84=2^2\times3\times7,168=2^3\times3\times7$,则这个整数最大为$2^2\times7=28$。

42. 210 【解析】根据题意得,整数a,b的最大公因数为$(a,b)=3\times m=21$,则$m=7$,即可得$a=42$,$b=105$,则整数a,b的最小公倍数为$[a,b]=[42,105]=21\times2\times5=210$。

43. 15 【解析】根据题意可知该班男生20人,男:女=4:5,所以女生人数为25人。全班人数为45人,参加舞蹈的学生有$45\times20\%=9$人,设参加唱歌的学生有x人,由题意得$\frac{x-9}{x}=\frac{2}{5}$,解得$x=15$。

44. 6;3 【解析】由题意可设他们租了x条大船,y条小船,则可列方程$\begin{cases}x+y=9,\\6x+4y=48,\end{cases}$解得$\begin{cases}x=6,\\y=3。\end{cases}$故他们租了6条大船和3条小船。

45. 90 【解析】设师傅加工零件个数为x个,由题意得$\frac{1}{3}x-\frac{1}{4}(170-x)=10$,解得$x=90$,故师傅加工了90个零件。

46. 1:6 【解析】设甲、乙两种酒精溶液的质量分别为x,y,由题意可列方程$\frac{64\%x+36\%y}{x+y}=40\%$,解得$\frac{x}{y}=\frac{1}{6}$,即$x:y=1:6$。

47. 54 【解析】设$a_n=1.55+\frac{n}{36}(n\in\mathbf{N}_+)$,因为当$n=16$时,$\frac{16}{36}\approx0.44$,$a_{16}=1.55+\frac{16}{36}\approx1.99$,当$n=17$时,$\frac{17}{36}\approx0.47$,所以$a_{17}=1.55+\frac{17}{36}\approx2.02$,故当$n<17$时,这些算式的整数部分为1;当$n\geqslant17$时,这些算式的整数部分为2,故这些和的整数部分之和为$1\times16+2\times(35-16)=54$。

48. 2 【解析】自然数1~99中前9个数字是一位数,在10~99之间的每个数都是两位数,则10~99共有$90\times2=180$个数字,由于$(48-9)\div2=19\cdots\cdots1$,则小数点后第48个数字是两位数中的第20个数的首位数字,从10开始第20个两位数是29,则第48个数字是2。

49. 264 【解析】设这本资料书有x页,则依题意有$\frac{1}{8}x+18+\frac{1}{6}x-11+180=x$,解得$x=264$,即这本资料书共有264页。

50. 128 【解析】设这个数为x,$\because x$除以3和除以7都余2,$\therefore x-2$可以被21整除,即$x=21n+2$ $(n\in\mathbf{N}_+)$,又$\because x$除以5余3,$\therefore x$的个位是3或8。200以内满足这两个条件的数是23和128,所

以最大的数是 128。

51. 10 【解析】$1\times9=9, 11\times99=1089, 111\times999=110\ 889, 1111\times9999=11\ 108\ 889, \cdots$，由上述式子归纳得 $\overbrace{1\cdots1}^{n个}\times\overbrace{9\cdots9}^{n个}=\overbrace{1\cdots1}^{n-1个}0\overbrace{8\cdots8}^{n-1个}9$，因此当 $n=10$ 时，乘积中有 9 个数字为 1，1 个数字为 9，其余各位的数字为 0 或 8，因此乘积中数字为奇数的个数有 $9+1=10$（个）。

52. 570 【解析】能被 2 和 5 整除的三位数的个位一定是 0，能被 3 整除的三位数各个数位上的数加起来的和是 3 的倍数，即十位和百位上的数加起来为 3 的倍数，因此选出的是 5 和 7。符合条件的最小三位数是 570。

53. 个级

54. $a>\frac{1}{4}$ 【解析】若对任何 x，分式 $\frac{x-1}{x^2+x+a}$ 均有意义，则 $x^2+x+a\neq0$ 恒成立，故 $\Delta=1-4a<0$，解得 $a>\frac{1}{4}$。

55. 1010110 【解析】十进制数化成二进制数的方法：除以 2 取余数，然后倒排最后一个商与所有余数，如图：

$$\begin{array}{r|l l}
2 & 86 & \\
\hline
2 & 43 & 0 \\
\hline
2 & 21 & 1 \\
\hline
2 & 10 & 1 \\
\hline
2 & 5 & 0 \\
\hline
2 & 2 & 1 \\
\hline
 & 1 & 0
\end{array}$$

所以 86 转化成二进制数为 1010110。

56. 1536 【解析】往的总时间 + 返的总时间 + 顺水 960 米的时间 = 20 分钟。设两个码头之间的距离为 x 米，舰模往返 y 次，则可以得到方程 $\frac{x}{200+40}\times y+\frac{x}{200-40}\times y+\frac{960}{200+40}=20$，因为 $x>960$，y 为自然数，可以求得 $y=1$，$x=1536$，故 A 码头和 B 码头之间的距离为 1536 米。

57. 306 656 【解析】设一位数为 x，二位数的十位数字为 y，因为三个数的平均数是 200，所以三个数相加是 $200\times3=600$，则有 $4+8+x=20$，即 $x=8$，则有 $1+2+y=10$，即 $y=7$，二位数为 74，则三位数为 $600-8-74=518$，那么三个数的乘积为 $8\times74\times518=306\ 656$。

58. 24 【解析】

$S_1=\frac{1}{2}\times4\times2=4=2^2$；

$S_2=\frac{1}{2}\times6\times3=9=3^2$；

$S_3=\frac{1}{2}\times8\times4=16=4^2$；

…

$S_x=\frac{1}{2}\times2(x+1)\times(x+1)=(x+1)^2$。

由题意得 $(x+1)^2=625$，解得 $x=24$。

59. $80\frac{1}{2}$ 【解析】原式 $=\left(\frac{1}{2}+\frac{1}{4}+\frac{1}{8}\right)\div\left(\frac{1}{2}\times\frac{1}{4}\times\frac{1}{8}\right)\times\frac{\frac{7}{4}+\frac{1}{6}}{13\frac{1}{3}-12}=\frac{7}{8}\times2\times4\times8\times\frac{\frac{23}{12}}{\frac{4}{3}}=56\times\frac{23}{16}=80\frac{1}{2}$。

60. 10.4 【解析】本季度利润为 $(510-400)\times900=99\ 000$ 元，下季度每件销售价为 $510\times(1-4\%)=489.6$ 元，销售量为 $900\times(1+10\%)=990$ 件，设每件成本价应下降 x 元，下季度利润为 $[489.6-(400-x)]\times990=99\ 000$，解得 $x=10.4$。

三、解答题

61.【解析】设 A 桶原来有油 x 千克，B 桶原来有油 y 千克，则由题意可列方程组 $\begin{cases}y-x=20,\\x+0.08y-(1-0.08)y=12,\end{cases}$

解得 $\begin{cases}x=180,\\y=200。\end{cases}$

答：B 桶原来有油 200 千克。

62.【解析】设只报名排球比赛的学生有 x 人，只报名篮球比赛的学生有 y 人，只报名跳高比赛的学生有 z 人，只报篮球和排球两种比赛的学生有 a 人，只报篮球和跳高两种比赛的学生有 b 人，只报跳高和排球两种比赛的学生有 c 人，报三种比赛的学生有 d 人，则根据题意得，$x+y+z+a+b+c+d=25$①，$x+c=2(z+c)$②，由②得 $c=x-2z$③，$y=a+b+d+1$④，$x+z=y$⑤，将③④代入①得，$x+y+z+y-1+x-2z=25$，所以有 $2x+2y-z=26$⑥，将⑥代入⑤得，$3x+y=26$⑦，由⑦知，$26-y$

为3的整数倍,当$26-y=24,21,18,15,12,9,6,3$时,$x=8,7,6,5,4,3,2,1$,当$x\geqslant7$时,$y=26-3x\leqslant5$,由⑤知$y>x\geqslant0$,不满足题意;当$x\leqslant5$时,$y\geqslant11$,由⑤知$z\geqslant6$,由③知$x>2z\geqslant0$,不满足题意,故$x=6$,即只报名排球比赛的学生有6名。

63.【解析】由题意可得$v_{甲}=50\div\left(1-\frac{3}{4}\right)\div4=50$ km/h,$\therefore |AC|=50\times4=200$ km,$\therefore |AB|=2|AC|=2\times200=400$ km。

64.【解析】根据题意可得,丙单独完成这项工程需要的天数为$1\div\left[\left(\frac{5}{12}+\frac{4}{15}+\frac{7}{20}\right)\div2-\frac{5}{12}\right]=10$(天);甲单独完成这项工程需要的天数为$1\div\left(\frac{7}{20}-\frac{1}{10}\right)=4$(天);乙单独完成这项工程需要的天数为$1\div\left(\frac{4}{15}-\frac{1}{10}\right)=6$(天)。由工作时间可得,甲、乙两队每天的费用共为$18\div\frac{12}{5}=7.5$(万元);丙、乙两队每天的费用共为$15\div\frac{15}{4}=4$(万元);甲、丙两队每天的费用共为$16\div\frac{20}{7}=5.6$(万元)。则甲队单独每天的费用为$(7.5+4+5.6)\div2-4=4.55$(万元);乙队单独每天的费用为$7.5-4.55=2.95$(万元);丙队单独每天的费用为$5.6-4.55=1.05$(万元)。在保证一星期内完成的前提下,只有甲、乙两队符合条件,甲队的费用为$4.55\times4=18.2$(万元);乙队的费用为$2.95\times6=17.7$(万元)。综上可得,选乙队单独完成这一项工程的费用最少,费用为17.7万元。

答:选乙队单独完成这一项工程的费用最少,费用为17.7万元。

65.【解析】由题意得原本145人准备的钱为$30\times14\times(1-10\%)+5\times5=403$元。如果有147人入园,可多购买一张团体票,则需花费$30\times15\times(1-10\%)=405$元,$(405-403)\div2=1$元,如果购买个人票,则需要$5\times2=10$元,此时$m$的值为5。$5>1$,所以$m$的最小值为1。

66.【解析】(1)已知两个月过后,整个水渠还有一半未修,则该工程队完工了一半,即完工部分占水渠总长度的$\left(1-\frac{1}{2}\right)\times100\%=50\%$。

答:该工程队完工部分占水渠总长度的50%。

(2)由(1)得,2月份完工部分占水渠总长度的百分比为$50\%-30\%=20\%$,则1月份比2月份多修的占水渠总长度的$30\%-20\%=10\%$。

答:1月份比2月份多修的占水渠总长度的10%。

(3)由于2月份比1月份少修了10 km,占水渠总长度的10%,则水渠的总长度为$10\div10\%=100$ km。

答:水渠的总长度为100 km。

67.【解析】(1)由题意可知,贝贝家不使用谷峰电表的电费是$94.2+10.8=105$元,不使用谷峰电表的电价是每千瓦时0.5元,$105\div0.5=210$千瓦时,所以贝贝家三月份一共用电210千瓦时。

(2)设贝贝家峰电用了x千瓦时,谷电用了y千瓦时,则

$\begin{cases}x+y=210,\\0.55x+0.3y=94.2,\end{cases}$解得$\begin{cases}x=124.8,\\y=85.2,\end{cases}$

答:贝贝家三月份峰电和谷电各用了124.8千瓦时、85.2千瓦时。

68.【解析】假设1头牛1周的吃草量为1,

则27头牛6周的吃草量为$1\times27\times6=162$,

23头牛9周的吃草量为$1\times23\times9=207$,

草地每周新生的草量为$(207-162)\div(9-6)=15$,

原有的草量为$162-15\times6=72$,

则21头牛吃的周数为$72\div(21-15)=12$(周)。

答:这片草地可供21头牛吃12周。

69.【解析】$\frac{x^2-4x+4}{x^2-2x}\div\left(x-\frac{4}{x}\right)=\frac{(x-2)^2}{x(x-2)}\times\frac{x}{(x-2)(x+2)}=\frac{1}{x+2}$。

因为$-\sqrt{5}<x<\sqrt{5}$且x为整数,由原式可知分母不能为0或±2,故x只能取1或-1。

$x=1$时,原式$=\frac{1}{3}$;$x=-1$时,原式$=1$。

70.【解析】由于a,b,c,d均为自然数,且$a+d=13$,所以$a\in[0,13]$。

又由x是一个三位数,x除以8的商是a,故$a=12$或13。

若$a=12$,x是一个三位数,且$b\in[0,7]$,故满足条件的x可以为100,101,102,103,此时$d=1$,要满足x除以9余数为1,只有100;

若$a=13$,x是一个三位数,且$b\in[0,7]$,故满足条件的x可以为104,105,106,107,108,109,110,

111,此时 $d=0$,要满足 x 除以 9 余数为 0,只有 108。

综上,满足条件的自然数 x 有 100,108。

71.【参考答案】真分数通常表示部分与整体的关系,如一个蛋糕平均分成 4 份,小明吃了 3 份,我们就说小明吃了蛋糕的 $\frac{3}{4}$;小数通常表示数量,如一颗瓜子重 0.75 g,是一个具体的数值;百分数是统一标准的比值,便于比较,如某企业效益今年比去年增长 75%。

基础训练

一、单项选择题

1. D【解析】2 的倒数是 $\frac{1}{2}$。

2. A【解析】因为 $|-3|=3$,$|-0.5|=0.5$,$|\frac{2}{3}|=\frac{2}{3}$,$|\sqrt{5}|=\sqrt{5}$,而 $0.5<\frac{2}{3}<\sqrt{5}<3$,所以绝对值最大的数是 -3。

3. B【解析】无理数是无限不循环小数,题干中 0.010 010 001…,$\sqrt{12}$,$-\frac{\pi}{5}$ 是无理数,故选 B。

4. C【解析】0 不是最小的数,故 A 错误;0 既不是正数,也不是负数,故 B 错误;数轴上 -4 在 -7 的右边,故 D 错误。故选 C。

5. C【解析】由题意 $a^2=1$,b 是 2 的相反数,所以 $a=\pm1$,$b=-2$,故 $a+b=-1$ 或 -3,故选 C。

6. D【解析】由题意,两个质数的平方差等于 21,所以其中一个质数必然是 2,另一个质数的平方等于 $21+2^2=25$,所以这两个质数的平方和等于 $25+2^2=29$。故选 D。

7. C【解析】因为 $(-a)^3a^2=-a^3\cdot a^2=-a^5$,故 C 正确。

8. C【解析】将 36 000 用科学计数法表示应为 3.6×10^4。故选 C。

9. D【解析】A 项,原式可化为 $888\times\frac{10}{9}$;B 项,原式可化为 $888\times\frac{8}{9}$;C 项,原式可化为 $888\times\frac{9}{10}$;D 项,原式可化为 $888\times\frac{9}{8}$,四个算式同时除以 888,即可通过比较 $\frac{10}{9}$,$\frac{8}{9}$,$\frac{9}{10}$,$\frac{9}{8}$ 的大小,来比较原算式的大小。四个分数的大小关系为 $\frac{9}{8}>\frac{10}{9}>\frac{9}{10}>\frac{8}{9}$,所以 D 项计算结果最大。

10. D【解析】A、B、C 三项均能化成有限小数,$\frac{4}{15}$ 不能化成有限小数。

11. C【解析】设原数为 $\overline{ab}$,则中间添写一个零后为 $\overline{a0b}$,由题意可得 $100a+b=9\times(10a+b)$,得到 $5a=4b$,所以 $a=4$,$b=5$。

12. D【解析】千位上是偶数且最小,应该是 2,末三位显然是 8 的倍数,可以是 008,024,040,048,064,080,088 等情况,要满足该数同时是 3 的倍数,各位数都是偶数,因此该数最小是 2040。

13. D【解析】$2\otimes10\otimes10=\frac{2\times10}{2+10}\otimes10=\frac{20}{12}\otimes10=\frac{5}{3}\otimes10=\frac{\frac{5}{3}\times10}{\frac{5}{3}+10}=\frac{\frac{50}{3}}{\frac{35}{3}}=\frac{10}{7}$,故选 D。

14. A【解析】这组数的规律为第 n 项是第 $n-1$ 项乘 3 减去第 $n-2$ 项的差,所以第 6 个数是 $55\times3-21=144$,第 7 个数为 $144\times3-55=377$,故选 A。

15. D【解析】如 $3.1415<4.2$,故 A 项错误;只有当 0 在小数的末尾时,去掉 0 才不会影响数值的大小,只是改变精确度,若是去掉小数点后其他位置上的 0,会使小数的值变化,故 B 项错误;小数点后面添加 0 后,小数的数值变小或不变,故 C 项错误。故选 D。

16. C【解析】0.050 19 保留两位有效数字是 0.050,故 C 项错误。

17. C【解析】$5.5\div\frac{1}{30\ 000\ 000}=165\ 000\ 000$(厘米)$=1650$(千米),$1650\times\frac{2}{3+2}=660$(千米)。则第二天行驶的路程是 660 千米。

18. D【解析】30 人的团体票为 $10\times70\%\times30=210$(元),可以买普通票的张数 $210\div10=21$(张),所以最少 22 人买团体票要比买普通票便宜。

19. B【解析】错把被除数百位上的 3 看成了 8 意思就是看错的数字比原来的数多了 500,结果导致商多了 21 还余 17,并且原来没有余数,由此可得:多出来的被除数部分 ÷ 除数 = 多出来的商的部分……余数,$500\div$除数$=21\cdots\cdots17$，可以算出除数是23,正确的商是$383-21=362$,没有余数,就可以算得被除数是$362\times23=8326$。

20. C【解析】由题意得,甲车速度为$90\div\frac{3}{4}=120(\text{km/h})$,乙车速度为$120\div\frac{2}{3}=180(\text{km/h})$,所以甲车与乙车速度比为$120:180=2:3$。

21. C【解析】由于$22-1=21,33+2=35,21=3\times7,35=5\times7$,21和35的最大公因数是7,故参加劳动的同学有7名。

22. B【解析】一楼是平地,把每层楼的距离看作1,则乙达到第6层楼时,乙行走的距离是5,甲上楼的速度比乙快一倍,求出甲行走的距离是$2\times5=10$,加上一楼,甲在第11层。

23. C【解析】设长方形原来的两边长分别为x和y,则$\left[\left(1+\frac{1}{4}\right)x\times\left(1+\frac{1}{3}\right)y-xy\right]\div xy=\frac{2}{3}xy\div xy$

$=\frac{2}{3}$。

24. D【解析】设小刚今年x岁,则小强今年$(2x-3)$岁,由题意可得$2x-3-x=6$,解得$x=9$,小强的年龄为$2x-3=15$(岁),两人今年的年龄之和是$9+15=24$(岁)。

25. B【解析】把4,6分解质因数,$4=2\times2,6=2\times3$,3,4,6的最小公倍数是$2\times2\times3=12$,他们再过12天,即6月13日同去少年宫。

26. C【解析】一罐可口可乐的容积应该使用容积单位,根据生活经验,选C最合理。

27. C【解析】因为学校在车站的西北方500 m处,则车站就在学校的东南方500 m处。

28. A【解析】$3x^2-4x+6=9$,则$3x^2-4x=3,x^2-\frac{4}{3}x=1$,所以$x^2-\frac{4}{3}x+6=1+6=7$。故选A。

29. B【解析】由于$|a|<2$,且b在$[-a,a]$区间范围内,所以b到原点的距离一定小于2。故选B。

30. B【解析】由题意,$\Delta=(-1)^2-4\left(\frac{1}{4}m-1\right)\geqslant0$,解得$m\leqslant5$,故选B。

31. B【解析】将$x=2$代入分式方程得$\frac{k}{2}+\frac{2-3}{2-1}=1$,则$k=4$。

二、填空题

32. 1 【解析】偶数位上的数字之和与奇数位上的数字之和的差能被11整除,则这个数一定能被11整除。即偶数位上的数字之和是$5+7=12$,而奇数位上的数字之和是$2+\square+9=11+\square$,$\square+11-12=\square-1$,能被11整除,则□内的数是1。

33. 80 400 000

34. $2+4\sqrt{3}$ 【解析】原式$=4-(2-\sqrt{3})+\sqrt{\frac{3}{2}}\times3\sqrt{2}=4-2+\sqrt{3}+3\sqrt{3}=2+4\sqrt{3}$。

35. 4 【解析】$3^{m+2n}=3^m\cdot3^{2n}=3^m\cdot9^n=2\times2=4$。

36. $\frac{1}{4}$ 【解析】因为和是单项式,所以$\begin{cases}m+5=3,\\n=2,\end{cases}$解得$\begin{cases}m=-2,\\n=2,\end{cases}$所以$n^m=\frac{1}{4}$。

37. $-10\ 907$ 【解析】$\because$高于马里亚纳海沟所在海域的海平面100米的某地的高度记为$+100$米,即海平面以上的高度用正数表示,海平面以下的高度用负数表示,“海斗一号”下潜至最大深度10 907米处,可记为$-10\ 907$米。

38. 16 【解析】一个比是$4:5$,若后项增加20,则比的后项由5变成25,相当于后项乘5,根据比的性质,要使比值不变,前项也应该乘5,$4\times5=20$,故前项必须增加$20-4=16$。

39. 红 【解析】根据题干可得,这组气球的排列规律是6个气球一个循环周期,分别按照3红、2黄、1绿的顺序依次循环排列。$2013\div6=335\cdots\cdots3$,故第2013个气球是第336个周期的第3个,是红气球。

40. 4;8 【解析】因为钟面上的时间指的是整点,所以分针指向12。因为时针与分针的夹角是120°,所以$120°\div30°=4$,所以时针应该指向4或8,即应该是4时或8时。

41. 5000 【解析】由题可知,该城镇的家庭分三部分,一部分是有一个小孩;其余的平均分成两部分,一半是有两个小孩,一半是没有小孩。如果把有两个小孩的家庭分一个小孩给没有小孩的家庭,这样该城镇所有家庭都有一个小孩,故共有5000个小孩。

42. 0 【解析】将$x=1$代入方程得$m+n=0$,$m^2+2mn+n^2=(m+n)^2=0$。

43. 1 【解析】关于x的方程$x^2+2x+k=0$有两个相

等的实数根，则判别式 $\Delta=b^2-4ac=4-4k=0$，则 $k=1$。

44. $\begin{cases}x=2,\\y=1\end{cases}$

45. $-2-\sqrt{2}$ 【解析】$\left(\frac{2x-1}{x-1}-x-1\right)\div\frac{x-2}{x^2-2x+1}=$ $\frac{2x-1-(x+1)(x-1)}{x-1}\cdot\frac{(x-1)^2}{x-2}=\frac{-x(x-2)(x-1)}{x-2}=$ $-x(x-1)$，将 $x=\sqrt{2}+1$ 代入可得原式 $=-(\sqrt{2}+1)\times\sqrt{2}=$ $-2-\sqrt{2}$。

三、判断题

46. ×【解析】乙段长占全长的 $\frac{3}{4}$，则甲段长占全长的 $\frac{1}{4}$，所以乙段绳子长。

47. √【解析】$\frac{甲}{乙}=\frac{\frac{1}{6}}{\frac{1}{4}}=2:3$。

48. ×【解析】例如，整数 5 小于小数 6.1。

49. √【解析】因为真分数都小于 1，且“一个数(0 除外)乘小于 1 的数，积小于这个数”，所以两个真分数的积一定小于 1。

50. ×【解析】0 是没有倒数的。

51. √【解析】设男生人数为单位 1，则女生人数为 $1\times\left(1+\frac{1}{5}\right)=\frac{6}{5}$，则男生比女生少 $\frac{\left(\frac{6}{5}-1\right)}{\frac{6}{5}}=\frac{1}{6}$。

四、解答题

52. 【解析】乙、丙、丁三人取走米的重量比为 2∶2∶1，甲取走一袋后剩下的重量应是 $2+2+1=5$ 的倍数。总重量为 $12+15+17+20+22+24+26=136$(千克)，136 减去一个数后能被 5 整除，则这个数的个位数字一定是 1 或 6。又因为 7 袋米中有一袋米的重量为 26 千克。所以甲取走的那一袋米的重量是 26 千克。

答：甲取走的那一袋米的重量是 26 千克。

53. 【解析】设这两种衬衣的原价是每件 x 元，根据题意可得 $x\times40\%+x\times50\%=108$，解得 $x=120$。

答：这两种衬衣的原价每件是 120 元。

54. 【解析】$(8\times3000+15\times4000)\times(1+0.2\%+0.35\%)=84462$(元)，$84462+70.5=84532.5$(元)，$9\times3000\times(1-0.2\%-0.35\%)=26851.5$ 元，设 B 种股票现价 x 元，可得 $4000x\times(1-0.2\%-0.35\%)+26851.5=84532.5$(元)，$x=14.5$，$(15-14.5)\div15\approx3.3\%$。

答：B 种股下跌了百分之三点三。

55. 【解析】迟到 2 分钟时，相同的时间内少走 $50\times2=100$(米)。

早到了 5 分钟，相同的时间内多走 $5\times(50+10)=300$(米)。

故前后路程差为 $300+100=400$(米)，速度差为每分钟 10 米。

由 $(300+100)\div10+2=42$(分)，得小明家到学校的路程为 $50\times(42+2)=2200$(米)。

答：小明家到学校的路程为 2200 米。

56. 【解析】$(40\div5)\times(40\div8)=40$(平方米)。

答：这块平行四边形空地的面积是 40 平方米。

57. 【解析】$\left[\left(13\times\frac{5}{4}+15\right)\times\frac{8}{3}\times3\right]\div10=25$(天)。

答：如果让丙组 10 人去做，需要 25 天完成。

58. 【解析】(1) $A=\frac{x^2+2x+1}{x^2-1}-\frac{x}{x-1}=\frac{(x+1)^2}{(x+1)(x-1)}-\frac{x}{x-1}=\frac{x+1}{x-1}-\frac{x}{x-1}=\frac{1}{x-1}$。

(2) 解 $x-1\geqslant0$，得 $x\geqslant1$，解 $x-3<0$ 得 $x<3$，

$\therefore$ 不等式组 $\begin{cases}x-1\geqslant0,\\x-3<0\end{cases}$ 的解集为 $1\leqslant x<3$，

$\because x$ 为整数，$\therefore x=1,2$，

当 $x=1$ 时，分式无意义；当 $x=2$ 时，$A=\frac{1}{2-1}=1$。

59. 【解析】如按照实际人数购买需要花费：$(48+49)\times5\times(1-10\%)=97\times5\times90\%=436.5$(元)，如按 100 本购买需花费：$100\times5\times(1-15\%)=100\times5\times85\%=425$(元)，由于 $425<436.5$，所以购买 100 本最合理。

60. 【解析】设每月用水量为 $x\ \mathrm{m}^3$，支付水费为 y 元。

由题意知 $y=\begin{cases}8+c,0\leqslant x\leqslant a,①\\8+b(x-a)+c,x>a。②\end{cases}$

$\because 0<c\leqslant5$，

$\therefore 8<8+c\leqslant13$。

从表中可知，第二、三月份的水费均大于 13 元，故用水量 $15\ \mathrm{m}^3$，$22\ \mathrm{m}^3$ 均大于最低限量 $a\ \mathrm{m}^3$。

将 $x=15$，$x=22$ 分别代入②式，

得 $\begin{cases}19=8+b(15-a)+c,③\\33=8+b(22-a)+c。④\end{cases}$

解得 $b=2,2a=c+19$。⑤

再分析一月份的水费。

由于 $2a=c+19>19$，故 $a>9.5>9$，因此一月份的付款方式应选①式，即 $8+c=9,c=1$，代入⑤式得 $a=10$。

答：$a=10,b=2,c=1$。

整合提升

一、单项选择题

1. B【解析】两个质数的积可能是奇数也可能是偶数，但一定是合数。故选 B。

2. D【解析】根据个位数既是偶数又是质数，确定个位上的数是 2，又根据个位数字与千位数字之和为 10，可知千位上的数是 8；这个四位数又能被 72 整除，$72=8\times9$，所以这个四位数各个数位上的数的和必须是 9 的倍数，十位和百位的和必须是 8 或 17；(1) 如果和是 17，则符合条件的四位数有：8982，8892，验证都不能被 72 整除；(2) 如果和是 8，则符合条件的四位数有：8082，8172，8262，8352，8442，8532，8622，8712，8802，验证其中 8352 和 8712 都能被 72 整除，再根据题意去掉个位数字和千位数字，得到一个两位质数，所以 8352 不符合此要求，符合条件的数只有 8712。

3. D【解析】当 $x=1.5$ 时，$[-x]=[-1.5]=-2$，$-[x]=-[1.5]=-1$，则 $[-x]\neq-[x]$，A 项错误；又 $[2x]=[3]=3$，$2[x]=2\times[1.5]=2$，则 $[2x]\neq2[x]$，B 项错误。当 $x=1.5,y=-1.5$ 时，$[x+y]=[0]=0$，$[x]+[y]=[1.5]+[-1.5]=1-2=-1$，$[x+y]>[x]+[y]$，C 项错误。故选 D。

4. C【解析】除去 4 个顶点分别种一棵外，每边分别再种 8 棵，则四周一共种了 $4\times8+4=36$(棵)。

5. B【解析】$(8-1)\times2=14$(人)。

6. D【解析】快钟：标准时间 $=64:60$，快钟从晚上 22 点至第二天早晨 6 点，经过了 8 小时，即 480 分钟，快钟：标准时间 $=64:60=480:450$，$480-450=30$，故提前了 30 分钟。

7. B【解析】$2328=2\times2\times2\times3\times97$。小明是六年级学生，小学生一般六周岁入学，则他的年龄是 $2\times2\times3=12$(岁)。由 $2328=12\times2\times97$，则他的得分为 97，名次为第二名。

8. D【解析】$5\div4=1\cdots\cdots1$，$9\div4=2\cdots\cdots1$，$17\div4=4\cdots\cdots1$，故三个数除以 4 都是余 1 的，任取 5 张，5 张卡片上的数字的和除以 4 余 1，只有 D 项符合。

9. B【解析】$(20\%\times2+30\%\times3+40\%\times5)\div(2+3+5)\times100\%=3.3\div10\times100\%=33\%$。

10. B【解析】设路程为 s，总时间为 t，船速为 v，水流速度为 v_1。由题意知，$t=\frac{s}{v+v_1}+\frac{s}{v-v_1}=\frac{2sv}{(v+v_1)(v-v_1)}=\frac{2sv}{v^2-v_1^2}$。当 v_1 增大时，t 变大。

11. C【解析】先设这件商品现价为 a 元，①先提价为 $(1+10\%)a$ 元，再降价为 $(1-10\%)(1+10\%)a=90\%\times110\%a=0.99a$；②先降价为 $(1-10\%)a$ 元，再提价为 $(1+10\%)(1-10\%)a=110\%\times90\%a=0.99a$；③先提价为 $(1+20\%)a$ 元，再降价为 $(1-20\%)(1+20\%)a=80\%\times120\%a=0.96a$，故选 C。

12. C【解析】设每部抽水机每天的抽水量为单位 1，24 部抽水机 6 天抽出的水量为：$24\times6=144$，21 部抽水机 8 天抽出的水量为：$21\times8=168$，从而，即泉眼每天涌出的水量为：$(168-144)\div(8-6)=12$，因此，至多安排的抽水机的部数为：$12\div1=12$(部)。

13. B【解析】由题意可得，$(a-b)^2+(b-c)^2+(c-a)^2=38$，设 $x=a-b,y=b-c,z=c-a$，那么，$x+y+z=0$，$x^2+y^2+z^2=38$，这两个方程有整数解 $(2,3,-5)$ 和 $(-2,-3,5)$ 以及其他轮换解，若 $a-b=2,b-c=3$，那么 $b=c+3,a=c+5$，此时满足的最小正整数解为 $c=1,b=4,a=6$，所以 $a+b+c=11$；若 $a-b=-2,b-c=-3$，那么 $c=a+5,b=a+2$，此时满足的最小正整数解为 $c=6,b=3,a=1$，所以 $a+b+c=10$，所以 $a+b+c$ 的最小值为 10。

14. D【解析】$\because x-y+z=1$，$\therefore \frac{1}{x}-\frac{1}{y}+\frac{1}{z}=\frac{y-x}{xy}+\frac{1}{z}=\frac{z^2-z+xy}{xyz}=1$，$\therefore z^2-z+xy=xyz$，$\therefore (z-1)\cdot(z-xy)=0$，解得 $z=1$ 或 $xy=z$。当 $xy=z$ 时，$\frac{1}{x}-\frac{1}{y}+\frac{1}{z}=\frac{y-x}{xy}+\frac{1}{z}=\frac{y-x}{z}+\frac{1}{z}=1$，即 $\frac{y-x+1}{z}=1$，$(y+1)(1-x)=0$，解得 $y=-1$ 或 $x=1$。$\therefore x=1$ 或 $y=-1$ 或 $z=1$。

15. D【解析】$a^2(b+c)^2-2ab(a-c)(b+c)+b^2(a-c)^2=[a(b+c)]^2-2a(b+c)\cdot b(a-c)+[b(a-c)]^2=[a(b+c)-b(a-c)]^2=c^2(a+b)^2$。

16. C【解析】$\because a+b+c=0$，$\therefore a+b=-c$，$b+c=-a$，$c+a=-b$，$\therefore (a+b)(b+c)(c+a)+abc=-c\times(-a)\times(-b)+abc=-abc+abc=0$。

17. C【解析】解方程组得 $x=1+2a$，$y=1-a$。$\because -3\leqslant a\leqslant 1$，$\therefore -5\leqslant x\leqslant 3$，$0\leqslant y\leqslant 4$，$\therefore \begin{cases}x=5,\\y=-1\end{cases}$不是方程组的解，故①错误；当 $a=-2$ 时，方程组为 $\begin{cases}x+3y=6,\\x-y=-6,\end{cases}$解得 $\begin{cases}x=-3,\\y=3,\end{cases}$故②正确；当 $a=1$ 时，方程组为 $\begin{cases}x+3y=3,\\x-y=3,\end{cases}$解得 $\begin{cases}x=3,\\y=0,\end{cases}$代入方程 $x+y=4-1$ 仍成立，故③正确；由 $x\leqslant 1$ 可得 $-3\leqslant a\leqslant 0$，则 $1\leqslant y\leqslant 4$，故④正确。故选 C。

18. C【解析】横向与纵向的火柴棍根数一样，$4=2\times1\times2$，$12=2\times2\times3$，$24=2\times3\times4$，…，依次类推，第 100 个图形共有 $2\times100\times101=20\ 200$（根）。

19. D【解析】假设是男老师，由(2)(3)(5)知，他既不是青年、中年，也不是老年，矛盾，所以是女老师。再由(1)知，她不教语文，不是中年人。假设她教外语，由(3)(5)知她必是中年人，矛盾，所以她教数学。由(2)(4)知她是老年人，由(3)知她姓刘。

二、填空题

20. $16\frac{4}{11}$或$49\frac{1}{11}$　【解析】6 点整时，分针落后时针 30 个小格。相互垂直时，可以分成两种情况，一种是分针在时针后面，另一种是分针在时针的前面。$15\div\left(1-\frac{1}{12}\right)=16\frac{4}{11}$（分），$45\div\left(1-\frac{1}{12}\right)=49\frac{1}{11}$（分），故 6 点 $16\frac{4}{11}$分或 6 点 $49\frac{1}{11}$分时，时针和分针互相垂直。

21. 1989 和 2007　【解析】设这个自然数是 $1000a+100b+10c+d$，其中 a,b,c,d 都是 10 以内的自然数，则 $1000a+100b+10c+d+a+b+c+d=1001a+101b+11c+2d=2016$。当 $a=2$ 时，有 $101b+11c+2d=14$，计算得 $b=0$，$c=0$，$d=7$，即这个自然数是 2007。当 $a=1$ 时，有 $101b+11c+2d=1015$，若 $b=9$，则 $11c+2d=106$，计算得 $c=8$，$d=9$，即这个自然数是 1989；若 $b=8$，则 $11c+2d=207$，此时没有满足等式的自然数 c,d。a,b,c,d 的其他取值都不满足题设条件。

22. 3　【解析】$\because 3<\sqrt{13}<4$，$\therefore 6-\sqrt{13}$的整数部分 $x=2$，则小数部分是 $6-\sqrt{13}-2=4-\sqrt{13}$，则 $(2x+\sqrt{13})y=(4+\sqrt{13})\times(4-\sqrt{13})=16-13=3$。

23. 2 班　【解析】假设甲说的后半句正确，则和丙说的两句都矛盾，故假设不成立。所以 2 班得冠军。

24. 67　【解析】数列中的数每三个分为一组，每组中有两个正数，一个负数，并且负数是每组中的最后一个数。由于 $99\div3=33$，$33\times2=66$，且第 100 个数是正数，故小明写的这 100 个数中的正数有 $66+1=67$（个）。

25. 8　【解析】设两辆公共汽车的间隔为 1，则根据题意可得公共汽车与步行人的速度之差为：$1\div10=\frac{1}{10}$，公共汽车与骑车人的速度之差为：$1\div20=\frac{1}{20}$，因为骑车人的速度是步行人的速度的 3 倍，所以步行人的速度为：$\left(\frac{1}{10}-\frac{1}{20}\right)\div2=\frac{1}{40}$，则公共汽车的速度是$\frac{1}{40}+\frac{1}{10}=\frac{1}{8}$，$1\div\frac{1}{8}=8$（分钟），故每隔 8 分钟发一辆车。

26. 奇　【解析】每一名学生的得分都可以用 $25+3x+y-z$表示，且 $x+y+z=20$，根据三数和为偶数，可知这三个数奇偶性只有 2 种情况：三个都是偶数；两个奇数一个偶数，不管哪种情况，每个学生最终得分都是奇数。2013 个奇数相加和还是奇数，则所有参赛学生得分的总和是奇数。

27. 15　【解析】$6\times3-3=18-3=15$（千米），即 A、B 两地相距 15 千米。

28. 105　【解析】根据分析可得，1 是所有非零自然数的因数，也是最小的因数，故第二小的因数是 $4-1=3$。设与 1 相对的因数是 N，与 3 相对的因数是 M。因为 1，3 是最小的两个因数，所以 N,M 是两个最大的因数，所以 $N+M=140$。又因为 $1\times N=3\times M$，即 $N=3M$，所以 $3M+M=140$，$M=35$，所以这个自然数是 $35\times3=105$。

29. 43 843　【解析】万位上 3 看成了 8，多加了50 000；百位上的 7 看成了 9，多加了 200；个位上的 9 看成了 6,少加了 3。故正确的结果为 94 040 − 50 000 − 200 + 3 = 43 843。

30. 42;$\frac{97}{300}$ 【解析】观察可得 $a_3=3\times4=12$,$a_4=4\times5=20$,$a_5=5\times6=30$,归纳总结得 $a_n=n\times(n+1)=n^2+n$,所以 $a_6=6\times7=42$;因为$\frac{1}{a_n}=\frac{1}{n^2+n}=\frac{1}{n}-\frac{1}{n+1}$,所以$\frac{1}{a_3}+\frac{1}{a_4}+\frac{1}{a_5}+\cdots+\frac{1}{a_{99}}=\left(\frac{1}{3}-\frac{1}{4}\right)+\left(\frac{1}{4}-\frac{1}{5}\right)+\left(\frac{1}{5}-\frac{1}{6}\right)+\cdots+\left(\frac{1}{99}-\frac{1}{100}\right)=\frac{1}{3}-\frac{1}{100}=\frac{97}{300}$。

31. 8 【解析】∵ 该用户 5 月份水费平均每吨 1.4 元,∴ 该用户 5 月份用水量超过 6 吨。设该用户 5 月份用水量为 x 吨。根据题意,得 $6\times1.2+2(x-6)=1.4x$,解得 $x=8$,故该用户 5 月份实际用水 8 吨。

32. $\frac{120}{x}+\frac{180}{1.2x}=30$ 【解析】设原计划每天铺设为 x 米,则铺设 120 米所用天数为$\frac{120}{x}$,增加 20% 后的工效为每天 $1.2x$ 米,则剩余管道铺设所用天数为$\frac{300-120}{1.2x}$,所以可列方程:$\frac{120}{x}+\frac{180}{1.2x}=30$。

33. $-\frac{1}{2}$ 【解析】原式 $=x-kx^2-2+2kx-4x^2+9=(-4-k)x^2+(2k+1)x+7$。由结果中不含 x 的一次式,得到 $2k+1=0$,解得 $k=-\frac{1}{2}$。

34. $-1<a<-\frac{1}{2}$ 【解析】根据方程的求根公式可得,$x=\frac{-2(a+1)\pm\sqrt{4(a+1)^2-4(2a+1)}}{2}=-a-1\pm a$,则方程的两根为 −1 或 $-2a-1$(直接用$(x+1)(x+2a+1)=0$,解得 $x_1=-1$,$x_2=-2a-1$),∵ $-1<0$,∴ 小于 1 的正数根只能为 $-2a-1$,即 $0<-2a-1<1$,解得 $-1<a<-\frac{1}{2}$。

35. $\frac{3n^2+5n}{4(n+1)(n+2)}$ 【解析】根据题目中所给的规律可得,原式$=\frac{1}{2}\left[\frac{2}{1\times3}+\frac{2}{2\times4}+\frac{2}{3\times5}+\cdots+\frac{2}{n(n+2)}\right]=\frac{1}{2}\cdot\left(1-\frac{1}{3}+\frac{1}{2}-\frac{1}{4}+\frac{1}{3}-\frac{1}{5}+\cdots+\frac{1}{n-1}-\frac{1}{n+1}+\frac{1}{n}-\frac{1}{n+2}\right)=\frac{1}{2}\left(1+\frac{1}{2}-\frac{1}{n+1}-\frac{1}{n+2}\right)$

$=\frac{1}{2}\times\frac{3(n+1)(n+2)-2(n+2)-2(n+1)}{2(n+1)(n+2)}$

$=\frac{3n^2+5n}{4(n+1)(n+2)}$。

36. 4 【解析】$\frac{2x-14xy-2y}{x-2xy-y}=\frac{2x-4xy-2y-10xy}{x-2xy-y}=2-\frac{10xy}{x-2xy-y}=2-\frac{10}{\frac{1}{y}-2-\frac{1}{x}}=2+2=4$。

三、解答题

37.【解析】(1)$\frac{2^2+1}{2^2-1}=\frac{5}{3}=1\frac{2}{3}$,

$\frac{4^2+1}{4^2-1}=\frac{17}{15}=1\frac{2}{15}$,

$\frac{6^2+1}{6^2-1}=\frac{37}{35}=1\frac{2}{35}$,

…

原式共有 $2006\div2=1003$ 项,即有 1003 个 1,

则原式 $=1003+\frac{2}{2^2-1}+\frac{2}{4^2-1}+\frac{2}{6^2-1}+\cdots+\frac{2}{2006^2-1}=1003+\frac{2}{1\times3}+\frac{2}{3\times5}+\cdots+\frac{2}{2005\times2007}$

$=1003+\left(1-\frac{1}{3}\right)+\left(\frac{1}{3}-\frac{1}{5}\right)+\cdots+\left(\frac{1}{2005}-\frac{1}{2007}\right)$

$=1003+1-\frac{1}{2007}$

$=1003\frac{2006}{2007}$。

(2)原式 $=5\frac{1}{2}+\frac{11}{2}-(-0.25+9)-0.25=2$。

38.【解析】三人将五条鱼平分,客人拿出 10 元,则五条鱼总价值为 30 元,每条鱼价值 6 元。又因为甲钓了三条,相当于甲吃之前已经出资 $3\times6=18$ 元,乙钓了两条,相当于乙吃之前已经出资 $2\times6=12$ 元。而甲、乙两人吃鱼的价值都是 10 元,所以甲还可以收回 $18-10=8$ 元,乙还可以收回 $12-10=2$ 元。

答:甲收 8 元,乙收 2 元比较合理。

39.【解析】(1)设甲单独加工完成需要 x 天,则乙单独加工完成需要$(x-5)$天,

由题意可知,$\frac{1}{x}+\frac{1}{x-5}=\frac{1}{6}$,化简得 $x^2-17x+30=0$,解得 $x_1=2$,$x_2=15$,

当 $x=2$ 时，$x-5=-3$，不符合题意，
当 $x=15$ 时，$x-5=10$，符合题意，
因此甲单独加工完成需要 15 天，则乙单独加工完成需要 10 天。
答：甲单独加工完成需要 15 天，乙单独加工完成需要 10 天。
(2)由题可知，甲完成的工作总量为总量的$\frac{6}{15}$，
乙完成的工作总量为总量的$\frac{6}{10}$，
则$\frac{6}{15}\times5000=2000$(元)，$\frac{6}{10}\times5000=3000$(元)，
答：甲得加工费用 2000 元，乙得 3000 元。

40.【解析】乙速度变化前后的比为 $1:(1+20\%)=5:6$，所以所花时间的比为 $6:5$。设甲原来的速度为 $V_{甲}$，由题意得 $6V_{甲}+5V_{甲}\times(1+25\%)=490$，解得 $V_{甲}=40$(米)。从 A 点到相遇点的路程为：$40\times6=240$(米)，所以乙原来的速度为：$(490-50-240)\div6=200\div6=\frac{100}{3}$(米)，两人速度变化后，甲的速度为：$40\times(1+25\%)=50$(米)，乙的速度为：$\frac{100}{3}\times(1+20\%)=40$(米)，从相遇点开始，甲追上乙时，甲比乙多行一圈，所以甲一共跑了 $490\div(50-40)\times50+240=490\div10\times50+240=2690$(米)。
答：甲一共跑了 2690 米。

41.【解析】(1)所需的时间为 $15\times3\div60=45\div60=0.75$(小时)。又 0.75 小时 $=45$ 分钟，$45>42$，
故他们不能在截止进考场的时刻前到达考场。
(2)运送方案：让另一辆小汽车先送 4 名学生走，而其他 4 名师生同时步行前行，小汽车到达考场之后再返回途中接送其他人。
先将 4 人用车送到考场所需时间为 $15\div60=0.25$(小时)。
0.25 小时另 4 人步行的距离为 $0.25\times5=1.25$(千米)，此时他们与考场之间的距离为 $15-1.25=13.75$(千米)。
则小汽车返回与 4 人相遇的时间为 $13.75\div(60+5)=\frac{11}{52}$(小时)，
汽车由相遇点再到考场的时间也是$\frac{11}{52}$(小时)，
故总共用时 $0.25+\frac{11}{52}+\frac{11}{52}=\frac{35}{52}$(小时)。
又 42 分钟 $=\frac{7}{10}$小时，$\frac{35}{52}<\frac{7}{10}$，
故他们能在截止进考场的时刻前到达考场，即该方案可行。

42.【解析】设售价为 x 元，由题意可得 $(x-40)\cdot[500-10(x-50)]=8000$，解得 $x_1=60$，$x_2=80$，
当 $x=60$ 时，进货 $500-10(60-50)=400$(个)；
当 $x=80$ 时，进货 $500-10(80-50)=200$(个)。
答：售价定为 60 元时应进货 400 个；售价定为 80 元时应进货 200 个。

43.【解析】(1)假设一头牛一天吃一份草，牧场每天生长草的份数：$(160\times20-200\times15)\div(20-15)=40$。原有草的份数：$160\times20-40\times20=2400$。每份草的面积：$12\ 000\div2400=5$(平方米)。故草每天长出 $40\times5=200$(平方米)，每头牛每天吃 5 平方米牧草。
(2)200 头小牛 25 天正常吃草的量：$200\times5\times25=25\ 000$(平方米)。25 天牧场草的总量：$12\ 000+200\times25=17\ 000$(平方米)。每天需吃的精细干料相当于牧草的量：$(25\ 000-17\ 000)\div25=320$(平方米)。

44.【解析】设小明、妈妈的速度分别为 $v_{小明}$，$v_{妈妈}$，环形跑道一圈的长为 a(米)，由题意可得
$\begin{cases}24(v_{小明}-v_{妈妈})=a,\\6(v_{小明}+v_{妈妈})=a,\end{cases}$解得$\frac{v_{小明}}{v_{妈妈}}=\frac{5}{3}$。
答：小明和妈妈的跑步的速度之比为 5∶3。

专题二　集合与简易逻辑

真题实测

一、单项选择题

1. B【解析】$\complement_{\mathbf{R}}M=\left\{x\mid x>\frac{1}{2}\right\}$，$N=\{x\mid x^2\leqslant1\}=\{x\mid -1\leqslant x\leqslant1\}$，则 $(\complement_{\mathbf{R}}M)\cap N=\left(\frac{1}{2},1\right]$。故选 B。
2. B【解析】$A=\{0,1,2\}$，$B=\{x|x^2=1\}=\{-1,1\}$，则 $A\cup B=\{-1,0,1,2\}$。
3. C【解析】$A=\{x\mid 2x+12-2x^2>0\}=(-2,3)$，$B=\{x\mid x<\ln e\}=(-\infty,1)$，$C=\{x\mid x\leqslant\ln2\}=$

$(-\infty,\ln2]$,则$(A\cap B)\cap C=(-2,\ln2]$。

4. B【解析】由图可知阴影部分所表示的集合为$\complement_A(A\cap B)=\{1,2\}$。

5. C【解析】集合$A=\{x|1\leqslant x\leqslant2\}$,集合$B=\{x|1<x\leqslant8\}$,故$A\cup B=\{x|1\leqslant x\leqslant8\}$,$\complement_{\mathbf{R}}B\cup A=\{x|x\leqslant2$ 或 $x>8\}$,$(\complement_{\mathbf{R}}A)\cup(\complement_{\mathbf{R}}B)=\{x\leqslant1$ 或 $x>2\}$,$A\cap B=\{x|1<x\leqslant2\}$,只有 C 正确。

6. B【解析】在二元函数中,已知函数有两个偏导数$f_x(x_0,y_0)$,$f_y(x_0,y_0)$存在不能推出函数在该点可微。反之,函数在该点可微可以推出函数有偏导数。故 B 项正确。

7. A【解析】若$a=0$,则$ab=0$恒成立;当$ab=0$时,有$a=0$或$b=0$。故“$a=0$”是“$ab=0$”的充分但不必要条件。

8. A【解析】原命题与它的逆否命题同真同假,与它的逆命题真假无关,所以选 A。

9. D【解析】由题意知,命题 p 的解集为$\{m|m\leqslant-1\}$,命题 q 的解集为$\{m|-2<m<2\}$。若$p\vee q$为真命题,则只需要一真一假或者同真即可。当命题 p 为假,命题 q 为真时,得$-1<m<2$;当命题 p 为真,命题 q 为真时,得$-2<m\leqslant-1$;当命题 p 为真,命题 q 为假时,得$m\leqslant-2$;取三种情况下的解集得并集,即为$m<2$。故选 D。

二、填空题

10. 2 【解析】由题意得$Q=\{-1,0,1,2,3\}$,解不等式$\log_2(x+2)\leqslant1$得$-2<x\leqslant0$,则$W=(-2,0]$,集合$Q\cap W=\{-1,0\}$,故集合$Q\cap W$的元素有 2 个。

三、计算题

11. 【解析】$A=\{x|x^2+2x-8=0\}=\{-4,2\}$,$B=\{x|x^2-5x+6=0\}=\{2,3\}$。因为$B\cap C\neq\varnothing$,$A\cap C=\varnothing$,所以$3\in C$,则有$9-3m+m^2-19=0$,解得$m_1=5$,$m_2=-2$。当$m=5$时,$C=\{x|x^2-5x+6=0\}=\{2,3\}$,此时$A\cap C=\{2\}\neq\varnothing$,不满足题意;当$m=-2$时,$C=\{x|x^2+2x-15=0\}=\{-5,3\}$,此时$A\cap C=\varnothing$,满足题意。故 m 的值为-2。

基础训练

一、单项选择题

1. C【解析】根据题意可知,集合$A=\{x|x\neq1\}$,$B=\{x|x>0\}$,$A\cap B=\{x|x>0$ 且 $x\neq1\}$,故选 C。

2. B【解析】由题意可得$A=\{x|0<x<2\}$,$B=\{x|x\geqslant1\}$,则$(\complement_{\mathbf{R}}B)\cap A=\{x|0<x<1\}$,故选 B。

3. D【解析】$\because U=\{1,3,5,6,9\}$,$A=\{3,6,9\}$,$\therefore\complement_UA=\{1,5\}$,$\therefore$ 图中阴影部分表示的集合是$\complement_UA=\{1,5\}$。

4. C【解析】由$A\cap B=\{1\}$得$1\in B$,即$x=1$是方程$x^2-4x+m=0$的根,所以$1-4+m=0$,$m=3$,$B=\{1,3\}$。故选 C。

5. C【解析】$\because U=\mathbf{R}$,$A=\{x|x\leqslant1$ 或 $x\geqslant3\}$,$\therefore\complement_UA=\{x|1<x<3\}$,$\because B=\{x|k<x<k+1,k<2\}$,$\therefore$ 当$B\cap(\complement_UA)=\varnothing$时,有$k+1\leqslant1$或$k\geqslant3$(不合题意,舍去),如图所示,

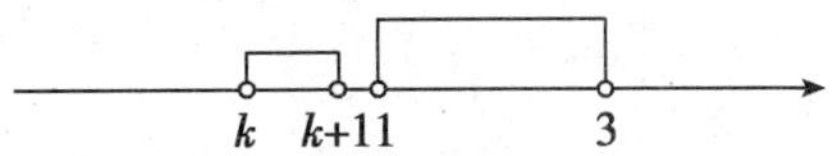

$\therefore k\leqslant0$,$\therefore$ 当$B\cap(\complement_UA)\neq\varnothing$时,$0<k<2$,故选 C。

6. D【解析】$A=\{x|0\leqslant x<3$ 且 $x\in\mathbf{N}\}=\{0,1,2\}$,$\therefore A$ 的真子集有$2^3-1=7$个。

7. B【解析】$x^2+y^2=1$表示单位圆的圆周,圆$x^2+y^2=1$与直线$y=x$相交于两点$\left(\frac{\sqrt2}{2},\frac{\sqrt2}{2}\right)$,$\left(-\frac{\sqrt2}{2},-\frac{\sqrt2}{2}\right)$,则$A\cap B$中有 2 个元素。

8. D【解析】由题意知,$A*B=\{0,2,4\}$,其所有元素之和为 6,故选 D。

9. C【解析】当$x\in\mathbf{R}$时,$\sin x\in[-1,1]$,故 p 是假命题,$\neg p$ 为真命题。$x^2+x+2=\left(x+\frac12\right)^2+\frac74>0$,故 q 是真命题,$\neg q$ 是假命题,“且”事件时,二者同真则真,一假则假。故选 C。

10. B【解析】由$\alpha/\!/\beta$及$m\subset\alpha$可得$m/\!/\beta$,而由$m\subset\alpha$及$m/\!/\beta$推不出$\alpha/\!/\beta$,即命题 p 是命题 q 的必要不充分条件,故选 B。

11. C【解析】当$a>2$时,$a-2>0$,$a+5>0$,所以$\frac{x^2}{a-2}-\frac{y^2}{a+5}=1$表示双曲线;若$\frac{x^2}{a-2}-\frac{y^2}{a+5}=1$表示双曲线,则$(a-2)(a+5)>0$,即$a>2$或$a<-5$。故“$a>2$”是“$\frac{x^2}{a-2}-\frac{y^2}{a+5}=1$表示双曲线”的充分不必要条件。

12. B【解析】对于①,“$x=1$”是“$x^2-3x+2=0$”的充分不必要条件,不是必要不充分条件,所以①不

正确；对于②，命题"$\forall x\in \mathbf{R},\cos x\leqslant 1$"的否定是"$\exists x_0\in \mathbf{R},\cos x_0>1$"，所以②不正确；对于③，若一个命题的逆命题为真，则它的否命题一定为真，满足四种命题的逆否关系，正确。故选 B。

二、填空题

13. $[4,+\infty)$ 【解析】$M=\{x|y=\sqrt{x-2}\}=\{x|x-2\geqslant 0\}=\{x|x\geqslant 2\}$，则集合 $N=\{y|y=x^2,x\in M\}=\{y|y\geqslant 4\}$，故 $M\cap N=[4,+\infty)$。

14. $-\frac{3}{2}$ 【解析】当 $m+2=3$ 时，$m=1$，此时 $2m^2+m=3$，不符合集合中元素的互异性，舍去；当 $2m^2+m=3$ 时，$m=1$ 或 $m=-\frac{3}{2}$，$m=1$(舍去)，综上，$m=-\frac{3}{2}$。

15. $\{a|6\leqslant a\leqslant 9\}$ 【解析】要使 $A\subseteq B$ 成立，则 $2a+1\geqslant 3$，$3a-5\leqslant 22$，且 $2a+1\leqslant 3a-5$，解得 $6\leqslant a\leqslant 9$。

16. 4 【解析】$A=\{1,2\}$，$B=\{1,2,3,4\}$，因为 $A\subseteq C\subseteq B$，所以满足条件的集合 C 有 $\{1,2\}$，$\{1,2,3\}$，$\{1,2,4\}$，$\{1,2,3,4\}$，共 4 个。

17. ①② 【解析】对于①，命题"若 $xy=1$，则 x,y 互为倒数"的逆命题是"若 x,y 互为倒数，则 $xy=1$"，它是真命题；对于②，命题"面积相等的两个三角形全等"的否命题是"面积不相等的两个三角形不全等"，它是真命题；对于③，命题"若 $A\cap B=B$，则 $A\subseteq B$"是假命题，$\therefore$ 它的逆否命题也是假命题。综上，正确的命题是①②。

整合提升

一、单项选择题

1. B【解析】全集 $U=\mathbf{R}$，函数 $y=\ln(1-x)$ 的定义域为 $M=\{x|1-x>0\}=\{x|x<1\}$，$N=\{x|x^2-x<0\}=\{x|0<x<1\}$，$\therefore M\cap N=\{x|0<x<1\}\neq M$，A 错误；$\complement_U N=\{x|x\leqslant 0$ 或 $x\geqslant 1\}$，$M\cup(\complement_U N)=\mathbf{R}=U$，B 正确；$M\cap(\complement_U N)=\{x|x\leqslant 0\}\neq\varnothing$，C 错误；$M\subseteq\complement_U N$ 不成立，D 错误。故选 B。

2. B【解析】由 $x^2-2x-3\leqslant 0$，$x\in\mathbf{N}$，得 $(x+1)(x-3)\leqslant 0$，$x\in\mathbf{N}$，则 $A=\{0,1,2,3\}$。因为 $A*B=\{x|x=x_1+x_2,x_1\in A,x_2\in B\}$，所以 $A*B$ 中的元素有：$0+1=1$，$0+3=3$，$1+1=2$，$1+3=4$，$2+1=3$(舍去)，$2+3=5$，$3+1=4$(舍去)，$3+3=6$，所以 $A*B=\{1,2,3,4,5,6\}$，所以 $A*B$ 中的所有元素数字之和为 21。

3. B【解析】命题 p：若 $\triangle ABC$ 为锐角三角形，则 $0<\angle C<\frac{\pi}{2}$，所以 $\pi>\angle A+\angle B>\frac{\pi}{2}$，因此 $\frac{\pi}{2}>\angle A>\frac{\pi}{2}-\angle B>0$，则 $\sin A>\sin(\frac{\pi}{2}-B)=\cos B$，可知 p 是假命题；命题 q：$\forall x,y\in\mathbf{R}$，若 $x+y\neq 5$，则 $x\neq -1$ 或 $y\neq 6$，其逆否命题：若 $x=-1$ 且 $y=6$，则 $x+y=5$，是真命题，因此命题 q 是真命题。则 $(\neg p)\wedge q$ 为真命题。

4. B【解析】当 $a=b=\frac{2}{3}$ 时，$a+b>1$，①不能；当 $a=b=1$ 时，$a+b=2$，②不能；假设 $a\leqslant 1$，$b\leqslant 1$，则 $a+b\leqslant 2$，这与 $a+b>2$ 矛盾，③能；当 $a=b=-2$ 时，$a^2+b^2>2$，④不能；假设 $a\leqslant 1$，$b\leqslant 1$，则 $a^3\leqslant 1$，$b^3\leqslant 1$，那么 $a^3+b^3\leqslant 2$，这与 $a^3+b^3>2$ 矛盾，⑤能；当 $a=-2$，$b=-1$ 时，$ab=2>1$，⑥不能。只有③⑤能，故选 B。

5. C【解析】由 $x^2-4ax+3a^2<0(a>0)$，得 $a<x<3a$，即 p 为真命题时，$a<x<3a$，由 $\begin{cases}x^2-x-6\leqslant 0,\\x^2+2x-8>0\end{cases}$ 得 $\begin{cases}-2\leqslant x\leqslant 3,\\x>2\text{ 或 }x<-4,\end{cases}$ 即 $2<x\leqslant 3$，即 q 为真命题时，$2<x\leqslant 3$。当 $a=1$ 时，由 $p\wedge q$ 为真，知 p,q 均为真命题，则 $\begin{cases}1<x<3,\\2<x\leqslant 3,\end{cases}$ 得 $2<x<3$，所以实数 x 的取值范围为 $(2,3)$。

二、填空题

6. $\{x|-2\leqslant x\leqslant 5\}$ 【解析】$\because |x+3|+|x-4|\leqslant 9$，$\therefore$ 当 $x<-3$ 时，$-x-3-(x-4)\leqslant 9$，即 $-4\leqslant x<-3$；当 $-3\leqslant x\leqslant 4$ 时，$x+3-(x-4)=7\leqslant 9$ 恒成立；当 $x>4$ 时，$x+3+x-4\leqslant 9$，即 $4<x\leqslant 5$。综上所述，$A=\{x|-4\leqslant x\leqslant 5\}$。又 $\because x=4t+\frac{1}{t}-6$，$t\in(0,+\infty)$，$\therefore x\geqslant 2\sqrt{4t\cdot\frac{1}{t}}-6=-2$，当 $t=\frac{1}{2}$ 时取等号。$\therefore B=\{x|x\geqslant -2\}$，$\therefore A\cap B=\{x|-2\leqslant x\leqslant 5\}$。

7. 26 【解析】依题意可知全班分 4 类人。设既爱好体育又爱好音乐的人数为 x，则仅爱好体育的人数为 $(43-x)$，仅爱好音乐的人数为 $(34-x)$，既不爱好体育又不爱好音乐的人数为 4。因此 $43-x+34-x+x+4=55$，故 $x=26$。

8. -1 【解析】由已知得 $a\neq 0$，则 $\frac{b}{a}=0$，所以 $b=0$，

于是 $a^2=1$，即 $a=1$ 或 $a=-1$。又根据集合元素的互异性，$a=1$ 应舍去，因而 $a=-1$，故 $a^{2011}+b^{2011}=(-1)^{2011}=-1$。

9. $m>-1,n<5$ 【解析】因为集合 $U=\{(x,y)\mid x\in\mathbf{R},y\in\mathbf{R}\}$，$B=\{(x,y)\mid x+y-n\leqslant 0\}$，那么 $\complement_U B=\{(x,y)\mid x+y-n>0\}$，由 $P(2,3)\in A\cap(\complement_U B)$ 可知，$P(2,3)\in A$，$P(2,3)\in\complement_U B$，即 $2\times 2-3+m>0$，$2+3-n>0$，所以 $m>-1,n<5$，所以 $P(2,3)\in A\cap(\complement_U B)$ 的充要条件是 $m>-1,n<5$。

专题三　函　数

真题实测

一、单项选择题

1. A【解析】函数 $f(x)$ 的定义域满足 $\begin{cases}x+2>0,\\x-2>0,\end{cases}$ 解得 $x>2$。

2. C【解析】因为 $2^a=3$，所以 $a=\log_2 3$，$c=\log_{\frac{1}{2}}3=-\log_2 3<\log_2 3=a$，$a=\log_2 3<\log_2 4=\log_3 9<\log_3 10=b$，所以 $b>a>c$。故选 C。

3. A【解析】因为函数 $g(x)=-\sqrt{f(x)}$，所以函数 $g(x)$ 的单调递增区间即为函数 $f(x)\geqslant 0$ 时的单调递减区间，当 $f(x)\geqslant 0$ 时，$f(x)=x^2-2x-3$ 的递减区间为 $(-\infty,-1]$，故选 A。

4. A【解析】已知函数 $f(x)$ 为奇函数，当 $x\in(0,2)$ 时，$f(-x)=a(-x)-\ln x=-f(x)$，即 $f(x)=ax+\ln x$，则 $f'(x)=a+\frac{1}{x}$。令 $f'(x)=0$，则 $x=-\frac{1}{a}$。因为 $a<-\frac{1}{2}$，所以 $0<-\frac{1}{a}<2$，当 $0<x<-\frac{1}{a}$ 时，$f(x)$ 递增，当 $-\frac{1}{a}<x<2$ 时，$f(x)$ 递减，故 $f(x)$ 在 $x=-\frac{1}{a}$ 处取得最大值，为 -1，代入函数 $f(x)$ 得，$a\cdot\left(-\frac{1}{a}\right)+\ln\left(-\frac{1}{a}\right)=-1+\ln\left(-\frac{1}{a}\right)=-1$，则有 $\ln\left(-\frac{1}{a}\right)=0$，故 $a=-1$。

5. B【解析】$\cos(\pi-A)=-\cos A=-\frac{1}{2}$，则 $\cos A=\frac{1}{2}$。

6. A【解析】因为函数 $f(x)$ 在 $\mathbf{R}$ 上单调递减，所以 $m-e^x$ 在 $x<1$ 上单调递减，$\ln\frac{1}{x+m}$ 在 $x\geqslant 1$ 上单调递减，则只需 $m-e^1\geqslant\ln\frac{1}{1+m}$，解得 $m\geqslant e-1$，故选 A。

7. C【解析】由题意可知，$-\frac{\pi}{3}\omega+\varphi=k_1\pi,k_1\in\mathbf{Z}$ ①，$\frac{\pi}{6}\omega+\varphi=\frac{\pi}{2}+k_2\pi,k_2\in\mathbf{Z}$ ②，② − ①得 $\frac{\pi}{2}\omega=\frac{\pi}{2}+(k_2-k_1)\pi$，$\omega=1+2k$ ③，$k=k_2-k_1,k\in\mathbf{Z}$。又因为 $f(x)$ 在 $\left(\frac{\pi}{6},\frac{2\pi}{5}\right)$ 上单调，$x=\frac{\pi}{6}$ 为函数 $f(x)$ 的对称轴，所以 $\frac{T}{2}=\frac{\pi}{\omega}\geqslant\frac{2\pi}{5}-\frac{\pi}{6}$，解得 $\omega\leqslant\frac{30}{7}$，联立③可得，$\omega$ 的最大值为 3。

8. D【解析】由 $\frac{\sqrt{2}\cos 2\theta}{\cos\left(\frac{\pi}{4}+\theta\right)}=\sqrt{3}\sin 2\theta$ 得 $\sqrt{2}(\cos\theta+\sin\theta)=\frac{\sqrt{6}}{2}\sin 2\theta$，两边平方得 $3\sin^2 2\theta-4\sin 2\theta-4=0$，解得 $\sin 2\theta=-\frac{2}{3}$ 或 $\sin 2\theta=2$（舍去），故选 D。

9. B【解析】根据函数的定义域可得 $\begin{cases}x+2\neq 0,\\3-x\geqslant 0,\end{cases}$ 解得 $x\leqslant 3$ 且 $x\neq -2$。故选 B。

10. A【解析】由题意得 $\angle A=32°$，$AB=50\times 16=800$ 米，在 $\mathrm{Rt}\triangle ABC$ 中，$BC=AB\cdot\sin A=800\sin 32°$。

11. A【解析】$\sin\left(\alpha+\frac{\pi}{6}\right)=\sin\left(\frac{\pi}{2}+\alpha-\frac{\pi}{3}\right)=\cos\left(\alpha-\frac{\pi}{3}\right)=\frac{4}{5}$。

12. B【解析】$\because(a+b)(\sin A-\sin B)=(c-b)\sin C$，$\therefore$ 由正弦定理得 $(a+b)(a-b)=(c-b)c$，即 $b^2+c^2-a^2=bc$，由余弦定理得 $\cos A=\frac{b^2+c^2-a^2}{2bc}=\frac{bc}{2bc}=\frac{1}{2}$，又 $\because 0<\angle A<\pi$，$\therefore\angle A=\frac{\pi}{3}$。

13. C【解析】因为 $\alpha\in\left(\frac{\pi}{2},\pi\right)$，所以 $\frac{\pi}{4}-\alpha\in\left(-\frac{3\pi}{4},-\frac{\pi}{4}\right)$，又因为 $\cos\left(\frac{\pi}{4}-\alpha\right)=-\frac{\sqrt{3}}{4}$，所以 $\sin\left(\frac{\pi}{4}-\alpha\right)=-\frac{\sqrt{13}}{4}$，则有 $\sin\left(\alpha+\frac{3\pi}{4}\right)=\sin\left(\pi+\alpha-\frac{\pi}{4}\right)=-\sin\left(\alpha-\frac{\pi}{4}\right)=\sin\left(\frac{\pi}{4}-\alpha\right)=-\frac{\sqrt{13}}{4}$。

14. A【解析】当 $k>2$ 时，$k^2-4k+4=(k-2)^2>0$，k

$-2>0$,故一次函数 $y=(k^2-4k+4)x+k-2$ 的图象经过第一、二、三象限。

15. B【解析】$y=-4x^2+4x+6=-4\left(x-\frac{1}{2}\right)^2+7$,当其最大值为 3 时,令 $-4\left(x-\frac{1}{2}\right)^2+7=3$,解得 $x=\frac{3}{2}$ 或 $-\frac{1}{2}$,因为二次函数的图象开口向下,所以要使其最大值为 3,只需 $x\geqslant\frac{3}{2}$ 或 $x\leqslant-\frac{1}{2}$。

16. B【解析】过点 A 作 $AC\perp x$ 轴于点 C,过点 B 作 $BD\perp x$ 轴于点 D,设 B 点坐标满足的函数解析式是 $y=\frac{k}{x}$。$\because \angle ACO=\angle BDO=90°$,$\therefore \angle AOC+\angle OAC=90°$。$\because \angle AOB=90°$,$\therefore \angle AOC+\angle BOD=90°$,$\therefore \angle BOD=\angle OAC$,$\therefore \triangle AOC\backsim\triangle OBD$,$\therefore S_{\triangle AOC}:S_{\triangle BOD}=\left(\frac{AO}{BO}\right)^2$。$\because AO=2BO$,$\therefore S_{\triangle AOC}:S_{\triangle BOD}=4$。$A$ 点在反比例函数 $y=\frac{1}{x}(x>0)$ 的图象上移动,设 $A(x_1,y_1)$,$B(x_2,y_2)$,$\therefore S_{\triangle AOC}=\frac{1}{2}OC\cdot AC=\frac{1}{2}\cdot x_1\cdot\frac{1}{x_1}=\frac{1}{2}$,$S_{\triangle BOD}=\frac{1}{2}DO\cdot BD=\frac{1}{2}\left(-x_2\cdot\frac{k}{x_2}\right)=-\frac{1}{2}k$,$\therefore \frac{1}{2}=4\times\left(-\frac{1}{2}k\right)$,$k=-\frac{1}{4}$,$\therefore$ B 点满足的函数解析式为 $y=-\frac{1}{4x}(x<0)$。

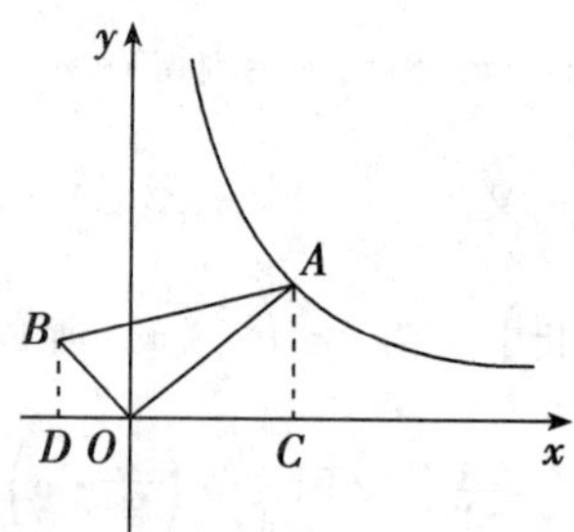

17. B【解析】$(\sin\alpha-\cos\alpha)^2=1-2\sin\alpha\cos\alpha=\left(\frac{\sqrt{73}}{7}\right)^2=\frac{73}{49}$,则 $\sin\alpha\cos\alpha=-\frac{12}{49}$,则有 $\alpha\in\left(\frac{\pi}{2},\frac{3}{4}\pi\right)$,$(\sin\alpha+\cos\alpha)^2=\sin^2\alpha+\cos^2\alpha+2\sin\alpha\cos\alpha=1-2\times\frac{12}{49}=\frac{25}{49}$,即 $\sin\alpha+\cos\alpha=\frac{5}{7}$(负值舍去),联立 $\begin{cases}\sin\alpha+\cos\alpha=\frac{5}{7},\\ \sin\alpha-\cos\alpha=\frac{\sqrt{73}}{7},\end{cases}$ 解得 $\sin\alpha=\frac{5+\sqrt{73}}{14}$,$\cos\alpha=\frac{5-\sqrt{73}}{14}$,故 $\tan\alpha=\frac{\sin\alpha}{\cos\alpha}=\frac{5+\sqrt{73}}{5-\sqrt{73}}$。

18. A【解析】$f(x)=\sin(\omega x+\beta)+\cos(\omega x+\beta)=\sqrt{2}\sin\left(\omega x+\beta+\frac{\pi}{4}\right)$。因为 $f(x)$ 的最小正周期为 π,所以 $\omega=\frac{2\pi}{\pi}=2$,又 $f(-x)=f(x)$,所以 $f(x)$ 是偶函数,则有 $\beta+\frac{\pi}{4}=\frac{\pi}{2}+k\pi(k\in\mathbf{Z})$,又 $|\beta|<\frac{\pi}{2}$,故 $\beta=\frac{\pi}{4}$,则 $f(x)=\sqrt{2}\sin\left(2x+\frac{\pi}{2}\right)=\sqrt{2}\cos 2x$。由余弦函数图象可知,$f(x)$ 在 $\left(0,\frac{\pi}{2}\right)$ 上单调递减,在 $\left(\frac{\pi}{4},\frac{3\pi}{4}\right)$ 上先减后增。故选 A。

19. B【解析】方法一:由 $\tan\left(x+\frac{\pi}{4}\right)=\frac{1+\tan x}{1-\tan x}=2$,解得 $\tan x=\frac{1}{3}$,则 $\cos x=3\sin x$,又 $\sin^2x+\cos^2x=1$,所以 $\sin^2x=\frac{1}{10}$,故 $\sin 2x=2\sin x\cos x=6\sin^2x=\frac{3}{5}$。

方法二:由 $\tan\left(x+\frac{\pi}{4}\right)=\frac{1+\tan x}{1-\tan x}=2$,解得 $\tan x=\frac{1}{3}$,则 $\sin 2x=\frac{2\tan x}{1+\tan^2x}=\frac{3}{5}$。故选 B。

20. A【解析】函数 $y=x^2$ 的值域为 $[0,+\infty)$;函数 $y=2^x$ 的值域为 $(0,+\infty)$;函数 $y=\log_2x$ 的值域为 $(-\infty,+\infty)$;函数 $y=\cos x$ 的值域为 $[-1,1]$,故选 A。

21. D【解析】由题意 $\angle C=90°$,$\cos A=\frac{3}{5}$,则设 $\angle A$ 相邻的直角边为 $3x$,斜边为 $5x$,根据勾股定理可知 $\angle A$ 的对边为 $4x$,所以 $\tan A=\frac{4}{3}$。

22. B【解析】偶函数的图象关于 y 轴对称,且定义域关于原点对称,故排除 A、C、D。选项 B 的定义域为 $\mathbf{R}$,且 $(-x)\sin(-x)=x\sin x$,故选项 B 为偶函数。

23. A【解析】由正弦定理得$\frac{\sin B}{\sin C}=\frac{b}{c}=\frac{\sqrt{3}}{6}$，故 $c=2\sqrt{3}b$，则 $a^2=b^2+\sqrt{3}bc=7b^2$。由余弦定理得 $\cos A=\frac{b^2+c^2-a^2}{2bc}=\frac{b^2+12b^2-7b^2}{4\sqrt{3}b^2}=\frac{\sqrt{3}}{2}$，故 $\angle A=30°$。

24. C【解析】$a=\log_3 9=2<2^{1.1}=b$，$c=(0.8)^{3.1}<1^{3.1}=1$，故 $c<a<b$。故选 C。

25. D【解析】当 $a>1$ 时，$y=a^x$ 在定义域 $\mathbf{R}$ 上单调递增，$y=\sin ax$ 的周期为$\frac{2\pi}{a}<2\pi$；当 $0<a<1$ 时，$y=a^x$ 在定义域 $\mathbf{R}$ 上单调递减，$y=\sin ax$ 的周期为$\frac{2\pi}{a}>2\pi$。故选 D。

二、填空题

26. $\left(1,\frac{-e+\sqrt{5}e}{2}\right)$ 【解析】由题意可知，方程 $m^2\ln x+mx=x^2(m>0)$ 在 $(1,e)$ 上有解可以转化为函数 $f(x)=m^2\ln x+mx-x^2$ 在 $(1,e)$ 上有零点。则有 $f'(x)=\frac{m^2}{x}+m-2x=\frac{(2x+m)(-x+m)}{x}$，令 $f'(x)=0$，解得 $x=-\frac{m}{2}$ 或 m。$\because m>0$，且 $x>0$，$\therefore$ 函数 $f(x)$ 在 $(0,m)$ 上单调递增，在 $(m,+\infty)$ 上单调递减，故 $f(x)$ 在 $x=m$ 处取得极大值。当 $0<m<1$ 时，极大值为 $f(m)=m^2\ln m+m^2-m^2<0$，$\therefore$ 函数 $f(x)$ 在定义域内没有零点，则 $m>1$；$\because f(e)=m^2+me-e^2$，$\therefore$ 当 $m=e$ 时，$f(e)=e^2>0$，此时函数 $f(x)$ 在 $(1,e)$ 上单调递增且 $f(x)>0$，即 $f(x)$ 在 $(1,e)$ 上无零点，故 $m<e$，从而得 $f(x)$ 在 $(1,m)$ 上单调递增，在 (m,e) 上单调递减。$\because f(1)=m-1>0$，$\therefore f(e)=m^2+me-e^2<0$，解得$\frac{-e-\sqrt{5}e}{2}<m<\frac{-e+\sqrt{5}e}{2}$，又 $e>\frac{-e+\sqrt{5}e}{2}$，综上，$m\in\left(1,\frac{-e+\sqrt{5}e}{2}\right)$。

27. 等腰直角 【解析】根据题意由正弦定理得，$\frac{\sin A}{\cos A}=\frac{\sin B}{\cos B}=\frac{\sin C}{\sin C}=1$，进而有 $\tan A=\tan B=1$，则 $\angle A=\angle B=\frac{\pi}{4}$，$\angle C=\frac{\pi}{2}$，故 $\triangle ABC$ 为等腰直角三角形。

28. 2 【解析】作 $AC\perp x$ 轴于点 C，作 $BD\perp x$ 轴于点 D。则 $\angle BDO=\angle ACO=90°$，则 $\angle BOD+\angle OBD=90°$，$\because OA\perp OB$，$\therefore \angle BOD+\angle AOC=90°$，$\therefore \angle OBD=\angle AOC$，$\therefore \triangle OBD\backsim\triangle AOC$，$\therefore \frac{S_{\triangle OBD}}{S_{\triangle AOC}}=\left(\frac{OB}{OA}\right)^2=(\tan A)^2$，点 A,B 分别在反比例函数 $y=\frac{2}{x}(x>0)$，$y=-\frac{8}{x}(x>0)$ 的图象上，设 $A(x_A,y_A)$，$B(x_B,y_B)$，则 $x_Ay_A=2$，$x_By_B=-8$，$\therefore \frac{S_{\triangle OBD}}{S_{\triangle AOC}}=\frac{\left|\frac{1}{2}x_By_B\right|}{\left|\frac{1}{2}x_Ay_A\right|}=\frac{4}{1}=4$，$\therefore \tan A=2$。

29. $\left[-\frac{\pi}{6},\frac{5\pi}{6}\right]$ 【解析】函数 $y=\sin x$ 在 $[-\pi,\pi]$ 内的递增区间为 $\left[-\frac{\pi}{2},\frac{\pi}{2}\right]$。将函数 $y=\sin x$ 向右平移$\frac{\pi}{3}$个单位得到函数 $y=\sin(x-\frac{\pi}{3})$，相应的递增区间也向右平移 $\frac{\pi}{3}$ 个单位，即为 $\left[-\frac{\pi}{6},\frac{5\pi}{6}\right]$。

30. 4;3 【解析】由图可知，当梯形 $ABQP$ 的面积为36平方厘米时，Q 点刚好到达 C 点，Q 点的运动速度是 P 点的 2 倍，设 BC 的边长为 x 厘米，则$\frac{1}{2}\times\left(x+\frac{x}{2}\right)\times 4=36$，故 $x=12$，则长方形 $ABCD$ 的面积为 $4\times 12=48$ 平方厘米。设 t_1 秒钟后梯形 $ABQP$ 的面积是长方形面积的一半，则$\frac{1}{2}(t_1+2t_1)\times 4=24$，解得 $t_1=4$；当梯形 $ABQP$ 的面积为 42 平方厘米时，设点 Q 在 C 处停留了 t_2 秒钟，则 $\frac{1}{2}(6+t_2+12)\times 4=42$，解得 $t_2=3$。

31. $2\ln 3-\frac{9}{2}$ 【解析】$f'(x)=\frac{2}{x}+x-3(x>0)$，令 $f'(x)=0$，则 $x=1$ 或 2，所以当 $x\in(0,1)$ 时，$f'(x)>0$，此时 $f(x)$ 单调递增；当 $x\in(1,2)$ 时，$f'(x)<0$，此时 $f(x)$ 单调递减；当 $x\in(2,+\infty)$ 时，$f'(x)>0$，此时 $f(x)$ 单调递增，所以 $f(x)$ 在 $\left[\frac{1}{3},3\right]$ 上的最大值在 $x=1$ 或 $x=3$ 处，$f(1)=-\frac{5}{2}$，$f(3)=2\ln 3+\frac{1}{2}\times 3^2-3\times 3=$

$2\ln3-\dfrac{9}{2}$，故 $f(x)$ 在 $\left[\dfrac{1}{3},3\right]$ 上的最大值为 $2\ln3-\dfrac{9}{2}$。

32. 3 【解析】$\because f(x+1)=2x-3=2(x+1)-5$，$\therefore f(x)=2x-5$，又 $\because f(a)=1$，$\therefore 2a-5=1$，解得 $a=3$。

三、解答题

33.【解析】由题意得，$\tan\alpha=\dfrac{\sin\alpha}{\cos\alpha}=\dfrac{1}{2}$，则 $\dfrac{\sin^2\alpha}{\cos^2\alpha}=\dfrac{\sin^2\alpha}{1-\sin^2\alpha}=\dfrac{1}{4}$，解得 $\sin^2\alpha=\dfrac{1}{5}$，$\cos^2\alpha=\dfrac{4}{5}$，所以 $\sin^4\alpha-\cos^4\alpha=(\sin^2\alpha+\cos^2\alpha)(\sin^2\alpha-\cos^2\alpha)=\dfrac{1}{5}-\dfrac{4}{5}=-\dfrac{3}{5}$。

34.【解析】(1) 由正弦定理及 $b\sin A\cos C+c\sin A\cos B=\dfrac{\sqrt{3}}{2}a$ 可得 $\sin B\sin A\cos C+\sin C\sin A\cos B=\dfrac{\sqrt{3}}{2}\sin A$①，

因为 $0<\angle A<\dfrac{\pi}{2}$，所以 $\sin A\neq0$，化简①得 $\sin B\cos C+\sin C\cos B=\sin(B+C)=\sin A=\dfrac{\sqrt{3}}{2}$，故 $\angle A=60°$。

(2) 由余弦定理可得 $\cos A=\dfrac{b^2+c^2-a^2}{2bc}=\dfrac{(b+c)^2-2bc-a^2}{2bc}=\dfrac{1}{2}$，化简得 $bc=\dfrac{1}{3}[(b+c)^2-a^2]$，将 $a=2\sqrt{3}$，$b+c=3\sqrt{2}+\sqrt{6}$ 代入上式，计算得 $bc=4+4\sqrt{3}$。所以 $S_{\triangle ABC}=\dfrac{1}{2}bc\sin A=\dfrac{1}{2}\times(4+4\sqrt{3})\times\dfrac{\sqrt{3}}{2}=3+\sqrt{3}$。

35.【解析】(1) $f(x)=\sqrt{3}\sin x+2\cos^2\dfrac{x}{2}=\sqrt{3}\sin x+2\cos^2\dfrac{x}{2}-1+1=\sqrt{3}\sin x+\cos x+1=2\left(\dfrac{\sqrt{3}}{2}\sin x+\dfrac{1}{2}\cos x\right)+1=2\sin\left(x+\dfrac{\pi}{6}\right)+1$，又 $f(A)=3$，所以 $f(A)=2\sin\left(A+\dfrac{\pi}{6}\right)+1=3$，解得 $\angle A=2k\pi+\dfrac{\pi}{3}(k\in\mathbf{Z})$，又因为 $\angle A\in(0,\pi)$，所以 $\angle A=\dfrac{\pi}{3}$。

(2) 在 $\triangle ABC$ 中，由余弦定理可得 $\cos A=\dfrac{b^2+c^2-a^2}{2bc}=\dfrac{16+c^2-13}{2\times4c}=\dfrac{1}{2}$，解得 $c=1$ 或 3。

36.【解析】(1) $f(x)=\sin2x-2\sqrt{3}\cos^2x+\sqrt{3}=\sin2x-2\sqrt{3}\left(\dfrac{\cos2x+1}{2}\right)+\sqrt{3}=\sin2x-\sqrt{3}\cos2x-\sqrt{3}+\sqrt{3}=\sin2x-\sqrt{3}\cos2x=2\sin\left(2x-\dfrac{\pi}{3}\right)$。

函数 $f(x)$ 的最小正周期 $T=\dfrac{2\pi}{2}=\pi$，其单调递增区间满足 $-\dfrac{\pi}{2}+2k\pi\leqslant2x-\dfrac{\pi}{3}\leqslant\dfrac{\pi}{2}+2k\pi$，$k\in\mathbf{Z}$，解得其单调增区间为 $\left[-\dfrac{\pi}{12}+k\pi,\dfrac{5\pi}{12}+k\pi\right]$，$k\in\mathbf{Z}$。

(2) 在锐角 $\triangle ABC$ 中，由 $f(A)=1$ 得 $\angle A=\dfrac{\pi}{4}$。$a=3$，$\angle B=\dfrac{\pi}{3}$，由 $\dfrac{a}{\sin A}=\dfrac{b}{\sin B}=\dfrac{c}{\sin C}$ 得 $b=\dfrac{3\sqrt{6}}{2}$。

则 $S_{\triangle ABC}=\dfrac{1}{2}ab\sin C=\dfrac{1}{2}ab\sin(A+B)=\dfrac{1}{2}ab\cdot(\sin A\cos B+\cos A\sin B)=\dfrac{27+9\sqrt{3}}{8}$。

37.【解析】根据图示可知，$\angle BAD=45°$，$\angle CAD=50°$，由于 $AD\perp BC$，则根据直角三角形的性质可得，$BC=BD+CD=AD(\tan45°+\tan50°)=100\times(1+1.19)=219$ m。

答：建筑物的高度为 219 m。

38.【解析】(1) 由余弦定理可得 $a^2+c^2+(2bc-2\sqrt{2}c^2)\cos A=b^2\Leftrightarrow2ac\cos B+2bc\cos A-2\sqrt{2}c^2\cos A=0\Leftrightarrow a\cos B+b\cos A=\sqrt{2}c\cos A$，根据正弦定理可得，$\sin(A+B)=\sqrt{2}\sin C\cos A$，整理得 $\cos A=\dfrac{\sqrt{2}}{2}$，故 $\angle A=45°$。

(2) 如图所示，过点 C 作 AB 边上的高交 AB 于 D，由(1)得 $\angle A=45°$，即 $\triangle ACD$ 是等腰直角三角形，在 Rt$\triangle CDB$ 中，$\sin B=\dfrac{CD}{BC}=\dfrac{4}{5}$，$\because BC=15$，$\therefore CD=12$，故 $CD=AD=12$，$BD=\sqrt{BC^2-CD^2}=9$，$\therefore c=AB=AD+BD=21$，$\therefore AM=\dfrac{1}{3}c=7$，$\therefore DM=AD-AM=12-7=5$，在 Rt$\triangle CDM$ 中，$CM=$

$\sqrt{CD^2+DM^2}=13$。

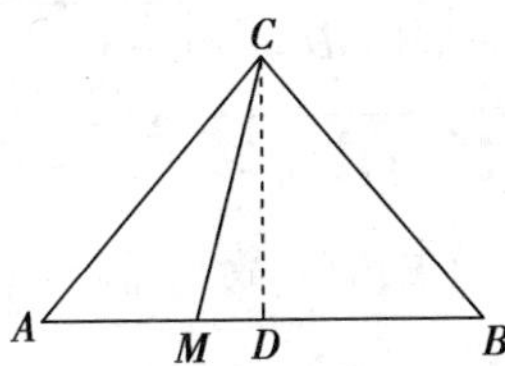

39.【解析】(1)由图象可知,直线经过(160,10)和(80,20),则其斜率 $k=\frac{10-20}{160-80}=-\frac{1}{8}$,可得直线方程为 $y-20=-\frac{1}{8}(x-80)$,即 $y=-\frac{1}{8}x+30(80\leqslant x\leqslant 160)$。

(2)设该公司去年获利为 S 万元,则该公司获得的利润函数为 $S=xy-1200-600=(-\frac{1}{8}x+30)x-1800=-\frac{1}{8}x^2+30x-1800=-\frac{1}{8}(x-120)^2$。故当 $x=120\in[80,160]$ 时,公司第一年获利最大,最大利润为 0 元。

(3)由(2)得该公司去年获利最大为 0 元,今年成本投入只有 600 万元的新产品的生产成本,故可列方程为 $(-\frac{1}{8}x+30)x-600=1000$,解得 $x=80$ 或 $x=160$,两个根都在[80,160]内,若今年的产品售价为 80 元/件或 160 元/件时,能够使去年和今年共获利 1000 万元。

40.【解析】(1)由题意得点 Q 运动的路程为 $CQ=t$,则 $BQ=BC-CQ=20-t$,则有 $S=\frac{1}{2}\times BQ\times CD=\frac{1}{2}\times(20-t)\times 16=160-8t(0\leqslant t<20)$。

(2)当△BPQ 为等腰三角形时,有以下三种情况:

①当 $BP=QP$ 时,过点 P 作△BPQ 的高 PE 交 BQ 于 E,过点 Q 作 $QF\perp PD$ 交 PD 于 F,PE 为△BPQ 的中线,则 $PE=16$,$QE=\frac{20-t}{2}$,$PF=PD-CQ=2t-t$,$\because QE=PF$,$\therefore 2t-t=\frac{20-t}{2}$,解得 $t=\frac{20}{3}$。

②当 $BP=QB$ 时,过点 P 作 $PE\perp BQ$ 于点 E,则 $BE=BC-PD=20-2t$,$BP=BQ=20-t$,在 Rt△BPE 中有 $(20-2t)^2+16^2=(20-t)^2$,整理得 $3t^2-40t+256=0$,方程无实数根。

③当 $QP=QB$ 时,过点 Q 作 $QF\perp PD$ 于点 F,则 $PF=PD-CQ=2t-t$,$QP=BQ=20-t$,在 Rt△QPF 中有 $(2t-t)^2+16^2=(20-t)^2$,解得 $t=\frac{18}{5}$。

综上所述,当 $t=\frac{20}{3}$ 或 $t=\frac{18}{5}$ 时,以 B,P,Q 三点为顶点的三角形为等腰三角形。

41.【解析】因为 $\theta\in(\frac{\pi}{2},\pi)$,所以 $\tan\theta<0$,由 $\tan 2\theta=\frac{2\tan\theta}{1-\tan^2\theta}=2\sqrt{2}$,整理得 $2\tan^2\theta+\sqrt{2}\tan\theta-2=0$,解方程得 $\tan\theta=-\sqrt{2}$ 或 $\tan\theta=\frac{\sqrt{2}}{2}$(舍去)。

$\frac{2\cos^2\frac{\theta}{2}-\sin\theta-1}{\sin\theta+\cos\theta}=\frac{\cos\theta-\sin\theta}{\sin\theta+\cos\theta}=\frac{1-\tan\theta}{1+\tan\theta}=\frac{1+\sqrt{2}}{1-\sqrt{2}}=-3-2\sqrt{2}$。

42.【解析】设 $f(x)=a(x-x_1)(x-x_2)$,其中 $x_1<x_2$,

由题意知,$\frac{x_1+x_2}{2}=1$,$x_1^2+x_2^2=10$,

解得 $x_1=-1$,$x_2=3$。

当 $x=1$ 时 $f(x)$ 取得最大值,

故 $a\times(1+1)\times(1-3)=8$,解得 $a=-2$,

故 $f(x)=-2(x+1)(x-3)=-2x^2+4x+6$。

43.【解析】(1)因为二次函数与 x 轴有两个不同的交点,

所以 $\begin{cases}m\neq 0,\\ \Delta=[-(3m-1)]^2-4m(-4m+1)>0,\end{cases}$ 解得 $\begin{cases}m\neq 0,\\ (5m-1)^2>0,\end{cases}$ 综上,m 的取值范围为 $\{m|m\neq 0$ 且 $m\neq\frac{1}{5}\}$。

(2)$y=mx^2-(3m-1)x-4m+1=mx^2-3mx+x-4m+1=(x+1)[m(x-4)+1]$,

当 $x=4$ 时,无论 m 为何值,$y=5$,且(4,5)为非坐标轴上的点,所以点 B 为(4,5)。

(3)当 $m=1$ 时,$y=x^2-2x-3$,要使第四象限图象上存在一点 E,使得△CED 面积最大,只需连结 CD,作关于 CD 平行的直线 l,使得直线 l 与二次函数 $y=x^2-2x-3$ 图象相切,则切点就是所求的点 E,如图所示:

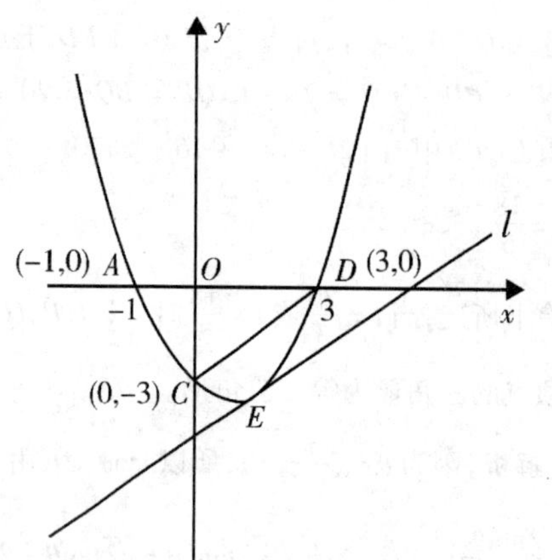

因为线段 CD 所在的直线为 $y=x-3$，则可设直线 l 为 $y=x+b$，联立 $\begin{cases}y=x+b,\\y=x^2-2x-3,\end{cases}$ 可得 $x^2-3x-(3+b)=0$，此时 $\Delta=(-3)^2-4\times1\times[-(3+b)]=0$，得到 $b=-\frac{21}{4}$。故直线 l 的方程为 $y=x-\frac{21}{4}$。

联立 $\begin{cases}y=x-\frac{21}{4},\\y=x^2-2x-3,\end{cases}$ 解得 $x=\frac{3}{2}, y=-\frac{15}{4}$，因此点 E 为 $\left(\frac{3}{2},-\frac{15}{4}\right)$。

点 E 到直线 CD 的距离为 $d=\frac{\left|\frac{3}{2}-\left(-\frac{15}{4}\right)-3\right|}{\sqrt{2}}=\frac{9\sqrt{2}}{8}$，此时 $\triangle CDE$ 面积最大，为 $S=\frac{1}{2}\cdot CD\cdot d=\frac{1}{2}\times3\sqrt{2}\times\frac{9\sqrt{2}}{8}=\frac{27}{8}$。

44.【解析】(1) 由题意得二次函数图象的对称轴 $-\frac{b}{2a}=-1$，将点 $C(-1,-4)$ 代入 $y=ax^2+bx-3$ 得 $-4=a-b-3$，联立以上两式解得 $a=1, b=2$，故二次函数的解析式为 $y=x^2+2x-3$。

(2) 令 $y=x^2+2x-3=(x+3)(x-1)=0$，解得 $x_1=-3, x_2=1$，所以 $A(-3,0)$，$B(1,0)$。设 $D(a,b)$，由 $AD=BD$ 得 $(a+3)^2+b^2=(a-1)^2+b^2$，解得 $a=-1$，将 $a=-1$ 代入直线方程得 $b=-\sqrt{3}+3\sqrt{3}=2\sqrt{3}$，所以 $D(-1,2\sqrt{3})$。

(3) $\triangle ADB$ 是等边三角形。理由如下：点 D 到 x 轴的距离 $L=2\sqrt{3}$，$AD=\sqrt{(-3+1)^2+(2\sqrt{3})^2}=4$，$BD=\sqrt{(1+1)^2+(2\sqrt{3})^2}=4$，$AB=4$，所以 $\triangle ADB$ 是等边三角形，故 $S_{\triangle ADB}=\frac{1}{2}\times4\times2\sqrt{3}=4\sqrt{3}$。

基础训练

一、单项选择题

1. A【解析】因为 $2^a=5^b=m$，所以 $a=\log_2 m$，$b=\log_5 m$，所以 $\frac{1}{\log_2 m}+\frac{1}{\log_5 m}=\log_m 2+\log_m 5=\log_m 10=2$，故 $m=\sqrt{10}$。

2. D【解析】方法一：因为 $a=\log_2 \mathrm{e}>1$，$b=\ln 2\in(0,1)$，$c=\log_{\frac{1}{2}}\frac{1}{3}=\log_2 3>\log_2 \mathrm{e}>1$，所以 $c>a>b$，故选 D。

方法二：$\log_{\frac{1}{2}}\frac{1}{3}=\log_2 3$，如图，在同一坐标系中作出函数 $y=\log_2 x$，$y=\ln x$ 的图象，由图知 $c>a>b$，故选 D。

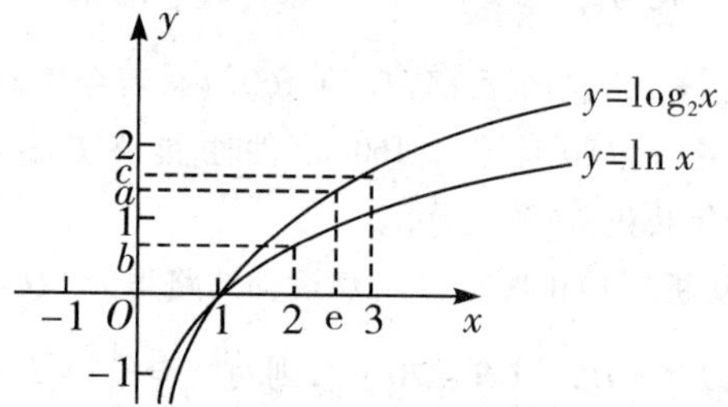

3. C【解析】要使函数有意义，只需 $\begin{cases}\frac{x-1}{2x}\geqslant0,\\x\neq0,\\4-x^2>0,\end{cases}$ 解得 $-2<x<0$ 或 $1\leqslant x<2$，即 $x\in(-2,0)\cup[1,2)$。

4. C【解析】函数 $y=f(x)$ 的图象向左平移 1 个单位即可得到函数 $y=f(x+1)$ 的图象，因此函数 $y=f(x)$ 与函数 $y=f(x+1)$ 的定义域可以不同，对应关系可以不同，但是值域一定相同。

5. C【解析】当 $0<k<1$ 时，函数图象经过第一、三、四象限，A 错；当 $k>0$ 时，y 随 x 的增大而增大，B 错；当 $k<1$ 时，函数图象一定与 y 轴的负半轴相交，

C 对；$y=kx+k-1=k(x+1)-1(k\neq0)$，当 $x=-1$时，$x+1=0$，此时无论 k 为何值，y 都为 -1，则函数图象一定经过点$(-1,-1)$，D 错。

6. C【解析】将点$(-2,-1)$代入可得其在图象上，A 项正确；反比例函数 $y=\frac{k}{x}$，当 $k>0$ 时，函数图象在第一、三象限；$k<0$ 时，函数图象在第二、四象限，故 B 项正确；由其图象可知，当 $x>0$（或 <0）时，y 随 x 的增大而减小，故选 C。

7. B【解析】设 $ax^2+bx+c=0$ 的两根分别为 x_1 与 x_2，$\therefore x_1+x_2=-\frac{b}{a}$，$x_1x_2=\frac{c}{a}$。$\because AQ\perp BQ$，$\therefore AQ^2+BQ^2=AB^2$。$\therefore (x_1-n)^2+4+(x_2-n)^2+4=(x_1-x_2)^2$，化简得，$n^2-n(x_1+x_2)+4+x_1x_2=0$，$\therefore n^2+\frac{b}{a}n+4+\frac{c}{a}=0$，$\therefore an^2+bn+c=-4a$。$\because Q(n,2)$是函数图象上的一点，$\therefore an^2+bn+c=2$，$\therefore -4a=2$，$\therefore a=-\frac{1}{2}$。故选 B。

8. C【解析】当 $a=1$ 时，$f(1)+f(1)=2e^{1-1}=2$ 成立；当 $a=-\frac{\sqrt{2}}{2}$ 时，$f(1)+f\left(-\frac{\sqrt{2}}{2}\right)=e^{1-1}+\sin\left[\pi\left(-\frac{\sqrt{2}}{2}\right)^2\right]=1+1=2$ 成立；当 $a=\frac{\sqrt{2}}{2}$时，$f(1)+f\left(\frac{\sqrt{2}}{2}\right)=e^{1-1}+e^{\frac{\sqrt{2}}{2}-1}=1+e^{\frac{\sqrt{2}}{2}-1}\neq2$。

故选 C。

9. C【解析】函数$f(x)=\sin2x$ 的图象向左平移$\frac{\pi}{6}$个单位，得到的图象对应的函数为 $y=\sin2\left(x+\frac{\pi}{6}\right)=\sin\left(2x+\frac{\pi}{3}\right)$。对于 A，当 $x=-\frac{\pi}{3}$ 时，$y=\sin\left(-\frac{\pi}{3}\right)\neq0$，故图象不关于点$\left(-\frac{\pi}{3},0\right)$中心对称；对于 B，当 $x=-\frac{\pi}{6}$时，$y=\sin0=0$，图象不关于 $x=-\frac{\pi}{6}$轴对称；对于 C，$y=\sin\left(2x+\frac{\pi}{3}\right)$的周期是 π，当$x=\frac{\pi}{12}$时，函数取得最大值；当 $x=-\frac{5\pi}{12}$时，函数取得最小值，$\because \left[-\frac{5\pi}{12},-\frac{\pi}{6}\right]\subset\left[-\frac{5\pi}{12},\frac{\pi}{12}\right]$，$\therefore$ 在区间$\left[-\frac{5\pi}{12},-\frac{\pi}{6}\right]$上函数单调递增，C 项正确；对于 D，当$x=\frac{\pi}{12}$时，函数取得最大值，$\therefore$ 在$\left[-\frac{\pi}{6},\frac{\pi}{3}\right]$上函数不单调。

10. A【解析】函数 $f(x)$ 为奇函数，则有 $f(-x)=-f(x)$。当 $0<x\leq1$ 时，$f(x)=2^x$，可知 $f(1)=2$，所以$f(-1)=-f(1)=-2$；又由于 $f(x+3)=f(x)$，所以$f(2)=f(-1+3)=f(-1)=-2$。故选 A。

11. D【解析】函数 $f(x)$ 是奇函数，故 $f(0)=0$，又 $f(-3)=0$，则$f(3)=0$，且函数图象关于原点对称，在区间$(0,2)$与$(2,+\infty)$上分别递减和递增，故函数图象在$(-\infty,-2)$上递增，在$(-2,0)$上递减。图象大致如下：

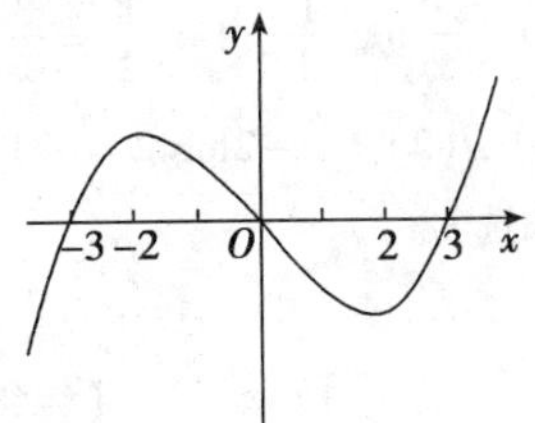

因此$(1-x^2)f(x)>0$ 有两种情况：

① $x^2<1$，且 $f(x)>0$，所以$\begin{cases}-1<x<1,\\x\in(-3,0)\cup(3,+\infty),\end{cases}$

解得 $x\in(-1,0)$。

② $x^2>1$，且 $f(x)<0$，所以$\begin{cases}x<-1\text{ 或 }x>1,\\x\in(-\infty,-3)\cup(0,3),\end{cases}$

解得 $x\in(-\infty,-3)\cup(1,3)$，综上，不等式$(1-x^2)f(x)>0$ 的解集为 $x\in(-\infty,-3)\cup(-1,0)\cup(1,3)$。

12. B【解析】$\because f(x+6)=f(x)$，$\therefore$ 函数 $f(x)$ 的周期 $T=6$。$\because$ 当 $-3\leq x<-1$ 时，$f(x)=-(x+2)^2$；当 $-1\leq x<3$ 时，$f(x)=x$，$\therefore f(1)=1$，$f(2)=2$，$f(3)=f(-3)=-1$，$f(4)=f(-2)=0$，$f(5)=f(-1)=-1$，$f(6)=f(0)=0$，$\therefore f(1)+f(2)+\cdots+f(6)=1$。$\therefore f(1)+f(2)+f(3)+\cdots+f(2015)+f(2016)=1\times\frac{2016}{6}=336$。又 $f(2017)=f(1)=1$，$f(2018)=f(2)=2$，$\therefore f(1)+f(2)+f(3)+$

$\cdots+f(2018)=339$。故选 B。

13. B【解析】设函数 $h(x)=f(|x|)$，所以有 $h(-x)=f(|-x|)=f(|x|)$，所以 $h(x)=h(-x)$，定义域为 $\mathbf{R}$，所以函数 $h(x)$ 是 $\mathbf{R}$ 上的偶函数，图象关于 y 轴对称，也就是关于直线 $x=0$ 对称，而 $g(x)=f(|x-1|)$ 的图象是由函数 $h(x)=f(|x|)$ 向右平移一个单位长度得到的。因此函数 $y=g(x)$ 的图象关于直线 $x=1$ 对称，故本题选 B。

14. A【解析】根据图象可知，甲用 24 分钟行驶了 12 千米，乙用 $(18-6)$ 分钟行驶了 12 千米，甲每分钟行驶 $12\div24=0.5$ 千米，乙每分钟行驶 $12\div12=1$ 千米，所以每分钟乙比甲多行驶 $1-0.5=0.5$ 千米，故选 A。

15. C【解析】$f(\frac{1}{4})=1-\frac{1}{4}\log_2\frac{1}{4}=1+\frac{1}{2}=\frac{3}{2}>0$，$f(\frac{1}{2})=1-\frac{1}{2}\log_2\frac{1}{2}=1+\frac{1}{2}=\frac{3}{2}>0$，$f(1)=1-0=1>0$，$f(2)=1-2\log_2 2=-1<0$，由零点存在定理知选 C。

二、填空题

16. $f^{-1}(x)=1-\sqrt{x-1}\,(x\geqslant2)$ 【解析】记 $y=f(x)$，则 $y=(x-1)^2+1$，得到 $x=1-\sqrt{y-1}$，故反函数 $f^{-1}(x)=1-\sqrt{x-1}\,(x\geqslant2)$。

17. $x>y>z$ 【解析】$\because x=1.1^{0.1}>1.1^0=1$，$0<y=0.9^{1.1}<0.9^0=1$，$z=\log_{\frac{2}{3}}\frac{4}{3}<\log_{\frac{2}{3}}1=0$，$\therefore x>y>z$。

18. $1\leqslant m\leqslant3$ 【解析】由题意知，函数 $f(x)$ 的定义域为 $(1,7)$。$\because f(x)=\lg(-x^2+8x-7)$ 在 $(m,m+1)$ 上是增函数，$\therefore t=-x^2+8x-7$ 在 $(m,m+1)$ 上单调递增。$\because$ 函数 t 的增区间为 $(1,4)$，减区间为 $[4,7)$，$\therefore \begin{cases}m\geqslant1,\\ m+1\\ \leqslant4,\end{cases}$ $\therefore 1\leqslant m\leqslant3$。

19. $\sqrt{3}$ 【解析】当 $f(x)=x+2=3$ 时，$x=1$，与 $x\leqslant-1$ 矛盾；当 $f(x)=x^2=3$ 时，$x=\sqrt{3}$ 在 $(-1,2)$ 区间上，符合题意；当 $f(x)=2x=3$ 时，$x=1.5$ 与 $x\geqslant2$ 矛盾，故 $x=\sqrt{3}$。

20. $\frac{\sqrt{6}}{2}$ 【解析】由 $f(x)=A\sin(\omega x+\varphi)$ $(A,\omega,\varphi$ 是常数，$A>0,\omega>0)$ 的部分图象可得 $A=\sqrt{2}$。$\because \frac{T}{4}=\frac{7\pi}{12}-\frac{\pi}{3}=\frac{\pi}{4}$，$\therefore T=\pi$。$\because T=\frac{2\pi}{\omega}=\pi$，$\therefore \omega=2$。由 $2\times\frac{\pi}{3}+\varphi=\pi$，得 $\varphi=\frac{\pi}{3}$，故 $f(x)=\sqrt{2}\sin(2x+\frac{\pi}{3})$，因此，$f(0)=\sqrt{2}\sin\frac{\pi}{3}=\frac{\sqrt{6}}{2}$。

21. $\sqrt{3}$ 【解析】因为 $\sin2\alpha=2\sin\alpha\cos\alpha=-\sin\alpha$，所以 $\cos\alpha=-\frac{1}{2}$，又 $\alpha\in\left(\frac{\pi}{2},\pi\right)$，所以 $\sin\alpha=\frac{\sqrt{3}}{2}$，$\tan\alpha=-\sqrt{3}$，所以 $\tan2\alpha=\frac{2\tan\alpha}{1-\tan^2\alpha}=\frac{-2\sqrt{3}}{1-(-\sqrt{3})^2}=\sqrt{3}$。

22. $\pi-\arccos\frac{1}{3}$ 【解析】$\because 3a^2+2ab+3b^2-3c^2=0$，$\therefore a^2+b^2-c^2=-\frac{2}{3}ab$，$\therefore \cos C=\frac{a^2+b^2-c^2}{2ab}=\frac{-\frac{2}{3}ab}{2ab}=-\frac{1}{3}$，$\therefore \angle C=\pi-\arccos\frac{1}{3}$。

23. $-x^4-2x^3-3x^2+1$ 【解析】$\because f(x)$ 是奇函数，$\therefore f(x)=-f(-x)$，当 $x<0$ 时，$f(x)=x^4-2x^3+3x^2-1$，则当 $x>0$ 时，$f(x)=-f(-x)=-[(-x)^4-2(-x)^3+3(-x)^2-1]=-x^4-2x^3-3x^2+1$。

24. 2 【解析】$f(x)=\frac{x}{x-1}=1+\frac{1}{x-1}$，当 $x\geqslant2$ 时，$x-1>0$，易知 $f(x)$ 在 $[2,+\infty)$ 上是减函数，$\therefore f(x)_{\max}=f(2)=1+1=2$。

25. $-\frac{x(x+1)}{2}$ 【解析】当 $-1\leqslant x\leqslant0$ 时，$0\leqslant x+1\leqslant1$，故 $f(x+1)=(x+1)(1-x-1)=-x(x+1)$，又 $f(x+1)=2f(x)$，所以 $f(x)=-\frac{x(x+1)}{2}$。

三、解答题

26. 【解析】由题意可知，$CD\perp AD$ 于点 D，$\angle CBD=45°$，$\angle A=35°$，$AB=4.5$ 米。设 $CD=x$ 米，$\because$ 在 Rt$\triangle CDB$ 中，$\angle CDB=90°$，$\angle CBD=45°$，$\therefore CD=BD=x$ 米，$\because$ 在 Rt$\triangle CDA$ 中，$\angle CDA=90°$，$\angle A=35°$，$\therefore \tan A=\frac{CD}{AD}$，$AD=\frac{x}{\tan35°}$。$\because AB=4.5$ 米，$AD=AB+BD$，$\therefore 4.5+x=\frac{x}{0.7}$，解得 $x=10.5$。

答：大树的高 CD 为 10.5 米。

27. 【解析】$\because f(2-x)=f(2+x)$ 对 $x\in\mathbf{R}$ 恒成立，

$\therefore f(x)$的对称轴为 $x=2$。又$\because f(x)$图象被 x 轴截得的线段长为 2，$\therefore f(x)=0$ 的两根为 1 和 3，设$f(x)$的解析式为$f(x)=a(x-1)(x-3)(a\neq 0)$。又$\because f(x)$的图象过点$(4,3)$，$\therefore 3a=3, a=1$，$\therefore$ 所求$f(x)$的解析式为$f(x)=(x-1)(x-3)$，即$f(x)=x^2-4x+3$。

28.【解析】(1)由已知$f(x)=f(-x)$，即 $\sin(x+a)+\sqrt{3}\cos(x-a)=\sin(-x+a)+\sqrt{3}\cos(-x-a)$。

和差化积得 $2\sin x\cos a=-2\sqrt{3}\sin x\sin a$，即 $\sin x\cdot(\cos a+\sqrt{3}\sin a)=0$，

所以 $\cos a+\sqrt{3}\sin a=0$，于是 $\tan a=-\frac{\sqrt{3}}{3}$。

又因为$0\leqslant a<\pi$，所以 $a=\frac{5\pi}{6}$。

(2)$f(x)=\sin\left(x+\frac{5\pi}{6}\right)+\sqrt{3}\cos\left(x-\frac{5\pi}{6}\right)=\sin x\cos\frac{5\pi}{6}+\cos x\sin\frac{5\pi}{6}+\sqrt{3}\cos x\cos\frac{5\pi}{6}+\sqrt{3}\sin x\sin\frac{5\pi}{6}=-\cos x$。

由此可知，函数$f(x)$的最大值为 1。

单调递增区间为$[2k\pi,2k\pi+\pi](k\in\mathbf{Z})$。

29.【解析】(1)$f(x)=\frac{(1+\cos 2x)^2-2\cos 2x-1}{\sin\left(\frac{\pi}{4}+x\right)\sin\left(\frac{\pi}{4}-x\right)}=\frac{\cos^2 2x}{\sin\left(\frac{\pi}{4}+x\right)\cos\left(\frac{\pi}{4}+x\right)}=\frac{2\cos^2 2x}{\sin\left(\frac{\pi}{2}+2x\right)}=\frac{2\cos^2 2x}{\cos 2x}=2\cos 2x$，

则$f\left(-\frac{11\pi}{12}\right)=2\cos\left(-\frac{11\pi}{6}\right)=2\cos\frac{\pi}{6}=\sqrt{3}$。

(2)$g(x)=\cos 2x+\sin 2x=\sqrt{2}\sin\left(2x+\frac{\pi}{4}\right)$，$\because x\in\left[0,\frac{\pi}{4}\right)$，$\therefore 2x+\frac{\pi}{4}\in\left[\frac{\pi}{4},\frac{3\pi}{4}\right)$，

$\therefore x=\frac{\pi}{8}$时，$g(x)$取得最大值，$g(x)_{\max}=\sqrt{2}$。

30.【解析】(1)$\because$ 向量 $\boldsymbol{m}=(a,\cos B)$，$\boldsymbol{n}=(b,\cos A)$，$\boldsymbol{m}/\!/\boldsymbol{n}$ 且 $\boldsymbol{m}\neq\boldsymbol{n}$，

$\therefore a\cos A=b\cos B$。

$\therefore \sin A\cos A=\sin B\cos B$，即 $\sin 2A=\sin 2B$，

$\therefore 2\angle A+2\angle B=\pi$，即$\angle A+\angle B=\frac{\pi}{2}$。

$\because \sin A+\sin B=\frac{\sqrt{6}}{2}$，

$\therefore \sin A+\sin B=\sin A+\cos A=\sqrt{2}\sin\left(A+\frac{\pi}{4}\right)$，

$\therefore \sin\left(A+\frac{\pi}{4}\right)=\frac{\sqrt{3}}{2}$。

由$\angle A$ 为锐角，得$\angle A+\frac{\pi}{4}=\frac{\pi}{3}$或$\angle A+\frac{\pi}{4}=\frac{2\pi}{3}$，

故$\angle A=\frac{\pi}{12}$或$\frac{5\pi}{12}$。

(2)若$\triangle ABC$ 的外接圆半径为 1，且 $abx=a+b$，则 $x=\frac{a+b}{ab}$。

由正弦定理，得 $x=\frac{\sin A+\sin B}{2\sin A\sin B}$。

设 $\sin A+\cos A=t$，$t\in(1,\sqrt{2})$，则 $t^2=1+2\sin A\cos A$，故 $\sin A\cos A=\frac{t^2-1}{2}$，即 $x=\frac{t}{t^2-1}=\frac{1}{t-\frac{1}{t}}>\sqrt{2}$，

故实数 x 的取值范围为$(\sqrt{2},+\infty)$。

31.【解析】(1)因为 $2\boldsymbol{m}\cdot\boldsymbol{n}=2\sin\frac{A}{2}\cos\frac{A}{2}-2\cos^2\frac{A}{2}=\sin A-(\cos A+1)=\sqrt{2}\sin\left(A-\frac{\pi}{4}\right)-1$，又$|\boldsymbol{m}|=1$，

所以 $2\boldsymbol{m}\cdot\boldsymbol{n}+|\boldsymbol{m}|=\sqrt{2}\sin\left(A-\frac{\pi}{4}\right)=\frac{\sqrt{2}}{2}$，即 $\sin\left(A-\frac{\pi}{4}\right)=\frac{1}{2}$。因为$0<\angle A<\pi$，所以$-\frac{\pi}{4}<\angle A-\frac{\pi}{4}<\frac{3\pi}{4}$，所以$\angle A-\frac{\pi}{4}=\frac{\pi}{6}$，即$\angle A=\frac{5\pi}{12}$。

(2)$\cos A=\cos\frac{5\pi}{12}=\cos(\frac{\pi}{6}+\frac{\pi}{4})=\cos\frac{\pi}{6}\cos\frac{\pi}{4}-\sin\frac{\pi}{6}\sin\frac{\pi}{4}=\frac{\sqrt{6}-\sqrt{2}}{4}$。因为$\overrightarrow{AB}\cdot\overrightarrow{AC}=bc\cos A=1$，

所以 $bc=\sqrt{6}+\sqrt{2}$，

又 $\sin A=\sin\frac{5\pi}{12}=\sin\left(\frac{\pi}{6}+\frac{\pi}{4}\right)=\frac{\sqrt{6}+\sqrt{2}}{4}$。

所以 $\triangle ABC$ 的面积为 $S=\frac{1}{2}bc\sin A=\frac{1}{2}\times(\sqrt{6}+\sqrt{2})\times\frac{\sqrt{6}+\sqrt{2}}{4}=\frac{2+\sqrt{3}}{2}=1+\frac{\sqrt{3}}{2}$。

32.【解析】(1)当 $a=-1$ 时，$f(x)=2x+\frac{1}{x}$，此时 $f(x)$是对勾函数，由 $2x=\frac{1}{x}$ 得 $x=\frac{\sqrt{2}}{2}$，$\because x\in$

$(0,1]$，$f\left(\frac{\sqrt{2}}{2}\right)=2\times\frac{\sqrt{2}}{2}+\frac{1}{\frac{\sqrt{2}}{2}}=2\sqrt{2}$，$\therefore f(x)$的值域是$[2\sqrt{2},+\infty)$。

(2)若函数$y=f(x)$在定义域上是减函数，则任取$x_1,x_2\in(0,1]$，且$x_1<x_2$，都有$f(x_1)>f(x_2)$成立，所以$f(x_1)-f(x_2)>0$，即$\left(2x_1-\frac{a}{x_1}\right)-\left(2x_2-\frac{a}{x_2}\right)>0$，整理得$(x_1-x_2)(2+\frac{a}{x_1x_2})>0$，只要$a<-2x_1x_2$即可，由$x_1,x_2\in(0,1]$，得$-2x_1\cdot x_2\in(-2,0)$，所以$a\leqslant -2$。

故a的取值范围是$(-\infty,-2]$。

(3)$f'(x)=2+\frac{a}{x^2}$，当$a\geqslant 0$时，函数$y=f(x)$在$(0,1]$上单调递增，无最小值，当$x=1$时取得最大值$2-a$；由(2)得当$a\leqslant -2$时，函数$y=f(x)$在$(0,1]$上单调递减，无最大值，当$x=1$时取得最小值$2-a$；当$-2<a<0$时，令$f'(x)=0$得，$x=\frac{\sqrt{-2a}}{2}$。$f'(x)<0$时，$x\in(0,\frac{\sqrt{-2a}}{2})$；$f'(x)>0$时，$x\in(\frac{\sqrt{-2a}}{2},1]$。所以函数$y=f(x)$在$(0,\frac{\sqrt{-2a}}{2}]$上单调递减，在$(\frac{\sqrt{-2a}}{2},1]$上单调递增，无最大值，当$x=\frac{\sqrt{-2a}}{2}$时取得最小值$2\sqrt{-2a}$。

33.【解析】(1)证明：函数$f(x)$的定义域为$\mathbf{R}$，又$f(-x)=\frac{e^{-x}-e^{x}}{2}=-f(x)$，所以$f(x)$是奇函数。

(2)$[f(x)]^2-[g(x)]^2=\left(\frac{e^x-e^{-x}}{2}\right)^2-\left(\frac{e^x+e^{-x}}{2}\right)^2=\frac{(e^x-e^{-x})^2-(e^x+e^{-x})^2}{4}=\frac{-2-2}{4}=-1$。

34.【解析】(1)$M(12,0)$，$P(6,6)$。

(2)设抛物线解析式为$y=a(x-6)^2+6$，$\because$抛物线过点$(0,0)$，$\therefore 0=a(0-6)^2+6$，即$a=-\frac{1}{6}$，$\therefore$抛物线解析式为$y=-\frac{1}{6}(x-6)^2+6$，即$y=-\frac{1}{6}x^2+2x$。

(3)设$A(m,0)$，则$B(12-m,0)$，$C(12-m,-\frac{1}{6}m^2+2m)$，$D(m,-\frac{1}{6}m^2+2m)$，$\therefore$“支撑架”总长$AD+DC+CB=(-\frac{1}{6}m^2+2m)+(12-2m)+(-\frac{1}{6}m^2+2m)=-\frac{1}{3}m^2+2m+12=-\frac{1}{3}\cdot(m-3)^2+15$，$\because$此二次函数的图象开口向下，$\therefore$当$m=3$时，$AD+DC+CB$有最大值，为15米。

35.【解析】(1)$\because y_1=k_1x+b$的图象过点$(0,30)$和点$(10,180)$，$\therefore\begin{cases}30=b,\\180=10k_1+b,\end{cases}\therefore\begin{cases}k_1=15,\\b=30,\end{cases}$ $k_1=15$的实际意义是：打六折后的每次健身费用为15元。$b=30$的实际意义是：每张学生暑期专享卡的价格为30元。

(2)打折前的每次健身费用为$15\div 0.6=25$(元)。$k_2=25\times 0.8=20$。

(3)$\because k_1=15,b=30$，$\therefore y_1=15x+30$。$\because k_2=20$，$\therefore y_1=20x$。当$y_1=y_2$时，$15x+30=20x$，解得$x=6$，所以结合函数图象可知，小华暑期前往该俱乐部健身8次，选择方案一所需费用更少。

整合提升

一、单项选择题

1. D【解析】由题意可知球的体积为$V(t)=\frac{4}{3}\pi R^3(t)$，则$c=V'(t)=4\pi R^2(t)R'(t)$，由此可得$\frac{c}{R(t)R'(t)}=4\pi R(t)$，球的表面积为$S(t)=4\pi R^2(t)$，所以$S'(t)=[4\pi R^2(t)]'=8\pi R(t)R'(t)=2\times 4\pi R(t)R'(t)=\frac{2c}{R(t)R'(t)}R'(t)=\frac{2c}{R(t)}$，故选D。

2. A【解析】由函数图象可知，函数$f(x)$为奇函数，应排除B、C。若函数为$f(x)=x-\frac{1}{x}$，则$x\to+\infty$时，$f(x)\to+\infty$，排除D。

3. C【解析】$f(x)$为$\mathbf{R}$上的减函数，$f\left(\left|\frac{1}{x}\right|\right)<f(1)$，则$\left|\frac{1}{x}\right|>1$，解得$-1<x<1$，且$x\neq 0$，故选C。

4. A【解析】①a,b,c为三角形的三边，故$a+b>c$，又

$c>a,c>b$，所以 $0<\frac{a}{c}<1,0<\frac{b}{c}<1$，当 $x\in(-\infty,1)$ 时，$f(x)=a^x+b^x-c^x=c^x\cdot\left[\left(\frac{a}{c}\right)^x+\left(\frac{b}{c}\right)^x-1\right]>c^x\left(\frac{a}{c}+\frac{b}{c}-1\right)=c^x\cdot\frac{a+b-c}{c}>0$，故①正确；②用赋值法，令 $a=2,b=3,c=4$，此时能构成三角形，当 $x=2$ 时，即 a^x,b^x,c^x 为 4，9，16 时，不能构成三角形，故②正确；③若 $\triangle ABC$ 为钝角三角形，$c>a,c>b$，则 $a^2+b^2-c^2<0$，此时 $f(1)=a+b-c>0,f(2)=a^2+b^2-c^2<0$，由零点存在性定理可知，函数 $f(x)$ 在 $(1,2)$ 上存在零点，即 $\exists x\in(1,2)$，使 $f(x)=0$，故③正确。故选 A。

5. B【解析】$\sin^4A-\cos^4A=(\sin^2A+\cos^2A)(\sin^2A-\cos^2A)=\sin^2A-\cos^2A=(\sin A+\cos A)(\sin A-\cos A)$，则原不等式可化为 $(\sin A+\cos A-1)(\sin A-\cos A)=\left[\sqrt{2}\sin\left(A+\frac{\pi}{4}\right)-1\right](\sin A-\cos A)\leqslant 0$，

$\because \angle A$ 为锐角，则 $0<\angle A<\frac{\pi}{2},\frac{\pi}{4}<\angle A+\frac{\pi}{4}<\frac{3\pi}{4}$，

$\therefore \sqrt{2}\sin\left(A+\frac{\pi}{4}\right)\in(1,\sqrt{2}]$，则 $\sqrt{2}\sin\left(A+\frac{\pi}{4}\right)-1>0$，$\therefore \sin A-\cos A\leqslant 0$，$\therefore 0<\angle A\leqslant\frac{\pi}{4}$。

6. C【解析】$\because \cos\left(\alpha-\frac{\pi}{6}\right)+\sin\alpha=\frac{4\sqrt{3}}{5}$，$\therefore \frac{\sqrt{3}}{2}\cos\alpha+\frac{3}{2}\sin\alpha=\frac{4}{5}\sqrt{3}$，$\sqrt{3}\left(\frac{1}{2}\cos\alpha+\frac{\sqrt{3}}{2}\sin\alpha\right)=\frac{4\sqrt{3}}{5}$，即 $\sqrt{3}\sin\left(\frac{\pi}{6}+\alpha\right)=\frac{4\sqrt{3}}{5}$，$\therefore \sin\left(\frac{\pi}{6}+\alpha\right)=\frac{4}{5}$。

$\therefore \sin\left(\alpha+\frac{7\pi}{6}\right)=-\sin\left(\frac{\pi}{6}+\alpha\right)=-\frac{4}{5}$。故选 C。

7. C【解析】因为 $f(x)$ 为奇函数，$g(x)$ 为偶函数，故 $f(x)g(x)$ 为奇函数，$f(x)|g(x)|$ 为奇函数，$|f(x)|g(x)$ 为偶函数，$|f(x)g(x)|$ 为偶函数。故选 C。

8. B【解析】$\because f(x+1)$ 与 $f(x-1)$ 都是奇函数，$\therefore$ 函数 $f(x)$ 关于点 $(1,0)$ 及点 $(-1,0)$ 对称，$\therefore f(x)+f(2-x)=0,f(x)+f(-2-x)=0$，故有 $f(2-x)=f(-2-x)$，函数 $f(x)$ 是周期 $T=[2-(-2)]=4$ 的周期函数，$\because f(-x-1)=-f(x-1)$，

$\therefore f(-x-1+4)=-f(x-1+4)$，即 $f(-x+3)=-f(x+3)$，即 $f(x+3)$ 是奇函数，故选 B。

9. B【解析】令 $f(x)=y=x^2+2x$，则 $f(-x)=x^2-2x$，因此函数 $y=x^2-2x$ 与函数 $y=x^2+2x$ 的图象关于 y 轴对称。

10. D【解析】令 $x=y=0$，则 $f(0)=0$；令 $x=y=1$，则 $f(2)=2f(1)+2=6$；令 $x=2,y=1$，则 $f(3)=f(2)+f(1)+4=12$；再令 $x=3,y=-3$，得 $0=f(3-3)=f(3)+f(-3)-18$，即 $f(-3)=18-f(3)=6$。

11. B【解析】函数 $f(x)(x\in\mathbf{R})$ 满足 $f(-x)=2-f(x)$，即为 $f(x)+f(-x)=2$，可得 $f(x)$ 关于点 $(0,1)$ 对称，函数 $y=\frac{x+1}{x}$，即 $y=1+\frac{1}{x}$ 的图象关于点 $(0,1)$ 对称，故有 (x_1,y_1) 为交点，即有 $(-x_1,2-y_1)$ 也为交点，(x_2,y_2) 为交点，即有 $(-x_2,2-y_2)$ 也为交点，……，则有 $\sum\limits_{i=1}^{m}(x_i+y_i)=(x_1+y_1)+(x_2+y_2)+\cdots+(x_m+y_m)=\frac{1}{2}[(x_1+y_1)+(-x_1+2-y_1)+(x_2+y_2)+(-x_2+2-y_2)+\cdots+(x_m+y_m)+(-x_m+2-y_m)]=m$。

12. B【解析】由题意可得 $g(x),x\in[-2,2]$ 的值域为 $f(x),x\in[-2,2]$ 的值域的子集。经分析可知 $f(x),x\in[-2,2]$ 的值域是 $[-4,3]$，当 $a=0$ 时，$g(x)=1$，符合题意；当 $a>0$ 时，$g(x),x\in[-2,2]$ 的值域是 $[-2a+1,2a+1]$，所以 $\begin{cases}-2a+1\geqslant-4,\\2a+1\leqslant3,\end{cases}$ 则 $0<a\leqslant1$；当 $a<0$ 时，$g(x),x\in[-2,2]$ 的值域为 $[2a+1,-2a+1]$，所以 $\begin{cases}2a+1\geqslant-4,\\-2a+1\leqslant3,\end{cases}$ 则 $-1\leqslant a<0$。综上可得 $-1\leqslant a\leqslant1$。

二、填空题

13. $(-2,-1)\cup(1,2)$ 【解析】由 $\frac{1+x}{1-x}>0$，知 $-1<x<1$，$\therefore\begin{cases}-1<\frac{x}{2}<1,\\-1<\frac{1}{x}<1,\end{cases}$ 解得 $-2<x<-1$ 或 $1<x<2$。

14. $\frac{1}{3}$ 【解析】$\because$ 当 $\alpha=-1$ 或 $\alpha=-3$ 时，函数 $y=x^{\alpha}$ 的定义域为 $\{x|x\neq0\}$，$\therefore \alpha=-1$ 和 $\alpha=-3$ 都不成立。$\because$ 当 $\alpha=2$ 时，函数 $y=x^{\alpha}$ 在 $(-\infty,0)$ 上

单调递减，$\therefore \alpha=2$ 不成立。当 $\alpha=\frac{1}{3}$ 时，函数 $y=x^{\alpha}$ 的定义域为 $\mathbf{R}$，且在 $(-\infty,0)$ 上单调递增，故 $\alpha=\frac{1}{3}$ 成立。

15. $[6,13]$ 【解析】$y=f^2(x)+f(x^2)=(2+\log_3 x)^2+2+\log_3 x^2=(\log_3 x)^2+6\log_3 x+6$，

$\because$ 函数 $f(x)$ 的定义域为 $[1,9]$，$\therefore$ 函数 y 的定义域需满足 $\begin{cases}1\leqslant x\leqslant 9,\\1\leqslant x^2\leqslant 9,\end{cases}$ 解得 $x\in[1,3]$，$\therefore \log_3 x\in[0,1]$。由二次函数的性质，可求得函数 y 的值域为 $[6,13]$。

16. -2 【解析】函数 $g(x)=\ln(\sqrt{1+x^2}-x)$ 的定义域为 $\mathbf{R}$，满足 $g(-x)=\ln(\sqrt{1+x^2}+x)=\ln\frac{1}{\sqrt{1+x^2}-x}=-\ln(\sqrt{1+x^2}-x)=-g(x)$，所以 $g(x)$ 是奇函数，由函数 $f(x)=\ln(\sqrt{1+x^2}-x)+1$，$f(a)=4$，可得 $f(a)=4=\ln(\sqrt{1+a^2}-a)+1$，即 $\ln(\sqrt{1+a^2}-a)=3$，则 $f(-a)=-\ln(\sqrt{1+a^2}-a)+1=-3+1=-2$。

17. $\frac{1}{2}$ 【解析】由于 $\alpha\in\left(0,\frac{\pi}{2}\right)$，故 $\tan\alpha>0$，则 $\frac{\sin 2\alpha}{\sin^2\alpha+4\cos^2\alpha}=\frac{2\tan\alpha}{4+\tan^2\alpha}\leqslant\frac{2\tan\alpha}{4\tan\alpha}=\frac{1}{2}$，当且仅当 $\tan\alpha=2$ 时取等号。

18. -2 【解析】$\because x>0$ 时，$f(x)=\frac{1}{x+1}$，$\therefore x<0$ 时，$f(x)=-f(-x)=\frac{1}{x-1}<0$。$\because \log_2\frac{1}{\sqrt[3]{2}}=-\frac{1}{3}<0$，

$\therefore -\frac{1}{3}=\frac{1}{x-1}$，$\therefore x=-2$，$\therefore f^{-1}\left(\log_2\frac{1}{\sqrt[3]{2}}\right)=-2$。

19. ③④ 【解析】①错误，应该是向右平移 1 个单位得到；②错误，设 $g(x)=f(x+1)$，则 $g(x)=g(-x)$，即 $f(x+1)=f(-x+1)$；③正确，由 $f(x+1)=f(-x+1)$，得 $f(x)$ 的图象关于直线 $x=1$ 对称；④正确，由 $f(x+1)=f(-x+1)$，令 $t=x+1$，得 $f(t)=f(2-t)$，故 $f(x)=f(2-x)$。

20. -3 或 $\frac{3}{8}$ 【解析】$f(x)=a(x+1)^2+1-a$。

(1) 当 $a=0$ 时，函数 $f(x)$ 在区间 $[-1,2]$ 上的值为常数1，不符合题意，舍去；(2) 当 $a>0$ 时，函数 $f(x)$ 在区间 $[-1,2]$ 上是增函数，最大值为 $f(2)=8a+1=4$，解得 $a=\frac{3}{8}$；(3) 当 $a<0$ 时，函数 $f(x)$ 在区间 $[-1,2]$ 上是减函数，最大值为 $f(-1)=1-a=4$，解得 $a=-3$。

综上可知，a 的值为 $\frac{3}{8}$ 或 -3。

21. $\left(-\infty,-\frac{\sqrt{3}}{2}\right]\cup\left[\frac{\sqrt{3}}{2},+\infty\right)$ 【解析】不等式化为 $f(x-1)+4f(m)-f\left(\frac{x}{m}\right)+4m^2f(x)\geqslant 0$，即 $(x-1)^2-1+4m^2-4-\frac{x^2}{m^2}+1+4m^2x^2-4m^2\geqslant 0$，整理得 $\left(1-\frac{1}{m^2}+4m^2\right)x^2-2x-3\geqslant 0$。因为 $x^2>0$，所以 $1-\frac{1}{m^2}+4m^2\geqslant\frac{2x+3}{x^2}$。设 $g(x)=\frac{2x+3}{x^2}$，$x\in\left[\frac{3}{2},+\infty\right)$。

于是题目化为 $1-\frac{1}{m^2}+4m^2\geqslant g(x)$，对任意 $x\in\left[\frac{3}{2},+\infty\right)$ 恒成立的问题，故只需求 $g(x)=\frac{2x+3}{x^2}$，$x\in\left[\frac{3}{2},+\infty\right)$ 的最大值。

由于 $g(x)=\frac{2}{x}+\frac{3}{x^2}$ 在 $\left[\frac{3}{2},+\infty\right)$ 上单调递减，

所以 $g(x)_{\max}=g\left(\frac{3}{2}\right)=\frac{8}{3}$，

所以 $1-\frac{1}{m^2}+4m^2\geqslant g(x)_{\max}=\frac{8}{3}$，整理得 $12m^4-5m^2-3\geqslant 0$，即 $(4m^2-3)(3m^2+1)\geqslant 0$，所以 $4m^2-3\geqslant 0$，解得 $m\leqslant-\frac{\sqrt{3}}{2}$ 或 $m\geqslant\frac{\sqrt{3}}{2}$，因此实数 m 的取值范围是 $m\in\left(-\infty,-\frac{\sqrt{3}}{2}\right]\cup\left[\frac{\sqrt{3}}{2},+\infty\right)$。

三、解答题

22.【解析】(1) $\because f(x+2)=-f(x)$，

$\therefore f(x+4)=-f(x+2)=f(x)$，

$\therefore f(x)$ 是周期为 4 的周期函数。

(2) $\because x\in[2,4]$，

$\therefore -x\in[-4,-2]$，$4-x\in[0,2]$，

$\therefore f(4-x)=2(4-x)-(4-x)^2=-x^2+6x-8$。

$\because f(4-x)=f(-x)=-f(x)$，

$\therefore -f(x)=-x^2+6x-8$，即 $f(x)=x^2-6x+8$，$x\in[2,4]$。

(3) $\because f(0)=0$，$f(1)=1$，$f(2)=0$，$f(3)=-1$，$f(x)$ 是周期为 4 的周期函数，

$\therefore f(0)+f(1)+f(2)+f(3)=f(4)+f(5)+f(6)$

$+f(7)=\cdots=0$，

$\therefore f(0)+f(1)+f(2)+\cdots+f(2014)=f(0)+f(1)=1$。

23.【解析】(1)函数 $f(x)$ 的对称轴为 $x=1$，又 $a>0$，$\therefore f(x)$ 在 $x\in[3,4]$ 上单调递增，

$\therefore \begin{cases}f(3)=\frac{3}{2}a+1-b=4,\\ f(4)=4a+1-b=9,\end{cases}$ 解得 $\begin{cases}a=2,\\ b=0。\end{cases}$

(2) $f(x)=x^2-2x+1$，$F(x)=\frac{x^2-2x+1}{x}=x+\frac{1}{x}-2$，

令 $t=\log_2 x$，$x\in[\sqrt{2},4]$，则 $t\in\left[\frac{1}{2},2\right]$，不等式 $F(\log_2 x)-k\cdot\log_2 x\geqslant 0$ 可化为 $t+\frac{1}{t}-2-kt\geqslant 0$，

$\therefore$ 问题等价于 $k\leqslant\frac{1}{t^2}-\frac{2}{t}+1$ 在 $t\in\left[\frac{1}{2},2\right]$ 上恒成立，$\because \frac{1}{t}\in\left[\frac{1}{2},2\right]$，则 $\frac{1}{t^2}-\frac{2}{t}+1=\left(\frac{1}{t}-1\right)^2\geqslant 0$，

$\therefore k\leqslant 0$。

(3)令 $m=|2^x-1|(x\neq 0)$，图象如下：

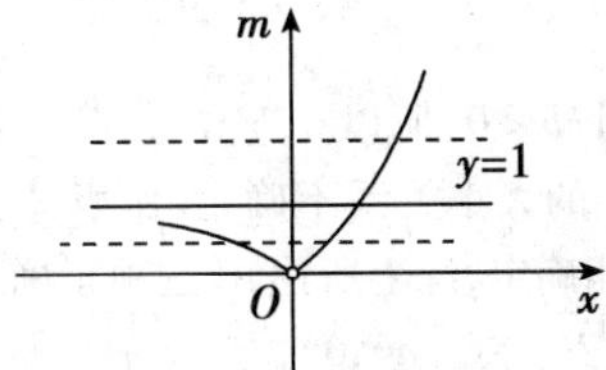

则方程 $F(|2^x-1|)+\lambda\left(\frac{1}{|2^x-1|}-2\right)=0$ 有三个不同的实数根，等价于关于 m 的方程 $F(m)+\lambda\left(\frac{1}{m}-2\right)=0$ 有两个不等根，其中一根大于等于 1，一根大于 0 且小于 1，将 $\frac{m^2-2m+1}{m}+\lambda\left(\frac{1}{m}-2\right)=0$ 整理成 $m^2-2(1+\lambda)m+1+\lambda=0$，令 $h(m)=m^2-2(1+\lambda)m+1+\lambda$，则需满足

$\begin{cases}h(0)=1+\lambda>0,\\ h(1)=-\lambda\leqslant 0,\\ \Delta=4(1+\lambda)^2-4(1+\lambda)>0\end{cases}$ 解得 $\lambda>0$。综上所述，$\lambda>0$ 为所求。

24.【解析】(1)建立如图所示的坐标系，设抛物线的方程为 $x^2=2py(p>0)$，由已知点 $P(2,2)$ 在抛物线上，得 $p=1$，$\therefore$ 抛物线的方程为 $x^2=2y$，设 $A\left(t,\frac{1}{2}t^2\right)(0<t<2)$，则此时梯形 $APQB$ 的面积为 $S(t)=\frac{1}{2}(2t+4)\left(2-\frac{1}{2}t^2\right)$，$\therefore S'(t)=-\frac{3}{2}t^2-2t+2$，令 $S'(t)=0$，得 $t=\frac{2}{3}$（负值舍去），当 $t\in\left(0,\frac{2}{3}\right)$ 时，$S'(t)>0$；当 $t\in\left(\frac{2}{3},2\right)$ 时，$S'(t)<0$，$\therefore S(t)_{\max}=S\left(\frac{2}{3}\right)=\frac{128}{27}$，$\therefore$ 新水渠底宽 $\frac{4}{3}$ m 时，所填土的土方量最少。

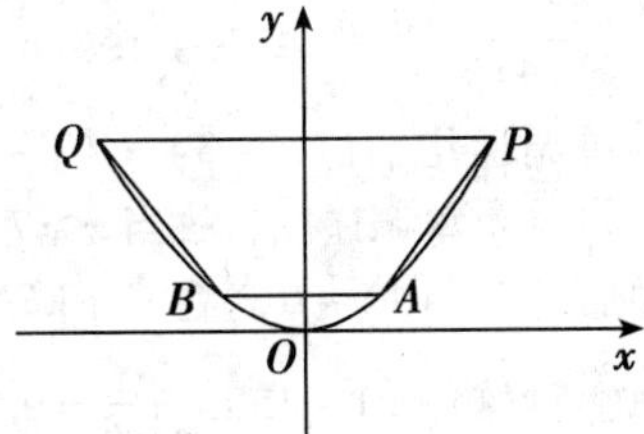

(2)为了使挖掉的土最少，等腰梯形的两腰必须与抛物线相切，如图，设切点 $M\left(t,\frac{1}{2}t^2\right)$，$t>0$，则函数在点 M 的切线方程为 $y-\frac{1}{2}t^2=t(x-t)$，分别令 $y=0$，$y=2$，得 $A\left(\frac{1}{2}t,0\right)$，$B\left(\frac{t}{2}+\frac{2}{t},2\right)$，

$\therefore$ 此时梯形 $OABC$ 的面积为 $S(t)=\frac{1}{2}\left(t+\frac{2}{t}\right)\times 2=t+\frac{2}{t}\geqslant 2\sqrt{2}$，当且仅当 $t=\sqrt{2}$ 时等号成立，此时 $|OA|=\frac{\sqrt{2}}{2}$，$\therefore$ 设计改挖后的水渠底宽为 $\sqrt{2}$ m 时，所挖土的土方量最少。

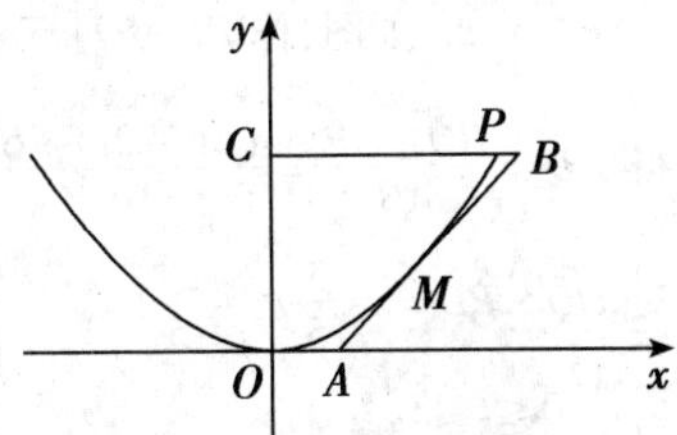

25.【解析】(1) $f(0)=1$ 表示没有用水清洗时，蔬菜上残留的农药保持原样。

(2) $f(0)=1$，$f(1)=\frac{1}{2}$，$f(x)$ 在 $[0,+\infty)$ 上单调递减，且 $0<f(x)\leqslant 1$。

(3)设清洗一次残留的农药量为 $f_1=\frac{1}{1+a^2}$，把水平均分成两份，每次用 $\frac{a}{2}$ 的水量，清洗两次后，残留的农药量为 $f_2=\frac{16}{(4+a^2)^2}$，则 $f_1-f_2=$

$\frac{a^2(a^2-8)}{(1+a^2)(4+a^2)^2}$，故当 $a>2\sqrt{2}$ 时，$f_1>f_2$，此时清洗两次后残留的农药量较少；当 $0<a<2\sqrt{2}$ 时，$f_1<f_2$，此时清洗一次后残留的农药量较少；当 $a=2\sqrt{2}$ 时，$f_1=f_2$，此时两种清洗方法残留的农药量一样。

26.【解析】(1) 当 $x\geqslant 7$ 时，$f(x+1)-f(x)=\frac{0.4}{(x-3)(x-4)}$，因为当 $x\geqslant 7$ 时，函数 $y=(x-3)\cdot(x-4)$ 单调递增，且 $(x-3)\cdot(x-4)>0$，故 $f(x+1)-f(x)$ 单调递减。故当 $x\geqslant 7$ 时，掌握程度的增加量 $f(x+1)-f(x)$ 总是下降。

(2) 由题意可知，$0.1+15\ln\frac{a}{a-6}=0.85$，整理得 $\frac{a}{a-6}=e^{0.05}$，解得 $a=\frac{e^{0.05}}{e^{0.05}-1}\times 6\approx 20.50\times 6=123$，$123\in(121,127]$，由此可知，该学科为乙学科。

27.【解析】(1) $A(8,0)$，$B(0,6)$。

(2) $\triangle ABO$ 为直角三角形，$\because OA=8$，$OB=6$，$\therefore AB=\sqrt{OA^2+OB^2}=10$。$\because$ 点 Q 到点 A 的时间是 $\frac{8}{1}=8$ 秒，$\therefore$ 点 P 的速度是 $\frac{6+10}{8}=2$（单位长度/秒），当点 P 在线段 OB 上运动（或 $0\leqslant t\leqslant 3$）时，$OQ=t$，$OP=2t$，$S=\frac{1}{2}\cdot 2t\cdot t=t^2$；当 P 在线段 BA 上运动（或 $3<t\leqslant 8$）时，$OQ=t$，$AP=10-2(t-3)=16-2t$，如图，作 $PD\perp OA$ 于点 D，由 $\frac{PD}{BO}=\frac{AP}{AB}$ 得 $PD=\frac{BO\cdot AP}{AB}=\frac{(16-2t)\cdot 6}{10}=\frac{48-6t}{5}$，

$\therefore S=\frac{1}{2}OQ\times PD=-\frac{3}{5}t^2+\frac{24}{5}t$。

故 $S=\begin{cases}t^2, 0\leqslant t\leqslant 3,\\ -\frac{3}{5}t^2+\frac{24}{5}t, 3<t\leqslant 8。\end{cases}$

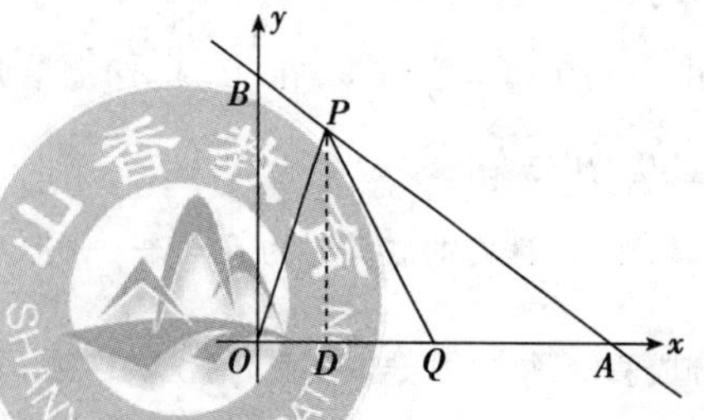

(3) 因为 $\frac{48}{5}>9$，故当 $S=\frac{48}{5}$ 时点 P 已经运动到了斜边 BA 上，故 $-\frac{3}{5}t^2+\frac{24}{5}t=\frac{48}{5}$，即得 $t^2-8t+16=(t-4)^2=0$，解得 $t=4$，此时 $PD=\frac{48-6\times 4}{5}=\frac{24}{5}$，$AP=16-2\times 4=8$，$AD=\frac{4}{5}AP=\frac{32}{5}$，$OD=AO-AD=\frac{8}{5}$，故 P 点的坐标为 $\left(\frac{8}{5},\frac{24}{5}\right)$，$Q(4,0)$，以 O,P,Q 为顶点的平行四边形的第四个顶点 M 的坐标为 $\left(\frac{28}{5},\frac{24}{5}\right)$ 或 $\left(-\frac{12}{5},\frac{24}{5}\right)$ 或 $\left(\frac{12}{5},-\frac{24}{5}\right)$。

专题四　不等式

真题实测

一、单项选择题

1. A【解析】根据不等式的性质，由 $a>b$ 可得 $a+2>b+2$，$2-a<2-b$，$-2a<-2b$。因为无法确定 $|a|$ 和 $|b|$ 的大小，所以 a^2 和 b^2 的大小无法确定。故选 A。

2. C【解析】$ab<0$，所以 a,b 异号，且 $a\neq 0$，$b\neq 0$，但 $|a|$，$|b|$ 的大小关系不确定，所以 A、B 选项中的说法不能确定，综上所述，C 选项正确。

3. B【解析】由 $\begin{cases}x-a\leqslant 0,\\ 2x+3a>0,\end{cases}$ 解得 $\left\{x\mid -\frac{3}{2}a<x\leqslant a\right\}$，解集中至少有 5 个整数解，所以 $a-\left(-\frac{3}{2}a\right)\geqslant 5$，解得 $a\geqslant 2$。故选 B。

4. D【解析】$4-2x>0$ 的解集为 $\{x|x<2\}$。故选 D。

5. C【解析】解不等式 $\frac{1-x}{x+1}\leqslant 0$，得 $x<-1$ 或 $x\geqslant 1$。

6. C【解析】由题意得 $\frac{18}{x}+\frac{2}{y}=1$，则 $x+y=(x+y)\cdot(\frac{18}{x}+\frac{2}{y})=18+\frac{2x}{y}+\frac{18y}{x}+2\geqslant 20+2\sqrt{\frac{2x}{y}\cdot\frac{18y}{x}}=32$，当且仅当 $\frac{2x}{y}=\frac{18y}{x}$，即 $x=24$，$y=8$ 时等号成立。

7. B【解析】由题意知可行域如图中阴影部分所示，$z=x^2+y^2$ 表示的是可行域上的点到原点的距离的平方，即 $z=(x-0)^2+(y-0)^2$，又原点到直线 $x+y-1=0$ 的距离 $d=\sqrt{z_{\min}}$，所以 $z_{\min}=d^2=\left(\frac{|0+0-1|}{\sqrt{1^2+1^2}}\right)^2=\left(\frac{\sqrt{2}}{2}\right)^2=\frac{1}{2}$。

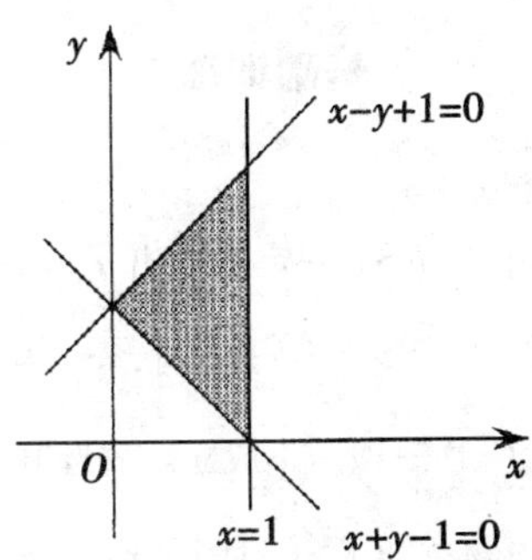

二、填空题

8. 4 【解析】解不等式组得$\left\{x|3(1-m)\leqslant x<\frac{4+2n}{5}\right\}$，又由于不等式组的解集为$\{x|3\leqslant x<4\}$，则$\begin{cases}3(1-m)=3,\\ \frac{4+2n}{5}=4,\end{cases}$解得$m=0,n=8$，故$m+\frac{1}{2}n=4$。

9. $4\sqrt{3}-4$ 【解析】$\because xy+x+2y=4$，$\therefore y(x+2)+(x+2)=(x+2)(y+1)=6$，$\because x>0,y>0$，$\therefore x+2y=(x+2)+2(y+1)-4\geqslant 2\sqrt{(x+2)\cdot 2(y+1)}-4=4\sqrt{3}-4$，当且仅当$x+2=2(y+1)$时，等号成立。

10. 3 【解析】作出可行域如图阴影部分所示，其中边界点为$A(\frac{1}{2},\frac{1}{2})$，$B(-1,-1)$，$C(2,-1)$，分别代入目标函数$2x+y$得，可知在$C(2,-1)$处目标函数取得最大值3。

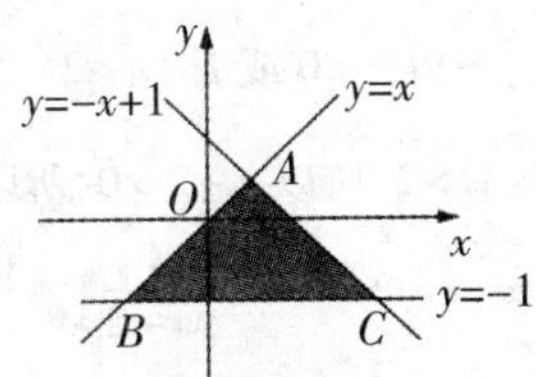

11. 8 【解析】因为自然数a,b满足$a>b$，且$a+b=8$，所以$b\leqslant 3$，又由$c-b=2$得$c=b+2$，所以$c\leqslant 5$，因此$b+c\leqslant 8$，即$b+c$的最大值为8。

12. $[\frac{1}{3},\frac{9}{7}]$ 【解析】根据题意画出如图所示的三角形可行域，三顶点的坐标分别为$O(0,0)$，$A(-\frac{8}{5},\frac{4}{5})$，$B(2,2)$。$\frac{y+1}{x+3}$表示过点$C(-3,-1)$和可行域中的任意一点$(x,y)$的直线的斜率，根据图象知，斜率最小为$k_{OC}=\frac{0-(-1)}{0-(-3)}=\frac{1}{3}$，最大为$k_{AC}=\frac{\frac{4}{5}-(-1)}{-\frac{8}{5}-(-3)}=\frac{9}{7}$。故$\frac{y+1}{x+3}$的取值范围是$[\frac{1}{3},\frac{9}{7}]$。

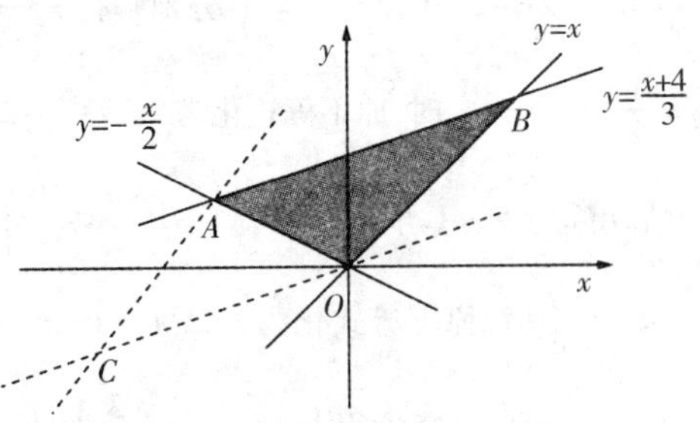

13. $\left[\frac{5}{2},5\right]$ 【解析】作出可行域如图阴影部分所示，目标函数$z=x+2y$在点$(1,2)$处取最大值，其最大值为5，在点$\left(\frac{3}{2},\frac{1}{2}\right)$处取最小值，其最小值为$\frac{5}{2}$，故目标函数$z=x+2y$的取值范围是$\left[\frac{5}{2},5\right]$。

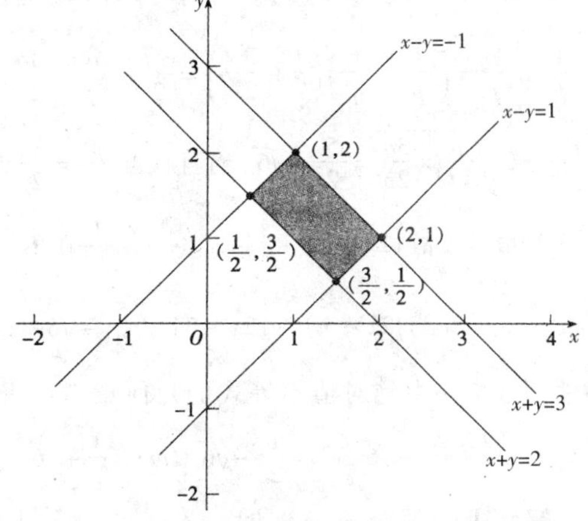

14. $\{x|-1<x<2\}$ 【解析】解不等式$2x-1>3(x-1)$得$x<2$；解不等式$x+1>0$得$x>-1$，故不等式组的解集为$\{x|-1<x<2\}$。

15. 16 【解析】$\frac{3}{2+x}+\frac{3}{2+y}=1$，可化为$xy=(2+x)+(2+y)+4$，所以要求$xy$的最小值，即求$(2+x)+(2+y)$的最小值。由于$x,y>0$，由均值不等式得$(2+x)+(2+y)=(2+x)\times(\frac{3}{2+x}+\frac{3}{2+y})+(2+y)\times(\frac{3}{2+x}+\frac{3}{2+y})=6+3(\frac{2+y}{2+x}+\frac{2+x}{2+y})\geqslant 6+3\times 2\sqrt{\frac{2+y}{2+x}\cdot\frac{2+x}{2+y}}=12$，当且仅当$2+x=2$

$+y$ 时，$(2+x)+(2+y)$ 取最小值 12，此时 xy 取最小值 $12+4=16$。

三、解答题

16.【解析】(1) $f(x)+|2x-1|<8 \Leftrightarrow |2x-3|+|2x-1|<8$，令 $2x-3=0$，$2x-1=0$，分别解得 $x=\frac{3}{2}$，$x=\frac{1}{2}$。当 $x\leqslant\frac{1}{2}$ 时，原不等式化为 $-2x+3-2x+1<8$，解得 $x>-1$，取交集得 $\left\{x\mid -1<x\leqslant\frac{1}{2}\right\}$；当 $\frac{1}{2}<x<\frac{3}{2}$ 时，原不等式化为 $-2x+3+2x-1<8$，解得 $x\in\mathbf{R}$，取交集得 $\left\{x\mid\frac{1}{2}<x<\frac{3}{2}\right\}$；当 $x\geqslant\frac{3}{2}$ 时，原不等式化为 $2x-3+2x-1<8$，解得 $x<3$，取交集得 $\left\{x\mid\frac{3}{2}\leqslant x<3\right\}$。综上所述，不等式的解集为 $(-1,3)$。

(2) 由 $2p+3q=2$ 可得 $p+\frac{3}{2}q=1(p,q>0)$，$\frac{1}{p}+\frac{1}{q}=\left(\frac{1}{p}+\frac{1}{q}\right)\left(p+\frac{3}{2}q\right)=\frac{5}{2}+\frac{p}{q}+\frac{3q}{2p}\geqslant\frac{5}{2}+2\sqrt{\frac{p}{q}\times\frac{3q}{2p}}=\frac{5}{2}+\sqrt{6}$，当且仅当 $\frac{p}{q}=\frac{3q}{2p}$ 时等号成立。故 $|2x-m|-f(x)\leqslant\frac{1}{p}+\frac{1}{q}$ 在 $\mathbf{R}$ 上恒成立转化为 $|2x-m|-|2x-3|\leqslant\frac{5}{2}+\sqrt{6}$ 在 $\mathbf{R}$ 上恒成立。由绝对值不等式的几何意义可得，$|m-3|\leqslant\frac{5}{2}+\sqrt{6}$，解得 $\frac{1}{2}-\sqrt{6}\leqslant m\leqslant\frac{11}{2}+\sqrt{6}$。

17.【解析】(1) 当 $m=2$ 时，$f(x)=|x-2|+|x-1|\leqslant 5$ 转化为 $f(x)=\begin{cases}-2x+3\leqslant 5, x\leqslant 1,\\ 1\leqslant 5, 1<x<2,\\ 2x-3\leqslant 5, x\geqslant 2,\end{cases}$ 解得 $\{x\mid -1\leqslant x\leqslant 4\}$。

(2) 函数 $f(x)=|x-m|+|x-1|\geqslant|x-m-x+1|=|1-m|$，即 $f(x)$ 的值域为 $[|1-m|,+\infty)$，$g(x)=|2x+1|+|2x-1|\geqslant 2$，即 $g(x)$ 的值域 $[2,+\infty)$。

对 $\forall x_1\in\mathbf{R}$，总存在 $x_2\in\mathbf{R}$，使 $f(x_1)=g(x_2)$ 成立，则 $[|1-m|,+\infty)\subseteq[2,+\infty)$，即 $|1-m|\geqslant 2$，解得 $m\leqslant -1$ 或 $m\geqslant 3$。

基础训练

一、单项选择题

1. B【解析】由 $a>b>c$ 一定能推出 $a+c>b+c$，B 项一定成立。当 $a>0>b>c$ 时，$ac<bc$，$\frac{1}{a}>\frac{1}{b}$，$ab<b^2$，A、C、D 三项均不成立。故选 B。

2. C【解析】由题意知 $x>0$，且 $f'(x)=2x-2-\frac{4}{x}>0$，$\therefore x^2-x-2>0$，解得 $x<-1$ 或 $x>2$。又 $\because x>0$，$\therefore x>2$。故选 C。

3. A【解析】当 $x=1$ 时，由 $a+2>0$，解得 $a>-2$；当 $x=2$ 时，由 $2a+2>0$，解得 $a>-1$，$\therefore a$ 的取值范围是 $a>-1$，故选 A。

4. C【解析】由 $0<a<1$，$\log_a(1-x)<\log_a x$，可知 $1-x>x>0$，解得 $0<x<\frac{1}{2}$。

5. C【解析】解不等式组 $\begin{cases}\frac{1}{2}x-1<0,\\ -x<-m,\end{cases}$ 得 $\begin{cases}x<2,\\ x>m,\end{cases}$ $\because$ 不等式组有解，$\therefore m<2$，故选 C。

6. B【解析】关于 x 的不等式 $ax-b>0$ 的解集是 $(-\infty,-2)$，所以 $a<0$，$\frac{b}{a}=-2$，所以 $b=-2a$，所以 $\frac{ax^2+bx}{x-1}=\frac{ax^2-2ax}{x-1}$，因为 $a<0$，所以 $\frac{x^2-2x}{x-1}<0$，解得 $x<0$ 或 $1<x<2$。故选 B。

7. C【解析】因为 $x>2$，所以 $x-2>0$，所以 $f(x)=x+\frac{1}{x-2}=(x-2)+\frac{1}{x-2}+2\geqslant 2\cdot\sqrt{(x-2)\cdot\frac{1}{x-2}}+2=2+2=4$，当且仅当 $x-2=\frac{1}{x-2}$，即 $(x-2)^2=1$ 时等号成立，所以 $x=1$ 或 3，又因为 $x>2$，所以 $x=3$，即 $a=3$。

二、填空题

8. $(1,\sqrt{2}-1)$ 【解析】由函数 $f(x)$ 的图象可知，不等式 $f(1-x^2)>f(2x)$ 成立分两种情况：$\begin{cases}1-x^2\geqslant 0,\\ x\geqslant 0,\\ 1-x^2>2x\end{cases}$ 解得 $0\leqslant x<\sqrt{2}-1$，或 $\begin{cases}1-x^2>0,\\ x<0,\end{cases}$ 解得

$-1<x<0$。综上可得 $-1<x<\sqrt{2}-1$。

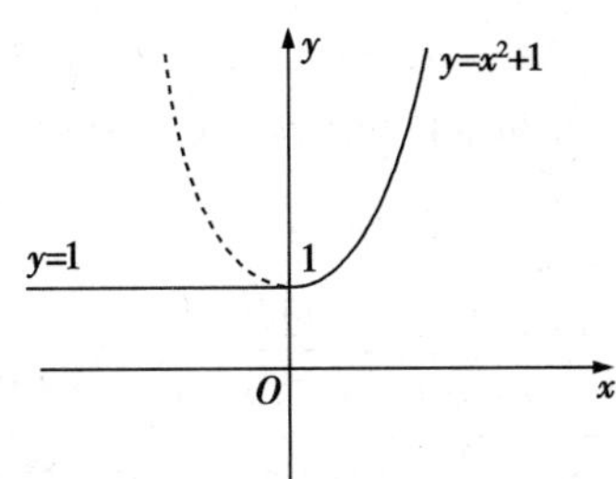

9. $(2,+\infty)$ 【解析】由 $\begin{cases}2x+y=3k-1,\\x+2y=-2\end{cases}$ 可得 $\begin{cases}x=2k,\\y=-1-k,\end{cases}$ 则由 $x+y=k-1>1$ 可得 $k>2$,即 k 的取值范围为 $(2,+\infty)$。

10. 2 【解析】作出不等式组对应的平面区域如图(阴影部分 $\triangle ABC$),由 $z=2x+y$ 得 $y=-2x+z$,平移直线 $y=-2x+z$,由图象可知当直线 $y=-2x+z$ 经过点 A 时,直线 $y=-2x+z$ 的截距最大,即 z 最大。由 $\begin{cases}x+y-1=0,\\x-y-1=0,\end{cases}$ 解得 $\begin{cases}x=1,\\y=0,\end{cases}$ 即 $A(1,0)$,将 $A(1,0)$ 代入 $z=2x+y$,得 $z=2\times1+0=2$,即 $z=2x+y$ 的最大值为 2。

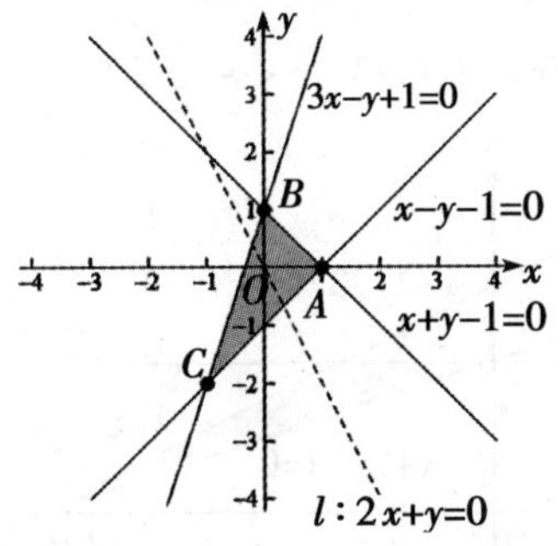

11. $\frac{1}{4}$ 【解析】因为 $a-3b+6=0$,所以 $a-3b=-6$,所以 $2^a+\frac{1}{8^b}=2^a+2^{-3b}\geqslant2\sqrt{2^a\cdot2^{-3b}}=2\sqrt{2^{a-3b}}=2\sqrt{2^{-6}}=2\times2^{-3}=\frac{1}{4}$,当且仅当 $2^a=2^{-3b}$,即 $a=-3b$ 时,等号成立,即 $2^a+\frac{1}{8^b}$ 取得最小值 $\frac{1}{4}$,结合 $a-3b+6=0$,知此时 $a=-3,b=1$。

三、解答题

12. 【解析】方法 1(分析法):$\because a,b,c,d,x,y$ 都是正数,$\therefore$ 要证:$xy\geqslant ac+bd$,只需证:$(xy)^2\geqslant(ac+bd)^2$,即 $(a^2+b^2)(c^2+d^2)\geqslant a^2c^2+b^2d^2+2acbd$,展开得 $a^2c^2+b^2d^2+a^2d^2+b^2c^2\geqslant a^2c^2+b^2d^2+2abcd$,即 $a^2d^2+b^2c^2\geqslant2abcd$,由基本不等式可知上式显然成立,$\therefore xy\geqslant ac+bd$。

方法 2(综合法):$xy=\sqrt{a^2+b^2}\cdot\sqrt{c^2+d^2}=\sqrt{a^2c^2+b^2c^2+a^2d^2+b^2d^2}\geqslant\sqrt{a^2c^2+2abcd+b^2d^2}=\sqrt{(ac+bd)^2}=ac+bd$。

方法 3(三角代换法):$\because x^2=a^2+b^2$,$\therefore$ 不妨设 $a=x\sin\alpha,b=x\cos\alpha,y^2=c^2+d^2$,设 $c=y\sin\beta,d=y\cos\beta$,$\therefore ac+bd=xy\sin\alpha\sin\beta+xy\cos\alpha\cos\beta=xy\cos(\alpha-\beta)\leqslant xy$,即 $xy\geqslant ac+bd$。

13. 【解析】(1)因为每件产品售价为 0.05 万元,则 x 千件产品销售额为 $0.05\times1000x$ 万元,依题意得当 $0<x<80$ 时,$L(x)=1000x\cdot0.05-\left(\frac{1}{3}x^2+10x\right)-250=-\frac{1}{3}x^2+40x-250$;

当 $x\geqslant80$ 时,$L(x)=1000x\cdot0.05-\left(51x+\frac{10\,000}{x}-1450\right)-250=1200-\left(x+\frac{10\,000}{x}\right)$,

$$\therefore L(x)=\begin{cases}-\frac{1}{3}x^2+40x-250,0<x<80,\\1200-\left(x+\frac{10\,000}{x}\right),x\geqslant80。\end{cases}$$

(2)当 $0<x<80$ 时,$L(x)=-\frac{1}{3}(x-60)^2+950$,

即当 $x=60$ 时,$L(x)_{\max}=950$ 万元;

当 $x\geqslant80$ 时,$L(x)=1200-\left(x+\frac{10\,000}{x}\right)\leqslant1200-2\sqrt{10\,000}=1000$(万元),当且仅当 $x=100$ 时,$L(x)_{\max}=1000$ 万元。综上所述,当年产量为 100 千件时,所获利润最大。

整合提升

一、单项选择题

1. D【解析】x,y,z 为正数,令 $2^x=3^y=5^z=k>1$,$\lg k>0$,则 $x=\frac{\lg k}{\lg2},y=\frac{\lg k}{\lg3},z=\frac{\lg k}{\lg5}$,$\therefore 3y=\frac{\lg k}{\lg\sqrt[3]{3}},2x=\frac{\lg k}{\lg\sqrt{2}},5z=\frac{\lg k}{\lg\sqrt[5]{5}}$,$\because \sqrt[3]{3}=\sqrt[6]{9}>\sqrt[6]{8}=\sqrt{2}$,$\sqrt{2}=\sqrt[10]{32}>\sqrt[10]{25}=\sqrt[5]{5}$,$\therefore \lg\sqrt[3]{3}>\lg\sqrt{2}>\lg\sqrt[5]{5}>0$,$\therefore 3y<2x<5z$。

2. C【解析】如图 $\triangle PQR$ 为可行域,区域内的点在直

线 $x+y-2=0$ 上的投影构成了线段 $R'Q'$，即 AB，而 $R'Q'=RQ$，由 $\begin{cases}x+y=0,\\x-3y+4=0,\end{cases}$ 得 $Q(-1,1)$，由 $\begin{cases}x-2=0,\\x+y=0,\end{cases}$ 得 $R(2,-2)$，$|AB|=|QR|=\sqrt{(-1-2)^2+(1+2)^2}=3\sqrt{2}$。故选 C。

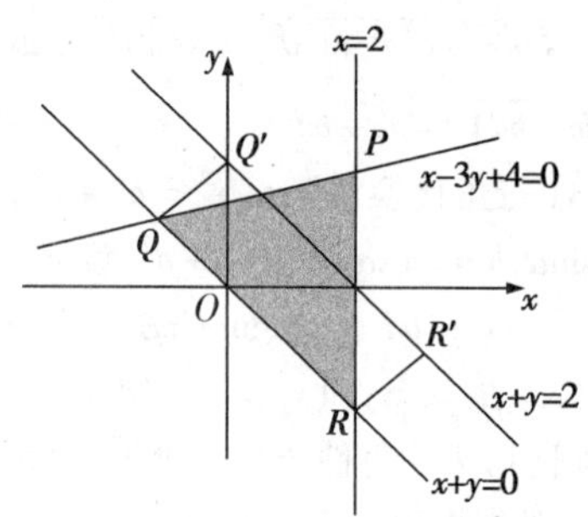

3. C【解析】因为 $\dfrac{c}{\sin B}+\dfrac{b}{\sin C}=2a$，由正弦定理可得 $2\sin A=\dfrac{\sin C}{\sin B}+\dfrac{\sin B}{\sin C}\geqslant 2\sqrt{\dfrac{\sin C}{\sin B}\cdot\dfrac{\sin B}{\sin C}}=2$，即 $\sin A\geqslant 1$，所以 $\sin A=1$，当且仅当 $\dfrac{\sin C}{\sin B}=\dfrac{\sin B}{\sin C}$，即 $\angle B=\angle C$ 时等号成立，所以 $\angle A=\dfrac{\pi}{2}$，$b=c$，所以 $\triangle ABC$ 是等腰直角三角形，故选 C。

4. B【解析】若每批生产 x 件产品，则每件产品的生产准备费用是 $\dfrac{800}{x}$ 元，仓储费用是 $\dfrac{x}{8}$ 元，总的费用是 $\dfrac{800}{x}+\dfrac{x}{8}\geqslant 2\sqrt{\dfrac{800}{x}\cdot\dfrac{x}{8}}=20$，当且仅当 $\dfrac{800}{x}=\dfrac{x}{8}$，即 $x=80$ 时等号成立。则为使平均到每件产品的生产准备费用和仓储费用之和最小，每批应生产产品 80 件。

二、填空题

5. 9 【解析】由题可知，B,P,C 三点共线，$\because \overrightarrow{AP}=x\overrightarrow{AB}+y\overrightarrow{AC}$，$\therefore x+y=1$，且 $x>0,y>0$，$\therefore \dfrac{1}{x}+\dfrac{4}{y}=\left(\dfrac{1}{x}+\dfrac{4}{y}\right)(x+y)=5+\dfrac{y}{x}+\dfrac{4x}{y}\geqslant 5+2\sqrt{\dfrac{y}{x}\cdot\dfrac{4x}{y}}=9$，取等号时，$\dfrac{y}{x}=\dfrac{4x}{y}$，$y^2=4x^2$，$y=\pm 2x$，又 $x+y=1$，且 $x>0,y>0$，则 $x=\dfrac{1}{3}$，$y=\dfrac{2}{3}$，故 $\dfrac{1}{x}+\dfrac{4}{y}$ 的最小值为 9。

6. $7+4\sqrt{3}$ 【解析】$\because 3a+4b>0$，$ab>0$，$\therefore a>0,b>0$。$\because \log_4(3a+4b)=\log_2\sqrt{ab}$，$\therefore \log_4(3a+4b)=\log_4(ab)$，$\therefore 3a+4b=ab$，$a\neq 4$，$a>0,b>0$，$\therefore b=\dfrac{3a}{a-4}>0$，$\therefore a>4$，则 $a+b=a+\dfrac{3a}{a-4}=a+\dfrac{3(a-4)+12}{a-4}=a+3+\dfrac{12}{a-4}=(a-4)+\dfrac{12}{a-4}+7\geqslant 2\sqrt{(a-4)\cdot\dfrac{12}{a-4}}+7=4\sqrt{3}+7$，当且仅当 $a=4+2\sqrt{3}$ 取等号。

7. $\left(-\infty,\dfrac{3}{2}\right]$ 【解析】当 $x\geqslant -2$ 时，$x+2\geqslant 0$，有 $x+(x+2)\cdot f(x+2)=x+(x+2)\leqslant 5$，则有 $-2\leqslant x\leqslant\dfrac{3}{2}$。当 $x<-2$ 时，$x+2<0$，有 $f(x+2)=-1$，$x+(x+2)\cdot(-1)\leqslant 5$，则有 $x<-2$，综上可知，$x\in\left(-\infty,\dfrac{3}{2}\right]$。

8. $\left(\dfrac{1}{2},+\infty\right)$ 【解析】作出可行域如图，若 $z=ax+y(a>0)$ 仅在点 $(3,0)$ 处取得最大值，则直线 $z=ax+y$ 的倾斜角一定小于直线 $x+2y-3=0$ 的倾斜角，直线 $z=ax+y$ 的斜率就一定小于直线 $x+2y-3=0$ 的斜率，可得 $-a<-\dfrac{1}{2}$，即 $a>\dfrac{1}{2}$。

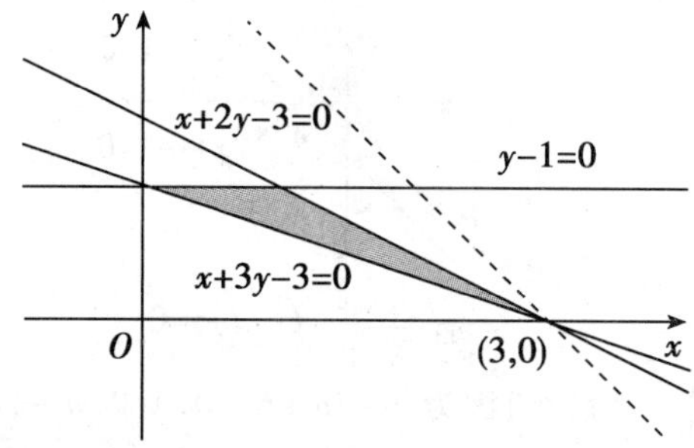

三、解答题

9.【解析】因为 $\dfrac{a^2}{b}+b\geqslant 2a$，$\dfrac{b^2}{c}+c\geqslant 2b$，$\dfrac{c^2}{a}+a\geqslant 2c$，故 $\dfrac{a^2}{b}+\dfrac{b^2}{c}+\dfrac{c^2}{a}+(a+b+c)\geqslant 2(a+b+c)$，即 $\dfrac{a^2}{b}+\dfrac{b^2}{c}+\dfrac{c^2}{a}\geqslant a+b+c$，所以 $\dfrac{a^2}{b}+\dfrac{b^2}{c}+\dfrac{c^2}{a}\geqslant 1$，当且仅当 $a=b=c$ 时等号成立，即所求最小值为 1。

10.【解析】设投资人分别用 x 万元、y 万元投资甲、乙两个项目。

由题意得$\begin{cases}x+y\leqslant 10,\\0.3x+0.1y\leqslant 1.8,\\x\geqslant 0,\\y\geqslant 0,\end{cases}$目标函数为 $z=x+0.5y$。

作出不等式组表示的平面区域如图所示，阴影部分(含边界)即为可行域。

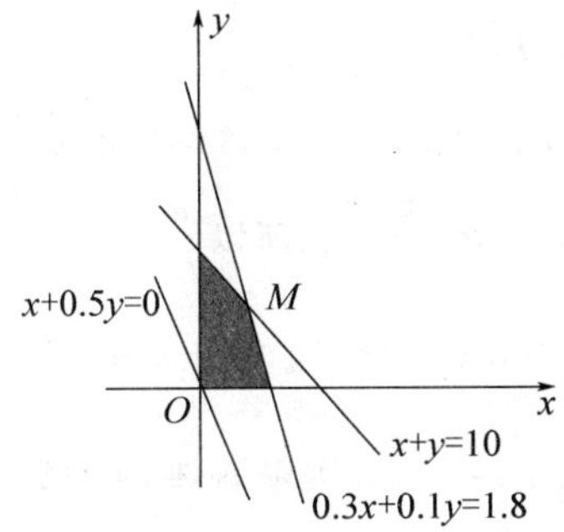

作直线 $l_0:x+0.5y=0$，并作平行于 l_0 的一组直线 $x+0.5y=z,z\in\mathbf{R}$，与可行域相交，其中一条直线经过可行域上的 M 点，这里 M 点是直线 $x+y=10$ 和 $0.3x+0.1y=1.8$ 的交点。

由题意知，当直线经过 M 点时，z 取得最大值。

解方程组$\begin{cases}x+y=10,\\0.3x+0.1y=1.8,\end{cases}$得$\begin{cases}x=4,\\y=6,\end{cases}$此时 $z=1\times 4+0.5\times 6=7$(万元)。

故当 $x=4,y=6$ 时，z 取得最大值。

答：投资人用 4 万元投资甲项目，6 万元投资乙项目，才能在确保亏损不超过 1.8 万元的前提下，使可能的盈利最大。

专题五 数 列

真题实测

一、单项选择题

1. C【解析】因为 a_3,a_8 是方程 $x^2-6x+5=0$ 的两根，故 $a_3+a_8=6$。由等差数列的性质可得 $a_1+a_{10}=a_3+a_8=6$，所以 $S_{10}=\dfrac{10\times(a_1+a_{10})}{2}=5\times(a_1+a_{10})=5\times 6=30$。故选 C。

2. A【解析】由 $a_{n+2}=\dfrac{1}{1-a_n}$，$a_1=-1$，可得 $a_3=\dfrac{1}{2}$，$a_5=2,a_7=-1\cdots$，从而得出数列$\{a_n\}$的奇数项是以 3 为周期循环的，第 2017 项是奇数项的第 1009 项，由 $1009\div 3=336\cdots\cdots 1$，可得 $a_{2017}=a_1=-1$。故选 A。

3. B【解析】通过观察上述等式，可知从第二个等式起，第 $k(k\in\mathbf{N}_+)$ 个等式右边的第三项的系数 $a_{k-1}=\dfrac{k}{12}$，到第 6 个等式时，$k=6$，故 $a_{k-1}=a_5=\dfrac{6}{12}=\dfrac{1}{2}$。故选 B。

4. B【解析】由等差数列的性质可知，$a_2+a_5=2\times 9$，$\because$ 等比数列$\{a_n\}$的公比 $q=2$，$\therefore \dfrac{a_3}{q}+a_3q^2=18$，解得 $a_3=4$。

5. D【解析】由 $a_{n+1}+2^n=2a_n+2^{n+1}(n\in\mathbf{N}_+)$ 可得 $\dfrac{a_{n+1}}{2^{n+1}}+\dfrac{1}{2}=\dfrac{a_n}{2^n}+1$，整理得$\dfrac{a_{n+1}}{2^{n+1}}-\dfrac{a_n}{2^n}=\dfrac{1}{2}$，又 $a_1=1$，所以数列$\left\{\dfrac{a_n}{2^n}\right\}$是首项为$\dfrac{1}{2}$、公差为$\dfrac{1}{2}$的等差数列，即数列$\left\{\dfrac{a_n}{2^n}\right\}$的通项公式为 $\dfrac{a_n}{2^n}=\dfrac{1}{2}+(n-1)\times\dfrac{1}{2}=\dfrac{n}{2}$，即 $a_n=\dfrac{n}{2}\cdot 2^n=2^{n-1}n$。设数列$\{a_n\}$的前 30 项的和为 T_{30}，$T_{30}=1\times 2^0+2\times 2^1+3\times 2^2+\cdots+30\times 2^{29}$，$2T_{30}=1\times 2^1+2\times 2^2+3\times 2^3+\cdots+30\times 2^{30}$，运用错位相减法，可得 $T_{30}=29\times 2^{30}+1$。

6. C【解析】由题意知，数列$\{a_n\}$是首项为 1，公比为$\dfrac{1}{2}$的等比数列，其通项为 $a_n=\dfrac{1}{2^{n-1}}$，所以 $a_4=\dfrac{1}{2^{4-1}}=\dfrac{1}{8}$。

7. A【解析】$\{b_n\}$是公差为 2 的等差数列，$b_1=a_2-a_1=3-1=2$，所以 $b_n=2+2(n-1)=2n$，则有 $a_{10}=a_{10}-a_9+a_9-a_8+\cdots+a_2-a_1+a_1=b_9+b_8+\cdots+b_2+b_1+a_1=2\times 9+2\times 8+\cdots+2\times 2+2\times 1+1=2\times\dfrac{(1+9)\times 9}{2}+1=91$。故选 A。

8. C【解析】设$\{a_n\}$的公差为 d，则 $a_1=2,a_3=a_1+2d=5$，解得 $2d=3$，则 $a_5=a_3+2d=5+3=8$。

9. D【解析】因为 $3a_4+a_8=4a_1+16d=36$，所以 $2a_1+8d=18$，则$\{a_n\}$的前 9 项和为$\dfrac{9(a_1+a_1+8d)}{2}=81$。故选 D。

10. B【解析】由 $a_n\cdot a_{n+1}=(-1)^n$ 可知 $a_2\cdot a_3=1$，

$a_4 \cdot a_5=1, a_6 \cdot a_7=1, \cdots, a_{2016} \cdot a_{2017}=1$。$S_n$是数列$\{a_n\}$的前$n$项的积,$a_1=1$,故$S_n=a_1 \cdot a_2 \cdot a_3 \cdot a_4 \cdot a_5 \cdot \cdots \cdot a_{2016} \cdot a_{2017}=1$。

11. B【解析】观察可知被开方数依次增加5,所以通项公式为$\sqrt{5n-3}$,令$\sqrt{5n-3}=3\sqrt{13}=\sqrt{117}$,解得$n=24$,即$3\sqrt{13}$是第24项。

12. B【解析】$a_3=7-a_2$,则$a_2+a_3=7$,所以$S_4=a_1+a_2+a_3+a_4=2(a_3+a_2)=14$。

二、填空题

13. -5000 【解析】$1^2-3^2+5^2-7^2+\cdots+97^2-99^2=(1^2-3^2)+(5^2-7^2)+\cdots+(97^2-99^2)=-2(1+3)-2(5+7)-\cdots-2(97+99)=-2(1+3+5+7+\cdots+97+99)=-5000$。

14. 16;255 【解析】由$a_1=1, a_{n+1}=2a_n$知数列$\{a_n\}$是首项为1,公比$q=2$的等比数列,所以$a_n=2^{n-1}$,$a_5=2^4=16$,$S_8=\frac{1-2^8}{1-2}=255$。

三、解答题

15.【解析】由题意知,$S_n=(2^n-1)a_n$,则$S_{n+1}=(2^{n+1}-1)a_{n+1}$,两式相减得$S_{n+1}-S_n=a_{n+1}=(2^{n+1}-1)a_{n+1}-(2^n-1)a_n$,化简得$a_{n+1}=\frac{1}{2}a_n$,所以数列$\{a_n\}$是首项为1,公比为$\frac{1}{2}$的等比数列,数列$\{a_n\}$的通项公式为$a_n=\frac{1}{2^{n-1}}$。

16.【解析】由等比数列的性质可得:$a_4=a_1q^3=-54$。$\because a_1=2$,$\therefore q^3=-27, q=-3$。从而可得$a_n=a_1q^{n-1}=2\times(-3)^{n-1}$。$S_n=\frac{a_1(1-q^n)}{1-q}=\frac{1-(-3)^n}{2}$。

17.【解析】(1)由$a_1+4a_2+4^2a_3+\cdots+4^{n-1}a_n=\frac{n}{6}(n\in \mathbf{N}_+)$知,当$n=1$时,$a_1=\frac{1}{6}$,设$T_n=a_1+4a_2+\cdots+4^{n-1}a_n=\frac{n}{6}$,则$T_{n-1}=a_1+4a_2+\cdots+4^{n-2}\cdot a_{n-1}=\frac{n-1}{6}$,$(n\geqslant 2, n\in \mathbf{N}_+)$,$T_n-T_{n-1}=4^{n-1}\cdot a_n=\frac{n}{6}-\frac{n-1}{6}=\frac{1}{6}$,$\therefore a_n=\frac{1}{4^{n-1}\times 6}$,当$n=1$时成立,故数列$\{a_n\}$的通项公式为$a_n=\frac{1}{4^{n-1}\times 6}$。

(2)$b_n=\frac{4^na_n}{2n+1}=\frac{2}{6n+3}$,$b_nb_{n-1}=\frac{2}{6n+3}\times\frac{2}{6(n-1)+3}=\frac{1}{3}\left(\frac{2}{6n-3}-\frac{2}{6n+3}\right)=\frac{1}{3}(b_{n-1}-b_n)$,因此,$B_n=b_2b_1+b_3b_2+\cdots+b_nb_{n-1}=\frac{1}{3}[(b_1-b_2)+(b_2-b_3)+\cdots+(b_{n-1}-b_n)]=\frac{1}{3}(b_1-b_n)=\frac{1}{3}\times\left(\frac{2}{9}-\frac{2}{6n+3}\right)=\frac{4(n-1)}{27(2n+1)}$。

18.【解析】(1)当$n=1$时,$a_1=4S_1+1$,又因为$a_1=S_1$,所以$a_1=-\frac{1}{3}$。

(2)当$n\geqslant 2$时,由$a_n=4S_n+1$可得$a_{n-1}=4S_{n-1}+1$,即$a_n-a_{n-1}=4a_n$,所以$\frac{a_n}{a_{n-1}}=-\frac{1}{3}$,所以$a_n=\left(-\frac{1}{3}\right)^n(n\geqslant 2)$,因为当$n=1$时,满足$a_1=\left(-\frac{1}{3}\right)^1=-\frac{1}{3}$,所以数列$\{a_n\}$的通项公式为$a_n=\left(-\frac{1}{3}\right)^n$。

19.【解析】(1)当$n=1$时,$S_1=a_1=2a_1-2$,解得$a_1=2$。

当$n\geqslant 2$时,$S_n-S_{n-1}=a_n=(2a_n-2)-(2a_{n-1}-2)=2a_n-2a_{n-1}$,化简得$\frac{a_n}{a_{n-1}}=2$,所以数列$\{a_n\}$是以2为首项,2为公比的等比数列,则有$a_n=2^n$。

代入$n=1$满足此式,故$a_n=2^n$。

(2)由(1)可知,$b_n=(n+1)\log_2 a_n=(n+1)\cdot\log_2 2^n=n(n+1)$,则有$\frac{1}{b_n}=\frac{1}{n(n+1)}=\frac{1}{n}-\frac{1}{n+1}$。设数列$\left\{(2n-1)+\frac{1}{b_n}\right\}$的前$n$项和为$T_n$,$c_n=2n-1$,$d_n=\frac{1}{b_n}=\frac{1}{n}-\frac{1}{n+1}$,则$T_n=(c_1+d_1)+(c_2+d_2)+\cdots+(c_n+d_n)=(c_1+c_2+\cdots+c_n)+(d_1+d_2+\cdots+d_n)=\frac{n(1+2n-1)}{2}+\left(1-\frac{1}{2}+\frac{1}{2}-\frac{1}{3}+\ldots+\frac{1}{n}-\frac{1}{n+1}\right)=n^2+\frac{n}{n+1}$。

20.【解析】(1)由$a_{n+1}=2a_n-n+1$得$a_{n+1}-(n+1)=2(a_n-n)$,化简得$\frac{a_{n+1}-(n+1)}{a_n-n}=2$,可得$a_n-n=2^n$,即$a_n=2^n+n$,因为$a_1=2^1+1=3$

也符合该公式,所以数列$\{a_n\}$的通项公式为$a_n=2^n+n$。因为$b_2=b_1+d=8$,$S_9=9b_1+\frac{9(9-1)}{2}d=153$,解得$b_1=5$,$d=3$,所以$b_n=5+(n-1)\times3=3n+2$。

(2)由(1)得$c_n=\frac{6}{(2\log_2 2^n-1)(6n+4-1)}=\frac{2}{(2n-1)(2n+1)}=\frac{1}{2n-1}-\frac{1}{2n+1}$,所以$T_n=1-\frac{1}{3}+\frac{1}{3}-\frac{1}{5}+\cdots+\frac{1}{2n-1}-\frac{1}{2n+1}=1-\frac{1}{2n+1}=\frac{2n}{2n+1}$。

21.【解析】(1)设等差数列$\{a_n\}$的公差为d,则$d>0$,$a_2=a_1+d$。由题意得$(a_1+d)^2-3(a_1+d)-10=0$,即$(1+d)^2-3(1+d)-10=0$,解得$d_1=4$,$d_2=-3$(舍去)。故$a_n=a_1+(n-1)d=1+4(n-1)=4n-3$。

(2)根据等差数列的前n项和公式得$S_n=na_1+\frac{n(n-1)}{2}d=2n^2-n$,则$b_n=\frac{2n^2-n}{n-\frac{1}{2}}=2n$,所以数列$\{b_n\}$是以2为首项,以2为公差的等差数列,则$T_n=nb_1+\frac{n(n-1)}{2}\cdot d=n^2+n$。

基础训练

一、单项选择题

1. A【解析】由题意知$a_1+a_2+\cdots+a_{10}=-1+4-7+10-\cdots+(-1)^{10}\times(3\times10-2)=(-1+4)+(-7+10)+\cdots+[(-1)^9\times(3\times9-2)+(-1)^{10}\times(3\times10-2)]=3\times5=15$。

2. C【解析】数列$\{a_n\}$的第k项满足$2<a_k<5$,即$2<2k-4<5$,解得$3<k<4.5$。因为$k\in\mathbf{N}^*$,所以$k=4$。故选C。

3. B【解析】设塔的顶层共有灯x盏,则各层的灯数构成一个首项为x,公比为2的等比数列,由等比数列的求和公式有$\frac{x(1-2^7)}{1-2}=381$,解得$x=3$。故选B。

4. C【解析】由题意将$a_n=2005$代入通项公式$a_n=a_1+(n-1)d$,即$2005=1+3(n-1)$,可得$n=669$,故选C。

5. C【解析】解法一:因为$\{a_n\}$为等差数列,则可设$S_n=An^2+Bn$,则$S_4=16A+4B=3$,$S_8=64A+8B=7$,解得$A=\frac{1}{32}$,$B=\frac{5}{8}$,$S_{12}=144A+12B=12$。解法二:根据等差数列前n项和的性质知,S_4,S_8-S_4,$S_{12}-S_8$依次成等差数列,$S_8-S_4=4$,$S_4=3$,则其公差为1,故$S_{12}-S_8=4+1=5$,$S_{12}=S_8+5=12$。

6. C【解析】设等差数列$\{a_n\}$的公差为d,首项为a_1,则$a_4+a_5=a_1+3d+a_1+4d=2a_1+7d=24$,$S_6=6a_1+\frac{6\times5}{2}d=6a_1+15d=48$,联立$\begin{cases}2a_1+7d=24,\\6a_1+15d=48,\end{cases}$解得$d=4$。

7. B【解析】由$a_na_{n+1}=16^n$,得$a_{n+1}a_{n+2}=16^{n+1}$,两式相除得$\frac{a_{n+1}a_{n+2}}{a_na_{n+1}}=\frac{16^{n+1}}{16^n}=16$,化简得$q^2=16$。$\because a_n\cdot a_{n+1}=16^n$,$\therefore q=4$。

8. C【解析】$\because\{a_n\}$是各项不为0的正项等比数列,$\therefore b_n=\ln a_n$是等差数列。又$b_3=18$,$b_6=12$,所以$b_1=22$,$d=-2$,所以$S_n=22n+\frac{n(n-1)}{2}\times(-2)=-n^2+23n$,$(S_n)_{\max}=-11^2+23\times11=132$。故选C。

9. A【解析】设d和q分别为其公差和公比,则$-4=-1+3d$,且$-4=(-1)q^4$,$\therefore d=-1$,$q^2=2$,$\therefore\frac{a_2-a_1}{b_2}=\frac{d}{-q^2}=\frac{1}{2}$,故选A。

10. D【解析】因为$\begin{cases}a_1+a_3=\frac{5}{2},\\a_2+a_4=\frac{5}{4},\end{cases}$所以$\begin{cases}a_1+a_1q^2=\frac{5}{2},①\\a_1q+a_1q^3=\frac{5}{4},②\end{cases}$由①除以②可得$\frac{1+q^2}{q+q^3}=2$,解得$q=\frac{1}{2}$,代入①得$a_1=2$,所以$a_n=2\times\left(\frac{1}{2}\right)^{n-1}=\frac{4}{2^n}$,$S_n=\frac{2\times\left[1-\left(\frac{1}{2}\right)^n\right]}{1-\frac{1}{2}}=4\left(1-\frac{1}{2^n}\right)$,所以$\frac{S_n}{a_n}=\frac{4\left(1-\frac{1}{2^n}\right)}{\frac{4}{2^n}}=2^n-1$。故

选D。

二、解答题

11.【解析】(1)设$\{a_n\}$的公差为d,由题意得$3a_1+3d=-15$,由$a_1=-7$得$d=2$,所以$\{a_n\}$的通项公式为$a_n=2n-9$。

(2)由(1)得$S_n=n^2-8n=(n-4)^2-16$。所以当$n=4$时,S_n取得最小值,最小值为-16。

12.【解析】(1)证明:因为$n(a_{n+1}-n-1)=(n+1)\cdot(a_n+n)(n\in\mathbf{N}^*)$,所以$na_{n+1}-(n+1)a_n=2n(n+1)$,所以$\frac{a_{n+1}}{n+1}-\frac{a_n}{n}=2$,所以数列$\left\{\frac{a_n}{n}\right\}$是等差数列,其公差为2,首项为2,所以$\frac{a_n}{n}=2+2(n-1)=2n$。

(2)由(1)知$a_n=2n^2$,所以$b_n=\sqrt{2a_n}-15=2n-15$,则数列$\{b_n\}$的前n项和$S_n=\frac{n(-13+2n-15)}{2}=n^2-14n$。令$b_n=2n-15\leqslant 0$,解得$n\leqslant 7.5$,所以当$n\leqslant 7$时,数列$\{|b_n|\}$的前$n$项和$T_n=-b_1-b_2-\cdots-b_n=-S_n=-n^2+14n$;当$n\geqslant 8$时,数列$\{|b_n|\}$的前$n$项和$T_n=-b_1-b_2-\cdots-b_7+b_8+\cdots+b_n=-2S_7+S_n=-2\times(7^2-14\times 7)+n^2-14n=n^2-14n+98$。

故$T_n=\begin{cases}14n-n^2, n\leqslant 7,\\ n^2-14n+98, n\geqslant 8。\end{cases}$

13.【解析】(1)$\{a_n\}$是等差数列,前n项和公式为$S_n=na_1+\frac{n(n-1)d}{2}$,有$10a_1+45d=100$,①

$\{b_n\}$是等比数列,$b_2=b_1q=a_1d=2$,②

联立①②解得$a_1=1,d=2$或$a_1=9,d=\frac{2}{9}$。

①$a_1=1,d=2$时,$a_n=2n-1,b_n=2^{n-1}$;

②$a_1=9,d=\frac{2}{9}$时,$a_n=\frac{2}{9}n+\frac{79}{9}$,$b_n=9\cdot\left(\frac{2}{9}\right)^{n-1}$。

(2)当$d>1$时,$c_n=\frac{a_n}{b_n}=\frac{2n-1}{2^{n-1}}$,

则$T_n=1+\frac{3}{2}+\frac{5}{2^2}+\frac{7}{2^3}+\cdots+\frac{2n-1}{2^{n-1}}$,①

$2T_n=2+3+\frac{5}{2}+\frac{7}{2^2}+\cdots+\frac{2n-1}{2^{n-2}}$,②

②-①得,$T_n=4+\frac{2}{2}+\frac{2}{2^2}+\frac{2}{2^3}+\cdots+\frac{2}{2^{n-2}}-\frac{2n-1}{2^{n-1}}=6-\frac{2n+3}{2^{n-1}}$。

14.【解析】(1)由题设得$2a_3=a_1+a_2$,即$2a_1q^2=a_1+a_1q$,$\because a_1\neq 0$,$\therefore 2q^2-q-1=0$,$\therefore q=1$或$q=-\frac{1}{2}$。

(2)若$q=1$,则$S_n=2n+\frac{n(n-1)}{2}=\frac{n^2+3n}{2}$,当$n\geqslant 2$时,$S_n-b_n=S_{n-1}=\frac{(n-1)(n+2)}{2}>0$,故$S_n>b_n$;若$q=-\frac{1}{2}$,则$S_n=2n+\frac{n(n-1)}{2}\times\left(-\frac{1}{2}\right)=\frac{-n^2+9n}{4}$,$b_n=2+(n-1)\left(-\frac{1}{2}\right)=\frac{-n+5}{2}$,当$n\geqslant 2$时,$S_n-b_n=S_{n-1}=\frac{(n-1)(10-n)}{4}$,故对任意$n\in\mathbf{N}_+$,当$2\leqslant n\leqslant 9$时,$S_n>b_n$;当$n=10$时,$S_n=b_n$;当$n\geqslant 11$时,$S_n<b_n$。

15.【解析】(1)数列$\{b_n\}$与$\{a_n\}$接近。

理由:$\{a_n\}$是首项为1,公比为$\frac{1}{2}$的等比数列,

可得$a_n=\frac{1}{2^{n-1}}$,$b_n=a_{n+1}+1=\frac{1}{2^n}+1$,

则$|b_n-a_n|=|\frac{1}{2^n}+1-\frac{1}{2^{n-1}}|=1-\frac{1}{2^n}<1,n\in\mathbf{N}^*$,

可得数列$\{b_n\}$与$\{a_n\}$接近。

(2)$\{b_n\}$是一个与$\{a_n\}$接近的数列,

可得$a_n-1\leqslant b_n\leqslant a_n+1$,

数列$\{a_n\}$的前四项为:$a_1=1,a_2=2,a_3=4,a_4=8$,

可得$b_1\in[0,2]$,$b_2\in[1,3]$,$b_3\in[3,5]$,$b_4\in[7,9]$,

又$M=\{x|x=b_i,i=1,2,3,4\}$,显然$b_1\neq b_4$且$b_3\neq b_4$且$b_1\neq b_3$且$b_2\neq b_4$,当$b_1=b_2$或$b_2=b_3$时,集合M中有三个元素;当$b_1\neq b_2$且$b_2\neq b_3$时,集合M中有四个元素。

16.【解析】(1)当$n=1$时,$x^2-a_1x-a_1=0$有一根为$S_1-1=a_1-1$,

于是$(a_1-1)^2-a_1(a_1-1)-a_1=0$,解得$a_1=\frac{1}{2}$。

当$n=2$时,$x^2-a_2x-a_2=0$有一根为$S_2-1=a_2-\frac{1}{2}$,

于是$\left(a_2-\frac{1}{2}\right)^2-a_2\left(a_2-\frac{1}{2}\right)-a_2=0$,解得$a_2=\frac{1}{6}$。

(2)由题意可知,$(S_n-1)^2-a_n(S_n-1)-a_n=0$,

即$S_n^2-2S_n+1-a_nS_n=0$。

当$n\geqslant 2$时,$a_n=S_n-S_{n-1}$,代入上式得$S_{n-1}S_n-$

$2S_n+1=0$,(*)

由(1)知 $S_1=a_1=\frac{1}{2}, S_2=a_1+a_2=\frac{1}{2}+\frac{1}{6}=\frac{2}{3}$。

由(*)得 $S_3=\frac{3}{4}$。

由此猜想 $S_n=\frac{n}{n+1}, n=1,2,3,\cdots$。

下面用数学归纳法证明这个结论。

①当 $n=1$ 时,已知结论成立;

②假设当 $n=k(k\in\mathbf{N},k\geqslant 2)$ 时结论成立,

即 $S_k=\frac{k}{k+1}$,

当 $n=k+1$ 时,由(*)得 $S_{k+1}=\frac{1}{2-S_k}$,

即 $S_{k+1}=\frac{k+1}{k+2}$,

故当 $n=k+1$ 时结论也成立。

综上,由①②可知 $S_n=\frac{n}{n+1}$ 对所有正整数 n 都成立。

于是当 $n\geqslant 2$ 时, $a_n=S_n-S_{n-1}=\frac{n}{n+1}-\frac{n-1}{n}=\frac{1}{n(n+1)}$,

又 $n=1$ 时, $a_1=\frac{1}{2}=\frac{1}{1\times 2}$,符合上式。

所以 $\{a_n\}$ 的通项公式为 $a_n=\frac{1}{n(n+1)}, n=1,2,3,\cdots$。

17.【解析】(1)设中低价房面积形成数列 $\{a_n\}$。

由题意可知 $\{a_n\}$ 是等差数列,其中 $a_1=250, d=50$,

则 $S_n=250n+\frac{n(n-1)}{2}\times 50=25n^2+225n$。

令 $25n^2+225n\geqslant 4750$,即 $n^2+9n-190\geqslant 0$。

因为 n 是正整数,

所以 $n\geqslant 10$。

所以到 2020 年底,该市历年所建中低价房的累计面积将首次不少于 4750 万平方米。

(2)设新建住房面积形成数列 $\{b_n\}$。

由题意可知 $\{b_n\}$ 是等比数列,其中 $b_1=400, q=1.08$,则 $b_n=400\cdot(1.08)^{n-1}$。

由题意可知 $a_n>0.85b_n$,则 $250+(n-1)\times 50>400\cdot(1.08)^{n-1}\times 0.85$。

解得满足上述不等式的最小正整数 $n=6$,

则到 2016 年底,当年建造的中低价房的面积占该年建造住房面积的比例首次大于 85%。

整合提升

一、单项选择题

1. D【解析】$\because$ 数列 $\{(-1)^n\}$ 是首项与公比均为 -1 的等比数列, $\therefore S_n=\frac{-1-(-1)^n\times(-1)}{1-(-1)}=\frac{(-1)^n-1}{2}$。

2. D【解析】由 $\frac{a_{n-1}-a_n}{a_{n-1}}=\frac{a_n-a_{n+1}}{a_{n+1}}$,得 $1-\frac{a_n}{a_{n-1}}=\frac{a_n}{a_{n+1}}-1$,所以 $\frac{a_n}{a_{n-1}}+\frac{a_n}{a_{n+1}}=2$, $\frac{1}{a_{n-1}}+\frac{1}{a_{n+1}}=\frac{2}{a_n}$, $\frac{1}{a_n}-\frac{1}{a_{n-1}}=\frac{1}{a_{n+1}}-\frac{1}{a_n}$,又 $a_1=2, a_2=1$,得 $\left\{\frac{1}{a_n}\right\}$ 是首项为 $\frac{1}{2}$,公差为 $\frac{1}{2}$ 的等差数列,即 $\frac{1}{a_n}=\frac{n}{2}$,所以 $a_{10}=\frac{1}{5}$。故选 D。

3. B【解析】由 $a_{2003}+a_{2004}>0, a_{2003}\cdot a_{2004}<0$ 知 a_{2003} 和 a_{2004} 两项中有一正一负,又 $a_1>0$,则公差为负数,否则各项总为正数,故 $a_{2003}>a_{2004}$,即 $a_{2003}>0$, $a_{2004}<0$,所以 $S_{4006}=\frac{4006(a_1+a_{4006})}{2}=\frac{4006(a_{2003}+a_{2004})}{2}>0$, $S_{4007}=\frac{4007}{2}\cdot(a_1+a_{4007})=\frac{4007}{2}\cdot 2a_{2004}<0$,故 $n=4006$ 为使 $S_n>0$ 的最大自然数,故选 B。

4. B【解析】由题意得, $a_1=0, a_2=\sqrt{3}, a_3=-\sqrt{3}, a_4=0$, $a_5=\sqrt{3}, a_6=-\sqrt{3},\cdots$,故该数列为以 3 为周期的周期数列。又 $2015\div 3=671\cdots\cdots 2$,故 $a_{2015}=a_2=\sqrt{3}$。

5. D【解析】$a_2+a_6=a_4-2d+a_4+2d=2a_4$,故 A 成立;由已知得 $b_2=S_4-S_2=a_3+a_4, b_4=S_8-S_6=a_7+a_8, b_6=S_{12}-S_{10}=a_{11}+a_{12}$,由 $2b_4=b_2+b_6$ 得 $2(a_7+a_8)=a_3+a_4+a_{11}+a_{12}=4a_1+26d$,故 B 成立;由 $a_4^2=a_2a_8$ 得 $(a_1+3d)^2=(a_1+d)(a_1+7d)$,化简整理得 $d^2=a_1d$, $\because d\neq 0$, $\therefore a_1=d$,故 C 可能成立; $b_8=S_{16}-S_{14}=a_{15}+a_{16}$,则由 $b_4^2=b_2b_8$ 得: $(a_7+a_8)^2=(a_3+a_4)(a_{15}+a_{16})$ 即 $(2a_1+13d)^2=(2a_1+5d)\cdot(2a_1+29d)$,化简得 $24d^2=16a_1d$, $\because d\neq 0$, $\therefore \frac{a_1}{d}=\frac{24}{16}=\frac{3}{2}>1$,与 $\frac{a_1}{d}\leqslant 1$ 矛盾,故 D 不可能成立。

6. A【解析】A,B,C 三点共线,且 $\overrightarrow{OA}=a_1\overrightarrow{OB}+a_{200}\overrightarrow{OC}$,

由平面三点共线定理知，$a_1+a_{200}=1$，又$\{a_n\}$为等差数列，则$S_{200}=\frac{n(a_1+a_n)}{2}=\frac{200\times1}{2}=100$。

7. D【解析】由等比数列的性质，知$a_4a_7=a_5a_6=\frac{3\pi}{2}$，所以$\sin(a_4a_7)=-1$。

二、解答题

8.【解析】(1)因为等差数列$\{a_n\}$的公差$d\neq0$，

所以$S_k=ka_1+\frac{k(k-1)}{2}d$，$\frac{S_k}{k}=a_1+\frac{k-1}{2}d$。

当$k\geqslant2(k\in\mathbf{N})$时，$\frac{\frac{S_k}{k}-\frac{S_1}{1}}{k-1}=\frac{\left(a_1+\frac{k-1}{2}d\right)-a_1}{k-1}=\frac{1}{2}d$（$d$是常数）。

所以$P_2,P_3,\cdots,P_n$都在过点$P_1(1,a_1)$且斜率为常数$\frac{d}{2}$的直线l_1上。

(2)直线l_2的斜率为$\frac{a_2-a_1}{2-1}=d$。

$\tan\theta=\left|\frac{d-\frac{d}{2}}{1+d\cdot\frac{d}{2}}\right|=\frac{|d|}{2+d^2}=\frac{1}{\frac{2}{|d|}+|d|}\leqslant\frac{1}{2\sqrt{\frac{2}{|d|}\cdot|d|}}=\frac{\sqrt{2}}{4}$，

当且仅当$\frac{2}{|d|}=|d|$，即$|d|=\sqrt{2}$时等号成立。

9.【解析】(1)$\because T_n=1-a_n(n\in\mathbf{N}^*)$，$a_n=\frac{T_n}{T_{n-1}}(n\geqslant2)$，

$\therefore T_n=1-\frac{T_n}{T_{n-1}}(n\geqslant2)$，$\therefore 1=\frac{1}{T_n}-\frac{1}{T_{n-1}}(n\geqslant2)$，

$\because b_n=\frac{1}{T_n}$，$\therefore b_n-b_{n-1}=1(n\geqslant2)$。$\because T_n=1-a_n$，

$\therefore T_1=1-a_1=1-T_1$。

$\therefore T_1=\frac{1}{2}$。$\therefore b_1=\frac{1}{T_1}=2$。

$\therefore\{b_n\}$是以2为首项，1为公差的等差数列。

$\therefore b_n=2+(n-1)=n+1$。$\therefore T_n=\frac{1}{b_n}=\frac{1}{n+1}$。

$\therefore a_n=1-T_n=1-\frac{1}{n+1}=\frac{n}{n+1}$。

(2)$S_n=T_1^2+T_2^2+\cdots+T_n^2=\frac{1}{2^2}+\frac{1}{3^2}+\cdots+\frac{1}{(n+1)^2}$，

$\frac{1}{2^2}+\frac{1}{3^2}+\cdots+\frac{1}{(n+1)^2}>\frac{1}{2\times3}+\frac{1}{3\times4}+\cdots+\frac{1}{(n+1)\times(n+2)}=\frac{1}{2}-\frac{1}{n+2}=a_{n+1}-\frac{1}{2}$，

$\therefore a_{n+1}-\frac{1}{2}<S_n$。

当$n\geqslant2$时，

$\frac{1}{2^2}+\frac{1}{3^2}+\cdots+\frac{1}{(n+1)^2}<\frac{1}{2^2}+\frac{1}{2\times3}+\frac{1}{3\times4}+\cdots+\frac{1}{n\times(n+1)}=\frac{1}{4}+\frac{1}{2}-\frac{1}{n+1}=a_n-\frac{1}{4}$，

当$n=1$时，$S_1=T_1^2=\frac{1}{4}=a_1-\frac{1}{4}$，

$\therefore S_n\leqslant a_n-\frac{1}{4}$。

综上所述，$a_{n+1}-\frac{1}{2}<S_n\leqslant a_n-\frac{1}{4}$。

专题六　向量与复数

真题实测

一、单项选择题

1. A【解析】如图，取AC中点D，连结OD，则$OD\perp AC$；$\overrightarrow{CO}\cdot\overrightarrow{CA}=m\overrightarrow{CA}^2+n\overrightarrow{CA}\cdot\overrightarrow{CB}$，$\because\overrightarrow{CO}\cdot\overrightarrow{CA}=|\overrightarrow{CO}|\cdot|\overrightarrow{CA}|\cos\angle OCA=|\overrightarrow{CD}|\cdot|\overrightarrow{CA}|$，可得$|\overrightarrow{CD}|\cdot|\overrightarrow{CA}|=2\sqrt{3}\cdot4\sqrt{3}=m\overrightarrow{CA}^2+n|\overrightarrow{CA}||\overrightarrow{CB}|\cos\angle ACB$，化简得$24=48m+24\sqrt{3}n\cdot\cos\angle ACB$，$\because 4m+3n=2$，所以$24=12(2-3n)+24\sqrt{3}n\cdot\cos\angle ACB$，即$\cos\angle ACB=\frac{\sqrt{3}}{2}$，$\therefore\overrightarrow{CA}\cdot\overrightarrow{CB}=|\overrightarrow{CA}|\cdot|\overrightarrow{CB}|\cos\angle ACB=4\sqrt{3}\times6\times\frac{\sqrt{3}}{2}=36$，故选A。

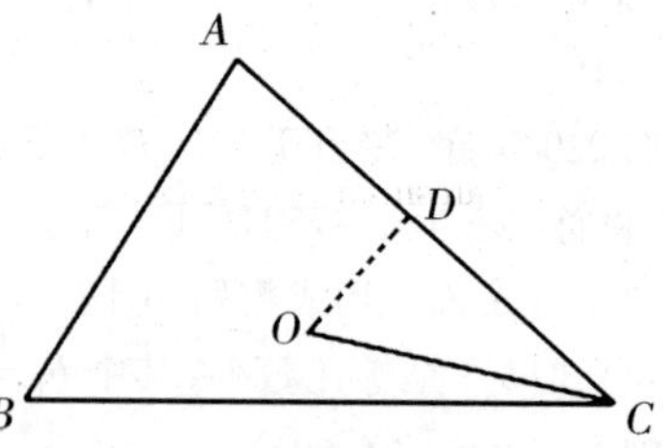

2. C【解析】向量$\boldsymbol{a}$与向量$\boldsymbol{b}$的外积是一个向量，这个向量垂直于向量$\boldsymbol{a}$与向量$\boldsymbol{b}$。

3. B【解析】由题意可知，$\boldsymbol{a}-\boldsymbol{b}=(2-x,-1)$，又$\boldsymbol{a}\perp(\boldsymbol{a}-\boldsymbol{b})$，$\therefore\boldsymbol{a}\cdot(\boldsymbol{a}-\boldsymbol{b})=2(2-x)-3=1-2x=0$，解得$x=\frac{1}{2}$。

4. D【解析】由 $\boldsymbol{a}=(3,-1)$，$\boldsymbol{b}=(-1,2)$ 得 $2\boldsymbol{a}-\boldsymbol{b}=(7,-4)$。

5. D【解析】 $\cos\theta=\dfrac{\boldsymbol{a}\cdot\boldsymbol{b}}{|\boldsymbol{a}||\boldsymbol{b}|}=\dfrac{-2+\sqrt{3}\times2\sqrt{3}}{\left|\sqrt{1^2+(\sqrt{3})^2}\right|\left|\sqrt{(-2)^2+(2\sqrt{3})^2}\right|}=\dfrac{1}{2}$。

6. B【解析】由题意得，$\overrightarrow{OD}=\lambda\overrightarrow{OA}+\mu\overrightarrow{OB}=\dfrac{1}{3}\overrightarrow{OC}$，则 $\overrightarrow{OC}=3\lambda\overrightarrow{OA}+3\mu\overrightarrow{OB}$，因为点 A,B,C 三点共线，所以由三点共线定理得 $3\lambda+3\mu=1$，即 $\lambda+\mu=\dfrac{1}{3}$。

7. C【解析】因为 $\boldsymbol{a}/\!/\boldsymbol{b}$，所以 $\cos\alpha-3\sin\alpha=0$，则 $\tan\alpha=\dfrac{1}{3}$。故选 C。

8. A【解析】由题意知，$\overrightarrow{BE}=\dfrac{1}{2}\overrightarrow{BA}$，$|\overrightarrow{CD}|\cdot\cos\langle\overrightarrow{CD},\overrightarrow{BC}\rangle=-\dfrac{1}{2}$，$\overrightarrow{CE}\cdot\overrightarrow{BD}=\overrightarrow{CE}\cdot(\overrightarrow{BC}+\overrightarrow{CD})=\overrightarrow{CE}\cdot\overrightarrow{BC}+\overrightarrow{CE}\cdot\overrightarrow{CD}=(\overrightarrow{CB}+\overrightarrow{BE})\cdot\overrightarrow{BC}+(\overrightarrow{CB}+\overrightarrow{BE})\cdot\overrightarrow{CD}=-(\overrightarrow{BC})^2+0-\overrightarrow{BC}\cdot\overrightarrow{CD}+\overrightarrow{BE}\cdot\overrightarrow{CD}=-4-|\overrightarrow{BC}|\cdot|\overrightarrow{CD}|\cdot\cos\langle\overrightarrow{CD},\overrightarrow{BC}\rangle+\overrightarrow{BE}\cdot(\overrightarrow{CB}+\overrightarrow{BA}+\overrightarrow{AD})=-2$。

9. C【解析】由于 $i^2=-1$，则 $z=\dfrac{-i(3+4i)}{(3-4i)(3+4i)}=\dfrac{-3i+4}{25}=\dfrac{4}{25}-\dfrac{3}{25}i$，故复数 z 的虚部为 $-\dfrac{3}{25}$。

10. A【解析】因为 $z=\dfrac{4-3i}{3+4i}=\dfrac{(4-3i)(3-4i)}{(3+4i)(3-4i)}=-i$，所以 $\bar{z}=i$，$|\bar{z}|=\sqrt{0+1^2}=1$。

二、填空题

11. 【解析】$\overrightarrow{AC}\cdot\overrightarrow{BD}=(\overrightarrow{AB}+\overrightarrow{BC})\cdot\overrightarrow{BD}=\overrightarrow{AB}\cdot\overrightarrow{BD}+\overrightarrow{BC}\cdot\overrightarrow{BD}$，因为 AB 是圆 O 的直径，所以 $\angle ADB=90°$，因为 $BC/\!/AD$，所以 $BD\perp BC$，所以 $\overrightarrow{BC}\cdot\overrightarrow{BD}=0$，则 $\overrightarrow{AC}\cdot\overrightarrow{BD}=\overrightarrow{AB}\cdot\overrightarrow{BD}=-1$，在 Rt$\triangle ABD$ 中，$\cos\angle ABD=\dfrac{|\overrightarrow{BD}|}{|\overrightarrow{AB}|}$，所以 $\overrightarrow{AB}\cdot\overrightarrow{BD}=|\overrightarrow{AB}||\overrightarrow{BD}|\cdot(-\cos\angle ABD)=|\overrightarrow{AB}||\overrightarrow{BD}|\cdot\left(-\dfrac{|\overrightarrow{BD}|}{|\overrightarrow{AB}|}\right)=-|\overrightarrow{BD}|^2=-1$。

所以 $|\overrightarrow{BD}|=1$，故 $\overrightarrow{AD}\cdot\overrightarrow{OD}=(\overrightarrow{AB}+\overrightarrow{BD})\cdot(\overrightarrow{OB}+\overrightarrow{BD})=(\overrightarrow{AB}+\overrightarrow{BD})\cdot(\dfrac{1}{2}\overrightarrow{AB}+\overrightarrow{BD})=\dfrac{1}{2}|\overrightarrow{AB}|^2+|\overrightarrow{BD}|^2+\dfrac{3}{2}\overrightarrow{AB}\cdot\overrightarrow{BD}=\dfrac{1}{2}\times4+1^2+\dfrac{3}{2}\times(-1)=\dfrac{3}{2}$。

12. -1 【解析】$z=\dfrac{a}{1-i}+\dfrac{1-i}{2}=\dfrac{a(1+i)}{(1-i)(1+i)}+\dfrac{1-i}{2}=\dfrac{a(1+i)}{2}+\dfrac{1-i}{2}=\dfrac{a+1}{2}+\dfrac{a-1}{2}i$。因为 z 是纯虚数，所以 $a+1=0$，$a=-1$。

基础训练

一、单项选择题

1. A【解析】$3\boldsymbol{a}-2\boldsymbol{b}+\boldsymbol{c}=(23+x,12+y)=\boldsymbol{0}$，故 $x=-23$，$y=-12$，即 $\boldsymbol{c}=(-23,-12)$。

2. A【解析】$\boldsymbol{a}+\lambda\boldsymbol{b}=(-3-\lambda,2)$，又向量 $\boldsymbol{a}+\lambda\boldsymbol{b}$ 与 $\boldsymbol{b}$ 垂直，所以 $(\boldsymbol{a}+\lambda\boldsymbol{b})\cdot\boldsymbol{b}=0$，即 $(-3-\lambda)\times(-1)=0$，解得 $\lambda=-3$，故选 A。

3. D【解析】由题意得 $|\boldsymbol{a}|=\sqrt{2}$，$\boldsymbol{a}\cdot\boldsymbol{b}=\sqrt{2}\times2\times\cos45°=2$，$\therefore|3\boldsymbol{a}+\boldsymbol{b}|=\sqrt{(3\boldsymbol{a}+\boldsymbol{b})^2}=\sqrt{9\boldsymbol{a}^2+6\boldsymbol{a}\cdot\boldsymbol{b}+\boldsymbol{b}^2}=\sqrt{18+12+4}=\sqrt{34}$，故选 D。

4. A【解析】根据条件，设 $\boldsymbol{a}=(1,\sqrt{3})$，$\boldsymbol{b}=(3,0)$，设 $\boldsymbol{c}=(x,y)$，则 $(\boldsymbol{c}-2\boldsymbol{a})\cdot\left(\boldsymbol{c}-\dfrac{2}{3}\boldsymbol{b}\right)=(x-2,y-2\sqrt{3})\cdot(x-2,y)=0$，$\therefore(x-2)^2+(y-\sqrt{3})^2=3$，$\therefore\boldsymbol{c}$ 的终点在以 $P(2,\sqrt{3})$ 为圆心，$\sqrt{3}$ 为半径的圆上，如图所示：

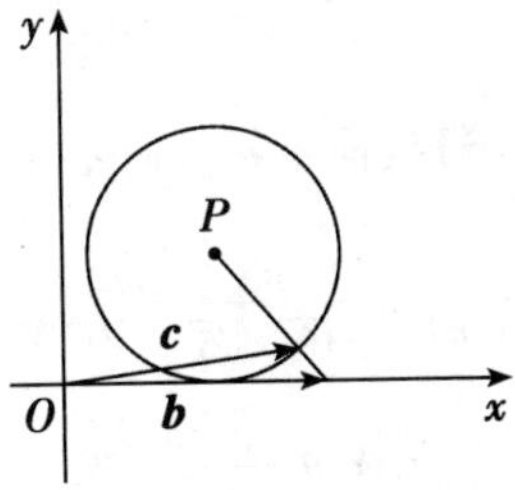

所以 $|\boldsymbol{b}-\boldsymbol{c}|$ 的最小值是 $\sqrt{(2-3)^2+(\sqrt{3}-0)^2}-\sqrt{3}=2-\sqrt{3}$，故选 A。

5. B【解析】由已知设 $A(x_1,y_1)$，$B(x_2,y_2)$，直线 l 的方程为 $y=k(x+2)(k\neq0)$。直线方程与曲线方程 $y=\sqrt{2-x^2}$ 联立得 $\begin{cases}y=\sqrt{2-x^2},\\y=k(x+2),\end{cases}$ 消去 y 得 $(k^2+1)x^2+4k^2x+4k^2-2=0$，$\therefore x_1x_2=\dfrac{4k^2-2}{k^2+1}$，消去 x 得 $\left(\dfrac{1}{k^2}+1\right)y^2-\dfrac{4}{k}\cdot y+2=0$，$\therefore y_1y_2=\dfrac{2k^2}{k^2+1}$。

$\because\overrightarrow{OA}\cdot\overrightarrow{OB}=0$，$\therefore x_1x_2+y_1y_2=0$，即 $\dfrac{4k^2-2}{k^2+1}+\dfrac{2k^2}{k^2+1}=$

0,解得 $k=\pm\frac{\sqrt{3}}{3}$。曲线 $y=\sqrt{2-x^2}$ 的图象在 x 轴上半部分,当 $k<0$ 时,直线与曲线没有交点,$\therefore k=\frac{\sqrt{3}}{3}$,直线 l 的倾斜角是 30°。

6. D【解析】A、B 项显然是真命题;若 $a_1+b_1\mathrm{i}=z_1=z_2=a_2+b_2\mathrm{i}$,则有 $a_1=a_2,b_1=b_2$,故 $|z_1|=|z_2|$,反之由 $|z_1|=|z_2|$ 推不出 $z_1=z_2$,故 C 正确;不全为实数的两个复数不能比较大小,任意两个复数的模可以比较大小,D 项是假命题,故选 D。

7. A【解析】$\left(1+\frac{1}{\mathrm{i}}\right)^4=\left(\frac{\mathrm{i}+1}{\mathrm{i}}\right)^4=\left[\left(\frac{\mathrm{i}+1}{\mathrm{i}}\right)^2\right]^2=(-2\mathrm{i})^2=4\times(-1)=-4$。

8. B【解析】因为 $\frac{2}{1-\mathrm{i}}=\frac{2(1+\mathrm{i})}{(1-\mathrm{i})(1+\mathrm{i})}=1+\mathrm{i}$,所以其共轭复数为 $1-\mathrm{i}$。

9. D【解析】$z=\frac{5\mathrm{i}}{\mathrm{i}-1}=\frac{5\mathrm{i}(\mathrm{i}+1)}{(\mathrm{i}-1)(\mathrm{i}+1)}=\frac{5\mathrm{i}^2+5\mathrm{i}}{-2}=\frac{5}{2}-\frac{5}{2}\mathrm{i}$,则 $\bar{z}=\frac{5}{2}+\frac{5}{2}\mathrm{i}$,在复平面内对应的点 $(\frac{5}{2},\frac{5}{2})$ 位于第一象限,故选 D。

二、填空题

10. -3 【解析】因为 $\boldsymbol{a}/\!/\boldsymbol{b}$,所以 $-1\times6=2\lambda$,故 $\lambda=-3$。

11. $\frac{\sqrt{5}}{5}$ 【解析】设向量 $\boldsymbol{a}$ 与向量 $\boldsymbol{b}$ 的夹角为 θ,则 $\cos\theta=\frac{\boldsymbol{a}\cdot\boldsymbol{b}}{|\boldsymbol{a}||\boldsymbol{b}|}=\frac{1}{\sqrt{10}\times\sqrt{5}}=\frac{\sqrt{2}}{10}$。向量 $\boldsymbol{a}$ 在向量 $\boldsymbol{b}$ 上的投影为 $|\boldsymbol{a}|\cos\theta=\frac{\sqrt{5}}{5}$。

12. $\frac{1}{2}$ 【解析】由 $|(\boldsymbol{a}+\boldsymbol{b})\cdot\boldsymbol{e}|\leqslant|\boldsymbol{a}\cdot\boldsymbol{e}|+|\boldsymbol{b}\cdot\boldsymbol{e}|\leqslant\sqrt{6}$,可得 $|\boldsymbol{a}+\boldsymbol{b}|\leqslant\sqrt{6}$,则有 $|\boldsymbol{a}|^2+|\boldsymbol{b}|^2+2\boldsymbol{a}\cdot\boldsymbol{b}\leqslant6$,又 $|\boldsymbol{a}|=1,|\boldsymbol{b}|=2$,$\therefore\boldsymbol{a}\cdot\boldsymbol{b}\leqslant\frac{1}{2}$。

13. i 【解析】$\frac{(-1+\sqrt{3}\mathrm{i})^3}{(1+\mathrm{i})^6}=\frac{(-1+\sqrt{3}\mathrm{i})^3}{(2\mathrm{i})^3}=\left(\frac{-1+\sqrt{3}\mathrm{i}}{2}\right)^3\cdot\frac{1}{\mathrm{i}^3}=\frac{1}{\mathrm{i}^3}=\mathrm{i}$。

14. 3 【解析】由 $|a+b\mathrm{i}|=\sqrt{3}$ 得 $\sqrt{a^2+b^2}=\sqrt{3}$,即 $a^2+b^2=3$,所以 $(a+b\mathrm{i})(a-b\mathrm{i})=a^2+b^2=3$。

15. 5;2 【解析】因为 $(a+b\mathrm{i})^2=a^2-b^2+2ab\mathrm{i}=3+4\mathrm{i}$,所以 $\begin{cases}a^2-b^2=3,\\2ab=4,\end{cases}$ 所以 $\begin{cases}a=2,\\b=1\end{cases}$ 或 $\begin{cases}a=-2,\\b=-1,\end{cases}$ 所以 $a^2+b^2=5,ab=2$。

三、判断题

16. √【解析】假设 $AB=a,AD=b,AC=c$,且 $a\geqslant b\geqslant c$,则 $BD=\sqrt{a^2+b^2}$,$CD=\sqrt{c^2+b^2}$,$BC=\sqrt{a^2+c^2}$,则在 $\triangle BCD$ 中 BD 为最长边,$\angle DCB$ 为最大内角,根据余弦定理得 $\cos\angle DCB=\frac{(\sqrt{a^2+c^2})^2+(\sqrt{c^2+b^2})^2-(\sqrt{a^2+b^2})^2}{2\sqrt{a^2+c^2}\cdot\sqrt{c^2+b^2}}>0$,

$\therefore\angle DCB$ 为锐角,$\therefore\triangle BCD$ 为锐角三角形。

17. ×【解析】应用向量的运算,$\cos\langle\overrightarrow{AB},\overrightarrow{AC}\rangle=\frac{\overrightarrow{AB}\cdot\overrightarrow{AC}}{|\overrightarrow{AB}||\overrightarrow{AC}|}=\frac{\sqrt{6}}{\sqrt{7}}$,则 $\sin\langle\overrightarrow{AB},\overrightarrow{AC}\rangle=\sqrt{1-\left(\frac{\sqrt{6}}{\sqrt{7}}\right)^2}=\frac{\sqrt{7}}{7}$,从而得 $S=\frac{1}{2}|\overrightarrow{AB}||\overrightarrow{AC}|\sin\langle\overrightarrow{AB},\overrightarrow{AC}\rangle=\frac{\sqrt{6}}{2}$。

18. ×【解析】当 $a=0$ 时,不是纯虚数。

19. ×【解析】原点既在虚轴上,又在实轴上。

四、解答题

20. 【解析】(1)因为 $\boldsymbol{c}/\!/\boldsymbol{a}$,设 $\boldsymbol{c}=\lambda\boldsymbol{a}=(\lambda,2\lambda)$,又 $|\boldsymbol{c}|=2\sqrt{5}$,所以 $5\lambda^2=20$,解得 $\lambda=\pm2$,所以 $\boldsymbol{c}=(2,4)$ 或 $(-2,-4)$。

(2)因为 $(\boldsymbol{a}+2\boldsymbol{b})\cdot(2\boldsymbol{a}-\boldsymbol{b})=0$,所以 $2\boldsymbol{a}^2-\boldsymbol{a}\cdot\boldsymbol{b}+4\boldsymbol{a}\cdot\boldsymbol{b}-2\boldsymbol{b}^2=0$,解得 $\boldsymbol{a}\cdot\boldsymbol{b}=-\frac{5}{2}$,即 $\sqrt{5}\times\frac{\sqrt{5}}{2}\cdot\cos\theta=-\frac{5}{2}$,又 $0\leqslant\theta\leqslant\pi$,所以 $\theta=\pi$。

21. 【解析】(1)$\because\boldsymbol{a},\boldsymbol{b},\boldsymbol{c}$ 为单位向量,

$\therefore|\boldsymbol{a}|=|\boldsymbol{b}|=|\boldsymbol{c}|=1$,

设 $\boldsymbol{a}$ 与 $\boldsymbol{b}$ 之间的夹角为 θ,由题意得 $\boldsymbol{a}+\boldsymbol{b}=-\boldsymbol{c}$,

即 $(\boldsymbol{a}+\boldsymbol{b})^2=\boldsymbol{c}^2$,

化简为 $|\boldsymbol{a}|^2+2|\boldsymbol{a}||\boldsymbol{b}|\cos\theta+|\boldsymbol{b}|^2=|\boldsymbol{c}|^2$,

解得 $\cos\theta=-\frac{1}{2}$,

$\because\theta\in[0,\pi]$,$\therefore\theta=\frac{2\pi}{3}$,

同理可求得 $\boldsymbol{a}$ 与 $\boldsymbol{c}$,$\boldsymbol{b}$ 与 $\boldsymbol{c}$ 之间的夹角均为 $\frac{2\pi}{3}$,

$\therefore(\boldsymbol{a}-\boldsymbol{b})\cdot\boldsymbol{c}=\boldsymbol{a}\cdot\boldsymbol{c}-\boldsymbol{b}\cdot\boldsymbol{c}=1\times1\times\cos\frac{2\pi}{3}-1\times1\times\cos\frac{2\pi}{3}=0$,

即$(\boldsymbol{a}-\boldsymbol{b})\perp\boldsymbol{c}$。

(2)$\because|\boldsymbol{a}-\boldsymbol{b}+k\boldsymbol{c}|>2$，$\therefore|\boldsymbol{a}-\boldsymbol{b}+k\boldsymbol{c}|^2>4$，

即$\boldsymbol{a}^2+\boldsymbol{b}^2+k^2\boldsymbol{c}^2-2\boldsymbol{a}\cdot\boldsymbol{b}+2k\boldsymbol{a}\cdot\boldsymbol{c}-2k\boldsymbol{b}\cdot\boldsymbol{c}>4$，

$\because\boldsymbol{a}\cdot\boldsymbol{b}=\boldsymbol{a}\cdot\boldsymbol{c}=\boldsymbol{b}\cdot\boldsymbol{c}=-\frac{1}{2}$，$\therefore k^2+1+1-2\times\left(-\frac{1}{2}\right)+2k\times\left(-\frac{1}{2}\right)-2k\times\left(-\frac{1}{2}\right)>4$，

即$k^2-1>0$，解得$k<-1$或$k>1$，

故k的取值范围是$(-\infty,-1)\cup(1,+\infty)$。

整合提升

一、单项选择题

1. B【解析】注意到N,P,B三点共线，因此$\overrightarrow{AP}=m\overrightarrow{AB}+\frac{2}{11}\overrightarrow{AC}=m\overrightarrow{AB}+\frac{6}{11}\overrightarrow{AN}$，从而$m+\frac{6}{11}=1\Rightarrow m=\frac{5}{11}$。故选B。

2. B【解析】由题设$\overrightarrow{AB}\cdot\overrightarrow{AC}=|\overrightarrow{AB}|\cdot|\overrightarrow{AC}|\cdot\cos\langle\overrightarrow{AB},\overrightarrow{AC}\rangle=2\times3\times\cos120°=-3$，由$\overrightarrow{AP}\cdot(\overrightarrow{AC}-\overrightarrow{AB})=0$得$(\lambda\overrightarrow{AB}+\overrightarrow{AC})(\overrightarrow{AC}-\overrightarrow{AB})=0$，所以$-\lambda|\overrightarrow{AB}|^2+(\lambda-1)\overrightarrow{AB}\cdot\overrightarrow{AC}+|\overrightarrow{AC}|^2=0$，所以$-4\lambda-3\cdot(\lambda-1)+9=0$，解得$\lambda=\frac{12}{7}$，故选B。

3. B【解析】设$A(x_1,y_1)$，$B(x_2,y_2)$，AB的中点为M，联立直线方程与圆的方程得$\begin{cases}x^2+y^2-2x-2y=0,\\y=-2x+3,\end{cases}$整理可得$5x^2-10x+3=0$，故$x_1+x_2=2$，$y_1+y_2=(-2x_1+3)+(-2x_2+3)=-2(x_1+x_2)+6=2$，据此可得$M(1,1)$，$|\overrightarrow{OM}|=\sqrt{1+1}=\sqrt{2}$，结合平面向量的运算法则有：$|\overrightarrow{OA}+\overrightarrow{OB}|=|2\overrightarrow{OM}|=2\sqrt{2}$。

4. C【解析】$\because$正三角形ABC的边长为2，$\overrightarrow{AB}=2\boldsymbol{a}$，$\overrightarrow{BC}=\boldsymbol{b}$，如图取$AB$中点$D$，设$\overrightarrow{BE}=\overrightarrow{AD}=\boldsymbol{a}$。$\therefore AD=BD=BE=1$，$\angle EBC=120°$，$\therefore|\boldsymbol{a}+\boldsymbol{b}|=\sqrt{2^2-1^2}=\sqrt{3}$，故A错误；$\boldsymbol{a}$，$\boldsymbol{b}$的夹角为120°，故B错误；$(4\boldsymbol{a}+\boldsymbol{b})\cdot\boldsymbol{b}=4\boldsymbol{a}\cdot\boldsymbol{b}+\boldsymbol{b}^2=4\times1\times2\times\cos120°+4=0$，$\therefore(4\boldsymbol{a}+\boldsymbol{b})\perp\boldsymbol{b}$，C项正确；$\boldsymbol{a}\cdot\boldsymbol{b}=1\times2\times\cos120°=-1$，故D错误。

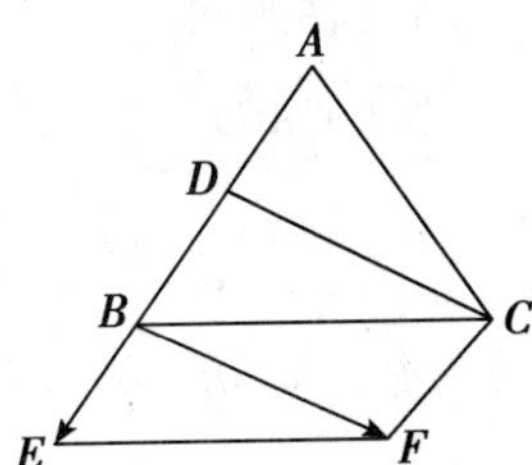

5. D【解析】由题意得，$2\boldsymbol{a}-\boldsymbol{b}=(2\cos\theta-\sqrt{3},2\sin\theta+1)$，$\therefore|2\boldsymbol{a}-\boldsymbol{b}|=\sqrt{(2\cos\theta-\sqrt{3})^2+(2\sin\theta+1)^2}=\sqrt{8+8\sin\left(\theta-\frac{\pi}{3}\right)}$。$\because\sin\left(\theta-\frac{\pi}{3}\right)\in[-1,1]$，$\therefore8+8\sin\left(\theta-\frac{\pi}{3}\right)\in[0,16]$，$\therefore|2\boldsymbol{a}-\boldsymbol{b}|\in[0,4]$，故选D。

6. A【解析】如图，建立平面直角坐标系，设$B(a,0)$，$C(3,b)$，$D(a-1,b)$，则$3-(a-1)=a$，解得$a=2$，所以$D(1,b)$，$C(3,b)$，$\overrightarrow{BC}=(1,b)$，$\overrightarrow{BD}=(-1,b)$，设$\overrightarrow{BD}$，$\overrightarrow{BC}$的夹角为$\theta$，则$\overrightarrow{BD}$在$\overrightarrow{BC}$上的投影为$|\overrightarrow{BM}|=|\overrightarrow{BD}|\cdot\cos\theta=\frac{\overrightarrow{BC}\cdot\overrightarrow{BD}}{|\overrightarrow{BC}|}=\frac{b^2-1}{\sqrt{b^2+1}}=\sqrt{b^2+1}-\frac{2}{\sqrt{b^2+1}}$，令$\sqrt{b^2+1}=t\ (t>1)$，则$|\overrightarrow{BM}|=\frac{b^2-1}{\sqrt{b^2-1}}=t-\frac{2}{t}$，令$f(t)=t-\frac{2}{t}$，$f'(t)=1+\frac{2}{t^2}$，在$(1,+\infty)$上，$f'(t)>0$，$f(t)$单调递增，故$f(t)>f(1)$，故$f(t)>-1$，则$\overrightarrow{BD}$在$\overrightarrow{BC}$上的投影的取值范围是$(-1,+\infty)$。

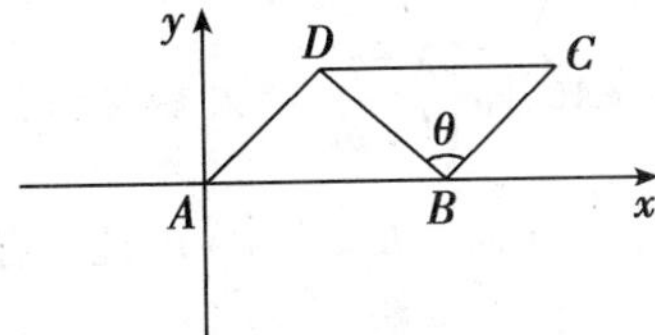

7. B【解析】由题意，$1+\sqrt{2}\mathrm{i}$是关于x的实系数方程$x^2+bx+c=0$的一个复数根，则$1+2\sqrt{2}\mathrm{i}-2+b+\sqrt{2}b\mathrm{i}+c=0$，故$\begin{cases}-1+b+c=0,\\2\sqrt{2}+\sqrt{2}b=0,\end{cases}$解得$b=-2$，$c=3$。

8. C【解析】$\frac{2-\mathrm{i}}{a+\mathrm{i}}=\frac{(2-\mathrm{i})(a-\mathrm{i})}{(a+\mathrm{i})(a-\mathrm{i})}=\frac{2a-1-(2+a)\mathrm{i}}{a^2+1}$，若$\frac{2-\mathrm{i}}{a+\mathrm{i}}$为纯虚数，则$\begin{cases}2a-1=0,\\2+a\neq0,\end{cases}$解得$a=\frac{1}{2}$，则$z=(2a+1)+\sqrt{2}\mathrm{i}=2+\sqrt{2}\mathrm{i}$，$|z|=\sqrt{2^2+2}=\sqrt{6}$。

9. C【解析】解方程$x^2+2x+2=0$，得$\alpha,\beta=-1\pm\mathrm{i}$，设向量$\boldsymbol{\alpha}=(-1,1)$，$\boldsymbol{\beta}=(-1,-1)$，因为$\boldsymbol{\alpha}\cdot\boldsymbol{\beta}=(-1)\times(-1)+1\times(-1)=0$，故$\boldsymbol{\alpha}\perp\boldsymbol{\beta}$，故它们在复平面上对应的向量夹角的正弦值为1。

10. A【解析】解关于$|z|$的方程，得到$|z|=3$或$|z|=-1$（舍去），设复数z对应的点为(x,y)，$|z|=3$，即$x^2+y^2=9$，所以复数z所对应点的轨迹是一个

圆,故选 A。

11. B【解析】由已知可得,圆心 O_1 所对应的复数为 $z=1+\mathrm{i}$,圆心 O_2 所对应的复数为 $\bar{z}=1-\mathrm{i}$,而 $|O_1O_2|=\sqrt{(1-1)^2+[1-(-1)]^2}=2$,又因为两圆的半径 r_1,r_2 分别为 2,4,故 $|O_1O_2|=r_2-r_1$,所以两圆的位置关系为内切。故本题选 B。

12. C【解析】由纯虚数的定义知,$\sin\theta=\dfrac{3}{5}$,$\cos\theta\neq\dfrac{4}{5}$,$\therefore\cos\theta=-\dfrac{4}{5}$,$\therefore\tan\theta=-\dfrac{3}{4}$,故选 C。

二、填空题

13. 2 【解析】点 $B(x,y)$ 满足 $\begin{cases}x^2+y^2\geqslant1,\\0\leqslant x\leqslant1,\\0\leqslant y\leqslant1\end{cases}$ 的平面区域如图阴影部分,又因为 $\overrightarrow{OA}=(1,1)$,$\overrightarrow{OB}=(x,y)$,则 $\overrightarrow{OA}\cdot\overrightarrow{OB}=x+y$,所以当在点 $M(0,1)$ 和点 $C(1,0)$ 处时,$x+y$ 最小,即满足要求的点有 2 个。

14. $\lambda\mu=1$ 【解析】由 $\overrightarrow{AB},\overrightarrow{AC}$ 有公共点 A,则若 A,B,C 三点共线,故 $\overrightarrow{AB}$ 与 $\overrightarrow{AC}$ 共线,因此存在一个实数 t,使 $\overrightarrow{AB}=t\overrightarrow{AC}$,即 $\begin{cases}\lambda=t,\\1=\mu t,\end{cases}$ 消去参数 t 得 $\lambda\mu=1$。反之,当 $\lambda\mu=1$ 时,$\overrightarrow{AB}=\dfrac{1}{\mu}\boldsymbol{a}+\boldsymbol{b}$,此时存在实数 $\dfrac{1}{\mu}$ 使 $\overrightarrow{AB}=\dfrac{1}{\mu}\overrightarrow{AC}$,故 $\overrightarrow{AB}$ 与 $\overrightarrow{AC}$ 共线,又由 $\overrightarrow{AB},\overrightarrow{AC}$ 有公共点 A,则 A,B,C 三点共线。故 A,B,C 三点共线的充要条件是 $\lambda\mu=1$。

15. $\dfrac{3}{11}$ 【解析】$\overrightarrow{AB}\cdot\overrightarrow{AC}=3\times2\times\cos60^\circ=3$,$\because\overrightarrow{BD}=2\overrightarrow{DC}$,$\therefore\overrightarrow{AD}=\overrightarrow{AB}+\overrightarrow{BD}=\overrightarrow{AB}+\dfrac{2}{3}\overrightarrow{BC}=\overrightarrow{AB}+\dfrac{2}{3}(\overrightarrow{AC}-\overrightarrow{AB})=\dfrac{1}{3}\overrightarrow{AB}+\dfrac{2}{3}\overrightarrow{AC}$,则 $\overrightarrow{AD}\cdot\overrightarrow{AE}=\left(\dfrac{1}{3}\overrightarrow{AB}+\dfrac{2}{3}\overrightarrow{AC}\right)\cdot(\lambda\overrightarrow{AC}-\overrightarrow{AB})=\dfrac{\lambda}{3}\times3+\dfrac{2\lambda}{3}\times4-\dfrac{1}{3}\times9-\dfrac{2}{3}\times3=-4$,解得 $\lambda=\dfrac{3}{11}$。

16. $1-2\mathrm{i}$ 【解析】因为 $(1+2\mathrm{i})z=|3+4\mathrm{i}|=5$,所以 $z=\dfrac{5}{1+2\mathrm{i}}=\dfrac{5(1-2\mathrm{i})}{(1+2\mathrm{i})(1-2\mathrm{i})}=1-2\mathrm{i}$。

17. $\dfrac{1}{2}$ 【解析】设 F_1,F_2 的坐标分别为 $(-1,1)$,$(3,-2)$,则 $|F_1F_2|=\sqrt{(-1-3)^2+[1-(-2)]^2}=5<10$,从而该曲线为椭圆,$F_1,F_2$ 为椭圆的两个焦点,故 $|F_1F_2|=2c=5$,即 $c=2.5$,又因为 $2a=10$,即 $a=5$,所以椭圆的离心率 $e=\dfrac{c}{a}=\dfrac{2.5}{5}=\dfrac{1}{2}$。

18. $2\sqrt{2}-1$ 【解析】如图所示,$|z|=1$ 表示单位圆,而 $|z-2-2\mathrm{i}|$ 表示的是复平面上表示复数 z 的点 M 与表示复数 $2+2\mathrm{i}$ 的点 A 之间的距离。当 M 位于线段 AO 与单位圆交点处时,$|AM|$ 最小,$|OA|=\sqrt{2^2+2^2}=2\sqrt{2}$,则 $|AM|_{\min}=2\sqrt{2}-1$。

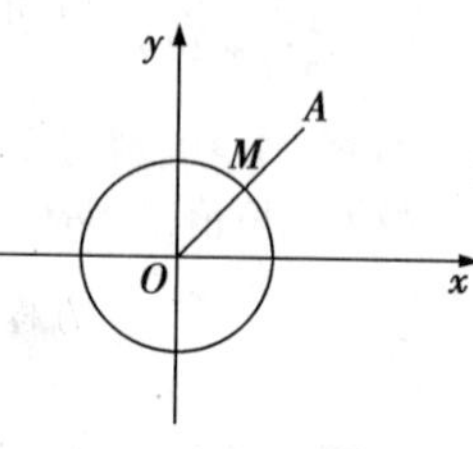

19. 1 【解析】设 $A(0,1)$,$B(0,-1)$,则点 A 和点 B 之间的距离为 2。因为 $|z+\mathrm{i}|+|z-\mathrm{i}|=2$ 表示复数 z 对位的点 Z 到 $A(0,1)$,$B(0,-1)$ 两点的距离之和为 2,故点 Z 在线段 AB 上。又 $|z+\mathrm{i}+1|$ 的几何意义为点 Z 到点 $C(-1,-1)$ 的距离,故当点 Z 与点 B 重合时,点 Z 到点 C 的距离最小,此时 $|z+\mathrm{i}+1|$ 取得最小值 1。

三、判断题

20. √【解析】如图所示。由题意可得,$\overrightarrow{OE}=\dfrac{1}{2}(\overrightarrow{OD}+\overrightarrow{OC})=\dfrac{1}{2}\left(\dfrac{1}{2}\overrightarrow{OA}+\dfrac{1}{2}\overrightarrow{OB}+\overrightarrow{OC}\right)=\dfrac{1}{4}\boldsymbol{a}+\dfrac{1}{4}\boldsymbol{b}+\dfrac{1}{2}\boldsymbol{c}$。

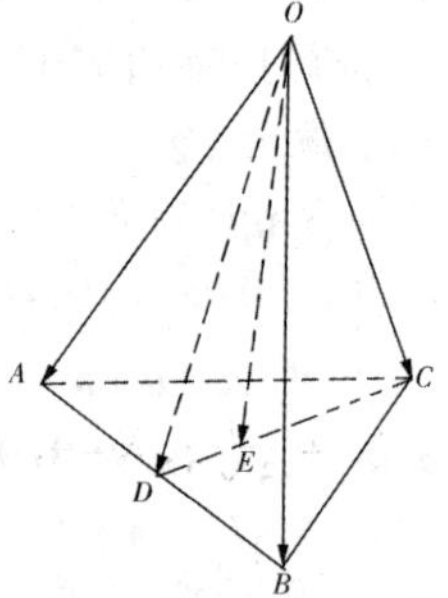

21. ×【解析】取一组基底 $\{\overrightarrow{AB},\overrightarrow{AC}\}$,结合图形可得,$\overrightarrow{AD}=\dfrac{1}{2}(\overrightarrow{AB}+\overrightarrow{AC})$,$\overrightarrow{BE}=\overrightarrow{AE}-\overrightarrow{AB}=\dfrac{2}{3}\overrightarrow{AC}-\overrightarrow{AB}$,所以 $\overrightarrow{AD}\cdot\overrightarrow{BE}=\dfrac{1}{2}(\overrightarrow{AB}+\overrightarrow{AC})\cdot\left(\dfrac{2}{3}\overrightarrow{AC}-\overrightarrow{AB}\right)=$

$\frac{1}{3}\overrightarrow{AC}^2-\frac{1}{2}\overrightarrow{AB}^2-\frac{1}{6}\overrightarrow{AB}\cdot\overrightarrow{AC}=\frac{1}{3}-\frac{1}{2}-\frac{1}{6}\times\frac{1}{2}=-\frac{1}{4}$。

22. √【解析】设 $x=x_0$ 是方程的实根,代入方程并整理得 $(x_0^2+kx_0+2)+(2x_0+k)\mathrm{i}=0$,由复数相等的条件得 $\begin{cases}x_0^2+kx_0+2=0,\\2x_0+k=0,\end{cases}$ 解得 $\begin{cases}x_0=\sqrt{2},\\k=-2\sqrt{2}\end{cases}$ 或 $\begin{cases}x_0=-\sqrt{2},\\k=2\sqrt{2},\end{cases}$ 所以方程的实根为 $x=\sqrt{2}$ 或 $x=-\sqrt{2}$,对应的 k 值为 $k=-2\sqrt{2}$ 或 $k=2\sqrt{2}$。

23. √【解析】表示实数的点都在实轴上,表示纯虚数的点都在虚轴上。

专题七 算法与推理证明

真题实测

单项选择题

1. C【解析】结合题意及程序框图,可知 $N=\frac{3}{2}+\frac{1}{3}+\frac{1}{4}+\frac{1}{5}+\frac{1}{6}+\frac{1}{7}=\frac{363}{140}$,则长 $M=\frac{240}{N}=240\times\frac{140}{363}=92\frac{68}{121}$(步)。

2. B【解析】类比推理是根据两个或两类对象有部分属性相同或相似,从而推出它们的其他属性也相同或相似的推理。本题中通过类比三角形面积公式的推导过程来推导梯形的面积公式,这种推理方式是类比推理。故选 B。

3. B【解析】由题意知 $N=4$,当 $K=1$ 时,$S=1$,$K=2$,循环执行,$T=\frac{1}{2}$,$S=1+\frac{1}{2}$,$K=3$,循环执行,$T=\frac{1}{3\times2}$,$S=1+\frac{1}{2}+\frac{1}{3\times2}$,$K=4$,循环执行,$T=\frac{1}{4\times3\times2}$,$S=1+\frac{1}{2}+\frac{1}{3\times2}+\frac{1}{4\times3\times2}$,此时 $K=5$,$K>N$,程序终止。故选 B。

基础训练

一、单项选择题

1. D【解析】输入 $k=10$,$S=1$,是,继续执行,$S=11$,$k=9$,是,继续执行,$S=20$,$k=8$,是,继续执行,$S=28$,$k=7$,否,即当 $k=8$ 时"是",$k=7$ 时"否",故判断框中应填入的关于 k 的条件是"$k>7$?"。故选 D。

2. B【解析】由题意,$y=\begin{cases}2x-3,x<0,\\5-4x,x\geqslant0,\end{cases}$ 当 $x=5$ 时,$y=5-4\times5=-15$,所以输出的 y 的值为 -15。

3. B【解析】模拟程序框图的运行过程如下:$A=192$,$B=22$,$B\neq0$? 是,$C=16$;$A=22$,$B=16$,$B\neq0$? 是,$C=6$;$A=16$,$B=6$,$B\neq0$? 是,$C=4$;$A=6$,$B=4$,$B\neq0$? 是,$C=2$;$A=4$,$B=2$,$B\neq0$? 是,$C=0$;$A=2$,$B=0$,$B\neq0$,否,输出 $A=2$。故选 B。

4. B【解析】由于题目所求是 $\frac{1}{2}+\frac{1}{4}+\frac{1}{6}+\cdots+\frac{1}{102}$,最后一个数字为 $\frac{1}{102}$,即当 $i=102$ 时,判断是,继续循环,$i=i+2$,判断否,退出程序,输出 S 的值,由此可知填"$i\leqslant102$?",故选 B。

5. D【解析】由 $\sqrt{2+\frac{2}{3}}=2\sqrt{\frac{2}{3}}$,$\sqrt{3+\frac{3}{8}}=3\sqrt{\frac{3}{8}}$,$\sqrt{4+\frac{4}{15}}=4\sqrt{\frac{4}{15}}$,…,依此规律 $\sqrt{n+\frac{n}{n^2-1}}=n\sqrt{\frac{n}{n^2-1}}$,$n\geqslant2$,则由 $\sqrt{9+\frac{b}{a}}=9\sqrt{\frac{b}{a}}$,可得 $b=9$,$a=9^2-1=80$,故 $a+2b=80+18=98$,故选 D。

6. C【解析】n 次二项式系数对应杨辉三角形的第 $n+1$ 行,例如 $(x+1)^2=x^2+1+2x$,系数分别为 1,2,1,对应杨辉三角形的第 3 行,令 $x=1$,就可以求出该行的系数之和,第 1 行为 2^0,第 2 行为 2^1,第 3 行为 2^3,以此类推,即每一行数字和构成首项为 1,公比为 2 的等比数列。则杨辉三角形的前 n 项和为 $S_n=\frac{1-2^n}{1-2}=2^n-1$,若去除所有的为 1 的项,则剩下的每一行的个数为 1,2,3,4,…,可以看成构成一个首项为 1,公差为 1 的等差数列,则 $T_n=\frac{n(n+1)}{2}$,当 $n=12$,去除两端"1"可得 $78-23=55$,则此数列前 55 项和 $S_{12}-23=2^{12}-1-23=4072$,第 56 项为第 13 行去除 1 的第一个数 $C_{12}^1=12$,所以该数列前 56 项和为 $4072+12=4084$,故选 C。

7. C【解析】所谓归纳推理,就是从个别性知识推出一般性结论的推理。故①对、②错。所谓演绎推理是由一般到特殊的推理。故③对。类比推理是根据两个或两类对象有部分属性相同,从而推出它们的其他属性也相同的推理,故④错、⑤对。

8. B【解析】$x=y=0$ 的否定为 $x\neq0$ 或 $y\neq0$,即 x,y 不都为 0,选 B。

二、填空题

9. 四 【解析】因为每天至少有四辆车可以上路行驶,E 车明天可以上路,E 车周四限行,所以今天不是周三;因为 B 车昨天限行,所以今天不是周一,不是周五,也不是周日;因为 A、C 两车连续四天都能上路行驶,所以今天不是周二和周六,所以今天是周四。

10. 文学与艺术 【解析】由丙说的话可知甲、乙两人至少选修了一门课程,且选修的课程中有一门课程是相同的,又甲比乙选修的课程多,且没有选修哲学初步,所以甲选修了文学与艺术和数学史,又乙没有选修数学史,所以乙选修的课程为文学与艺术。

整合提升

一、单项选择题

1. C【解析】根据题意,初始值 $v=10,x=2$,程序运行如下:$k=9,v=10\times2+9$;$k=8,v=10\times2^2+9\times2+8$;$k=7,v=10\times2^3+9\times2^2+8\times2+7$;$\cdots$,$k=0,v=10\times2^{10}+9\times2^9+\cdots+1\times2^1+0\times2^0=9\times2^{11}+2$。故选 C。

2. B【解析】模拟程序的运行,可得 $i=1$ 时,$S=2S-1$,$i=1$ 满足条件 $i<3$,执行循环体;当 $i=2$ 时,$S=2(2S-1)-1$,$i=2$ 满足条件 $i<3$,执行循环体;当 $i=3$ 时,$S=2[2(2S-1)-1]-1$,$i=3$ 不满足条件 $i<3$,退出循环体,输出 $S=0$,所以 $2[2(2S-1)-1]-1=0$,$S=\dfrac{7}{8}$。

3. B【解析】选项 A 是归纳推理;选项 B 是类比推理;选项 C 是归纳推理;选项 D 是演绎推理。

4. C【解析】设第 n 个图包含 a_n 个互不重叠的单位正方形,∵ 图①、图②、图③、图④分别包括 1,5,13,25 个互不重叠的单位正方形,所以 $a_1=1$,$a_2=5=1+4=1+4\times1$,$a_3=13=1+4+8=1+4\times(1+2)$,$a_4=25=1+4+8+12=1+4\times(1+2+3)$,由此类推可得,$a_n=1+4[1+2+3+\cdots+(n-1)]=1+4\times\dfrac{n(n-1)}{2}=2n^2-2n+1$,经检验满足条件。故答案选 C。

5. A【解析】因为原结论为"a,b,c,d 中至少有一个负数",所以其否定为"a,b,c,d 全都大于等于 0",所以选 A。

二、填空题

6. 364 【解析】由图可知,每一个图形中小三角形的个数等于前一个图形小三角形个数的 3 倍加 1,所以,$n=1$ 时,$a_1=1$;$n=2$ 时,$a_2=3+1=4$;$n=3$ 时,$a_3=3\times4+1=13$;$n=4$ 时,$a_4=3\times13+1=40$;$n=5$ 时,$a_5=3\times40+1=121$;$n=6$ 时,$a_6=3\times121+1=364$。

7. 归纳推理 【解析】题干所述为归纳推理,它是由个别、特殊到一般的推理。

三、解答题

8.【解析】证明:欲证 $\sqrt{a^2+\dfrac{1}{a^2}}-\sqrt{2}\geqslant a+\dfrac{1}{a}-2$,只需证 $\sqrt{a^2+\dfrac{1}{a^2}}+2\geqslant a+\dfrac{1}{a}+\sqrt{2}$,因为 $a>0$,故只需证 $\left(\sqrt{a^2+\dfrac{1}{a^2}}+2\right)^2\geqslant\left(a+\dfrac{1}{a}+\sqrt{2}\right)^2$,即 $a^2+\dfrac{1}{a^2}+4\sqrt{a^2+\dfrac{1}{a^2}}+4\geqslant a^2+2+\dfrac{1}{a^2}+2\sqrt{2}\left(a+\dfrac{1}{a}\right)+2$,从而只需证 $2\sqrt{a^2+\dfrac{1}{a^2}}\geqslant\sqrt{2}\left(a+\dfrac{1}{a}\right)$,只需证 $4\left(a^2+\dfrac{1}{a^2}\right)\geqslant2\left(a^2+2+\dfrac{1}{a^2}\right)$,即 $a^2+\dfrac{1}{a^2}\geqslant2$,而上述不等式显然成立,故原不等式成立。

专题八　平面几何

真题实测

一、单项选择题

1. D【解析】设平行四边形的两邻边长分别为 x,y,根据题意列出方程组:$\begin{cases}2(x+y)=28,\\3x=4y,\end{cases}$解得 $x=8,y=6$,故平行四边形的面积为 24。

2. B【解析】三角形内角和为 180°。由选项 A 得 $\angle A=\angle C+\angle B$,则 $\angle A+\angle B+\angle C=2\angle A=180°$,故 $\angle A=90°$,$\triangle ABC$ 为直角三角形,同理,选项 C、D 中也是直角三角形。B 项中 $\angle A=\angle B=2\angle C$,则 $\angle C=36°$,$\angle A=\angle B=72°$。故 B 项中的不是直角三角形。

3. D【解析】设大正方形的边长为 x,小正方形的边长为 y,根据题意得,$\frac{1}{2}xy:\frac{1}{2}y^2=3:1\Rightarrow x=3y$,由以上关系式可得,两个正方形空白部分的面积比是 $\left(x^2-\frac{1}{2}xy\right):\frac{1}{2}y^2=\left(9y^2-\frac{3}{2}y^2\right):\frac{1}{2}y^2=15:1$。

4. D【解析】室内铺设地砖时,只需多边形地砖的每个内角能整除 360°即可,矩形的每个内角是 90°,能整除 360°,能密铺;正三角形的每个内角是 60°,能整除 360°,能密铺;正六边形的每个内角是 120°,能整除 360°,能密铺;正八边形的每个内角是 $180°-360°\div8=135°$,不能整除 360°,不能密铺。故选 D。

5. B【解析】平行四边形的面积等于底乘高,高扩大 3 倍,则面积也扩大 3 倍。

6. C【解析】方向角一般是指以观测者的位置为中心,将正北或正南方向作为起始方向旋转到目标的方向线所成的角(一般指锐角),通常表达成北(南)偏东(西)多少度。若方向角正好为45°,则表示为西(东)南(北)。地图中的方向为上北、下南、左西、右东。通过观察,题干中的点 A 在点 B 的北偏西但不是45°方向。故选 C。

7. D【解析】如图,因为$\triangle ABC$为等边三角形,所以当逆时针旋转30°后,等边三角形的一条边 AD 正好与高 AN 所在的直线重合。此时 $DN=AD-AN=a-\frac{\sqrt{3}}{2}a$,同理 $CH=a-\frac{\sqrt{3}}{2}a$,又 $\angle C=\angle D=60°$,$\angle DMN=\angle CMH=60°$,$\therefore\ \triangle DNM\cong\triangle CHM$(AAS),$\therefore MN=MH$,设 $MN=x$,连结 AM,则 $MD=DH-MH=\frac{1}{2}a-x$,在 Rt$\triangle DMN$ 中,$MN^2+DN^2=MD^2$,即 $x^2+\left(a-\frac{\sqrt{3}}{2}a\right)^2=\left(\frac{1}{2}a-x\right)^2$,解得 $x=\frac{2\sqrt{3}a-3a}{2}$,所以重合部分的面积 $S=2\times\frac{1}{2}AN\times MN=\frac{\sqrt{3}}{2}a\times\frac{2\sqrt{3}a-3a}{2}=\frac{6-3\sqrt{3}}{4}a^2$。

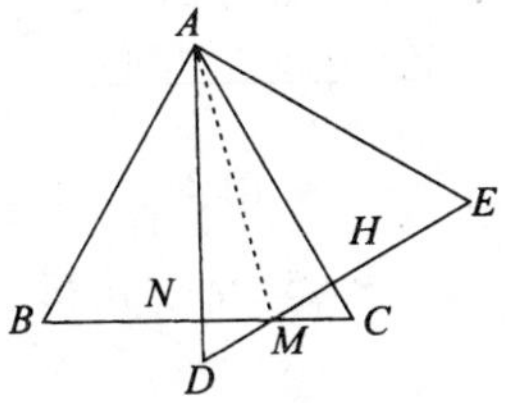

8. D【解析】由图知,选项 A 中,$\overrightarrow{AB}$与$\overrightarrow{OC}$的大小、方向相同,故$\overrightarrow{AB}=\overrightarrow{OC}$;选项 B 中,$\overrightarrow{AB}$与$\overrightarrow{DE}$大小相同,方向相反,故$\overrightarrow{AB}\parallel\overrightarrow{DE}$;选项 C 中,$\overrightarrow{AD}$与$\overrightarrow{BE}$的模相同;选项 D 中,$\overrightarrow{AD}$与$\overrightarrow{FC}$不共线,且它们的夹角是 60°,故选 D。

9. C【解析】由三角形的三边关系(两边之和大于第三边,两边之差小于第三边)可知,能构成三角形的有(2,3,4),(2,4,5),(3,4,5)三种情况。

10. C【解析】由圆的性质可得,$\angle AOB=2\angle APB=90°$,$\because OA=OB$,$\therefore\ \triangle AOB$ 是等腰直角三角形,又 $\because OA=OB=2$,$\therefore AB=2\sqrt{2}$。

11. C【解析】两种情况:如图 1,$AB=2$,$AO=1$,$AO_1=2$,$AO_2=\sqrt{2}$,$\angle O_1AO_2=\angle O_1AO+\angle O_2AO$,$\cos\angle O_1AO=\frac{AO}{AO_1}=\frac{1}{2}$,所以 $\angle O_1AO=60°$,$\cos\angle O_2AO=\frac{AO}{AO_2}=\frac{1}{\sqrt{2}}=\frac{\sqrt{2}}{2}$,所以 $\angle O_2AO=45°$,所以 $\angle O_1AO_2=105°$;如图 2,$\angle O_1AO_2=\angle O_1AO-\angle O_2AO$,同理可得 $\angle O_2AO=45°$,$\angle O_1AO=60°$,此时 $\angle O_1AO_2=15°$。综上,选 C。

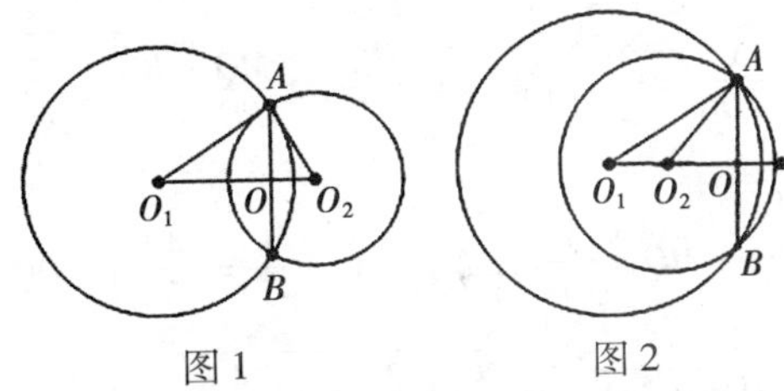

图 1　　图 2

12. B【解析】长方形有 2 条对称轴;等腰三角形有 1 条对称轴;等边三角形有 3 条对称轴;圆有无数条对称轴。故选 B。

13. A【解析】设点 G 的坐标为$(x,2)$,由题意知,直线 OC 的方程为 $y+2x=0$,即$\tan\angle AOC=k_{OC}=-2$,$\because OG$ 是 $\angle AOC$ 的角平分线,$\therefore\ \tan\angle AOC=\tan2\angle GOA=\frac{2\tan\angle GOA}{1-\tan^2\angle GOA}=-2$,解得 $\tan\angle GOA=\frac{1+\sqrt{5}}{2}$(负值舍去),$\because\tan\angle GOA=\frac{2}{x}=\frac{1+\sqrt{5}}{2}$,解得 $x=\sqrt{5}-1$,即 $G(\sqrt{5}-1,2)$。故选 A。

14. C【解析】点 $A(1,2)$ 关于直线 $x=2$ 对称的点为 $B(3,2)$,点 $B(3,2)$ 关于直线 $y=3$ 对称的点为 $C(3,4)$,故选 C。

15. B【解析】对于①,如图 1,连结 AQ,则有 $CP=\frac{1}{2}$,$BP=\sqrt{1^2+\left(\frac{1}{2}\right)^2}=\frac{\sqrt{5}}{2}$,易证 Rt$\triangle AQB\backsim$

Rt△BCP,则有$\frac{AB}{BP}=\frac{BQ}{CP}$,即$\frac{1}{\frac{\sqrt{5}}{2}}=\frac{BQ}{\frac{1}{2}}$,故$BQ=\frac{\sqrt{5}}{5}$,$PQ=BP-BQ=\frac{\sqrt{5}}{2}-\frac{\sqrt{5}}{5}=\frac{3\sqrt{5}}{10}$,即$PQ=\frac{3}{2}BQ$,正确;对于②,如图2,过点$Q$作$QH\perp DC$于点$H$,易证△$PHQ$∽△$PCB$,则有$\frac{HQ}{CB}=\frac{PQ}{PB}=\frac{\frac{3\sqrt{5}}{10}}{\frac{\sqrt{5}}{2}}=\frac{3}{5}$,故$HQ=\frac{3}{5}$,所以$S_{\triangle PDQ}=\frac{1}{2}DP\cdot HQ=\frac{1}{2}\times\frac{1}{2}\times\frac{3}{5}=\frac{3}{20}$,错误;对于③,如图3,过点$Q$作$QN\perp AD$于点$N$,延长$NQ$交$BC$于点$M$,易得$DP/\!/NQ/\!/AB$,则有$\frac{DN}{AN}=\frac{PQ}{BQ}=\frac{\frac{3\sqrt{5}}{10}}{\frac{\sqrt{5}}{5}}=\frac{3}{2}$,即$\frac{DN}{1-DN}=\frac{3}{2}$,解得$DN=\frac{3}{5}$,$\because\frac{MQ}{PC}=\frac{BQ}{BP}=\frac{\frac{\sqrt{5}}{5}}{\frac{\sqrt{5}}{2}}=\frac{2}{5}$,$\therefore MQ=\frac{1}{5}$,$\therefore NQ=1-\frac{1}{5}=\frac{4}{5}$,由$DQ=\sqrt{DN^2+NQ^2}=\sqrt{\left(\frac{3}{5}\right)^2+\left(\frac{4}{5}\right)^2}=1$,得$\cos\angle ADQ=\frac{DN}{DQ}=\frac{3}{5}$,正确。

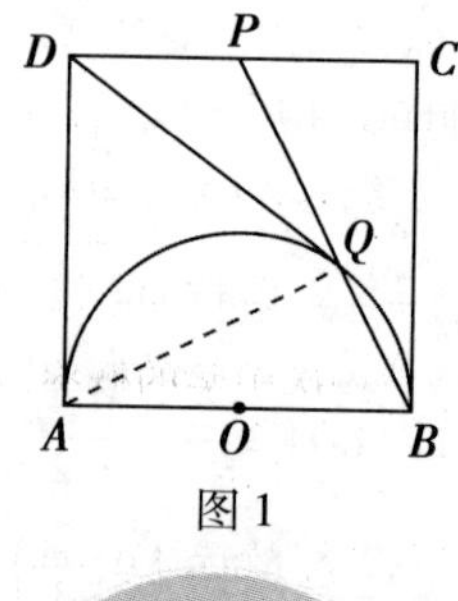

图1

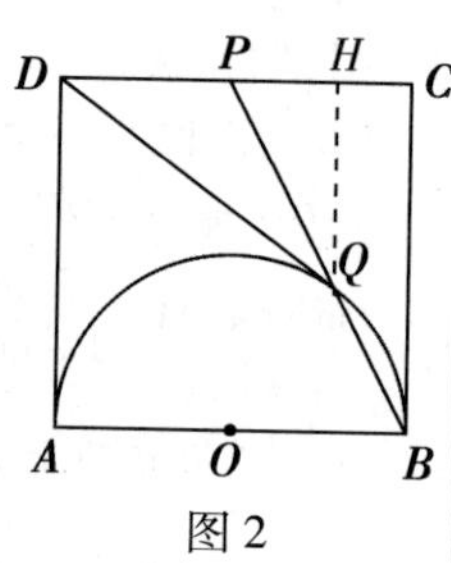

图2

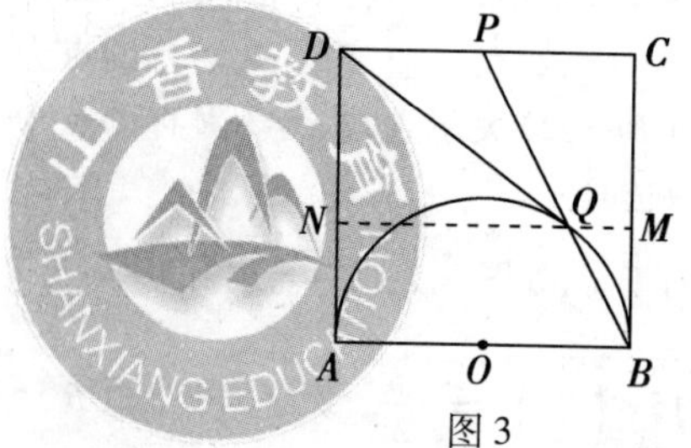

图3

二、填空题

16. 3 【解析】如图,图形有10条线段,将线段进行平移,要求周长,只需知道a,b,c三条边的长度即可。

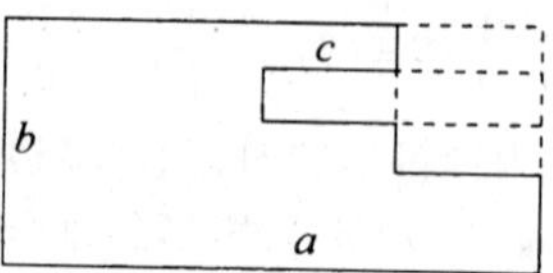

17. 502.4 cm^2 【解析】设该圆柱体的半径为r,则$2r+2\pi r=33.12$,解得$r=4$ cm,圆柱的高$h=4r=16$ cm,故该圆柱的表面积$S=2\pi r^2+2\pi rh=502.4$ cm^2。

18. $2\sqrt{5}$或$\frac{5}{2}$或$\frac{\sqrt{65}}{2}$ 【解析】分情况讨论:

(1)当PB为腰时,若P为顶点,则E点与C点重合,如图1所示,

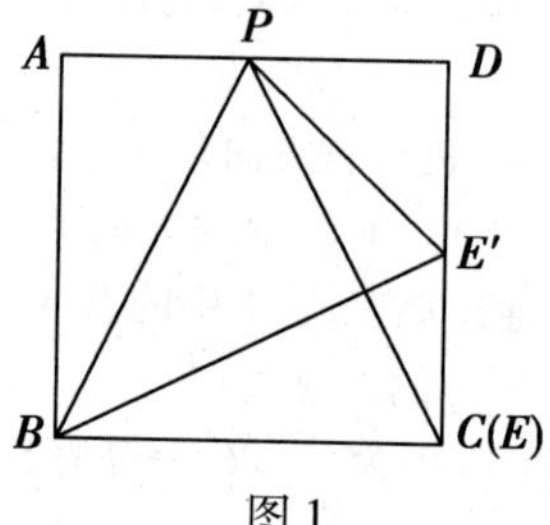

图1

∵ 四边形$ABCD$是正方形,P是AD的中点,∴ $AP=DP=2$,根据勾股定理得$BP=\sqrt{AB^2+AP^2}=\sqrt{4^2+2^2}=2\sqrt{5}$;若$B$为顶点,则根据$PB=BE'$得,$E'$为$CD$的中点,此时腰长$BP=2\sqrt{5}$。

(2)当PB为底边时,E在BP的垂直平分线上,与正方形的边交于两点,即为点E。

①当E在AB上时,如图2所示,

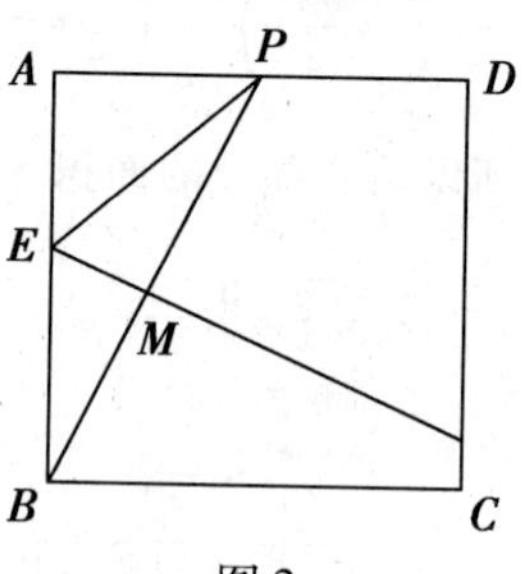

图2

则$BM=\frac{1}{2}BP=\sqrt{5}$,∵ $\angle BME=\angle A=90°$,$\angle MBE=\angle ABP$,∴ △BME∽△BAP,∴ $\frac{BE}{BP}=\frac{BM}{BA}$,

即$\frac{BE}{2\sqrt{5}}=\frac{\sqrt{5}}{4}$，$\therefore BE=\frac{5}{2}$。

②当E在CD上时，如图3所示，

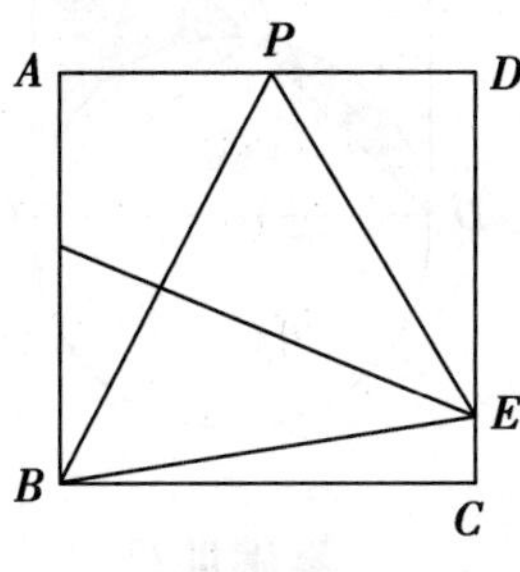

图3

设$CE=x$，则$DE=4-x$，根据勾股定理得$BE^2=BC^2+CE^2$，$PE^2=DP^2+DE^2$，$\because BE=PE$，$\therefore BC^2+CE^2=DP^2+DE^2$，即$4^2+x^2=2^2+(4-x)^2$，解得$x=\frac{1}{2}$，即$CE=\frac{1}{2}$，$\therefore BE=\sqrt{BC^2+CE^2}=\sqrt{4^2+(\frac{1}{2})^2}=\frac{\sqrt{65}}{2}$。

综上所述，腰长为$2\sqrt{5}$或$\frac{5}{2}$或$\frac{\sqrt{65}}{2}$。

19. $\frac{40}{3}$ 【解析】设折痕与BC的交点为E，$\because \angle B=90°$，且点B与点D重合，$\therefore AB=AD=5$ cm，$DE=BE$，$\sin C=\frac{AB}{AC}=\frac{5}{13}$，又$\because DE\perp AC$，$\therefore \sin C=\frac{5}{13}=\frac{DE}{BC-BE}$，$\because BC=12$ cm，$\therefore DE=\frac{10}{3}$ cm，$\because DC=AC-AD=8$ cm，$\therefore S_{阴影}=\frac{1}{2}\times 8\times\frac{10}{3}=\frac{40}{3}(\text{cm}^2)$。

三、解答题

20.【解析】依据题意，进行第一次操作后，由于$1<a<2$，故$0<2-a<1$，则$a>2-a$，剩下的长方形的长和宽分别为a和$2-a$，进行第二次操作后，剩下的长方形的边长为$2a-2$和$2-a$，……，进行第n次操作后，剩下的纸片为正方形。当$n=3$时，即进行第三次操作后，剩下的纸片为正方形，此时分两种情况：

①当$2a-2>2-a$，即$2>a>\frac{4}{3}$时，长方形的长和宽分别为$2a-2$和$2-a$，则进行第三次操作后可得，$2a-2-(2-a)=2-a$，解得$a=\frac{3}{2}$；②当$2a-2<2-a$，即$1<a<\frac{4}{3}$时，长方形的长和宽分别为$2-a$和$2a-2$，则进行第三次操作后可得，$2a-2=2-a-(2a-2)$，解得$a=\frac{6}{5}$。综上可得，当$n=3$时，$a=\frac{6}{5}$或$\frac{3}{2}$。

21.【解析】$\because S_{\triangle EFD}=4$，$S_{\triangle CFD}=6$，

$\therefore EF:FC=S_{\triangle EFD}:S_{\triangle CFD}=4:6=2:3$，

又$ED/\!/BC$，$\therefore \triangle DEF\backsim\triangle BCF$，则$S_{\triangle DEF}:S_{\triangle BCF}=2^2:3^2=4:9$，

$\therefore S_{\triangle BCF}=9$，$\because S_{\triangle ABD}=S_{\triangle BCD}$，$\therefore S_{阴影}=S_{\triangle ABD}-S_{\triangle EFD}=S_{\triangle BCD}-S_{\triangle EFD}=S_{\triangle CFD}+S_{\triangle BCF}-S_{\triangle EFD}=6+9-4=11$。

22.【解析】(1)切分方式如图1和图2所示。

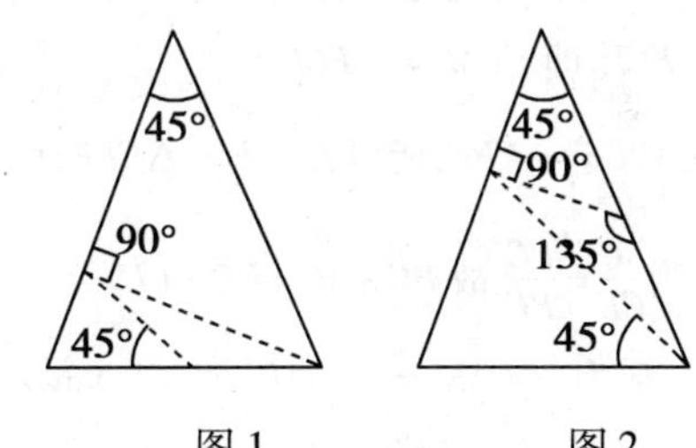

图1　　　图2

(2)如图3所示，CD，AE即为所求的三分线。

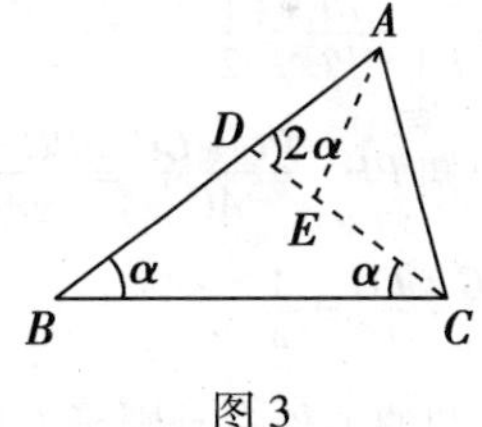

图3

设$\angle B=\alpha$，则$\angle DCB=\angle DCA=\angle EAC=\alpha$，$\angle ADE=\angle AED=2\alpha$，此时$\triangle AEC\backsim\triangle BDC$，$\triangle ACD\backsim\triangle ABC$，设$AE=AD=x$，$BD=CD=y$，$\because \triangle AEC\backsim\triangle BDC$，$AC=2$，$BC=3$，$\therefore AE:BD=AC:BC$，即$x:y=2:3$，$\because \triangle ACD\backsim\triangle ABC$，$\therefore AC:AD=AB:AC$，即$2:x=(x+y):2$，联立

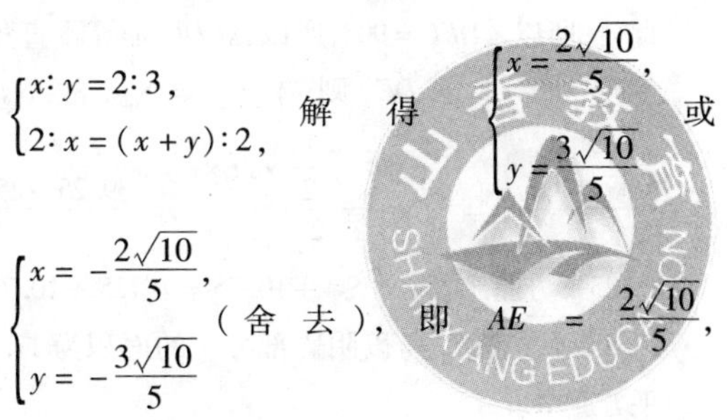

$\begin{cases}x:y=2:3,\\2:x=(x+y):2,\end{cases}$解得$\begin{cases}x=\frac{2\sqrt{10}}{5},\\y=\frac{3\sqrt{10}}{5}\end{cases}$或$\begin{cases}x=-\frac{2\sqrt{10}}{5},\\y=-\frac{3\sqrt{10}}{5}\end{cases}$（舍去），即$AE=\frac{2\sqrt{10}}{5}$，

$CD=\frac{3\sqrt{10}}{5}$。

23.【解析】(1)$\because DF\parallel BE$，$\therefore \angle DFA=\angle BEC$，又 $AF=CE$，$DF=BE$，$\therefore \triangle AFD\cong\triangle CEB(\text{SAS})$。

(2)由(1)知，$\triangle AFD\cong\triangle CEB$，则 $\angle DAF=\angle ECB$，$AD=CB$，$\therefore AD\mathrel{\underline{\parallel}}CB$，$\therefore$ 四边形 $ABCD$ 是平行四边形。

24.【解析】(1)因为 AC 平分 $\angle BAD$，所以 $\angle CAE=\angle CAF$，因为 EF 是圆 O 的切线，所以 $\angle ACE=\angle ACF=90°$，又 $AC=AC$，所以 $\triangle ACE\cong\triangle ACF$，所以 $CE=CF$。

(2)因为 EF 是圆 O 的切线，所以 $\angle CAE=\angle ECB$，

因为 $\angle CAE=\angle CAF$，$\angle ECB=\angle FCP$，所以 $\angle CAF=\angle FCP$，即 $\angle CAP=\angle FCP$，

又 $\angle APC=\angle CPF$，所以 $\triangle ACP\backsim\triangle CFP$，所以 $\frac{AC}{CF}=\frac{PC}{PF}$，则 $\frac{AC}{CE}=\frac{PC}{PF}$，故 $PF\cdot AC=PC\cdot CE$。

(3)因为 $\angle CAE=\angle CAF$，所以 $\tan\angle BAC=\tan\angle CAF=\frac{1}{2}$，即 $\frac{FC}{CA}=\frac{1}{2}$，因为 $\triangle ACP\backsim\triangle CFP$，

所以 $\frac{FC}{CA}=\frac{PC}{PA}=\frac{PF}{PC}=\frac{1}{2}$，

由(1)(2)知 $PF=\frac{PC\cdot CE}{AC}=\frac{PC\cdot CF}{AC}$，

故 $\frac{PF}{PA}=\frac{PC}{PA}\cdot\frac{FC}{AC}=\frac{1}{4}$。

25.【解析】设圆的半径为 r，则正方形 $ABCD$ 的边长为 $2r$。如图，连结 CE，由题意得 $S_{阴影①}-S_{阴影②}=(S_{\triangle BCD}-S_{③}-S_{④})-(S_{半圆}-S_{③}-S_{④})=S_{\triangle BCD}-S_{半圆}=\frac{1}{2}\times 2r\times 2r-\frac{1}{2}\pi r^2=10.75$ 平方厘米，解得 $r=5$ 厘米，所以正方形的边长为 10 厘米。在正方形$ABCD$中，$\angle BDC=45°$，又因为 CD 是圆的直径，所以 $\angle DEC=90°$，所以 $\triangle CDE$ 是等腰直角三角形，即 $CE=DE$，则有 $S_{②}=S_{④}$，故 $S_{②}=\frac{S_{半圆}-S_{\triangle CDE}}{2}=\frac{\frac{1}{2}\pi r^2-\frac{1}{2}\times 2r\times r}{2}=\frac{39.25-25}{2}=7.125$平方厘米，$S_{①}=S_{②}+10.75=7.125+10.75=17.875$平方厘米，所以阴影部分①的面积为 17.875 平方厘米。

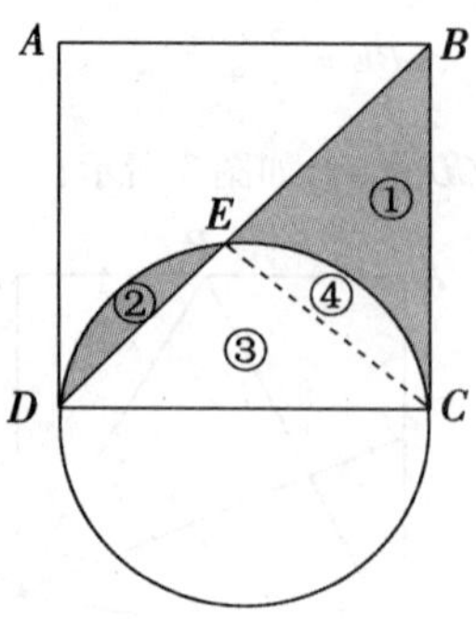

基础训练

一、单项选择题

1. C【解析】直线没有端点，故①错误；周角是一条射线绕它的端点旋转一周所形成的角，而射线是一条线，不是角，故②错误；对顶角相等，但相等的角不一定是对顶角，故③错误；在同一平面内，垂直于同一条直线的两条直线与已知直线所成的角都是直角，由同位角相等可推出这两条直线平行，故④正确。综上，共有 3 个假命题。

2. D【解析】设一个角为 x，则另一个角为$(4x-30°)$，(1)两个角相等，则 $x=4x-30°$，解得 $x=10°$，$4x-30°=4\times10°-30°=10°$；(2)两个角互补，则 $x+(4x-30°)=180°$，解得 $x=42°$，$4x-30°=4\times42°-30°=138°$。所以这两个角是 42°，138°或 10°，10°，故 A、B、C 三项都不正确，故选 D。

3. D【解析】$\because l_1\parallel l_2\parallel l_3$，$\therefore \frac{AB}{BC}=\frac{DE}{EF}$，$\because AB=5$，$BC=6$，$EF=4$，$\therefore \frac{5}{6}=\frac{DE}{4}$，$\therefore DE=\frac{10}{3}$。

4. A【解析】由两直线相交，对顶角相等可知 A 正确；由三角形的一个外角等于与它不相邻的两个内角的和可知 $\angle2>\angle3$，$\angle1=\angle4+\angle5$，$\angle2>\angle5$。故选 A。

5. B【解析】任意多边形的外角和都是 360°，与边数无关。故选 B。

6. A【解析】因为 $\angle1=\angle2=110°$，所以 $\angle ADE=\angle AED=70°$，$\angle DAE=180°-\angle ADE-\angle AED=40°$。又因为 $BE=CD$，所以 $BD=CE$。在 $\triangle ABD$ 和 $\triangle ACE$ 中 $\begin{cases}BD=CE,\\ \angle1=\angle2,\\ AD=AE,\end{cases}$ 于是 $\triangle ABD\cong\triangle ACE$（SAS），

$\therefore \angle BAD=\angle CAE$。因为 $\angle BAE=60°$，所以

$\angle CAE=\angle BAD=\angle BAE-\angle DAE=60-40°=20°$。

7. D【解析】$\because AC=AE,BC=BD,\therefore$ 设 $\angle AEC=\angle ACE=x°,\angle BDC=\angle BCD=y°,\therefore \angle A=180°-2x°,\angle B=180°-2y°,\because \angle ACB+\angle A+\angle B=180°,\therefore 100°+(180°-2x°)+(180°-2y°)=180°$,得 $x°+y°=140°,\therefore \angle DCE=180°-(\angle AEC+\angle BDC)=180°-(x°+y°)=40°$,故选 D。

8. B【解析】$\because$ 四边形 $ABCD$ 是平行四边形,$\therefore AB//CD,\therefore \angle EAB=\angle DEF,\angle AFB=\angle DFE,\therefore \triangle DEF\backsim\triangle BAF,\because S_{\triangle DEF}:S_{\triangle ABF}=4:25,\therefore \frac{DE}{AB}=\frac{2}{5},\because AB=CD,\therefore DE:EC=2:3$,故选 B。

9. A【解析】设菱形的两条对角线长分别为 x,y,则有 $\left(\frac{x}{2}\right)^2+\left(\frac{y}{2}\right)^2=\frac{x^2+y^2}{4}=4$,所以 $x^2+y^2=16$。

10. D【解析】三角形没有对角线,A 项错误;由公共圆心的两条半径和圆的周长的一部分围成的图形叫作扇形,所以半圆也是一个扇形,B 项错误;从一个顶点出发,五边形有 3 条对角线,C 项错误;圆心角的概念为“顶点在圆心的角叫作圆心角”,D 项正确。故选 D。

11. C【解析】由图可知 A、B、D 三项是轴对称图形,C 项不是轴对称图形,故选 C。

二、填空题

12. 120 【解析】$360°\div30°=12$,所以小亮行走的路线正好是一个正十二边形,所以一共走了 $12\times10=120$(米)。

13. = 【解析】由网格图可得 $S_{\triangle ABC}=4,S_{\triangle ABD}=4$,$\therefore$ 面积相等,答案为“=”。

14. $\frac{180}{13}$ 【解析】$\because AM\perp BC,AB=13,BM=5$,$\therefore \text{Rt}\triangle ABM$ 中,$AM=12,\sin B=\frac{AM}{AB}=\frac{12}{13},\cos B=\frac{BM}{AB}=\frac{5}{13}$,$\because$ 四边形 $ABCD$ 为平行四边形,$\therefore \angle D=\angle B,\because AN\perp CD,AD=BC=BM+MC=14,\therefore$ 在 $\text{Rt}\triangle ADN$ 中,$\sin D=\frac{AN}{AD}=\frac{12}{13},\therefore AN=\frac{168}{13}$,$\because BC//AD,AM\perp BC,\therefore \angle AMB=\angle DAM=\angle DAN+\angle MAN=90°,\therefore \angle MAN=90°-\angle DAN=\angle D=\angle B$,$\therefore$ 由余弦定理,得 $MN^2=AM^2+AN^2-2\cdot AM\cdot AN\cdot\cos\angle MAN=\frac{32400}{169},\therefore MN=\frac{180}{13}$。

15. 16 【解析】根据平行四边形的性质可知,O 为 AC 和 BD 的中点,$\because$ 点 E 是 AB 的中点,$\therefore EO\underline{\underline{//}}\frac{1}{2}AD$,所以 $CD=2BE,BD=2BO,BC=2OE$,又因为 $\triangle BEO$ 的周长是 8,所以 $\triangle BCD$ 的周长为 $BC+BD+CD=2(OE+BO+BE)=16$。

16. 30° 【解析】设 AC 与 OB 的交点为 E,$\angle ACB=\frac{1}{2}\angle AOB=\frac{1}{2}\times50°=25°,\angle B=55°,\therefore \angle BEC=180°-25°-55°=100°,\therefore \angle OEA=\angle BEC=100°,\therefore \angle A=180°-100°-50°=30°$。

17. $\sqrt{3}-\frac{\pi}{3}$ 【解析】如图,连结 OC,AC,由题意得,$OA=OC=AC=2,\therefore \triangle AOC$ 为等边三角形,$\therefore \angle BOC=\angle AOB-\angle AOC=30°,\therefore$ 扇形 COB 的面积为 $\frac{30\times\pi\times2^2}{360}=\frac{\pi}{3}$,$\triangle AOC$ 的面积为 $\frac{1}{2}\times2\times\sqrt{3}=\sqrt{3}$,扇形 AOC 的面积为 $\frac{60\times\pi\times2^2}{360}=\frac{2\pi}{3}$,则阴影部分的面积为 $S_{阴影}=S_{扇形COB}-(S_{扇形AOC}-S_{\triangle AOC})=\frac{\pi}{3}+\sqrt{3}-\frac{2\pi}{3}=\sqrt{3}-\frac{\pi}{3}$。

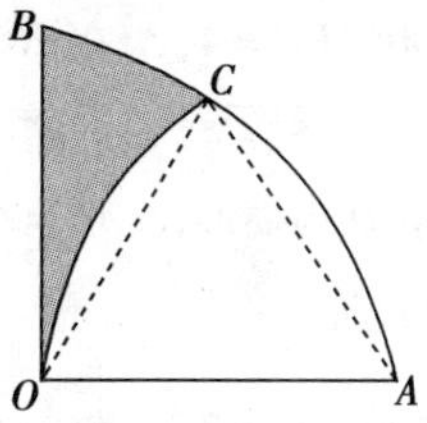

18. (7,0) 【解析】$\because$ 点 A 的坐标为 $(3,\sqrt{3})$,点 D 的坐标为 $(6,\sqrt{3})$,把 $\triangle OAB$ 沿 x 轴向右平移得到 $\triangle CDE,\therefore AD=BE=6-3=3,\because$ 点 B 的坐标为 $(4,0),\therefore OB=4,\therefore OE=OB+BE=7$,所以点 E 的坐标为(7,0)。

三、解答题

19.【解析】设 $AE=x$ km,则 $BE=(25-x)$ km。

$\because DE=CE$,

$\therefore DE^2=CE^2$。

$\because DA^2+AE^2=DE^2,BE^2+BC^2=CE^2$,

$\therefore DA^2+AE^2=BE^2+BC^2$,

$\therefore 15^2+x^2=(25-x)^2+10^2$,解得 $x=10$。

故收购站 E 应建在距 A 站 10 km 处。

20.【解析】证明:$\because AB\perp AC,AD\perp AE,\therefore \angle BAE+\angle CAE=90°,\angle BAE+\angle BAD=90°$,

$\therefore\ \angle CAE=\angle BAD$，又$\because\ AB=AC$，$\angle ABD=\angle ACE$，$\therefore\ \triangle ABD\cong\triangle ACE$(ASA)，$\therefore\ BD=CE$。

21.【解析】(1)$\because\ AE/\!/BD$，

$\therefore\ \angle E=\angle BDC$。

$\because\ DB$ 平分$\angle ADC$，

$\therefore\ \angle ADC=2\angle BDC=2\angle E$。

又$\because\ \angle C=2\angle E$，

$\therefore\ \angle ADC=\angle C$，

$\therefore$ 梯形 $ABCD$ 是等腰梯形。

(2)由(1)得$\angle C=2\angle E=2\angle BDC=60°$，且 $BC=AD=5$。

$\because$ 在$\triangle BCD$中，$\angle C=60°$，$\angle BDC=30°$，

$\therefore\ \angle DBC=90°$，

$\therefore\ DC=2BC=10$。

22.【解析】(1)$\because$ 四边形 $ABCD$ 为菱形，$\therefore$ 点 O 为 BD 的中点，$\because$ 点 E 为 AD 的中点，$\therefore\ OE$ 为$\triangle ABD$的中位线，$\therefore\ OE/\!/FG$，$\because\ OG/\!/EF$，$\therefore$ 四边形 $OEFG$ 为平行四边形。

$\because\ EF\perp AB$，$\therefore$ 平行四边形 $OEFG$ 为矩形。

(2)$\because$ 点 E 为 AD 的中点，$AD=10$，$\therefore\ AE=\frac{1}{2}AD=5$，

$\because\ \angle EFA=90°$，$EF=4$，$\therefore$ 在 Rt$\triangle AEF$ 中，$AF=\sqrt{AE^2-EF^2}=\sqrt{5^2-4^2}=3$，

$\because$ 四边形 $ABCD$ 为菱形，$\therefore\ AB=AD=10$，

$\therefore\ OE=\frac{1}{2}AB=5$，

$\because$ 四边形 $OEFG$ 为矩形，$\therefore\ FG=OE=5$，

$\therefore\ BG=AB-AF-FG=10-3-5=2$。

23.【解析】(1)$\because\ \angle FDC=\angle DCA=90°$，

$\therefore\ EF/\!/CA$，

$\therefore\ \angle AEF=\angle EAC$。

$\because\ AF=CE=AE$，

$\therefore\ \angle F=\angle AEF=\angle EAC=\angle ECA$。

又$\because\ AE=EA$，

$\therefore\ \triangle AEC\cong\triangle EAF$，

$\therefore\ EF=CA$，

$\therefore$ 四边形 $ACEF$ 是平行四边形。

(2)当$\angle B=30°$时，四边形 $ACEF$ 是菱形。理由如下：

$\because\ \angle B=30°$，$\angle ACB=90°$，

$\therefore\ AC=\frac{1}{2}AB$。

$\because\ DE$ 垂直平分 BC，

$\therefore\ BE=CE$。

又$\because\ AE=CE$，

$\therefore\ CE=\frac{1}{2}AB$，

$\therefore\ AC=CE$，

$\therefore$ 四边形 $ACEF$ 是菱形。

24.【解析】(1)$\because$ 四边形 $ABCD$ 是平行四边形，

$\therefore\ AD/\!/BC$，$AB/\!/CD$，

$\therefore\ \angle ADF=\angle CED$，$\angle B+\angle C=180°$。

$\because\ \angle AFE+\angle AFD=180°$，$\angle AFE=\angle B$，

$\therefore\ \angle AFD=\angle C$，

$\therefore\ \triangle ADF\backsim\triangle DEC$。

(2)$\because$ 四边形 $ABCD$ 是平行四边形，

$\therefore\ AD/\!/BC$，$CD=AB=4$。

又$\because\ AE\perp BC$，

$\therefore\ AE\perp AD$。

在 Rt$\triangle ADE$ 中，$DE=\sqrt{AD^2+AE^2}=\sqrt{(3\sqrt{3})^2+3^2}=6$。

$\because\ \triangle ADF\backsim\triangle DEC$，

$\therefore\ \frac{AD}{DE}=\frac{AF}{CD}$，

$\therefore\ \frac{3\sqrt{3}}{6}=\frac{AF}{4}$，解得 $AF=2\sqrt{3}$。

25.【解析】设 $BD=a$，$CD=b$(a，b 为正整数)，

如图，作 $AE\perp BD$，垂足为 E，$AB=AD=40$，

则 $BE=DE=\frac{a}{2}$。

$\because\ AE^2=40^2-\left(\frac{a}{2}\right)^2$，$AE^2=60^2-\left(\frac{a}{2}+b\right)^2$，

$\therefore\ 40^2-\left(\frac{a}{2}\right)^2=60^2-\left(\frac{a}{2}+b\right)^2$，

$\therefore\ (a+b)b=2000=2^4\times5^3$，

由三角形三边的关系可得 $20<a+b<100$，

$\therefore\ a+b=2\times5^2$，$b=2^3\times5$，或 $a+b=2^4\times5$，$b=5^2$。

故 BC 的长为 50 或 80。

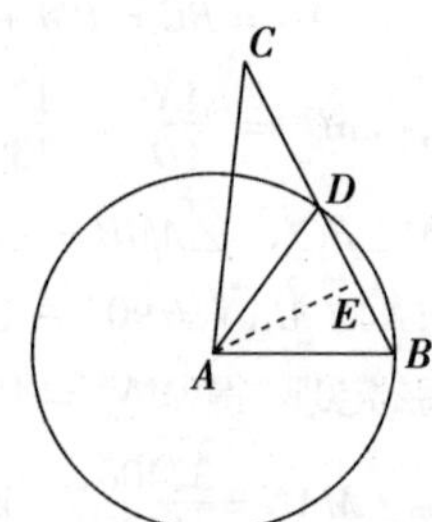

26.【解析】(1)证明:$\because AB$ 是圆 O 的直径,

$\therefore \angle ACB=90^\circ$,$\therefore AC\perp DB$,

$\because DC=CB$,$\therefore AD=AB$,$\therefore \angle B=\angle D$,

$\because \angle B=\angle E$,$\therefore \angle D=\angle E$。

(2)连结 OC,设$\angle AOC=n$,$\because \overset{\frown}{AC}$的长度为$\frac{2\pi}{3}$,

$\therefore \frac{n}{180^\circ}\times 2\pi=\frac{2}{3}\pi$,

$\therefore n=60^\circ$,$\angle COB=180^\circ-60^\circ=120^\circ$,

$\therefore \angle B=30^\circ$,$\therefore AC=2$,

$\therefore BC=\sqrt{4^2-2^2}=2\sqrt{3}$,

$\therefore S_{阴影}=S_{扇形AOC}+S_{\triangle OBC}=\frac{60}{360}\times\pi\times 2^2+\frac{1}{2}\times 1\times 2\sqrt{3}=\frac{2}{3}\pi+\sqrt{3}$。

27.【解析】(1)连结 OD,因为 $AC=AD$,$AO=AO$,$OC=OD$,所以$\triangle ACO\cong\triangle ADO$,因为 AD 是$\odot O$ 的切线,所以$\angle ADO=90^\circ$,所以$\angle ACO=90^\circ$,所以 $AC\perp OC$,故 AC 是$\odot O$ 的切线。

(2)设$\odot O$ 的半径为 r。由 $AB=10$,$\tan B=\frac{4}{3}$,可得 $\sin B=\frac{4}{5}$,$\cos B=\frac{3}{5}$,由(1)可知,$AC\perp BC$,可得 $\sin B=\frac{AC}{AB}=\frac{4}{5}$,解得 $AC=8$,$\therefore BC=6$,又 $OD\perp AB$,$\therefore \sin B=\frac{OD}{OB}=\frac{r}{6-r}=\frac{4}{5}$,解得 $r=\frac{8}{3}$。

(3)$AF=BD+CE$。理由如下:连结 DE,由(1)知$\triangle ACO\cong\triangle ADO$,$\therefore \angle CAO=\angle DAO$,又 $AC=AD$,$AE=AE$,$\therefore \triangle ACE\cong\triangle ADE$,$\therefore CE=DE$,$\angle AEC=\angle AED$,$\therefore \angle CEO=\angle DEO$,$\because OC=OE$,$\therefore \angle OCE=\angle OEC=\angle OED$,$\therefore \angle DEF=180^\circ-\angle CED=180^\circ-2\angle OCE$,在 Rt$\triangle ABC$ 中,F 是 AB 的中点,$\therefore CF=AF=BF$,$\therefore \angle FCB=\angle FBC$,$\therefore \angle CFB=180^\circ-2\angle FCB$,$\therefore \angle DEF=\angle DFE$,$\therefore DE=DF$,$\therefore AF=BF=BD+DF=BD+DE=BD+CE$。

整合提升

一、单项选择题

1. B【解析】把图中每一个小方格的面积看作 1,则图形(1)的面积是 $1.5\times 4=6$;图形(2)的面积是 $1.5\times 4=6$;图形(3)的面积是 $2\times 4=8$;图形(4)的一个图案的面积比 1.5 大且比 2 小。所以(1)和(2)的面积相等,选 B。

2. A【解析】在 BA 的延长线上取点 E,使 $AE=AC$,连结 ED,EP,$\because AD$ 是$\angle BAC$ 的外角平分线,$\therefore \angle CAD=\angle EAD$,在$\triangle ACP$ 和$\triangle AEP$ 中,$\begin{cases}AE=AC,\\ \angle CAD=\angle EAD,\\ AP=AP,\end{cases}$ $\therefore \triangle ACP\cong\triangle AEP$(SAS),$\therefore PE=PC$,在$\triangle PBE$ 中,$PB+PE>AB+AE$,$\because PB=m$,$PC=n$,$AB=c$,$AC=b$,$\therefore m+n>b+c$,故选 A。

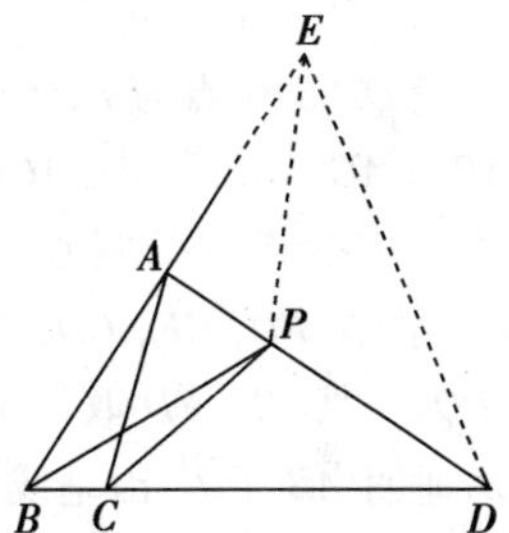

3. D【解析】如图,连结 BE。因为 $AB=BD$,$AE=3AC$,所以三角形 ABE 的面积 = 三角形 ABC 的面积 ×3,三角形 ADE 的面积 = 三角形 ABE 的面积 ×2,所以三角形 ADE 的面积 = 三角形 ABC 的面积 ×3×2 = 三角形 ABC 的面积 ×6,故三角形 ADE 的面积是三角形 ABC 的面积的 6 倍。

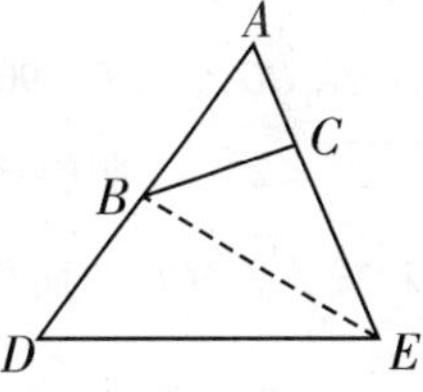

4. D【解析】设 AC 与 BD 的交点为 O,$\because$ 四边形 $ABCD$ 是菱形,$\therefore AC\perp BD$,$OA=\frac{1}{2}AC=3$,$BD=2OB$,$\because AB=5$,$\therefore OB=\sqrt{AB^2-OA^2}=4$,$\therefore BD=2OB=8$,$\because S_{菱形ABCD}=AB\cdot DE=\frac{1}{2}AC\cdot BD$,$\therefore DE=\frac{\frac{1}{2}AC\cdot BD}{AB}=\frac{\frac{1}{2}\times 6\times 8}{5}=\frac{24}{5}$。

5. B【解析】$\because \angle C=90^\circ$,$AB=5$,$BC=4$,$\therefore AC=\sqrt{AB^2-BC^2}=3$,$\because PQ/\!/AB$,$\therefore \angle ABD=\angle BDQ$,又 BD 平分$\angle ABC$,$\therefore \angle ABD=\angle QBD$,$\therefore \angle QBD=\angle BDQ$,$\therefore QB=QD$,又$\because D$ 为线段 PQ 的中点,$\therefore QP=2QD=2QB$,$\because PQ/\!/AB$,$\therefore \triangle CPQ\backsim\triangle CAB$,

$\therefore \dfrac{CP}{CA}=\dfrac{CQ}{CB}=\dfrac{PQ}{AB}$，即 $\dfrac{CP}{3}=\dfrac{4-QB}{4}=\dfrac{2QB}{5}$，解得 $CP=\dfrac{24}{13}$，$\therefore AP=CA-CP=\dfrac{15}{13}$。

6. C【解析】由题意可知，OD 和 OE 分别为 AB 和 AC 的中垂线，所以 DE 为 $\triangle ABC$ 的中位线，故 $BC=2DE=6$。故本题选 C。

7. D【解析】设正方形的边长为 y，$EC=x$。由题意知，$AE^2=AB^2+BE^2$，即 $(y+x)^2=y^2+(y-x)^2$，化简得 $y=4x$，故 $\sin\angle EAB=\dfrac{BE}{AE}=\dfrac{y-x}{y+x}=\dfrac{3}{5}$。

8. B【解析】如图，设 QP 的中点为 F，$\because AB=10$，$AC=8$，$BC=6$，$\therefore AB^2=AC^2+BC^2$，$\therefore \angle ACB=90^\circ$，$\therefore PQ$ 是动圆的直径，$\therefore F$ 为动圆的圆心，设圆 F 与 AB 的切点为 D，连结 FD，CF，CD，则 $FD\perp AB$。$\because FC+FD=PQ$，$\therefore$ 当 $FC+FD$ 取最小值时，PQ 最小，过 C 作 CE 垂直 AB 于 E，由垂线段最小可知，$FC+FD$ 的最小值是垂线段 CE 的长，$CE=BC\times AC\div AB=4.8$，即 PQ 的最小值为 4.8。故选 B。

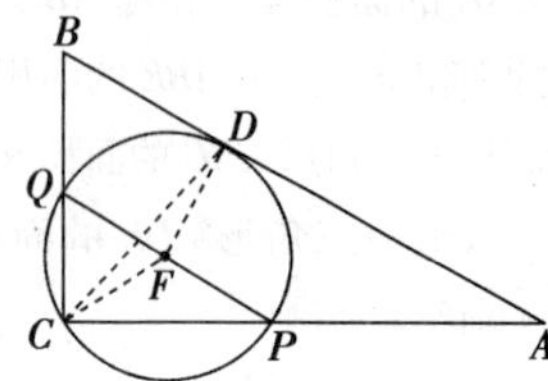

9. D【解析】如图，连结 CD，$\because \angle C=90^\circ$，$AC=2$，$AB=4$，$\therefore BC=\sqrt{4^2-2^2}=2\sqrt{3}$，$\therefore$ 阴影部分的面积为两个半圆的面积和减去 $\triangle ACB$ 的面积，即 $\dfrac{\pi}{2}+\dfrac{3\pi}{2}-\dfrac{1}{2}\times 2\times 2\sqrt{3}=2\pi-2\sqrt{3}$，故选 D。

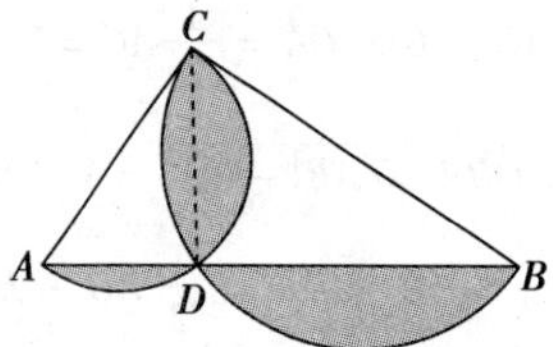

10. B【解析】$\because \angle AOB=\angle COD=40^\circ$，$\therefore \angle AOB+\angle AOD=\angle COD+\angle AOD$，即 $\angle AOC=\angle BOD$，在 $\triangle AOC$ 和 $\triangle BOD$ 中，$\begin{cases}OA=OB,\\ \angle AOC=\angle BOD,\\ OC=OD,\end{cases}$ $\therefore \triangle AOC\cong\triangle BOD(\text{SAS})$，$\therefore AC=BD$，①正确；$\because \triangle AOC\cong\triangle BOD$，$\therefore \angle OAC=\angle OBD$，由三角形的外角性质得 $\angle AMB+\angle OAC=\angle AOB+\angle OBD$，$\therefore \angle AMB=\angle AOB=40^\circ$，②正确；如图，作 $OG\perp MC$ 于 G，$OH\perp MB$ 于 H，则 $\angle OGC=\angle OHD=90^\circ$，在 $\triangle OCG$ 和 $\triangle ODH$ 中，$\begin{cases}\angle OCA=\angle ODB,\\ \angle OGC=\angle OHD,\\ OC=OD,\end{cases}$ $\therefore \triangle OCG\cong\triangle ODH(\text{AAS})$，$\therefore OG=OH$，$\therefore MO$ 平分 $\angle BMC$，④正确。故正确的个数有 3 个。

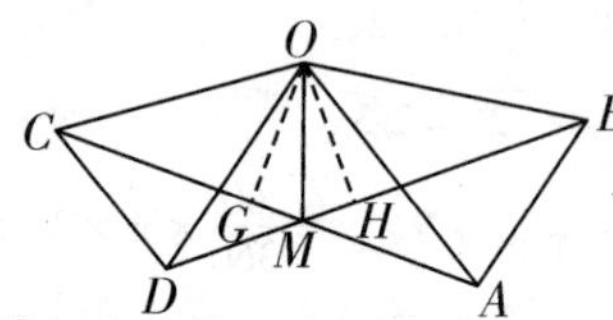

11. C【解析】两个全等三角形合在一起，由于位置关系不确定，不能判定是否为轴对称图形，故①错误；等腰三角形的底边上的中线所在的直线即为其一条对称轴，②正确；等边三角形一边的高即为此边上的中线，所在直线也为这条边的垂直平分线（三线合一），③正确；④正确。故选 C。

12. B【解析】由菱形 $OABC$ 的顶点 $O(0,0)$，$B(2,2)$，得 D 点坐标为 $(1,1)$。每秒旋转 45°，则第 60 秒时，旋转角度为 $45^\circ\times 60=2700^\circ$，$2700^\circ\div 360^\circ=7.5$，$OD$ 旋转了七周半，此时菱形的对角线交点 D 的坐标为 $(-1,-1)$。故选 B。

二、填空题

13. $\dfrac{1}{2^{n-1}}$　【解析】正方形的面积等于边长的平方，也等于对角线乘积的一半。第 1 个正方形的边长是 1，所以面积是 1；第 2 个正方形的对角线长是第一个正方形的边长，是 1，所以面积是 $\dfrac{1}{2}\times 1\times 1=\dfrac{1}{2}$；第 3 个正方形的对角线长是第 2 个正方形的边长，是 $\dfrac{\sqrt{2}}{2}$，所以面积是 $\dfrac{1}{2}\times\dfrac{\sqrt{2}}{2}\times\dfrac{\sqrt{2}}{2}=\dfrac{1}{2^2}$，……，依此类推，后一个正方形的面积是前一个正方形的面积的一半，所以第 n 个正方形的面积是 $\dfrac{1}{2^{n-1}}$。

14. $\sqrt{2}+\sqrt{6}$　【解析】如图，过点 A 作 $AG\perp DG$ 于点 G，$\because \angle CDB=\angle CBD=45^\circ$，$\angle ADB=90^\circ$，

$\therefore \angle ADG=45°$，$\therefore AG=\dfrac{AD}{\sqrt{2}}=2\sqrt{2}$ cm，$\because \angle ABD=30°$，$\therefore BD=\sqrt{3}AD=4\sqrt{3}$ cm，$\because \angle CBD=45°$，$\therefore CB=\dfrac{BD}{\sqrt{2}}=2\sqrt{6}$ cm。$\because AG\perp CG, EF\perp CG, CB\perp CG$，$\therefore AG// EF// BC$，$\because E$ 是 AB 的中点，$\therefore F$ 为 CG 的中点，$\therefore EF=\dfrac{1}{2}(AG+BC)=\dfrac{1}{2}(2\sqrt{2}+2\sqrt{6})=(\sqrt{2}+\sqrt{6})$ cm。

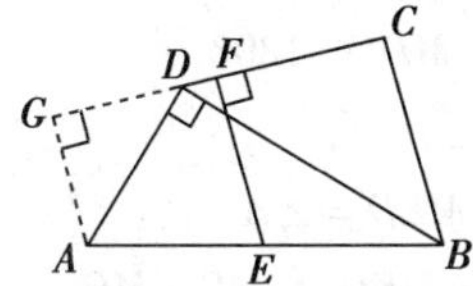

15. 12 【解析】由题意得 $\triangle CDE\backsim\triangle DBF$，则 $\dfrac{CD}{BD}=\sqrt{\dfrac{4}{9}}=\dfrac{2}{3}$（相似三角形面积比等于相似比的平方），故 $\dfrac{CD}{BC}=\dfrac{2}{5}$，因此 $\dfrac{S_{\triangle CDE}}{S_{\triangle ABC}}=\left(\dfrac{2}{5}\right)^2$。$\because \triangle CDE$ 的面积为 4，$\therefore S_{\triangle ABC}=25$，$\therefore S_{四边形DEAF}=S_{\triangle ABC}-S_{\triangle CDE}-S_{\triangle DBF}=25-4-9=12$。

16. $\dfrac{128}{27}$ 【解析】如图，连结 AC, BG，$\because \dfrac{BF}{BC}=\dfrac{S_{\triangle ABF}}{S_{\triangle ABC}}=\dfrac{2}{7}$，$\dfrac{BE}{BA}=\dfrac{S_{\triangle EBC}}{S_{\triangle ABC}}=\dfrac{4}{5}$。设 $S_{\triangle AGE}=a$，$S_{\triangle EGB}=b$，$S_{\triangle BGF}=c$，$S_{\triangle FGC}=d$，$\therefore a:b=AE:BE=1:4$，$c:d=BF:CF=2:5$，$\therefore a=\dfrac{1}{4}b$，$d=\dfrac{5}{2}c$，由已知 $a+b+c=5$，$b+c+d=14$，解得 $b=\dfrac{28}{27}$，$c=\dfrac{100}{27}$，$\therefore S_{四边形BEGF}=b+c=\dfrac{128}{27}$（平方厘米）。

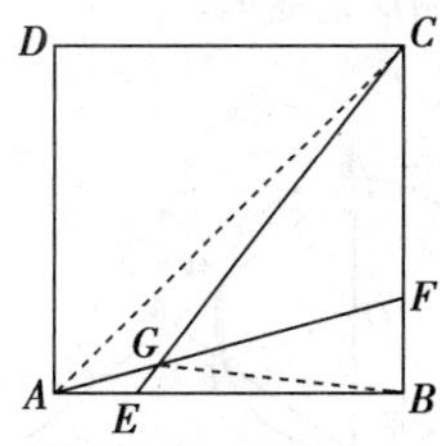

17. $\dfrac{\sqrt{3}}{2}$ 【解析】因为 AB, CD 是 $\odot O$ 的弦，所以 $PD\cdot PC=PA\cdot PB$，解得 $PC=4$，即弦 CD 的长为 $4+1=5$，连结 OD，过点 O 作 CD 的垂线交 CD 于点 H，如图所示，可知，$OD^2=OH^2+HD^2$，即 $(\sqrt{7})^2=OH^2+\left(\dfrac{5}{2}\right)^2$，解得 $OH=\dfrac{\sqrt{3}}{2}$。

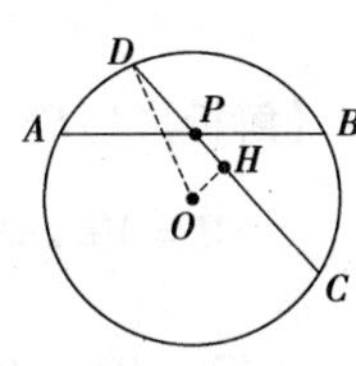

18. 18 cm 【解析】设 BC 的长为 h cm，则直角三角形的面积 − 半圆的面积 = 23 cm^2，列方程 $\dfrac{1}{2}\times 20h-\dfrac{1}{2}\times 10^2\pi=23$，解得 $h=18$ cm。

19. $\dfrac{3\sqrt{3}}{2}$ 【解析】如图，由题意可得 $\triangle ABD$ 为等边三角形，$\angle ADB=\angle CDG=\angle EDG=\angle EDH=60°$，$DE=DC=3\Rightarrow EH=DE\cdot\sin60°=\dfrac{3\sqrt{3}}{2}$。

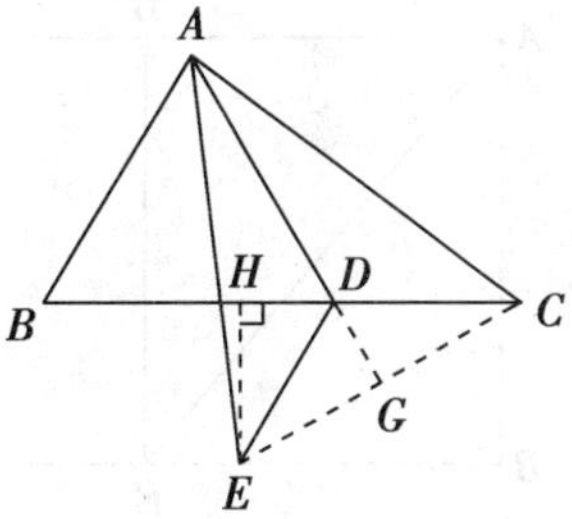

20. $\dfrac{10}{3}$ 【解析】$AD=BC=6$，$CD=AB=10$，由翻折的性质得 $AF=AB=10$，$BE=EF$，在 Rt$\triangle ADF$ 中，$DF=\sqrt{AF^2-AD^2}=\sqrt{10^2-6^2}=8$，$\therefore FC=CD-DF=10-8=2$，设 $BE=x$，则 $CE=6-x$，在 Rt$\triangle CEF$ 中，$FC^2+CE^2=EF^2$，即 $2^2+(6-x)^2=x^2$，解得 $x=\dfrac{10}{3}$。

21. $\dfrac{5}{3}$ 或 $\dfrac{\sqrt{5}}{3}$ 【解析】当折叠后点 B 的对应点 B' 落在边 CD 上，如图 1 所示，$BE=B'E=\dfrac{3}{5}a$，$AB=AB'=1$，$\because BC=a$，$\therefore CE=BC-BE=\dfrac{2}{5}a$，在 Rt$\triangle B'CE$ 中，$B'C^2+CE^2=B'E^2$，$\therefore B'C=\sqrt{\left(\dfrac{3}{5}a\right)^2-\left(\dfrac{2}{5}a\right)^2}=\dfrac{\sqrt{5}}{5}a$，在 Rt$\triangle B'DA$ 中，$B'D^2+AD^2=AB'^2$，$\therefore B'D=\sqrt{1^2-a^2}=\sqrt{1-a^2}$，$\because CD=B'C+B'D=1$，$\therefore \dfrac{\sqrt{5}}{5}a+\sqrt{1-a^2}=1$，解得 $a=0$ 或 $a=\dfrac{\sqrt{5}}{3}$，所以 $a=\dfrac{\sqrt{5}}{3}$；当 B' 落在边 AD 上

时，如图 2 所示，$BE=B'E=\frac{3}{5}a$，$AB=CD=1$，由图可知 $B'E=CD$，$\therefore \frac{3}{5}a=1$，得 $a=\frac{5}{3}$。综上所述，$a=\frac{5}{3}$或$\frac{\sqrt{5}}{3}$。

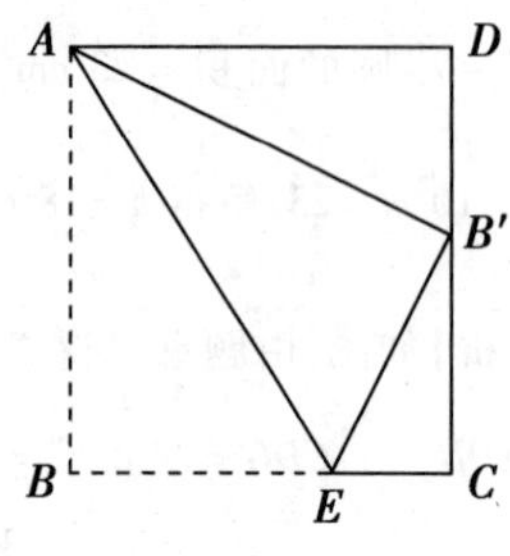

图1

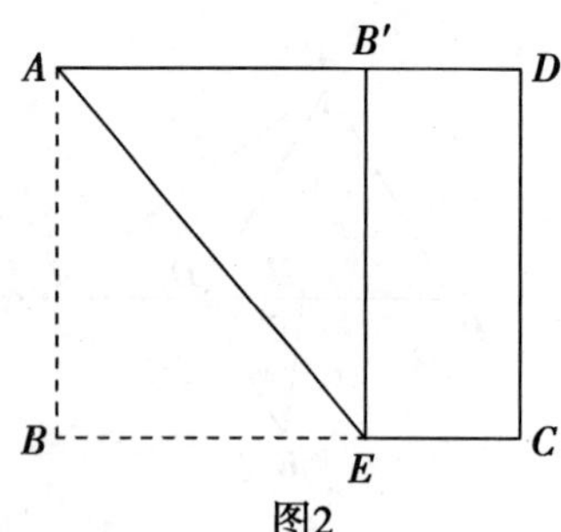

图2

三、解答题

22.【解析】(1) $\because \angle ACB=90°$，$AC=BC$，

$\therefore \angle B=\angle BAC=45°$。

$\because$ 线段 CD 绕点 C 顺时针旋转 $90°$至 CE 的位置，

$\therefore \angle DCE=90°$，$CD=CE$。

$\because \angle ACB=90°$，

$\therefore \angle ACB-\angle ACD=\angle DCE-\angle ACD$，即 $\angle BCD=\angle ACE$。

在$\triangle BCD$ 和$\triangle ACE$ 中，$\begin{cases} BC=AC, \\ \angle BCD=\angle ACE, \\ CD=CE, \end{cases}$

$\therefore \triangle BCD\cong\triangle ACE$，

$\therefore \angle B=\angle CAE=45°$，

$\therefore \angle BAE=45°+45°=90°$，

$\therefore AB\perp AE$。

(2) $\because BC^2=AD\cdot AB$，且 $BC=AC$，

$\therefore AC^2=AD\cdot AB$，即$\frac{AC}{AB}=\frac{AD}{AC}$。

$\because \angle DAC=\angle CAB$，

$\therefore \triangle DAC\backsim\triangle CAB$，

$\therefore \angle CDA=\angle BCA=90°$。

又$\because \angle DAE=90°$，$\angle DCE=90°$，

$\therefore$ 四边形 $ADCE$ 为矩形。

$\because CD=CE$，

$\therefore$ 四边形 $ADCE$ 为正方形。

23.【解析】(1) 证明：$\because \angle ABC=90°$，$AM=MC$，

$\therefore BM=AM=MC$，$\therefore \angle A=\angle ABM$，

$\because$ 四边形 $ABED$ 是圆内接四边形，

$\therefore \angle ADE+\angle ABE=180°$，

又$\angle ADE+\angle MDE=180°$，

$\therefore \angle MDE=\angle MBA$，

同理证明，$\angle MED=\angle A$，

$\therefore \angle MDE=\angle MED$，$\therefore MD=ME$。

(2) ①2。

由(1)可知，$\angle A=\angle MDE$，$\therefore DE/\!/AB$，

$\therefore \frac{DE}{AB}=\frac{MD}{MA}$，

$\because AD=2DM$，$\therefore DM:MA=1:3$，

$\therefore DE=\frac{1}{3}AB=\frac{1}{3}\times 6=2$。

故答案为 2。

②$60°$。

理由：如图，连结 OD，OE，

$\because OA=OD$，$\angle A=60°$，

$\therefore \triangle AOD$ 是等边三角形，$\therefore \angle AOD=60°$，

$\because DE/\!/AB$，

$\therefore \angle ODE=\angle AOD=60°$，$\angle MDE=\angle MED=\angle A=60°$，

$\therefore \triangle ODE$，$\triangle DEM$ 都是等边三角形，

$\therefore OD=OE=EM=DM$，

$\therefore$ 四边形 $OEMD$ 是菱形。

故答案为 $60°$。

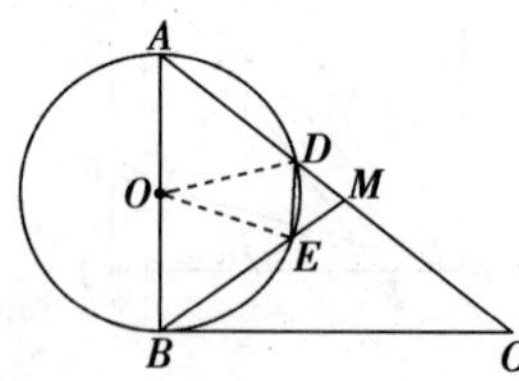

24.【解析】(1) $BE=\sqrt{2}MN$。

$\because AM=ME$，$AP=PB$，$\therefore PM/\!/BE$，$PM=\frac{1}{2}BE$，

$\because BN=DN$，$AP=PB$，$\therefore PN/\!/AD$，$PN=\frac{1}{2}AD$，

$\because AC=BC, CD=CE, \therefore AD=BE, \therefore PM=PN$, $\because \angle ACB=90°, \therefore AC\perp BC, \because PM/\!/BC, PN/\!/AC$, $\therefore PM\perp PN, \therefore \triangle PMN$ 是等腰直角三角形, $\therefore MN=\sqrt{2}PM=\sqrt{2}\times\frac{1}{2}BE$,即 $BE=\sqrt{2}MN$。

(2) $BE=\sqrt{2}MN$。利用图②证明如下:
如图,连结 AD,延长 BE 交 AD 于点 H,交 AC 于点 G, $\because \angle ACB=\angle DCE=90°, \therefore \angle DCA=\angle ECB$, $\because DC=EC, AC=BC, \therefore \triangle ACD\cong\triangle BCE, \therefore \angle CAD=\angle CBE, BE=AD, \because \angle AGH=\angle CGE, \therefore \angle CAD+\angle AGH=\angle CBE+\angle CGE=90°, \therefore \angle AHB=90°$, $\because P, M, N$ 分别是 AB, AE, BD 的中点, $\therefore PN/\!/AD$, $PN=\frac{1}{2}AD, PM/\!/BE, PM=\frac{1}{2}BE, \therefore PM=PN$, $\angle MPN=\angle AHB=90°, \therefore \triangle PMN$ 是等腰直角三角形, $\therefore MN=\sqrt{2}PM, \therefore BE=2PM=\sqrt{2}MN$。

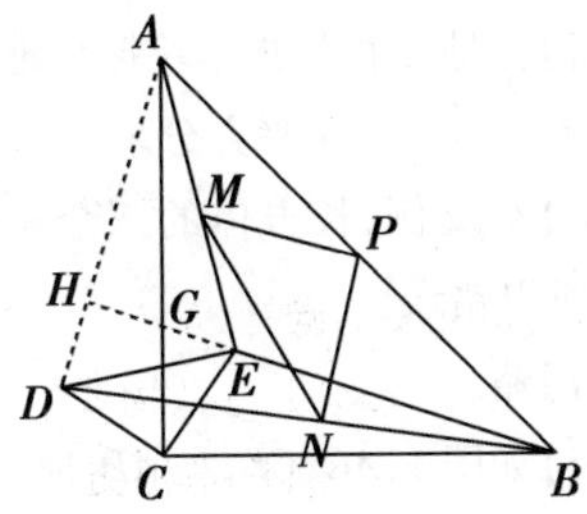

专题九 立体几何

真题实测

一、单项选择题

1. B【解析】由于 BD' 为正方体 $ABCD-A'B'C'D'$ 的体对角线,所以 $BD'\perp$ 平面 $AB'C$。设过点 M 且垂直于 BD' 的平面为 α,则 $BD'\perp$ 平面 α,所以平面 $\alpha/\!/$ 平面 $AB'C$。因为 $MA=2MB$,所以 M 为 AB 的三等分点,所以平面 α 截正方体所得截面面积 $S=\frac{1}{9}S_{\triangle AB'C}$,因为正方体 $ABCD-A'B'C'D'$ 的棱长为 3,所以 $S_{\triangle AB'C}=\frac{1}{2}\times3\sqrt{2}\times3\sqrt{2}\times\sin 60°=\frac{9\sqrt{3}}{2}$,所以 $S=\frac{\sqrt{3}}{2}$,故选 B。

2. B【解析】如图,分别取 CD, DD_1, BB_1 上的中点 N, G, H,则平面 α 截正方体所得的截面为四边形 $MNGH$。又正方体 $ABCD-A_1B_1C_1D_1$ 的体积为 64,所以正方体的棱长为 4,由于 $GH/\!/BD$ 且 $GH=BD=4\sqrt{2}$, $\because \angle B_1BC=\angle BCD=\angle D_1DC=90°, \therefore HM=MN=NG=\frac{1}{2}HG=2\sqrt{2}, \because HG/\!/BD, BD/\!/MN, \therefore HG/\!/MN$,故四边形 $MNGH$ 是等腰梯形,可求得其高为 $\sqrt{6}$,所以梯形的面积 $S=\frac{1}{2}(2\sqrt{2}+4\sqrt{2})\times\sqrt{6}=6\sqrt{3}$。

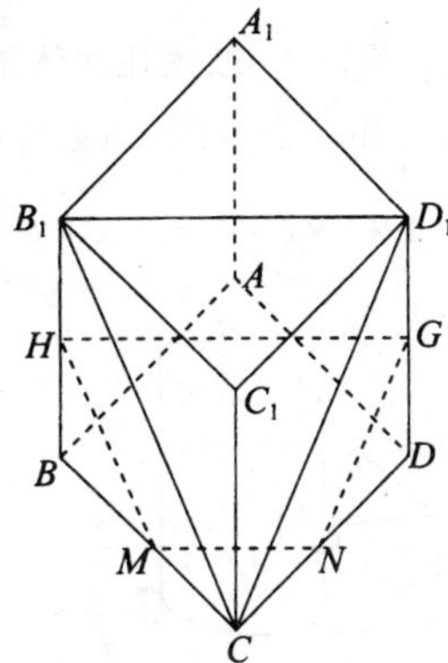

3. C【解析】新正方体棱长为原正方体棱长的 $\frac{5}{10}=\frac{1}{2}$,则新木块的表面积为原来的 $\left(\frac{1}{2}\right)^2=\frac{1}{4}$,体积为原来的 $\left(\frac{1}{2}\right)^3=\frac{1}{8}$。

4. A【解析】一个圆柱体和一个圆锥体底面周长的比是 2:3,则它们的底面半径之比为 2:3,设圆柱和圆锥的高分别是 h_1 和 h_2,因为它们的体积比是 5:6,则 $\frac{\pi 2^2 h_1}{\frac{1}{3}\pi 3^2 h_2}=\frac{5}{6}$,所以 $\frac{h_1}{h_2}=\frac{5}{8}$。

5. A【解析】在等底等高的情况下,圆柱体的体积是圆锥体体积的 3 倍,因为题干中圆柱体与圆锥体等底等体积,故圆柱体的高是圆锥体高的 $\frac{1}{3}$。

6. B【解析】该图为三阶立方体图,对大正方体的表面涂色后,通过观察可知,相邻面共用的小正方体都不是一面涂色,而在大正方体的每个面中,正中间的小正方体只有一面涂色,即大正方体中只有一面涂色的小正方体的个数有 $1\times6=6$ 个。

7. C【解析】根据图形可得,从左侧看,当圆柱体沿着虚线移动,投影位置不变,因此平移过程中保持不变的是左视图,主视图和俯视图均会改变。

8. C【解析】由三视图可得,该几何体是由正四棱锥与正方体组成的，正方体和正四棱锥的高为2，正四棱锥的四个侧面是高为$\sqrt{5}$，底边为2的等腰三角形，每个侧面的面积为$S_1=\frac{1}{2}\times 2\times\sqrt{5}=\sqrt{5}$，正方体每个侧面的面积为$S_2=2\times 2=4$，故该几何体的表面积为$S=4S_1+5S_2=4\sqrt{5}+20$。

9. C【解析】与"1"相对的是"6"，"2"与"4"相对，"3"与"5"相对。

10. A【解析】由三视图可知，该几何体是由一个长方体和半个圆柱组合而成的，如图所示，所以几何体的体积为$1\times 1\times 2+\pi\times 1^2\times 2\times\frac{1}{2}=2+\pi$。

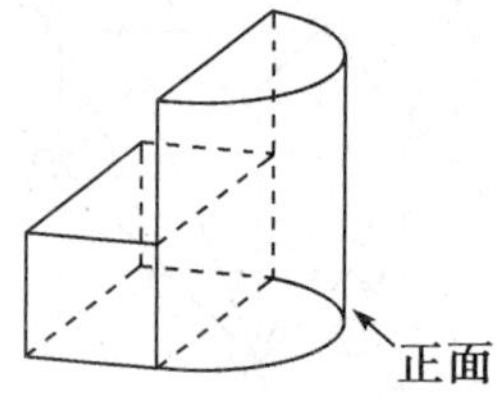

11. A【解析】用一个平面去截正方体，所得的截面不可能是六边形。

12. D【解析】对于A，若$a/\!/l$，$b\cap l=A$，满足题干，故A不正确；对于B，l与a,b都不相交，则l与a,b都平行，所以a,b平行，与a,b是异面直线矛盾，故B不正确；对于C，l可以与a,b都相交，交点为不同点即可，故C不正确。综上可得D项正确。

二、填空题

13. AC；9.6π　【解析】①以AB边为轴旋转一周，所得立体图形体积$V_1=\frac{1}{3}\pi\times 3^2\times 4=12\pi$；②以$BC$边为轴旋转一周，所得立体图形体积$V_2=\frac{1}{3}\pi\times 4^2\times 3=16\pi$；③以$AC$边为轴旋转一周，所得立体图形体积$V_3=\frac{1}{3}\pi\times 2.4^2\times 5=9.6\pi$。$V_3<V_1<V_2$，故该三角形以$AC$边为轴旋转一周，所得立体图形的体积最小，最小的体积是9.6π立方厘米。

14. $\frac{2}{3}$　【解析】建立如下图所示的空间直角坐标系，可得$A(0,0,0)$，$B(1,1,0)$，$D(0,\frac{1}{2},1)$，$M(0,1,0)$，所以$\overrightarrow{AM}=(0,1,0)$，$\overrightarrow{AB}=(1,1,0)$，$\overrightarrow{AD}=\left(0,\frac{1}{2},1\right)$，设平面$ABCD$的法向量为$\boldsymbol{n}=(x,y,z)$，则$\begin{cases}\boldsymbol{n}\cdot\overrightarrow{AB}=x+y=0,\\ \boldsymbol{n}\cdot\overrightarrow{AD}=\frac{1}{2}y+z=0,\end{cases}$取$y=-2$，则$\boldsymbol{n}=(2,-2,1)$，点$M$到截面$ABCD$的距离$d=\frac{|\overrightarrow{AM}\cdot\boldsymbol{n}|}{|\boldsymbol{n}|}=\frac{2}{\sqrt{2^2+(-2)^2+1^2}}=\frac{2}{3}$。

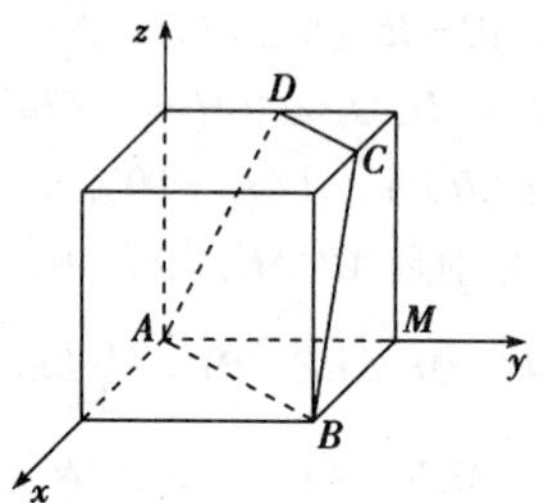

三、判断题

15. ×【解析】占地面积是指木块接触地面的面积，占地面积不一定是0.4平方分米。

16. ×【解析】举反例，长方体的三个相邻平面，两两垂直。所以错误。

17. √【解析】略。

18. ×【解析】如图1，AC，CD_1与AD_1成$60°$角，其所在平面的对面上也各有1条与AD_1成$60°$角，共有4条；如图2，B_1D_1，AB_1与AD_1成$60°$角，其所在平面的对面上也各有1条与AD_1成$60°$角，也共有4条。共8条满足。

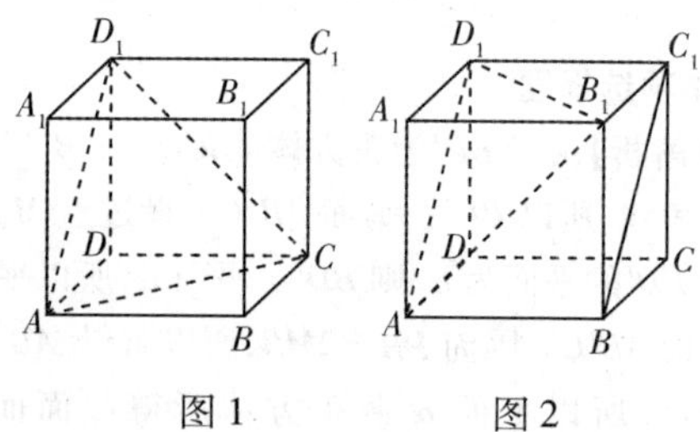

图1　　　　图2

四、解答题

19. 【解析】(1)连结AC，$\because PA\perp$平面$ABCD$，$BD\subset$平面$ABCD$，$\therefore PA\perp BD$，$\because$四边形$ABCD$为正方形，$\therefore AC\perp BD$，$\because PA,AC\subset$平面PAC，且$PA\cap AC=A$，$\therefore BD\perp$平面PAC。

(2)如图所示，建立以A为原点，AB,AD,AP分别为x,y,z轴的空间直角坐标系，设$PA=AB=1$，则$A(0,0,0)$，$C(1,1,0)$，$P(0,0,1)$，$B(1,0,0)$，由

(1)得，$BD \perp$平面PAC，又$PC \subset$平面PAC，$\therefore BD \perp PC$，$\because PC \perp BM$，$BM \cap BD = B$，且BM，BD $\subset$平面MBD，$\therefore PC \perp$平面MBD，$\therefore \overrightarrow{PC}$为平面$MBD$的法向量，$\overrightarrow{PC}=(1,1,-1)$。$\because PA \perp$平面$ABCD$，$\therefore \overrightarrow{PA}$为平面$BDC$的法向量，$\overrightarrow{PA}=(0,0,-1)$，设$\overrightarrow{PA}$与$\overrightarrow{PC}$的夹角为$\theta$，则$\cos\theta = \dfrac{\overrightarrow{PA}\cdot\overrightarrow{PC}}{|\overrightarrow{PA}||\overrightarrow{PC}|}=\dfrac{\sqrt{3}}{3}$，则二面角$M-BD-C$的正弦值为$\sin\theta=\sqrt{1-\cos^2\theta}=\dfrac{\sqrt{6}}{3}$。

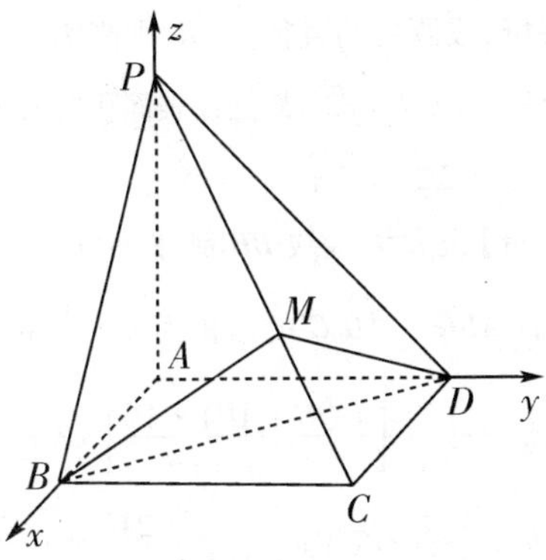

20.【解析】(1)证明：$\because AA_1$是圆柱的母线，AB是圆柱底面圆的直径，$\therefore AA_1 \perp$平面ABC，$\therefore AA_1 \perp BC$，又$AC \perp BC$，$\therefore BC \perp$平面AA_1C，$\therefore BC \perp A_1C$。

(2)由(1)可知$AA_1 \perp$平面ABC，则AA_1是三棱锥A_1-ABC的高，故三棱锥A_1-ABC的体积$V=\dfrac{1}{3}S_{\triangle ABC}\cdot AA_1$，由于$AB$是直径，则要使三棱锥的体积最大，只需$\triangle ABC$的高最大，即$\triangle ABC$的高为底面圆的半径时，体积最大，此时$V_{\max}=\dfrac{1}{3}S_{\triangle ABC}\cdot AA_1=\dfrac{1}{3}\times\dfrac{1}{2}\times3\times\dfrac{3}{2}\times3=\dfrac{9}{4}$。

21.【解析】(1)平面PBC与平面PCD不垂直。

假设平面$PBC \perp$平面PCD，如图1，过点B作$BQ \perp PC$于点Q，$\because$平面$PBC \perp$平面PCD，平面$PBC \cap$平面$PCD=PC$，$\therefore BQ \perp$平面PCD，$\therefore BQ \perp CD$，在直角梯形$ABCD$中，由$\angle ADC=90°$，$AD/\!/BC$知$BC \perp CD$，$\because BQ \cap BC = B$，$\therefore CD \perp$平面PBC，$\therefore CD \perp PC$，$\because$平面$PAD \cap$底面$ABCD=AD$，平面$PAD \perp$底面$ABCD$，$CD \perp AD$，$\therefore CD \perp$平面PAD，$\therefore CD \perp PD$，在$\triangle PCD$中，不可能有两个直角，所以假设不成立，平面PBC与平面PCD不垂直。

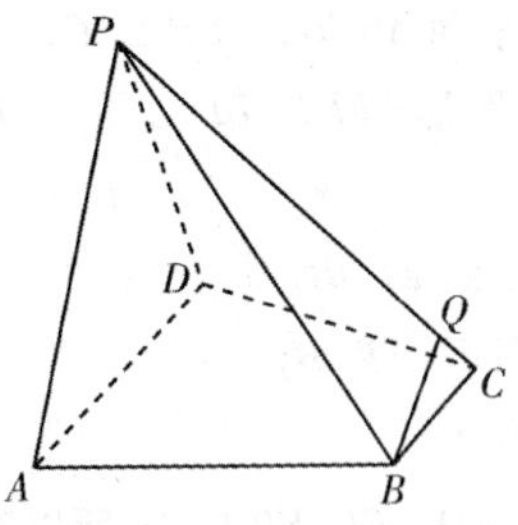

图1

(2)如图2，设AD的中点为O，连结OP，OB，$\because PA=PD$，$\therefore PO \perp AD$，$\because$平面$PAD \perp$底面$ABCD$，平面$PAD \cap$底面$ABCD=AD$，$\therefore PO \perp$底面$ABCD$，$\because$在直角梯形$ABCD$中，$\angle ADC=90°$，$AD=2BC$，$\therefore OB \perp AD$，以OA，OB，OP所在的直线分别为x，y，z轴建立如图所示的空间直角坐标系$O-xyz$，$\because PA=2$，$BC=1$，$CD=\sqrt{3}$，$\therefore A(1,0,0)$，$B(0,\sqrt{3},0)$，$C(-1,\sqrt{3},0)$，$P(0,0,\sqrt{3})$，$\therefore \overrightarrow{AP}=(-1,0,\sqrt{3})$，$\overrightarrow{AB}=(-1,\sqrt{3},0)$，$\overrightarrow{BP}=(0,-\sqrt{3},\sqrt{3})$，$\overrightarrow{BC}=(-1,0,0)$，设平面$PAB$的法向量为$\boldsymbol{n}_1=(x,y,z)$，由$\begin{cases}\boldsymbol{n}_1\cdot\overrightarrow{AP}=-x+\sqrt{3}z=0,\\ \boldsymbol{n}_1\cdot\overrightarrow{AB}=-x+\sqrt{3}y=0,\end{cases}$取$\boldsymbol{n}_1=(\sqrt{3},1,1)$，同理可得，平面$PBC$的法向量$\boldsymbol{n}_2=(0,1,1)$，$\therefore \cos\langle\boldsymbol{n}_1,\boldsymbol{n}_2\rangle=\dfrac{\boldsymbol{n}_1\cdot\boldsymbol{n}_2}{|\boldsymbol{n}_1|\cdot|\boldsymbol{n}_2|}=\dfrac{2}{\sqrt{5}\cdot\sqrt{2}}=\dfrac{\sqrt{10}}{5}$，由图形可知，所求的二面角为钝角，$\therefore$二面角$A-PB-C$的余弦值为$-\dfrac{\sqrt{10}}{5}$。

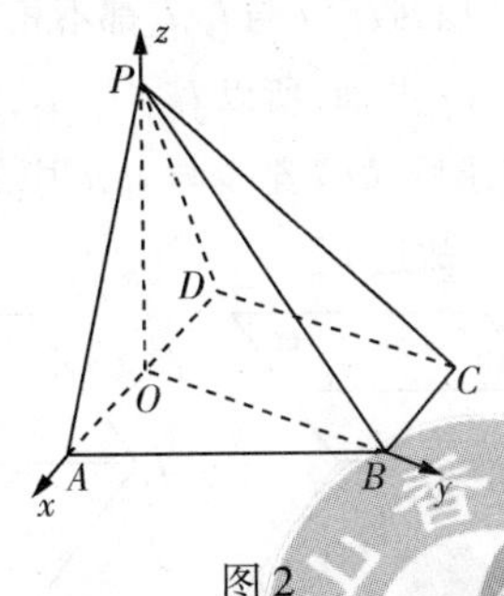

图2

22.【解析】(1)证明：连结BD交AC于点O，

$\because EB \perp$平面$ABCD$，$FD \perp$平面$ABCD$，

$\therefore FD/\!/EB$，$\therefore F$，D，E，B四点共面，

$\because$四边形$ABCD$是菱形，$\therefore BD \perp AC$，

又 $AC\subset$ 平面 $ABCD$，$\therefore EB\perp AC$，

$\because EB\subset$ 平面 $EFDB$，$BD\subset$ 平面 $EFDB$，$EB\cap BD=B$，

$\therefore AC\perp$ 平面 $EFDB$，

又 $EF\subset$ 平面 $EFDB$，

$\therefore EF\perp AC$。

(2)因为 $FD// EB$，$EB\perp BD$，所以四边形 $EFDB$ 是直角梯形，因为菱形 $ABCD$ 的边长为 2，且 $\angle DAB=60°$，易得 $BD=2$，$AO=CO=\sqrt{3}$，又因为 $EB=2FD=4$，所以直角梯形 $EBDF$ 的面积为 $S_{梯}=\frac{1}{2}(EB+FD)\cdot BD=\frac{1}{2}\times(2+4)\times2=6$。

因为 $AC\perp$ 平面 $EFDB$，所以 $V_{EFABCD}=V_{A-EFDB}+V_{C-EFDB}=\frac{1}{3}S_{梯}\cdot AC=\frac{1}{3}\times6\times2\sqrt{3}=4\sqrt{3}$。

基础训练

一、单项选择题

1. A【解析】由线面平行的性质可知 A 项正确；B 项，平行于同一直线的两个平面也有可能相交，错误；C 项，与两相交平面的交线平行的直线也有可能在其中一个平面里，错误；D 项，两条平行直线中的一条与一个平面平行，则另一条也有可能在该平面里，错误。

2. D【解析】A 项，如图 1 所示，l_2 与 l 相交，故 A 项错误；B 项，如图 1 所示，$l_1// l$，l_1 与 l 不相交，故 B 项错误；C 项，如图 2 所示，l 分别与 l_1，l_2 相交，故 C 项错误；D 项，假设 l 与 l_1，l_2 都不相交，因为 l 与 l_1 共面且 l 与 l_2 共面，所以 $l_1// l// l_2$，这与 l_1，l_2 为异面直线相矛盾，故 l 至少与 l_1，l_2 中的一条相交，故 D 项正确。故选 D。

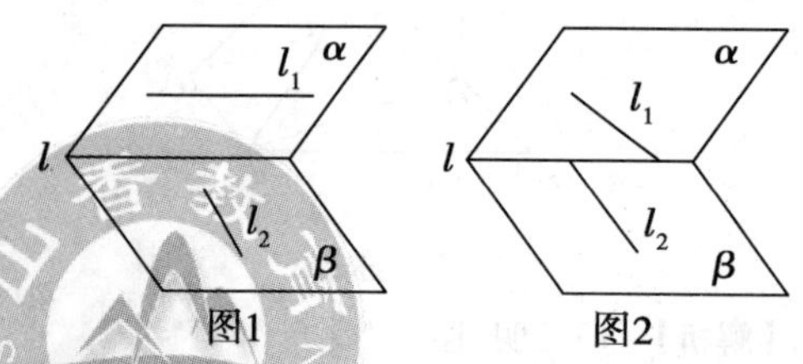

图1　　图2

3. C【解析】当 $\alpha\perp\beta$，$m//\alpha$ 时，有 $m\perp\beta$，$m\subseteq\beta$ 等多种可能，所以①不正确；当 $m//\alpha$，$n//\beta$，且 $m// n$ 时，$\alpha//\beta$ 或 α 与 β 相交，所以④不正确。故选 C。

4. A【解析】由题意可知带卯眼的木构件的直观图如图所示，由直观图可知其俯视图应为 A 项。

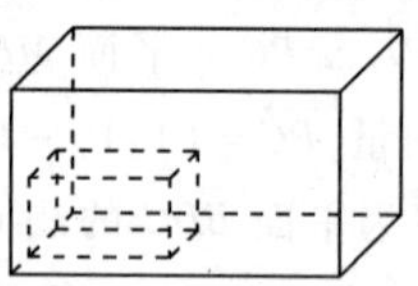

5. B【解析】由三视图可知该几何体是底面为正方形（边长为 3），高为 6，侧棱长为 $3\sqrt{5}$ 的斜四棱柱，其表面积 $S=2\times3^2+2\times3\times3\sqrt{5}+2\times3\times6=54+18\sqrt{5}$。故选 B。

6. B【解析】设圆柱的直径为 $2R$，则高为 $2R$，由题意得 $4R^2=8$，所以 $R=\sqrt{2}$，故圆柱表面积为 $\pi\cdot(\sqrt{2})^2\times2+2\sqrt{2}\pi\times2\sqrt{2}=12\pi$。

7. A【解析】设 h 为直线 BB' 到平面 $AA'C'C$ 的距离，三棱柱 $ABC-A'B'C'$ 的体积为 $V=\frac{1}{2}AC\times h\times AA'$，$V_{B-APQC}=\frac{1}{3}\cdot\left[\frac{(QC+AP)\times AC}{2}\right]\times h=\frac{1}{3}\times\frac{AA'}{2}\times AC\times h=\frac{V}{3}$，所以 $V_{PBQ-A'B'C'}=\frac{2V}{3}$，所以 $V_{PBQ-A'B'C'}:V_{B-APQC}=2:1$，故选 A。

8. A【解析】$\because$ 侧面与底面成 $60°$ 的二面角，$\therefore$ 此三棱锥的侧面积与底面积的关系为 $\frac{S_{底}}{\cos60°}=S_{侧}$。

$\because\triangle ABC$ 三边长分别为 7，8，9，则 $\frac{7+8+9}{2}=12$，

$\therefore$ 由海伦公式 $S=\sqrt{p(p-a)(p-b)(p-c)}$（$p$ 为三角形周长的一半）得 $S_{底}=\sqrt{12(12-7)(12-8)(12-9)}=12\sqrt{5}$，$\therefore$ 这个棱锥的侧面积 $S_{侧}=2\times12\sqrt{5}=24\sqrt{5}$。

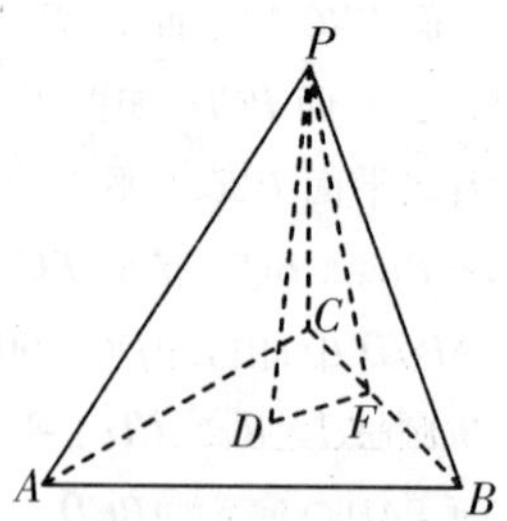

9. C【解析】取 DD_1 的中点 F，连结 EF，AF，AE，易知 $EF// DC$，所以 $\angle AEF$ 为两异面直线所成的角。在 $Rt\triangle AEF$ 中，令正方体棱长为 1，则 $EF=1$，$AF=$

$\frac{\sqrt{5}}{2}$,所以 $\tan\angle AEF=\frac{AF}{EF}=\frac{\sqrt{5}}{2}$。故选 C。

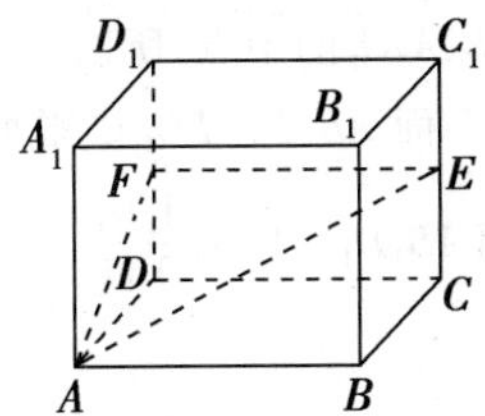

二、填空题

10. $\frac{6\sqrt{3}}{\pi}$ 【解析】设正四面体的棱长为 a,则底面 $\triangle ABC$ 的高为$\frac{\sqrt{3}}{2}a$,底面中心到底面顶点的距离为$\frac{2}{3}\times\frac{\sqrt{3}}{2}a=\frac{\sqrt{3}}{3}a$,则正四面体的高为 $h=\sqrt{a^2-\frac{1}{3}a^2}=\frac{\sqrt{6}}{3}a$,$\therefore$ 正四面体的体积为 $V=\frac{1}{3}S_{\triangle ABC}\times\frac{\sqrt{6}}{3}a=\frac{\sqrt{2}}{12}a^3$,则正四面体的表面积为 $S_1=4\times\frac{\sqrt{3}}{4}a^2=\sqrt{3}a^2$,设其内切球半径为 r,则 $4\times\frac{1}{3}\times S_{底}\times r=\frac{\sqrt{2}}{12}a^3$,解得 $r=\frac{\sqrt{6}}{12}a$,因此内切球表面积为 $S_2=4\pi r^2=\frac{\pi a^2}{6}$,则$\frac{S_1}{S_2}=\frac{\sqrt{3}a^2}{\frac{\pi a^2}{6}}=\frac{6\sqrt{3}}{\pi}$。

11. $\frac{2\pi}{3}$ 【解析】$O_1A=\sqrt{OA^2-O_1O^2}=\sqrt{2^2-(\sqrt{2})^2}=\sqrt{2}$,所以 $AB=\sqrt{O_1A^2+O_1B^2}=2$,则$\triangle OAB$ 为正三角形,故$\angle AOB=\frac{\pi}{3}$。由弧长公式 $l=r\theta$(r 为半径)得 A,B 两点间的球面距离为 $2\times\frac{\pi}{3}=\frac{2\pi}{3}$。

12. 15π 【解析】圆锥的侧面展开图的面积为$\frac{1}{2}\times 2\pi\times3\times5=15\pi(\text{cm}^2)$。

13. $17\pi\ \text{cm}^3$ 【解析】根据这个工件的三视图可知,这个工件是大圆柱上叠放了一个小圆柱,大圆柱的底面半径为 2 cm,高为 4 cm,小圆柱的底面半径为 1 cm,高为 1 cm,所以这个工件的体积是 $\pi\times4\times4+\pi\times1\times1=17\pi(\text{cm}^3)$。

14. ①④ 【解析】由于平面 A_1ABB_1 // 平面 CDD_1C_1,且$D_1C\subset$平面 CDD_1C_1,故 D_1C // 平面 A_1ABB_1,①对;由 A_1D_1 // BC,得 $A_1D_1\subset$平面 BCD_1,②错;AD 不垂直于 DB,$DB\subset$面 DBD_1,故 AD 不垂直于面 DBD_1,③错;容易证明 $BC\perp$平面 A_1ABB_1,且 $BC\subset$平面 BCD_1,故平面 $BCD_1\perp$平面 A_1ABB_1,④对。

三、判断题

15. √【解析】如图中的四棱锥,底面是矩形,一条侧棱垂直于底面,那么它的四个侧面都是直角三角形。

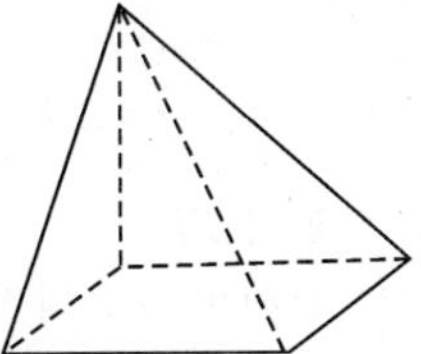

16. ×【解析】如图所示的棱柱有一个侧面是矩形,但其余各侧面不是矩形。

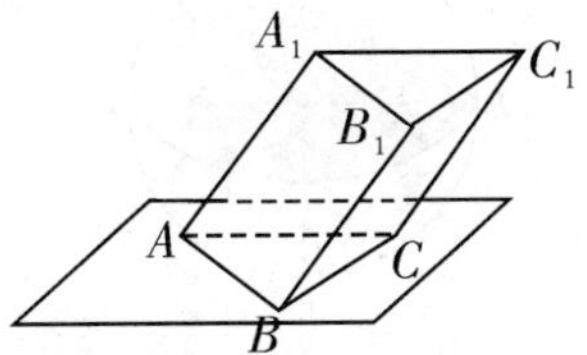

17. √【解析】根据圆台的定义和性质可知,该说法正确。

18. √【解析】根据线面垂直的定义及其性质可知过空间一点与已知平面垂直的直线只有 1 条。

四、解答题

19.【解析】(1) 连结 BC,由勾股定理求得,$AB=AC=\sqrt{2}$,即扇形的半径为$\sqrt{2}$,圆心角为 90°,$\therefore S_{扇形}=\frac{n\pi R^2}{360}=\frac{1}{2}\pi$。

(2) 连结 AO 并延长,与弧 BC 和$\odot O$ 分别交于 E,F,

$EF=AF-AE=2-\sqrt{2}$,

弧 BC 的长 $l=\frac{n\pi R}{180}=\frac{\sqrt{2}}{2}\pi$,

设圆锥的底面半径为 r,

$\because 2\pi r=\frac{\sqrt{2}}{2}\pi$,

$\therefore$ 圆锥的底面直径为 $2r=\frac{\sqrt{2}}{2}$,

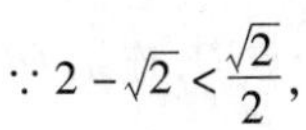

$\because 2-\sqrt{2}<\frac{\sqrt{2}}{2}$,

∴ 不能在余料③中剪出一个圆作为底面与此扇形围成圆锥。

(3) 由勾股定理求得，$AB=AC=\sqrt{2}R$，弧 BC 的长 $l=\frac{n\pi R}{180}=\frac{\sqrt{2}}{2}\pi R$，

$\because 2\pi r=\frac{\sqrt{2}}{2}\pi R$，

∴ 圆锥的底面直径为 $2r=\frac{\sqrt{2}}{2}R$，$EF=AF-AE=2R-\sqrt{2}R=(2-\sqrt{2})R$，

$\because 2-\sqrt{2}<\frac{\sqrt{2}}{2}$ 且 $R>0$，$\therefore (2-\sqrt{2})R<\frac{\sqrt{2}}{2}R$，

即无论半径 R 为何值，$EF<2r$。

∴ 不能在余料③中剪出一个圆作为底面与此扇形围成圆锥。

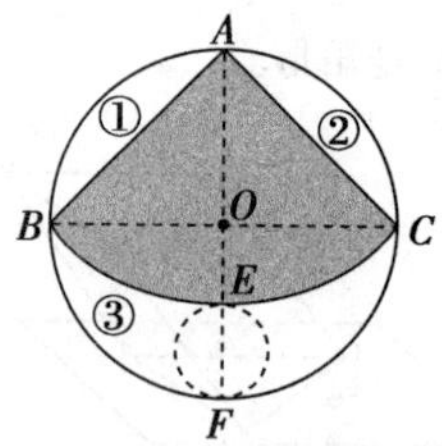

20.【解析】(1) $\because VA=VB$，O 为 AB 中点，$\therefore VO\perp AB$，连结 OC，在 $\triangle VOA$ 和 $\triangle VOC$ 中，$OA=OC$，$VO=VO$，$VA=VC$，$\therefore \triangle VOA\cong\triangle VOC$，$\therefore \angle VOA=\angle VOC=90°$，$\therefore VO\perp OC$，$\because AB\cap OC=O$，$AB\subset$ 平面 ABC，$OC\subset$ 平面 ABC，$\therefore VO\perp$ 平面 ABC，$\because AC\subset$ 平面 ABC，$\therefore AC\perp VO$。又 $\because VA=VC$，D 是 AC 的中点，$\therefore AC\perp VD$，$\therefore AC\perp$ 平面 VDO。

(2) 由 (1) 知 VO 是棱锥 $V-ABC$ 的高，且 $VO=\sqrt{VA^2-AO^2}=\sqrt{3}$，点 C 是弧 AB 的中点，$\therefore CO\perp AB$，且 $CO=1$，$AB=2$，$\therefore S_{\triangle ABC}=\frac{1}{2}AB\cdot CO=\frac{1}{2}\times2\times1=1$，$\therefore$ 棱锥 $V-ABC$ 的体积为 $\frac{1}{3}S_{\triangle ABC}\cdot VO=\frac{1}{3}\times1\times\sqrt{3}=\frac{\sqrt{3}}{3}$，故棱锥 $C-ABV$ 的体积为 $\frac{\sqrt{3}}{3}$。

21.【解析】(1) 当 $\frac{A_1D_1}{D_1C_1}=1$ 时，$BC_1\parallel$ 平面 AB_1D_1。理由如下：如图所示，取 D_1 为线段 A_1C_1 的中点，此时 $\frac{A_1D_1}{D_1C_1}=1$，连结 A_1B 交 AB_1 于点 O，连结 OD_1。由棱柱的性质，知四边形 A_1ABB_1 为平行四边形，所以点 O 为 A_1B 的中点。在 $\triangle A_1BC_1$ 中，点 O，D_1 分别为 A_1B，A_1C_1 的中点，所以 $OD_1\parallel BC_1$。又因为 $OD_1\subset$ 平面 AB_1D_1，$BC_1\not\subset$ 平面 AB_1D_1，所以 $BC_1\parallel$ 平面 AB_1D_1。所以 $\frac{A_1D_1}{D_1C_1}=1$ 时，$BC_1\parallel$ 平面 AB_1D_1。

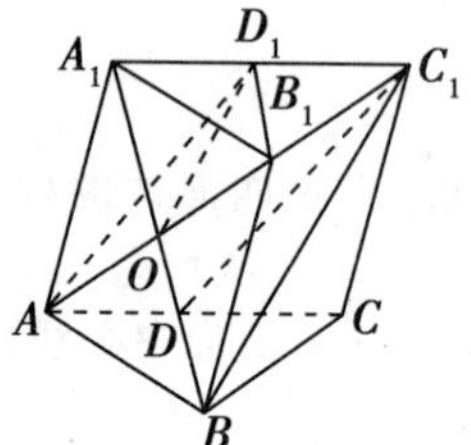

(2) 由已知，平面 $BC_1D\parallel$ 平面 AB_1D_1，且平面 $A_1BC_1\cap$ 平面 $BDC_1=BC_1$，平面 $A_1BC_1\cap$ 平面 $AB_1D_1=D_1O$，因此 $BC_1\parallel D_1O$，同理 $AD_1\parallel DC_1$，所以 $\frac{A_1D_1}{D_1C_1}=\frac{A_1O}{OB}$，$\frac{A_1D_1}{D_1C_1}=\frac{DC}{AD}$。又因为 $\frac{A_1O}{OB}=1$，所以 $\frac{DC}{AD}=1$，即 $\frac{AD}{DC}=1$。

22.【解析】(1) $\because \angle ABC=90°$，

$\therefore AB\perp BC$。

又 $\because EA\perp$ 平面 ABC，$FC\parallel EA$，

$\therefore AB\perp FC$。

$\because BC\cap FC=C$，

$\therefore AB\perp$ 平面 BCF。

(2) 由 (1) 知，$\triangle ABF$ 为直角三角形，且 $\angle ABF=90°$。

连结 EC，AF，相交于点 O。

∵ 四边形 $ACFE$ 是矩形，

$\therefore OA=OE=OF=OC=OB=\frac{1}{2}AF$，

$\therefore A,B,C,E,F$ 在以点 O 为球心，AF 为直径的球面上，

$\because \triangle ABC$ 为等腰直角三角形，$EA=AB=a$，

$\therefore AC=\sqrt{2}a$，$EC=\sqrt{3}a$，即球 O 的直径为 $\sqrt{3}a$。

$\therefore A,F$ 两点之间的球面距离就是半个大圆的弧长，为 $\frac{\sqrt{3}}{2}\pi a$。

23.【解析】以直线 AB 为 x 轴，直线 AD 为 y 轴，直线 AP 为 z 轴建立空间直角坐标系，如图，则 $A(0,0,0)$，$B(2,0,0)$，$C(2,2,0)$，$D(0,2,0)$，$P(0,0,2)$。

(1)$\because$ E 为 AD 的中点，$\therefore E(0,1,0)$。

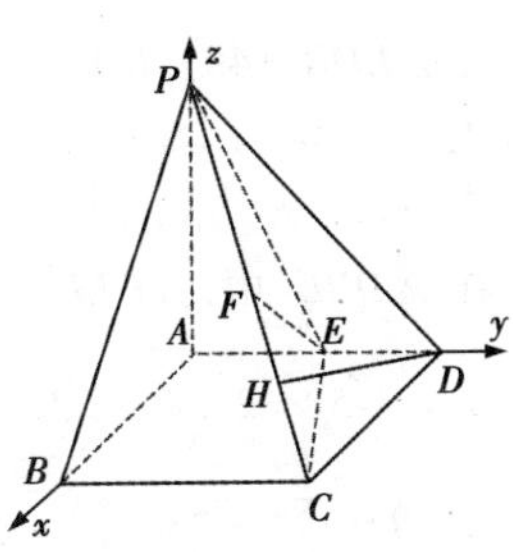

又 F 为 PC 的中点，$\therefore F(1,1,1)$，

$\therefore \overrightarrow{EF}=(1,0,1)$。

又 $\overrightarrow{PB}=(2,0,-2)$，

$\therefore \cos\langle\overrightarrow{EF},\overrightarrow{PB}\rangle=\dfrac{1\times2+1\times(-2)}{\sqrt{1+1}\cdot\sqrt{4+4}}=0$。

$\therefore \langle\overrightarrow{EF},\overrightarrow{PB}\rangle=90°$。

$\therefore$ 异面直线 EF 与 PB 所成角的大小为 $90°$。

(2)由(1)知，$EF\perp PB$，

$\because \overrightarrow{BC}=(0,2,0)$，$\overrightarrow{EF}=(1,0,1)$

$\therefore \overrightarrow{EF}\cdot\overrightarrow{BC}=0$，$\therefore EF\perp BC$。

$\because BC\cap PB=B$，$\therefore EF\perp$ 平面 PBC。

又 $EF\subset$ 平面 PCE，$\therefore$ 平面 $PCE\perp$ 平面 PBC。

整合提升

一、单项选择题

1. C【解析】由题意可知，$AB\perp BD$，平面 $ABD\perp$ 平面 BDC。$\therefore$ 补成长方体后可得三棱锥 $A-BCD$ 外接球的直径为 AC，$AC^2=AB^2+BD^2+CD^2=2AB^2+BD^2$，$\because 2|\overrightarrow{AB}|^2+|\overrightarrow{BD}|^2=4$，$\therefore AC^2=4$，$AC=2$，$\therefore$ 外接球的半径为 1，故表面积是 4π。

2. B【解析】从几何体的左侧看，对角线 AD_1 在视线范围内，故画为实线，侧面的棱 C_1F 不在视线范围内，故画为虚线，且上端点位于几何体上底面边的中点。故选 B。

3. B【解析】先画出圆柱的直观图，根据题图的三视图可知点 M,N 的位置如图①所示。圆柱的侧面展开图及 M,N 的位置(N 位于 OP 的四等分点)如图②所示，连结 MN，则图中 MN 即为 M 到 N 的最短路径。又 $ON=\dfrac{1}{4}\times16=4$，$OM=2$，所以 $MN=\sqrt{OM^2+ON^2}=\sqrt{2^2+4^2}=2\sqrt{5}$。故选 B。

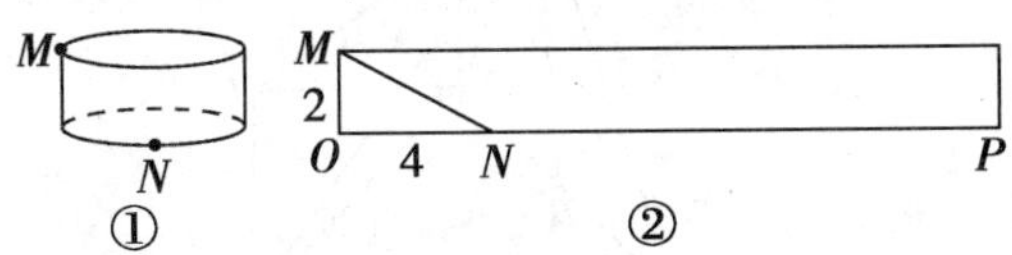

4. A【解析】对于 B 项，如图所示，连结 CD，因为 $AB/\!/CD$，M,Q 分别是所在棱的中点，所以 $MQ/\!/CD$，所以 $AB/\!/MQ$，又 $AB\not\subset$ 平面 MNQ，$MQ\subset$ 平面 MNQ，所以 $AB/\!/$ 平面 MNQ，同理可证，C、D 两项中均有 $AB/\!/$ 平面 MNQ。故选 A。

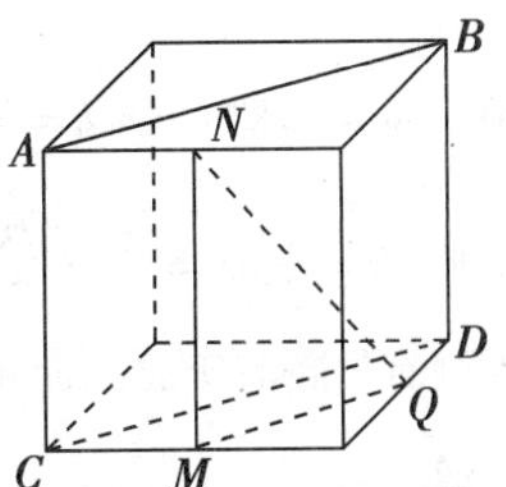

5. C【解析】根据题意，得 $BC/\!/B_1C_1$，故异面直线 A_1C 与 B_1C_1 所成的角即 BC 与 A_1C 所成的角。在题图中，连结 A_1B，在 $\triangle A_1BC$ 中，$BC=A_1C=A_1B=\sqrt{2}$，故 $\angle A_1CB=60°$，即异面直线 A_1C 与 B_1C_1 所成的角为 $60°$。

6. C【解析】如图所示，将直三棱柱 $ABC-A_1B_1C_1$ 补成直四棱柱 $ABCD-A_1B_1C_1D_1$，连结 AD_1，B_1D_1，则 $AD_1/\!/BC_1$，所以 $\angle B_1AD_1$ 或其补角为异面直线 AB_1 与 BC_1 所成的角。因为 $\angle ABC=120°$，$AB=2$，$BC=CC_1=1$，所以 $AB_1=\sqrt{5}$，$AD_1=\sqrt{2}$。在 $\triangle B_1D_1C_1$ 中，$\angle B_1C_1D_1=60°$，$B_1C_1=1$，$D_1C_1=2$，所以 $B_1D_1=\sqrt{1^2+2^2-2\times1\times2\times\cos60°}=\sqrt{3}$，所以 $\cos\angle B_1AD_1=\dfrac{5+2-3}{2\times\sqrt{5}\times\sqrt{2}}=\dfrac{\sqrt{10}}{5}$。故选 C。

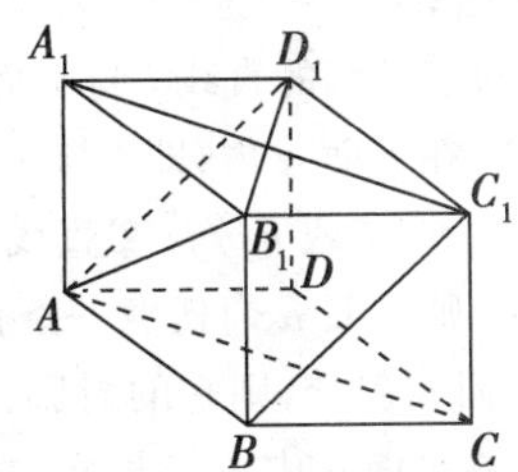

二、填空题

7. $\dfrac{5\pi}{3}$ 【解析】如图，$\because \triangle AOB$，$\triangle AOC$ 是等腰直角三角形，$\triangle ABC$ 是正三角形，$\therefore$ 该四面体表面上与点 A 距离为 2 的点形成的曲线长度之和为 $2\times2\times\dfrac{\pi}{4}+\dfrac{\pi}{3}\times2=\dfrac{5\pi}{3}$。

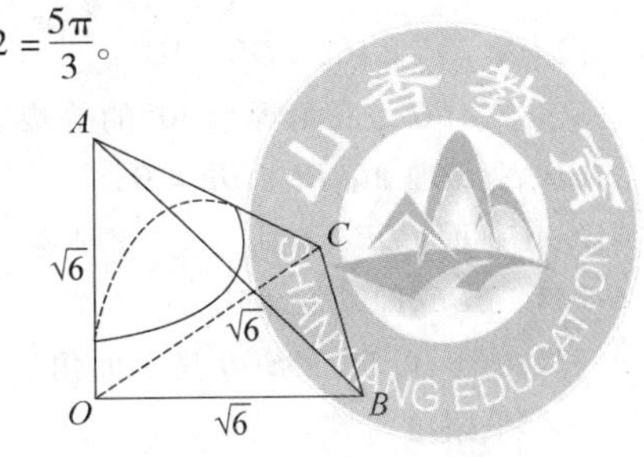

8. $\arctan\frac{3}{8}$ 【解析】设棱锥 $P-ABC$ 的高为 h,底面 ABC 的中心为 O,则 $OP\perp$ 面 ABC,则 $V=\frac{1}{3}\cdot\frac{1}{2}\cdot 4\cdot 4\cdot\sin60^\circ\cdot h=1$,即 $OP=h=\frac{\sqrt{3}}{4}$。又设 D 为 BC 的中点,则 $OD=\frac{1}{3}AD=\frac{1}{3}\cdot\frac{\sqrt{3}}{2}\cdot 4=\frac{2\sqrt{3}}{3}$。易证$\angle PDO$ 为侧面与底面所成二面角的平面角,则 $\tan\theta=\frac{PO}{OD}=\frac{\frac{\sqrt{3}}{4}}{\frac{2\sqrt{3}}{3}}=\frac{3}{8}$,故 $\theta=\arctan\frac{3}{8}$。

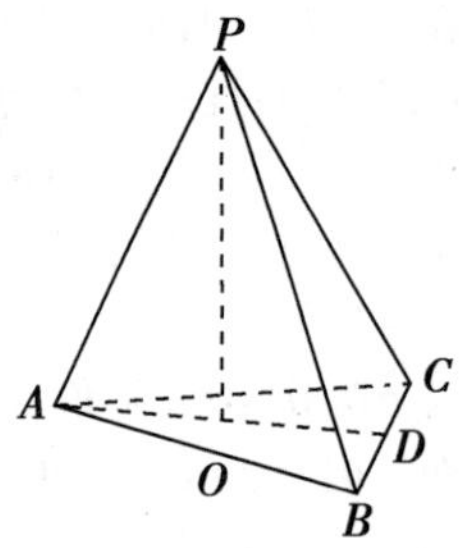

三、判断题

9. √【解析】若 $n=4$,显然此时对于空间的任意四条直线不都存在这样的平面 α,对于空间任意 3 条直线,总存在一个平面 α,使得这 n 条直线与平面 α 所成的角均相等。

10. √【解析】对于任意的直线 l 与平面 α,分两种情况:①直线 l 在平面 α 内,即 l 与 m 为共面直线,则存在直线 $m\perp l$ 或 $m/\!/l$;②直线 l 不在平面 α 内,且 $l\perp\alpha$,则平面 α 内任意一条直线都垂直于 l;若 l 与平面 α 斜交,则它的射影在平面 α 内为一条直线,在平面 α 内必有直线 m 垂直于它的射影,则 m 与 l 垂直;若 $l/\!/\alpha$,则存在直线 $m\perp l$。

四、解答题

11.【解析】(1)取 AC 中点 D,连结 ED。

$\because E$ 是 AB'的中点,$\therefore ED/\!/B'C$ 且 $ED=\frac{1}{2}B'C=\sqrt{2}$。$\because B'C\perp AC$,$\therefore DE\perp AC$。

又$\because\triangle ABC$ 是底角等于 30°的等腰三角形,连结 BD,故 $BD\perp AC$,$BD\cap DE=D$,

$\therefore AC\perp$面 BDE,

$\therefore AC\perp BE$,即 $AC\perp BA'$。

(2)由(1)可知,$\angle EDB$ 是二面角 $B'-AC-B$ 的一个平面角,

$\therefore\angle EDB=45^\circ$,$ED=\sqrt{2}$,$BD=AD\tan30^\circ=2\sqrt{3}\cdot\frac{\sqrt{3}}{3}=2$。

在$\triangle DBE$ 中,$\because EB^2=ED^2+BD^2-2ED\cdot BD\cos45^\circ=2+4-2\sqrt{2}\times2\times\frac{\sqrt{2}}{2}=2$,

$\therefore EB=\sqrt{2}$,

$\therefore\triangle BDE$ 是等腰三角形,$ED\perp BE$,

$\therefore ED$ 是异面直线 AC 与 BA'之间的公垂线段,其长为$\sqrt{2}$。

(3)连结 $A'D$,则 $A'D\perp BD$。

又$\because AC\perp$面 BED,$A'D\subset$面 BED,

$\therefore A'D\perp AC$,

$\therefore A'D\perp$面 ABC 且 $A'D=2$,

$\therefore V_{B'-ABC}=\frac{1}{3}S_{\triangle ABC}\cdot A'D=\frac{1}{3}\cdot\frac{1}{2}(BD\cdot AC)\cdot A'D=\frac{8}{3}\sqrt{3}$。

$V_{B'-BEC}=V_{C-BEB'}=\frac{1}{2}V_{C-ABB'}=\frac{1}{2}V_{B'-ABC}=\frac{4}{3}\sqrt{3}$。

12.【解析】(1)$\because$ 在矩形 $ABCD$ 中,$AB=2AD=2$,O 为 CD 中点,

$\therefore\triangle AOD$,$\triangle BOC$ 为等腰直角三角形,

$\therefore\angle AOB=90^\circ$,即 $OB\perp OA$。

取 AO 中点 H,连结 DH,BH,则 $OH=DH=\frac{\sqrt{2}}{2}$,

在 Rt$\triangle BOH$ 中,$BH^2=BO^2+OH^2=\frac{5}{2}$,

在$\triangle BHD$ 中,$DH^2+BH^2=\left(\frac{\sqrt{2}}{2}\right)^2+\frac{5}{2}=3$,

又 $DB^2=3$,

$\therefore DH^2+BH^2=DB^2$,$\therefore DH\perp BH$。

又 $DH\perp OA$,$OA\cap BH=H$,

$\therefore DH\perp$面 $ABCO$,而 $DH\subset$平面 AOD,

$\therefore$平面 $AOD\perp$平面 $ABCO$。

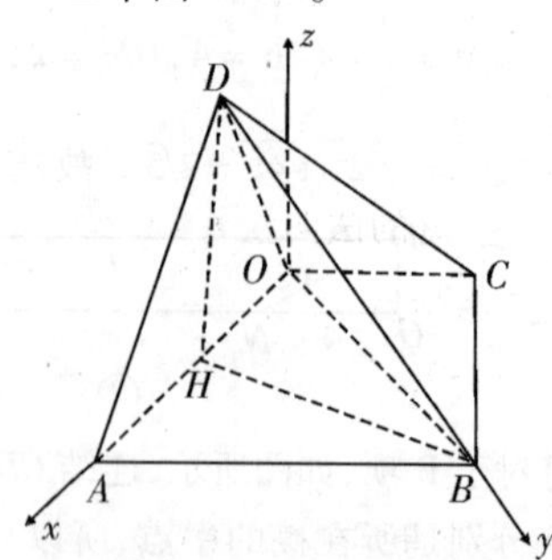

(2)分别以 OA,OB 所在直线为 x 轴和 y 轴,O 为坐标原点,建立如图所示的空间直角坐标系,则

$B(0,\sqrt{2},0)$,$A(\sqrt{2},0,0)$,$D(\frac{\sqrt{2}}{2},0,\frac{\sqrt{2}}{2})$,$C(-\frac{\sqrt{2}}{2},\frac{\sqrt{2}}{2},0)$。故 $\overrightarrow{AB}=(-\sqrt{2},\sqrt{2},0)$,$\overrightarrow{AD}=(-\frac{\sqrt{2}}{2},0,\frac{\sqrt{2}}{2})$,$\overrightarrow{BC}=(-\frac{\sqrt{2}}{2},-\frac{\sqrt{2}}{2},0)$。

设平面 ABD 的一个法向量为 $\boldsymbol{n}=(x,y,z)$,

由 $\begin{cases}\boldsymbol{n}\cdot\overrightarrow{AB}=0,\\ \boldsymbol{n}\cdot\overrightarrow{AD}=0,\end{cases}$ 得 $\begin{cases}-\sqrt{2}x+\sqrt{2}y=0,\\ -\frac{\sqrt{2}}{2}x+\frac{\sqrt{2}}{2}z=0。\end{cases}$

即 $x=y$,$x=z$,令 $x=1$,则 $y=z=1$,取 $\boldsymbol{n}=(1,1,1)$。

设 α 为直线 BC 与平面 ABD 所成的角,则 $\sin\alpha=\frac{|\overrightarrow{BC}\cdot\boldsymbol{n}|}{|\overrightarrow{BC}|\cdot|\boldsymbol{n}|}=\frac{\sqrt{6}}{3}$。

即直线 BC 与平面 ABD 所成角的正弦值为 $\frac{\sqrt{6}}{3}$。

13.【解析】(1)如图建立空间直角坐标系 $A-xyz$,

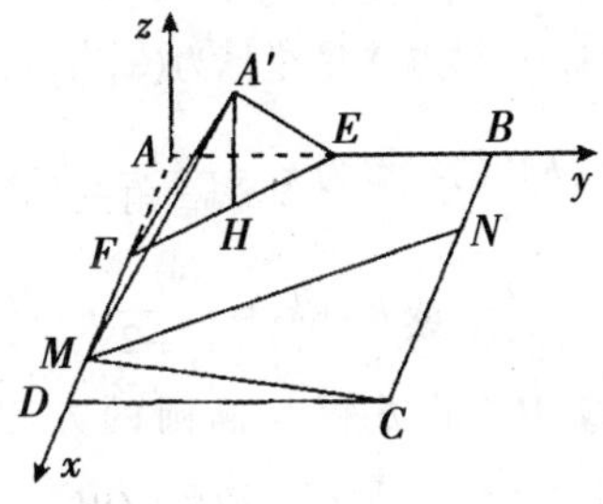

因为 $AE=EB=AF=\frac{2}{3}FD=4$,

所以 $A'E=A'F=AE=EB$。

过点 A' 作 $A'H\perp EF$ 于点 H,则 $EH=FH$,

又 $A'H\subset$ 平面 $A'EF$,平面 $A'EF\perp$ 平面 BEF,平面 $A'EF\cap$ 平面 $BEF=EF$,所以 $A'H\perp$ 平面 BEF。

又 $AE=EB=AF=\frac{2}{3}FD=4$,所以 $F(4,0,0)$,$A'(2,2,2\sqrt{2})$,$C(10,8,0)$,$D(10,0,0)$,

则 $\overrightarrow{FA'}=(-2,2,2\sqrt{2})$,$\overrightarrow{FD}=(6,0,0)$,

设平面 $A'FD$ 的法向量 $\boldsymbol{n}=(x,y,z)$,

所以 $\begin{cases}-2x+2y+2\sqrt{2}z=0,\\ 6x=0,\end{cases}$ 取 $z=\sqrt{2}$,则 $\boldsymbol{n}=(0,-2,\sqrt{2})$。

又平面 FDC 的一个法向量为 $\boldsymbol{m}=(0,0,1)$,所以

$\cos\langle\boldsymbol{n},\boldsymbol{m}\rangle=\frac{\boldsymbol{n}\cdot\boldsymbol{m}}{|\boldsymbol{n}||\boldsymbol{m}|}=\frac{\sqrt{2}}{\sqrt{6}\times 1}=\frac{\sqrt{3}}{3}$,

故二面角 $A'-FD-C$ 的余弦值为 $\frac{\sqrt{3}}{3}$。

(2)连结 $A'M$,CM。

设 $FM=x(0\leqslant x\leqslant 6)$,则 M 点的坐标为 $(4+x,0,0)$。

由于翻折后点 C 与点 A' 重合,所以 $|\overrightarrow{CM}|=|\overrightarrow{A'M}|$,

又 $\overrightarrow{A'M}=(2+x,-2,-2\sqrt{2})$,$\overrightarrow{CM}=(x-6,-8,0)$,

所以 $\sqrt{(2+x)^2+4+8}=\sqrt{(x-6)^2+64+0}$,

解得 $x=\frac{21}{4}$,

经检验,当 $FM=\frac{21}{4}$ 时,点 N 在边 BC 上,

所以 $FM=\frac{21}{4}$。

专题十　平面解析几何

真题实测

一、单项选择题

1. D【解析】直线 $x+y+1=0$ 的斜率为 -1,则倾斜角为 $135°$。

2. B【解析】由抛物线 $y=x^2-8x+7$,得 $A(1,0)$,$B(7,0)$,$S(4,0)$,易知当 B,P,C 三点共线,且 P 在点 B,C 之间时,线段 SQ 取得最小值,此时 SQ 是 $\triangle ABP$ 的中位线,即 $SQ=\frac{1}{2}BP=\frac{1}{2}(BC-CP)=\frac{1}{2}[\sqrt{(7-4)^2+(0-4)^2}-1]=2$。

3. D【解析】圆的方程 $x^2+y^2-4x+6y=0\Leftrightarrow(x-2)^2+(y+3)^2=13$,故圆心坐标为 $(2,-3)$,则 $a^2+b^2=4+9=13$。

4. C【解析】形如"$y^2=2px(p>0)$"的抛物线,其焦点为 $\left(\frac{p}{2},0\right)$,故选 C。

5. A【解析】由题意可知所求直线方程的斜率为 2,故所求直线的方程为 $y=2x+1$,即 $2x-y+1=0$。

6. A【解析】依题意把点 $(1,4)$,$(2,7)$ 代入抛物线方程,得 $\begin{cases}4=a+b+c,\\ 7=4a+2b+c,\end{cases}$ 解得 $3a+b=3$,$b=3-3a$。

$\because$ 对称轴 $x=k=-\frac{b}{2a}=-\frac{3-3a}{2a}$，$\therefore \left|-\frac{3-3a}{2a}\right|\leqslant 1$，得 $\frac{3}{5}\leqslant a\leqslant 3$。

7. D【解析】$\because 4+a^2-a>0$ 在 $\mathbf{R}$ 上恒成立，$\therefore 4+a^2>a$，$\therefore$ 椭圆焦点在 y 轴上，$e=\frac{c}{a}=\sqrt{\frac{c^2}{a^2}}=\sqrt{\frac{4+a^2-a}{4+a^2}}=\sqrt{1-\frac{a}{4+a^2}}$，又 $4+a^2\geqslant 2\sqrt{4a^2}=4a$，$\therefore e=\sqrt{1-\frac{a}{4+a^2}}\geqslant\sqrt{1-\frac{a}{4a}}=\frac{\sqrt{3}}{2}$，$\because 0<e<1$，$\therefore \frac{\sqrt{3}}{2}\leqslant e<1$。

8. D【解析】由题意得 l 的斜率为 -1，且过圆心 $(3,-2)$，则直线 l 方程为 $y-(-2)=-1\cdot(x-3)$，即 $x+y-1=0$。

9. A【解析】根据抛物线的顶点坐标公式可知，$x=-\frac{b}{2a}=1$，$y=\frac{4ac-b^2}{4a}=2$。故选 A。

10. D【解析】由题意可得，圆 O 的方程为 $x^2+y^2=2^2$，所以当直线 $y=-x+b$ 与圆 O 相交时 b 的取值范围，即方程 $x^2+(-x+b)^2=4$ 有且只有两个不等的实数根时 b 的取值范围，即 $\Delta=4b^2-8(b^2-4)>0$ 的解，故 $-2\sqrt{2}<b<2\sqrt{2}$。

二、填空题

11. $\frac{1}{2}<e<\frac{2}{3}$　【解析】由题意可得 $A(-a,0)$，$F(c,0)$，$B\left(c,\frac{b^2}{a}\right)$，$\therefore k=\frac{\frac{b^2}{a}}{c+a}=\frac{a^2-c^2}{a(a+c)}=\frac{a-c}{a}=1-e$，即 $\frac{1}{3}<1-e<\frac{1}{2}$，解得 $\frac{1}{2}<e<\frac{2}{3}$，故该椭圆的离心率的取值范围是 $\frac{1}{2}<e<\frac{2}{3}$。

12. $y=2x-4$　【解析】由题意知圆的标准方程为 $(x-1)^2+(y+2)^2=2$，则圆心为 $(1,-2)$，与直线 $x+2y=1$ 垂直的直线的斜率为 2，则所求的直线方程为 $y=2x-4$。

三、判断题

13. √【解析】由 $e=\frac{c}{a}=\frac{3}{5}$ 得 $c=\frac{3}{5}a$，$c=\sqrt{a^2-b^2}$，$2(a+b)=36$，联立以上式子，解得 $a=10$ 或 8，椭圆标准方程为 $\frac{x^2}{100}+\frac{y^2}{64}=1$ 或 $\frac{y^2}{100}+\frac{x^2}{64}=1$。

14. ×【解析】共轭双曲线即实轴和虚轴互换的双曲线，则可令 $e_1=\frac{c}{a}$，$e_2=\frac{c}{b}$，所以 $\frac{1}{e_1^2+e_2^2}=\frac{1}{\left(\frac{c}{a}\right)^2+\left(\frac{c}{b}\right)^2}=\frac{a^2b^2}{c^4}\neq 1$。

四、解答题

15.【解析】(1) 根据题意得，$2a=4\sqrt{2}$，则 $a=2\sqrt{2}$，

由双曲线的渐近线方程可知，$\sqrt{\frac{n}{m}}=1$，$\therefore m=n$，

$\therefore e_2=\frac{\sqrt{m+n}}{\sqrt{m}}=\sqrt{2}$，$\because e_1=\frac{c}{a}=\frac{\sqrt{8-b^2}}{2\sqrt{2}}$，$\therefore e_1e_2=\frac{\sqrt{8-b^2}}{2\sqrt{2}}\cdot\sqrt{2}=1$，

$\therefore b^2=4$，故椭圆 E 的方程为 $\frac{x^2}{8}+\frac{y^2}{4}=1$。

(2) 由 (1) 得，点 F 的坐标为 $(2,0)$，

设过点 G 的直线方程为 $y=k(x-4)$，点 M 的坐标为 (x_1,y_1)，点 N 的坐标为 (x_2,y_2)，

则直线 FM 的斜率为 $k_1=\frac{y_1}{x_1-2}$，直线 FN 的斜率为 $k_2=\frac{y_2}{x_2-2}$，故 $k_1+k_2=\frac{y_1}{x_1-2}+\frac{y_2}{x_2-2}$，

将直线 MN 的方程与椭圆的方程联立可得 $\begin{cases}y=k(x-4),\\ \frac{x^2}{8}+\frac{y^2}{4}=1,\end{cases}$ 得 $(1+2k^2)x^2-16k^2x+32k^2-8=0$，

由韦达定理得，$x_1+x_2=\frac{16k^2}{1+2k^2}$，$x_1x_2=\frac{32k^2-8}{1+2k^2}$，

则 $k_1+k_2=\frac{y_1}{x_1-2}+\frac{y_2}{x_2-2}=\frac{2kx_1x_2-6k(x_1+x_2)+16k}{x_1x_2-2(x_1+x_2)+4}=0$，$\therefore k_1+k_2$ 是定值。

16.【解析】(1) 由题意可知，$e=\frac{c}{a}=\frac{\sqrt{2}}{2}$，$\frac{1}{a^2}+\frac{4}{b^2}=1$，$a^2=c^2+b^2$，联立以上式子，解得 $a^2=9$，$b^2=c^2=\frac{9}{2}$，故椭圆的标准方程为 $\frac{x^2}{9}+\frac{2y^2}{9}=1$。

(2) 证明：①当直线斜率不存在时，有 $G(1,0)$，$E(1,2)$，则 $|GH|=1$，$|GE|=2$，所以 $|GH|<|GE|$。

②当直线斜率存在时，设直线方程为 $y=k(x-$

1)，点 $E(x_1,y_1)$，$F(x_2,y_2)$。联立方程 $\begin{cases}y=k(x-1),\\ \frac{x^2}{9}+\frac{2y^2}{9}=1,\end{cases}$ 整理得 $(1+2k^2)x^2-4k^2x+2k^2-9=0$，由韦达定理可知，$x_1+x_2=\frac{4k^2}{1+2k^2}$，$x_1x_2=\frac{2k^2-9}{1+2k^2}$，$y_1+y_2=k(x_1+x_2-2)=\frac{-2k}{1+2k^2}$，故 EF 的中点 G 的坐标为 $\left(\frac{2k^2}{1+2k^2},\frac{-k}{1+2k^2}\right)$。则 $|GH|^2=\left(\frac{2k^2}{1+2k^2}-2\right)^2+\left(\frac{-k}{1+2k^2}\right)^2=\frac{4k^4+9k^2+4}{(1+2k^2)^2}$，$|GE|^2=\left(x_1-\frac{x_1+x_2}{2}\right)^2+\left(y_1-\frac{y_1+y_2}{2}\right)^2=\frac{(x_1+x_2)^2-4x_1x_2}{4}+\frac{k^2[(x_1+x_2)^2-4x_1x_2]}{4}=\frac{16k^4+25k^2+9}{(1+2k^2)^2}$。

构造函数 $f(k)=|GE|^2-|GH|^2=\frac{16k^4+25k^2+9}{(1+2k^2)^2}-\frac{4k^4+9k^2+4}{(1+2k^2)^2}=\frac{12k^4+16k^2+5}{(1+2k^2)^2}(k\in\mathbf{R})$。令 $t=k^2$，则有 $f(t)=\frac{12t^2+16t+5}{(1+2t)^2}(t\geqslant0)$。由于函数 $f(t)$ 中分母恒大于零，故只需考虑一元二次函数 $g(t)=12t^2+16t+5$，它的对称轴为 $t=-\frac{2}{3}$，图象开口向上，所以对 $\forall t\geqslant0$，$g(t)\geqslant g(0)=5>0$，即 $f(t)=\frac{12t^2+16t+5}{(1+2t)^2}>0$ 在 $t\geqslant0$ 上恒成立，则对 $\forall k\in\mathbf{R}$，$f(k)=|GE|^2-|GH|^2>0$ 恒成立，故 $|GH|<|GE|$。综合①②得，恒有 $|GH|<|GE|$。

17.【解析】设 $A(x_1,y_1)$，$B(x_2,y_2)$。

(1)由题意知，直线 l 的方程为 $y=\frac{3}{2}x-2$，与椭圆方程 $\frac{x^2}{4}+y^2=1$ 联立得，$5x^2-12x+6=0$，解得 $x_1x_2=\frac{6}{5}$，$x_1+x_2=\frac{12}{5}$，$\because C$ 是 AB 的中点，$\therefore$ 点 C 的坐标为 $\left(\frac{x_1+x_2}{2},\frac{y_1+y_2}{2}\right)$，即点 C 的坐标为 $\left(\frac{6}{5},-\frac{1}{5}\right)$，$\therefore OC=\frac{\sqrt{37}}{5}$。

(2)由题意知直线 l 的斜率不为 0 且存在，设直线 l 的斜率为 k，则直线 l 的方程为 $y=kx-2$，将直线 l 的方程与椭圆 W 的方程联立得 $\begin{cases}\frac{x^2}{4}+y^2=1,\\ y=kx-2,\end{cases}$ 整理得 $(1+4k^2)x^2-16kx+12=0$，$\Delta=16(4k^2-3)>0$，$x_1+x_2=\frac{16k}{1+4k^2}$，$x_1x_2=\frac{12}{1+4k^2}$，$\therefore |AB|=\sqrt{1+k^2}\cdot|x_1-x_2|=\sqrt{1+k^2}\sqrt{(x_1+x_2)^2-4x_1x_2}=\sqrt{1+k^2}\cdot\frac{4\sqrt{4k^2-3}}{1+4k^2}$，点 O 到直线 l 的距离为 $d=\frac{2}{\sqrt{1+k^2}}$，

$\therefore S_{\triangle OAB}=\frac{1}{2}|AB|\cdot d=\frac{1}{2}\sqrt{1+k^2}\cdot\frac{4\sqrt{4k^2-3}}{1+4k^2}\cdot\frac{2}{\sqrt{1+k^2}}=1$，解得 $k^2=\frac{7}{4}$，$\therefore k=\pm\frac{\sqrt{7}}{2}$。

18.【解析】(1)证明：将抛物线与直线方程联立得 $\begin{cases}y=x^2,\\ y=(k+2)x-(2k-1),\end{cases}$ 消去 y，得 $x^2=(k+2)x-(2k-1)$，即 $x^2-(k+2)x+(2k-1)=0$，其判别式 $\Delta=(k-2)^2+4>0$，故该抛物线与直线恒有 2 个交点。

(2)由求根公式知 $x_{1,2}=\frac{(k+2)\pm\sqrt{\Delta}}{2}$，要使两根为整数，则 k 与 $\sqrt{\Delta}$ 为整数且能整除 2，$\Delta=(k-2)^2+4>0$ 为完全平方数。令 $m=k-2$，$\Delta=n^2$，m 和 n 均为整数，则 $m^2+4=n^2$，显然有 $|n|>|m|$，又 m 和 n 为整数，所以 $|n|\geqslant|m|+1$，所以 $4=n^2-m^2\geqslant(|m|+1)^2-m^2=2|m|+1$，即 $|m|\leqslant1.5$，故有 $|m|=0$ 或 $|m|=1$。当 $|m|=1$ 时，$\Delta=5$，不是完全平方数，舍去；当 $|m|=0$ 时，有 $k-2=0$，即 $k=2$，此时 $\Delta=4$ 是完全平方数，且可求得 $x_1=3$，$x_2=1$，满足题意，所以 $k=2$。

基础训练

一、单项选择题

1. A【解析】由直线 l 的方程为 $\sqrt{3}x+3y-1=0$ 可得直线 l 的斜率为 $k=-\frac{\sqrt{3}}{3}$，设直线 l 的倾斜角为 $\alpha(0°\leqslant\alpha<180°)$，则 $\tan\alpha=-\frac{\sqrt{3}}{3}$，所以 $\alpha=150°$。故选 A。

2. C【解析】因为$\frac{3}{6}=\frac{4}{8}\neq\frac{-12}{5}$,所以两直线平行,将直线$3x+4y-12=0$化为$6x+8y-24=0$,由题意可知,$|PQ|$的最小值为这两条平行直线间的距离,即$\frac{|-24-5|}{\sqrt{6^2+8^2}}=\frac{29}{10}$,所以$|PQ|$的最小值为$\frac{29}{10}$。故选C。

3. A【解析】由题意知圆心$(0,1)$到直线l的距离$d=\frac{|m|}{\sqrt{m^2+1}}<1<\sqrt{5}$,故直线$l$与圆相交。

4. A【解析】圆心$(2,0)$到直线的距离$d=\frac{|2+0+2|}{\sqrt{2}}=2\sqrt{2}$,所以点$P$到直线的距离$d_1\in[\sqrt{2},3\sqrt{2}]$。根据直线的方程可知$A$,$B$两点的坐标分别为$A(-2,0)$,$B(0,-2)$,所以$AB=2\sqrt{2}$,所以$\triangle ABP$的面积$S=\frac{1}{2}|AB|d_1=\sqrt{2}d_1$。因为$d_1\in[\sqrt{2},3\sqrt{2}]$,所以$S\in[2,6]$,即$\triangle ABP$面积的取值范围是$[2,6]$。

5. C【解析】圆$(x-5)^2+(y-1)^2=2$的圆心是$(5,1)$,过点$(5,1)$与$y=x$垂直的直线方程为$x+y-6=0$,它与$y=x$的交点为$N(3,3)$,点N到圆心的距离是$2\sqrt{2}$,圆的半径为$\sqrt{2}$,所以两条切线之间的夹角为$\frac{\pi}{3}$。

6. A【解析】已知椭圆的标准方程为$\frac{x^2}{\frac{k}{4}}+\frac{y^2}{k}=1$,因为$k>\frac{k}{4}>0$,所以椭圆的长轴长$2a=2\sqrt{k}$,所以椭圆上任意两点间的最大距离$d=2a=2\sqrt{k}=4$,解得$k=4$。

7. A【解析】设动点$M(x,y)$,椭圆上一点$P(x_0,y_0)$,满足${x_0}^2+4{y_0}^2=4$①,由中点坐标公式$x=\frac{x_0+4}{2}$,$y=\frac{y_0}{2}$得出$x_0=2x-4$,$y_0=2y$代入①得$(x-2)^2+4y^2=1$,故选A。

8. C【解析】由题意得$2c=\frac{a^2}{c}$,故$a=\sqrt{2}c$,作出如下图形可知$\angle BFO=45°$,所以$\angle BFN=90°$。

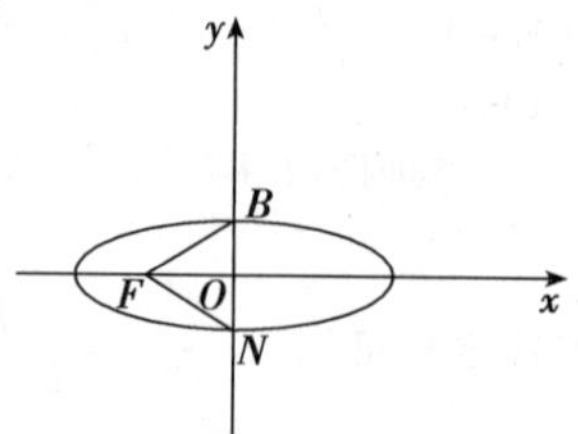

9. D【解析】在$Rt\triangle PF_1F_2$中,$\angle PF_2F_1=60°$,不妨设椭圆焦点在x轴上,且焦距$|F_1F_2|=2c$,则$|PF_2|=c$,$|PF_1|=\sqrt{3}c$,由椭圆的定义可知,$2a=(1+\sqrt{3})c$,所以离心率$e=\frac{c}{a}=\frac{2}{1+\sqrt{3}}=\sqrt{3}-1$。故选D。

10. B【解析】抛物线$y^2=8x$的准线为$x=-2$。$\because$点P到y轴的距离是4,$\therefore$点P到准线的距离是$4+2=6$。根据抛物线的定义可知点P到该抛物线焦点的距离是6。

11. D【解析】设$A(x_1,y_1)$,$B(x_2,y_2)$,则$x_1+x_2=3$。由抛物线的定义可知$|AF|+|BF|=x_1+x_2+1=4$。由图可知$|AF|+|BF|\geqslant|AB|$,所以$|AB|\leqslant4$,当且仅当直线AB过焦点F时,$|AB|$取得最大值4。

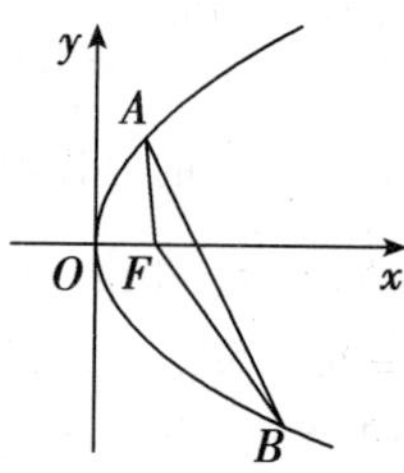

12. B【解析】由题意知,$\because e=\frac{c}{a}=\sqrt{2}$,$\therefore a=b$,又$\because$左焦点为$F(-c,0)$,$\therefore \frac{4}{c}=1\Rightarrow c=4$,$a=b=2\sqrt{2}\Rightarrow\frac{x^2}{8}-\frac{y^2}{8}=1$。

13. C【解析】由于$a=1$,$b=\sqrt{m}$,故$c=\sqrt{1+m}$,又$e=2$,故$\sqrt{1+m}=2$,解得$m=3$。故双曲线$y^2-\frac{x^2}{3}=1$的两条渐近线方程为$y=\pm\frac{\sqrt{3}}{3}x$,由$\begin{cases}y=\frac{\sqrt{3}}{3}x,\\y^2=3x,\end{cases}$解得$\begin{cases}x=0,\\y=0,\end{cases}$或$\begin{cases}x=9,\\y=3\sqrt{3}。\end{cases}$故$S=9\times3\sqrt{3}=27\sqrt{3}$。

二、填空题

14. $4x-3y=0$ 或 $x+y+7=0$ 【解析】当直线过原点时，斜率为$\frac{-4-0}{-3-0}=\frac{4}{3}$，直线方程为 $y=\frac{4}{3}x$，即 $4x-3y=0$。当直线不过原点时，设直线方程$\frac{x}{a}+\frac{y}{a}=1$，把点 $P(-3,-4)$代入可得$\frac{-3}{a}+\frac{-4}{a}=1$，则 $a=-7$，故所求直线的方程为$\frac{x}{-7}+\frac{y}{-7}=1$，即 $x+y+7=0$。综上，所求直线的方程为 $4x-3y=0$ 或 $x+y+7=0$。

15. 1 【解析】两圆的方程相减，得公共弦所在的直线方程为 $y=\frac{1}{a}$。又 $a>0$，结合图象，再利用半径、弦长的一半及弦心距构成直角三角形，可知$\frac{1}{a}=\sqrt{2^2-(\sqrt{3})^2}=1\Rightarrow a=1$。

16. $(x-2)^2+(y-1)^2=1$ 【解析】设对称圆的方程为$(x-a)^2+(y-b)^2=1$，圆心$(1,2)$与圆心(a,b)关于直线 $y=x$ 对称，因此$\begin{cases}\frac{1+a}{2}=\frac{2+b}{2},\\ \frac{b-2}{a-1}=-1,\end{cases}$解得$\begin{cases}a=2,\\ b=1,\end{cases}$故对称圆的方程为$(x-2)^2+(y-1)^2=1$。

17. $x^2+\frac{4}{3}y^2=1$ 【解析】由题意得$|PA|=|PB|$，又$|PF|+|PB|=2$，$\therefore |PA|+|PF|=2$，即 P 到两定点 A,F 的距离之和为定值 2，且大于两定点 A,F 之间的距离 1，故其轨迹为椭圆，且 $a=1$，$c=\frac{1}{2}$，$b^2=\frac{3}{4}$，$\therefore$ 动点 P 的轨迹方程为 $x^2+\frac{4}{3}y^2=1$。

18. $[-1,1]$ 【解析】$\because y^2=8x$，$\therefore Q(-2,0)$，$\therefore$ 可设过 Q 点的直线 l 方程为 $y=k(x+2)$。$\because l$ 与抛物线有公共点，$\therefore$ 方程组$\begin{cases}y^2=8x,\\ y=k(x+2)\end{cases}$有解，即 $k^2x^2+(4k^2-8)x+4k^2=0$ 有解，$\therefore \Delta=(4k^2-8)^2-16k^4\geqslant 0$，即 $k^2\leqslant 1$，$\therefore -1\leqslant k\leqslant 1$。

19. $\frac{x^2}{4}-\frac{y^2}{5}=1$ 【解析】由双曲线 C 的渐近线方程为$y=\frac{\sqrt{5}}{2}x$，可知$\frac{b}{a}=\frac{\sqrt{5}}{2}$①，椭圆$\frac{x^2}{12}+\frac{y^2}{3}=1$ 的焦点坐标为$(-3,0)$和$(3,0)$，所以 $a^2+b^2=9$②，根据①②可知 $a^2=4$，$b^2=5$，故 C 的方程为$\frac{x^2}{4}-\frac{y^2}{5}=1$。

20. 7 【解析】设 $A(5\cos\theta,3\sin\theta)$，易知该圆的圆心为 $C(1,0)$，半径为 1，$|AC|^2=(5\cos\theta-1)^2+(3\sin\theta)^2=25\cos^2\theta-10\cos\theta+1+9\sin^2\theta=16\cos^2\theta-10\cos\theta+10=16\cdot\left(\cos\theta-\frac{5}{16}\right)^2+\frac{135}{16}$，当 $\cos\theta=-1$ 时，$|AC|$取得最大值 6，从而$|AB|$的最大值为 $6+1=7$。

三、判断题

21. √【解析】$\because A,B,C$ 三点共线，$\therefore k_{AB}=k_{AC}$，$\therefore \frac{a-3}{5-4}=\frac{5-3}{6-4}$，解得 $a=4$。

22. ×【解析】由椭圆的定义知，当该常数大于$|F_1F_2|$时，其轨迹才是椭圆，而该常数等于$|F_1F_2|$时，其轨迹为线段 F_1F_2，该常数小于$|F_1F_2|$时，不存在图形。

23. √【解析】因为 $\frac{x^2}{a^2}-\frac{y^2}{b^2}=1\ (a>0,b>0)$的渐近线方程为 $y=\pm\frac{b}{a}x$，即 $\frac{x^2}{a^2}-\frac{y^2}{b^2}=0$，所以当 $\lambda>0$时，$\frac{x^2}{\lambda m^2}-\frac{y^2}{\lambda n^2}=1\ (m>0,n>0)$的渐近线方程为 $\frac{x^2}{\lambda m^2}-\frac{y^2}{\lambda n^2}=0$，即 $\frac{x^2}{m^2}-\frac{y^2}{n^2}=0$，即 $\frac{x}{m}\pm\frac{y}{n}=0$。同理当 $\lambda<0$ 时，仍成立，故结论正确。

24. ×【解析】抛物线是只有一条对称轴的轴对称图形。

四、解答题

25. 【解析】设线段 AB 的中点 P 的坐标(a,b)，由 P 到 l_1，l_2 的距离相等，得 $\frac{|2a-5b+9|}{\sqrt{2^2+5^2}}=\frac{|2a-5b-7|}{\sqrt{2^2+5^2}}$，经整理得，$2a-5b+1=0$，又点 P 在直线 $x-4y-1=0$ 上，所以 $a-4b-1=0$，解方程组$\begin{cases}2a-5b+1=0,\\ a-4b-1=0,\end{cases}$得$\begin{cases}a=-3,\\ b=-1,\end{cases}$即点 P 的坐标为$(-3,-1)$，又直线 l 过点$(2,3)$，所以直线 l 的方程为$\frac{y-(-1)}{3-(-1)}=\frac{x-(-3)}{2-(-3)}$，即 $4x-5y+7=0$。

26.【解析】(1)①若直线 l_1 的斜率不存在,即直线是 $x=1$,符合题意;

②若直线 l_1 斜率存在,设直线 l_1 的方程为 $y=k(x-1)$,即 $kx-y-k=0$,

由题意知,圆心(3,4)到已知直线 l_1 的距离等于半径2,即 $\frac{|3k-4-k|}{\sqrt{k^2+1}}=2$,解得 $k=\frac{3}{4}$,故所求直线方程是 $x=1$ 或 $3x-4y-3=0$。

(2)由于直线 l_1 与圆有两个交点,则其斜率一定存在,且不为0,可设直线 l_1 的方程为 $kx-y-k=0$,联立直线 l_2 的方程可得 $\begin{cases}x+2y+2=0,\\kx-y-k=0,\end{cases}$ 解得 $\begin{cases}x=\frac{2k-2}{2k+1},\\y=-\frac{3k}{2k+1},\end{cases}$ 即点 N 的坐标为 $\left(\frac{2k-2}{2k+1},-\frac{3k}{2k+1}\right)$,$\because M$ 是 PQ 的中点,$\therefore CM\perp PQ$,即直线 CM 与 l_1 垂直,联立方程得 $\begin{cases}y=kx-k,\\y-4=-\frac{1}{k}(x-3),\end{cases}$ 解得 $\begin{cases}x=\frac{k^2+4k+3}{k^2+1},\\y=\frac{4k^2+2k}{k^2+1},\end{cases}$ 即点 M 的坐标为 $\left(\frac{k^2+4k+3}{k^2+1},\frac{4k^2+2k}{k^2+1}\right)$,$\therefore |AM|\cdot|AN|=\frac{2|2k+1|}{1+k^2}\cdot\sqrt{1+k^2}\cdot\frac{3\sqrt{1+k^2}}{|2k+1|}=6$ 为定值。

27.【解析】(1)过点 $(0,b)$ 和 $(c,0)$ 的直线方程为 $y=-\frac{b}{c}x+b$,则由题意可知,$\frac{|b|}{\sqrt{1+\left(-\frac{b}{c}\right)^2}}=\frac{1}{2}c$,

解得 $c^2=3b^2$,故 $a^2=4b^2$,因此 $e=\sqrt{\frac{c^2}{a^2}}=\frac{\sqrt{3}}{2}$。

(2)由(1)可设椭圆的方程为 $\frac{x^2}{4b^2}+\frac{y^2}{b^2}=1$,圆 $(x-2)^2+(y+1)^2=\frac{5}{2}$ 的圆心为 $M(2,-1)$,半径为 $\frac{\sqrt{10}}{2}$。$\because$ 线段 AB 恰好是圆的直径,则直线 AB 必过圆心 $M(2,-1)$,且 M 为线段 AB 的中点,$|AB|=\sqrt{10}$。设直线 AB 的方程为 $y+1=k(x-2)$,$A(x_1,y_1)$,$B(x_2,y_2)$,

联立 $\begin{cases}\frac{x^2}{4b^2}+\frac{y^2}{b^2}=1,\\y+1=k(x-2),\end{cases}$ 消去 y,可得 $(1+4k^2)x^2-8k(2k+1)x+4(2k+1)^2-4b^2=0$,(*)

则 $x_1+x_2=\frac{8k(2k+1)}{1+4k^2}=4$,解得 $k=\frac{1}{2}$,

将 $k=\frac{1}{2}$ 代入(*)式可化为 $x^2-4x+8-2b^2=0$,

则直线 AB 的方程为 $y=\frac{1}{2}x-2$,则 $x_1x_2=8-2b^2$,

$|AB|=\sqrt{1+k^2}\ |x_1-x_2|=\sqrt{1+\left(\frac{1}{2}\right)^2}\cdot\sqrt{(x_1+x_2)^2-4x_1x_2}=\sqrt{\frac{5}{4}}\cdot\sqrt{8b^2-16}=\sqrt{10}$,

解得 $b^2=3$,则椭圆方程为 $\frac{x^2}{12}+\frac{y^2}{3}=1$。

28.【解析】(1)设 $M(x,y)$,则 $B(x,-3)$。

$\because A(0,-1)$,$\therefore \overrightarrow{MA}=(-x,-1-y)$,$\overrightarrow{MB}=(0,-3-y)$,$\overrightarrow{AB}=(x,-2)$。

$\because \overrightarrow{MA}\cdot\overrightarrow{AB}=\overrightarrow{MB}\cdot\overrightarrow{BA}$,

$\therefore (\overrightarrow{MA}+\overrightarrow{MB})\cdot\overrightarrow{AB}=0$,

$\therefore (-x,-4-2y)\cdot(x,-2)=0$,

$\therefore$ 曲线 C 的方程式为 $y=\frac{1}{4}x^2-2$。

(2)设 $P(x_0,y_0)$ 为曲线 C:$y=\frac{1}{4}x^2-2$ 上一点,

$\because y'=\frac{1}{2}x$,$\therefore l$ 的斜率为 $\frac{1}{2}x_0$,

$\therefore$ 直线 l 的方程为 $y-y_0=\frac{1}{2}x_0(x-x_0)$,即 $x_0x-2y+2y_0-x_0^2=0$,

$\therefore O$ 点到 l 的距离 $d=\frac{|2y_0-x_0^2|}{\sqrt{x_0^2+4}}$。

又 $\because y_0=\frac{1}{4}x_0^2-2$,

$\therefore d=\frac{\frac{1}{2}x_0^2+4}{\sqrt{x_0^2+4}}=\frac{1}{2}\left(\sqrt{x_0^2+4}+\frac{4}{\sqrt{x_0^2+4}}\right)\geqslant 2$,当且仅当 $x_0^2=0$ 时取等号,

$\therefore O$ 点到 l 距离的最小值为2。

29.【解析】(1)因为双曲线 C:$\frac{x^2}{a^2}-\frac{y^2}{b^2}=1(a>0,b>0)$ 的离心率为 $\sqrt{3}$,点 $(\sqrt{3},0)$ 是双曲线的一个顶

点，所以$\begin{cases}\frac{c}{a}=\sqrt{3},\\ a=\sqrt{3},\end{cases}$解得 $c=3$，又 $b^2=c^2-a^2$，则 $b=\sqrt{6}$，所以双曲线的方程为$\frac{x^2}{3}-\frac{y^2}{6}=1$。

(2)双曲线$\frac{x^2}{3}-\frac{y^2}{6}=1$ 的右焦点为 $F_2(3,0)$，所以经过双曲线右焦点 F_2 且倾斜角为 30°的直线的方程为 $y=\frac{\sqrt{3}}{3}(x-3)$，联立$\begin{cases}\frac{x^2}{3}-\frac{y^2}{6}=1,\\ y=\frac{\sqrt{3}}{3}(x-3),\end{cases}$得 $5x^2+6x-27=0$，设 $A(x_1,y_1)$，$B(x_2,y_2)$，则 $x_1+x_2=-\frac{6}{5}$，$x_1x_2=-\frac{27}{5}$，所以 $|AB|=\sqrt{1+\frac{1}{3}}\times\sqrt{\left(-\frac{6}{5}\right)^2-4\left(-\frac{27}{5}\right)}=\frac{16\sqrt{3}}{5}$。

30.【解析】(1)由 $x=\rho\cos\theta$，$y=\rho\sin\theta$，可得圆 C 的极坐标方程为 $\rho^2+12\rho\cos\theta+11=0$。

(2)在(1)中建立的极坐标系中，直线 l 的极坐标方程为 $\theta=\alpha(\rho\in\mathbf{R})$。设 A,B 所对应的极径分别为 ρ_1,ρ_2，将 l 的极坐标方程代入 C 的极坐标方程得 $\rho^2+12\rho\cos\alpha+11=0$，于是 $\rho_1+\rho_2=-12\cos\alpha$，$\rho_1\rho_2=11$，$|AB|=|\rho_1-\rho_2|=\sqrt{(\rho_1+\rho_2)^2-4\rho_1\rho_2}=\sqrt{144\cos^2\alpha-44}$，由 $|AB|=\sqrt{10}$ 得 $\cos^2\alpha=\frac{3}{8}$，$\tan\alpha=\pm\frac{\sqrt{15}}{3}$，所以 l 的斜率为$\frac{\sqrt{15}}{3}$或$-\frac{\sqrt{15}}{3}$。

整合提升

一、单项选择题

1. A【解析】因为 $l_1/\!/l_2$，所以$\frac{4-m}{m+2}=-2\ (m\neq-2)$，解得 $m=-8$(经检验，l_1 与 l_2 不重合)。因为 $l_2\perp l_3$，所以 $2\times1+1\times n=0$，即 $n=-2$，故 $m+n=-10$。

2. B【解析】由题知圆 C 的圆心 $C(-1,2)$，半径为$\sqrt{2}$。$\because$ 圆C 关于直线 $2ax+by+6=0$ 对称，$\therefore$ 圆心 C 在直线 $2ax+by+6=0$ 上，$\therefore -2a+2b+6=0$，即 $a=b+3$，$\therefore$ 由点 (a,b) 向圆所作的切线长为 $\sqrt{(a+1)^2+(b-2)^2-2}=\sqrt{(b+3+1)^2+(b-2)^2-2}=\sqrt{2b^2+4b+18}=\sqrt{2(b+1)^2+16}$，当 $b=-1$ 时，切线长最小，最小值为 4。

3. B【解析】将 $x^2+3y^2=9$ 化为标准方程得$\frac{x^2}{9}+\frac{y^2}{3}=1$，所以 $OF_1=\sqrt{6}$，设其右焦点为 F_2，则 $|PF_1|+|PF_2|=6$，又点 D 是线段 PF_1 的中点，根据中位线定理，可知$\triangle F_1OD$ 的周长为$|DF_1|+|DO|+|OF_1|=\frac{1}{2}\times(|PF_1|+|PF_2|)+|OF_1|=3+\sqrt{6}$，故选 B。

4. A【解析】以线段 A_1A_2 为直径的圆是 $x^2+y^2=a^2$，直线 $bx-ay+2ab=0$ 与圆相切，所以圆心到直线的距离 $d=\frac{2ab}{\sqrt{a^2+b^2}}=a$，整理为 $a^2=3b^2$，即 $a^2=3(a^2-c^2)$，$2a^2=3c^2$，即$\frac{c^2}{a^2}=\frac{2}{3}$，则 $e=\frac{c}{a}=\frac{\sqrt{6}}{3}$。

5. B【解析】设直线 l 为椭圆的右准线，e 为离心率，过 A,B 分别作 AA_1，BB_1 垂直于 l，A_1，B_1 为垂足。由第二定义得$|AA_1|=\frac{|AF|}{e}$，$|BB_1|=\frac{|BF|}{e}$。由$\overrightarrow{AF}=3\overrightarrow{FB}$，得$|AA_1|=\frac{3|BF|}{e}$，且过点 B 作 $BE\perp AA_1$ 于点 E，则 $\cos\angle BAE=\frac{|AE|}{|AB|}=\frac{|AA_1|-|BB_1|}{|AF|+|BF|}=\frac{\frac{2|BF|}{e}}{4|BF|}=\frac{1}{2e}=\frac{\sqrt{3}}{3}$，$\tan\angle BAE=\sqrt{2}$，即 $k=\sqrt{2}$，故选 B。

6. D【解析】依据抛物线的定义，抛物线 $y^2=4x$ 的准线为$x=-1$，抛物线 $y^2=4x$ 上一点 P 到直线 $x=-1$ 的距离等于 P 点到焦点 $F(1,0)$ 的距离，问题转化为求$|PQ-PF|$的最大值，连结 QF 并延长交抛物线于 P，此时$|PQ-PF|$的值最大，最大值为 $|QF|=\sqrt{(2-1)^2+(2-0)^2}=\sqrt{5}$，故选 D。

7. A【解析】设 A,B,C,D 坐标分别为 (x_1,y_1)，(x_2,y_2)，(x_3,y_4)，(x_4,y_4)，直线 l_1 的方程为 $y=k_1(x-1)$，联立方程$\begin{cases}y^2=4x,\\ y=k_1(x-1),\end{cases}$得 $k_1^2x^2-2k_1^2x-4x+k_1^2=0$，则$x_1+x_2=-\frac{-2k_1^2-4}{k_1^2}=2+\frac{4}{k_1^2}$，同理直线 l_2 与抛物线交点坐标满足 $x_3+x_4=2+\frac{4}{k_2^2}$，由抛物线定义可知，$|AB|+|DE|=x_1+x_2+x_3+x_4+2p=2+\frac{4}{k_1^2}+2+\frac{4}{k_2^2}+4=\frac{4}{k_1^2}+\frac{4}{k_2^2}+8\geqslant2\sqrt{\frac{16}{k_1^2k_2^2}}+8$

$=16$，当且仅当 $k_1=-k_2=1$（或 -1）时，等号成立。

8. B【解析】因为 $\triangle ABF_2$ 为等边三角形，不妨设 $AB=BF_2=AF_2=m$，A 为双曲线上的一点，$F_1A-F_2A=F_1A-AB=F_1B=2a$，$B$ 为双曲线上一点，则 $BF_2-BF_1=2a$，$BF_2=4a$，$F_1F_2=2c$，由 $\angle ABF_2=60°$，则 $\angle F_1BF_2=120°$，在 $\triangle F_1BF_2$ 中应用余弦定理得：$4c^2=4a^2+16a^2-2\cdot 2a\cdot 4a\cdot\cos 120°$，得 $c^2=7a^2$，则 $e^2=7$，$e=\sqrt{7}$，故选 B。

二、填空题

9. 4 【解析】因为 $|AB|=2\sqrt{3}$，且圆的半径为 $2\sqrt{3}$，所以圆心到直线 l 的距离 $d=\sqrt{r^2-\left(\frac{|AB|}{2}\right)^2}=3$，则由 $\frac{|3m-\sqrt{3}|}{\sqrt{m^2+1}}=3$，解得 $m=-\frac{\sqrt{3}}{3}$，代入到直线 l 的方程，得 $y=\frac{\sqrt{3}}{3}x+2\sqrt{3}$，所以直线 l 的倾斜角为 $30°$，由平面几何知识知，在梯形 $ABDC$ 中，$|CD|=\frac{|AB|}{\cos 30°}=4$。

10. 2 【解析】如图，可得 $A\left(-\frac{p}{2},\frac{p}{\sqrt{3}}\right)$ 代入双曲线 $y^2-\frac{x^2}{3}=1$ 可得 $\frac{p^2}{3}-\frac{p^2}{3\times 4}=1$，解得 $p=2$。

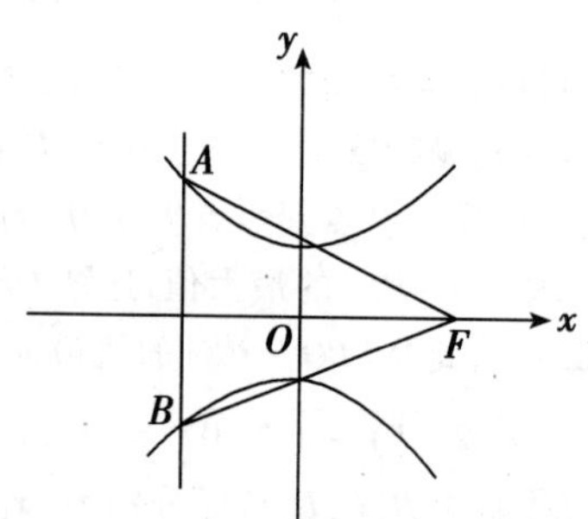

11. $\left(\sqrt{2},\frac{\sqrt{5}+1}{2}\right)$ 【解析】由题意知 $F(c,0)$，$B(0,b)$，则直线 BF 的方程为 $bx+cy-bc=0$，因为在线段 BF 上（不含端点）存在不同的两点 $P_i(i=1,2)$，使得 $\triangle P_iA_1A_2(i=1,2)$ 构成以线段 A_1A_2 为斜边的直角三角形，所以以 A_1A_2 为直径的圆与线段 BF 相交，所以 $\frac{bc}{\sqrt{b^2+c^2}}<a$，所以 $e^4-3e^2+1<0$。因为 $e>1$，所以 $1<e<\frac{\sqrt{5}+1}{2}$，又因为 P_1,P_2 在线段 BF 上（不含端点），所以点 B 在圆外，即 $b>a$，所以 $a^2<c^2-a^2$，所以 $e>\sqrt{2}$。综上，$e\in\left(\sqrt{2},\frac{\sqrt{5}+1}{2}\right)$。

12. $\frac{x^2}{5}+\frac{y^2}{4}=1$ 【解析】由题可设斜率存在的切线的方程为 $y-\frac{1}{2}=k(x-1)$（k 为切线的斜率），即 $2kx-2y-2k+1=0$。由 $\frac{|-2k+1|}{\sqrt{4k^2+4}}=1$，解得 $k=-\frac{3}{4}$，故圆 $x^2+y^2=1$ 的一条切线方程为 $3x+4y-5=0$，求得切点 $A\left(\frac{3}{5},\frac{4}{5}\right)$，易知另一切点 $B(1,0)$，则直线 AB 的方程为 $y=-2x+2$。令 $y=0$ 得右焦点为 $(1,0)$，令 $x=0$ 得上顶点为 $(0,2)$，则 $a^2=b^2+c^2=5$，故得所求椭圆方程为 $\frac{x^2}{5}+\frac{y^2}{4}=1$。

三、判断题

13. √【解析】由已知条件易得直线 l 的斜率为 $k=k_{FN}=1$。设双曲线方程为 $\frac{x^2}{a^2}-\frac{y^2}{b^2}=1(a>b>0)$，$A(x_1,y_1)$，$B(x_2,y_2)$，则有 $\begin{cases}\frac{x_1^2}{a^2}-\frac{y_1^2}{b^2}=1,\\ \frac{x_2^2}{a^2}-\frac{y_2^2}{b^2}=1,\end{cases}$ 两式相减并结合 $x_1+x_2=-24$，$y_1+y_2=-30$ 得 $\frac{y_1-y_2}{x_1-x_2}=\frac{4b^2}{5a^2}$，从而 $\frac{4b^2}{5a^2}=1$，即 $4b^2=5a^2$。又 $a^2+b^2=9$，解得 $a^2=4$，$b^2=5$，故正确。

14. ×【解析】因为直线 l 与抛物线 C 的对称轴平行时，也只有一个公共点，是相交，但不相切。

四、解答题

15.【解析】(1) 因为 $e^2=\frac{c^2}{a^2}=\frac{a^2-b^2}{a^2}=\frac{1}{4}$，

所以 $3a^2=4b^2$。①

又因为点 $M(1,\frac{3}{2})$ 在椭圆 C 上，

所以 $\frac{1}{a^2}+\frac{9}{4b^2}=1$。②

由①②得 $a^2=4$，$b^2=3$。

故椭圆 C 的方程为 $\frac{x^2}{4}+\frac{y^2}{3}=1$。

(2)当 $k=0$ 时，$P(0,2m)$ 在椭圆 C 上，解得 $m=\pm\frac{\sqrt{3}}{2}$，故 $|OP|=\sqrt{3}$。

当 $k\neq0$ 时，则由 $\begin{cases}y=kx+m,\\ \frac{x^2}{4}+\frac{y^2}{3}=1,\end{cases}$ 消 y 化简整理得 $(3+4k^2)x^2+8kmx+4m^2-12=0$，

则 $\Delta=64k^2m^2-4(3+4k^2)(4m^2-12)=48(3+4k^2-m^2)>0$。③

设 A,B,P 点的坐标分别为 (x_1,y_1)，(x_2,y_2)，(x_0,y_0)，则 $x_0=x_1+x_2=-\frac{8km}{3+4k^2}$，$y_0=y_1+y_2=k(x_1+x_2)+2m=\frac{6m}{3+4k^2}$。

因为点 P 在椭圆 C 上，所以 $\frac{x_0^2}{4}+\frac{y_0^2}{3}=1$，

所以 $\frac{16k^2m^2}{(3+4k^2)^2}+\frac{12m^2}{(3+4k^2)^2}=1$，化简得 $4m^2=3+4k^2$，经检验满足③式。

$|OP|=\sqrt{x_0^2+y_0^2}=\sqrt{\frac{64k^2m^2}{(3+4k^2)^2}+\frac{36m^2}{(3+4k^2)^2}}=\sqrt{\frac{4m^2(16k^2+9)}{(3+4k^2)^2}}=\sqrt{\frac{16k^2+9}{4k^2+3}}=\sqrt{4-\frac{3}{4k^2+3}}$，

因为 $0<|k|\leqslant\frac{1}{2}$，所以 $3<4k^2+3\leqslant4$，

即 $\frac{3}{4}\leqslant\frac{3}{4k^2+3}<1$，所以 $\sqrt{3}<|OP|\leqslant\frac{\sqrt{13}}{2}$。

综上，$|OP|$ 的取值范围是 $\left[\sqrt{3},\frac{\sqrt{13}}{2}\right]$。

16.【解析】(1) 由题意得 $\begin{cases}e=\frac{c}{a}=\frac{1}{2},\\ ab=2\sqrt{3},\\ a^2=b^2+c^2,\end{cases}$ 解得 $\begin{cases}a=2,\\ b=\sqrt{3},\end{cases}$ 故椭圆 E 的方程为 $\frac{x^2}{4}+\frac{y^2}{3}=1$。

(2)证明：设 $M(x_1,y_1)$，$N(x_2,y_2)$，$D(-4,n)$，线段 MN 的中点 $P(x_0,y_0)$，则 $2x_0=x_1+x_2$，$2y_0=y_1+y_2$，由(1)可得 $F(-1,0)$，则直线 DF 的斜率为 $k_{DF}=\frac{n-0}{-4-(-1)}=-\frac{n}{3}$，当 $n=0$ 时，直线 MN 的斜率不存在，根据椭圆的对称性可知 OD 平分线段 MN；当 $n\neq0$ 时，直线 MN 的斜率 $k_{MN}=\frac{3}{n}=\frac{y_1-y_2}{x_1-x_2}$。因为点 M,N 在椭圆 E 上，所以 $\begin{cases}\frac{x_1^{\ 2}}{4}+\frac{y_1^{\ 2}}{3}=1,\\ \frac{x_2^{\ 2}}{4}+\frac{y_2^{\ 2}}{3}=1,\end{cases}$ 整理得 $\frac{(x_1+x_2)(x_1-x_2)}{4}+\frac{(y_1+y_2)(y_1-y_2)}{3}=0$，又 $2x_0=x_1+x_2$，$2y_0=y_1+y_2$，所以 $\frac{y_0}{x_0}=-\frac{n}{4}$，即直线 OP 的斜率为 $k_{OP}=-\frac{n}{4}$，因为直线 OD 的斜率为 $k_{OD}=-\frac{n}{4}$，所以直线 OD 平分线段 MN。

17.【解析】(1) 由已知得 $a^2=12$，$b^2=4$，故 $c=\sqrt{a^2+b^2}=4$，所以 $F_1(-4,0)$，$F_2(4,0)$，因为 C 是以 F_2 为圆心且过原点的圆，故圆心为 $(4,0)$，半径为 4，所以 C 的轨迹方程为 $(x-4)^2+y^2=16$。

(2)设动点 $M(x,y)$，$P(x_0,y_0)$，则 $\overrightarrow{F_1M}=(x+4,y)$，$\overrightarrow{MP}=(x_0-x,y_0-y)$，由 $\overrightarrow{F_1M}=2\overrightarrow{MP}$，得 $(x+4,y)=2(x_0-x,y_0-y)$，即 $\begin{cases}x+4=2(x_0-x),\\ y=2(y_0-y),\end{cases}$ 解得 $\begin{cases}x_0=\frac{3x+4}{2},\\ y_0=\frac{3y}{2},\end{cases}$ 因为点 P 在 C 上，所以 $(x_0-4)^2+y_0^2=16$，代入得 $\left(\frac{3x+4}{2}-4\right)^2+\left(\frac{3y}{2}\right)^2=16$，化简得 $\left(x-\frac{4}{3}\right)^2+y^2=\frac{64}{9}$。

18.【解析】(1)当 l 与 x 轴垂直时，l 的方程为 $x=2$，可得 M 的坐标为 $(2,2)$ 或 $(2,-2)$，所以直线 BM 的方程为 $y=\frac{1}{2}x+1$ 或 $y=-\frac{1}{2}x-1$。

(2)①当 l 与 x 轴垂直时，AB 为 MN 的垂直平分线，故 $\angle ABM=\angle ABN$。

②当 l 与 x 轴不垂直时，设 l 的方程为 $y=k(x-2)(k\neq0)$，$M(x_1,y_1)$，$N(x_2,y_2)$，则 $x_1>0$，$x_2>0$。

由 $\begin{cases}y=k(x-2),\\ y^2=2x,\end{cases}$ 得 $ky^2-2y-4k=0$，可知 $y_1+y_2=\frac{2}{k}$，$y_1y_2=-4$。故直线 BM,BN 的斜率之和为 $k_{BM}+$

$k_{BN}=\frac{y_1}{x_1+2}+\frac{y_2}{x_2+2}=\frac{x_2y_1+x_1y_2+2(y_1+y_2)}{(x_1+2)(x_2+2)}$①,

将 $x_1=\frac{y_1}{k}+2$，$x_2=\frac{y_2}{k}+2$ 及 y_1+y_2，y_1y_2 的表达式代入①式分子，可得 $x_2y_1+x_1y_2+2(y_1+y_2)=\frac{2y_1y_2+4k(y_1+y_2)}{k}=\frac{-8+8}{k}=0$。所以 $k_{BM}+k_{BN}=0$，可知 BM，BN 的倾斜角互补，所以 $\angle ABM=\angle ABN$。综上，$\angle ABM=\angle ABN$。

19.【解析】(1)曲线 C 的直角坐标方程为 $\frac{x^2}{4}+\frac{y^2}{16}=1$。当 $\cos\alpha\neq0$ 时，l 的直角坐标方程为 $y=\tan\alpha\cdot x+2-\tan\alpha$；当 $\cos\alpha=0$ 时，l 的直角坐标方程为 $x=1$。

(2)当 $\cos\alpha=0$ 时，直线 l 的斜率不存在，此时曲线 C 截直线所得的线段的中点在 x 轴上，不符合题意；当 $\cos\alpha\neq0$ 时，设曲线 C 截得直线 l 所得线段的端点横坐标分别为 x_1，x_2，将 l 的参数方程代入曲线 C 的直角坐标方程，整理得关于 t 的方程 $(1+3\cos^2\alpha)t^2+4(2\cos\alpha+\sin\alpha)t-8=0$①，因为曲线 C 截直线 l 所得线段的中点 $(1,2)$ 在 C 内，所以①有两个解，分别设为 t_1，t_2，$\because x_1+x_2=1+t_1\cos\alpha+1+t_2\cos\alpha=2$，$\cos\alpha\neq0$，$\therefore (t_1+t_2)\cos\alpha=0$，即 $t_1+t_2=0$。又由①得 $t_1+t_2=-\frac{4(2\cos\alpha+\sin\alpha)}{1+3\cos^2\alpha}$，故 $2\cos\alpha+\sin\alpha=0$，于是直线 l 的斜率 $k=\tan\alpha=-2$。

专题十一　计数原理与概率统计

真题实测

一、单项选择题

1. C【解析】扇形统计图能够清晰地反映部分与整体的关系。
2. B【解析】根据图表中的数据可知，2015 年的同比增长率显然比 2014 年的同比增长率低，排除 A 项；2017 年的同比增长率比 2016 年的同比增长率低，排除 C、D 两项。故选 B。
3. C【解析】本题考查中位数。将这位同学的成绩按照从小到大的顺序排列为 $62<68<72<75<77<82<86<90$，则成绩的中位数为 $\frac{75+77}{2}=76$。
4. D【解析】中位数是一组数据按从小到大或从大到小排列，位于中间的数；众数是一组数据中出现次数最多的数。根据统计图可知，中位数为 15，众数为 15。故选 D。
5. B【解析】方差是用来衡量一组数据围绕着它们的平均数的波动情况的，方差越小数据的波动就越小，方差越大数据的波动越大。比较可知，乙的方差最小，发挥最稳定。
6. B【解析】10 个数中一个数由 4 改为 1，减少了 3，另一个数由 6 改为 9，增加了 3，而其他数不变，所以平均数 $\bar{x}$ 不变。设没有改变的 8 个数为 x_1，x_2，x_3，x_4，x_5，x_6，x_7，x_8，原先一组数的方差 $s_1^2=\frac{1}{10}[(x_1-\bar{x})^2+(x_2-\bar{x})^2+(x_3-\bar{x})^2+(x_4-\bar{x})^2+(x_5-\bar{x})^2+(x_6-\bar{x})^2+(x_7-\bar{x})^2+(x_8-\bar{x})^2+(4-\bar{x})^2+(6-\bar{x})^2]$，新的一组数的方差 $s_2^2=\frac{1}{10}[(x_1-\bar{x})^2+(x_2-\bar{x})^2+(x_3-\bar{x})^2+(x_4-\bar{x})^2+(x_5-\bar{x})^2+(x_6-\bar{x})^2+(x_7-\bar{x})^2+(x_8-\bar{x})^2+(1-\bar{x})^2+(9-\bar{x})^2]$，所以 $s_2^2-s_1^2=\frac{1}{10}[(1-\bar{x})^2+(9-\bar{x})^2-(4-\bar{x})^2-(6-\bar{x})^2]=\frac{1}{10}\times30=3$。所以新的一组数的方差比原来一组数的方差增加 3。故选 B。
7. B【解析】必然事件就是一定会发生的事件，A、C、D 选项中的事件均可能发生，也可能不发生，是随机事件，B 选项“一个星期有 7 天，一天有 24 小时”是一定会发生的事件，是必然事件。
8. A【解析】不放回地取球，则第二次取到白球有两种情况：第一次取到红球、第二次取到白球；两次都取到白球，故第二次取到白球的概率为 $\frac{7}{10}\times\frac{3}{9}+\frac{3}{10}\times\frac{2}{9}=\frac{3}{10}$。
9. A【解析】抛两枚骰子，一共有 $6\times6=36$ 种情况出现，点数之和为 7 的情况有 $(1,6)$，$(6,1)$，$(2,5)$，$(5,2)$，$(3,4)$，$(4,3)$，共 6 种。则两枚骰子的点数之和为 7 的概率为 $\frac{6}{36}=\frac{1}{6}$。
10. B【解析】涂色方法共有 6 种，当涂黑 1，2 位置时，黑色部分的图形构成一个轴对称图形，故使黑色部分的图形构成一个轴对称图形的概率是

$\frac{2}{6}=\frac{1}{3}$。

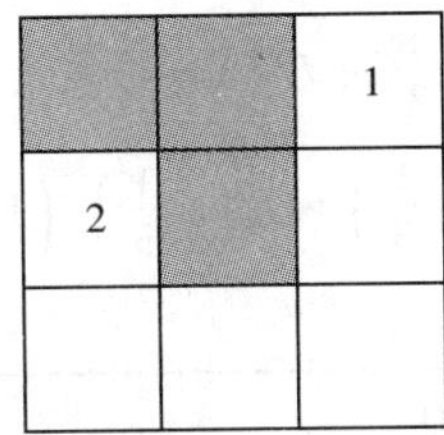

11. B【解析】5 位考生共同选择了物理和生物,则只要他们中至少有 3 个考生在历史、政治、地理中选择同一科即可。假如有 3 位考生选择了同一科,则有 $C_5^3C_3^1C_2^1A_2^2=120$ 种选择;假如有 4 位考生选择了同一科,则有 $C_5^4C_3^1C_2^1=30$ 种选择;假如 5 位考生都选择了同一科,则有 $C_5^5C_3^1=3$ 种选择。这 5 位考生总共有 $3^5=243$ 种选择。故至少有 3 人选科相同的概率为 $\frac{120+30+3}{243}=\frac{17}{27}$。

12. B【解析】由题意可知,符合条件的排列中,3 个 1 将 11 个 0 分成四段,设每一段有 x_1,x_2,x_3,x_4 个 0,则有 $x_1\geqslant 0,x_2\geqslant 2,x_3\geqslant 2,x_4\geqslant 0$,此问题可以转化成在形如…1001001…由 1 所形成的 4 个空中插入 7 个 0 的问题,也即在 7 个 0 中插入 3 块挡板将其分成 4 个部分的排列问题,相当于在 10 个位置中选 3 个位置放挡板,其余 7 个位置放 0,共有 $C_{10}^3=120$(种)排法。故选 B。

13. D【解析】$C_n^3=\frac{n!}{3!\ (n-3)!}$,$C_n^4=\frac{n!}{4!\ (n-4)!}$,则有 $\frac{n!}{3!\ (n-3)!}=\frac{n!}{4!\ (n-4)!}$,即 $\frac{1}{4}=\frac{1}{n-3}$,解得 $n=7$。

14. A【解析】根据表中数据可得,$E(X)=\frac{400\times 1+320\times 2+160\times 3+90\times 4+5\times 30}{1000}=\frac{203}{100}$。

15. B【解析】从 4 条网线中任选 3 条且这三条网线通过的最大信息量的和不小于 8 的方法有(1,3,4),(2,3,4)两种。

16. D【解析】将这组数据按从小到大的顺序排列:52,68,89,89,89,94,108,110,142,则中位数为 89,众数为 89,极差为 $142-52=90$,平均数为 $(52+68+89+89+89+94+108+110+142)\div 9\approx 93.4$,故 D 项错误。

17. C【解析】略。

18. C【解析】由题意可知,正态分布曲线的对称轴为 $X=100$,$\because P(80<X<120)=0.8$,$\therefore$ 由正态分布的性质可知,$P(0<X<80)=\frac{1}{2}(1-0.8)=0.1$。

19. A【解析】随机变量 X 服从区间 $[0,2]$ 上的均匀分布,则 X 的概率密度函数为 $f(x)=\begin{cases}\frac{1}{2},x\in[0,2],\\0,x\notin[0,2]。\end{cases}$ 随机变量 $Y=g(X)=2e^X+X$,

$E(Y)=E(g(X))=\int_{-\infty}^{+\infty}g(x)f(x)dx=$

$\int_0^2\frac{1}{2}(2e^x+x)dx=\left(e^x+\frac{x^2}{4}\right)\Big|_0^2=e^2$。

20. D【解析】由题意得,没有取到红色球的概率为 $\frac{C_5^3}{C_{10}^3}=\frac{1}{12}$,故选 D。

21. B【解析】由题意,从随机数表第 1 行的第 9 列和第 10 列数字开始,由左到右依次选取两个数字,其中小于或等于 50 的编号依次为 14,05,11,05(重复,舍去),09,20,所以选出的第 4 个个体编号是 09。故选 B。

二、填空题

22. 6.5 【解析】因为这组数据的平均数为 6,则有 $10+7+6+a+b+7=36$,得 $a+b=6$,从而可知 a,b 都是小于 6 的正整数,则这组数的中位数为 $(6+7)\div 2=6.5$。

23. 89;$\frac{14}{3}$ 【解析】本题考查平均值与方差的计算。

由题可知,甲同学的平均成绩为 $\frac{84+85+89}{3}=\frac{258}{3}=86$,乙同学的平均成绩为 $\frac{79+m+90}{3}$,因为甲、乙这三次成绩的平均值相等,所以 $\frac{79+m+90}{3}=86$,解得 $m=89$。甲同学成绩的方差为 $\frac{(84-86)^2+(85-86)^2+(89-86)^2}{3}=\frac{4+1+9}{3}=\frac{14}{3}$。

24. 50 【解析】本题考查平均数的性质。由题意得 $\frac{50+70+30+x+60+40}{6}=50$,解得 $x=50$。

25. 0.2 【解析】因为 A,B 为相互独立事件,$P(B)=$

0.4，所以$P(\bar{A}B)=P(\bar{A})P(B)=0.2$，所以 $P(\bar{A})=0.5$，则 $P(A)=1-P(\bar{A})=0.5$，故 $P(AB)=P(A)P(B)=0.5\times0.4=0.2$。

26. $\frac{1}{10}$ 【解析】从6,7,8,9,10中任取3个不同的数，共有$C_5^3=10$种情况，而这三个数构成一组勾股数的情况只有(6,8,10)这一种，故所求概率是$\frac{1}{10}$。

27. $\frac{3}{5}$ 【解析】设10 m长的铁丝被剪成的两段的长度分别为x m，$(10-x)$ m$(0<x<10)$，围成的矩形的长和宽为$\frac{x}{2}$ m，$\frac{10-x}{2}$ m，面积 $S=\frac{x}{2}\cdot\frac{10-x}{2}=\frac{10x-x^2}{4}\text{m}^2$，令$S>4$可得$2<x<8$，故矩形面积大于4 m^2的概率为$\frac{8-2}{10-0}=\frac{3}{5}$。

三、判断题

28. √【解析】折线统计图更能突出数据的变化情况。

29. √【解析】$\left(x-\frac{1}{x}\right)^6$ 的展开式的通项为 $T_{r+1}=C_6^r x^{6-r}\left(-\frac{1}{x}\right)^r=C_6^r\cdot(-1)^r x^{6-2r}$，所以$\left(x-\frac{1}{x}\right)^6$ 的展开式中的常数项为$(-1)^3\cdot C_6^3=-20$，含x^{-2}项的系数为$(-1)^4\cdot C_6^4=15$，所以$(x^2+2)\left(x-\frac{1}{x}\right)^6$ 的展开式中的常数项为$1\times15+2\times(-20)=-25$。

四、解答题

30.【解析】(1)由题意知，从袋中不放回的取球，连续取4次，共有A_9^4种不同的结果，由于是随机取球，每个结果出现的可能性是相等的，恰好取4次停止，即第4次取到的球为红色，前3次有1次取到的球为黑色，共有$C_3^1C_6^1A_3^3$种不同的结果，则恰好取4次停止的概率为$P_1=\frac{C_3^1C_6^1A_3^3}{A_9^4}=\frac{1}{28}$。

(2)从袋中有放回地取球，每次取到红球的概率为$\frac{1}{3}$，取到黑球的概率为$\frac{2}{3}$，则X服从二项分布$B\left(n,\frac{1}{3}\right)$，则$X$可能的取值为0,1,2,3，

$P(X=0)=C_5^0\left(1-\frac{1}{3}\right)^5=\frac{32}{243}$；$P(X=1)=C_5^1\cdot\frac{1}{3}\cdot\left(1-\frac{1}{3}\right)^4=\frac{80}{243}$；$P(X=2)=C_5^2\left(\frac{1}{3}\right)^2\cdot\left(1-\frac{1}{3}\right)^3=\frac{80}{243}$；$P(X=3)=\left(\frac{1}{3}\right)^3+\frac{1}{3}\cdot\left(\frac{1}{3}\right)^3\cdot\left(1-\frac{1}{3}\right)+C_4^2\cdot\left(\frac{1}{3}\right)^3\left(1-\frac{1}{3}\right)^2=\frac{17}{81}$。

$\therefore X$的分布列为

X	0	1	2	3
P	$\frac{32}{243}$	$\frac{80}{243}$	$\frac{80}{243}$	$\frac{17}{81}$

X的数学期望$E(X)=0\times\frac{32}{243}+1\times\frac{80}{243}+2\times\frac{80}{243}+3\times\frac{17}{81}=\frac{131}{81}$。

31.【解析】(1)根据茎叶图知，景点甲中游客超过130人的概率为$\frac{4}{10}=\frac{2}{5}$。根据题意知，随机变量服从$\xi\sim B\left(4,\frac{2}{5}\right)$分布，所以

$P(\xi\leqslant2)=P(\xi=0)+P(\xi=1)+P(\xi=2)=C_4^0\left(\frac{2}{5}\right)^0\left(\frac{3}{5}\right)^4+C_4^1\left(\frac{2}{5}\right)^1\left(\frac{3}{5}\right)^3+C_4^2\left(\frac{2}{5}\right)^2\cdot\left(\frac{3}{5}\right)^2=\frac{513}{625}$。

(2)根据茎叶图知，景点甲中游客数不低于125人且不高于135人的概率为$\frac{1}{10}$；景点乙中游客数不低于125人且不高于135人的概率为$\frac{2}{5}$。根据题意知，η的取值为0,1,2，

$P(\eta=0)=\frac{9}{10}\times\frac{3}{5}=\frac{27}{50}$，$P(\eta=1)=\frac{1}{10}\times\frac{3}{5}+\frac{9}{10}\times\frac{2}{5}=\frac{21}{50}$，$P(\eta=2)=\frac{1}{10}\times\frac{2}{5}=\frac{1}{25}$。

η的分布列如下表：

η	0	1	2
P	$\frac{27}{50}$	$\frac{21}{50}$	$\frac{1}{25}$

$E(\eta)=0\times\frac{27}{50}+1\times\frac{21}{50}+2\times\frac{1}{25}=\frac{1}{2}$。

32.【解析】设$A_1=\{$此人从甲地到乙地乘飞机$\}$，$A_2=\{$此人从甲地到乙地坐火车$\}$，$A_3=\{$此人从甲地到乙地坐轮船$\}$，$B=\{$此人从甲地到乙地迟到$\}$，由题意可知$P=(B)=P(A_1)\cdot P(B|A_1)$

$+P(A_2)\cdot P(B|A_2)+P(A_3)\cdot P(B|A_3)=\frac{1}{3}\times0.1+\frac{1}{3}\times0.2+\frac{1}{3}\times0.3=0.2$。

33.【解析】(1)记同时上网的人数为 ξ,则至少 3 人同时上网的概率 $P(\xi\geqslant3)=(C_6^3+C_6^4+C_6^5+C_6^6)\times0.5^6=1-(C_6^0+C_6^1+C_6^2)\times0.5^6=\frac{21}{32}=0.656\ 25$。

(2)设至少 $m(m\leqslant6)$ 人同时上网的概率小于 0.3,则 $P(\xi\geqslant m)=(C_6^m+\cdots+C_6^6)\times0.5^6<0.3$,即 $C_6^m+\cdots+C_6^6<19.2$①,而 $C_6^6=1,C_6^5=6,C_6^4=15,\cdots$,当 $m=5$ 时不等式①成立,而 $m=4$ 时不等式①不成立,所以 $m=5$,即至少 5 人同时上网的概率小于 0.3。

基础训练

一、单项选择题

1. C【解析】由中位数即最中间一个或两个数据的平均数的概念,可知 15 人成绩的中位数是第 8 名的成绩。参赛选手要想知道自己是否能进入前 8 名,只需要了解自己的成绩以及全部成绩的中位数,比较即可。故选 C。

2. C【解析】由条形图知,50 个数据的中位数为第 25,26 个数据的平均数,即中位数为 $\frac{40+40}{2}=40$。

3. A【解析】由折线统计图可知,甲同学的成绩依次为:8,9,8,7,8,则甲的成绩的中位数为 8,平均数为 $\frac{1}{5}(8+9+8+7+8)=8$,方差为 $\frac{1}{5}[(8-8)^2+(9-8)^2+(8-8)^2+(7-8)^2+(8-8)^2]=\frac{2}{5}$。乙同学的成绩依次为:6,7,10,8,9,则乙的成绩的中位数为 8,平均成数为 $\frac{1}{5}(6+7+10+8+9)=8$,方差为 $\frac{1}{5}[(6-8)^2+(7-8)^2+(10-8)^2+(8-8)^2+(9-8)^2]=2$。故甲乙的成绩的中位数、平均数相等,甲的成绩比乙稳定。故选 A。

4. B【解析】由题意得 $\frac{5+4+x+3+9}{5}=5$,则 $x=4$,故这组数据的中位数是 4。

5. B【解析】因为小亮的成绩和其他 39 人的平均分相同,都是 90 分,所以该班 40 人的测试成绩的平均分为 90 分,小亮补测后总人数为 40 人,方差为 $(39\times41+0)\div40=39\times41\div40<41$,所以方差变小,故选 B。

6. B【解析】B 项,"任意画一个三角形,其内角和是 180°"为必然事件。

7. D【解析】两次都摸到红球的概率为 $\frac{1}{2}\times\frac{1}{2}=\frac{1}{4}$。

8. C【解析】不超过 30 的素数有 2,3,5,7,11,13,17,19,23,29,共 10 个,从这 10 个素数中任取两个不同的数,有 $C_{10}^2=45$ 种结果,其中和等于 30 的情况有 3 种,则所求概率为 $\frac{3}{45}=\frac{1}{15}$。

9. B【解析】如图所示,画出时间轴:

7:30 7:40 7:50(A) 8:00(C) 8:10 8:20(D) 8:30(B)

小明到达发车站的时刻会随机地落在图中线段 AB 中,而当他的到达时间落在线段 AC 或 DB 段时,才能保证他等车的时间不超过 10 分钟,根据几何概型,所求概率为 $P=\frac{10+10}{40}=\frac{1}{2}$,故选 B。

10. C【解析】设正方形的边长为 2,则圆的半径为 1,所以黑色区域的面积为 $\frac{\pi}{2}$,故针尖落在黑色区域内的概率为 $\frac{\frac{\pi}{2}}{4}=\frac{\pi}{8}$。

11. C【解析】由随机抽样的特征可知,①为等距抽样,是系统抽样;②是简单随机抽样。故选 C。

12. D【解析】由条形图可知乘车的人有 25 人,骑车的有 10 人,从扇形统计图中分析可知,乘车的人数占总人数的 50%,所以总人数有 25 ÷ 50% = 50 人,所以骑车人数占总人数的 = 10 ÷ 50 = 20%,步行人数为 30% × 50 = 15 人,乘车人数是骑车人数的 2.5 倍,故选 D。

13. B【解析】因为 $P(A)=\frac{C_3^2+C_2^2}{C_5^2}=\frac{4}{10}=\frac{2}{5}$,$P(AB)=\frac{C_2^2}{C_5^2}=\frac{1}{10}$,由条件概率公式得 $P(B|A)=\frac{P(AB)}{P(A)}=\frac{\frac{1}{10}}{\frac{2}{5}}=\frac{1}{4}$,故选 B。

14. D【解析】对于 A 选项,因为"至少有 1 个白球"与

“都是白球”可能同时发生,所以它们不是互斥事件,也不是对立事件;对于B选项,因为恰有1个白球时,“至少有1个白球”与“至少有1个红球”同时发生,所以它们不是互斥事件,也不是对立事件;对于C选项,因为“至少有1个白球”与“都是红球”不可能同时发生,所以它们是互斥事件,由于它们必有一个发生,因此它们是对立事件;对于D选项,因为“恰有1个白球”与“恰有2个白球”不可能同时发生,所以它们是互斥事件,因为它们不是必有一个发生,所以它们不是对立事件。故选D。

15. D【解析】$E(X(X+Y-2))=E(X^2+XY-2X)=E(X^2)+E(XY)-2E(X)=D(X)+(EX)^2+E(X)E(Y)-2E(X)=3+2\times2+2-2\times2=5$。

16. C【解析】因为$y=-0.1x+1$,x的系数为负,故x与y负相关;而y与z正相关,故x与z负相关。

17. C【解析】采用特殊元素优先的原则,故编排方法共有$C_2^1A_2^2A_4^4=96$(种)。

18. B【解析】设四位监考教师分别为A,B,C,D,所教班分别为a,b,c,d,假设A监考b,则余下三人监考剩下的三个班,共有3种不同方法,同理A监考c,d时,也分别有3种不同方法,由分类加法计数原理共有$3+3+3=9$(种)。

19. C【解析】两人比赛局数为3局、4局或5局。当局数为3时,情况为甲或乙连赢3局,共2种;当局数为4时,若甲胜,则甲第4局胜,且前3局胜2局,有$C_3^2=3$种情况,同理乙胜也有3种情况,共6种;当局数为5时,前四局甲、乙各胜两局,最后一局赢的人获胜,有$2C_4^2=12$种情况,故共有$2+6+12=20$种情况,选C。

二、填空题

20. 6 【解析】该班学生平均每人捐书$\dfrac{3\times5+4\times7+5\times10+7\times11+10\times7}{40}=6$本。

21. ①②③ 【解析】由表格可知甲乙两班的平均数均为83,故①正确;甲班的中位数为86,乙班的中位数为84,则乙班优秀的人数少于甲班优秀的人数,故②正确;甲班的方差为82,乙班的方差为135,则甲班成绩的波动性比乙班小,故③正确。

22. $\dfrac{2}{5}$ 【解析】在5张卡片中$\sqrt{2}$和π是无理数,因为随机抽取卡片,抽到每一张卡片的可能性是相同的,所以从5张卡片中任意抽取一张,抽到无理数的概率是$\dfrac{2}{5}$。

23. 18 【解析】先将A分配到乙校,再分配另外3个学生,有A_3^3种方法,同理可得,将A分配到丙、丁校各有A_3^3种方法,则共有$3A_3^3=18$(种)。

24. 15 【解析】$\left(\sqrt{x}+\dfrac{3}{x^2}\right)^5$的展开式通项为$C_5^r(\sqrt{x})^{5-r}\cdot\left(\dfrac{3}{x^2}\right)^r=C_5^r3^rx^{\frac{5}{2}(1-r)}$,令$\dfrac{5}{2}(1-r)=0$,得$r=1$,则常数项为$C_5^13^1=15$。

25. 1.96 【解析】由题意可得,抽到二等品的件数符合二项分布,即$X\sim B(100,0.02)$,由二项分布的方差公式可得$DX=np(1-p)=100\times0.02\times0.98=1.96$。

三、判断题

26. √【解析】$P(\xi<4)=0.8$,则$P(\xi\geqslant4)=0.2$,又分布图象关于直线$x=2$对称,$P(\xi\leqslant0)=P(\xi\geqslant4)=0.2$,则$P(0<\xi<4)=0.6$,故$P(0<\xi<2)=0.3$。

27. ×【解析】略。

四、解答题

28. 【解析】(1)200;70;0.12。

解析过程:抽取的学生数为$16\div0.08=200$;$m=200-16-40-50-24=70$;$n=24\div200=0.12$。

(2)频数分布直方图如下图。

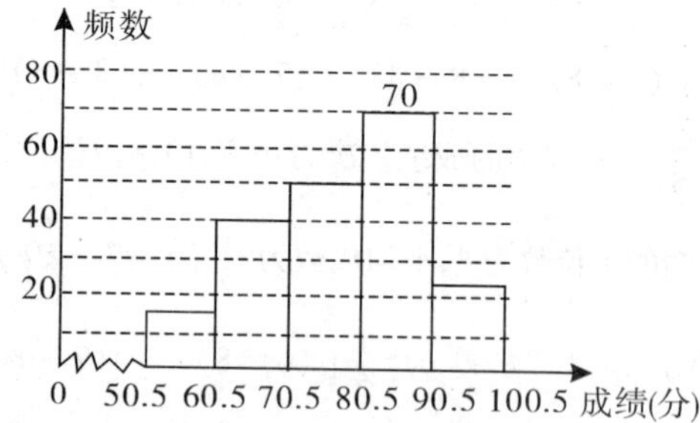

(3)$1500\times\dfrac{16+40}{200}=420$(人),故该校安全意识不强的学生约有420人。

29. 【解析】(1)由题$\begin{cases}m+n=50-15-10-7-3,\\m+15=2n,\end{cases}$解得$m=5$,$n=10$。记从年龄在$[20,30)$的居民中随机选取两人,其中有一人知道灭火器的使用方

法为事件 A,则$P(A)=1-\frac{C_4^2C_6^0}{C_{10}^2}=1-\frac{6}{45}=\frac{13}{15}$。

(2)随机变量 ξ 的所有可能值为 0,1,2,3。

则 $P(\xi=0)=\frac{C_4^2}{C_5^2}\times\frac{C_6^2}{C_{10}^2}=\frac{6}{10}\times\frac{15}{45}=\frac{45}{225}=\frac{15}{75}$,

$P(\xi=1)=\frac{C_4^1}{C_5^2}\times\frac{C_6^2}{C_{10}^2}+\frac{C_4^2}{C_5^2}\cdot\frac{C_4^1\cdot C_6^1}{C_{10}^2}=\frac{4}{10}\times\frac{15}{45}+\frac{6}{10}\cdot\frac{24}{45}=\frac{102}{225}=\frac{34}{75}$;

$P(\xi=2)=\frac{C_4^1}{C_5^2}\cdot\frac{C_4^1\cdot C_6^1}{C_{10}^2}+\frac{C_4^2}{C_5^2}\cdot\frac{C_4^2}{C_{10}^2}=\frac{4}{10}\cdot\frac{24}{45}+\frac{6}{10}\cdot\frac{6}{45}=\frac{66}{225}=\frac{22}{75}$;

$P(\xi=3)=\frac{C_4^1}{C_5^2}\cdot\frac{C_4^2}{C_{10}^2}=\frac{4}{10}\cdot\frac{6}{45}=\frac{12}{225}=\frac{4}{75}$,所以 ξ 的分布列为:

ξ	0	1	2	3
P	$\frac{15}{75}$	$\frac{34}{75}$	$\frac{22}{75}$	$\frac{4}{75}$

所以 ξ 的数学期望是 $E(\xi)=0\times\frac{15}{75}+1\times\frac{34}{75}+2\times\frac{22}{75}+3\times\frac{4}{75}=\frac{6}{5}$。

30.【解析】(1)甲由道路网 M 处出发随机地选择一条沿街的最短路径到达 N 处需走 6 步,共有 C_6^3 种走法。

满足条件的事件是甲经过 A_2 到达 N,可分为两步:第一步,甲从 M 经过 A_2 的方法数有 C_3^1 种;第二步,甲从 A_2 到 N 的方法数有 C_3^1 种。

$\therefore$ 甲经过 A_2 的方法数为 $C_3^1\cdot C_3^1=9$(种)。

$\therefore$ 甲经过 A_2 的概率 $P=\frac{(C_3^1)^2}{C_6^3}=\frac{9}{20}$。

(2)由(1)知,甲经过 A_2 的方法有 9 种,乙经过 A_2 的方法数也有 9 种,

$\therefore$ 甲、乙两人相遇经 A_2 点的方法数为 $9^2=81$(种),$\therefore$ 甲、乙两人相遇经 A_2 点的概率 $P=\frac{81}{C_6^3\times C_6^3}=\frac{81}{400}$。

(3)甲、乙两人沿最短路径行走,只可能在 A_1,A_2,A_3,A_4 处相遇,他们在 $A_i(i=1,2,3,4)$ 相遇的走法有 $(C_3^{i-1})^4$ 种,

$\therefore (C_3^0)^4+(C_3^1)^4+(C_3^2)^4+(C_3^3)^4=164$,$\therefore$ 甲、乙两人相遇的概率 $P=\frac{164}{400}=\frac{41}{100}$。

31.【解析】(1)由散点图可以判断 $y=c+d\sqrt{x}$ 适宜作为年销售量 y 关于年宣传费 x 的回归方程类型。

(2)令 $w=\sqrt{x}$,先建立 y 关于 w 的线性回归方程。由于 $\hat{d}=\frac{\sum_{i=1}^{8}(\omega_i-\bar{\omega})(y_i-\bar{y})}{\sum_{i=1}^{8}(\omega_i-\bar{\omega})^2}=\frac{108.8}{1.6}=68$,$\hat{c}=\bar{y}-\hat{d}\bar{\omega}=563-68\times6.8=100.6$,

所以 y 关于 w 的线性回归方程为 $\hat{y}=100.6+68\omega$,因此 y 关于 x 的回归方程为 $\hat{y}=100.6+68\sqrt{x}$。

(3)①由(2)知,当 $x=49$ 时,年销售量 y 的预报值 $\hat{y}=100.6+68\sqrt{49}=576.6$,年利润 z 的预报值 $\hat{z}=576.6\times0.2-49=66.32$。

②根据(2)的结果知,年利润 z 的预报值 $\hat{z}=0.2(100.6+68\sqrt{x})-x=-x+13.6\sqrt{x}+20.12$,

所以当 $\sqrt{x}=\frac{13.6}{2}=6.8$,即 $x=46.24$ 时,$\hat{z}$ 取得最大值。故年宣传费为 46.24 千元时,年利润的预报值最大。

32.【解析】(1)设所求事件概率为 P,则 $P=\frac{C_{12}^1C_8^2}{C_{20}^3}=\frac{28}{95}$。

(2)

	睡眠时间少于 7 小时	睡眠时间不少于 7 小时	合计
男生	12	8	20
女生	14	6	20
合计	26	14	40

$K^2=\frac{40(12\times6-14\times8)^2}{20\times26\times14\times20}=\frac{40}{91}\approx0.440<2.706$,所以没有 90% 的把握认为"睡眠时间与性别有关"。

33.【解析】记该技术人员被 A,B,C 三种技工分别录用的事件为 A,B,C,则 $P(A)=0.8$,$P(B)=0.5$,$P(C)=0.2$。

(1)该技术人员被录用的概率 $P=1-P(\bar{A}\cdot\bar{B}\cdot\bar{C})=1-0.2\times0.5\times0.8=0.92$。

(2)设该技术人员被录用的工种数为 n,则 $X=n(3-n)$,$n=0,1,2,3$,所以 $X=0$ 或2。

(i)$P(X=0)=P(A\cdot B\cdot C)+P(\bar{A}\cdot\bar{B}\cdot\bar{C})=0.8\times0.5\times0.2+0.2\times0.5\times0.8=0.16$,$P(X=2)=1-P(X=0)=0.84$。

所以 X 的分布列为:

X	0	2
P	0.16	0.84

所以 $EX=0\times0.16+2\times0.84=1.68$。

(ii)当 $X=0$ 时,$f(x)=3\sin\frac{\pi x}{4}$是奇函数,当 $X=2$ 时,$f(x)=3\sin\left(\frac{\pi}{2}+\frac{\pi x}{4}\right)=3\cos\frac{\pi x}{4}$是偶函数。所以 $P(D)=P(X=2)=0.84$。

整合提升

一、单项选择题

1. B【解析】根据茎叶图中的数据知,弟弟的众数是34,则哥哥的中位数是 $34+2=36$,所以$\frac{x+7}{2}=36-30$,解得 $x=5$,又$(27+20+y+32+34+34+34+42+41)\div8=34$,解得 $y=8$,所以 $x+y=5+8=13$。故选 B。

2. A【解析】设△ABC 的三边 BC,AC,AB 的长分别为 a,b,c,则 $a^2=b^2+c^2$,则区域Ⅰ的面积 $S_{\text{Ⅰ}}=\frac{1}{2}bc$;区域Ⅱ的面积 $S_{\text{Ⅱ}}=\frac{1}{2}\cdot\pi\cdot\left(\frac{c}{2}\right)^2+\frac{1}{2}\cdot\pi\cdot\left(\frac{b}{2}\right)^2+\frac{1}{2}bc-\frac{1}{2}\cdot\pi\cdot\left(\frac{a}{2}\right)^2=\frac{1}{8}\cdot\pi\cdot(b^2+c^2-a^2)+\frac{1}{2}bc=\frac{1}{2}bc$;区域Ⅲ的面积 $S_{\text{Ⅲ}}=\frac{1}{2}\cdot\pi\cdot\left(\frac{a}{2}\right)^2-\frac{1}{2}bc=\frac{\pi a^2}{8}-\frac{1}{2}bc$。由几何概型的概率公式可知 $p_1=p_2$。故选 A。

3. D【解析】偶数字相邻,奇数字也相邻有 $A_3^3A_2^2A_2^2=24$,然后减去0在首位的4种情况,故该五位数的个数为 $A_3^3A_2^2A_2^2-A_2^2A_2^2=20$,选 D。

4. C【解析】首先把甲、乙绑定即有 A_2^2 种,然后用全排减去重复的有 $A_2^2(A_6^6-2A_5^5+A_4^4)=1008$ 种,故选 C。

二、填空题

5. $\left\{x\left|0<x<\frac{8}{9}\sqrt[5]{648}\right.\right\}$ 【解析】要使$\left(\sqrt{x}+\frac{1}{\sqrt[3]{x}}\right)^{10}$有意义,必须 $x>0$。依题意,有 $T_3<T_4$,即 $C_{10}^2(\sqrt{x})^8\cdot\left(\frac{1}{\sqrt[3]{x}}\right)^2<C_{10}^3(\sqrt{x})^7\left(\frac{1}{\sqrt[3]{x}}\right)^3$,则$\frac{10\times9}{2\times1}\sqrt{x}<\frac{10\times9\times8}{3\times2\times1}\times\frac{1}{\sqrt[3]{x}}$,解得 $0<x<\frac{8}{9}\sqrt[5]{648}$。故 x 的取值范围是$\left\{x\left|0<x<\frac{8}{9}\sqrt[5]{648}\right.\right\}$。

6. 0.6 【解析】根据题意可知,X 服从二项分布,即 $X\sim B(10,p)$,因为 $D(X)=np(1-p)$,所以 $10p(1-p)=2.4$,解得 $p=0.4$ 或 $p=0.6$。又因为 $P(X=4)=C_{10}^4p^4(1-p)^6$,$P(X=6)=C_{10}^6p^6(1-p)^4$,$P(X=4)<P(X=6)$,所以$(1-p)^2<p^2$,所以 $p>0.5$,即 $p=0.6$。

7. ②④ 【解析】对①,$P(B)=\frac{C_5^1}{C_{10}^1}\times\frac{C_5^1}{C_{11}^1}+\frac{C_5^1}{C_{10}^1}\times\frac{C_4^1}{C_{11}^1}=\frac{9}{22}$;对②,$P(B|A_1)=\frac{C_5^1}{C_{11}^1}=\frac{5}{11}$;对③,由 $P(A_1)=\frac{1}{2}$,$P(B)=\frac{9}{22}$,$P(A_1\cdot B)=\frac{5}{22}$,知 $P(A_1\cdot B)\neq P(A_1)\cdot P(B)$,故事件 B 与事件 A_1 不是相互独立事件;对④,从甲罐中只取出一球,若取出红球就不可能是其他,故两两互斥;对⑤,由①可知 $P(B)$的值确定。故正确答案为②④。

8. $\frac{1}{4}$ 【解析】由题意可得,事件 A 发生的概率$P(A)=\frac{S_{\text{正方形}EFGH}}{S_{\text{圆}O}}=\frac{\sqrt{2}\times\sqrt{2}}{\pi\times1^2}=\frac{2}{\pi}$,事件 AB 表示“豆子落在△EOH 内”,则 $P(AB)=\frac{S_{\triangle EOH}}{S_{\text{圆}O}}=\frac{\frac{1}{2}\times1^2}{\pi\times1^2}=\frac{1}{2\pi}$,故 $P(A|B)=\frac{P(AB)}{P(A)}=\frac{\frac{1}{2\pi}}{\frac{2}{\pi}}=\frac{1}{4}$。

9. $\frac{7}{8}$ 【解析】由题意知 $G(x)=y'=-2\sin x$,因为 $G(a)<1$,则 $-2\sin a<1$,而 $x\in\left[-\frac{\pi}{3},\pi\right]$,解得

$a\in\left(-\frac{\pi}{6},\pi\right]$，由几何概型的公式知 $P=\frac{\pi-\left(-\frac{\pi}{6}\right)}{\pi-\left(-\frac{\pi}{3}\right)}=\frac{7}{8}$。

三、解答题

10.【解析】(1) ξ 的可能取值为 $-2,1,2,6$。

$P(\xi=-2)=\frac{4}{200}=\frac{1}{50}$；$P(\xi=1)=\frac{20}{200}=\frac{1}{10}$；

$P(\xi=2)=\frac{50}{200}=\frac{1}{4}$；$P(\xi=6)=\frac{126}{200}=\frac{63}{100}$。

ξ 的分布列为：

ξ	-2	1	2	6
P	$\frac{1}{50}$	$\frac{1}{10}$	$\frac{1}{4}$	$\frac{63}{100}$

(2) ξ 的数学期望为 $E\xi=(-2)\times\frac{1}{50}+1\times\frac{1}{10}+2\times\frac{1}{4}+6\times\frac{63}{100}=4.34$。

即 1 件产品的平均利润是 4.34 万元。

(3)设三等品率是 x，二等品率为 y，则技术革新后的 ξ 的可能取值仍为 $-2,1,2,6$，但 ξ 的分布列为：

ξ	-2	1	2	6
P	$\frac{1}{100}$	x	y	$\frac{7}{10}$

其中 x,y 分别为三、二等品率，根据分布列的性质有 $x+y=1-\frac{1}{100}-\frac{70}{100}=\frac{29}{100}$，

所以技术革新后 1 件产品的平均利润为

$E\xi=(-2)\times\frac{1}{100}+1\times x+2\times y+6\times\frac{7}{10}=4.76-x$。

要使 1 件产品的平均利润不小于 4.73 万元，即 $E\xi=4.76-x\geqslant4.73$。解得 $x\leqslant0.03$。即要使 1 件产品的平均利润不小于 4.73 万元，三等品率最多是 3%。

11.【解析】(1)由前三年六月份各天的最高气温数据，得到最高气温位于区间[20,25)和最高气温低于 20 的天数为 $2+16+36=54$，根据往年销售经验，每天需求量与当天最高气温(单位:℃)有关。如果最高气温不低于 25，需求量为 500 瓶；如果最高气温位于区间[20,25)，需求量为 300 瓶；如果最高气温低于 20，需求量为 200 瓶。

∴ 六月份这种酸奶一天的需求量不超过 300 瓶的概率 $p=\frac{54}{90}=\frac{3}{5}$。

(2)当温度大于等于 25 ℃时，需求量为 500，$Y=450\times2=900$ 元；

当温度在[20,25)℃时，需求量为 300，$Y=300\times2-(450-300)\times2=300$ 元；

当温度低于 20 ℃时，需求量为 200，$Y=400-(450-200)\times2=-100$ 元。

当温度大于等于 20 时，$Y>0$，由前三年六月份各天的最高气温数据，得当温度大于等于 20 ℃的天数有 $90-(2+16)=72$，∴ 估计 Y 大于零的概率 $p=\frac{72}{90}=\frac{4}{5}$。

12.【解析】(1)当 $n=3$ 时，每次摸出两个球，中奖的概率 $P=\frac{C_3^1\times C_2^1}{C_5^2}=\frac{3}{5}$。

$P(\xi=0)=C_3^0\times\left(\frac{2}{5}\right)^3=\frac{8}{125}$，

$P(\xi=1)=C_3^1\times\frac{3}{5}\times\left(\frac{2}{5}\right)^2=\frac{36}{125}$，

$P(\xi=2)=C_3^2\times\left(\frac{3}{5}\right)^2\times\frac{2}{5}=\frac{54}{125}$，

$P(\xi=3)=C_3^3\times\left(\frac{3}{5}\right)^3=\frac{27}{125}$。

ξ 的分布列为：

ξ	0	1	2	3
P	$\frac{8}{125}$	$\frac{36}{125}$	$\frac{54}{125}$	$\frac{27}{125}$

(2)设每次摸球中奖的概率为 p，$0<p<1$，则三次摸球(每次摸球后放回)恰有两次中奖的概率 $P(\xi=2)=C_3^2\times p^2\times(1-p)=-3p^3+3p^2$，

由 $P'=-9p^2+6p=-3p(3p-2)$，知在 $\left(0,\frac{2}{3}\right)$ 上 P 为增函数，在 $\left(\frac{2}{3},1\right)$ 上 P 为减函数，当 $p=\frac{2}{3}$ 时，P 取得最大值。

又 $p=\frac{C_n^1C_2^1}{C_{n+2}^2}=\frac{2}{3}$，即 $n^2-3n+2=0$，解得 $n=1$ 或 $n=2$。

故 n 为 1 或 2 时，P 有最大值。

专题十二　极限与连续

真题实测

一、单项选择题

1. C【解析】$\lim\limits_{x\to 0}\frac{\tan x(x+\sin^2 x)}{x^2}=\lim\limits_{x\to 0}\left(\frac{\tan x}{x}\cdot\frac{x+\sin^2 x}{x}\right)=\lim\limits_{x\to 0}\frac{\tan x}{x}\cdot\lim\limits_{x\to 0}\frac{x+\sin^2 x}{x}=1\cdot\lim\limits_{x\to 0}\frac{1+2\sin x\cos x}{1}=1$。故选 C。

2. D【解析】因为当 $n\to\infty$ 时，x_n 趋向于 a，数列有极限必有界，所以数列 $\{x_n\}$ 是有界数列。故选 D。

3. B【解析】对于选项 A，$\lim\limits_{x\to 0}\frac{e^x-\left(1+\frac{x}{2}\right)^2}{x}=\lim\limits_{x\to 0}\frac{e^x-2\left(1+\frac{x}{2}\right)\cdot\frac{1}{2}}{1}=0$，则 $e^x-\left(1+\frac{x}{2}\right)^2$ 是 x 的高阶无穷小；对于选项 B，$\lim\limits_{x\to 0}\frac{e^x-\left(1+\frac{x}{2}\right)^2}{x^2}=\lim\limits_{x\to 0}\frac{e^x-1-\frac{x}{2}}{2x}=\lim\limits_{x\to 0}\frac{e^x-\frac{1}{2}}{2}=\frac{1}{4}$，则 $e^x-\left(1+\frac{x}{2}\right)^2$ 与 x^2 是同阶无穷小；对于选项 C，$\lim\limits_{x\to 0}\frac{e^x-\left(1+\frac{x}{2}\right)^2}{x^3}=\lim\limits_{x\to 0}\frac{e^x-1-\frac{x}{2}}{3x^2}=\lim\limits_{x\to 0}\frac{e^x-\frac{1}{2}}{6x}=\infty$，对于选项 D，$\lim\limits_{x\to 0}\frac{e^x-\left(1+\frac{x}{2}\right)^2}{x^4}=\lim\limits_{x\to 0}\frac{e^x-1-\frac{x}{2}}{4x^3}=\lim\limits_{x\to 0}\frac{e^x-\frac{1}{2}}{12x^2}=\infty$。故选 B。

4. C【解析】$\lim\limits_{x\to 0}\frac{\sin 4x}{\sin 8x}=\lim\limits_{x\to 0}\frac{4x}{8x}=\frac{1}{2}$。

5. B【解析】由题意知，$x\neq 0$，则 $x=0$ 是 $f(x)$ 的间断点，$\because\lim\limits_{x\to 0^-}\frac{\ln(1+x)}{x}=1$，$\lim\limits_{x\to 0^+}\frac{\ln(1+x)}{x}=1$，$\therefore x=0$ 是 $f(x)$ 的可去间断点。

6. D【解析】由常用公式：$\ln(1+x)\sim x(x\to 0)$ 可知 $\ln(1+2x)\sim 2x(x\to 0)$。

7. A【解析】若有界数列 $\{x_n\}$ 单调，则根据单调有界定理知，数列 $\{x_n\}$ 必收敛，其逆否命题为数列 $\{x_n\}$ 发散但有界，则数列 $\{x_n\}$ 必不单调，A 项正确；发散数列 $\{(-1)^n\}$ 的偶数项数列和奇数项数列都收敛，所以 B、C、D 三项错误。故选 A。

二、填空题

8. e^{-3}　【解析】设 $t=-\frac{1}{x}$，$\lim\limits_{x\to 0}(1-3x)^{\frac{1}{x}}=\lim\limits_{t\to\infty}\left(1+\frac{3}{t}\right)^{-t}=\lim\limits_{t\to\infty}\left[\left(1+\frac{3}{t}\right)^{\frac{t}{3}}\right]^{-3}=e^{-3}$。

9. $\frac{1}{2}$　【解析】利用等价无穷小替换，当 $x\to 0$ 时，$1-\cos x\sim\frac{1}{2}x^2$，故 $\lim\limits_{x\to 0}\frac{1-\cos x}{x^2}=\lim\limits_{x\to 0}\frac{\frac{1}{2}x^2}{x^2}=\frac{1}{2}$。

10. 2　【解析】根据等价无穷小可知，$\lim\limits_{x\to+\infty}x[\ln(x+4)-\ln(x+2)]=\lim\limits_{x\to+\infty}x\ln\left(\frac{x+4}{x+2}\right)=\lim\limits_{x\to+\infty}\left[x\ln\left(1+\frac{2}{x+2}\right)\right]=\lim\limits_{x\to+\infty}\frac{2x}{x+2}=2$。

三、判断题

11. ×【解析】当 $f(x)=(-1)^x, x\in\mathbf{Z}_+$，$g(x)=(-1)^{x+1}, x\in\mathbf{Z}_+$ 时，$f(x)+g(x)=0$，$\lim\limits_{x\to\infty}f(x)$ 与 $\lim\limits_{x\to\infty}g(x)$ 均不存在，但是 $\lim\limits_{x\to\infty}[f(x)+g(x)]=0$ 是存在的。

12. ×【解析】当 $x\to 0^+$ 的时候 $e^{\frac{1}{x}}$ 极限为 $+\infty$，当 $x\to 0^-$ 的时候 $e^{\frac{1}{x}}$ 极限为 0。

基础训练

一、单项选择题

1. C【解析】对任意的 $\varepsilon>0$，$3\varepsilon>0$ 也是任意的，$|a_n-A|\leqslant 3\varepsilon$ 表示当 n 趋于无穷大时，a_n 与 A 无限接近，与数列极限的原始定义本质相同。故选 C。

2. B【解析】因为 $f(x)$ 单调有界，所以若 $\{a_n\}$ 单调，则 $\{f(a_n)\}$ 单调有界，故 $\{f(a_n)\}$ 收敛。故选 B。

3. A【解析】A 项，$\lim\limits_{x\to 0^-}e^{\frac{1}{x}}=e^{-\infty}=\frac{1}{e^{\infty}}=0$；B 项，$\lim\limits_{x\to 0^+}e^{\frac{1}{x}}=e^{+\infty}=+\infty$；C 项，$\lim\limits_{x\to 0}(1+\cos x)^{\sec x}=(1+1)^1=2$；D 项，$\lim\limits_{x\to\infty}(1+x)^{\frac{1}{x}}=\lim\limits_{x\to\infty}(1+x)^{\lim\limits_{x\to\infty}\frac{1}{x}}=1$。

4. D【解析】若存在两个子列极限不同，则极限不存在，取 $x_n=\frac{1}{2n\pi}\to 0\ (n\to\infty)$，$\lim\limits_{n\to\infty}\frac{1}{x_n}\cos\frac{1}{x_n}=$

$\lim\limits_{n\to\infty}2n\pi\cos2n\pi=\infty$；取 $y_n=\dfrac{1}{2n\pi+\dfrac{\pi}{2}}\to0(n\to\infty)$，

$\lim\limits_{n\to\infty}\dfrac{1}{y_n}\cos\dfrac{1}{y_n}=\lim\limits_{n\to\infty}(2n\pi+\dfrac{\pi}{2})\cos(2n\pi+\dfrac{\pi}{2})=0$，

则 $\lim\limits_{x\to0}\dfrac{1}{x}\cos\dfrac{1}{x}$ 不存在但不是 ∞。

5. B【解析】因为 $\lim\limits_{x\to0}\dfrac{f(x)}{x}=\lim\limits_{x\to0}\dfrac{2^x+3^x-2}{x}=\lim\limits_{x\to0}\dfrac{2^x-1}{x}+\lim\limits_{x\to0}\dfrac{3^x-1}{x}=\ln2+\ln3=\ln6\neq1$，所以当 $x\to0$ 时，$f(x)$ 与 x 同阶但非等价无穷小。

6. C【解析】$\lim\limits_{n\to\infty}\dfrac{\sin^2\dfrac{1}{n}}{\dfrac{1}{n^k}}=\lim\limits_{n\to\infty}\dfrac{\dfrac{1}{n^2}}{\dfrac{1}{n^k}}=1$，$k=2$，故选 C。

7. C【解析】$\because\ \lim\limits_{x\to0^-}f(x)=\dfrac{\sin x}{x}=1$，$\lim\limits_{x\to0^+}\left[\left(x\sin\dfrac{1}{x}\right)+a\right]=0+a=a$，$\therefore a=1$。

8. B【解析】$\because\ \lim\limits_{n\to\infty}\left(\dfrac{n+2a}{n-a}\right)^{\frac{n}{3}}=\lim\limits_{n\to\infty}\left(1+\dfrac{3a}{n-a}\right)^{\frac{n}{3}}=e^{\lim\limits_{n\to\infty}\frac{na}{n-a}}=e^a$，$\therefore e^a=8$，故 $a=\ln8=3\ln2$。

9. D【解析】B 显然错误；因为 $\lim\limits_{x\to1}f(x)=5\neq2$，故 $f(x)$ 在 $x=1$ 处不连续，A 错误，同时可知 C 错误，D 正确，故选 D。

10. B【解析】$f(0^-)=\lim\limits_{x\to0^-}f(x)=-1$，$f(0^+)=\lim\limits_{x\to0^+}f(x)=1$，因为 $f(0^-)$，$f(0^+)$ 均存在，但 $f(0^-)\neq f(0^+)$，所以 $x=0$ 是 $f(x)$ 的跳跃间断点。

二、填空题

11. $\dfrac{4}{9}$ 【解析】$\lim\limits_{x\to0}\dfrac{\ln\cos2x}{\ln\cos3x}\xlongequal{变形}\lim\limits_{x\to0}\dfrac{\ln(1+\cos2x-1)}{\ln(1+\cos3x-1)}\xlongequal{等价}\lim\limits_{x\to0}\dfrac{\cos2x-1}{\cos3x-1}\xlongequal{等价}\lim\limits_{x\to0}\dfrac{-\dfrac{1}{2}(2x)^2}{-\dfrac{1}{2}(3x)^2}=\dfrac{4}{9}$。

12. $\dfrac{6}{5}$ 【解析】$\because$ 当 $n\to\infty$ 时，$\sin\dfrac{2}{n}\sim\dfrac{2}{n}$，$\therefore$ 原式 $=\lim\limits_{n\to\infty}\dfrac{3n^2+5}{5n+3}\cdot\dfrac{2}{n}=\dfrac{3n}{5}\cdot\dfrac{2}{n}=\dfrac{6}{5}$。

13. 1 【解析】$\begin{cases}a_6=12,\\S_3=12\end{cases}\Rightarrow\begin{cases}a_1+5d=12,\\3a_1+3d=12\end{cases}\Rightarrow\begin{cases}a_1=2,\\d=2\end{cases}\Rightarrow S_n=n(n+1)\Rightarrow\lim\limits_{n\to\infty}\dfrac{S_n}{n^2}=\lim\limits_{n\to\infty}\dfrac{n+1}{n}=1$。

14. $\dfrac{1}{2}$ 【解析】$\lim\limits_{x\to1}\left(\dfrac{1}{\ln x}-\dfrac{1}{x-1}\right)=\lim\limits_{x\to1}\dfrac{x-1-\ln x}{(x-1)\ln x}=\lim\limits_{x\to1}\dfrac{1-\dfrac{1}{x}}{\ln x+\dfrac{x-1}{x}}=\lim\limits_{x\to1}\dfrac{\dfrac{1}{x^2}}{\dfrac{1}{x}+\dfrac{1}{x^2}}=\dfrac{1}{2}$。

15. e^{-1} 【解析】$\dfrac{1}{1\cdot2}+\dfrac{1}{2\cdot3}+\cdots+\dfrac{1}{n(n+1)}=\left(1-\dfrac{1}{2}\right)+\left(\dfrac{1}{2}-\dfrac{1}{3}\right)+\cdots+\left(\dfrac{1}{n}-\dfrac{1}{n+1}\right)=1-\dfrac{1}{n+1}$，$\lim\limits_{n\to\infty}\left(\dfrac{1}{1\cdot2}+\dfrac{1}{2\cdot3}+\cdots+\dfrac{1}{n(n+1)}\right)^n=\lim\limits_{n\to\infty}\left(1-\dfrac{1}{n+1}\right)^n=e^{\lim\limits_{n\to\infty}\frac{-n}{n+1}}=e^{-1}$。

16. 5 【解析】$g[f(x)]=\begin{cases}5-f(x),f(x)\leqslant0,\\5+f(x),f(x)>0,\end{cases}$ 当 $x\geqslant0$ 时，$f(x)=-x\leqslant0$，当 $x<0$ 时，$f(x)=x^2>0$，因此 $g[f(x)]=\begin{cases}5+x^2,x<0,\\5+x,x\geqslant0。\end{cases}$ 则 $\lim\limits_{x\to0^+}g[f(x)]=\lim\limits_{x\to0^+}(5+x)=5$，$\lim\limits_{x\to0^-}g[f(x)]=\lim\limits_{x\to0^-}(5+x^2)=5$，所以 $\lim\limits_{x\to0}g[f(x)]=5$。

17. 1 【解析】$\because\ \lim\limits_{x\to+\infty}(\sqrt{x^2-1}-ax)=\lim\limits_{x\to+\infty}\dfrac{x^2-1-a^2x^2}{\sqrt{x^2-1}+ax}=\lim\limits_{x\to+\infty}\dfrac{(1-a^2)x^2-1}{\sqrt{x^2-1}+ax}=0$，$\therefore 1-a^2=0$。$\therefore a=\pm1$。但 $a=-1$ 时，分母趋向于 0，$\therefore a=1$。

18. -1 【解析】由 $\lim\limits_{x\to0}\dfrac{(\cos x-b)\sin x}{e^x-a}=3$，得 $\lim\limits_{x\to0}e^x-a=0$，则 $a=1$。由 $3=\lim\limits_{x\to0}\dfrac{(\cos x-b)\sin x}{e^x-1}=\lim\limits_{x\to0}\dfrac{x}{e^x-1}\cdot(\cos x-b)=1-b$，得 $b=-2$，故 $a+b=-1$。

三、判断题

19. ×【解析】例如数列 $a_n=\dfrac{1+(-1)^n}{2}$，$b_n=\dfrac{1-(-1)^n}{2}$ 的和为 1，积为 0，显然都收敛。

20. ×【解析】例如数列 $\{n\cdot\dfrac{1}{n+1}\}$，$\{\dfrac{1}{n+1}\}$ 是无穷小量。$\{n\}$ 是任意数列，$\lim\limits_{n\to\infty}n\cdot\dfrac{1}{n+1}=1$。

整合提升

一、单项选择题

1. B【解析】$\because\ (a_0+a_2+\cdots+a_{2n})^2-(a_1+a_3+\cdots+$

$a_{2n-1})^2=(a_0+a_1+a_2+\cdots+a_{2n})\cdot(a_0-a_1+a_2-a_3+\cdots+a_{2n}-a_{2n-1})$，令 $x=0$ 得 $a_0=\left(\frac{\sqrt{2}}{2}\right)^{2n}=\frac{1}{2^n}$，当 $x=1$ 时，$\left(\frac{\sqrt{2}}{2}+1\right)^{2n}=a_0+a_1+a_2+\cdots+a_{2n-1}+a_{2n}$，当 $x=-1$ 时，$\left(\frac{\sqrt{2}}{2}-1\right)^{2n}=a_0-a_1+a_2-\cdots+a_{2n}$，则原式 $=\lim\limits_{n\to\infty}\left(\frac{\sqrt{2}}{2}+1\right)^{2n}\left(\frac{\sqrt{2}}{2}-1\right)^{2n}=\lim\limits_{n\to\infty}\frac{1}{4^n}=0$。故选 B。

2. D【解析】$\lim\limits_{n\to\infty}\left[1-\left(\frac{b}{1-b}\right)^n\right]=1-\lim\limits_{n\to\infty}\left(\frac{b}{1-b}\right)^n=1$，即 $\lim\limits_{n\to\infty}\left(\frac{b}{1-b}\right)^n=0$，因此 $0<b<\frac{1}{2}$。

3. D【解析】$\lim\limits_{x\to x_0}kf(x)=k\lim\limits_{x\to x_0}f(x)=k\cdot\infty=\infty\ (k\neq0)$，所以选 D。

4. C【解析】$\lim\limits_{x\to0}\frac{x}{f(3x)}\xlongequal{3x=2t}\lim\limits_{t\to0}\frac{\frac{2}{3}t}{f(2t)}=\frac{2}{3}\lim\limits_{t\to0}\frac{t}{f(2t)}=\frac{2}{3}\cdot\frac{1}{2}=\frac{1}{3}$，故选 C。

二、填空题

5. $\frac{1}{2}$ 【解析】因为 $\frac{i}{n^2+n+n}\leqslant\frac{i}{n^2+n+i}\leqslant\frac{i}{n^2+n+1}$ $(i=1,2,\cdots,n)$，所以 $\frac{\frac{1}{2}n(n+1)}{n^2+n+n}\leqslant\frac{1}{n^2+n+1}+\frac{2}{n^2+n+2}+\cdots+\frac{n}{n^2+n+n}\leqslant\frac{\frac{1}{2}n(n+1)}{n^2+n+1}$，又因为 $\lim\limits_{n\to\infty}\frac{\frac{1}{2}n(n+1)}{n^2+n+n}=\lim\limits_{n\to\infty}\frac{\frac{1}{2}n(n+1)}{n^2+n+1}=\frac{1}{2}$，所以由夹逼定理，得原式 $=\frac{1}{2}$。

6. $-\frac{1}{3}$ 【解析】$\int_1^{\frac{1}{x}}f(xt)\,\mathrm{d}t=\frac{1}{x}\int_1^{\frac{1}{x}}f(xt)\,\mathrm{d}(xt)\xlongequal{u=xt}\frac{1}{x}\int_x^1 f(u)\,\mathrm{d}u=-\frac{\int_1^x f(u)\,\mathrm{d}u}{x}$，则 $\lim\limits_{x\to1}\frac{\int_1^{\frac{1}{x}}f(xt)\,\mathrm{d}t}{x^3-1}=-\lim\limits_{x\to1}\frac{\int_1^x f(u)\,\mathrm{d}u}{x(x^2+x+1)(x-1)}=-\frac{1}{3}\lim\limits_{x\to1}\frac{\int_1^x f(u)\,\mathrm{d}u}{x-1}=-\frac{1}{3}\lim\limits_{x\to1}f(x)=-\frac{1}{3}f(1)=-\frac{1}{3}$。

7. 3 【解析】因为 $\lim\limits_{x\to\infty}\frac{x^2+1}{x+1}\mathrm{e}^{\frac{1}{x-1}}=\infty$，所以曲线 $y=\frac{x^2+1}{x+1}\mathrm{e}^{\frac{1}{x-1}}$ 没有水平渐近线；

由 $\lim\limits_{x\to-1}\frac{x^2+1}{x+1}\mathrm{e}^{\frac{1}{x-1}}=\infty$，得 $x=-1$ 为曲线 $y=\frac{x^2+1}{x+1}\mathrm{e}^{\frac{1}{x-1}}$ 的铅直渐近线；

由 $\lim\limits_{x\to1^+}\frac{x^2+1}{x+1}\mathrm{e}^{\frac{1}{x-1}}=\infty$，得 $x=1$ 为曲线 $y=\frac{x^2+1}{x+1}\mathrm{e}^{\frac{1}{x-1}}$ 的铅直渐近线；

由 $\lim\limits_{x\to\infty}\frac{y}{x}=1$，$\lim\limits_{x\to\infty}(y-x)=\lim\limits_{x\to\infty}\left(\frac{x^2+1}{x+1}\mathrm{e}^{\frac{1}{x-1}}-x\right)=\lim\limits_{x\to\infty}\frac{x^2+1}{x+1}(\mathrm{e}^{\frac{1}{x-1}}-1)+\lim\limits_{x\to\infty}\left(\frac{x^2+1}{x+1}-x\right)=\lim\limits_{x\to\infty}\frac{x^2+1}{x^2-1}\cdot\frac{\mathrm{e}^{\frac{1}{x-1}}-1}{\frac{1}{x-1}}+\lim\limits_{x\to\infty}\frac{1-x}{x+1}=0$，得 $y=x$ 为曲线 $y=\frac{x^2+1}{x+1}\mathrm{e}^{\frac{1}{x-1}}$ 的斜渐近线。

8. 1 【解析】$T_{r+1}=\mathrm{C}_4^r a^{4-r}x^{8-2r}x^{-\frac{1}{2}r}$，由 $x^{8-2r}x^{-\frac{1}{2}r}=x^3$，得 $r=2$，由 $\mathrm{C}_4^r a^{4-r}=\frac{3}{2}$ 知 $a=\frac{1}{2}$，所以 $\lim\limits_{n\to\infty}(a+a^2+\cdots+a^n)=\frac{\frac{1}{2}}{1-\frac{1}{2}}=1$，所以所求极限为 1。

三、判断题

9. √【解析】$\lim\limits_{n\to\infty}\frac{1}{n}=0$，故正确。

10. √【解析】根据极限的四则运算可得。

专题十三　微积分与级数

真题实测

一、单项选择题

1. A【解析】$\int_1^2\left(\frac{\ln x}{x}\right)\mathrm{d}x=\int_1^2\ln x\,\mathrm{d}(\ln x)=\frac{1}{2}(\ln x)^2\Big|_1^2=\frac{1}{2}(\ln2)^2$。

2. C【解析】$\int_{-1}^1|x|\,\mathrm{d}x=\int_{-1}^0(-x)\,\mathrm{d}x+\int_0^1 x\,\mathrm{d}x=-\frac{x^2}{2}\Big|_{-1}^0+\frac{x^2}{2}\Big|_0^1=1$。

3. D【解析】$(e^{-x^2}+C)'=-2xe^{-x^2}=xf(x)$，则$f(x)=-2e^{-x^2}$。

4. C【解析】$f(x)=\left[\int_0^x f(t)dt\right]'=(e^{2x+1})'=2e^{2x+1}$。

5. D【解析】$\int_0^{\frac{\pi}{2}}\sin 2x\sin x dx=2\int_0^{\frac{\pi}{2}}\sin^2 x\cos x dx=2\int_0^{\frac{\pi}{2}}\sin^2 x d\sin x=\frac{2}{3}\sin^3 x\Big|_0^{\frac{\pi}{2}}=\frac{2}{3}$。故选 D。

6. D【解析】讨论幂级数$\sum_{n=1}^{\infty}\left(\frac{na}{n+1}\right)^n$的敛散性。$\sum_{n=1}^{\infty}\left(\frac{na}{n+1}\right)^n=\sum_{n=1}^{\infty}\left(\frac{n}{n+1}\right)^n a^n$，因为$\lim_{n\to\infty}\sqrt[n]{\left(\frac{n}{n+1}\right)^n}=1$，所以其收敛半径为 1，而当$|a|=1$时，$\lim_{n\to\infty}\left|\left(\frac{na}{n+1}\right)^n\right|=\lim_{n\to\infty}\left|\left(1-\frac{1}{n+1}\right)^{-(n+1)\cdot\left(-\frac{n}{n+1}\right)}\right|=\frac{1}{e}\neq 0$，此时级数发散。

7. C【解析】在区间(0,1)上，$x^2>x^4$，故$\int_0^1 x^2dx>\int_0^1 x^4dx$。

二、填空题

8. 1 【解析】$\int_0^1 xe^x dx=\int_0^1 xde^x=xe^x\Big|_0^1-\int_0^1 e^x dx=e-e^x\Big|_0^1=1$。

9. 2 【解析】$x=-1$是$f(x)=x^5-ax^2-ax+1$的重根，则$f'(-1)=5+2a-a=0$，解得$a=-5$，又$f''(-1)=-20+10=-10\neq 0$，所以$x=-1$是$f(x)$的 2 重根。

10. 2π 【解析】如图，$y=e^x$，$x=0$，$x=1$与x轴围成的图形绕y轴旋转一周得到的几何体即阴影部分绕y轴旋转而成的几何体，$y=e^x$与$x=0$，$x=1$分别交于点(0,1)，(1,e)，$x=\ln y$，对y进行积分，则旋转体的体积为$V=\pi\cdot 1^2\times e-\pi\int_1^e(\ln y)^2dy$，

$\int_1^e(\ln y)^2dy=y(\ln y)^2\Big|_1^e-\int_1^e yd(\ln y)^2=e-2\int_1^e y\ln y\cdot\frac{1}{y}dy=e-2\int_1^e\ln ydy=e-2$，$\therefore V=\pi e-\pi(e-2)=2\pi$。

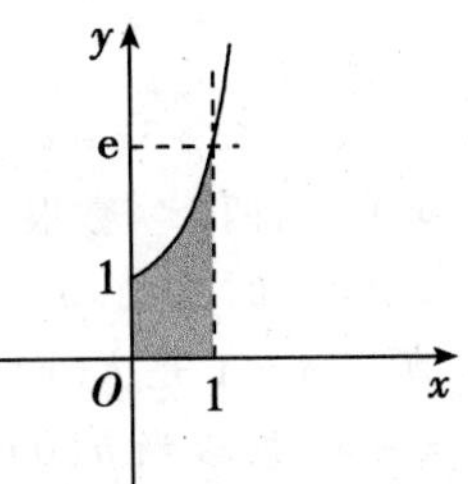

三、判断题

11. ×【解析】不定积分定义可知，$\int x^2dx=\frac{1}{3}x^3+C$，$C$为任意实数。

12. √【解析】因为被积函数$f(x)=x^3$为奇函数，则其在对称区间[-5,5]上的定积分为0。

四、解答题

13.【解析】(1)由题意，设该切线方程为$y=kx+b$，由$g'(x)=\cos x-\sin x+2x-2$，故$k=g'(0)=-1$，由$g(0)=1$，解得$b=1$，故该切线方程为$y=-x+1$。

(2)设$h(x)=\frac{1}{3}x^3-2x+2\sin x+1$，则$h'(x)=x^2-2+2\cos x$，则$h''(x)=2x-2\sin x\geqslant 0$，故$h'(x)$在$[0,+\infty)$上单调递增，$h'(x)\geqslant h'(0)=0$，故$h(x)$在$[0,+\infty)$上单调递增，所以$h(x)\geqslant h(0)>0$，所以$f(x)>0$在$[0,+\infty)$上恒成立，又$a\leqslant 1$，故$g(x)-af(x)\geqslant g(x)-f(x)$，只需证$g(x)-f(x)\geqslant 0$，即证$e^x(\sin x+\cos x+x^2-2x)-(\frac{1}{3}x^3-2x+2\sin x+1)\geqslant 0$，设$F(x)=e^x(\sin x+\cos x+x^2-2x)-(\frac{1}{3}x^3-2x+2\sin x+1)$，则$F'(x)=e^x(2\cos x+x^2-2)-(2\cos x+x^2-2)=(2\cos x+x^2-2)(e^x-1)\geqslant 0$，则$F(x)$在$[0,+\infty)$上单调递增，$F(x)\geqslant F(0)=0$，故对任意的$a\in(-\infty,1]$，$g(x)\geqslant af(x)$在$[0,+\infty)$上恒成立。

14.【解析】(1)当$m=2$时，$f(x)=(3x-x^2)e^x+2x$，则$f'(x)=(3-2x)e^x+(3x-x^2)e^x+2=(3+x-x^2)e^x+2$，$f'(0)=3+2=5$，因为$f(0)=0$，所以$f(x)$在点$(0,f(0))$处的切线方程为$y=5x$。

(2)$g(x)=\frac{(3x-x^2)e^x+mx}{x^2}=\left(\frac{3}{x}-1\right)e^x+\frac{m}{x}$，

$g'(x)=\frac{e^x(-3+3x-x^2)-m}{x^2}$，因为$g(x)$有两个极值点，所以方程$g'(x)=0$在$(0,+\infty)$上有两

个实数根。

令函数 $h(x)=e^x(-3+3x-x^2)$，则方程 $h(x)=m$ 在 $(0,+\infty)$ 上有两个实数根。$h'(x)=e^x(x-x^2)$，当 $0<x<1$ 时，$h'(x)>0$；当 $x>1$ 时，$h'(x)<0$，所以 $x=1$ 是 $h(x)$ 的极大值点，且 $\lim\limits_{x\to+\infty}h(x)=-\infty$，所以当 $h(0)<m<h(1)$，即 $-3<m<-e$ 时，$h(x)=m$ 在 $(0,+\infty)$ 上有两个实数根，如下图所示：

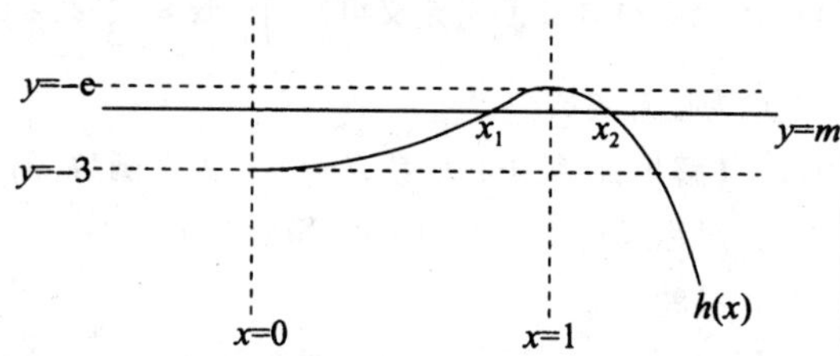

设方程 $h(x)=m$ 在 $(0,+\infty)$ 上的两个实数根为 x_1,x_2，且 $x_1<x_2$，则 $0<x_1<1,x_2>1$。下面验证 $x_2<\frac{3}{2}$。因为 $h\left(\frac{3}{2}\right)=-\frac{3}{4}e^{\frac{3}{2}}$，而 $\frac{-\frac{3}{4}e^{\frac{3}{2}}}{-3}=\frac{1}{4}e^{\frac{3}{2}}=\frac{\sqrt{e^3}}{4}=\sqrt{\frac{e^3}{16}}>1$，所以 $h\left(\frac{3}{2}\right)=-\frac{3}{4}e^{\frac{3}{2}}>-3$，所以 $x_2<\frac{3}{2}$，即 $1<x_2<\frac{3}{2}$。易知，当 $0<x<x_1$ 时，$g'(x)<0$；当 $x_1<x<x_2$ 时，$g'(x)>0$；当 $x>x_2$ 时，$g'(x)<0$。所以 x_1 是 $g(x)$ 的极小值点，x_2 是 $g(x)$ 的极大值点。由
$$\begin{cases}g(x_2)=\frac{(3x_2-x_2^2)e^{x_2}+mx_2}{x_2^2},\\ m=e^{x_2}(-3+3x_2-x_2^2),\end{cases}$$
可得 $g(x_2)=(2-x_2)e^{x_2}$。因为函数 $y=(2-x)e^x$ 在 $\left(1,\frac{3}{2}\right)$ 上单调递减，所以 $g(x_2)>g\left(\frac{3}{2}\right)=\left(2-\frac{3}{2}\right)e^{\frac{3}{2}}=\frac{1}{2}e^{\frac{3}{2}}$。即函数 $g(x)$ 的极大值 $g(x_2)>\frac{1}{2}e^{\frac{3}{2}}$。

15.【解析】由隐函数的求导法则可得，$y'(x)=e^x+xe^x=(1+x)e^x$，$\frac{dy}{dx}\big|_{x=0}=(1+0)\times e^0=1$。

16.【解析】(1) 设切点为 $(x_0,\sqrt{x_0-1})$，曲线 C 在切点的斜率为：$y'\big|_{x=x_0}=\frac{1}{2\sqrt{x_0-1}}$，由于切线经过原点及切点，则 $k=\frac{1}{2\sqrt{x_0-1}}=\frac{\sqrt{x_0-1}}{x_0}$，解得 $x_0=2$，则 $k=\frac{1}{2}$，故所求的切线的方程为 $x-2y=0$。

(2) 由(1)得切点的坐标为(2,1)，曲线 C 与 x 轴的交点为(1,0)，则切线与曲线 C，直线 $y=0$ 所围成的平面图形的面积为 $\int_0^1\frac{1}{2}x\,dx+\int_1^2\left(\frac{1}{2}x-\sqrt{x-1}\right)dx=\frac{1}{4}x^2\Big|_0^1+\left[\frac{1}{4}x^2-\frac{2}{3}(x-1)^{\frac{3}{2}}\right]\Big|_1^2=\frac{1}{3}$。

17.【解析】令 $x=a\sin t,t\in\left[0,\frac{\pi}{2}\right]$，$\int_0^a\sqrt{a^2-x^2}\,dx=\int_0^{\frac{\pi}{2}}\sqrt{a^2-a^2\sin^2t}\cdot a\cos t\,dt=a^2\int_0^{\frac{\pi}{2}}\cos^2t\,dt=\frac{1}{2}a^2\int_0^{\frac{\pi}{2}}(\cos2t+1)\,dt=\frac{1}{2}a^2\left(\frac{1}{2}\sin2t+t\right)\Big|_0^{\frac{\pi}{2}}=\frac{1}{2}a^2\times\frac{\pi}{2}=\frac{\pi}{4}a^2$。

18.【解析】(1) 由题意得，$f'(x)=1+\frac{1}{x^2}-\frac{a}{x}=\frac{x^2+1-ax}{x^2}$，令 $f'(x)=0$ 得，$x=\frac{a\pm\sqrt{a^2-4}}{2}$，分以下两种情况讨论：

①当 $a^2-4\leqslant0$ 时，$0<a\leqslant2$，函数 $f'(x)>0$ 恒成立，此时函数 $f(x)$ 在 $x>0$ 上单调递增；

②当 $a^2-4>0$ 时，$a>2$，由于 $\sqrt{a^2-4}<a$，$\therefore$ 当 $x\in\left(0,\frac{a-\sqrt{a^2-4}}{2}\right)$ 时，$f'(x)>0$，函数 $f(x)$ 在 $\left(0,\frac{a-\sqrt{a^2-4}}{2}\right)$ 上单调递增；当 $x\in\left(\frac{a-\sqrt{a^2-4}}{2},\frac{a+\sqrt{a^2-4}}{2}\right)$ 时，$f'(x)<0$，函数 $f(x)$ 在 $\left(\frac{a-\sqrt{a^2-4}}{2},\frac{a+\sqrt{a^2-4}}{2}\right)$ 上单调递减；当 $x\in\left(\frac{a+\sqrt{a^2-4}}{2},+\infty\right)$ 时，$f'(x)>0$，函数 $f(x)$ 在 $\left(\frac{a+\sqrt{a^2-4}}{2},+\infty\right)$ 上单调递增。

(2) 由(1)知，$f(x)$ 的两个极值点 x_1,x_2 是方程 $x^2+1-ax=0$ 的两根，则 $x_1+x_2=a,x_1x_2=1$，$\therefore x_2=\frac{1}{x_1}$，$\therefore a=x_1+\frac{1}{x_1}$，$\therefore g(x_1)-g(x_2)=x_1-\frac{a}{2}\ln x_1-\left(\frac{1}{x_1}-\frac{a}{2}\ln\frac{1}{x_1}\right)=x_1-\frac{1}{x_1}-a\ln x_1=x_1-\frac{1}{x_1}-\left(x_1+\frac{1}{x_1}\right)\ln x_1$，设 $h(x)=x-\frac{1}{x}-$

$\left(x+\frac{1}{x}\right)\ln x, x\in(0,e]$，则 $[g(x_1)-g(x_2)]_{\min}=h(x)_{\min}$，$\because h'(x)=\left(1+\frac{1}{x^2}\right)-\left[\left(1-\frac{1}{x^2}\right)\ln x+\left(x+\frac{1}{x}\right)\cdot\frac{1}{x}\right]=\frac{(1+x)(1-x)\ln x}{x^2}$，当 $x\in(0,e]$时，恒有 $h'(x)\leqslant 0$，$\therefore h(x)$在$(0,e]$上单调递减，$\therefore h(x)_{\min}=h(e)=-\frac{2}{e}$，即 $[g(x_1)-g(x_2)]_{\min}=-\frac{2}{e}$。

19.【解析】(1)$f(x)=(m-x)e^x$，则 $f'(x)=-e^x+e^x(m-x)=(m-1-x)e^x$。当 $x<m-1$ 时，$f'(x)>0$，此时$f(x)$在$(-\infty,m-1)$上单调递增；当 $x>m-1$ 时，$f'(x)<0$，此时 $f(x)$ 在 $(m-1,+\infty)$上单调递减。故$f(x)$在 $x=m-1$ 处取得极大值也是最大值。

(2)当 $x>0$ 时，函数$f(x)$的图象恒在 $y=x+4$ 的下方，即当 $x>0$ 时，$f(x)<x+4$，即 $(m-x)e^x<x+4$，即 $m<\frac{x+4}{e^x}+x$，令 $h(x)=\frac{x+4}{e^x}+x$，则 $h'(x)=-\frac{x+3}{e^x}+1=\frac{e^x-x-3}{e^x}$，再令 $g(x)=e^x-x-3$，则 $g'(x)=e^x-1$，$\because x>0$，$\therefore g'(x)=e^x-1>0$，则 $g(x)$在$(0,+\infty)$上单调递增，当 $x=x_0$ 时，$g(x_0)=0$，因为 $g(1)=e-1-3<0$，$g(2)=e^2-2-3=e^2-5>0$，故 $x_0\in(1,2)$。当 $x\in(0,x_0)$时，$g(x)<0$，则 $h'(x)<0$，则 $h(x)$单调递减；当$x\in(x_0,+\infty)$时，$g(x)>0$，则 $h'(x)>0$，则 $h(x)$ 单调递增，则 $h(x)_{\min}=\frac{x_0+4}{e^{x_0}}+x_0$。$\because g(x_0)=e^{x_0}-x_0-3=0$，$\therefore h(x)_{\min}=\frac{x_0+4}{e^{x_0}}+x_0=\frac{x_0+4}{x_0+3}+x_0=x_0+3+\frac{1}{x_0+3}-2$，$\because x_0\in(1,2)$，令 $t=x_0+3$，$h(x)_{\min}=p(t)=t+\frac{1}{t}-2$，$p'(t)=1-\frac{1}{t^2}$，$t\in(4,5)$，$\therefore p'(t)>0$，即 $p(t)$ 在 $t\in(4,5)$上单调递增，$\therefore p(4)<p(t)<p(5)$，即 $\frac{9}{4}<p(t)<\frac{16}{5}$，$\therefore h(x)_{\min}>\frac{9}{4}>2$，$\because m\in\mathbf{Z}$，$h(x)_{\min}>m$，$\therefore m\leqslant 2$，故 m 的最大值为 2。

基础训练

一、单项选择题

1. B【解析】根据对数函数的求导公式$(\log_a x)'=\frac{1}{x\ln a}$可知正确答案选 B。

2. D【解析】$\lim\limits_{h\to 0}\frac{f(x_0+2h)-f(x_0)}{h}=\lim\limits_{2h\to 0}\frac{f(x_0+2h)-f(x_0)}{2h}\cdot 2=2f'(x_0)=4$，故本题选 D。

3. A【解析】$\because f'(x)>g'(x)$，$\therefore f'(x)-g'(x)>0$，$\therefore[f(x)-g(x)]'>0$，$\therefore$ 函数$f(x)-g(x)$在 $\mathbf{R}$ 上为增函数。$\because 1<2$，$\therefore f(1)-g(1)<f(2)-g(2)$，移项即得$f(2)+g(1)>f(1)+g(2)$。

4. D【解析】显然$f'(a)=1$，而 $dy|_{x=a}=f'(a)\Delta x=\Delta x$，则$\lim\limits_{\Delta x\to 0}\frac{\Delta y}{\Delta x}=1$，故 dy 与 Δy 为等价无穷小。

5. C【解析】$f(x)=\sin x+a^3$，因为 a 是常数，求导始终为 0，则$f'(x)=\cos x$，$f''(x)=-\sin x$，故选 C。

6. B【解析】$f'_-(1)=\lim\limits_{x\to 1^-}\frac{f(x)-f(1)}{x-1}=\lim\limits_{x\to 1^-}\frac{\frac{2}{3}x^3-\frac{2}{3}}{x-1}=\frac{2}{3}\lim\limits_{x\to 1^-}\frac{x^3-1}{x-1}=\frac{2}{3}\lim\limits_{x\to 1^-}(x^2+x+1)=2$，$f'_+(1)=\lim\limits_{x\to 1^+}\frac{f(x)-f(1)}{x-1}=\lim\limits_{x\to 1^+}\frac{x^2-\frac{2}{3}}{x-1}=\infty$，则该函数左导数存在，右导数不存在。故选 B。

7. C【解析】$f(x)=e^{-x}\cos x$，则 $f'(x)=-e^{-x}\cos x-e^{-x}\sin x=-e^{-x}(\cos x+\sin x)$，所以 $f'(0)=-e^0(\cos 0+\sin 0)=-1$，故选 C。

8. C【解析】$\int_0^e f(x)dx=\int_0^1 x^2dx+\int_1^e\frac{1}{x}dx=\frac{x^3}{3}\Big|_0^1+\ln x\Big|_1^e=\frac{1}{3}+1=\frac{4}{3}$，故选 C。

9. B【解析】$\frac{dy}{dx}=\frac{\frac{dy}{dt}}{\frac{dx}{dt}}=\frac{[a(1-\cos t)]'}{[a(t-\sin t)]'}=\frac{a\sin t}{a(1-\cos t)}=\frac{\sin t}{1-\cos t}$。故本题选 B。

10. C【解析】根据微分运算与积分运算的关系，可知 $\int df(x)=\int f'(x)dx=f(x)+C$（$C$ 为常数），$\frac{d}{dx}\int f(x)dx=f(x)$，$d\int f(x)dx=\left(\frac{d}{dx}\int f(x)dx\right)dx$

$=f(x)\mathrm{d}x$。故选 C。

11. C【解析】$\int_{\frac{\pi}{4}}^{\frac{9\pi}{4}}\sqrt{2}\cos\left(x+\frac{\pi}{4}\right)\mathrm{d}x=\sqrt{2}\sin\left(\frac{\pi}{4}+x\right)\Big|_{\frac{\pi}{4}}^{\frac{9\pi}{4}}$ $=\sqrt{2}\sin\left(\frac{\pi}{4}+\frac{9\pi}{4}\right)-\sqrt{2}\sin\left(\frac{\pi}{4}+\frac{\pi}{4}\right)=0$，故选 C。

12. A【解析】在直角坐标系内，画出曲线和直线围成的封闭图形，如图所示，由 $x^2+2x=x$，解得两个交点坐标是$(-1,0)$和$(0,0)$，利用微积分的几何含义可得封闭图形的面积为 $S=\int_{-1}^{0}[x-(x^2+2x)]\mathrm{d}x=\left(-\frac{1}{3}x^3-\frac{1}{2}x^2\right)\Big|_{-1}^{0}=-\left(\frac{1}{3}-\frac{1}{2}\right)=\frac{1}{6}$，故选 A。

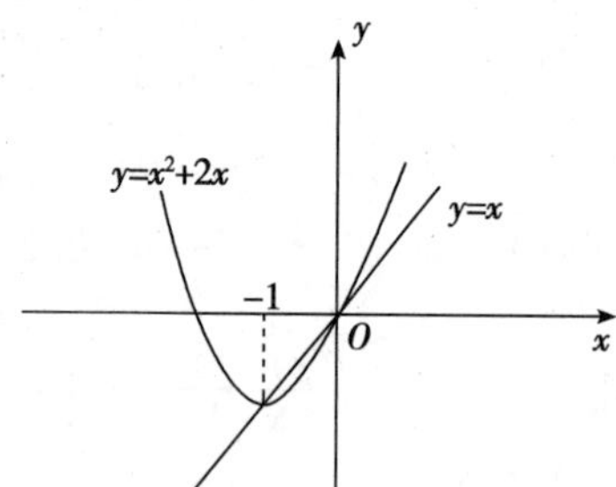

13. A【解析】当 $x\in\left[0,\frac{\pi}{4}\right]$时，$\sin x\leqslant\cos x\leqslant\cot x$，则 $\ln\sin x\leqslant\ln\cos x\leqslant\ln\cot x$ 且三个函数不恒等，所以$I<J<K$。

14. B【解析】级数 $\sum\limits_{n=1}^{\infty}a_n$ 可能收敛也可能发散，例如，$\sum\limits_{n=1}^{\infty}\frac{1}{n^2}$ 收敛，$\sum\limits_{n=1}^{\infty}\frac{1}{n}$ 发散；$\sum\limits_{n=1}^{\infty}\frac{1}{n^4}$ 收敛，$\sum\limits_{n=1}^{\infty}\frac{1}{n^2}$ 收敛。

二、填空题

15. 1 【解析】由题可知，$\frac{1}{2}x^2-ax\Big|_1^2=\frac{3}{2}-a=\frac{1}{2}\sin 2x\Big|_0^{\frac{\pi}{4}}=\frac{1}{2}$，故 $a=1$。

16. $\frac{1}{6}$ 【解析】当 $x=0$ 时，$y^3+6y=0$，得 $y=0$，对原方程两边求导得，$3x^2+3y^2\cdot y'-\cos x+6y'=0$，则 $y'(0)=\frac{1}{6}$。

17. $\frac{\pi}{2}$ 【解析】 $\int_{-1}^{1}(\sqrt{1-x^2}+x)\mathrm{d}x=\int_{-1}^{1}\sqrt{1-x^2}\,\mathrm{d}x+\int_{-1}^{1}x\mathrm{d}x$，$\int_{-1}^{1}x\mathrm{d}x=\frac{x^2}{2}\Big|_{-1}^{1}=\frac{1}{2}-\frac{1}{2}=0$，$\int_{-1}^{1}\sqrt{1-x^2}\,\mathrm{d}x$ 表示圆心在原点的单位圆面积的一半，$\int_{-1}^{1}\sqrt{1-x^2}\,\mathrm{d}x=\frac{\pi}{2}$，所以 $\int_{-1}^{1}(\sqrt{1-x^2}+x)\mathrm{d}x=\frac{\pi}{2}$。

18. $\left(1,\frac{1}{e}\right)$；$\left(2,\frac{2}{e^2}\right)$ 【解析】$y'=e^{-x}-xe^{-x}=e^{-x}(1-x)$，$y''=-e^{-x}(1-x)-e^{-x}=e^{-x}(x-2)$，当 $x=1$ 时，$y'=0$，$y''=-e^{-x}<0$，所以当 $x=1$ 时，函数 $y=xe^{-x}$ 取得极大值，此时 $y=\frac{1}{e}$，故函数的极值点是$\left(1,\frac{1}{e}\right)$；当 $x=2$ 时，$y''=0$，$y=\frac{2}{e^2}$，所以函数的拐点是$\left(2,\frac{2}{e^2}\right)$。

19. -4 【解析】由 $f(x)=x^2+2xf'(1)$，两边求导可得$f'(x)=2x+2f'(1)$。令 $x=1$，得 $f'(1)=-2$，故$f(x)=x^2-4x$，$f'(x)=2x-4$，$f'(0)=-4$。

20. 3 【解析】$\because$ 函数 $f(x)=x^3+bx^2+cx(x\in\mathbf{R})$，$\therefore f'(x)=3x^2+2bx+c$。$\because g(x)=f(x)-f'(x)=x^3+(b-3)x^2+(c-2b)x-c$ 为奇函数，$\therefore b-3=0$，$-c=0$，即 $b=3$，$c=0$，$\therefore b+c=3$。

21. $x+y-2=0$ 【解析】$x\ln y+y-2x=-1$ 两边同时对 x 求导可得：$\ln y+\frac{x}{y}y'+y'-2=0$。则其在点$(1,1)$处的切线斜率是 1，于是可知该点处法线的斜率为 -1，从而可求出该点处的法线方程为$x+y-2=0$。

22. $(1+\ln 2)\mathrm{d}x$ 【解析】当 $x=0$ 时，$y=1$，$2^{xy}+x=y$ 两边对 x 求导，得 $2^{xy}\ln 2\cdot\left(y+x\frac{\mathrm{d}y}{\mathrm{d}x}\right)+1=\frac{\mathrm{d}y}{\mathrm{d}x}$，将 $x=0$，$y=1$ 代入，得$\frac{\mathrm{d}y}{\mathrm{d}x}\Big|_{x=0}=1+\ln 2$，则 $\mathrm{d}y\big|_{x=0}=(1+\ln 2)\mathrm{d}x$。

23. $(-\infty,+\infty)$ 【解析】$\because \lim\limits_{n\to\infty}\sqrt[n]{a_n}=\lim\limits_{n\to\infty}\frac{1}{n}=0$，$\therefore$ 级数 $\sum\limits_{n=1}^{\infty}(-1)^{n-1}\frac{x^n}{n^n}$ 的收敛半径 $R=+\infty$，故收敛区间是$(-\infty,+\infty)$。

24. $9\frac{26}{27}$；-5 【解析】$f'(x)=3x^2-12$。当 $x\in$

$\left[-\frac{1}{3},1\right]$时,$f'(x)<0$,则在区间$\left[-\frac{1}{3},1\right]$上,函数$f(x)$是单调减函数。所以当$x=-\frac{1}{3}$时,$f(x)_{\max}=9\frac{26}{27}$,当$x=1$时,$f(x)_{\min}=-5$。

25. 0 【解析】可求出 $y'=\dfrac{\frac{1}{x}-\frac{1}{x^2}}{\ln x+\frac{1}{x}+\mathrm{e}-1}$,将$x=1$代入可得$y'=0$,故曲线在$M$点的切线的斜率为0。

26. $2x\sqrt{1+x^4}$ 【解析】$\frac{\mathrm{d}}{\mathrm{d}x}\int_0^{x^2}\sqrt{1+t^2}\,\mathrm{d}t=\sqrt{1+(x^2)^2}\cdot 2x=2x\sqrt{1+x^4}$。

27. $-2\cos x$ 【解析】由题意可知$f(x)\sin x=\left[\int f(x)\sin x\mathrm{d}x\right]'=(\cos^2x+C)'=-2\sin x\cos x$,所以$f(x)=-2\cos x$。

三、判断题

28. √【解析】$\sum_{n=1}^{\infty}(u_{2n-1}+u_{2n})=(u_1+u_2)+(u_3+u_4)+\cdots$,因为级数$\sum_{n=1}^{\infty}u_n$收敛,所以由常数列级数的性质得级数$\sum_{n=1}^{\infty}(u_{2n-1}+u_{2n})$收敛。

29. ×【解析】单调函数的导函数不一定是单调函数。例如,函数$f(x)=x+\sin x$,由于$f'(x)=1+\cos x\geqslant 0$,且$f'(x)$在任何有限区间内只有有限个零点,因此函数$f(x)$在$(-\infty,+\infty)$内为单调增加函数,但它的导函数$f'(x)=1+\cos x$在$(-\infty,+\infty)$内却不是单调函数。

四、解答题

30.【解析】(1) 原式 $=2\int_{\frac{1}{2}}^{1}\frac{\arcsin\sqrt{x}}{\sqrt{1-x}}\mathrm{d}\sqrt{x}=2\int_{\frac{1}{2}}^{1}\arcsin\sqrt{x}\mathrm{d}(\arcsin\sqrt{x})=(\arcsin\sqrt{x})^2\Big|_{\frac{1}{2}}^{1}=\frac{3\pi^2}{16}$。

(2) $\int_0^{\frac{\pi}{2}}|\sin x-\cos x|\mathrm{d}x=\int_0^{\frac{\pi}{4}}(\cos x-\sin x)\mathrm{d}x+\int_{\frac{\pi}{4}}^{\frac{\pi}{2}}(\sin x-\cos x)\mathrm{d}x=(\sin x+\cos x)\Big|_0^{\frac{\pi}{4}}-(\sin x+\cos x)\Big|_{\frac{\pi}{4}}^{\frac{\pi}{2}}=2(\sqrt{2}-1)$。

(3) $\int\frac{\sqrt{4-x^2}}{x^4}\mathrm{d}x\xlongequal{x=2\sin t}\int\frac{2\cos t}{16\sin^4t}\cdot 2\cos t\mathrm{d}t=\frac{1}{4}\int\cot^2t\cdot\csc^2t\mathrm{d}t=-\frac{1}{4}\int\cot^2t\mathrm{d}(\cot t)=-\frac{1}{12}\cot^3t+C=-\frac{(4-x^2)^{\frac{3}{2}}}{12x^3}+C$($C$为常数)。

31.【解析】曲线与y轴的交点为$(0,8)$和$(0,-8)$,与x轴的交点为$(4,0)$,

$S=\int_{-8}^{8}(4-y^{\frac{2}{3}})\mathrm{d}y=\left(4y-\frac{3}{5}y^{\frac{5}{3}}\right)\Big|_{-8}^{8}=\frac{128}{5}$,

$V=\int_0^4\pi y^2\mathrm{d}x=\int_0^4\pi(4-x)^3\mathrm{d}x=-\pi\cdot\frac{(4-x)^4}{4}\Big|_0^4=64\pi$。

32.【解析】设矩形的长和宽分别为x,y,

则x,y满足$x^2+y^2=4R^2$,矩形面积$S=xy=x\sqrt{4R^2-x^2}\,(0<x<2R)$,

令$\frac{\mathrm{d}S}{\mathrm{d}x}=\sqrt{4R^2-x^2}-\frac{x^2}{\sqrt{4R^2-x^2}}=0$,

令$\frac{\mathrm{d}S}{\mathrm{d}x}>0$,得$x<\sqrt{2}R$;令$\frac{\mathrm{d}S}{\mathrm{d}x}<0$,得$x>\sqrt{2}R$,

故当$x=\sqrt{2}R$时,S取得极大值,

考虑实际意义,

当$x=\sqrt{2}R$时,即矩形的长和宽均为$\sqrt{2}R$时,面积S取得极大值即为最大值,最大为$2R^2$。

33.【解析】取$x=0,y=0$,得$f(0)=0$或$f(0)=1$。若$f(0)=0$,对任意的$x\in(-\infty,+\infty)$,有$f(x)=f(x+0)=f(x)f(0)=0$,则$f'(x)$恒等于0,与$f'(0)=1$矛盾,故$f(0)=1$。由$f'(x)=\lim\limits_{h\to 0}\frac{f(x+h)-f(x)}{h}=\lim\limits_{h\to 0}\frac{f(x)f(h)-f(x)}{h}=f(x)\lim\limits_{h\to 0}\frac{f(h)-1}{h}=f(x)\lim\limits_{h\to 0}\frac{f(h)-f(0)}{h}=f(x)f'(0)=f(x)$,得$f'(x)-f(x)=0$,解得$f(x)=C\mathrm{e}^{-\int -1\mathrm{d}x}=C\mathrm{e}^x$($C$为常数)。由$f(0)=1$,得$C=1$,则$f(x)=\mathrm{e}^x$。

34.【解析】证明:设$F(x)=f(x)-x$,则有$F(x)$在$[a,b]$上连续,$F(a)=f(a)-a<0$,$F(b)=f(b)-b>0$,根据零点定理可得在开区间(a,b)内至少存在一点ξ,使$F(\xi)=0$,即$f(\xi)=\xi$。

35.【解析】如图,取x为积分变量,则x的变化范围为$[1,2]$,相应于$[1,2]$上的任一小区间$[x,x+\mathrm{d}x]$的窄条面积近似于高为$x-\frac{1}{x}$、底为$\mathrm{d}x$的窄矩形的面积,因此有$A=\int_1^2\left(x-\frac{1}{x}\right)\mathrm{d}x=$

$\left(\frac{1}{2}x^2-\ln x\right)\Big|_1^2=\frac{3}{2}-\ln 2$。

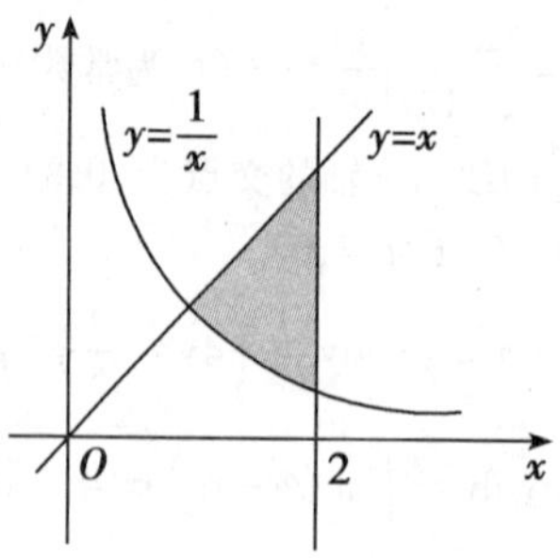

36.【解析】(1)$f'(x)=\ln x+1$,

由 $f'(x)<0$,得 $0<x<\frac{1}{e}$。

由 $f'(x)>0$,得 $x>\frac{1}{e}$,

故函数 $f(x)$ 在 $\left(0,\frac{1}{e}\right)$ 上单调递减,在 $\left(\frac{1}{e},+\infty\right)$ 上单调递增。

当 $0<t\leqslant\frac{1}{e}$ 时,$t+2>\frac{1}{e}$,

所以 $f(x)_{\min}=f\left(\frac{1}{e}\right)=-\frac{1}{e}$;

当 $t>\frac{1}{e}$ 时,$f(x)$ 在 $[t,t+2]$ 上单调递增,

$f(x)_{\min}=f(t)=t\ln t$,

所以 $f(x)_{\min}=\begin{cases}-\frac{1}{e},0<t\leqslant\frac{1}{e},\\ t\ln t,t>\frac{1}{e}。\end{cases}$

(2)若对一切 $x\in(0,+\infty)$,$2f(x)\geqslant g(x)$ 恒成立,即 $a\leqslant 2\ln x+x+\frac{3}{x}$ 恒成立,

设 $h(x)=2\ln x+x+\frac{3}{x}(x>0)$,则 $h'(x)=\frac{(x+3)(x-1)}{x^2}$,

当 $0<x<1$ 时,$h'(x)<0$,$h(x)$ 在 $(0,1)$ 内单调递减;

当 $x>1$ 时,$h'(x)>0$,$h(x)$ 在 $(1,+\infty)$ 内单调递增,

所以 $h(x)_{\min}=h(1)=4$,

故 a 的取值范围是 $(-\infty,4]$。

37.【解析】(1)$f'(x)=2x+1$。

$\because k=f'(0)=1$,$f(0)=\frac{1}{4}$,$\therefore y=f(x)$ 在点 $(0,f(0))$ 处的切线方程为 $y=x+\frac{1}{4}$。

(2)$\because h(x)=\left(x+\frac{1}{2}\right)^2-\ln x(x>0)$,

$\therefore h'(x)=2x+1-\frac{1}{x}=\frac{2x^2+x-1}{x}=\frac{(x+1)(2x-1)}{x}$。

x	$\left(0,\frac{1}{2}\right)$	$\frac{1}{2}$	$\left(\frac{1}{2},+\infty\right)$
$h'(x)$	-	0	+
$h(x)$	减	极小值	增

故 $h(x)\geqslant h_{\min}(x)=h(\frac{1}{2})=1-\ln\frac{1}{2}$,即 $h(x)\geqslant 1+\ln 2=1+\frac{1}{2}\ln 2^2>1+\frac{1}{2}\ln e=\frac{3}{2}$。

38.【解析】(1)因为蓄水池侧面的总成本为 $100\times 2\pi rh=200\pi rh$ 元,底面的总成本为 $160\pi r^2$ 元,所以蓄水池的总成本为 $(200\pi rh+160\pi r^2)$ 元,又根据题意得 $200\pi rh+160\pi r^2=12\ 000\pi$,所以 $h=\frac{1}{5r}(300-4r^2)$,从而 $V(r)=\pi r^2h=\frac{\pi}{5}(300r-4r^3)$。由 $h>0$,且 $r>0$ 可得 $0<r<5\sqrt{3}$,故函数 $V(r)$ 的定义域为 $(0,5\sqrt{3})$。

(2)因为 $V(r)=\frac{\pi}{5}(300r-4r^3)$,所以 $V'(r)=\frac{\pi}{5}(300-12r^2)$,令 $V'(r)=0$,解得 $r_1=5$,$r_2=-5$(舍去)。当 $r\in(0,5)$ 时,$V'(r)>0$,故 $V(r)$ 在 $(0,5)$ 上为增函数;当 $r\in(5,5\sqrt{3})$ 时,$V'(r)<0$,故 $V(r)$ 在 $(5,5\sqrt{3})$ 上为减函数。由此可知,$V(r)$ 在 $r=5$ 处取得最大值,此时 $h=8$,即当 $r=5$,$h=8$ 时,该蓄水池的体积最大。

整合提升

一、单项选择题

1. A【解析】$f'(x)=(1+x)^{-1}$,$f''(x)=(-1)\cdot(1+x)^{-2}$,$f'''(x)=(-1)\cdot(-2)(1+x)^{-3}$,$f^{(4)}(x)=(-1)\cdot(-2)\cdot(-3)(1+x)^{-4}$,$f^{(5)}(x)=(-1)\cdot(-2)\cdot(-3)\cdot(-4)\cdot(1+x)^{-5}=4!\cdot(1+x)^{-5}$。

2. B【解析】对方程两边求导得,$e^{2x+y}(2+y')+\sin(xy)\cdot(y+xy')=0$,将 $(0,1)$ 代入得,

$e(2+y'(0))+0=0, y'(0)=f'(0)=-2$,故选 B。

3. A【解析】$g'(x)=f'(\cos x)\cdot(\cos x)'=f'(\cos x)\cdot(-\sin x)$,$\because f(-x)=f(x)$,$\therefore f'(-x)\cdot(-1)=f'(x)$,$-f'(0)=f'(0)$,得$f'(0)=0$,$g'\left(\frac{\pi}{2}\right)=f'(0)=0$。选 A。

4. B【解析】对函数 $y=ax^3+bx^2+cx+d$ 求导可得 $y'=3ax^2+2bx+c$,其判别式 $\Delta=4(b^2-3ac)$。则由 $b^2-3ac<0$ 可知 $y'=3ax^2+2bx+c=0$ 无解,故原函数无极值,B 正确,A 错误;由上可知函数是单调递增或单调递减的,故 C 错误;D 项显然是错误的。故选 B。

5. A【解析】设旋转体的体积为 V,则 $V=\int_0^1\pi(x-x^4)\mathrm{d}x=\pi\left(\frac{1}{2}x^2-\frac{1}{5}x^5\right)\Big|_0^1=\frac{3\pi}{10}$。

6. C【解析】由题意知,抛物线 $x^2=4y$ 的焦点坐标为 $(0,1)$。$\because$ 直线 l 过抛物线 $C:x^2=4y$ 的焦点且与 y 轴垂直,$\therefore$ 直线 l 的方程为 $y=1$。由$\begin{cases}y=1,\\x^2=4y\end{cases}$可得交点的横坐标分别为 $-2,2$,则直线 l 与抛物线围成的封闭图形面积为 $\int_{-2}^{2}\left(1-\frac{x^2}{4}\right)\mathrm{d}x=\left(x-\frac{1}{12}x^3\right)\Big|_{-2}^{2}=\frac{8}{3}$。

7. D【解析】由所给图形知,当 $x<0$ 时,$y=f(x)$ 单调增加,从而 $f'(x)\geqslant0$,故排除 A、C 两项;当 $x>0$ 时,随着 x 增大,$y=f(x)$ 先单调增加,然后单调减少,再单调增加,因此随着 x 增大,先有 $f'(x)\geqslant0$,然后 $f'(x)\leqslant0$,继而又有 $f'(x)\geqslant0$,故应选 D。

二、填空题

8. 3 【解析】$\varphi(x)=\int_0^{x^2}xf(t)\mathrm{d}t$,则 $\varphi'(x)=2x\int_0^{x^2}xf(t)\mathrm{d}t+xf(x^2)$,又 $\varphi(1)=1$,$\varphi'(1)=5$,则有 $\varphi(1)=\int_0^1 f(t)\mathrm{d}t=1$,$\varphi'(1)=2\int_0^1 f(t)\mathrm{d}t+f(1)=5$,解得$f(1)=3$。

9. π 【解析】因为 $\lim\limits_{x\to1^+}(x-1)^{\frac{1}{2}}\cdot\frac{1}{x\sqrt{x-1}}=1$ 且 $\frac{1}{2}<1$,又因为 $\lim\limits_{x\to+\infty}x^{\frac{3}{2}}\cdot\frac{1}{x\sqrt{x-1}}=1$ 且 $\frac{3}{2}>1$,所以广义积分 $\int_1^{+\infty}\frac{\mathrm{d}x}{x\sqrt{x-1}}$ 收敛,则 $\int_1^{+\infty}\frac{\mathrm{d}x}{x\sqrt{x-1}}=2\int_1^{+\infty}\frac{\mathrm{d}(\sqrt{x-1})}{1+(\sqrt{x-1})^2}=2\arctan\sqrt{x-1}\,\Big|_1^{+\infty}=\pi$。

10. $-F(\mathrm{e}^{-x})+C$ 【解析】由 $F(x)$ 是 $f(x)$ 的一个原函数得 $F'(x)=f(x)$。令 $u=\mathrm{e}^{-x}$,则 $\int\mathrm{e}^{-x}f(\mathrm{e}^{-x})\mathrm{d}x=-\int f(\mathrm{e}^{-x})\mathrm{d}\mathrm{e}^{-x}=-\int f(u)\mathrm{d}u=-F(u)+C=-F(\mathrm{e}^{-x})+C$。

11. $-\sqrt{x^2-1}+C$ 【解析】$\int-\frac{x}{\sqrt{x^2-1}}\mathrm{d}x=-\int\frac{2x}{2\sqrt{x^2-1}}\mathrm{d}x=-\int(\sqrt{x^2-1})'\mathrm{d}x=-\sqrt{x^2-1}+C$。

12. $\{x|x>4\}$ 【解析】设 $g(x)=f(x)-(3x-15)=f(x)-3x+15$,则所求的不等式的解集可理解为不等式$g(x)<0$ 的解集。根据题意可知 $g'(x)=f'(x)-3<0$ 对任意实数 x 恒成立,则 $g(x)$ 在 $\mathbf{R}$ 上单调递减。令 $g(x)<0$。由 $g(4)=f(4)-12+15=0$,则 $g(x)<g(4)$。根据函数单调递减可知 $x>4$。

三、判断题

13. √【解析】略。

14. √【解析】$\int_0^{\sqrt{2}}\sqrt{2-x^2}\,\mathrm{d}x\xlongequal{x=\sqrt{2}\sin\mu}\int_0^{\frac{\pi}{2}}2\cos^2\mu\mathrm{d}\mu=2\times\frac{\pi}{4}=\frac{\pi}{2}$。

四、解答题

15.【解析】由拉格朗日中值定理得$f(x)-f(x-1)=f'(\xi)\ (x-1<\xi<x)$,则 $\lim\limits_{x\to\infty}[f(x)-f(x-1)]=\lim\limits_{x\to\infty}f'(\xi)=\mathrm{e}$,又 $\lim\limits_{x\to\infty}\left(\frac{x+c}{x-c}\right)^x=\lim\limits_{x\to\infty}\left[\left(1+\frac{2c}{x-c}\right)^{\frac{x-c}{2c}}\right]^{\frac{2cx}{x-c}}=\mathrm{e}^{2c}$,由 $\mathrm{e}=\mathrm{e}^{2c}$ 得 $c=\frac{1}{2}$。

16.【解析】$\frac{\partial z}{\partial x}=\frac{1}{1+\left(\frac{x-y}{x+y}\right)^2}\cdot\frac{2y}{(x+y)^2}=\frac{y}{x^2+y^2}$,

$\frac{\partial z}{\partial y}=\frac{1}{1+\left(\frac{x-y}{x+y}\right)^2}\cdot\frac{-2x}{(x+y)^2}=-\frac{x}{x^2+y^2}$。

17.【解析】$D=\{(x,y)\mid0\leqslant x\leqslant y,0\leqslant y\leqslant1\}$,则 $\iint\limits_D\sqrt{y^2-xy}\,\mathrm{d}x\mathrm{d}y=\int_0^1\mathrm{d}y\int_0^y\sqrt{y^2-xy}\,\mathrm{d}x=$

$-\int_0^1 \frac{1}{y}\mathrm{d}y\int_0^y (y^2-xy)^{\frac{1}{2}}\mathrm{d}(y^2-xy) = \frac{2}{3}\int_0^1 y^2\mathrm{d}y = \frac{2}{9}$。

18.【解析】当 $x=0$ 时，$y=0$，下面讨论 $x\neq 0$ 时：

方法一：由 $x\mathrm{d}y+(x-2y)\mathrm{d}x=0$，得 $\frac{\mathrm{d}y}{\mathrm{d}x}=\frac{2y-x}{x}$ 或 $\frac{\mathrm{d}y}{\mathrm{d}x}-\frac{2}{x}y=-1$，解得 $y=\left[\int(-1)\mathrm{e}^{\int-\frac{2}{x}\mathrm{d}x}\mathrm{d}x+C\right]\mathrm{e}^{-\int-\frac{2}{x}\mathrm{d}x}=Cx^2+x$。

方法二：由 $x\mathrm{d}y+(x-2y)\mathrm{d}x=0$，得 $\frac{\mathrm{d}y}{\mathrm{d}x}=2\frac{y}{x}-1$，令 $\frac{y}{x}=u$，得 $x\frac{\mathrm{d}u}{\mathrm{d}x}=u-1$，变量分离得 $\frac{\mathrm{d}u}{u-1}=\frac{\mathrm{d}x}{x}$，两边积分得 $\ln(u-1)=\ln x+\ln C$，即 $u-1=Cx$，故原方程通解为 $y=Cx^2+x$。

19.【解析】(1) 由 $f(x)=(x^2+ax-2a-3)\mathrm{e}^x$ 可得
$f'(x)=(2x+a)\mathrm{e}^x+(x^2+ax-2a-3)\mathrm{e}^x=[x^2+(2+a)x-a-3]\mathrm{e}^x$，
因为 $x=2$ 是函数 $f(x)$ 的一个极值点，
所以 $f'(2)=0$，即 $(a+5)\mathrm{e}^2=0$，解得 $a=-5$。
(2) $f'(x)=(x-2)(x-1)\mathrm{e}^x$，令 $f'(x)>0$ 得 $x>2$ 或 $x<1$，
$f(x)$ 在 $(-\infty,1)\cup(2,+\infty)$ 上单调递增，在 $(1,2)$ 上单调递减；
又 $x\in\left[\frac{3}{2},3\right]$，故 $f(x)$ 在 $\left[\frac{3}{2},2\right]$ 单调递减，在 $(2,3]$ 单调递增；
故函数 $f(x)$ 在 $x\in\left[\frac{3}{2},3\right]$ 的最小值为 $f(2)=\mathrm{e}^2$；
又 $f\left(\frac{3}{2}\right)=\frac{7}{4}\mathrm{e}^{\frac{3}{2}}$，$f(3)=\mathrm{e}^3$，$\frac{f(3)}{f\left(\frac{3}{2}\right)}=\frac{\mathrm{e}^3}{\frac{7}{4}\mathrm{e}^{\frac{3}{2}}}=\frac{4}{7}\mathrm{e}^{\frac{3}{2}}>\frac{4}{7}\times2.7>1$，得 $f(3)>f\left(\frac{3}{2}\right)$，
故 $f(x)$ 在 $x\in\left[\frac{3}{2},3\right]$ 的最大值为 $f(3)=\mathrm{e}^3$。

20.【解析】(1) 当 $a=3$ 时，$f(x)=\frac{1}{3}x^3-3x^2-3x-3$，$f'(x)=x^2-6x-3$，令 $f'(x)=0$，解得 $x=3-2\sqrt{3}$ 或 $x=3+2\sqrt{3}$。当 $x\in(-\infty,3-2\sqrt{3})$ 和 $(3+2\sqrt{3},+\infty)$ 时，$f'(x)>0$；当 $x\in(3-2\sqrt{3},3+2\sqrt{3})$ 时，$f'(x)<0$，故 $f(x)$ 在 $(-\infty,3-2\sqrt{3})$，$(3+2\sqrt{3},+\infty)$ 单调递增，在 $(3-2\sqrt{3},3+2\sqrt{3})$ 单调递减。

(2) 证明：因为 $x^2+x+1>0$，所以 $f(x)=0$ 等价于 $\frac{x^3}{x^2+x+1}-3a=0$，设 $g(x)=\frac{x^3}{x^2+x+1}-3a$，则 $g'(x)=\frac{x^2(x^2+2x+3)}{(x^2+x+1)^2}\geqslant0$，当且仅当 $x=0$ 时 $g'(x)=0$，所以 $g(x)$ 在 $(-\infty,+\infty)$ 单调递增，故 $g(x)$ 至多有一个零点，从而 $f(x)$ 至多有一个零点，又 $f(3a-1)=-6a^2+2a-\frac{1}{3}=-6\left(a-\frac{1}{6}\right)^2-\frac{1}{6}<0$，$f(3a+1)=\frac{1}{3}>0$，故 $f(x)$ 有一个零点。综上，$f(x)$ 只有一个零点。

专题十四　线性代数

真题实测

一、单项选择题

1. C【解析】因为 $\boldsymbol{A}$ 的行向量组线性无关，矩阵的行秩与列秩相等，所以 $\mathrm{r}(\boldsymbol{A})=3$，故 $\mathrm{r}(\boldsymbol{A}^{\mathrm{T}})=\mathrm{r}(\boldsymbol{A})=3$。

2. A【解析】$\begin{vmatrix}2&2&-10\\-1&1&1\\3&-3&0\end{vmatrix}=\begin{vmatrix}0&4&-8\\-1&1&1\\0&0&3\end{vmatrix}=3\begin{vmatrix}0&4\\-1&1\end{vmatrix}=3[0-(-1)\times4]=12$。

3. D【解析】$|\lambda\boldsymbol{E}-\boldsymbol{A}|=\begin{vmatrix}\lambda-1&-1&-1\\-1&\lambda-1&-1\\-1&-1&\lambda-1\end{vmatrix}=\lambda^2(\lambda-3)$，所以矩阵 $\boldsymbol{A}$ 的非零特征值为 3。

4. B【解析】方法一：相似矩阵具有相同的秩，因为 $\mathrm{r}(\boldsymbol{A}_1)=\mathrm{r}(\boldsymbol{A}_3)=3$，$\mathrm{r}(\boldsymbol{A}_2)=2$，所以 $\boldsymbol{A}_2$ 不可能与 $\boldsymbol{A}_1$，$\boldsymbol{A}_3$ 相似。故选 B。

方法二：两矩阵相似的充要条件是它们的特征矩阵等价。$\boldsymbol{A}_1$ 和 $\boldsymbol{A}_3$ 的特征矩阵分别为 $\boldsymbol{P}=(\lambda\boldsymbol{E}-\boldsymbol{A}_1)=\begin{pmatrix}\lambda-1&0&0\\0&\lambda-1&0\\0&-1&\lambda-1\end{pmatrix}$，$\boldsymbol{Q}=(\lambda\boldsymbol{E}-\boldsymbol{A}_3)=\begin{pmatrix}\lambda-1&0&0\\-1&\lambda-1&0\\0&0&\lambda-1\end{pmatrix}$，$\boldsymbol{P}=$

$$\begin{pmatrix}\lambda-1 & 0 & 0\\ 0 & \lambda-1 & 0\\ 0 & -1 & \lambda-1\end{pmatrix}\to\begin{pmatrix}0 & \lambda-1 & 0\\ 0 & -1 & \lambda-1\\ \lambda-1 & 0 & 0\end{pmatrix}\to$$

$\begin{pmatrix}\lambda-1 & 0 & 0\\ -1 & \lambda-1 & 0\\ 0 & 0 & \lambda-1\end{pmatrix}=\boldsymbol{Q}$，所以矩阵 $\boldsymbol{P},\boldsymbol{Q}$ 等价，因此矩阵 $\boldsymbol{A}_1$ 和 $\boldsymbol{A}_3$ 相似。故选 B。

二、填空题

5. $\left[\frac{\pi}{6}+k\pi,\frac{\pi}{3}+k\pi\right](k\in\mathbf{Z})$ 【解析】$f(x)=\begin{vmatrix}4\sin x & \sqrt{3}\\ 1 & \cos x\end{vmatrix}=4\sin x\cdot\cos x-\sqrt{3}=2\sin 2x-\sqrt{3}$，令 $f(x)\geqslant 0$ 可得 $\sin 2x\geqslant\frac{\sqrt{3}}{2}$，解得 $\frac{\pi}{3}+2k\pi\leqslant 2x\leqslant\frac{2\pi}{3}+2k\pi$，即 $\frac{\pi}{6}+k\pi\leqslant x\leqslant\frac{\pi}{3}+k\pi(k\in\mathbf{Z})$，即 $f(x)\geqslant 0$ 的解集为 $\left[\frac{\pi}{6}+k\pi,\frac{\pi}{3}+k\pi\right](k\in\mathbf{Z})$。

6. 无关 【解析】对任意 x_1,x_2，若 $x_1\boldsymbol{\alpha}_1+x_2\boldsymbol{\alpha}_2=\boldsymbol{0}$ 可得 $x_1\times 1+x_2\times 0=0$，$x_1\times 1+x_2\times 2=0$，推知 $x_1=0,x_2=0$，故两向量线性无关。

三、判断题

7. ×【解析】因为矩阵的乘法是不可逆的，所以题中说法不成立，如 $\boldsymbol{A}=\begin{pmatrix}1 & -1\\ -1 & 1\end{pmatrix}$，$\boldsymbol{B}=\begin{pmatrix}0 & 0\\ 0 & 0\end{pmatrix}$，$\boldsymbol{C}=\begin{pmatrix}1 & 1\\ 1 & 1\end{pmatrix}$，则 $\boldsymbol{AC}=\begin{pmatrix}0 & 0\\ 0 & 0\end{pmatrix}$，$\boldsymbol{AB}=\begin{pmatrix}0 & 0\\ 0 & 0\end{pmatrix}$，$\boldsymbol{AB}=\boldsymbol{AC}=\boldsymbol{0}$，但 $\boldsymbol{B}\neq\boldsymbol{C}$。

8. √【解析】由矩阵可逆的条件可知，矩阵 $\boldsymbol{A}$ 可逆，则 $|\boldsymbol{A}|\neq 0$。

9. √【解析】由矩阵的秩与矩阵行列式值的关系可知，本题说法正确。

四、解答题

10. 【解析】(1) $\boldsymbol{AB}^{\mathrm{T}}=\begin{pmatrix}1 & 2 & 0\\ 3 & 4 & 0\\ -1 & 2 & 1\end{pmatrix}\begin{pmatrix}2 & -2\\ 3 & 4\\ -1 & 0\end{pmatrix}=\begin{pmatrix}8 & 6\\ 18 & 10\\ 3 & 10\end{pmatrix}$。

(2) $|\boldsymbol{A}|=\begin{vmatrix}1 & 2 & 0\\ 3 & 4 & 0\\ -1 & 2 & 1\end{vmatrix}=-2$，$|4\boldsymbol{A}|=4^3|\boldsymbol{A}|=4^3\times(-2)=-128$。

11. 【解析】齐次线性方程组存在非零解时，当且仅当系数矩阵的秩小于未知数的个数，即该系数矩阵的秩小于 3，即非满秩。该系数矩阵非满秩，当且仅当矩阵对应的行列式的的值等于 0。

$\begin{vmatrix}k & 1 & 1\\ 1 & k & 1\\ 1 & 1 & k\end{vmatrix}=(k+2)\begin{vmatrix}1 & 1 & 1\\ 1 & k & 1\\ 1 & 1 & k\end{vmatrix}=(k+2)\cdot\begin{vmatrix}1 & 1 & 1\\ 0 & k-1 & 0\\ 0 & 0 & k-1\end{vmatrix}=(k+2)(k-1)^2=0$，解得 $k=1$ 或 -2。

当 k 取 1 或 -2 时，齐次线性方程组 $\begin{cases}kx_1+x_2+x_3=0,\\ x_1+kx_2+x_3=0,\\ x_1+x_2+kx_3=0\end{cases}$ 有非零解。

基础训练

一、单项选择题

1. C【解析】$|2\boldsymbol{A}|=2^3|\boldsymbol{A}|=8\times\frac{1}{2}=4$。

2. D【解析】$\boldsymbol{a}=(x_1,y_1)$，$\boldsymbol{b}=(x_2,y_2)$ 都是非零向量，且 $\boldsymbol{a}$ 与 $\boldsymbol{b}$ 垂直，则 $\boldsymbol{a}\cdot\boldsymbol{b}=x_1x_2+y_1y_2=0$，根据二阶行列式的定义可知，$\begin{vmatrix}x_1 & y_1\\ -y_2 & x_2\end{vmatrix}=x_1x_2+y_1y_2$，即 $\begin{vmatrix}x_1 & y_1\\ -y_2 & x_2\end{vmatrix}=0$。

3. D【解析】由 $\boldsymbol{AB}=\boldsymbol{AC}$ 可得 $\boldsymbol{A}(\boldsymbol{B}-\boldsymbol{C})=\boldsymbol{O}$，于是有 $\boldsymbol{A}=\boldsymbol{O}$，或 $\boldsymbol{B}-\boldsymbol{C}=\boldsymbol{O}$，或者 $\boldsymbol{A}\neq\boldsymbol{O}$，且 $\boldsymbol{B}-\boldsymbol{C}\neq\boldsymbol{O}$，但二者的乘积为零矩阵 3 种情况，从而 A、B、C 均不正确；对 $\boldsymbol{A}(\boldsymbol{B}-\boldsymbol{C})=\boldsymbol{O}$ 两边去行列式得 $|\boldsymbol{A}(\boldsymbol{B}-\boldsymbol{C})|=|\boldsymbol{A}||\boldsymbol{B}-\boldsymbol{C}|=0$，显然 D 正确。故选 D。

4. D【解析】A 项，$\boldsymbol{AB}=\boldsymbol{O}$ 不能保证 $\boldsymbol{BA}=\boldsymbol{O}$，而 $(\boldsymbol{A}+\boldsymbol{B})^2=\boldsymbol{A}^2+\boldsymbol{AB}+\boldsymbol{BA}+\boldsymbol{B}^2\neq\boldsymbol{A}^2+2\boldsymbol{AB}+\boldsymbol{B}^2$，错误；B 项，当 $\boldsymbol{B}\neq\boldsymbol{O}$ 时，行列式 $|\boldsymbol{B}|$ 可以为零亦可不为零，由 $\boldsymbol{B}$ 是否可逆而定，又 $|\boldsymbol{B}^*|=|\boldsymbol{B}|^{n-1}$，故 B、C 两项错误；D 项，由 $\boldsymbol{AB}=\boldsymbol{O}$，且 $\boldsymbol{B}\neq\boldsymbol{O}$ 知 $\boldsymbol{Ax}=\boldsymbol{0}$ 有非零解，那么 $|\boldsymbol{A}|=0$，从而 $|\boldsymbol{A}^*|=|\boldsymbol{A}|^{n-1}=0$，正确。

5. B【解析】若 $\boldsymbol{Ax}=\boldsymbol{0}$ 的解均是 $\boldsymbol{Bx}=\boldsymbol{0}$ 的解，则 $n-\mathrm{r}(\boldsymbol{A})\leqslant n-\mathrm{r}(\boldsymbol{B})$，所以 $\mathrm{r}(\boldsymbol{A})\geqslant\mathrm{r}(\boldsymbol{B})$，进一步易知若 $\boldsymbol{Ax}=\boldsymbol{0}$ 与 $\boldsymbol{Bx}=\boldsymbol{0}$ 同解，则 $\mathrm{r}(\boldsymbol{A})=\mathrm{r}(\boldsymbol{B})$，故①③

正确。本题选 B。

6. A【解析】矩阵 $\boldsymbol{A}$ 的特征多项式为 $f(\lambda)=\begin{vmatrix}\lambda-1 & -1\\ -4 & \lambda-1\end{vmatrix}=(\lambda-1)^2-4=(\lambda-3)(\lambda+1)$。令$f(\lambda)=0$,得 $\lambda=3$ 或 $\lambda=-1$。当 $\lambda=3$ 时,由 $\begin{pmatrix}1 & 1\\ 4 & 1\end{pmatrix}\begin{pmatrix}x\\ y\end{pmatrix}=3\begin{pmatrix}x\\ y\end{pmatrix}$,得属于特征值 3 的特征向量为 $\begin{pmatrix}1\\ 2\end{pmatrix}$。当 $\lambda=-1$时,由 $\begin{pmatrix}1 & 1\\ 4 & 1\end{pmatrix}\begin{pmatrix}x\\ y\end{pmatrix}=-1\begin{pmatrix}x\\ y\end{pmatrix}$,得属于特征值 -1 的特征向量为$\begin{pmatrix}1\\ -2\end{pmatrix}$。

二、填空题

7. $\begin{pmatrix}6 & 5 & -3\\ 0 & -1 & 0\\ 4 & -2 & -2\end{pmatrix}$ 【解析】$\boldsymbol{AB}=\begin{pmatrix}3 & -2\\ 0 & 1\\ 2 & 4\end{pmatrix}\begin{pmatrix}2 & 1 & -1\\ 0 & -1 & 0\end{pmatrix}$ $=\begin{pmatrix}6 & 5 & -3\\ 0 & -1 & 0\\ 4 & -2 & -2\end{pmatrix}$。

8. 189 【解析】由 $\boldsymbol{A}+2\boldsymbol{B}=(3\boldsymbol{\alpha}_1,3\boldsymbol{\alpha}_2,3\boldsymbol{\alpha}_3,\boldsymbol{\beta}+2\boldsymbol{\gamma})$,知$|\boldsymbol{A}+2\boldsymbol{B}|=|3\boldsymbol{\alpha}_1,3\boldsymbol{\alpha}_2,3\boldsymbol{\alpha}_3,\boldsymbol{\beta}+2\boldsymbol{\gamma}|=27|\boldsymbol{\alpha}_1,\boldsymbol{\alpha}_2,\boldsymbol{\alpha}_3,\boldsymbol{\beta}+2\boldsymbol{\gamma}|=27(|\boldsymbol{\alpha}_1,\boldsymbol{\alpha}_2,\boldsymbol{\alpha}_3,\boldsymbol{\beta}|+|\boldsymbol{\alpha}_1,\boldsymbol{\alpha}_2,\boldsymbol{\alpha}_3,2\boldsymbol{\gamma}|)=27(|\boldsymbol{A}|+2|\boldsymbol{B}|)=189$。

9. 4 或 −1 【解析】$\begin{vmatrix}\lambda & 1 & 1\\ 1 & \lambda & -1\\ 2 & -1 & 1\end{vmatrix}=\lambda^2-3\lambda-4=0$ $\Rightarrow\lambda=4$ 或 $\lambda=-1$。

10. $\begin{pmatrix}1 & -2\\ 0 & 1\end{pmatrix}$ 【解析】由$\begin{pmatrix}1\\ 0\end{pmatrix}$是 $\boldsymbol{A}$ 的属于特征值 λ 的一个特征向量,得到 $c=0$,则 $\boldsymbol{A}=\begin{pmatrix}1 & 2\\ 0 & 1\end{pmatrix}$,故 $\boldsymbol{A}^{-1}=\begin{pmatrix}1 & -2\\ 0 & 1\end{pmatrix}$。

11. $3^{n-1}\boldsymbol{A}$ 【解析】因为 $\boldsymbol{A}=\begin{pmatrix}2\\ -1\\ 2\end{pmatrix}(1\quad 3\quad 2)$,故 $\boldsymbol{A}^2=\begin{pmatrix}2\\ -1\\ 2\end{pmatrix}(1\ 3\ 2)\begin{pmatrix}2\\ -1\\ 2\end{pmatrix}(1\ 3\ 2)$,因$(1\ 3\ 2)\begin{pmatrix}2\\ -1\\ 2\end{pmatrix}=2+(-3)+4=3$,所以 $\boldsymbol{A}^2=3\begin{pmatrix}2\\ -1\\ 2\end{pmatrix}(1\quad 3\quad 2)=3\boldsymbol{A}$,则 $\boldsymbol{A}^3=\boldsymbol{A}^2\cdot\boldsymbol{A}=3\boldsymbol{A}^2=3^2\boldsymbol{A}$,归纳得 $\boldsymbol{A}^n=3^{n-1}\boldsymbol{A}$。

12. $\boldsymbol{\beta}=\boldsymbol{\alpha}_1+0\boldsymbol{\alpha}_2-\boldsymbol{\alpha}_3$ 【解析】设 $\boldsymbol{\beta}=k_1\boldsymbol{\alpha}_1+k_2\boldsymbol{\alpha}_2+k_3\boldsymbol{\alpha}_3$,即 $\begin{pmatrix}0\\ 1\\ 1\end{pmatrix}=k_1\begin{pmatrix}1\\ 1\\ 1\end{pmatrix}+k_2\begin{pmatrix}1\\ 1\\ 0\end{pmatrix}+k_3\begin{pmatrix}1\\ 0\\ 0\end{pmatrix}$,由 $\begin{cases}k_1+k_2+k_3=0,\\ k_1+k_2=1,\\ k_1=1\end{cases}$ 得$\begin{cases}k_1=1,\\ k_2=0,\\ k_3=-1,\end{cases}$ 即$\boldsymbol{\beta}=\boldsymbol{\alpha}_1+0\boldsymbol{\alpha}_2-\boldsymbol{\alpha}_3$。

三、判断题

13. ×【解析】因为 $\boldsymbol{A},\boldsymbol{B}$ 不一定是方阵,即不一定有对应的行列式。

14. √【解析】若$|\boldsymbol{A}|\neq0$,则 $\boldsymbol{A}$ 可逆,用 $\boldsymbol{A}^{-1}$左乘 $\boldsymbol{A}^2=\boldsymbol{A}$ 的两端,得 $\boldsymbol{A}=\boldsymbol{A}^{-1}\boldsymbol{A}^2=\boldsymbol{A}^{-1}\boldsymbol{A}=\boldsymbol{E}$,与 $\boldsymbol{A}\neq\boldsymbol{E}$ 矛盾,故$|\boldsymbol{A}|=0$。

15. √【解析】因为 $\boldsymbol{A}$ 是正交矩阵,则有 $\boldsymbol{AA}^{\mathrm{T}}=\boldsymbol{A}^{\mathrm{T}}\boldsymbol{A}=\boldsymbol{E}$,即 $\boldsymbol{A}^{\mathrm{T}}=\boldsymbol{A}^{-1}$,则 $\boldsymbol{A}^*=|\boldsymbol{A}|\boldsymbol{A}^{-1}=|\boldsymbol{A}|\boldsymbol{A}^{\mathrm{T}}$,从而 $\boldsymbol{A}^*(\boldsymbol{A}^*)^{\mathrm{T}}=(|\boldsymbol{A}|\boldsymbol{A}^{\mathrm{T}})(|\boldsymbol{A}|\boldsymbol{A}^{\mathrm{T}})^{\mathrm{T}}=|\boldsymbol{A}|^2\boldsymbol{A}^{\mathrm{T}}\boldsymbol{A}=\boldsymbol{E}$,同理$(\boldsymbol{A}^*)^{\mathrm{T}}\boldsymbol{A}^*=\boldsymbol{E}$,故 $\boldsymbol{A}^*$ 是正交矩阵。

16. ×【解析】例如取行列式 $\begin{vmatrix}0 & 3\\ 0 & 1\end{vmatrix}$。

17. ×【解析】因为已知向量组 $\boldsymbol{\alpha}_2,\boldsymbol{\alpha}_3,\boldsymbol{\alpha}_4$ 线性无关,那么它的部分组 $\boldsymbol{\alpha}_2,\boldsymbol{\alpha}_3$ 线性无关,又因 $\boldsymbol{\alpha}_1,\boldsymbol{\alpha}_2,\boldsymbol{\alpha}_3$ 线性相关,故 $\boldsymbol{\alpha}_1$ 可以由 $\boldsymbol{\alpha}_2,\boldsymbol{\alpha}_3$ 线性表出。

四、解答题

18. 【解析】$\boldsymbol{A}^2=\begin{pmatrix}1 & 1\\ 2 & 1\end{pmatrix}\begin{pmatrix}1 & 1\\ 2 & 1\end{pmatrix}=\begin{pmatrix}3 & 2\\ 4 & 3\end{pmatrix}$。

设 $\boldsymbol{\alpha}=\begin{pmatrix}x\\ y\end{pmatrix}$。

$\because \boldsymbol{A}^2\boldsymbol{\alpha}=\boldsymbol{\beta}$,

$\therefore \begin{pmatrix}3 & 2\\ 4 & 3\end{pmatrix}\begin{pmatrix}x\\ y\end{pmatrix}=\begin{pmatrix}1\\ 2\end{pmatrix}$,

$\therefore \begin{cases}3x+2y=1,\\ 4x+3y=2,\end{cases}$解得$\begin{cases}x=-1,\\ y=2,\end{cases}$

$\therefore \boldsymbol{\alpha}=\begin{pmatrix}-1\\ 2\end{pmatrix}$。

19. 【解析】设 $|\boldsymbol{D}|=\begin{vmatrix}\lambda & 1 & 1\\ 1 & \mu & 1\\ 1 & 2\mu & 1\end{vmatrix}=\begin{vmatrix}\lambda & 1 & 1\\ 1 & \mu & 1\\ 0 & \mu & 0\end{vmatrix}=-\mu(\lambda-1)$,故只有当 $\mu=0$ 或 $\lambda=1$ 时,方程组才有可能有非零解。

当 $\mu=0$ 时,原方程组成为 $\begin{cases}\lambda x_1+x_2+x_3=0,\\ x_1+x_3=0,\end{cases}$ 显

然 $x_1=1,x_2=1-\lambda,x_3=-1$ 是它的一组非零解；

当 $\lambda=1$ 时，原方程组成为 $\begin{cases}x_1+x_2+x_3=0,\\x_1+\mu x_2+x_3=0,\\x_1+2\mu x_2+x_3=0,\end{cases}$ 显然，$x_1=-1,x_2=0,x_3=1$ 是它的一组非零解。

因此，当 $\mu=0$ 或 $\lambda=1$ 时，方程组有非零解。

20.【解析】$|\lambda E-A|=\begin{vmatrix}\lambda-2&-3&-2\\-1&\lambda-8&-2\\2&14&\lambda+3\end{vmatrix}=$

$\begin{vmatrix}\lambda-2&-3&-2\\-1&\lambda-8&-2\\0&2\lambda-2&\lambda-1\end{vmatrix}=$

$\begin{vmatrix}\lambda-2&1&-2\\-1&\lambda-4&-2\\0&0&\lambda-1\end{vmatrix}=(\lambda-1)(\lambda-3)^2$，所以 A 的特征值为 1，3（二重）。

对于 $\lambda=1$，解齐次线性方程组 $(E-A)X=0$，得 $\begin{cases}x_1=-2x_3,\\x_2=0\end{cases}$（$x_3$ 为自由未知量）。

令 $x_3=1$，则属于特征值 1 的全部特征向量为 $k\begin{pmatrix}-2\\0\\1\end{pmatrix}$，$k$ 为非零常数。

对 $\lambda=3$，解齐次线性方程组 $(3E-A)X=0$ 得

$\begin{cases}x_1=\frac{1}{2}x_3,\\x_2=-\frac{1}{2}x_3,\end{cases}$ 其中 x_3 为自由未知量。

令 $x_3=2$，则属于特征值 3 的全部特征向量为 $l\begin{pmatrix}1\\-1\\2\end{pmatrix}$，$l$ 为非零常数。

整合提升

一、单项选择题

1. C【解析】$(\alpha_1+\alpha_2)-(\alpha_2+\alpha_3)+(\alpha_3-\alpha_1)=0$，线性相关，故 A 选项错误；$(\alpha_1+\alpha_2)+(\alpha_2+\alpha_3)-(\alpha_1+2\alpha_2+\alpha_3)=0$，线性相关，故 B 选项错误；C 选项中的向量组成的系数矩阵 $\begin{vmatrix}1&0&1\\2&2&0\\0&3&3\end{vmatrix}=12\neq0$，线性无关，故 C 选项正确；D 选项中的向量组成的系数矩阵 $\begin{vmatrix}1&2&3\\1&-3&5\\1&22&-5\end{vmatrix}=0$，线性相关，故 D 选项错误。

2. C【解析】根据题意，有 $E_{12}A=B$，则 $A^{-1}E_{12}{}^{-1}=B^{-1}$，因为 $E_{12}{}^{-1}=E_{12}$，则有 $A^{-1}E_{12}=B^{-1}$，又因为矩阵 A 的两行互换得到 B，故 $|A|=-|B|$。由 $AA^*=A^*A=|A|E$，得 $A^*E_{12}=-B^*$，即 A^* 的一、二两列互换得到 $-B^*$。故选 C。

3. C【解析】由 $\begin{vmatrix}1&3-\lambda\\\lambda&2\end{vmatrix}=0$，得 $\lambda=1$ 或 2，分别代入增广矩阵可知，当 $\lambda=1$ 时，系数矩阵和增广矩阵的秩相同，线性方程组有无数个解，故选 C。

4. D【解析】因为方程组的系数矩阵行列式是 $|D|=\begin{vmatrix}1&1&1\\2&-1&3\\4&1&9\end{vmatrix}=-12$，根据克拉默法则，$x_2=\frac{|D_2|}{|D|}$，其中 $|D_2|=\begin{vmatrix}1&1&1\\2&4&3\\4&16&9\end{vmatrix}=-2$，故 $x_2=\frac{1}{6}$。

二、填空题

5. 0，1，2 【解析】由 $\begin{vmatrix}1&1&1&1\\1&1-x&1&1\\1&1&2-x&1\\1&1&1&3-x\end{vmatrix}=$

$\begin{vmatrix}1&1&1&1\\0&-x&0&0\\0&0&1-x&0\\0&0&0&2-x\end{vmatrix}=(-x)(1-x)(2-x)=0$，可解得 $x=0$ 或 1 或 2。

6. $\begin{pmatrix}6&0&0\\0&6&0\\0&0&6\end{pmatrix}$ 【解析】$A^*A=|A|E=\begin{vmatrix}1&0&0\\2&2&0\\3&3&3\end{vmatrix}E=6E=\begin{pmatrix}6&0&0\\0&6&0\\0&0&6\end{pmatrix}$。

7. −3 【解析】由于 $|A|=\begin{vmatrix}k&1&1&1\\1&k&1&1\\1&1&k&1\\1&1&1&k\end{vmatrix}=$

$\begin{vmatrix} k+3 & k+3 & k+3 & k+3 \\ 1 & k & 1 & 1 \\ 1 & 1 & k & 1 \\ 1 & 1 & 1 & k \end{vmatrix} = (k+3)\cdot \begin{vmatrix} 1 & 1 & 1 & 1 \\ 1 & k & 1 & 1 \\ 1 & 1 & k & 1 \\ 1 & 1 & 1 & k \end{vmatrix} = (k+3)\cdot \begin{vmatrix} 1 & 1 & 1 & 1 \\ 0 & k-1 & 0 & 0 \\ 0 & 0 & k-1 & 0 \\ 0 & 0 & 0 & k-1 \end{vmatrix} = (k+3)(k-1)^3$。由 $\mathrm{r}(\boldsymbol{A})=3$,知 $|\boldsymbol{A}|=0$,可得 $k=1$ 或 $k=-3$,而 $k=1$ 时,$r(\boldsymbol{A})=1$,故必有 $k=-3$。

8\. $3^8\begin{pmatrix} 2^{10}+4 & 2^9+1 \\ 2^{11}-4 & 2^{10}-1 \end{pmatrix}$ 【解析】$\boldsymbol{A}\boldsymbol{B}^9\boldsymbol{C} = \begin{pmatrix} 1 & -1 \\ 2 & 1 \end{pmatrix}\begin{pmatrix} 6 & 0 \\ 0 & 3 \end{pmatrix}^9\begin{pmatrix} \frac{2}{3} & \frac{1}{3} \\ -\frac{4}{3} & -\frac{1}{3} \end{pmatrix} = \begin{pmatrix} 1 & -1 \\ 2 & 1 \end{pmatrix}\cdot 3^8\begin{pmatrix} 2^9 & 0 \\ 0 & 1^9 \end{pmatrix}\cdot 3\cdot\begin{pmatrix} \frac{2}{3} & \frac{1}{3} \\ -\frac{4}{3} & -\frac{1}{3} \end{pmatrix} = 3^8\begin{pmatrix} 2^{10}+4 & 2^9+1 \\ 2^{11}-4 & 2^{10}-1 \end{pmatrix}$。

9\. $\frac{1}{4}(\boldsymbol{A}+2\boldsymbol{E})$ 【解析】因为 $(\boldsymbol{A}+\boldsymbol{E})(\boldsymbol{A}+2\boldsymbol{E})-4\boldsymbol{E}=\boldsymbol{O}$,所以 $(\boldsymbol{A}+\boldsymbol{E})(\boldsymbol{A}+2\boldsymbol{E})=4\boldsymbol{E}$,即 $(\boldsymbol{A}+\boldsymbol{E})\cdot\frac{1}{4}(\boldsymbol{A}+2\boldsymbol{E})=\boldsymbol{E}$,故 $(\boldsymbol{A}+\boldsymbol{E})^{-1}=\frac{1}{4}(\boldsymbol{A}+2\boldsymbol{E})$。

10\. $-\frac{1}{3}$ 【解析】$\boldsymbol{A}$ 是正交矩阵 $\Leftrightarrow \boldsymbol{A}\boldsymbol{A}^{\mathrm{T}}=\boldsymbol{E}$,因为 $(\boldsymbol{E}+k\boldsymbol{\alpha}\boldsymbol{\alpha}^{\mathrm{T}})(\boldsymbol{E}+k\boldsymbol{\alpha}\boldsymbol{\alpha}^{\mathrm{T}})^{\mathrm{T}}=(\boldsymbol{E}+k\boldsymbol{\alpha}\boldsymbol{\alpha}^{\mathrm{T}})(\boldsymbol{E}+k\boldsymbol{\alpha}\boldsymbol{\alpha}^{\mathrm{T}})=\boldsymbol{E}+k\boldsymbol{\alpha}\boldsymbol{\alpha}^{\mathrm{T}}+k\boldsymbol{\alpha}\boldsymbol{\alpha}^{\mathrm{T}}+k^2\boldsymbol{\alpha}\boldsymbol{\alpha}^{\mathrm{T}}\boldsymbol{\alpha}\boldsymbol{\alpha}^{\mathrm{T}}$,且 $\boldsymbol{\alpha}^{\mathrm{T}}\boldsymbol{\alpha}=(1,-2,1)\begin{pmatrix} 1 \\ -2 \\ 1 \end{pmatrix}=6$,故 $\boldsymbol{A}\boldsymbol{A}^{\mathrm{T}}=\boldsymbol{E}+(2k+6k^2)\boldsymbol{\alpha}\boldsymbol{\alpha}^{\mathrm{T}}=\boldsymbol{E}\Leftrightarrow 2k+6k^2=0$,又 $k\neq 0$,故 $k=-\frac{1}{3}$。

11\. -2 【解析】二次型 f 的秩为 2,即矩阵 $\boldsymbol{A}$ 的秩为 2,且 $\boldsymbol{A}=\begin{pmatrix} 1 & 1 & a \\ 1 & a & 1 \\ a & 1 & 1 \end{pmatrix}$,则 $|\boldsymbol{A}|=\begin{vmatrix} 1 & 1 & a \\ 1 & a & 1 \\ a & 1 & 1 \end{vmatrix}=\begin{vmatrix} 1 & 1 & a \\ 0 & a-1 & 1-a \\ 0 & 1-a & 1-a^2 \end{vmatrix}=\begin{vmatrix} 1 & 1 & a \\ 0 & a-1 & 1-a \\ 0 & 0 & -(a+2)(a-1) \end{vmatrix}=-(a+2)\cdot(a-1)^2=0$,所以 $a=1$ 或 -2,当 $a=1$ 时,$\mathrm{r}(\boldsymbol{A})=1$,不满足题意,故 $a=-2$。

三、解答题

12\.【解析】先行变换把系数矩阵化为阶梯形,有 $\boldsymbol{A}=\begin{pmatrix} 1 & 1 & 0 & 3 & -1 \\ 0 & 2 & 1 & 4 & 1 \\ 1 & 3 & 1 & 4 & 6 \end{pmatrix}\to\begin{pmatrix} 1 & 1 & 0 & 3 & -1 \\ 0 & 2 & 1 & 4 & 1 \\ 0 & 2 & 1 & 1 & 7 \end{pmatrix}\to\begin{pmatrix} 1 & 1 & 0 & 3 & -1 \\ 0 & 2 & 1 & 4 & 1 \\ 0 & 0 & 0 & 1 & -2 \end{pmatrix}$。

(方法一)化为行最简 $\boldsymbol{A}\to\begin{pmatrix} 1 & 1 & 0 & 0 & 5 \\ 0 & 2 & 1 & 0 & 9 \\ 0 & 0 & 0 & 1 & -2 \end{pmatrix}\to\begin{pmatrix} 1 & 1 & 0 & 0 & 5 \\ 0 & 1 & \frac{1}{2} & 0 & \frac{9}{2} \\ 0 & 0 & 0 & 1 & -2 \end{pmatrix}\to\begin{pmatrix} 1 & 0 & -\frac{1}{2} & 0 & \frac{1}{2} \\ 0 & 1 & \frac{1}{2} & 0 & \frac{9}{2} \\ 0 & 0 & 0 & 1 & -2 \end{pmatrix}$,

令 x_3,x_5 为自由变量,则有 $n-\mathrm{r}(\boldsymbol{A})=5-3=2$,基础解系 $\boldsymbol{\eta}_1=\left(\frac{1}{2},-\frac{1}{2},1,0,0\right)^{\mathrm{T}}$,$\boldsymbol{\eta}_2=\left(-\frac{1}{2},-\frac{9}{2},0,2,1\right)^{\mathrm{T}}$。

(方法二)化出单位阵 $\boldsymbol{A}\to\begin{pmatrix} 1 & 1 & 0 & 3 & -1 \\ 0 & 2 & 1 & 4 & 1 \\ 0 & 0 & 0 & 1 & -2 \end{pmatrix}\to\begin{pmatrix} 1 & 1 & 0 & 0 & 5 \\ 0 & 2 & 1 & 0 & 9 \\ 0 & 0 & 0 & 1 & -2 \end{pmatrix}$,令 x_3,x_5 为自由变量,则有 $n-\mathrm{r}(\boldsymbol{A})=5-3=2$,基础解系 $\boldsymbol{\xi}_1=(-1,1,-2,0,0)^{\mathrm{T}}$,$\boldsymbol{\xi}_2=(-5,0,-9,2,1)^{\mathrm{T}}$。

(方法三)由阶梯形直接求解 $\boldsymbol{A}\to\begin{pmatrix} 1 & 1 & 0 & 3 & -1 \\ 0 & 2 & 1 & 4 & 1 \\ 0 & 0 & 0 & 1 & -2 \end{pmatrix}$,因为 $\begin{vmatrix} 1 & 1 & 3 \\ 0 & 2 & 4 \\ 0 & 0 & 1 \end{vmatrix}\neq 0$,可选 x_3,x_5 为自由变量,令 $x_3=1,x_5=0\Rightarrow x_4=0$,

$x_2=-\frac{1}{2},x_1=\frac{1}{2}$，令 $x_3=0,x_5=1\Rightarrow x_4=2$，$x_2=-\frac{9}{2},x_1=-\frac{1}{2}$，即方法一中 $\boldsymbol{\eta}_1,\boldsymbol{\eta}_2$。由 $\begin{vmatrix}1&0&3\\0&1&4\\0&0&1\end{vmatrix}\neq 0$，选 x_2,x_5 为自由变量，可得方法二中 $\boldsymbol{\xi}_1,\boldsymbol{\xi}_2$。

13.【解析】(1)设 $P(x,y)$ 为曲线 $x^2-2y^2=1$ 上任意一点，

$P'(x',y')$ 为曲线 $x^2+4xy+2y^2=1$ 上与 P 对应的点，

则 $\begin{pmatrix}1&a\\b&1\end{pmatrix}\begin{pmatrix}x'\\y'\end{pmatrix}=\begin{pmatrix}x\\y\end{pmatrix}$，即 $\begin{cases}x=x'+ay',\\y=bx'+y',\end{cases}$

则有 $(x'+ay')^2-2(bx'+y')^2=1$，

得 $(1-2b^2)x'^2+(2a-4b)x'y'+(a^2-2)y'^2=1$，

与方程 $x^2+4xy+2y^2=1$ 对应系数相等，从而 $\begin{cases}1-2b^2=1,\\2a-4b=4,\\a^2-2=2,\end{cases}$ 解得 $a=2,b=0$。

(2)因为 $|\boldsymbol{M}|=\begin{vmatrix}1&2\\0&1\end{vmatrix}=1\neq 0$，故 $\boldsymbol{M}^{-1}=\begin{pmatrix}\frac{1}{1}&\frac{-2}{1}\\\frac{0}{1}&\frac{1}{1}\end{pmatrix}=\begin{pmatrix}1&-2\\0&1\end{pmatrix}$。

14.【解析】$\boldsymbol{A}=(\boldsymbol{\alpha}_1,\boldsymbol{\alpha}_2,\boldsymbol{\alpha}_3,\boldsymbol{\alpha}_4)=\begin{pmatrix}2&1&-1&1\\1&2&1&1\\3&0&-3&1\\1&1&0&1\end{pmatrix}\to$

$\begin{pmatrix}1&1&0&1\\1&2&1&1\\3&0&-3&1\\2&1&-1&1\end{pmatrix}\to$

$\begin{pmatrix}1&1&0&1\\0&1&1&0\\0&-3&-3&-2\\0&-1&-1&-1\end{pmatrix}\to\begin{pmatrix}1&1&0&1\\0&1&1&0\\0&0&0&-2\\0&0&0&-1\end{pmatrix}$

$\to\begin{pmatrix}1&1&0&1\\0&1&1&0\\0&0&0&1\\0&0&0&0\end{pmatrix}\to\begin{pmatrix}1&0&-1&1\\0&1&1&0\\0&0&0&1\\0&0&0&0\end{pmatrix}$，向量组的秩为 3，$\boldsymbol{\alpha}_1,\boldsymbol{\alpha}_2,\boldsymbol{\alpha}_4$ 是该向量组的一个极大线性无关组，$\boldsymbol{\alpha}_3=-\boldsymbol{\alpha}_1+\boldsymbol{\alpha}_2$。

专题十五　小学数学课程标准概述

真题实测

一、单项选择题

1. D【解析】《义务教育数学课程标准》(2011 年版)安排了四部分课程内容:“数与代数”“图形与几何”“统计与概率”“综合与实践”。

2. C【解析】《义务教育数学课程标准》(2011 年版)中提出了十个核心概念,有数感、符号意识、空间观念、几何直观、数据分析观念、运算能力、推理能力、模型思想、应用意识和创新意识。

3. C【解析】描述结果目标的行为动词中,了解是指从具体实例中知道或举例说明对象的有关特征;根据对象的特征,从具体情境中辨认或者举例说明对象。理解是指描述对象的特征和由来,阐述此对象与相关对象之间的区别和联系。掌握是指在理解的基础上,把对象用于新的情境。运用是指综合使用已掌握的对象,选择或创造适当的方法解决问题。

4. D【解析】《义务教育数学课程标准》(2011 年版)指出:运算能力主要是指能够根据法则和运算律正确地进行运算的能力。培养运算能力有助于学生理解运算的算理,寻求合理简洁的运算途径解决问题。故选 D。

5. C【解析】《义务教育数学课程标准》(2011 年版)指出,“通过义务教育阶段的数学学习,学生能:①获得适应社会生活和进一步发展所必需的数学的基础知识、基本技能、基本思想、基本活动经验。②体会数学知识之间、数学与其他学科之间、数学与生活之间的联系,运用数学的思维方式进行思考,增强发现和提出问题的能力、分析和解决问题的能力。③了解数学的价值,提高学习数学的兴趣,增强学好数学的信心,养成良好的学习习惯,具有初步的创新意识和科学态度。”

6. A【解析】《义务教育数学课程标准》(2011 年版)指出,“学生学习应当是一个生动活泼的、主动的和富有个性的过程。认真听讲、积极思考、动手实

践、自主探索、合作交流等，都是学习数学的重要方式。”

7. B【解析】《黄帝内经》是中国最早的医学典籍，不属于数学文化的范畴。

8. B【解析】符号意识主要是指能够理解并且运用符号表示数、数量关系和变化规律；知道使用符号可以进行运算和推理，得到的结论具有一般性。建立符号意识有助于学生理解符号的使用是数学表达和进行数学思考的重要形式。

9. C【解析】知识技能、数学思考、问题解决、情感态度，这四个方面目标的整体实现，是学生受到良好教育的标志，它对学生的全面、持续、和谐、发展有着重要的意义。

10. D【解析】A、B、C 三项属于第一学段的“知识技能”目标，D 项属于第二学段的“知识技能”目标。故选 D。

11. D【解析】课程标准评价建议中的第 7 点指出内容标准中的选学内容，不得列入考查(考试)范围。

12. D【解析】小学数学的学习过程一般从总体上划分的三个阶段是：习得阶段，保持阶段，提取阶段。

二、填空题

13. 数据分析观念；模型思想

14. 数学思考【解析】数学思考中强调：在参与观察、实验、猜想、证明、综合实践等数学活动中，发展合情推理和演绎推理能力，清晰地表达自己的想法。

15. 数量关系

16. ①③⑤

17. 创新意识

三、简答题

18. 【参考答案】(1)了解在现实生活中有许多问题应当先做调查研究，收集数据，通过分析做出判断，体会数据中蕴含着信息；(2)了解对于同样的数据可以有多种分析的方法，需要根据问题的背景选择合适的方法；(3)通过数据分析体验随机性，一方面对于同样的事情每次收集到的数据可能不同，另一方面只要有足够的数据就可能从中发现规律。

19. 【参考答案】作为教师需要帮助学生培养数感，我认为应该从以下 4 个方面帮助学生培养数感：

(1)在体验中培养学生的数感。引导学生联系自己身边具体、有趣的事物，通过观察、操作、解决问题等丰富的活动，感受数的意义，体会用数来表示和交流的作用，初步建立数感。在小学阶段，学生要学习的整数、小数、分数等数的概念本身是抽象的，如果像传统教法那样，把概念灌输给学生，就割裂了知识与生活之间的联系，在学生的头脑中，这些概念只是一种符号，使知识失去了其真实的生活意义。因此，在教学中一定要注意把知识与生活实际相联系，让学生在生活中充分地感知、体验，再加以适当的抽象概括，避免产生死记硬背、生搬硬套的现象。

(2)在比较中培养学生的数感。在具体的情境中把握数的相对大小关系，不仅是理解数的需要，也是加深学生对数的实际意义的理解的需要，使学生在比较中有了“多、少、多一些、少一些、相当于这样的几倍”的认识，使数感得到发展。

(3)在表达与交流中培养学生的数感。在教学中为学生创设问题情境，让学生在讨论的过程中互相启发、互相学习、互相借鉴，体会数可以用来表达和交流信息，使学生在交流对数的感知时，拓展思维，丰富自己对数的认识，体会数学的价值，从而促进数感的形成。学会倾听，从别人对某些数量的描述中发现问题、思考问题也是一种交流。例如，在实际测量中，教师带领学生到操场上测量长方形花坛的长和宽，学生用不同的方法测出了花坛的长和宽。在课堂交流的时候，展示了多种多样的测量方法，有的学生直接用卷尺量；有的学生先测出一块砖的长度，再数花坛的长和宽各包含多少块砖，用一块砖的长和宽乘砖的块数得到花坛的长和宽；有的学生先测出 1 米长的绳子，再一米一米地量；还有的学生使用步测的方法。在交流中，大家将自己的想法与别人进行交流，同时体会别人是怎样想的、怎样做的，从不同角度感知一定的长度，发展了距离感，也增进了数感。

(4)在解决问题中培养学生的数感。只有学生把所学知识与生活经验联系起来，才能更好掌握知识、内化知识。因此，培养学生的数感需要学生更多地接触和理解现实问题，有意识地将现实问题与数量关系建立联系。要使学生学会从现实情境中提出问题，从一个复杂的情境中提出问题，选择恰当的方法解决问题，并对运算结果的合理性做出解释。这需要具备一定的数感,同时也使已具备的数感得到强化。

20.【参考答案】设置"综合与实践"内容的目的在于培养学生综合运用有关的知识与方法解决实际问题,培养学生的问题意识、应用意识和创新意识,积累学生的活动经验,提高学生解决现实问题的能力。

综合特训

一、单项选择题

1. D【解析】《义务教育数学课程标准》(2011 年版)规定在数学课程中,应当注重发展学生的数感、符号意识、空间观念、几何直观、数据分析观念、运算能力、推理能力和模型思想。为了适应时代发展对人才培养的需要,数学课程还要特别注意学生的应用意识和创新意识。

2. C【解析】数学是人类的一种文化,它的内容、思想、方法与语言是现代文明的重要组成部分。

3. C【解析】《义务教育数学课程标准》(2011 年版)指出,数学课程应致力于实现义务教育阶段的培养目标,要面向全体学生,适应学生个性发展的需要,使得人人都能获得良好的数学教育,不同的人在数学上得到不同的发展。

4. C【解析】《义务教育数学课程标准》(2011 年版)指出,数学思考目标包括:①建立数感、符号意识和空间观念,初步形成几何直观和运算能力,发展形象思维与抽象思维。②体会统计方法的意义,发展数据分析观念,感受随机现象。③在参与观察、实验、猜想、证明、综合实践等教学活动中,发展合情推理和演绎推理的能力,清晰地表达自己的想法。④学会独立思考,体会数学的基本思想和思维方式。A 项属于问题解决,B 项属于情感态度,D 项属于知识技能。故选 C。

5. B【解析】《义务教育数学课程标准》(2011 年版)对数感的内涵进行了表述:数感主要是指关于数与数量、数量关系、运算结果估计等方面的感悟,故选 B。

6. C【解析】《义务教育数学课程标准》(2011 年版)中对体验的表述是:参与特定的数学活动,主动认识或验证对象的特征,获得一些经验。

7. A【解析】《义务教育数学课程标准》(2011 年版)在评价建议中指出,从成长记录中了解学生的发展变化。

8. A【解析】《义务教育数学课程标准》(2011 年版)指出,教学活动是师生积极参与、交往互动、共同发展的过程。有效的教学活动是学生学与教师教的统一,学生是学习的主体,教师是学习的组织者、引导者与合作者。

9. B【解析】教材编写应当体现整体性,注重内容之间的相互联系,注重体现学生学习的整体性。教材的整体设计要呈现不同数学知识之间的关联。一些数学知识之间存在逻辑顺序,教材编写应有利于学生感悟这种顺序。一些知识之间存在着实质性的联系,这种联系体现在相同的内容领域,也体现在不同的内容领域。

10. D【解析】数学课程资源是指应用于教与学活动中的各种资源。主要包括文本资源、信息技术资源、社会教育资源、环境与工具、生成性资源。其中,生成性资源包含教学活动中提出的问题、学生的作品、学生学习过程中出现的问题、课堂实录等,故选 D。

11. D【解析】《义务教育数学课程标准》(2011 年版)指出,评价的主要目的是全面了解学生数学学习的过程和结果,激励学生学习和改进教师教学。评价应以课程目标和课程内容为依据,体现数学课程的基本理念,全面评价学生在知识技能、数学思考、问题解决和情感态度等方面的表现。

12. C【解析】电视广播属于社会教育资源。

13. A【解析】选项 A 错,数学需要多做多练,但是多做数学习题,未必能达到培养学生的创新意识的目的。

14. D【解析】总体目标是学生经历整个义务教育阶段的数学学习以后,应当达到的最终目标,选项 A、B、C 都属于总体目标的一部分;学段目标是对处于不同学段的学生而言的,是经过相应的课程学习以后,应当达到的课程目标,D 选项是针对"图形与几何"学习领域提出的,是第三阶段的课程目标,故选 D。

15. B【解析】数学课程标准要求,对于数的运算,能进行简单的四则混合运算,以两步为主,不超过三步。

16. B【解析】形象思维所反映的对象是事物的形象,思维形式是意象、直感、想象等形象性的观念,其表达的工具和手段是能为感官所感知的图形、图象、图式和形象性的符号。形象思维的形象性使它具有生动性、直观性和整体性的优点。

17. B【**解析**】《义务教育数学课程标准》(2011 年版)指出,第二学段的知识技能目标包括:①体验从具体情境中抽象出数的过程,认识万以上的数;理解分数、小数、百分数的意义,了解负数的意义;掌握必要的运算技能;理解估算的意义;能用方程表示简单的数量关系,能解简单的方程。②探索一些图形的形状、大小和位置关系,了解一些几何体和平面图形的基本特征;体验简单图形的运动过程,能在方格纸上画出简单图形运动后的图形,了解确定物体位置的一些基本方法;掌握测量、识图和画图的基本方法。③经历数据的收集、整理和分析的过程,掌握一些简单的数据处理技能;体验随机事件和事件发生的等可能性。④能借助计算器解决简单的应用问题。B 项属于第一学段的目标。

二、填空题

18. 数量关系;空间形式
19. 数量关系;变化规律
20. 直观与抽象 【**解析**】《义务教育数学课程标准》(2011 年版)指出,课程内容的组织要重视过程,处理好过程与结果的关系;要重视直观,处理好直观与抽象的关系;要重视直接经验,处理好直接经验与间接经验的关系。
21. 描述性评价;等级评价
22. 以人为本
23. 独立思考;主动探索;合作交流
24. 应用意识;创新意识
25. 主动;富有个性 【**解析**】《义务教育数学课程标准》(2011 年版)指出,学生学习应当是一个生动活泼的、主动的和富有个性的过程。认真听讲、积极思考、动手实践、自主探索与合作交流都是学习数学的重要方式。
26. 合情推理 【**解析**】《义务教育数学课程标准》(2011 年版)指出,根据已有的事实,经过观察、分析、比较、联想等,再进行归纳、类比,然后提出猜想的推理称为合情推理。
27. 思路 【**解析**】《义务教育数学课程标准》(2011 年版)指出,几何直观主要是指利用图形描述和分析问题。借助几何直观可以把复杂的数学问题变得简明、形象,有助于探索解决问题的思路,预测结果。几何直观可以帮助学生直观地理解数学,在整个数学学习过程中都发挥着重要作用。
28. 基础性;普及性;发展性
29. 基础知识;基本技能;基本思想;基本活动经验
30. 认知规律;数学思想方法
31. ①③④ 【**解析**】《义务教育数学课程标准》(2011 年版)指出,总目标的这四个方面,不是相互独立和割裂的,而是一个密切联系、相互交融的有机整体。在课程设计和教学活动组织中,应同时兼顾这四个方面的目标。这些目标的整体实现,是学生受到良好数学教育的标志,它对学生的全面、持续、和谐发展有着重要的意义。数学思考、问题解决、情感态度的发展离不开知识技能的学习,知识技能的学习必须有利于其他三个目标的实现。

三、判断题

32. √
33. ×【**解析**】"统计与概率"的学习要让学生结合实际,尽可能地为学生提供观察、操作、归纳、类比、猜测、证明的机会,发展学生的推理能力。
34. √【**解析**】《义务教育数学课程标准》(2011 年版)指出,要让学生成为数学学习的主体,也就是说让学生成为数学学习的真正主人。
35. √【**解析**】《义务教育数学课程标准》(2011 年版)指出,创新意识的培养是现代数学教育的基本任务,应体现在数学教与学的过程之中。
36. √【**解析**】《义务教育数学课程标准》(2011 年版)指出,数学作为对于客观现象抽象概括而逐渐形成的科学语言与工具,不仅是自然科学和技术科学的基础,而且在人文科学与社会科学中发挥着越来越大的作用。
37. ×【**解析**】"综合与实践"的教学活动应当保证每学期至少一次。
38. √
39. √
40. ×【**解析**】推理一般包括合情推理和演绎推理,合情推理是从已有的事实出发,凭借经验和直觉,通过归纳和类比等推断某些结果;演绎推理是从已有的事实(包括定义、公理、定理等)和确定的规则(包括运算的定义、法则、顺序等)出发,按照逻辑推理的法则证明和计算。

41. √【解析】在“数的认识”的教学中，直接介绍“基数”与“序数”等数学名词容易使学生混淆，不符合小学生的认知规律，不利于小学生对“数的认识”的理解。

42. ×【解析】理解：描述对象的特征和由来，阐述此对象与相关对象之间的区别和联系。

43. ×【解析】《义务教育数学课程标准》(2011 年版)指出，在对学生学习过程进行评价时，应依据“经历、体验、探索”不同层次的要求，采取灵活多样的方法，定性与定量相结合，以定性评价为主。

四、简答题

44.【参考答案】行为动词中的“理解”就是把握内在逻辑联系，对知识做出解释、扩展、提供证据、判断等。以“平行四边形”概念为例，教学目标中理解平行四边形的概念和平行四边形对边、对角相等的性质，这些都属于“理解”的目标层次。学生在学习过程中，能够把握平行四边形的概念，通过内在逻辑联系，以此为前提进行推导，得到平行四边形的对边、对角相等的性质。

45.【参考答案】通过义务教育阶段的数学学习，学生能：

(1)获得适应社会生活和进一步发展所必需的数学的基础知识、基本技能、基本思想、基本活动经验。

(2)体会数学知识之间、数学与其他学科之间、数学与生活之间的联系，运用数学的思维方式进行思考，增强发现和提出问题的能力、分析和解决问题的能力。

(3)了解数学的价值，提高学习数学的兴趣，增强学好数学的信心，养成良好的学习习惯，具有初步的创新意识和科学态度。

总目标是从知识技能、数学思考、问题解决和情感态度四个方面进行阐述的，总目标的这四个方面，不是相互独立和割裂的，而是一个密切联系、相互交融的有机整体。

46.【参考答案】数学课程资源是指应用于教与学活动中的各种资源，主要包括文本资源——如教科书、教师用书，教与学的辅助用书、教学挂图等；信息技术资源——如网络、数学软件、多媒体光盘等；社会教育资源——如教育与学科专家，图书馆、少年宫、博物馆，报纸杂志、电视广播等；环境与工具——如日常生活环境中的数学信息，用于操作的学具或教具，数学实验室等；生成性资源——如教学活动中提出的问题、学生的作品、学生学习过程中出现的问题、课堂实录等。

五、论述题

47.【参考答案】空间观念的主要内容包括：根据物体特征抽象出几何图形，根据几何图形想象出所描述的实际物体；想象出物体的方位和相互之间的位置关系；描述图形的运动和变化；依据语言的描述画出图形等。

48.【参考答案】“预设”与“生成”是辩证的对立统一体，在课堂教学中，教师既需要预设，也需要生成，预设与生成是课堂教学的两翼，缺一不可。而教学方案是教师对教学过程的“预设”，教学方案的形成依赖于教师对教材的理解、钻研和再创造。理解和钻研教材，应以《义务教育数学课程标准》(2011 年版)为依据，把握好教材的编写意图和教学内容的教育价值；对教材的再创造，集中表现在：能根据所教班级学生的实际情况，选择贴切的教学素材和教学流程，准确地体现基本理念和内容标准规定的要求。实施教学方案，是把“预设”转化为实际的教学活动。在这个过程中，师生双方的互动往往会“生成”一些新的教学资源，这就需要教师能够及时把握，因势利导，适时调整预案，使教学活动收到更好的效果。

49.【参考答案】(1)数学课程应致力于实现义务教育阶段的培养目标，要面向全体学生，适应学生个性发展的需要，使得人人都能获得良好的数学教育，不同的人在数学上得到不同的发展。

(2)课程内容要反映社会的需要、数学的特点，要符合学生的认知规律。它不仅包括数学的结果，也包括数学结果的形成过程和蕴含的数学思想与方法。课程内容的选择要贴近学生的实际，有利于学生体验与理解、思考与探索。课程内容的组织要重视过程，处理好过程与结果的关系；要重视直观，处理好直观与抽象的关系；要重视直接经验，处理好直接经验与间接经验的关系。课程内容的呈现应注意层次性和多样性。

(3)在数学课程中，要注意改善数学的学习方式和评价方式，倡导有意义的学习方式：自主探索、亲身实践、合作交流、勇于创新。教师在评价时，也要实行多元性、多样化的评价方式。

50.【参考答案】应用意识有两个方面的含义:一方面,有意识地利用数学的概念、原理和方法解释现实世界中的现象,解决现实世界中的问题;另一方面,认识到现实生活中蕴含着大量与数量和图形有关的问题,这些问题可以抽象成数学问题,用数学的方法予以解决。在整个数学教育的过程中都应该培养学生的应用意识,综合实践活动是培养应用意识很好的载体。

创新意识的培养是现代数学教育的基本任务,应体现在数学教与学的过程之中。学生自己发现和提出问题是创新的基础;独立思考、学会思考是创新的核心;归纳概括得到猜想和规律,并加以验证,是创新的重要方法。

专题十六　小学数学教学知识

真题实测

一、单项选择题

1. A【解析】演示法是教师通过展示实物和模型等直观教具,引导学生通过观察获得感性知识的方法。故选 A。

2. A【解析】对应思想是在两个事物之间建立起来的一种关系,即对应关系,从而揭示事物之间的联系。原始社会人类把石块放进皮袋,或将贝壳串成串儿,是用“贝壳的数量”来对应“物品的数量”,从而达到计数的目的。

3. A【解析】无理数就是无限不循环小数,两个概念是同一关系。

二、简答题

4.【参考答案】(1)数学学习是一种符号化的数学知识与生活实际经验相结合的学习过程。

(2)数学学习是一种不断提出问题、探索问题、解决问题的过程。

(3)数学学习是获取数学知识、形成数学技能和能力的一种思维活动。

(4)数学学习是有指导的“再创造”的过程,著名的荷兰数学教育家弗赖登塔尔指出:用自己的思维方式重新构造知识的过程就是再创造。

5.【参考答案】为使课堂讨论更有效,实施讨论法时应注意以下几点:①教师要选择有吸引力的讨论题目,做好充分准备;②教师在讨论过程中要善于启发、引导学生围绕中心议题发言,切勿偏离主题;③讨论结束后教师要做好讨论小结,概括总结正确观点和系统知识,纠正错误、片面或模糊的认识,肯定学生各种意见的价值。

6.【参考答案】(1)要求骑自行车 20 分钟能行多少千米,需要求出骑自行车每分钟能走多少千米,也就是求出李叔叔骑自行车的速度,已知李叔叔骑自行车$\frac{5}{4}$分钟行了$\frac{2}{5}$千米,根据“路程 ÷ 时间 = 速度”可知,李叔叔骑自行车的速度为$\frac{2}{5}\div\frac{5}{4}=\frac{8}{25}$(千米/分钟),那么骑自行车 20 分钟能行$20\times\frac{8}{25}=\frac{32}{5}$(千米)。

(2)当课堂上出现“$20\times\frac{2}{5}\div\frac{5}{4}=\frac{32}{5}$千米”的解法时,首先询问学生的思考过程,引导学生分析这种解法每个步骤的意义,然后再对其解法进行评价,指出虽然结果与最终结果相同,但是这种解法是不正确的,与学生一起探究解题的正确过程,要求同学分步进行计算,或者用括号改变其运算顺序,将算式改为$20\times\left(\frac{2}{5}\div\frac{5}{4}\right)=\frac{32}{5}$,使其每个运算步骤都有实际的意义。

综合特训

一、单项选择题

1. C【解析】补形解题是数学中整体思想在解题中的具体运用。

2. C【解析】概念的内涵就是概念所反映的事物的本质属性的总和,概念的外延就是概念所反映的事物的总和(或范围)。概念的内涵与外延是分别对事物的质和量的规定。

3. B【解析】定势指重复先前的操作所引起的一种心理准备状态。重复性地背乘法口诀表使人的思维形成定势,因此在问题的顺序发生改变时人们一时间往往反应不出来。

4. A【解析】略。

5. B【解析】通过与小组其他成员的交流讨论,能够培养学生沟通交流、协作与表达的能力。而 A、C、D 三项的能力不是讨论法培养的重点。

6. B【解析】0 既不是正整数也不是负整数,故选 B。

7. C【解析】将笔算乘法转化为点子图的形式辅助解题,运用了转化的思想和数形结合的思想。故选 C。

8. B【解析】"整除"的定义是"如果存在整数 c,使得 $b=ac$,那么称 a 能整除 b(a,b 均为整数)",关系定义是指以被定义概念与其他事物的关系作为种差的定义,整除的定义方式就属于关系定义。

9. A【解析】掌握概念即是理解这一概念所反映的事物的本质属性与共同特征,并能区分概念的反例。故 A 项正确。

10. B【解析】题干中"知和行又是那么紧密地联系着"体现了知和行的统一,即理论知识与实际行动的结合。故选 B。

11. A【解析】进行数学思想方法教学时,必须以数学知识为载体,把隐藏在知识背后的思想方法显示出来,使之明朗化,才能通过知识教学过程达到思想方法教学的目的。

12. D【解析】如果在同一属概念下的两个种概念 A 和 B 的外延集合的交集是空集,而它们外延集合的并集与它们的属概念的外延集合相等,那么这两个概念间的关系是矛盾关系。故选 D。

二、填空题

13. 完全归纳法;不完全归纳法

14. 严谨性与量力性相结合的原则;抽象与具体相结合的原则

15. 反变关系

16. 上位规则;下位规则

17. 关系【解析】只能被 1 或者自己整除的大于 1 的自然数叫作质数,这样的定义方式属于关系定义。

18. ①②④【解析】发生定义是用被定义概念反映的对象的特有形成过程作为种差所下的定义,是属加种差定义的一种形式。故①②④三项均不符合"发生定义"。

19. 直观的图象

20. 属种【解析】长方形是一种特殊的平行四边形,因此二者是属种关系。

21. 概念形成

22. 转化与化归思想【解析】题干中解一元二次方程的过程是一个将问题由难化易,由繁化简,由复杂化简单的过程,这种解答策略所运用的是转化与化归思想。

三、简答题

23.【参考答案】(1)创建积极的课堂环境;(2)使学生认同学习目标;(3)给学生更多的学习自主权;(4)灵活运用多种教学方法;(5)让学生参与评价学习结果并优化学习方法;(6)让学生参与课堂管理。

24.【参考答案】(1)学习者认知结构中原有的概念或经验。学习者利用认知结构中原有的概念,以定义或描述的方式直接解释新概念的本质属性,进而获得概念的过程叫作概念的同化。若学生头脑里具有学习新概念所必需的知识基础,那么新概念就容易理解和掌握,反之则不能真正理解新概念的内涵和外延。(2)学习者的理解、抽象、概括能力。数学概念的形成是在对事物感知、分析、比较、抽象的基础上,概括一类事物的本质属性,不断提出假设、验证假设的过程。那么学生学习、建构数学概念必须具备一定的抽象概括能力,才能做到从具体例子出发,以感性经验为基础,形成表象,进而以归纳的方式抽象出事物的本质属性,提出各种假设加以验证,从而获得初级概念,再把这一概念的本质属性推广到同一类事物之中,并用符号表示。(3)教师的数学学科素养。教师自身对数学概念所把握的准确度,会影响学习者对数学概念的学习。(4)教学情境。教学总是在一定情境下进行的,在一个活跃的、民主的、生动的氛围中,学生之间相互交流,积极思考,有助于学生的思维碰撞,相互启发,同时也有益于学习者对概念的理解和掌握。

25.【参考答案】(1)在确定教学目标、实施教学过程、落实教学效果的过程中,有意识地体现数学思想方法。加强数学思想方法的教学,首先要有意识地在教学目标的确定、教学过程的实施、教学效果的落实等各个方面进行,使每节课的教学目标获得和谐和统一。因而在备课时就必须挖掘教材中隐含的数学思想方法。

(2)在掌握重点、突破难点中,有意识地运用数学思想方法。数学教学中的重点,往往就是需要有意识地运用或揭示数学思想方法之处。数学教学中的难点,往往与数学思想方法的更新交替、综合运用、跳跃性较大有关。因此,掌握重点,突破难点,教师更要有意识地运用数学思想方法组织教学。

(3)在小结、复习中,有意识地画龙点睛,突出数学思想方法。在课堂小结、单元复习时,适时地对某种数学思想方法进行揭示、概括和强化,对它的名称、内容、规律、运用等有意识地点拨,不仅可以使学生从数学思想方法的高度把握知识的本质和内在的规律,而且可使学生逐步体会数学思想方法的精神实质。

(4)设计一些渗透数学思想方法的题目。一年级的教学中曾经设计过题目“写出和是6的加法算式,比一比谁写得又多又好”来渗透有序的数学思想方法,教师在设计课堂练习题中,要注重渗透数学思想,不仅使学生把握数学的本质内涵和客观规律,而且培养了学生的数学思想。

(5)引导学生在反思中领悟数学思想方法。数学思想方法的获得,一方面要求老师有意识地渗透和训练,但是更多的要靠学生自身在反思过程中领悟。在数学学习过程中,要引导学生自觉地检查自己的思维活动,反思自己是怎样发现和解决问题的,运用了哪些基本的思想方法、技能和技巧,走过哪些弯路,有哪些容易发生(或发生过)的错误,原因何在,该记住哪些经验教训等。只有这样,才能对数学思想方法有所认识,由此对数学的理解一定会由量的积累发展到质的飞跃。

26.【参考答案】①只重视形式,缺乏实质的合作,这要求教师能正确处理形式和内容的关系。②学生的参与度不够均衡,缺乏主动合作的意识,这要求教师因势利导、把握要点。③合作超时,没有很好地完成教学目标。提高师生的合作能力是改善这一问题的关键。④评价和奖赏重整体、轻个体。这要求教师采用新的评价方式和方法。⑤班级人数过多,不利于分组活动和有效合作。这就要求教师创造条件、合理分组、提高实效。

四、案例分析题

27.【参考答案】(1)两位教师上课都注重学生的实践操作,注重了学生的认知过程。从当堂的教学效果看,前者课堂气氛沉闷,学生是被教师牵着鼻子做;而后者课堂气氛活跃,师生关系融洽,学生操作积极投入。所以教师2的教学更符合新课标、新课改的理念。

(2)新课标指出教学活动是师生积极参与、交往互动、共同发展的过程。对于六年级学生而言,“半径和直径的关系”通过自学已经明了,而教师1无视学生的学习能力,以为学生未知,引导学生操作。面对已知结果的操作探索,学生索然无味,激不起操作的热情。教师2则充分正视学生的现实,调整教学思路,把对未知的探索变为对已知的思辨。让学生充分展示经验,充分调动学生多感官的活动,探究这些亲切有趣的现象背后的原理,建立一定的数学模型,培养一定的数学能力,由此得到更广阔的发展空间。

28.【参考答案】(1)计算错误。错误原因:学生没有完全理解小数乘小数计算过程中的转化原则;小数乘小数最终积中小数点的移动位数没有掌握。

(2)教师在教学过程中要注重学生对基础知识、基本技能的理解和掌握。“知识与技能”是学生发展的基础性目标。教学过程中,教师应注重学生对所学知识的理解,体会数学知识之间的联系,要以理解为基础,而不是以死记硬背为基础。注重知识的“生长点”和“延伸点”,引导学生感受数学可以从不同角度加以分析,从不同层次、不同方面进行比较、理解。在基本技能教学中,不仅使学生掌握操作技能的程序与步骤,还要使学生理解数的运算中的算理,注重实效性训练。同时教师还要根据内容要求和学生实际,分层次鼓励学生感悟数学思想和积累数学活动经验,鼓励学生积极参与教学过程,通过独立思考、合作交流增加对基本知识的理解和掌握。

29.【参考答案】(1)数形结合的思想,转化与化归的思想。

(2)小学数学教学活动中可以采取以下措施来渗透和体现数学思想:

①在确定教学目标、实施教学过程、落实教学效果的过程中,有意识地体现数学思想;

②在掌握重点、突破难点中,有意识地运用数学思想;

③在小结、复习中,有意识地画龙点睛,突出数学思想;

④设计一些渗透数学思想方法的题目;

⑤引导学生在反思中领悟数学思想。

30.【参考答案】以上现象是教师在使用小组合作时经常出现的一个问题。就是没有处理好小组合作与独立思考的关系。教师要处理好合作学习与独立思考的关系,强调合作学习不是不要独立思考,独立思考应是合作学习的前提基础,合作学习应是独立思考的补充和发挥。多数学生能通过独立思考解决的问题,就没必要组织合作学习,而合作学习的深度和广度应远远超过独立学习的结果。当然,宜独宜合,应和教学情境、学生实际结合,择善而用,才能日臻完美。我们在设计学生合作学习时,要认真地思考以下三个问题:学生在合作交流前,你让学生经历过独立思考吗?学生在合作交流时,他们有充分的时间吗?学生在合作交流时,能否进行明确的角色分工呢?

31.【参考答案】张教师主要用了抽象与概括的思想方法。李老师用了数学模型的方法,先从实际问题中抽象出数学模型,然后通过逻辑推理得出模型的解,最后用这一模型解决实际问题。

五、论述题

32.【参考答案】自主探索是学生学习数学的重要方法之一,《义务教育数学课程标准》(2011 年版)指出学生是数学学习的主体,教师应成为学生活动的组织者、引导者、合作者,所以在数学教学中,教师应依据学生的年龄特点和认知特点设计具有开放性、探索性的问题,给学生提供自主探索的机会,不断引导学生自主探索,从而培养学生的创新精神。引导学生自主探索,培养学生创新精神的方法如下。

1. 创设情境,提出问题

教师所创设的问题情境,应是具有一定难度,又在学生力所能及的范围之内,以此来激活学生的求知欲,激发学生内心的学习兴趣,从而产生探究的思想,为自主探索奠定基础。例如,讲解轴对称图形时,不是直接抛出轴对称图形的概念,而是准备一些实物,如红双喜剪纸、蝴蝶结等,向学生提问,这样的图形有什么特点?如果想用相对简单的方法剪出红双喜,应该如何做呢?以此来鼓励学生主动研究探索,在归纳分析后初步体会到轴对称图形的特点。这样的形式不仅能够让学生主动获得知识,而且能感受到自主探索成功的喜悦,并在探索过程中培养了创新精神。

2. 让学生自己动手操作

学生自己动手操作不仅能培养学生的动手操作能力,同时也能培养学生的思维能力和想象力。如在讲解长方体的面积时,在演示长方体表面积组成的操作过程中,引导学生动手操作把三组相对的面逐次撕下来,粘在黑板上,然后分析推导出求长方体表面积的方法。学生在实践操作中探索,通过画图、测量、收集信息等活动,不断获得知识,同时培养了学生观察、分析、解决问题的能力,激活了学生的创造潜能,在活动中感受到学习数学的乐趣,培养学生的动手能力和想象力,有助于创新精神的培养。

3. 鼓励学生合作交流

在探索问题的过程中,不是所有的问题都可以由自己来完成,需要大家团结合作,齐心努力来完成,要想合作交流,就注意以下两个方面的要求:

(1)合理分组。为了促使学生进行小组合作学习,首先应对全班学生进行适当的分组,在分组中要考虑学生的能力,兴趣、性别、背景等方面的因素,一般来讲,应遵循“组内异质,组间同质”的原则,这样才能保证每个小组在相同的水平上展开合作学习。

(2)明确小组合作的目标。合作学习是由教师发起的,教师不是合作诸方中的一方,这种“外部发起式”的特征决定了学生对合作目标的理解是非常重要的,只有理解了合作目标的意义,才能使合作顺利地进行。

4. 积极鼓励学生探究解决问题策略的多样化

帮助学生树立解决问题的决心,不同的学生有不同的思维方式,不同的兴趣爱好以及不同的发展潜能,教学中应关注学生的这些个性差异,允许学生思维方式的多样化和思维水平的不同层次,让学生成为学习的主人,把思考的空间和时间留给学生,充分信任学生,让学生有表现自己才干的机会。

因此,教师在教学过程中,要恰当地运用各种方法,以调动学生学习的积极性,正确地引导学生自主探索,才能更好地培养学生的创新能力。

33.【参考答案】数学教学,要紧密联系学生的生活实际,从学生的生活经验和已有知识出发,创设生动有趣的情境,引导学生开展观察、操作、猜想、推理、交流等活动,掌握基本的数学知识和技能,初步学会从数学的角度去观察事物、思考问题,激发学生学习数学的兴趣,以及学好数学的愿望。

教师是教学活动的组织者、引导者与合作者。教师要根据学生的具体情况,对教材进行再加工,有创造性地设计教学过程;要正确认识学生的个体差异,因材施教,使每个学生都在原有的基础上得到发展;要让学生获得成功的体验,树立学好数学的信心。

(1)让学生在生动具体的情境中学习数学

在教学中,教师应充分利用学生的生活经验,设计生动有趣、直观形象的数学教学活动,如运用讲故事、做游戏、直观演示、模拟表演等方式,激发学生的学习兴趣,让学生在生动具体的情境中认识和理解数学知识。

(2)引导学生独立思考与合作交流

动手实践、自主探索、合作交流是学生学习数学的重要方式。在教学中,教师要让学生在具体的操作活动中进行独立思考,鼓励学生发表自己的意见,并与同伴进行交流。教师应提供适当的帮助和指导,善于选择有价值的问题或意见,引导学生开展讨论,以寻找问题的答案。

(3)加强估算,鼓励算法多样化

估算在日常生活中有着十分广泛的应用,在教学中,教师要不失时机地培养学生的估算意识和初步的估算技能。

(4)培养学生初步的应用意识和解决问题的能力

在教学中,教师应该充分利用学生已有的生活经验,随时引导学生把所学的数学知识应用到生活中去,解决身边的数学问题,了解数学在现实生活中的作用,体会学习数学的重要性。

34.【参考答案】在数学教学中,贯彻具体与抽象相结合的原则,通常可以从以下三个方面入手:

(1)注意从实例引入,阐明数学概念,通过实物直观(包括直观教具)、图像直观或语言直观形成直观形象,提供感性材料。例如,通过温度的升降、货物的进出等实例,来引进相反意义的量。

(2)注意从特例引入,讲解一般性的规律。例如,讲解一元二次方程的解法,一般先学习 $x^2=a$ 型,后学习 $(x+a)^2=b$ 型,再学习 $ax^2+bx+c=0$ 型,这样较易为学生所接受,这里,直观是从具体上升到抽象的辅助工具,特殊化是认识抽象结论的有效手段,较高一级的抽象往往依赖于较低一级的具体。

(3)注意运用有关理论,解释具体现象,解决具体的问题。必须指出,从数学教学来说,具体、直观仅是手段,而培养抽象思维能力才是根本目的。因此,教学中如果不注意培养抽象思维能力,则不可能学好数学;反之,如果不依赖于具体、直观,抽象思维能力也难以培养。只有在教学中不断做到具体与抽象相结合,具体—抽象—具体,循环往复,才能不断将学习向纵深方向发展,使认识逐步提高和深化。

35.【参考答案】计算错误的原因:①知识方面的原因:概念不清,算理不明;口算不熟、笔算不准;书写欠规范。②心理方面的原因:感知比较粗略;情感比较脆弱;注意力不够稳定;瞬时记忆较弱;思维定势干扰较强。

培养计算能力的教学策略:①切实掌握有关计算知识;②弄清算理,以理驭法;③加强口算、重视笔算;④分层练习,形式多样,讲究实效;⑤培养学生认真审题的习惯。

36.【参考答案】数学概念形成即在教学条件下,从大量的具体例子出发,以学生的感性经验为基础,形成表象,进而以归纳的方式抽象出事物的本质属性,提出各种假设加以验证,从而获得初级概念,再把这一概念的本质属性推广到同一类事物当中,并用符号表示。

数学概念形成的过程可以分为以下阶段:观察实例、分析共同属性、抽象本质属性、确认本质属性、概括定义、符号表示、具体运用。

专题十七　小学数学教学设计与技能

真题实测

一、单项选择题

1. C【解析】课堂提问要面向全体学生,个别学生的问题也需重视;课堂提问要发挥教师的主导作用,但不意味着课堂提问就是教师问学生答,学生提问也是课堂提问的一部分,教师加以引导则能够更好地起到提问的作用;课堂提问要留给学生思考的时间;提问要重视学生的思维过程,结果固然重要,考查学生思考的过程同样是课堂提问的目的之一,还有一些教师设置的提问环节,只是为了引出后续的教学过程,所以并不是所有的课堂提问都有个清晰正确的答案。故选 C。

二、简答题

2.【参考答案】(1)研读课程标准,分析教材的编排体系和知识之间的内在联系;(2)分析教材内容的重点和难点;(3)分析、研究教材的练习题;(4)分析教材的编写意图,确定教学目标;(5)分析教材知识的发生过程及蕴含的思想方法。

三、案例分析题

3.【参考答案】(1)该教师的导入方法是从现实出发,导出数学问题,问题的解决与学生现有的认知结构产生冲突,从而使学生对新知识的学习产生渴望,符合小学生的认知发展规律。

(2)数学是人们对客观世界定性把握和定量刻画,逐渐抽象概括,形成方法和理论,并进行广泛应用的过程。数学是从生活中抽象出来的。数学是人们生活、劳动和学习必不可少的工具。

生活中处处有数学,处处需要数学。为了让每个学生都能感受到数学的存在,教师要创设生活情境,采撷生活实例,捕捉数学信息。学生在熟悉的情境中,把自己与数学融为一体,在不知不觉中掌握了知识,在生活实践中自觉地运用了数学知识。

①贴近生活的数学运用。比如在教学“分类”后,让学生把自己书包内的物品进行分类。学生通过整理自己的书包,进一步巩固体验分类的方法。再比如学习“购物”以后,让学生在自己的书包、文具盒、书和准备的小物品上标价格,进行分类,组成小小百货店。小组内同学轮流当售货员和顾客,说一说是怎样付钱的,又是怎样找钱的。学生经过实际买、卖活动,加深了对人民币的认识,巩固了对元、角、分关系的认识。又如,学习了米、厘米以及如何进行测量以后,让学生测量同学的身高、手臂展开的长度、课桌的长和宽、教室门的宽度、讲台的长、宽、高以及窗户的宽度等,以此加深学生对米和厘米的理解,巩固用刻度尺量物体长度的方法。数学源于生活,用于生活。数学教学只有紧密联系生活实际,才能使学生真正体验到数学就来自我们身边的现实世界。

②高于生活的数学运用。数学是一切重大技术发展的基础,数学在提高人的推理能力、抽象能力、想象力和创造力等方面有着独特的作用。现代社会是一个飞速发展的社会,处处需要推陈出新,需要创造,培养学生的创造能力是教育的需要,是社会的需要。

(3)主要是在教学问题情境创设环节,使数学与生活联系起来。

①从解决实际问题的需要出发,创设问题情境

设置具有思考价值的问题或悬念,能激起学生求知的欲望。有意识地把日常生活中的问题数学化,使学生在教师的引导下,逐步具备在日常生活中和社会生活中运用数学的“本领”,使他们认识到数学是生活的组成部分,生活处处离不开数学,要培养他们事事、时时、处处运用数学知识的习惯,调动他们主动学习数学,创造性地运用数学。例如:在教学“不在同一直线上的三点确定一个圆”时,可设计这样的问题:张师傅在搞大扫除时,不慎打破了一块圆形的镜子,只拣到一小块的残片,他想重新配制一块与原来一样大小的镜子,配制时需要找出圆心和半径,他感到很为难,你能帮他解决吗?通过今天的学习,你就能帮他解决这个问题了。

②从生产和生活中的实际问题出发,创设问题情境

对于实际问题,学生看得见,摸得着,有的亲身经历过。数学教学坚持联系生产、生活实际创设问题情境,有利于帮助学生树立理论联系实际、学以致用的意识,在解决问题的过程中可以培养学生思维的全面性、深刻性和创造性。

例如市场营销问题,办厂盈利测算,贷款利息计算,道路交通状况、环境资源调查,体育比赛研究,等等。这些素材都可以从学生身边的生活实际中获得,也可以从报刊、杂志和计算机网络中获得。如:在建立函数概念时,可设计这样的学习情境:利用星期天组织学生进行社会调查,让学生各自去市场调查某种商品的销售情况,提出两个要求:

a. 了解一种商品的单价,并记下至少两组数据与金额;

b. 分析在销售过程中单价、数量与金额之间有什么变化规律?

然后在下一次数学课上将同学们的调查结果进行展示、分析,引导学生得到常量和变量的概念,进一步利用这种对应关系概括出函数的概念。

这样,通过活动让学生感受到数学知识就在我们身边,函数概念并不抽象,激发学生学习数学的兴趣。

4.【参考答案】(1)该教学片段的设计意图是结合学生的生活实际,从身边物体的表面积切入,复习平方厘米、平方分米、平方米 3 个较小的面积单位。通过感知学校占地面积的大小让学生产生需要运用更大的面积单位表示的认知。

(2)教学目标：

知识与技能目标：了解1公顷、1平方千米有多大，并且知道它们的含义。

过程与方法目标：进行观察、想象、推理、交流等数学活动，并在活动中丰富对公顷的认识，发展空间观念，提高应用意识。

情感态度与价值观目标：体会数学与现实生活的联系和作用，激发学生学习数学的兴趣。

(3)《义务教育数学课程标准》(2011年版)指出："课程内容要反映社会的需要、数学的特点，要符合学生的认知规律。它不仅包括数学的结果，也包括数学结果的形成过程和蕴含的数学思想方法。课程内容的选择要贴近学生的实际，有利于学生体验与理解、思考与探索。教师教学应该以学生的认知发展水平和已有的经验为基础，面向全体学生，注重启发式和因材施教。"因此，教师需注意对课程标准基本理念的理解，在教学时充分考虑学生的已有知识经验和认知规律，通过对旧知的复习，或创设与学生实际生活紧密联系的问题情境等一系列手段，引起认知的冲突，激起学生学习的欲望，让学生获得对知识的体验，主动完成对知识的构建。(联系课程标准进行解答，言之有理即可)

四、教学设计题

5.【参考答案】(1)教学目标：

①理解公倍数与最小公倍数的概念，学会运用列举法求两个数的最小公倍数。

②通过动手操作、独立思考、合作探究、相互交流等方式，探索公倍数和最小公倍数的概念，培养迁移能力与分析解决问题的能力。

③在师生共同探讨的学习过程中，激发学生的学习兴趣，培养良好的学习习惯。

(2)教学重难点：

教学重点：理解两个数的公倍数和最小公倍数的概念。

教学难点：掌握求两个数的最小公倍数的方法。

(3)教学过程：

①游戏导入。

在学习新课之前，我们来做一个小游戏。同学们都知道自己的学号吧，我叫到学号的同学请起立。看看谁的反应快。(学号是2的倍数的同学请起立；是3的倍数的同学请起立)哪些同学站起来2次？请站起来2次的同学再次起立，依次报出你们的学号。

师：想一想，他们为什么站起来2次？

生：因为他们的学号既是2的倍数也是3的倍数。

师：你能给它起个名字吗？(板书：公倍数)在这些数字中最小的一个数是多少？我们也给它起个名字。(板书：最小公倍数)

师：好，今天我们就一起来找一找最小公倍数。

②自主学习，探索新知。

A. 自学P68页例1。

师：谁来读一下题目要求？

生：请你在书中用"△"标出4的倍数，用"○"标出6的倍数。

(清楚题目的要求了吗？写在你的书上)

a. 4的倍数：4,8,12,16,20,24,28,32,36,40。

b. 6的倍数：6,12,18,24,30,36。

c. 4和6的公倍数：12,24,36。

d. 4和6的最小公倍数：12。

学生汇报，白板展示。

师：填写的跟他一样的同学请举手，错的请改正。

师：通过刚才的游戏和这道题你能说一说什么是公倍数吗？什么是最小公倍数吗？

学生汇报(白板出示：公倍数和最小公倍数的概念)。

师：我们齐读一遍。

B. 填一填。

下面我们就试着找一找50以内6和9的公倍数。(教师巡看)

学生反馈。(白板出示结果)

师：这道题填的跟他一样的同学请举手，不一样的同学请起立，你什么地方跟他不同？

生：肯定是重复填写。

师：我们来看一下这个集合，表示的是6的倍数，18和36能重复出现两次吗？

师：做错的同学请改正。

师：刚才我们用的是集合的方法，下面我们用列举法来求下面两组数的最小公倍数。

8和12　　　　15和18

学生汇报。(教师巡看)

第一组：

8的倍数：8,16,24,32。

12的倍数：12,24,36。

8 和 12 的最小公倍数:24。

第二组:

8 的倍数:8,16,24,32,…

12 的倍数:12,24,36,…

8 和 12 的最小公倍数:24。

师:同学们,你们做的和他俩做的一样吗?

生汇报:不一样,第二组写的是省略号。

师追问:为什么要写省略号?

生:8 的倍数有无数个。(在这里强调一下省略号是三个点)

请做错的同学改正。

小结:

师:同学们,这节课我们学习了找最小公倍数的方法,你还有什么疑惑吗? 下面我们就来检测一下,有信心吗?

③课堂练习,巩固新知。

A. 独立完成练习十七第 1 题和第 2 题。学生汇报。(这两道题主要是让同学进一步掌握找两个数的最小公倍数的基本方法)

B. 分组合作交流。

男生做第一组,女生做第二组。

第一组	第二组
3 和 6	3 和 9
6 和 5	2 和 7
10 和 8	9 和 4

做完的学生汇报结果。

师:现在小组互相交流讨论,你有什么发现?

学生汇报发现的规律。

师:同学们发现了这么多规律,下面就利用这些规律找一找这些数的最小公倍数。

a. 4 和 16 的最小公倍数是(　　)。

b. 9 和 81 的最小公倍数是(　　)。

c. 8 和 7 的最小公倍数是(　　)。

d. 3 和 7 的最小公倍数是(　　)。

C. 解决实际问题。

师:同学们都知道数学与我们的生活息息相关,下面我们就来解决一些生活中的实际问题。

(白板出示情境图)

师:在这幅图上你都能得到哪些数学信息?

生:爸爸和妈妈同时从起点出发,他们几分钟后可以在起点第一次相遇?

师:小组讨论并计算出结果。

爸爸妈妈几分钟后可以在起点第一次相遇,其实就是问“爸爸妈妈什么时候第一次同时跑完了整圈”,解决这个问题就是找出 4 和 6 的最小公倍数 12。

师:老师再提出一个数学问题,爸爸妈妈和女儿同时从起点出发,他们几分钟后可以第一次相遇?也就是求这三个数的最小公倍数,下节课我们继续学习求三个数的最小公倍数的方法。

④课堂小结。

这节课你学到了什么?

你想用更简单的方法求两个数的最小公倍数吗?课后有兴趣的同学可以研究一下。

⑤板书设计。

最小公倍数

8 的倍数: 8,16,24, 32。	8 的倍数:8,16,24, 32,…
12 的倍数: 12,24, 36。	12 的倍数: 12,24, 36,…
8 和 12 的最小公倍数:24。	8 和 12 的最小公倍数: 24。

6.【参考答案】(1)教学目标:

知识与技能目标:通过简单的生活事例,能够初步体会运筹思想和对策论在解决实际问题中的作用。

过程与方法目标:经历自主探索的过程,体验解决问题策略的多样性,并在寻求解决问题最优方案的过程中积累数学的基本活动经验,初步形成从数学的角度发现、提出问题的能力以及分析、解决问题的能力,培养应用意识和提升实践能力。

情感态度与价值观目标:感受数学在日常生活中的广泛应用,尝试用数学方法来解决实际生活中的简单问题,初步培养应用意识和解决问题的能力,逐步养成用最优方法解决问题的良好习惯,积极参与数学学习活动,体会到学习数学的乐趣。

(2)教学重点:寻找出解决问题的最优方法。

教学难点:探究解决问题最优方案的规律。

(3)$t=\begin{cases}6, n=1,\\3n, n\geqslant 2。\end{cases}$

(4)教学过程:

一、创设情境,生成问题

同学们平时有没有进厨房帮助家长做饭的经历? 那么在观察自己的父母或者其他长辈做饭时,有没有注意过他们做饭的时间呢? 想一想,有没有什么方法,可以在最短的时间内完成一道菜呢? 在小丽家就遇到了这样一道难题。(课件出示例2图)

中午放学回家，小丽发现妈妈正在厨房准备烙饼。（板书课题：烙饼问题）

师："从图上你能得到哪些信息？"

学生观察、理解图中的内容。

（这一环节是通过创设生活化的情境，激发学生的学习兴趣。利用烙饼这一实例，调动学生已有的生活经验，使学生处于主动思考解决问题的最佳状态）

教师提问："妈妈烙一张饼最少需要几分钟？""如果妈妈要烙2张饼，最少需要几分钟，怎样烙？"

小结：我们烙两张饼时，可以先同时烙饼的正面，用了3分钟；再同时烙饼的反面，用了3分钟，这样烙两张饼就需要6分钟。

师："爸爸、妈妈和小丽各吃一张饼，一共要烙几张饼呢？""要烙3张饼，锅里每次最多只能烙2张饼，那3张饼怎样烙时间最短呢？"

二、探索交流，解决问题

1. 学生操作，探究烙3张饼的方法。

让学生用发的圆片烙一烙，同桌说说用了几分钟，是怎样烙的（圆片的正、反面上分别写着正、反两字来代表饼的正、反面）。

教师参与到小组活动中。

（相信学生，放手让学生探索解决问题的方法，才能使学生成为学习的主人）

2. 学生演示烙饼法。

师：谁愿意把你烙饼的方法介绍给大家。（学生上黑板动手烙，边烙边说）

让大家来比较："这些烙法，哪一种能让大家尽快地吃上饼？"

得出结论：9分钟是烙3张饼所用的最短时间，我们就把（烙3张饼所需时间最短的）这种方法叫作快速烙饼法。（教师板书：快速烙饼法）

教师用课件演示烙3张饼的方法并小结：先把饼1、饼2同时放进锅里，先烙饼1、饼2的正面，3分钟后，取出饼1，放入饼3，再同时烙饼2的反面和饼3的正面，3分钟后，饼2烙好了，取出饼2，再放入饼1，同时烙饼1和饼3的反面，又过了3分钟，饼1和饼3烙好了，这样烙3张饼就用了9分钟。

师：老师是用什么方法烙的？（也是用快速烙饼法）

师：使用这种方法时，你发现了什么？（①使用快速烙饼法，锅里面必须同时放2张饼。②用的时间短）

让学生用烙3张饼的快速烙饼法再烙一次，边烙边说给同桌听。

（烙3张饼的最佳方法是解决烙饼问题的关键。让学生演示烙饼过程，学生通过动手操作，探索尝试，再进行比较，既可以有效地帮助学生理清思路，为后面的学习打下基础，又培养了学生的创新能力）

3. 拓展延伸。

师：（出示表格，边说边点击表格）刚才烙2张饼时可以两张一块烙，所需时间是6分钟，烙3张饼时可以用烙3张饼的最佳方法，所需时间是9分钟。想一想，如果烙4张饼，怎样烙时间最短？

学生发言，班内交流，并比较哪个小组的方法最好。

教师小结后提问："如果要烙5张饼，怎样才能让大家尽快地吃上饼？需几分钟？"

小组活动，通过小组交流，学生找到最佳方法。

教师小结后提问："如果要烙6张饼，怎样才能让大家尽快地吃上饼？需几分钟？"

学生发言，班内交流，并比较哪个小组的方法最好。

教师小结后提问："如果要烙7张饼、8张饼……10张饼最少需几分钟？

（通过以上活动，帮助学生找到最优方法，体会优化思想在解决实际问题中的应用）

在此过程中逐步形成课件表格。

饼数	烙饼方法	最少所需的时间（分钟）
2	同时烙两张饼	6
3	快速烙饼法	9
4	两张两张地烙	12
5	先烙两张，后三张用快速烙饼法	15
6	两张两张地烙	18
7		21
8		24
9		27
10		30

4. 探究规律。

让学生仔细观察表格、小组讨论交流,说一说自己的发现。(根据情况决定是否给学生启示:①仔细观察烙饼的张数和烙饼所需要的时间,你发现了什么?②仔细观察饼的张数不同,烙饼的方法有什么不同)

学生在充分交流探讨的基础上,得出结论:①如果要烙的饼的张数是双数,两张两张地烙就可以了,如果要烙的饼的张数是单数,可以先两张两张地烙,最后3张用快速烙饼法最节省时间。

②每多烙一张饼,时间就增加3分钟,用饼数乘烙一面饼所用的时间,就是所需的最短时间。(饼数×3=所需最少的时间)

教师:"谁能很快地说出烙11张饼用多长时间?烙15张饼呢?"

(通过拓展性的设问,既对前面所学知识进行了巩固,也为学生思维能力的培养提供了时间和空间)

三、实践应用,内化提高

课件出示教材"练习二十"第4题。

教师:"现在美味餐厅的厨师也遇到了难题,餐厅里来了三位客人,每人点了两个菜,而餐厅里只有两位厨师,假设两个厨师做每个菜的时间都相等,怎样安排炒菜的顺序才比较合理呢?"

1. 引导理解题意。

2. 全班交流。

四、回顾整理,反思提升

1. 这节课你学到了什么?

2. 师:同学们回家后可以找一找生活中还有哪些问题可以用今天所学的知识来解决。

7.【参考答案】(1)①通过实际操作和讨论分析,探索并掌握平行四边形的面积公式,能应用公式正确计算平行四边形的面积,解决一些简单的实际问题。

②经历观察、操作、测量、填表、讨论、分析、归纳等数学活动过程,初步体会图形转化的意义和价值,培养空间观念,发展初步的逻辑思维。

③在探索平行四边形面积公式的活动中,进一步增强与同伴合作交流的意识,初步感受"变"和"不变"的辩证思想。

(2)教学重点:理解并掌握平行四边形的面积公式。

教学难点:理解平行四边形面积公式的推导过程。

(3)教学过程:

①情境导入。

师:同学们,你们的好朋友喜羊羊和美羊羊呀,今天发生了争执。它们各自在家门前种了块草圃,在互相欣赏了对方家的草圃后,它们都觉得自己家的草圃大,于是两人争执起来。(喜羊羊的是长方形,美羊羊的是平行四边形)作为它们的好朋友,我们要辨别出究竟哪块的面积大。

师:你们会求它们的面积吗?

师:谁来说一下怎样求长方形的面积?(板书:长方形的面积=长×宽)

师:长方形面积的大小和它的长和宽有关,下面老师请同学们猜想一下平行四边形的面积会和谁有关?(板书:底、高)

师:老师请同学们再大胆地推想一下平行四边形的面积会和它的底和高有什么样的关系呢?

师:那么这节课我们就来学习平行四边形的面积。(板书:平行四边形的面积)

②合作探索。

A. 用数方格的方法计算平行四边形的面积。

在方格纸上数一数,然后填写下表。(一个方格代表1 m^2,不足一格的按半格算)

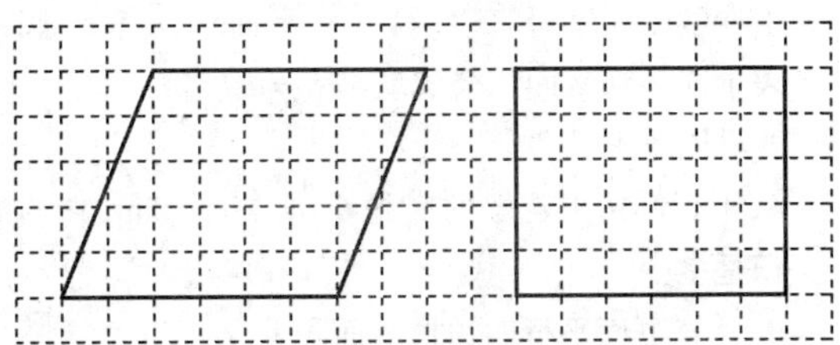

平行四边形	底	高	面积
长方形	长	宽	面积

安排学生小组讨论,观察比较两个图形的关系,并完成表格。

提问:你发现了什么?平行四边形的底和长方形的长、平行四边形的高和长方形的宽有什么关系呢?

生1:平行四边形的底和长方形的长、平行四边形的高和长方形的宽分别相等。

生2:它们的面积也相等。

生3:平行四边形的面积可以用底乘高来计算。

师:非常好。接下来我们就来验证一下平行四边形的面积计算公式是不是底乘高。

B. 操作验证。

a. 提问:不数方格,能用其他方法来证明它们面积相等吗?打开学具袋并提示学生利用里面的工具想办法验证。(一张平行四边形的纸,一把三角尺和一把剪刀)

b. 提示:刚刚有同学说可以把平行四边形变成长方形后再计算它的面积,那我们要怎么剪才能使平行四边形变成长方形呢?这其实就是推导平行四边形面积计算公式的第二个方法——割补法。(板书:割补法)

c. 四人一小组,先通过自己的思考向组员介绍你的研究方案;组员商议如何通过画一画、剪一剪等方法来进行操作研究;由组长进行操作,组员协助。

d. 展示学生作品:将平行四边形变成长方形的不同方法。

提问:观察拼出的长方形和原来的平行四边形,你发现了什么?

(平行四边形的面积 = 底 × 高)

引导学生用字母来表示:S 表示面积,a 表示底,h 表示高。那么面积公式就是 $S = ah$。

③巩固练习。

A. 平行四边形花坛的底是 6 m,高是 4 m,它的面积是多少?

B. 计算下面平行四边形的面积。

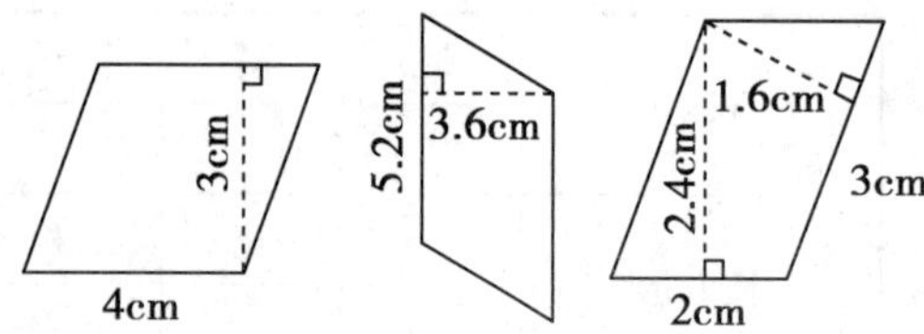

④课堂小结。

计算平行四边形的面积必须知道什么条件?平行四边形的面积公式是怎样推导出来的?

综合特训

一、单项选择题

1. A【解析】教科书具体展现了课程标准规定的教学内容,是教学的重要依据。
2. B【解析】规范的课堂教学目标的行为主体必须是学生。
3. A【解析】经历就是在特定的数学活动中,获得一些感性认识。
4. D【解析】①②③④均符合。
5. B【解析】教师备课除了准备教材,还要对学生的学情进行分析。
6. B【解析】行为目标是以事先规定的行为期望为目标,便于操作和检测。但很难用它的外显方式来表述。
7. B【解析】数学课堂教学目标的设计可以以知识目标为主,将过程目标、能力目标和情感目标包含其中。A 选项太绝对化,C、D 选项太片面,故选 B。

二、填空题

8. 行为主体;行为动词;行为条件;表现程度
9. 知识技能;数学思考;问题解决;情感态度
10. 理解;运用
11. 导向;激励;评价
12. 重在交流;重在分析
13. 科学性原则;过程性原则;操作性原则;差异性原则;育人性原则

三、判断题

14. ×【解析】新课程标准强调预设与生成,在教学过程中,应根据学生和教学的实际情况对教学计划做适当调整。
15. √
16. √
17. √
18. ×【解析】教案的说明部分课题、教学目标、教材分析、课型必不可少。

四、简答题

19. 【参考答案】设计好一堂课的教案就是备课。它是指教师上课前的准备工作。设计好一堂课的教案必须做到:(1)在深入钻研课程标准、教材的基础上确定明确的教学目标。这个目标包括传授文化科学知识,发展智力,培养能力及进行思想品德教育方面的内容,要从学生实际出发,切实可行。(2)在钻研教材的基础上确立正确的教学内容。教学内容必须保证科学性和思想性的高度统一。要突出教材的重点、难点、关键点,注意新旧知识的联系、理论与实际的联系。(3)在了解学生的基础上,设计教法。要根据教学任务、内容和学生实际情况选择恰当的教学方法,突出重点,突破难点。(4)科学设计教学过程和板书。

(5)精心设计作业。

20.【参考答案】课堂管理是指教师在教学活动中通过协调课堂内各种人际关系，吸引学生积极参与课堂活动，帮助课堂环境达到最优状态，从而实现预定教学目标的过程。课堂管理是影响课堂活动效率和质量的重要因素。良好的课堂管理是课堂活动顺利进行的保证。

21.【参考答案】学情涉及的内容非常宽广，学生各方面情况都有可能影响学生的学习。学生现有的知识结构、学生的兴趣点、学生的思维情况、学生的认知状态和发展规律，学生生理心理状况、学生个性及其发展状态和发展前景，学生的学习动机、学习兴趣、学习内容、学习方式、学习时间、学习效果，学生的生活环境，学生的“思维最近发展区”、学生感受、学生成功感等都是进行学情分析的切入点。学情分析主要可从以下几个方面来进行：

(1)分析学生原有的认知基础；

(2)分析学生的个体差异；

(3)了解学生的生理、心理；

(4)了解学生对本学科学习方法的掌握情况；

(5)分析学生学习知识时可能要遇到的困难。

22.【参考答案】(1)练习要有目的性，切实针对学生存在的问题展开，要围绕数学重难点设计练习；(2)练习要有层次性，由易到难，由浅入深，由单一到综合；(3)练习要有多样性，有利于激发学生的学习兴趣和发展学生思维；(4)练习要有反馈调节性，及时针对学生练习情况做出调整；(5)练习要面向全体学生，使所有学生都有所提高；(6)练习要适度，做到质与量兼顾。

23.【参考答案】就某一节课，教师要掌握本节课的知识结构体系，它与前后知识之间的联系，在教学中的作用、地位，应该思考上这节课之前学生已经有了怎样的基础，之后还将学习什么，所要达到的知识和能力两方面的要求，它的重点、难点、关键，从而确定本节课的教学目标、课堂类型和所要使用的教学方法。从研究角度来看，一个老师教一套教材不能只看这套教材，如果有可能，可以看国内各版本的教材，甚至看国外的教材，这样获得的信息越多，在比较中发现的也一定越多。为了更好地把握教材，还需要阅读教学参考资料上的有关内容。它详细说明了知识之间的联系、作用、地位，也提供了教学意见和一些注意事项，可以使教师加深对教材的理解，少走弯路。对教师来说还应该多查阅一些资料，如参考书、课外读物，与专业有联系的报刊、杂志等。

24.【参考答案】(1)把教师当作目标的行为主体来表述。例如，“提高学生迅速计算的能力”。

(2)把教学目标当成教学任务来表述。例如，“引导学生自学”“让学生运用抓住重点词句、联系前后内容、比较等学习方法，自己领会定律的含义”。这种教学目标表述规定了教学过程中教与学的任务，但是却没有明确教学结束后学生行为的变化内容和标准。

(3)只列出了教材的主题、原理或概念，如“乘法分配律”“平行四边形的面积公式”。这样的教学目标没有明确学生学习后要达到什么样的行为变化。

(4)教学目标过于笼统、抽象，不具操作性。例如，“培养数感”“养成用数学的眼光看问题的习惯”等。

(5)教学目标规定的是学习历程而非学习结果。例如，“解决5道应用题”“完成课后练习题”。

五、案例分析题

25.【参考答案】(1)该教学过程运用了悬念导入法。

(2)设置悬念导入，设疑而不解疑，目的是唤起学生强烈的学习兴趣和求知欲，在课堂教学中激发学生的学习动机。

(3)设疑过程的本身就留有一定的探索空间，会不由自主地引起学生探索的冲动，如果控制不好会分散学生学习后面内容的注意力。

26.【参考答案】(1)第二位同学的做法是错误的。错误原因：混淆了“求比值”和“化简比”的概念，两者存在的区别和联系是：①从意义上讲，比值是比的前项除以后项的商，化简比是将两个数的比化成最简的整数比；②从结果上讲，比值是一个数，可以是整数，小数或分数，化简比的结果仍然是一个比，如果把化简的结果写成分数，只能写成真分数和假分数的形式；③化简比可通过求比值的过程进行，只需要把求出的比值写成比就行了。

(2)①需要对“求比值”与“化简比”的概念加以区分并着重强调,使学生掌握两者的区别与联系;②通过对比加深学习,要根据学生的课堂练习情况给予评价,对出现的问题要及时解决并予以纠正,对学生易错的问题进行巩固练习,避免类似错误再次出现。

六、教学设计题

27.【参考答案】(1)教学重点:探索并掌握比例的基本性质

教学难点:理解比例的基本性质。

(2)教学目标:

知识与技能目标:说明比例的意义,认识比例各部分的名称。

过程与方法目标:经历探讨“两内项之积等于两外项之积”的过程,理解并掌握比例的基本性质,并能运用比例的意义和比例的基本性质,判断两个比能否组成比例,会组比例。

情感态度与价值观目标:养成自主参与的意识、主动探究的精神;提高进行初步观察、分析、比较、判断、概括的能力;发展思维,能够在解决问题的过程中体验到学习数学的乐趣。

(3)“比例的基本性质”新授环节如下:

一、复习导入

师:什么叫作比例?两个数的比怎样才能组成比例?

根据上节课的内容,今天我们就一起来探究比例的基本性质。

二、探究新知

1. 认识比例各部分的名称。

师:4:5和8:10这两个比能否成比例?

生:4:5=8:10,能够成比例。

师:在4:5=8:10中,组成比例的四个数“4,5,8,10”叫作这个比例的项。两端的两项“4和10”叫作比例的外项。中间的两项“5和8”叫作比例的内项。

2. 探究比例的基本性质。

(1)猜数。

通过谈话的形式让同学们思考猜测。

老师这里也有一个比例“12:□=□:2”,不过它的两个内项看不清了,想一想,这两个内项可能是哪两个数?(如1和24,2和12,……)

让大家带着这样几个问题分组讨论:①怎样计算?②还有不同答案吗?③你能举出项不是整数的例子吗?(这样的例子举得完吗?讨论完以后请小组代表发表小组讨论的结果,教师给予鼓励并补充)

(2)提出假设,猜想比例的性质。

仔细观察这组等式,你有什么发现?

学生回答:两个外项的积等于两个内项的积;两个内项的位置可以交换。

(3)验证假设。

①是不是所有的比例都有这样的规律呢,有什么好办法?(举例验证)

②你觉得应该怎样举例呢?

示范:a. 任意写一个简单的比;b. 求出比值;c. 根据比值写出另一个比的一项,求出另一项;d. 组成比例;e. 算出外项的积和内项的积。

(4)合作探究。

①前后4个同学为一个小组;

②每个同学写出一个比例,小组内交换验证;

③通过举例验证,你们能得出什么结论?

(5)归纳总结。

①其实我们的发现与数学家不谋而合,他们也发现“在比例中,两个外项的积等于两个内项的积”,并且给它起了个名字,叫作比例的基本性质。如果用字母表示比例的四个项,即 $a:b=c:d$,那么,比例的基本性质可以表示为 $ad=bc$ 或 $bc=ad$。

②老师这里也有一个比例 $0:3=0:4$,可以吗?$3:0=4:0$呢?

比例中两个比的后项都不能为0。

3. 巩固练习,应用比例的基本性质。

(1)判断下面哪组中的两个比可以组成比例。

6:3和8:5　　$\frac{1}{3}:\frac{1}{6}$和$\frac{1}{2}:\frac{1}{4}$

(2)还可以用什么方法来判断?用求比值的方法判断 $1.2:\frac{3}{4}$和$\frac{4}{5}:5$能否组成比例。

(3)如果 $a\times2=b\times4$,则 $a:b=(\quad):(\quad)$;如果 $a:b=4:2$,则 $a=4,b=2$。这种说法对吗?

为什么？那么 a,b 还可能是多少？你发现了什么？

三、课堂小结

这节课我们学习了比例的基本性质，同学们都掌握了吗？会根据比例的性质判断两个比是否能组成比例了吗？今后我们还要利用比例的基本性质和比例的意义去解决生活中的实际问题。

四、布置作业

课后习题第 2，4，5 题。

28.【参考答案】(1)教学重点：三位数乘两位数的笔算方法。

教学难点：理解三位数乘两位数的笔算原理。

(2)教学目标：

知识与技能目标：结合已有的两位数乘两位数的知识经验，自主理解三位数乘两位数的笔算算理，掌握三位数乘两位数的笔算方法。

过程与方法目标：能结合具体的问题情境，选择合适的估算、验算方法进行估算、验算，养成良好的学习习惯。

情感态度与价值观目标：经历利用旧知解决新问题的过程，提升知识技能的迁移水平，发展逻辑思维能力。

(3)教学过程：

一、复习旧知，引入新课

1. 复习两位数乘两位数的笔算方法。

$42\times18=$　　　　$25\times16=$

$16\times12=$　　　　$38\times20=$

师：同学们独立完成计算，想一想计算的方法，在小组中交流。

师：谁能和大家分享一下，你是怎么算出来的？

生：先用第二个因数个位上的数去乘第一个因数，积的末位和第一个因数的个位对齐；再用第二个因数十位上的数去乘第一个因数，积的末位和第一个因数的十位对齐，最后把两次乘得的积加起来。

2. 导入新课。

这节课我们就在两位数乘两位数笔算方法的基础上讨论三位数乘两位数的笔算方法。

设计意图：通过几道简单的计算题，一方面让学生回顾两位数乘两位数的笔算方法，另一方面为学习新知做好铺垫。这样的设计可以有效引入例 1 的数学情境，为学生独立探索估算和笔算提供更多的探索空间和时间，提高课堂教学的时效性。

二、合作交流，探究新知

1. 创设情境，引出例题。

(1)李叔叔从某城市乘火车去北京用了 12 小时。你们能算出该城市到北京的距离吗？(不能)缺什么条件？(不知道火车每小时行多少千米)

(2)师：(PPT 课件出示教材 48 页例 1)现在要计算该城市到北京有多少千米，怎么列式？(145×12)为什么要用乘法计算呢？

生：火车每小时行 145 千米，从该城市到北京用了 12 小时，求该城市到北京的距离，就是求 12 个 145 千米的和是多少，所以用乘法计算。

设计意图：利用课本上原有的例题，创造出新的情境，诱发学生思维，激发学生的求知欲和探索欲，能够自然地引入课本例题，进行新课的讲解，同时让学生的思维和课程进度始终保持一致。

2. 估算。(出示课堂活动卡)

3. 笔算。

(1)过渡：通过刚才的估算，我们知道 145×12 的积接近 1500。你能想办法算出 145×12 的准确结果吗？请同学们利用以前学过的算法，独立尝试在练习本上算一算。

(2)学生独立计算。(教师对学习有困难的学生予以指导)

(3)小组交流算法。

生 1：把 12 拆分成 $10+2$，$145\times12=145\times10+145\times2=1740$。

生 2：把 145 拆分成 $100+45$，$145\times12=100\times12+45\times12=1740$。

(4)全班交流，集体反馈竖式计算方法。

师：先算什么？(先算 145×2)

师：再算什么？(再算 145×10)

师：最后算什么？(2 个 145 与 10 个 145 的和)

板书：$145\times12=1740$

$$\begin{array}{r} 1\;4\;5 \\ \times\quad 1\;2 \\ \hline 2\;9\;0 \\ 1\;4\;5 \\ \hline 1\;7\;4\;0 \end{array}$$

设计意图：在独立计算、相互交流、合作分析、推导结论的过程中，学生能够真正参与到教学活动中，切身参与到推导三位数乘两位数笔算原理的过程中，帮助学生更好地理解算理、熟悉算法。同时教师也充分发挥自身在数学活动中的主导作用，对学生出现的问题及时给予帮助，能够激发学生的数学思考，发展学生的数学思维能力。

29.【参考答案】本题考查教学设计。(1)“三角形的面积”是义务教育教科书小学数学五年级上册的内容。这部分内容是在学生已经掌握了长方形和正方形以及平行四边形的面积的基础上进行教学的。

(2)教学目标：

知识与技能：理解三角形面积公式的推导过程，正确运用三角形的面积公式进行计算。

过程与方法：培养观察能力、动手操作能力和类推迁移的能力，进一步体会转化方法在图形中的应用。

情感态度与价值观：通过操作、观察和比较，认识转化的思想方法在研究三角形面积时的运用，发展空间观念，培养勤于思考、积极探索的学习精神。

(3)教学重点：理解三角形面积计算公式，正确计算三角形的面积。

教学难点：理解三角形面积公式的推导过程。

(4)教学过程：

一、情境引入

小明和小红今天的数学作业要求他们根据已经学过的知识算一算生活中常见图形的面积，两个人商量了一下决定计算学校花坛的面积，于是两个人各选了一座花坛进行测量计算，小明所选的花坛形状是平行四边形，很快就算出了花坛的面积，这时候小红对着面前的三角形花坛发起了愁，小明看了看面前的两座花坛，思索了一会，告诉小红他有办法计算出花坛的面积，你们知道小明用什么方法计算出了花坛的面积吗？今天这一节课我们就来一起研究三角形面积是如何计算的。(揭示课题：三角形面积的计算)

二、探索新知

1. 出示情境：老师为每个小组都准备了学具，请同学们先打开学具袋看看都有什么。

(不同小组的学具是不同的，有锐角三角形、钝角三角形、直角三角形、等腰直角三角形)

2. 提出问题：你能根据已有的经验，借助手中的学具推导出三角形的面积计算公式吗？

3. 提出要求：请同学们两人一组，借助你们手中的三角形纸片，可以拼一拼，画一画，剪一剪，看看能不能把三角形转化成我们学习过的图形，并找到转化前后图形间的联系，把你找到的联系在纸上写一写，让别人一眼就能看出你是如何推导出三角形面积计算方法的，看哪组的方法最多，学具不够用可以找老师领取。

4. 学生自主探究，教师巡视搜集资源。

5. 暴露资源，组织研讨：谁愿意说说你们是怎么想的？

预设一：

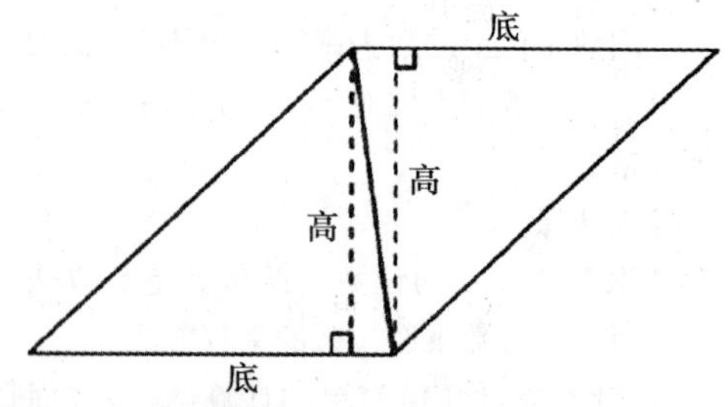

平行四边形的面积 = 底 × 高；

2 个三角形的面积 = 底 × 高；

三角形的面积 = 底 × 高 ÷ 2。

预设二：

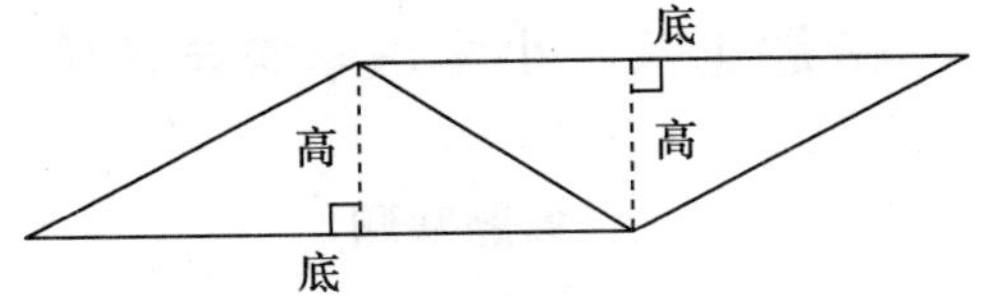

平行四边形的面积 = 底 × 高；

2 个三角形的面积 = 底 × 高；

三角形的面积 = 底 × 高 ÷ 2。

预设三：

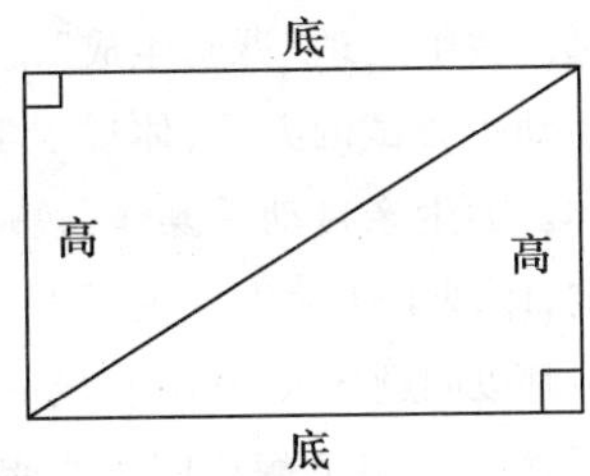

长方形的面积 = 底 × 高；

2 个三角形的面积 = 底 × 高；

三角形的面积 = 底 × 高 ÷ 2。

预设四：

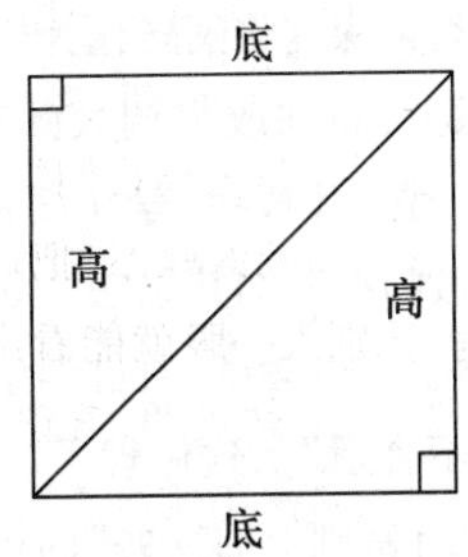

正方形的面积 = 底 × 高；

2 个三角形的面积 = 底 × 高；

三角形的面积 = 底 × 高 ÷ 2。

6. 总结概括，提升认识：通过同学们刚才的汇报，我们发现只要是两个完全一样的三角形，我们就能把它们拼成一个平行四边形、长方形或正方形，充分论证了三角形的面积 = 底 × 高 ÷ 2。

7. 出示字母公式：如果用 S 表示三角形的面积，用 a 表示三角形的底，用 h 表示三角形底边上的高，三角形的面积公式用字母怎样表示呢？

$S = ah \div 2$。

三、典例精讲

1. 一种三角尺的形状如下图，它的面积是多少？

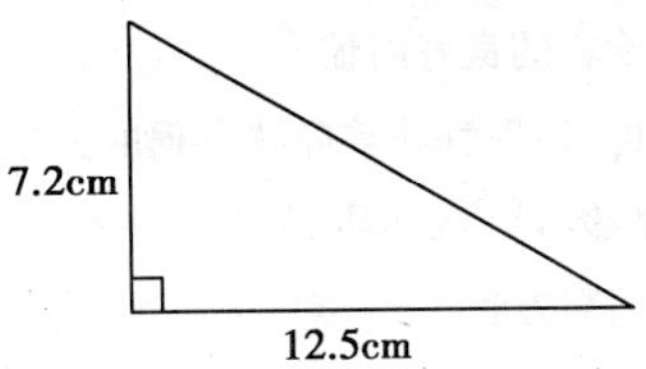

$S = ah \div 2$

$= 12.5 \times 7.2 \div 2$

$= 45(\text{cm}^2)$。

答：它的面积是 45cm^2。

2. 指出下面每个三角形的底和高，并分别计算出它们的面积。

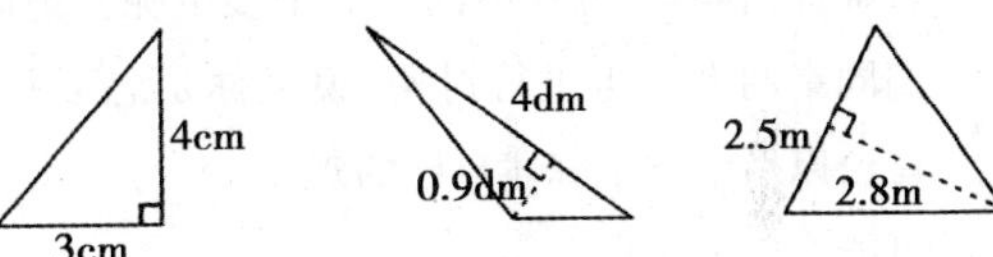

(1) $S = ah \div 2 = 3 \times 4 \div 2 = 6\text{cm}^2$。

(2) $S = ah \div 2 = 4 \times 0.9 \div 2 = 1.8\text{dm}^2$。

(3) $S = ah \div 2 = 2.5 \times 2.8 \div 2 = 3.5\text{m}^2$。

四、课堂小结

这节课通过把没有学过的三角形面积转化为我们学过的平行四边形的面积，找出了三角形面积的计算方法，像这样的转化思想，不只会在学习数学的过程中遇到，生活中也会遇到很多这样的问题，希望同学们课下能够利用今天所学到的知识和思想，来解决遇到的实际问题。

五、布置作业（略）

30.【参考答案】(1)方程是等式，又含有未知数，两者缺一不可。在方程里的未知数可以参加运算，并且只有当未知数为特定的数值时，方程才成立。与方程不同，算术式是一个式子，它由运算符号和已知数组成，表示未知数。

(2)教学目标：

①知识与技能目标：根据等式的性质，初步掌握解方程及检验的方法，并理解解方程及方程的解的概念。

②过程与方法目标：通过自主讨论的方式，会运用代换思想和分析的能力进行解题。

③情感、态度与价值观目标:提高分析问题的能力以及应用所学知识解决实际问题的能力,养成自觉检验的良好习惯。

教学重点:理解并掌握解方程的方法。

(3)新授部分教学环节:

①看图写方程

教师通过多媒体出示图片,请学生说出从图中得到的数学信息都有哪些?能根据这幅图片列出方程吗?通过学生的回答与老师补充给出的答案知道杯子重100克,水重x克,合起来是250克。列出方程:$100+x=250$。

②分组讨论求方程中的未知数

教师提出问题:方程中的x等于多少呢?请同学们同桌两人一组进行讨论,说说你是怎么想的?讨论以后请学生陈述自己的观点。

可能有以下观点:

A. 根据加减法之间的关系$250-100=150$,所以$x=150$。

B. 根据数的组成$100+150=250$,所以$x=150$。

C. $100+x=250=100+150$,所以$x=150$。

D. 假如在方程左右两边同时减去100,那么也可得出$x=150$。

教师给予鼓励并引出方程的解和解方程两个概念。

教师:我们说$x=150$是方程$100+x=250$的解,求未知数x的过程叫解方程。

③自主探究方程的解与解方程的概念

请同学们自学课本,找出什么叫方程的解?什么叫解方程?

请学生回答,教师给予评价鼓励并补充完整:方程的解是未知数的值,它是一个数。判断一个数是不是方程的解的方法是看这个数能不能使方程左右两边相等。解方程是求未知数的过程,是一个计算过程,它的目的是求出方程的解。

(设计意图:在列方程以及学生分组讨论的过程中,教师引导学生通过自主探究的方法进行概念的学习与辨析,培养学生的分组合作以及自主学习和判断的能力)

专题十八　小学数学教学评价

真题实测

一、单项选择题

1. C【解析】略。

二、案例分析题

2.【参考答案】(1)教学片段中,教师对课堂生成的处理合适。教师处理“课堂生成”的方式,都是采取让学生动手尝试的办法,体现了学生是教学活动的主体。学生亲自动手操作,教师适当引导并组织探究,体现了让学生自主探索与合作交流的思想。教师以问题导入,而非直接讲授,不仅培养了学生独立思考、独立解决问题的能力,也激发了学生的学习兴趣。

(2)在教学关系上,新课改强调教师在教学活动中发挥帮助和引导的作用。片段中,教师用问题一步步引导学生探究,先探究将圆转化成长方形或平行四边形,再探究将圆转化为梯形。

在师生关系上,新课改强调教师对学生应有更多的尊重和赞赏。片段中,学生3激动地想把圆转化成梯形,教师在明知其想法不切实际的情况下,依然鼓励学生积极尝试,通过学生亲自动手,验证了想法的“不合适”。这体现了教师本着“促进每个学生在原有基础上的发展”的核心理念,对想法不同的学生采取赞赏的态度。

3.【参考答案】教师在课堂理答策略方面存在的不足:

①新课标要求在教学过程中以学生为主体,教师为主导,教师在此过程中的引导作用未能充分体现,当学生的回答中有偏离目标的“探究成果”时,教师没能够利用理答引导学生,让学生进行有效的思考;

②教学过程中,教师过分地关注问题的结论和教学流程,在学生回答偏离教师预期的结果后,教师就进行了下一个环节,急于继续接下来的教学情境;

③该教学过程中更多的是教师在提问,忽略了学

生的主体作用,并且教师没能够面向全体学生,只是让部分学生参与了问题的回答过程。

改进措施:

教师在授课方面应该多设置启发性问题,引导学生积极发现问题,探究问题,得到结论,处理好讲授与学生自主学习的关系,引导学生积极探究、合作交流,给学生充分的时间和空间去经历独立思考、自主探究的过程,使学生理解和掌握基本的数学知识和技能,数学思考和方法,获得基本的数学活动经验。而教师既要关注学生学习的结果,又要关注学生思考的过程,及时给予正确的引导和评价。

4.【参考答案】(1)改错的环节中,教师指名板演,评价时每次都问学生对不对,这种问题的价值可以说是没有,学生不假思索就能脱口回答,起不到促进学生思维发展的作用,会使学生形成思维上的惰性。

(2)教师的提问应该具有思考性。教师要在知识的关键处、理解的疑难处、思维的转折处、规律的探求处提问。在知识的关键处提问,能突出重点,分散难点,帮助学生扫除学习障碍。在思维的转折处提问,有利于促进知识的迁移,有利于建构和加深学生对所学新知的理解与掌握。

有效的课堂提问的落实最终还是教师本身的理念问题。如何从实际出发,应根据教学的知识内容与思想内容,把握教材的重点、难点来精心提问、发问;根据学生的知识水平与心理特点,找出能诱发他们思维的兴趣点来问,使提问真正问到学生们的心坎上。提问是技术,更是一门艺术,教师只有在教学实践中,做课堂的有心人,掌握提问的技巧,课堂才会变得更加生动多彩。

综合特训

一、单项选择题

1. C【解析】建立成长记录袋是学生开展自我评价的一个重要方式,它能反映出学生发展与进步的历程。
2. C【解析】新课程理念提倡教学评价采用定量与定性相结合的方式。
3. D【解析】诊断性评价一般在学习某一部分新知识之前进行,常用来了解学生是否具有学习新知识的必备的知识基础、认知水平,了解学习困难之所在及学生之间的差异性,以便有针对性地进行数学教学。诊断性评价常借助于诊断性测试、学习调查表、学籍档案来进行。单元测试属于形成性评价。故选 D。
4. A【解析】导向功能对数学教学潜在的制约作用表现在:对学校教学管理的导向,对教师教学内容、方法的导向,对学生数学学习的导向。
5. B【解析】难度即试题对被试者的难易程度的数量指标。
6. C【解析】关老师在教学的最后环节中,让学生强化记忆了三角形的面积公式,对公式的推导过程进行回顾反思,并没有体现评价方式的多样化。
7. B【解析】教师公布学生的成绩,且批评后进学生,这样不仅难以发挥评价的激励作用,还可能会伤害学生的自尊心和打击学生的自信心,难以真正促进学生的进步和发展,故③不正确。
8. C【解析】课程目标和课程内容的提出是为了指导和规范教师的教学,而评价则是为了检验教师教学和学生学习的成果,所以评价必然也要以课程目标和课程内容为指导,故选 C。
9. B【解析】对概念的真正理解意味着学生能够自己举出一定数量的有关这一概念的正例和反例;能够在几个概念之间比较它们的异同,并且认识到这些不同的概念所对应的不同解释;能够将概念从文字表达转换成符号的、图象的或口头的表达。
10. A【解析】教育评价是指在一定教育价值观的指导下,依据确立的教育目标,通过使用一定的技术和方法,对所实施的各种教育活动、教育过程和教育结果进行科学判定的过程。在新课程背景下,教育评价的根本目的是促进学生、教师、学校和课程的发展。
11. D【解析】相对评价是在被评价对象的群体中建立基准,然后把该群体中的各个对象逐一与基准进行比较,以判断该群体中每一成员的相对优势。

二、简答题

12.【参考答案】(1)对于学生基础知识和基本技能达成情况的评价,必须要准确把握课程内容中的要求。学生在学习数的认识相关内容的时侯应该理解数的有关概念及其分类,能用数轴上的点表示数,会比较数的大小,理解数与数运算的意义和运算律,掌握加、减、乘、除及简单的混合运算并解决一些简单的实际问题。所以在设计题型的时候,涵盖的知识点应包括以上知识点,达到全面性要求,以便宏观了解学生对相关知识的掌握程度。

(2)在设计试题时,应该关注并且体现对学生数感、符号意识、运算能力、推理能力以及应用意识和创新意识等的考查。测试中应该包含数的计算、运算规律的使用以及常见的计算题、应用题等题目,可对学生能力进行全方位考查。

(3)根据评价的目的合理设计试题的类型,有效地发挥各种类型题目的功能。题型练习多样化,要有选择、填空、判断、解答等常规性试题,同时可设置寻找数字规律、运算规律等探索性试题,还可以联系生活实际,将数的运算融入日常生活中,设置实际应用题等。

(4)在书面测验中,积极探索可以考查学生学习过程的试题。试题的设计要有难度也要有区分度,照顾到不同学习层次的学生,以便了解全体学生对知识掌握的程度,指导今后的教学工作。测验学习结果的同时更要测验到学生学习过程中对知识由不会到会的过程。

13.【参考答案】情感态度评价主要在平时教学过程中进行,注重考查和记录学生在不同方面的表现,了解学生情感态度的状况及变化。可以从学生是否主动参与学习活动,学生学习数学的兴趣和自信心,学生克服困难的勇气等方面进行评价。

14.【参考答案】(1)倡导有意义的学习方式,自主探索、亲身实践、合作交流、勇于创新。

①探究活动中,在解决问题的过程中理解和掌握基本的数学知识、技能和方法;

②提供从事数学活动充分的时间和空间;

③改变教师角色,教师应成为学生数学学习活动的组织者、引导者、合作者;

④鼓励小组学习、合作交流、与人分享和独立思考的学习方式。

(2)实行多元化和多样化的评价方式。

①评价主体的多样化,教师评价、学生自评、学生互评;

②定性与定量相结合,第一学段的评价应以描述性评价为主,第二学段采用描述性评价和等级评价相结合的方式;

③采用多种评价方式,课堂内评价、学生成长记录评价、课堂外作业评价。

15.【参考答案】(1)评价对数学概念的理解,可以关注学生能否独立举出一定数量的用于说明问题的正例和反例。

(2)评价应关注学生能否建立不同知识之间的联系,把握数学知识的结构、体系。

(3)对数学基本技能的评价,应关注学生能否在理解方法的基础上,针对问题的特点进行合理选择,进而熟练运用。

(4)数学语言具有精确、简约、形式化等特点,能否恰当地运用数学语言及自然语言进行表达与交流也是评价的重要内容。

三、案例分析题

16.【参考答案】学习评价是以促进发展为目的,是一个促进学生和教师共同发展的过程。教学评价不仅要关注学生数学知识与技能的掌握和理解,更要关注学生在数学学习过程中情感态度的形成与发展;既要关注数学学习的结果,更要关注学生在学习过程中的变化与发展,还要关注数学学习能力以及正确的价值观的形成;不仅要关注学生今天的学习状况,更要关注学生的学习潜能与发展空间;学生出现错误时,教师可以有针对性地对学生提出建议,帮助学生找到解决问题的方法,谋求进步,并能根据已知信息反省自己的教学行为,制定和改进下一步的教学活动。

案例中的教师,只是一味地批评学生的错误,没有关注学生的学习过程,也没有进行相应的指导,缺乏自我反思。这么做会打击学生学习数学的信心与兴趣,影响整个课堂的学习效果。不仅不能让学生从根本上解决自己的学习误区,还导致学生在学习过程中遇到的困惑越来越多,不利于学生数学学习能力提高,进而导致自己的教学水平得不到提高。

17.【参考答案】该案例从学生生活实际出发,引出问题,有利于让学生体会数学与生活密切相连,在教学中,教师讲解清晰,并专门留出时间让学生加深理解新知识。但案例中创设的情境过于呆板,作用仅仅是为了引出与负数相关的运算法则,很难达到"投一石而激起千层浪"的共鸣效果。教学过程中,教师给出思考的"模板",学生只是在已有思路的基础上重复思考,在这样的教学氛围中,学生难以真正获得分析问题、解决问题的数学活动经验,这种做法对于学生领悟数学思想、积累数学活动经验、培养创新能力等方面存在明显不足。

教师在创设情境时,要尽量采用与学生生活联系密切的、生动有趣的情境,这样才易于引发学生的学习热情;教学中应充分发挥学生的聪明才智,尽量让学生自己发现新知识,让数学学习过程成为学生发现问题、分析和解决问题的过程,成为学生积累数学活动经验的过程;另外,教师要注意渗透或显化数学教学过程中隐含的数学思想,例如,案例中利用数轴进行负数意义的直观表达时,要强调数形结合思想,从三个方面归纳正数与负数的加法法则时,要强调分类讨论思想等,使学生真切感受到数学思想的含义和价值。

18.【参考答案】(1)两位教师的上课内容基本相同,但教师2的教学更符合新课标的数学理念。

(2)新课标指出教学活动是师生积极参与、交往互动和共同发展的过程。教师2引导开展的教学活动不仅有师生互动,还体现了生生互动,能够激发学生的创造性思维;新课标提倡探究性学习和合作性学习,教师2的教学活动中很充分地体现了这一点;新课标强调评价的重要性,评价应该是多元的,评价方法应该是多样的,教师2的评价可以进一步激发学生的学习兴趣和探索热情。

下篇　模拟试卷

教师招聘考试小学数学模拟试卷(一)

一、填空题

1. 50∶3 【解析】设甲为 x,乙为 y。甲的小数点向左移两位为 $\frac{x}{100}$,由题意知 $\frac{x}{100}:y=1:6\Rightarrow x:y=100:6=50:3$。

2. 67 【解析】将等式两边同时乘66得 $\left(\frac{a}{6}+\frac{b}{11}\right)\times 66=\frac{26}{33}\times 66$,即 $11a+6b=52$,因为 $6b$ 是偶数,52也为偶数,所以 $11a$ 也是偶数。当 $a=2$ 时,$22+6b=52$,则 $b=5$;当 $a=4$ 时,$44+6b=52$,则 $b=\frac{4}{3}$,不符合题意;当 $a=6$ 时,$66+6b=52$,$b<0$,不符合题意。综上,$a=2$,$b=5$,故 $6a+11b=67$。

3. 28.26 【解析】根据题意可知,圆柱截成2段,表面积增加的是2个底面的面积,则1个底面的面积为 $56.52\div 2=28.26$(平方分米),故原来这个圆柱的体积是 $28.26\times 1=28.26$(立方分米)。

4. 91 【解析】设总工程为单位"1",甲、乙、丙一天的工作量分别设为 x,y,z,则

$$\begin{cases}x+y=\frac{1}{18},\\ y+z=\frac{1}{12},\\ x+y+z=\frac{1}{10}\end{cases}\Rightarrow\begin{cases}x=\frac{1}{60},\\ y=\frac{7}{180},\\ z=\frac{2}{45},\end{cases}$$

乙工作13天,总工作量为 $\frac{91}{180}$,按工作量分配工资,可得 $180\times\frac{91}{180}=91$(元)。

5. $\frac{3}{4}$ 【解析】设路程为 s,平路上的速度为 v,所用时间为 t。下坡用的时间是 $\frac{\frac{1}{2}s}{\frac{3}{2}v}=\frac{1}{3}t$,那么上坡所用时间为 $\frac{2}{3}t$,上坡速度为 $\frac{\frac{1}{2}s}{\frac{2}{3}t}=\frac{3}{4}v$。

6. 丙;150 【解析】原计划甲、乙、丙三人所得分别占

总数的$\frac{5}{12}$,$\frac{4}{12}$,$\frac{3}{12}$,实际上三人所得分别占总数的$\frac{7}{18}$,$\frac{6}{18}$,$\frac{5}{18}$,比较分数可知乙没变,甲少了丙多了。丙多了总量的$\frac{1}{36}$,也就是15个,因此总量为36×15,丙实际所得糖果数为$36\times15\times\frac{5}{18}=150$(块)。

7. 5 【解析】由$\boldsymbol{a}\perp\boldsymbol{b}$,得$m+1-(2m-4)=0$,解得$m=5$。

8. -1 【解析】$z=\frac{a}{1-i}+\frac{1-i}{2}=\frac{a(1+i)}{(1-i)(1+i)}+\frac{1-i}{2}=\frac{a(1+i)}{2}+\frac{1-i}{2}=\frac{a+1}{2}+\frac{a-1}{2}i$,因为$z$是纯虚数,所以$a+1=0$,$a=-1$。

9. 5 【解析】由$S_{m-1}=-2$,$S_m=0$,$S_{m+1}=3$得$a_m=S_m-S_{m-1}=2$,$a_{m+1}=S_{m+1}-S_m=3$,所以等差数列的公差$d=a_{m+1}-a_m=3-2=1$,由$\begin{cases}a_m=a_1+(m-1)d=2,\\ S_m=a_1m+\frac{1}{2}m(m-1)d=0\end{cases}$得$\begin{cases}a_1+m-1=2,\\ a_1m+\frac{1}{2}m(m-1)=0,\end{cases}$解得$\begin{cases}a_1=-2,\\ m=5。\end{cases}$

10. $\frac{3}{2}$ 【解析】$\tan\frac{5\pi}{4}=\tan\left(\pi+\frac{\pi}{4}\right)=\tan\frac{\pi}{4}=1$,所以$\tan\left(\alpha-\frac{5\pi}{4}\right)=\frac{\tan\alpha-\tan\frac{5\pi}{4}}{1+\tan\alpha\tan\frac{5\pi}{4}}=\frac{\tan\alpha-1}{1+\tan\alpha}=\frac{1}{5}$,所以$\tan\alpha=\frac{3}{2}$。

二、单项选择题

11. C【解析】设正方形的边长为x cm。观察图形,正方形的面积等于四边形的面积+4个三角形的面积,可列方程$x^2=78+\frac{1}{2}\times7\times1+\frac{1}{2}\times4(x-1)+\frac{1}{2}\times5(x-7)+\frac{1}{2}(x-4)(x-5)$,解得$x=12$。

12. B【解析】设每人打出的子弹数为x,则$\frac{2}{3}x+\frac{3}{4}x+\frac{4}{5}x=931\Rightarrow x=420$,故乙打中了$\frac{3}{4}x=315$发。

13. D【解析】若以AB为腰,则需从A或B点找到另一腰即可,如图所示,有4种情况。若以AB为底边,需要作AB的垂直平分线,若该垂线过某一交叉点,则该交叉点即为等腰三角形的顶点,从下图可以看出有$\triangle ABD_1$,$\triangle ABD_2$两种情况(此为选择题的做法,若是解答题需要对第二种情况建立直角坐标系,求线段AB的垂直平分线表达式,进而找出垂线上的交叉点)。因此一共可以连出6个等腰三角形。

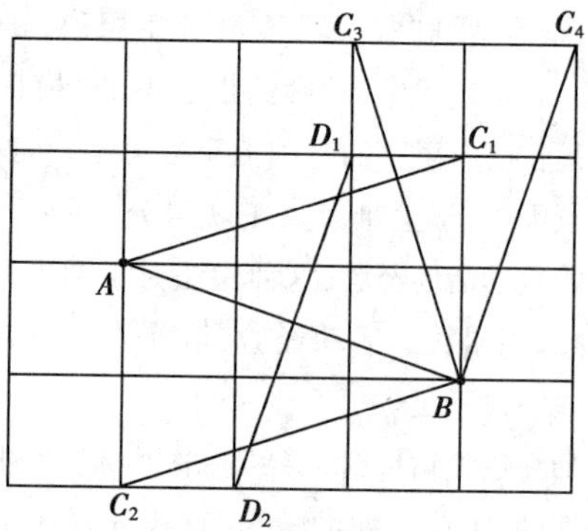

14. B【解析】每次可以抛出1~3颗,得到的和有:$1+1=2$,$1+2=3$,$1+3=4$,$2+2=4$,$2+3=5$,$3+3=6$,共有6种情况,其中奇数有2个,则欢欢赢的可能性为$2\div6=\frac{1}{3}$,园园赢的可能性为$4\div6=\frac{2}{3}$,所以园园赢的可能性大。

15. B【解析】$20=1\times20=2\times10=4\times5=2\times2\times5$,有20个因数的自然数有:

①$2\times2\times\cdots\times2\times2$(19个2),

②$2\times2\times\cdots\times2\times2\times3$(9个2),

③$2\times2\times2\times2\times3\times3\times3=432$,

④$2\times2\times2\times2\times3\times5=240$。

从以上可以看出只有④的乘积最小。所以恰有20个因数的最小自然数是240。

16. C【解析】A项,$a^2+b^2=a^2+(1-a)^2=2a^2-2a+1=2\left(a-\frac{1}{2}\right)^2+\frac{1}{2}\geqslant\frac{1}{2}$,正确;B项,$2^{a-b}=2^{a-(1-a)}=2^{2a-1}$,因为$a>0$,$b>0$,且$a+b=1$,所以$0<a<1$,所以$-1<2a-1<1$,所以$2^{2a-1}\in\left(\frac{1}{2},2\right)$,正确;C项,$\log_2a+\log_2b=\log_2(ab)=$

$\log_2[a(1-a)]=\log_2[-(a-\frac{1}{2})^2+\frac{1}{4}]\leqslant$ $\log_2\frac{1}{4}=-2$,错误;D 项,因为 $a+b=1\geqslant 2\sqrt{ab}$,当且仅当 $a=b$ 时取等号,所以 $a+b+2\sqrt{ab}=(\sqrt{a}+\sqrt{b})^2\leqslant 2$,所以$\sqrt{a}+\sqrt{b}\leqslant\sqrt{2}$,正确。

17. A【解析】设$|AB|=2a(a>0)$,以 AB 所在直线为 x 轴,AB 中点为坐标原点,建立平面直角坐标系,不妨设 $A(-a,0)$,$B(a,0)$,$C(x,y)$,则$\overrightarrow{AC}=(x+a,y)$,$\overrightarrow{BC}=(x-a,y)$,$\overrightarrow{AC}\cdot\overrightarrow{BC}=x^2-a^2+y^2=1$,即 $x^2+y^2=1+a^2$,故点 C 的轨迹为以$(0,0)$为圆心的圆。

18. A【解析】由题意得,函数$f(x)$的定义域为$\{x\in\mathbf{R}$ 且 $x\neq 0\}$,关于原点对称,因为$f(-x)=(-x)^3-\frac{1}{(-x)^3}=-x^3+\frac{1}{x^3}=-f(x)$,所以函数$f(x)$是奇函数。因为$f'(x)=3x^2+\frac{3}{x^4}>0$ 在$(0,+\infty)$恒成立,所以$f(x)$在$(0,+\infty)$单调递增。

三、解答题

19.【解析】甲商店:买十送二,即12个中有2个不用花钱,所以48个中有 $48\div 12\times 2=8$ 个排球不花钱,则需要的钱数为$(48-8)\times 40=1600$(元);乙商店:$40\times 48\times(1-15\%)=1632$(元);丙商店:$48\times 40=1920$(元),$1920\div 100\approx 19$(组),$1920-19\times 15=1635$(元)。因为 $1600<1632<1635$,所以到甲商店购买最省钱。答:到甲商店购买最省钱,需要1600元。

20.【解析】(1)$\because$ 四边形 $ABCD$ 是菱形,$\therefore CD=CB$,$\angle D=\angle B$,$CD\parallel AB$,$\because DF=BE$,$\therefore\triangle CDF\cong\triangle CBE$(SAS),$\therefore\angle DCF=\angle BCE$,$\because CD\parallel BH$,$\therefore\angle H=\angle DCF$,$\therefore\angle BCE=\angle H$,且$\angle B=\angle B$,$\therefore\triangle BEC\backsim\triangle BCH$。

(2)$\because BE^2=AB\cdot AE$,$\therefore\frac{BE}{AB}=\frac{AE}{EB}$,$\because AG\parallel BC$,$\therefore\frac{AE}{BE}=\frac{AG}{BC}$,$\therefore\frac{BE}{AB}=\frac{AG}{BC}$,$\because DF=BE$,$BC=AB$,$\therefore BE=AG=DF$,即 $AG=DF$。

21.【解析】(1)在$\triangle ABC$ 中,由正弦定理得 $b\sin A=a\sin B$,又由 $b\sin A=a\cos\left(B-\frac{\pi}{6}\right)$,得 $a\sin B=a\cos\left(B-\frac{\pi}{6}\right)$,即 $\sin B=\cos\left(B-\frac{\pi}{6}\right)$,可得 $\tan B=\sqrt{3}$。又因为$\angle B\in(0,\pi)$,所以$\angle B=\frac{\pi}{3}$。

(2)在$\triangle ABC$ 中,由余弦定理及 $a=2$,$c=3$,$\angle B=\frac{\pi}{3}$,得 $b^2=a^2+c^2-2ac\cos B=7$,故 $b=\sqrt{7}$。由 $b\sin A=a\cos\left(B-\frac{\pi}{6}\right)$,可得 $\sin A=\frac{\sqrt{3}}{\sqrt{7}}$。因为 $a<c$,所以 $\cos A=\frac{2}{\sqrt{7}}$。因此 $\sin 2A=2\sin A\cos A=\frac{4\sqrt{3}}{7}$,$\cos 2A=2\cos^2A-1=\frac{1}{7}$,所以 $\sin(2A-B)=\sin 2A\cos B-\cos 2A\sin B=\frac{4\sqrt{3}}{7}\times\frac{1}{2}-\frac{1}{7}\times\frac{\sqrt{3}}{2}=\frac{3\sqrt{3}}{14}$。

22.【解析】(1)由已知得$f'(x)=\frac{2}{3}\cdot\frac{2x-2}{\sqrt[3]{x^2-2x}}$,令 $f'(x)=0$ 得 $x=1$。

当 $x>2$ 时,则$f'(x)>0$,所以$f(x)$单调递增;

当 $1<x<2$ 时,则$f'(x)<0$,所以$f(x)$单调递减;

$f(2)=0$,此时$f(x)$有极小值0;

当 $0<x<1$ 时,则$f'(x)>0$,所以$f(x)$单调递增;

$f(1)=1$,此时$f(x)$有极大值1;

当 $x<0$ 时,则$f'(x)<0$,所以$f(x)$单调递减;

$f(0)=0$,此时$f(x)$有极小值0。

(2)由已知得 $f(-1)=(1+2)^{\frac{2}{3}}=\sqrt[3]{9}$,$f(4)=(16-8)^{\frac{2}{3}}=4$。

结合(1)可知,该函数$f(x)$在闭区间$[-1,4]$上的最大值为4,最小值为0。

23.【解析】(1)由已知可设 C_2 的方程为 $y^2=4cx$,其中 $c=\sqrt{a^2-b^2}$,不妨设 A,C 在第一象限,由题设得 A,B 的纵坐标分别为$\frac{b^2}{a}$,$-\frac{b^2}{a}$;C,D 的纵坐标分别为 $2c$,$-2c$,故$|AB|=\frac{2b^2}{a}$,$|CD|=4c$。由 $|CD|=\frac{4}{3}|AB|$ 得,$4c=\frac{8b^2}{3a}$,即 $3\times\frac{c}{a}=2-2\left(\frac{c}{a}\right)^2$,解得$\frac{c}{a}=-2$(舍去),$\frac{c}{a}=\frac{1}{2}$,所以 C_1

的离心率为$\frac{1}{2}$。

(2)由(1)知 $a=2c,b=\sqrt{3}c$,则 $C_1:\frac{x^2}{4c^2}+\frac{y^2}{3c^2}=1$,所以 C_1 的四个顶点坐标分别为 $(2c,0),(-2c,0),(0,\sqrt{3}c),(0,-\sqrt{3}c)$,$C_2$ 的准线为 $x=-c$,由已知得 $3c+c+c+c=12$,解得 $c=2$,所以 C_1 的标准方程为$\frac{x^2}{16}+\frac{y^2}{12}=1$,$C_2$ 的标准方程为 $y^2=8x$。

教师招聘考试小学数学模拟试卷(二)

一、单项选择题

1. A【解析】由于 $B=\{x\mid x=2a,a\in A\}$,故 $B=\{0,2,4\}$,则集合 $A\cap B=\{0,2\}$。

2. D【解析】因为定义在 $\mathbf{R}$ 上的奇函数 $f(x)$ 在 $(-\infty,0)$ 内单调递减,根据奇函数的性质可得,$f(x)$ 在 $(0,+\infty)$ 内单调递减,且 $f(x)=-f(-x)$,则 $f(-2)=-f(2)=0$。由 $xf(x-1)\geqslant0$ 可得,当 $x>0$ 时,$f(x-1)\geqslant0$,因为 $f(2)=0$,由单调性可得 $x-1\leqslant2$,解得 $x\leqslant3$,又 $x-1\geqslant0$,所以 $x\geqslant1$,则 $1\leqslant x\leqslant3$;当 $x\leqslant0$ 时,$f(x-1)\leqslant0$,因为 $f(-2)=0$,由单调性可得 $x-1\geqslant-2$,解得 $x\geqslant-1$,所以 $-1\leqslant x\leqslant0$。综上所述,满足 $xf(x-1)\geqslant0$ 的 x 的取值范围是 $[-1,0]\cup[1,3]$。

3. C【解析】设 $x_1,x_2,\cdots,x_n$ 的平均值为 $\bar{x}$,方差 $s_1^2=\frac{(x_1-\bar{x})^2+(x_2-\bar{x})^2+\cdots+(x_n-\bar{x})^2}{n}=0.01$,所以 $10x_1,10x_2,\cdots,10x_n$ 的平均值为 $10\bar{x}$,则方差 $s_2^2=\frac{(10x_1-10\bar{x})^2+(10x_2-10\bar{x})^2+\cdots+(10x_n-10\bar{x})^2}{n}$ $=\frac{100[(x_1-\bar{x})^2+(x_2-\bar{x})^2+\cdots+(x_n-\bar{x})^2]}{n}=$ $100\times0.01=1$。

4. B【解析】因为 $\boldsymbol{a}\perp\boldsymbol{b}$,故 $\boldsymbol{a}\cdot\boldsymbol{b}=0$,即 $2\times3+6x=0$,则 $x=-1$。

5. D【解析】由均值不等式可知,$2x+y\geqslant2\sqrt{2x\cdot y}=2\sqrt{2}$,故 $2x+y$ 的最小值是 $2\sqrt{2}$。

6. C【解析】题干中已知圆的标准方程为 $(x-1)^2+(y+2)^2=5$,圆心为 $(1,-2)$,半径为 $\sqrt{5}$,可知点 $(2,1)$ 在圆外,过圆外一点的直线截圆所得最长弦应过该圆的圆心,由两点坐标可确定直线的方程为 $3x-y-5=0$。

7. A【解析】$z=\frac{2i}{1+i}=\frac{2i(1-i)}{(1+i)(1-i)}=1+i$,故该复数在复平面上对应的点应位于第一象限。

8. B【解析】4 个球随机取出 2 个球,共有 C_4^2 种情况,取出的球颜色不同即为取出 1 个红球和 1 个黄球,共有 $C_2^1C_2^1$ 种情况,故所取出的球颜色不同的概率为$\frac{C_2^1C_2^1}{C_4^2}=\frac{2}{3}$。

9. B【解析】如图,当 $x=2$ 时,$y=\pm2\sqrt{p}$,所以 $D(2,2\sqrt{p}),E(2,-2\sqrt{p}),O(0,0)$,则 $\overrightarrow{OD}=(2,2\sqrt{p}),\overrightarrow{OE}=(2,-2\sqrt{p})$,因为 $OD\perp OE$,所以 $\overrightarrow{OD}\cdot\overrightarrow{OE}=0$,即 $4-4p=0$,解得 $p=1$,则 $y^2=2x$,故焦点坐标为$\left(\frac{1}{2},0\right)$。

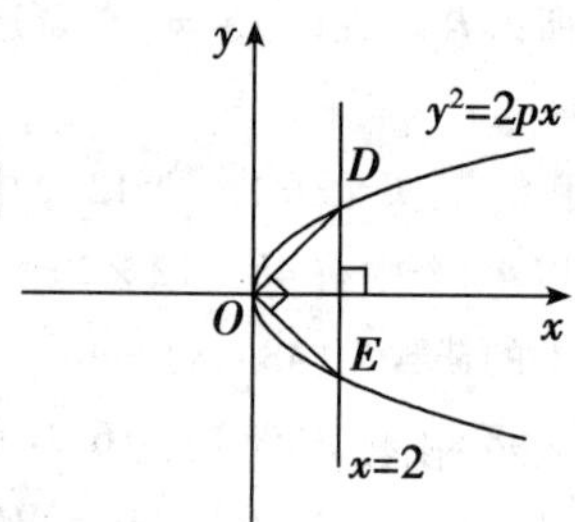

10. B【解析】由函数 $f(x)=x^4-2x^3$ 可得 $f'(x)=4x^3-6x^2$,则 $f'(1)=-2,f(1)=-1$,故函数在点 $(1,f(1))$ 处的切线方程为 $y+1=-2(x-1)$,即 $y=-2x+1$。

11. A【解析】$y=\cos x=\sin\left(x+\frac{\pi}{2}\right)$,该函数的图象可由 $y=\sin x$ 的图象向左平移$\frac{\pi}{2}$个单位长度得到。

12. D【解析】$a=2^{\frac{1}{3}}=\sqrt[3]{2}$,故 $1<a<2$,$b=\left(\frac{1}{3}\right)^2=\frac{1}{9}$,$c=\log_2\frac{1}{3}<0$,易得 $c<b<a$。

13. A【解析】m 为一条直线,α,β 为两个不同平面,若 $\alpha/\!/\beta,m\subset\alpha$,则 $m/\!/\beta$。若 $m/\!/\beta,m\subset\alpha$,则平面 α 可能与平面 β 平行,也可能相交,相交时直线 m 平行于两平面的交线。

14. C【解析】$\lim\limits_{x\to\infty}\left(1+\frac{1}{1+x^2}\right)^{x^2}=\frac{\lim\limits_{x\to\infty}\left(1+\frac{1}{1+x^2}\right)^{1+x^2}}{\lim\limits_{x\to\infty}\left(1+\frac{1}{1+x^2}\right)}$

$=\frac{e}{1}=e$。

15. A【解析】设 $g'(t)=\sqrt{1+t^2}$，则$f(x)=\int_x^2 g'(t)\mathrm{d}t$

$=g(t)\Big|_x^2=g(2)-g(x)$，则$f'(x)=-g'(x)=-\sqrt{1+x^2}$。

二、填空题

16. 25 【解析】在等差数列$\{a_n\}$中，$a_1=-2$，设公差为 d，则 $a_2+a_6=2a_1+6d=-4+6d=2$，解得 $d=1$，故 $S_{10}=10a_1+\frac{10\times9}{2}d=-20+45=25$。

17. 10 【解析】由二项式定理可知，$\left(x+\frac{2}{x^2}\right)^5=\sum\limits_{r=0}^{5}C_5^r\cdot x^{5-r}\cdot\left(\frac{2}{x^2}\right)^r=\sum\limits_{r=0}^{5}C_5^r\cdot2^r\cdot x^{5-3r}$，令 $5-3r=2$，解得 $r=1$，则 x^2的系数是 $C_5^1\times2^1=10$。

18. 60° 【解析】连结 B_1D_1，D_1C，则 $B_1D_1/\!/EF$，故$\angle D_1B_1C$ 为所求，又 $B_1D_1=B_1C=D_1C$，所以$\angle D_1B_1C=60°$。

19. ②③ 【解析】函数$f(x)=\sin x+\frac{1}{\sin x}$的定义域为$\sin x\neq0$，即 $x\neq k\pi,k\in\mathbf{Z}$。函数的定义域关于原点对称，且 $f(-x)=\sin(-x)+\frac{1}{\sin(-x)}=-\left(\sin x+\frac{1}{\sin x}\right)=-f(x)$，则函数 $f(x)$为奇函数，图象关于原点对称，故①错误，②正确；对于③，若函数$f(x)$的图象关于直线 $x=\frac{\pi}{2}$对称，则应满足 $f(x)=f(\pi-x)$，而 $f(\pi-x)=\sin(\pi-x)+\frac{1}{\sin(\pi-x)}=\sin x+\frac{1}{\sin x}=f(x)$，故③正确；对于④项，当 x 满足$(2k+1)\pi<x<2(k+1)\pi,k\in\mathbf{Z}$ 时，$\sin x<0$，则 $f(x)=\sin x+\frac{1}{\sin x}<0$，故④错误。

20. 12 【解析】由已知作出可行域如图阴影部分，则目标函数 $z=x+y$ 的最大值应在点(4,8)处取得，$z_{\max}=12$。

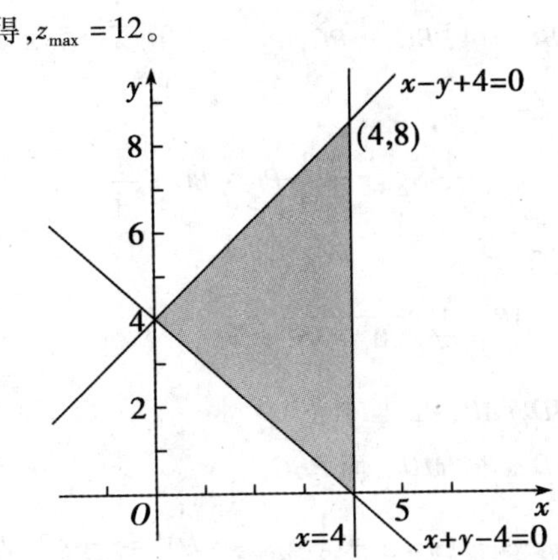

三、解答题

21.【解析】$\begin{vmatrix}2&-1&1&-2\\4&0&-1&4\\-1&2&1&0\\-4&2&-1&2\end{vmatrix}\xlongequal{r_1\leftrightarrow r_3}-\begin{vmatrix}-1&2&1&0\\4&0&-1&4\\2&-1&1&-2\\-4&2&-1&2\end{vmatrix}\xlongequal{r_4+r_2,r_2+4r_1,r_2+2r_1}-\begin{vmatrix}-1&2&1&0\\0&8&3&4\\0&3&3&-2\\0&2&-2&6\end{vmatrix}=-1\times(-1)\times2\begin{vmatrix}8&3&4\\3&3&-2\\1&-1&3\end{vmatrix}=-2\begin{vmatrix}1&-1&3\\0&6&-11\\0&11&-20\end{vmatrix}=-2\begin{vmatrix}6&-11\\11&-20\end{vmatrix}=-2\times[6\times(-20)-11\times(-11)]=-2$。

22.【解析】(1)证明：$\because$ M 为 AB 的中点，D 为 PB 的中点，$\therefore MD/\!/AP$，

又 $MD\not\subset$平面 APC，$\therefore DM/\!/$平面 APC。

(2)$\because$ $\triangle PMB$ 为正三角形，且 D 为 PB 中点，

$\therefore MD\perp PB$，

又由(1)知 $MD/\!/AP$，$\therefore AP\perp PB$，

又$\because AP\perp PC$，$\therefore AP\perp$平面 PBC，$\therefore AP\perp BC$，

又$\because AC\perp BC$，且 $AP\cap AC=A$，$\therefore BC\perp$平面 APC，

$\therefore$ 平面 $ABC\perp$平面 APC。

(3)$\because AB=20$，$\therefore MB=10$，$\therefore PB=10$，

又 $BC=4, BC\perp PC, PC=\sqrt{100-16}=\sqrt{84}=2\sqrt{21}$,

$\therefore S_{\triangle BDC}=\frac{1}{2}S_{\triangle PBC}=\frac{1}{4}PC\cdot BC=\frac{1}{4}\times 4\times 2\sqrt{21}=2\sqrt{21}$。

$MD=\frac{AP}{2}=\frac{1}{2}\sqrt{20^2-10^2}=5\sqrt{3}$,

$\because MD/\!/AP, MD\perp PB$,

$\therefore MD\perp PC, MD\perp$ 面 PBC,

$\therefore V_{D-BCM}=V_{M-BCD}=\frac{1}{3}S_{\triangle BDC}\cdot DM=\frac{1}{3}\times 2\sqrt{21}\times 5\sqrt{3}=10\sqrt{7}$。

23.【解析】(1) $\log_2 a_1+\log_2 a_2+\cdots+\log_2 a_9=\log_2(a_1a_2\cdots a_9)=\log_2 a_5^9=9\log_2 a_5=36$。

(2) 由于 $\{b_n\}$ 的前 n 项和为 $S_n=\frac{1}{2}n^2+\frac{1}{2}n$, $b_n=S_n-S_{n-1}=n(n\geqslant 2)$, 当 $n=1$ 时, $b_1=S_1=1$, 所以 $b_n=n, n\in\mathbf{N}^+$。又 $\{a_n\}$ 是等比数列, $\frac{a_5}{a_2}=q^3=8$, 故 $q=2$, 又 $a_5=16$, 则 $a_1=1$, 所以 $a_n=2^{n-1}$。

所以 $T_n=1\times 2^0+2\times 2^1+3\times 2^2+4\times 2^3+\cdots+(n-1)2^{n-2}+n\cdot 2^{n-1}$, ①

$2T_n=1\times 2^1+2\times 2^2+3\times 2^3+4\times 2^4+\cdots+(n-1)2^{n-1}+n\cdot 2^n$, ②

①-②得, $-T_n=2^0+2^1+2^2+2^3+\cdots+2^{n-2}+2^{n-1}-n2^n=(1-n)2^n-1$,

所以 $T_n=(n-1)2^n+1$。

24.【解析】(1) 设 M 点坐标为 (x,y), 则直线 AM 的斜率 $k_{AM}=\frac{y}{x+2}$, 直线 BM 的斜率为 $k_{BM}=\frac{y}{x-2}$。

$k_{AM}\cdot k_{BM}=-\frac{3}{4}$, 即 $\frac{y}{x+2}\cdot\frac{y}{x-2}=-\frac{3}{4}$, 整理得点 M 的轨迹方程为 $\frac{x^2}{4}+\frac{y^2}{3}=1(x\neq\pm 2)$。

(2) 由 (1) 可知, 点 M 为椭圆 $\frac{x^2}{4}+\frac{y^2}{3}=1(x\neq\pm 2)$ 上一点, 点 F 坐标为 $(1,0)$, 故点 F 应为该椭圆的右焦点, 椭圆离心率 $e=\frac{1}{2}$, 直线 $x=4$ 是该椭圆的右准线, 由椭圆的第二定义可知, 点 M 到定点 F 与到定直线 $x=4$ 的距离比为该椭圆的离心率 e。故 $\frac{d}{|MF|}=\frac{1}{e}=2$。

25.【解析】(1) 当 $a=3$ 时, $f(x)=\frac{1}{3}x^3-3x^2-3x-3$, $f'(x)=x^2-6x-3$。令 $f'(x)=0$, 解得 $x=3-2\sqrt{3}$ 或 $x=3+2\sqrt{3}$。当 $x\in(-\infty,3-2\sqrt{3})\cup(3+2\sqrt{3},+\infty)$ 时, $f'(x)>0$; 当 $x\in(3-2\sqrt{3},3+2\sqrt{3})$ 时, $f'(x)<0$。故 $f(x)$ 在 $(-\infty,3-2\sqrt{3})\cup(3+2\sqrt{3},+\infty)$ 上单调递增, 在 $(3-2\sqrt{3},3+2\sqrt{3})$ 上单调递减。

(2) 因为 $x^2+x+1>0$, 所以 $f(x)=0$ 等价于 $\frac{x^3}{x^2+x+1}-3a=0$。设 $g(x)=\frac{x^3}{x^2+x+1}-3a$, 则 $g'(x)=\frac{x^2(x^2+2x+3)}{(x^2+x+1)^2}\geqslant 0$, 当且仅当 $x=0$ 时 $g'(x)=0$, 所以 $g(x)$ 在 $(-\infty,+\infty)$ 单调递增, 故 $g(x)$ 至多有一个零点, 从而 $f(x)$ 至多有一个零点。又 $f(3a-1)=-6a^2+2a-\frac{1}{3}=-6\left(a-\frac{1}{6}\right)^2-\frac{1}{6}<0$, $f(3a+1)=\frac{1}{3}>0$, 故 $f(x)$ 有一个零点。综上, $f(x)$ 只有一个零点。

教师招聘考试小学数学模拟试卷(三)

一、单项选择题

1. C【解析】$z=\frac{2i}{1+i}=\frac{2i(1-i)}{(1+i)(1-i)}=i(1-i)=1+i$, 所以 $|z|=\sqrt{2}$。

2. D【解析】因为 $a=\log_2 e>1$, $b=\ln 2\in(0,1)$, $c=4>\log_2 e>1$, 所以 $c>a>b$。

3. A【解析】由 $\tan\left(\alpha+\frac{\pi}{4}\right)=\frac{\tan\alpha+1}{1-\tan\alpha}=\frac{1}{2}$ 得 $\tan\alpha=-\frac{1}{3}$。又 $-\frac{\pi}{2}<\alpha<0$, 则 $\sin\alpha=-\frac{\sqrt{10}}{10}$, 故 $\frac{2\sin^2\alpha+\sin 2\alpha}{\cos\left(\alpha-\frac{\pi}{4}\right)}=\frac{2\sin\alpha(\sin\alpha+\cos\alpha)}{\frac{\sqrt{2}}{2}(\sin\alpha+\cos\alpha)}=2\sqrt{2}\sin\alpha=-\frac{2\sqrt{5}}{5}$。

4. D【解析】由题意知 $a_{n+1}-a_n=n+1$, 所以 $a_n-a_{n-1}=n$, 所以 $a_n=a_n-a_{n-1}+a_{n-1}-a_{n-2}+a_{n-2}-a_{n-3}+\cdots+a_2-a_1+a_1=1+2+\cdots+n=\frac{n(n+1)}{2}$, 所以 $\frac{1}{a_n}=\frac{2}{n(n+1)}=2\left(\frac{1}{n}-\frac{1}{n+1}\right)$,

所以 $\frac{1}{a_1}+\frac{1}{a_2}+\cdots+\frac{1}{a_{2021}}=$

$2\left(1-\frac{1}{2}+\frac{1}{2}-\frac{1}{3}+\cdots+\frac{1}{2021}-\frac{1}{2022}\right)=2\times\frac{2021}{2022}=\frac{2021}{1011}$。

5. C【解析】因为 $f(x)$ 为奇函数，所以 $f(x+2)=f[1+(1+x)]=f[1-(1+x)]=f(-x)=-f(x)$，故 $f(x+4)=-f(x+2)=f(x)$，即 $f(x)$ 是周期为 4 的周期函数。又 $f(x)$ 为奇函数，且 $x\in\mathbf{R}$，所以 $f(0)=0$，$f(1)=2$，$f(2)=-f(0)=0$，$f(3)=f(1+2)=f(1-2)=f(-1)=-f(1)=-2$，$f(4)=f(0)=0$，所以 $f(1)+f(2)+f(3)+f(4)=0$，而 $50=4\times12+2$，所以 $f(1)+f(2)+f(3)+\cdots+f(50)=f(1)+f(2)=2$。

6. D【解析】由已知得 $\boldsymbol{s}\cdot\boldsymbol{n}=0$，故 $-1\times2+1\times(x^2+x)+1\times(-x)=0$，解得 $x=\pm\sqrt{2}$。

7. D【解析】由题意知直线 MN 的方程为 $y=\frac{2}{3}(x+2)$，联立 $\begin{cases}y=\frac{2}{3}(x+2),\\ y^2=4x,\end{cases}$ 消去 y 并整理，得 $x^2-5x+4=0$，解得 $x_N=1$，$x_M=4$，所以 $y_N=2$，$y_M=4$。又抛物线 $y^2=4x$ 的焦点为 $F(1,0)$，所以 $\overrightarrow{FM}=(3,4)$，$\overrightarrow{FN}=(0,2)$，故 $\overrightarrow{FM}\cdot\overrightarrow{FN}=8$。

8. A【解析】因为正方体 $ABCD-A_1B_1C_1D_1$ 的棱长为 1，所以正方体的体积 $V=1\times1\times1=1$。当四棱锥 $M-ABCD$ 的体积小于 $\frac{1}{6}$ 时，设它的高为 h，则 $\frac{1}{3}\times1\times1\times h<\frac{1}{6}$，解得 $h<\frac{1}{2}$，则点 M 在到平面 $ABCD$ 的距离等于 $\frac{1}{2}$ 的截面以下时，四棱锥 $M-ABCD$ 的体积小于 $\frac{1}{6}$，求得使四棱锥 $M-ABCD$ 的体积小于 $\frac{1}{6}$ 的长方体的体积 $V'=1\times1\times\frac{1}{2}=\frac{1}{2}$，所以四棱锥 $M-ABCD$ 的体积小于 $\frac{1}{6}$ 的概率 $P=\frac{V'}{V}=\frac{1}{2}$。故选 A。

9. D【解析】依题意，由于甲看后还是不知道自己的成绩，说明乙、丙两人必是一个优秀、一个良好，则甲、丁两人必是一个优秀、一个良好，因此乙看了丙的成绩就可以知道自己的成绩，丁看了甲的成绩就清楚自己的成绩，综合以上信息可知，乙、丁可以知道自己的成绩。

10. B【解析】因为 $\lim\limits_{x\to0}\frac{f(x)}{x}=\lim\limits_{x\to0}\frac{2^x+3^x-2}{x}=\lim\limits_{x\to0}\frac{2^x-1}{x}+\lim\limits_{x\to0}\frac{3^x-1}{x}=\ln2+\ln3=\ln6\neq1$，所以当 $x\to0$ 时，$f(x)$ 与 x 同阶但非等价无穷小。

11. B【解析】由函数 $f(x)=x\ln(ax)+1$，可得 $f'(x)=\ln(ax)+1$，由 $x=\frac{1}{\mathrm{e}}$ 是函数的极值点，可得 $\ln\left(a\cdot\frac{1}{\mathrm{e}}\right)+1=0$，解得 $a=1$，经验证，当 $a=1$ 时，$x=\frac{1}{\mathrm{e}}$ 是函数 $f(x)=x\ln(ax)+1$ 的极值点，故选 B。

12. A【解析】由 $f(f(x))+1=0$，得 $f(f(x))=-1$，由 $f(-2)=f\left(\frac{1}{2}\right)=-1$，得 $f(x)=-2$ 或 $f(x)=\frac{1}{2}$。若 $f(x)=-2$，则 $x=-3$ 或 $x=\frac{1}{4}$；若 $f(x)=\frac{1}{2}$，则 $x=-\frac{1}{2}$ 或 $x=\sqrt{2}$。综上可得，函数 $y=f(f(x))+1$ 的零点个数是 4。

二、填空题

13. $2\sqrt{3}$ 【解析】如图，取 AB 的中点 C，连结 OC，OA，则 $OC\perp AB$，$|OA|=2\sqrt{2}$，圆心 $(0,0)$ 到直线 $x-2y+5=0$ 的距离为 $d=\frac{|0-2\times0+5|}{\sqrt{1^2+(-2)^2}}=\sqrt{5}$，所以 $|AC|=\sqrt{8-5}=\sqrt{3}$，所以 $|AB|=2|AC|=2\sqrt{3}$。

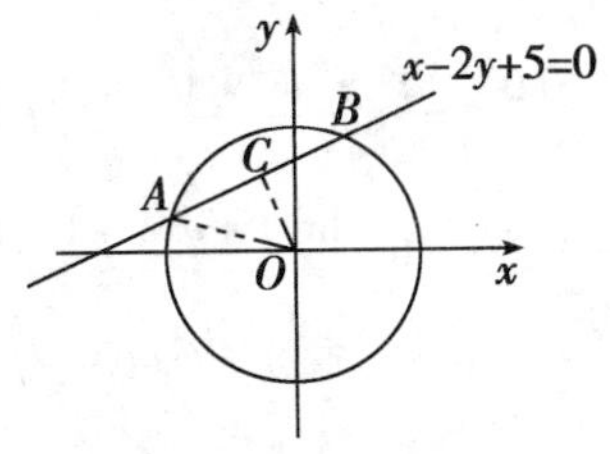

14. $\sqrt{29}$ 【解析】根据三视图可知原几何体如图所示，最长棱为 AC，$AE=2$，$EB=2$，$ED=3$，$DC=4$，所以 $EC=\sqrt{ED^2+DC^2}=\sqrt{3^2+4^2}=5$，在 $\mathrm{Rt}\triangle ACE$ 中，$AC=\sqrt{AE^2+EC^2}=\sqrt{2^2+5^2}=\sqrt{29}$。

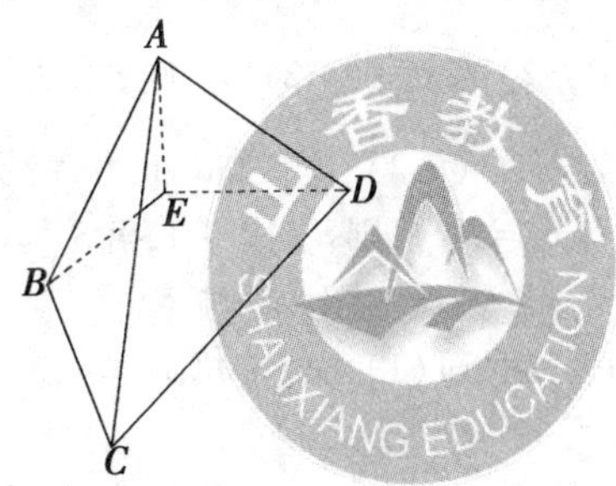

15. 0.5 【解析】因为随机事件 A 和 B 互斥，且 $P(A\cup B)=0.7, P(B)=0.2$，所以 $P(A)=P(A\cup B)-P(B)=0.7-0.2=0.5$，故 $P(\bar{A})=1-P(A)=0.5$。

16. $\frac{16}{3}$ 【解析】作出曲线 $y=\sqrt{x}$ 和直线 $y=x-2$ 的草图（如图所示），所求面积为阴影部分的面积。由 $\begin{cases}y=\sqrt{x},\\ y=x-2\end{cases}$ 得交点 $A(4,2)$，因此 $y=\sqrt{x}$ 与 $y=x-2$ 及 y 轴所围成的图形的面积为 $\int_0^4[\sqrt{x}-(x-2)]dx=\int_0^4(\sqrt{x}-x+2)dx=\left(\frac{2}{3}x^{\frac{3}{2}}-\frac{1}{2}x^2+2x\right)\bigg|_0^4=\frac{16}{3}$。

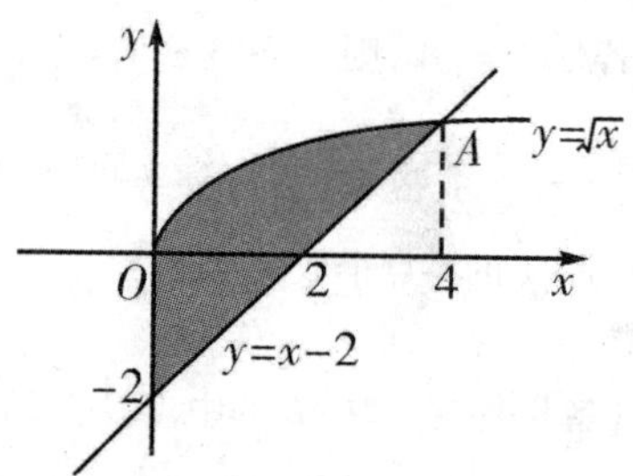

17. 2;1 【解析】$f(0+0)=b, f(0)=f(0-0)=1$，因为 $f(x)$ 在 $x=0$ 处连续，所以 $b=1$，即 $f(x)=\begin{cases}\ln(1+ax)+1, x>0,\\ e^{2x}, x\leqslant 0,\end{cases}$ 则 $f'_-(0)=\lim\limits_{x\to 0^-}\frac{f(x)-f(0)}{x}=\lim\limits_{x\to 0^-}\frac{e^{2x}-1}{x}=2$，$f'_+(0)=\lim\limits_{x\to 0^+}\frac{f(x)-f(0)}{x}=\lim\limits_{x\to 0^+}\frac{\ln(1+ax)+1-1}{x}=a$，因为 $f(x)$ 在 $x=0$ 处可导，所以 $f'_-(0)=f'_+(0)$，故 $a=2$。

三、解答题

18.【解析】(1) 设 $\{a_n\}$ 的公比为 q，由题设得 $a_n=q^{n-1}$，由 $a_5=4a_3$ 得 $q^4=4q^2$，解得 $q=0$（舍去），$q=-2$ 或 $q=2$，故 $a_n=(-2)^{n-1}$ 或 $a_n=2^{n-1}$。

(2) 若 $a_n=(-2)^{n-1}$，则 $S_n=\frac{1-(-2)^n}{3}$，由 $S_m=63$ 得 $(-2)^m=-188$，此方程没有正整数解；若 $a_n=2^{n-1}$，则 $S_n=2^n-1$，由 $S_m=63$ 得 $2^m=64$，解得 $m=6$。综上，$m=6$。

19.【解析】(1) 由题可知，$a^2=4, b^2=3$，$\because a^2=b^2+c^2$，$\therefore c^2=1$，

$\therefore$ 椭圆 M 的离心率 $e=\frac{c}{a}=\frac{1}{2}$，短轴长 $2b=2\sqrt{3}$。

(2) 由题知 $C(-2,0), F_1(-1,0)$，

设直线 l 的方程为 $x=ty-1$，$A(x_1,y_1)$，$B(x_2,y_2)$，联立 $\begin{cases}3x^2+4y^2=12\\ x=ty-1\end{cases}$，消去 x 整理得

$(3t^2+4)y^2-6ty-9=0$，$\therefore y_1+y_2=\frac{6t}{3t^2+4}$，$y_1\cdot y_2=\frac{-9}{3t^2+4}$，

$\therefore \overrightarrow{CA}\cdot\overrightarrow{CB}=(x_1+2,y_1)\cdot(x_2+2,y_2)=(x_1+2)\cdot(x_2+2)+y_1y_2=(ty_1+1)(ty_2+1)+y_1y_2=(t^2+1)y_1y_2+t(y_1+y_2)+1=\frac{-9(t^2+1)}{3t^2+4}+\frac{t(6t)}{3t^2+4}+1=\frac{-5}{3t^2+4}<0$，

$\therefore \cos C<0$，即 $\angle C\in\left(\frac{\pi}{2},\pi\right)$，$\therefore \cos B>0$，$\therefore$ 点 B 在以 AC 为直径的圆外。

20.【解析】(1) 当 $a=1$ 时，$f(x)=e^x-x^2$，$\therefore f'(x)=e^x-2x$，$f''(x)=e^x-2$，

当 $x\in(-\infty,\ln 2)$ 时，$f''(x)<0$，$f'(x)$ 单调递减；

当 $x\in(\ln 2,+\infty)$ 时，$f''(x)>0$，$f'(x)$ 单调递增。

$\therefore f'(x)\geqslant f'(\ln 2)=2-2\ln 2>0$，$\therefore f(x)$ 在 $[0,+\infty)$ 上单调递增，$\therefore f(x)\geqslant f(0)=1$，

$\therefore$ 当 $x\geqslant 0$ 时，$f(x)\geqslant 1$。

(2) 当 $f(x)=0$ 时，$\frac{e^x}{x^2}-a=0$，即 $a=\frac{e^x}{x^2}$，

$\because f(x)$ 在 $(0,+\infty)$ 上只有一个零点，$\therefore y=a$ 与 $g(x)=\frac{e^x}{x^2}$ 在 $(0,+\infty)$ 上只有一个交点，$g'(x)=\frac{e^x(x-2)}{x^3}$，当 $x\in(0,2)$ 时，$g'(x)<0$，$g(x)$ 单调递减，当 $x\in(2,+\infty)$ 时，$g'(x)>0$，$g(x)$ 单调递增，$\therefore$ 当 $x\in(0,+\infty)$ 时，$g(x)_{\min}=g(2)=\frac{e^2}{4}$。

$\because x$ 接近于 0 时，$g(x)$ 接近于正无穷，x 接近正无穷时，$g(x)$ 接近于正无穷，$\therefore y=a$ 与 $g(x)$ 相切于 $(2,g(2))$，$\therefore a=g(2)=\frac{e^2}{4}$。